Der ost-westliche Goethe

Deutsch-ostasiatische Studien
zur interkulturellen Literaturwissenschaft

herausgegeben von
Walter Gebhard und Naoji Kimura

Band 2

PETER LANG
Bern · Berlin · Bruxelles · Frankfurt am Main · New York · Oxford · Wien

Naoji Kimura

Der ost-westliche Goethe

Deutsche Sprachkultur in Japan

PETER LANG
Bern · Berlin · Bruxelles · Frankfurt am Main · New York · Oxford · Wien

Bibliografische Information Der Deutschen Bibliothek
Die Deutsche Bibliothek verzeichnet diese Publikation in der Deutschen
Nationalbibliografie; detaillierte bibliografische Daten sind im Internet über
‹http://dnb.ddb.de› abrufbar.

Umschlagabbildung: Thema-Schriftzeichen „Berg" einer Kalligraphie
des chinesischen Kulturwechslers und Zen-Priesters E t s u z a n   D ô s h û
(chin. Yueshan Daozong, 1629–1709, ab 1657 in Japan), geschrieben
im Kloster Mampukuji des chinesisch-japanischen Zen-Ordens Obaku,
dessen 7. Abt er geworden ist.
Der volle Text lautet: „Berg. Leute, die im Gebirge leben, lieben es, über das
Gebirge zu sprechen."

ISSN 1660-8682
ISBN 3-03910-610-4

© Peter Lang AG, Internationaler Verlag der Wissenschaften, Bern 2006
Hochfeldstrasse 32, Postfach 746, CH-3000 Bern 9
info@peterlang.com, www.peterlang.com, www.peterlang.net

Alle Rechte vorbehalten.
Das Werk einschließlich aller seiner Teile ist urheberrechtlich geschützt.
Jede Verwertung außerhalb der engen Grenzen des Urheberrechtsgesetzes
ist ohne Zustimmung des Verlages unzulässig und strafbar. Das gilt
insbesondere für Vervielfältigungen, Übersetzungen, Mikroverfilmungen und
die Einspeicherung und Verarbeitung in elektronischen Systemen.

Printed in Switzerland

Inhalt

Vorwort. 11

Einleitung: Germanistik aus ostasiatischer Perspektive 17
  1. Deutschsprachige Germanistik als Philologie 20
  2. Auslandsgermanistik als Kulturwissenschaft 31
  3. Ansätze zu einer gegenwartsbezogenen Ostasienwissenschaft . . . 49

Der erste Teil: Goethe zwischen Ost und West

1. Kapitel: Entmythologisierung des Japanbildes. 65
  1. Das alte und neue Japanbild in Deutschland 69
  2. Das vom Zen-Buddhismus geprägte Japanbild von heute. 76
  3. Japan im Schnittpunkt östlicher und westlicher Kultur. 83

2. Kapitel: Goethe auf dem Weg zum Fernen Osten 91
  1. Der Ginkgobaum im Heidelberger Schloßgarten 93
  2. Das frühe Verhältnis der Weimarer Klassiker zu Ostasien 98
  3. Die Anfänge der japanischen Goethe-Rezeption 103
  4. Gründe für Goethes Wirkungen in Japan. 109

3. Kapitel: Mori Ogai als Wegbereiter der Goethe-Rezeption
in Ostasien. 115
  1. Das traditionelle Goethebild vom Dichterfürsten 117
  2. Die anglo-amerikanische Route von Goethes Wirkungen 124
  3. Der Dichtergelehrte Mori Ogai 129
  4. Goethes literarische Einflüsse in der Vorkriegszeit 135

4. Kapitel: Amerikas Einfluß auf die Neuzeit Japans.
Fukuzawa Yukichi und Uchimura Kanzo 141
  1. Zwiespalt im Modernisierungsprozeß Japans 141
  2. *Fukuo-Jiden* von Fukuzawa Yukichi als Autobiographie
    eines Liberalen 147
    a) Jugenderlebnisse in der Edo-Zeit   147

b) Bildungsweg zu einem aufklärerischen Freidenker　　157
　　c) Geschichtlicher Zusammenhang mit der Meiji-Zeit　　167
　3. Tagebuch des japanischen Christen Uchimura Kanzo
　　in Amerika 177
　　a) Bekehrung zum Protestantismus　　177
　　b) Theologische Begründung eines kirchenfreien Christentums　　182
　　c) Geistiges Erbe der Landwirtschaftshochschule Sapporo　　186

5. Kapitel: Goethes Bedeutung für die japanische Bildungstradition . . 195
　1. Bildung im japanischen Verständnis 195
　2. Bildungsidee im Zuge der Goethe-Rezeption 198
　3. Anglo-amerikanisches Ideal von Humanities 202
　4. Die deutsche humanistische Tradition 205
　5. Japanisches Bildungsbürgertum 210

6. Kapitel: Der politische Ästhetizismus der sog.
　Japanischen Romantischen Schule. 227
　1. Vom Marxismus zum japanischen Nationalismus. 228
　2. Mythologie der Geschichte als romantische Ironie 232
　3. Nachgeholte Kritik an der *Nihon-romanha* 239
　4. Vorgeschichte des japanischen Nationalismus 244

7. Kapitel: Goethes *Wahlverwandtschaften* und die japanische
　Romantik. 255
　1. Japanischer Sonderweg einer literarischen Romantik 256
　2. Ein romantischer Kommentar zu *Die Wahlverwandtschaften* 260
　3. Rezeption der *Wahlverwandtschaften*
　　in den literarischen Kreisen. 264
　4. *Die Wahlverwandtschaften* als Anti-Bildungsroman 268
　5. Das Leitmotiv der Reise in der fernöstlichen Tradition 272

Der zweite Teil: Kulturvermittlung durch Übersetzung

1. Kapitel: Literarische Übersetzung als Kanonbildung 279
   1. Deutsche Literatur in japanischer Übersetzung 280
   2. Literarische Kanonbildung durch die Übersetzung 284
   3. Japanische Literatur in deutscher Übersetzung 290

2. Kapitel: Konfuzius' *Lun Yü* in deutscher Übersetzung 301
   1. Die frühe Rezeption des Taoismus in Europa 302
   2. Konfuzius' staatsphilosophische Bedeutung für Ostasien 306
   3. Die Morallehre im Mittelpunkt 311
   4. Tugendsystem des Konfuzianismus 316

3. Kapitel: Meister Eckhart in japanischer Übersetzung   321
   1. Christliche Begriffe in japanischer Sprache 321
   2. Zum Hintergrund der Zen-Rezeption in Europa 332
      a) Entnazifizierung des „östlichen" Zen   334
      b) Deutscher Geist und japanischer Geist   340
      c) NS-Kritik am westlichen Geist   347
      d) Meister Eckhart zum vermeintlichen besseren
         Verständnis des deutschen Geistes   352

4. Kapitel: Heines *Romantische Schule* in japanischer Übersetzung 367
   1. Die erste philologisch fundierte Heine-Biographie 367
   2. Ambivalente Wirkungen von Heines literaturkritischem
      Hauptwerk 373
   3. Rezeptionsgeschichtlicher Hintergrund 380

5. Kapitel: Die nationalsozialistische Lyrik in japanischer
   Übersetzung   389
   1. Richtlinien der Auswahl von nationalsozialistischen Gedichten 390
   2. Versuch einer Bestandsaufnahme einzelner Gedichte   396
   3. Thematische Inhaltsanalyse der Anthologie   401

6. Kapitel: Gerhard Schumanns Sonett „Der 30. Januar 1933"
   Das Jahr der politischen Täuschungen 407
   1. Die Hitlerjugend in dichterischer Darstellung 407
   2. Der nationalsozialistische Lyriker Gerhard Schumann 413
   3. Zur angeblichen Goethe-Nähe Gerhard Schumanns 419

7. Kapitel: Die Entsagung für den totalitären Staat.
Goethes Staatsidee im Japan der dreißiger Jahre 425
1. Goethe in der nationalsozialistischen Ideologie 426
2. Die Goethe-Auffassung in *Der Mythus des 20. Jahrhunderts* . . 431
3. Die Bedeutung der „Pädagogischen Provinz"
für die NS-Goethedeutung 436
4. Das mißbrauchte Führertum in den *Wanderjahren*   439

Der dritte Teil:
Literarische Existenzen in der wiederholten Jahrhundertwende

1. Kapitel: Goethes Begriff der deutschen Nation 445
1. Begegnung mit Frankreich 449
2. Interesse am Nationaltheater 452
3. Morphologisches Denken 455
4. Konzept der Weltliteratur 458

2. Kapitel: Goethes Alterspoetik 463
1. Gattungspoetik beim späten Goethe 465
2. Die drei Dichtarten als literarisches Urphänomen 474
3. Umdeutung des aristotelischen Katharsis-Begriffs 480
4. Paradigmenwechsel zu Laurence Sterne 486
5. Die Modernität bei Shakespeare 490

3. Kapitel: Die Anfänge der Goethe-Philologie in Wien 501
1. Vorgeschichte der Goethe-Philologie 501
2. Die Wiener Schule in Berlin 506
3. Die beiden Außenseiter in Krakau und Wien 510
4. Übernationales Humanitätsideal im Namen Goethes 515

4. Kapitel: Goethe und die Wiener Moderne 519
1. Die Goethe-Philologie in Verruf 519
2. Eine konservative Goethe-Verehrung in Wien 523
3. Hermann Bahrs Goethebild 530
4. Die Vermittlerrolle von Hofmannsthal und Karl Kraus 534

5. Kapitel: Goethe und die japanische Mentalität 539
  1. Künstlerisches Dasein. 541
  2. Humane Religiosität 544
  3. Dialektisches Denken. 546
  4. Neigung zum Ausgleich. 549
  5. Weltimmanenz 551
  6. Bildungsfreudigkeit. 553
  7. Assimilation an die europäische Kultur 555

6. Kapitel: Die japanische Goetheforschung
  im Schatten der völkischen Literaturwissenschaft   559
  1. Auswirkungen der sogenannten
     völkischen Literaturwissenschaft 560
  2. Methodologische Bemühungen japanischer Germanisten . . 565
  3. Goethes kulturpolitische Bedeutung für Japan 568
  4. Die japanische Goetheforschung der dreißiger Jahre. 573
  5. Der NS-Wissenschaftsbegriff und seine Bedeutung
     für die Goetheforschung 580
     Verzeichnis der im japanischen Teil publizierten Beiträge
     im Japanischen Goethe-Jahrbuch   587

7. Kapitel: Kultur im technischen Zeitalter. 591
  1. Perspektivenwechsel für die Weltliteratur. 592
  2. Weltliteratur als europäische Literatur 599
  3. Von der Weltliteratur zur Weltkultur 607

Schlußbetrachtung: Goethe in der neuen Jahrhundertwende. 613
  1. Goethe auf den Schild heben 613
  2. Goethe und die deutsche Wende 623
  3. Wiederentdeckung Goethes im Jubiläumsjahr 1999 632

Personenregister 641

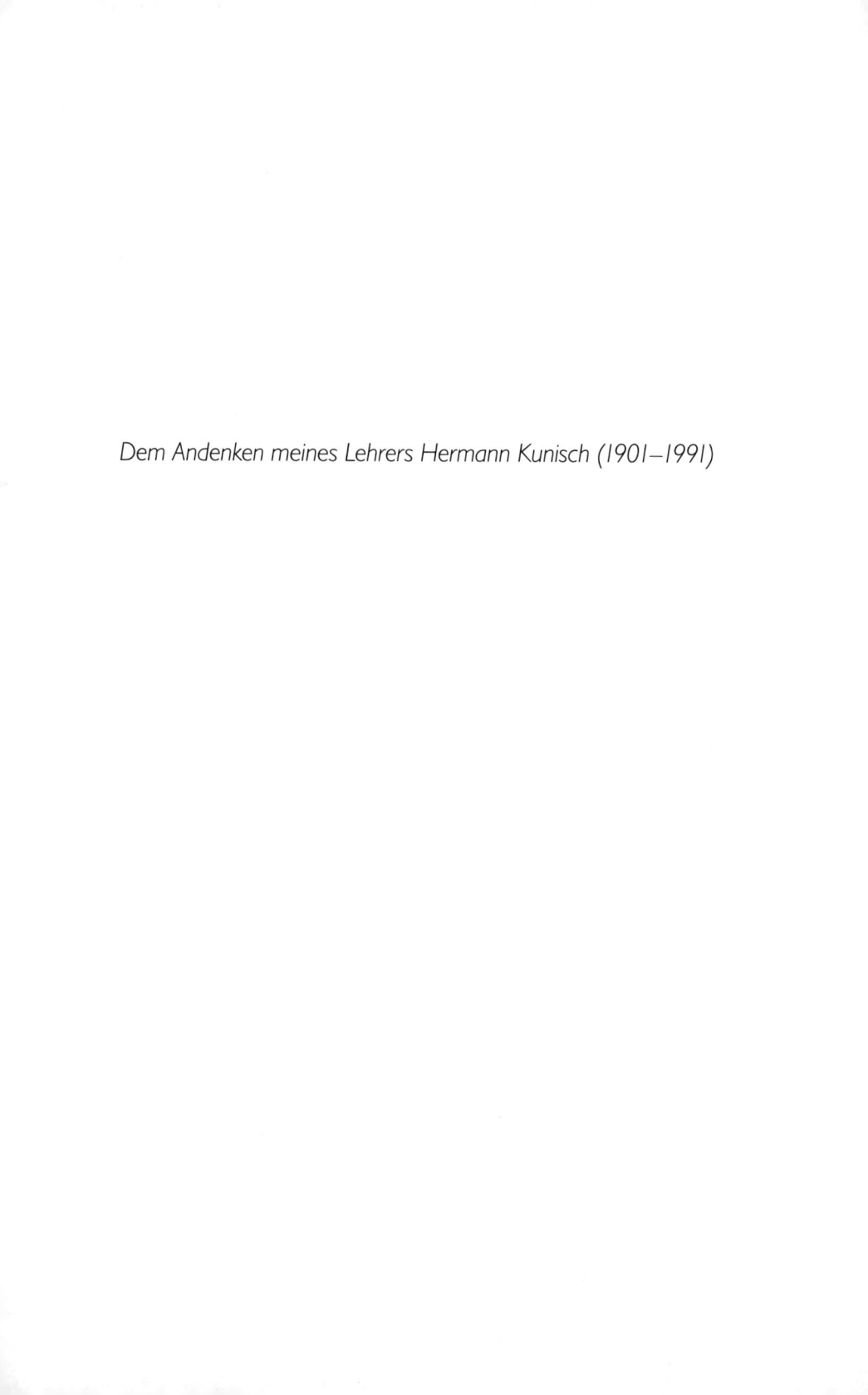

Dem Andenken meines Lehrers Hermann Kunisch (1901–1991)

Vorwort

Die Welt verändert sich ständig, aber im Verlauf der Geschichte gibt es ab und zu entscheidende Zeitpunkte, wo die Welt von Grund aus verändert wird. In der Geschichte der japanisch-deutschen Beziehungen war die deutsche Wende in den Jahren 1989/90 zweifellos einer dieser Zeitpunkte. Als Deutschland im Jahre 1949 geteilt wurde, wirkte es sich auch für die japanischen Gebildeten nicht nur politisch-wirtschaftlich, sondern auch geistig-kulturell verhängnisvoll aus. Denn durch die Teilung Deutschlands gehörte das geistesgeschichtliche Herz Deutschlands, Thüringen und Sachsen mit den Städten Weimar, Jena, Leipzig oder Dresden, nicht mehr zur Bundesrepublik Deutschland, obwohl die japanischen Germanisten sich seit Jahrzehnten aus besonderer Zuneigung mit der dort beheimateten deutschen Klassik und Romantik beschäftigten. Ähnlich verhielt es sich mit Berlin, hatten doch führende Persönlichkeiten, die das neuzeitliche Japan seit der Meiji-Restauration (1868) gestalteten, vorwiegend an der heutigen Humboldt-Universität studiert, und ihnen zu verdanken waren die mannigfaltigen deutsch-japanischen Beziehungen in Wissenschaft und Forschung vor dem Zweiten Weltkrieg.

Glücklicherweise ist Deutschland seit mehr als zehn Jahren wiedervereinigt, und Germanisten in Ostasien freuen sich alle, sich nunmehr ohne staatspolitische Hemmung der deutschen Sprache und Literatur zuwenden zu können. Auf der Erde ist jedoch der eine Kontinent Eurasien immer noch in Europa und Asien geteilt, und Asien ist wiederum in Nah- und Fernost geteilt, ohne voneinander viel Notiz zu nehmen. Ja, die ganze Welt ist im Grunde genommen in den Westen und Osten geteilt, auch wenn man neuerdings gern von Internationalisierung spricht. Beim Irak-Krieg drohte sogar die EU beinahe gespalten zu werden. Mir kommt es oft so vor, als ob es vielmehr ein Indiz dafür gewesen wäre, daß die sogenannte Globalisierung in Wirklichkeit noch nicht eingetreten ist, indem die geistigen Voraussetzungen für sie noch lange nicht erfüllt sind. Als Goetheforscher denke ich freilich in erster Linie daran, das geistige Erbe Goethes oder der Goethezeit überhaupt für eine gegenseitige

Verständigung von Ost und West auszuwerten. Naheliegend für mich ist vor allem seine allgemein-menschliche Sprachkraft, die mir durch seine weltweite Wirkung genügend bewiesen ist. Der Alt-Bundespräsident Roman Herzog sagte denn auch als Schlußwort seiner Goethe-Rede am 14. April 1999, wenn man von allen möglichen Aktualisierungen Goethes absehe, bleibe doch zum Schluß das Wichtigste: seine Sprache.

Zur Zeit der deutschen Wiedervereinigung haben die chinesischen, koreanischen und japanischen Germanisten in der Tat Deutsch als gemeinsames Kommunikationsmittel entdeckt, und seitdem sind mehrmals in Peking, Seoul, Tokyo oder auch in Fukuoka ostasiatische Germanistentagungen erfolgreich durchgeführt worden. In den letzten zehn Jahren wurden dort traditionelle Fachprobleme in der ostasiatischen Auslandsgermanistik behandelt, die heute noch aktuell sind und der weiteren Erörterung bedürfen. Aber in einer mittlerweile durch neue elektronische Medien wesentlich veränderten Gesellschaft müßte man darüber hinaus eine andere Problematik der Auslandsgermanistik ins Auge fassen. Es handelt sich dabei zum einen um eine sachliche Erweiterung des Fachwissens in der Literaturvermittlung und zum anderen um eine zeitgemäßere Form der sprachlichen Verständigung entsprechend der technischen Entwicklung.

Bekanntlich sind sowohl Japanologie als auch Sinologie und Koreanistik traditionsgemäß in Anlehnung an die deutsche Germanistik grundsätzlich als Nationalphilologien betrieben worden. Da ich selber Goethephilologe bin, habe ich eigentlich nichts dagegen. Als Goetheforscher bin ich jedoch gleichzeitig an allen Bereichen der Kultur interessiert, also von der Kunstgeschichte über die Naturwissenschaft einschließlich Medizin bis zur Politik und Pädagogik. Ebenso müßte man mindestens in der japanischen Germanistik erneut versuchen, wie zur Zeit der sogenannten „Holländischen Wissenschaft" vom 18. Jahrhundert bis zur Mitte des 19. Jahrhunderts die deutsche Sprachkultur im Sinne der französischen Enzyklopädisten interdisziplinär zu vermitteln. Anders ausgedrückt, soll man meiner Meinung nach die philologisch genaue Textlektüre von den literarischen Werken ferner auf die juristischen, wirtschaftlichen, soziologischen, oder sogar naturwissenschaftlich-technischen Werke erweitern, um die Auslandsgermanistik zeitgemäß zu den allgemeinen Kulturwissenschaften zu erheben. Die japanischen Germanisten haben dabei den Vorteil, mit der ostasiatischen Kultur besser vertraut zu sein als die deutschsprachigen Germanisten.

Nach der Veröffentlichung meiner ersten Aufsatzsammlung in deutscher Sprache *Jenseits von Weimar. Goethes Weg zum Fernen Osten* (Peter Lang Verlag. Bern 1997, 2. Aufl. 2001) habe ich mich dementsprechend bemüht, meine mehr rezeptionsgeschichtliche Goetheforschung auf die japanische Geistesgeschichte seit der Meiji-Zeit hin zu erweitern, zumal ich erkannt habe, daß die ostasiatische Auslandsgermanistik von Anfang an nicht so sehr philologisch, sondern vielmehr kulturwissenschaftlich ausgerichtet war. Solange sie jedoch in ihrer jeweiligen Nationalsprache betrieben wurde, ist sie aus sprachlichen Gründen von der deutschsprachigen Germanistik kaum wahrgenommen worden, auch wenn sie sich mittlerweile mehr oder weniger interkulturell entwickelt hat. Die chinesischen, koreanischen und japanischen Germanisten haben zwar in den letzten Jahrzehnten angefangen, ihre Forschungsergebnisse in deutscher Sprache zu veröffentlichen. Aber als Nicht-Muttersprachler sind sie dabei sehr benachteiligt. Außerdem werden ihre Aufsätze oft in den Fachzeitschriften oder Sammelbänden publiziert, die den deutschsprachigen Germanistenkreisen nicht immer zugänglich sind. Die neue Reihe „Deutsch-ostasiatische Studien zur interkulturellen Literaturwissenschaft" im Peter Lang Verlag, die mit einer deutschen Arbeit über die Philosophie der Hand in Japan eröffnet worden ist, soll ein akademisches Forum bilden, das einen lebhaften Kulturaustausch zwischen dem deutschen Sprachraum und Ostasien über nationale Grenzen hinweg einleitet.

Über die jahrhundertealten Kulturbeziehungen zwischen China und Japan brauche ich kein Wort zu verlieren. Ich hatte immer schon großen Respekt vor dem chinesischen Mönch Ganjin (= Jianzhen), der nach fünfmaligem Schiffbruch und auf Reisen erblindet durch die Mühsal endlich im Jahre 753 nach Japan gekommen war, um der japanischen Jugend die buddhistische Lehre beizubringen. Man kann sich also gut vorstellen, wie glücklich ich war, als seine Holzstatue vor etwa zwanzig Jahren in seine chinesische Heimat zurückkehren konnte. War es doch ein symbolisches Zeichen dafür, daß die lange Tradition wiederhergestellt worden ist. Bis dahin war China wie Korea für manche Japaner ein nahes und doch sehr fernes Land. Für mich persönlich bedeutete China von Jugend auf etwas wie die griechisch-römische Antike, wie Goethe sie vor Augen hatte.

Daher kam mir das Land gar nicht fremd vor, als ich im März 1988 zum erstenmal nach Peking fuhr und durch die Stadt geführt wurde. Alles war mir natürlich unbekannt, aber ich hatte das Gefühl, irgendwie in meine kulturelle Heimat zurückgekehrt zu sein. Es gibt wirklich eine Wiederbegegnung mit dem Unbekannten, wie es bei Goethe auf seiner Italienreise der Fall war. So habe ich erst richtig schätzen gelernt, was mit seinem Zweizeiler gemeint war: „Was ich nicht erlernt hab / Das hab ich erwandert." Goethe wanderte viel, um etwas, was nie von den Büchern zu erfahren war, selbst zu erleben. Ebenso habe ich vor Jahren bewußt angefangen, im Sinne Goethes durch die Welt zu wandern. Heutzutage macht man ja keine Wallfahrt mehr, sondern man fährt von einer wissenschaftlichen Tagung zur anderen. Das ist sozusagen die moderne Form der Wanderschaft geworden. Ganz am Anfang der Gespräche mit Konfuzius *Lun Yü* heißt es: „Ich habe einen Freund in weiter Ferne, und er kommt mich besuchen. Ist es denn nicht sehr erfreulich?" In ähnlicher Weise kann man auch heute überall in der Welt seine Kollegen wiedersehen.

Nach meiner Emeritierung im März 2000 von der Sophia-Universität, Tokyo, habe ich dankenswerterweise eine Kurzzeitdozentur an der Peking-Universität und bald darauf von der Universität Regensburg einen kulturwissenschaftlichen Lehrauftrag erhalten. Obwohl ich kein Japanologe im fachwissenschaftlichen Sinne bin, hat sich meine Lehrtätigkeit dadurch notwendigerweise von der Germanistik auf die japanische Sprache und Landeskunde verlagert. Ihre als Einführung in die japanische Geistesgeschichte gedachten Erträge liegen nunmehr im kleinen Sammelband *Der „Ferne Westen" Japan. Zehn Kapitel über Mythos und Geschichte Japans* (Röhrig-Universitätsverlag, St. Ingbert 2003) vor. Mein germanistisches Anliegen bestand aber ebenfalls darin, nicht nur die Goethe-Rezeption in Japan, sondern auch Übersetzungsprobleme und Medizingeschichte als Anfänge des deutsch-japanischen Kulturaustausches herauszuarbeiten. Dabei schwebte mir immer das Bild des japanischen Dichtergelehrten Mori Ogai (1862–1922) vor Augen. Er hatte sich nämlich für den Aufbau Japans in der Meiji-Zeit einen Wissenschaftler mit zwei Beinen gewünscht, der jeweils mit einem Bein sowohl in der fernöstlichen als auch in der westlichen Kultur steht. Da Mori Ogai von Haus aus Militärarzt war und nach Möglichkeit gerne fachwissenschaftlicher Mediziner werden wollte, hatte er somit gewiß die Kulturwissenschaften im heutigen Sinne angedeutet.

Wenn ich zum Abschluß meines akademischen Lebens in Deutschland noch einmal wage, den zweiten Band meiner gesammelten Aufsätze in deutscher Sprache herauszugeben, bin ich mir durchaus bewußt, daß ein Literaturwissenschaftler in einer Fremdsprache etwas primitiver aussehen muß als in seiner Muttersprache. Wenn ich auf deutsch spreche und schreibe, bin ich denn auch, offen gestanden, kein echter Japaner mehr. Aber auch wenn ich mich noch so sehr bemühe, möglichst gutes Deutsch zu schreiben, habe ich immer noch große Sprachschwierigkeiten. Soll trotzdem versucht werden, meine in den letzten zehn Jahren entstandenen Studien zur deutschen Literatur wieder Fachkreisen im deutschen Sprachraum vorzulegen, so hat es seinen Sinn nur darin, soweit es möglich ist, zur ost-westlichen Verständigung in der Germanistik beizutragen. Meine Kollegen in Korea und China bemühen sich gleichfalls redlich darum, wie z. B. Herr Prof. Dr. Kim Byong-Ock, Seoul, mit seinem Institut zur Übersetzungsforschung oder Herr Prof. Dr. h.c. Zhang Yushu, Peking, mit seinem chinesisch-deutschen Jahrbuch für Sprache, Literatur und Kultur *Literaturstraße*. So soll auch von japanischer Seite ein bescheidener Beitrag zur deutsch-ostasiatischen Zusammenarbeit geleistet werden.

Zum Schluß bleibt mir nur noch die schöne Pflicht, zunächst der Alexander von Humboldt-Stiftung für ihre langjährige Unterstützung aufrichtig zu danken. Damit ich die Vorbereitungen für die Drucklegung dieses Buches treffen könnte, hatte sie mich eigentlich im Wintersemester 2000/2001 zu einem Studienaufenthalt nach Deutschland wiedereingeladen. Dazu kam noch, daß mir während der Arbeit an dem vorliegenden Sammelband der ehrenvolle Jacob- und Wilhelm-Grimm-Preis des DAAD für 2003 verliehen worden ist. Da die Überarbeitung bereits publizierter Aufsätze sich durch meine japanologische Lehrtätigkeit hingezogen hat, kann ich dem Deutschen Akademischen Austauschdienst nicht genug danken, daß er mir zu einem längeren Aufenthalt in Regensburg verholfen hat.

Danken möchte ich ferner Herrn Prof. Dr. Hans Joachim Kreutzer im Institut für Germanistik an der Universität Regensburg, der mich seit dem Sommersemester 1997 wissenschaftlich und nach seiner Emeritierung persönlich betreut. Nach Beendigung meiner Lehrtätigkeit im Juli 2004 betreut mich sein früherer Assistent, PD Dr. Peter Philipp Riedl, erneut im Institut für Germanistik. Nicht zuletzt bin ich Herrn Prof. Dr. Walter Gebhard, Bayreuth, für seine freundliche Hilfe in allen sprachlich-redaktionellen Fragen zu großem Dank verpflichtet. Seine kritischen Bemerkungen haben mich vielfach zum Nachdenken angeregt und mein gewagtes Werk in deutscher Sprache wesentlich gefördert.

Regensburg, im September 2004

Naoji Kimura

Einleitung: Germanistik aus ostasiatischer Perspektive*

Wenn sich zwei Nichteuropäer im Ausland auf englisch unterhalten, wundert man sich gewöhnlich nicht darüber. Bei internationalen Tagungen ist es auch üblich, Englisch als Tagungssprache zu verwenden. Sogar auf einer internationalen Japanologentagung, die Anfang der 90er Jahre einmal in Berlin stattfand, mußten die japanischen Teilnehmer ihre Referate auf englisch halten und diskutieren, um sich weltweit verständlich zu machen. Als aber im August 1985, eine Woche vor dem IVG-Kongreß in Göttingen, ein internationales Germanistentreffen des DAAD in Berlin stattfand, war es anders. Deutsche Germanistikprofessoren und Germanisten aus der ganzen Welt tauschten ihre Erfahrungen und Meinungen in deutscher Sprache aus, unterhielten sich miteinander auf deutsch und fühlten sich wie zu Hause. Warum denn also nicht ebenfalls auf deutsch, wenn ostasiatische Germanisten einmal unter sich zusammentreffen würden? Der Gedanke lag insofern sehr nahe, als bald darauf in Göttingen Professor Eijiro Iwasaki zum neuen Präsidenten der IVG gewählt und dadurch Tokyo faktisch als der Tagungsort für 1990 festgesetzt wurde.[1]

---

*   Bei dieser Einleitung handelt es sich im 1. Abschnitt um meine Dankrede „Lob der Goethephilologie. Unzeitgemäße Betrachtungen über die Germanistik" auf die Verleihung des Jacob- und Wilhelm-Grimm-Preises des DAAD am 1. Juni 2003 in Tokyo, im 2. Abschnitt um meinen gleichnamigen Plenarvortrag auf dem Pekinger Symposium des chinesisch-deutschen Jahrbuchs „Literaturstraße" am 1. April 2004 über das Thema „Deutsche Literaturgeschichte – Sackgasse oder ‚Literaturstraße' der internationalen Germanistik?" und im 3. Abschnitt um mein Einführungsreferat „Japans imperialistische Expansion in Asien" auf der Wiener Konferenz „Das Verbindende der Kulturen" des Instituts zur Erforschung und Förderung österreichischer und internationaler Literaturprozesse vom 7. bis 9. November 2003.

1   Vgl. Näheres darüber Ralf Schnell: Zwischen Anpassungsdruck und Sinnkrise. Die Situation der Geisteswissenschaften in Japan. In: Merkur. 1990, S. 651–664, hier ein akademisches Gespräch mit Eijiro Iwasaki S. 662 ff.

Der IVG-Kongreß sollte somit zum erstenmal in einem nichtwestlichen Land tagen. Das bedeutete für die japanischen Organisatoren, daß er ein Ort der Begegnung nicht nur zwischen Ost und West, sondern auch unter den ostasiatischen Nachbarländern werden sollte. War es doch von Anfang an klar, daß auch aus Korea und China viele Kollegen daran teilnehmen würden. Der Kontakt mit ihnen war allerdings aus geschichtlichen Gründen bis dahin kaum vorhanden, obwohl wir alle durch die Beschäftigung mit der deutschen Sprache und Literatur wie durch einen Rundfunksatelliten über den weiten Umweg der Germanistik in Deutschland verbunden waren. Die erste Kontaktaufnahme begann daher mit persönlichen Freundschaften in Seoul und Peking, die zu schließen mir glücklicherweise auf den Symposien in Deutschland gelang. So hatte ich gemerkt, daß wir ostasiatische Germanisten in der deutschen Sprache wirklich ein gemeinsames Verständigungsmittel besitzen, nicht nur zum fachwissenschaftlichen Meinungsaustausch, sondern auch zum persönlichen Gespräch.

Im Vorfeld des IVG-Kongresses Tokyo fanden dann im April 1989 das 1. koreanisch-japanische Germanistik-Symposium in Seoul und im März 1990 das 1. chinesisch-japanische Germanistik-Symposium in Peking statt, so daß eine gemeinsame Vorstandssitzung der Germanistenverbände dreier ostasiatischer Länder in Tokyo abgehalten werden konnte. Hier wurde beschlossen, im August 1991 das erste Drei-Länder-Germanistentreffen, wohl auf deutschem Boden, aber in dem alten japanischen Botschaftsgebäude in Berlin zu veranstalten, weil China und Südkorea damals noch keine diplomatischen Beziehungen hatten. Der Weg dazu wurde durch ein Faust-Symposium im Nachfeld des IVG-Kongresses geebnet, das ich in Kooperation mit dem Goethe-Institut Tokyo veranstaltete. Dazu habe ich außer zwei japanischen Kollgegen je zwei namhafte Goetheforscher aus der Bundesrepublik Deutschland, Korea und China eingeladen. Die zwei koreanischen Professoren der älteren Generation haben dabei ihre Vorträge in deutscher Sprache gehalten und im Anschluß daran fließend auf japanisch gesprochen.[2]

---

2   Vgl. die Dokumentationsbände in Seoul und Peking: Dogilmunhak. Koreanische Zeitschrift für Germanistik. 30. Jg. 1989 Heft 42. Dokumentation des 1. Symposiums der koreanischen und der japanischen Germanisten: Rezeption der deutschen Literatur

Diese akademischen Bemühungen haben bald eine allgemeine Bereitschaft zur weiteren freundschaftlichen Zusammenarbeit hervorgebracht und ihren ersten Gipfelpunkt erreicht in dem „Symposium der ostasiatischen Germanisten in Deutschland", das vom 26. bis 30. August 1991 im Japanisch-Deutschen Zentrum Berlin mit finanzieller Unterstützung des DAAD sowie der Alexander von Humboldt-Stiftung stattfand. Darüber berichtete *Der Tagesspiegel* am 1. September 1991 ausführlich unter der Überschrift „Deutsch als Brücke zwischen den Völkern Asiens. Fragen der asiatischen Identität bei Germanistentagung von Chinesen, Japanern und Koreanern in Berlin". In dieser „Premiere besonderer Art", wie es der damalige Generalsekretär des JDZB, Dr. Thilo Graf Brockdorff, nannte, haben erstmals die Germanisten aus China, Korea und Japan mit den deutschen Kollegen zusammen gemeinsam über das Thema „Deutsche Literatur und Sprache aus ostasiatischer Perspektive" diskutiert.[3] Das Berliner Treffen stellte gewissermaßen einen bescheidenen Auftakt zur etwas verspäteten Vergangenheitsbewältigung von japanischer Seite nach dem Musterbeispiel Deutschlands dar. Denn auch wenn das Geschehene in der Geschichte nicht wieder rückgängig zu machen ist, sollte einmal redlich versucht werden, es so weit wie möglich mit gutem Willen wiedergutzumachen.

in Japan und Korea. S. 276–366; Chinesisch-japanisches Germanistentreffen Beijing 1990. Dokumentation der Tagungsbeiträge. Beijing 1994; I. IDV-Regionaltagung Asien Beijing '94. Deutsch in und für Asien. Dokumentation der Tagungsbeiträge. Beijing 1996; Asiatische Germanistentagung 1997. Literatur im multimedialen Zeitalter. Neue Perspektiven der Germanistik in Asien. 2 Bde. Koreanische Gesellschaft für Germanistik, Seoul 1998. Vgl. ferner Symposium „Goethes *Faust* in Ost und West" in: Studien des Instituts für die Kultur der deutschsprachigen Länder. Nr. 8. Sophia-Universität, Tokyo 1990.

3 Vgl. Veröffentlichungen des JDZB Band 12: Symposium „Deutsche Literatur und Sprache aus ostasiatischer Perspektive", Berlin 1992. Darauf folgte in Japan vom 21.–24. August 1999 eine Asiatische Germanistentagung „Schwellenüberschreitungen" in Fukuoka. Zuletzt fand eine asiatische Germanistentagung Beijing 2002 vom 19.–23. August 2002 in China statt. Das Generalthema lautete nunmehr „Neues Jahrhundert, neue Herausforderungen – Germanistik im Zeitalter der Globalisierung". Die nächste Tagung ist im August 2006 in Seoul vorgesehen.

I. Deutschsprachige Germanistik als Philologie

Aus philologischen Gründen zitiere ich nicht gern aus Eckermanns *Gesprächen mit Goethe*. Denn der Text ist nicht ganz authentisch,[4] und das darin entworfene politisch sowie religiös allzu konziliante Goethebild verleitet so leicht manche Goethe-Liebhaber zu einer alle Widersprüche harmonisierenden Interpretation des Dichters. Zwar hat Nietzsche Goethes Unterhaltungen mit Eckermann (1792–1854) als „das beste deutsche Buch, das es gibt"[5] bezeichnet und er sagt sogar: „Man lese Eckermann und frage sich, ob je ein Mensch in Deutschland so weit in einer edlen Form gekommen ist."[6] Aber genau besehen geht es ihm dabei um „den ungestümen Naturalismus, der allmählich zur strengen Würde wird". Der geistige Naturalismus im Sinne des *Sturm und Drangs* soll bei Goethe mühsam zur abgeklärten Geistigkeit einer deutschen Klassik herangebildet worden sein. Das mag im großen und ganzen zutreffen, wenn sein ästhetischer Begriff von Stil gleichfalls der Menschenbildung zugrunde gelegt wird. Zumindest erscheint es mir nicht philologisch fundiert, Goethe vorwiegend nach den Gesprächen mit Eckermann als einen „stilisierten Menschen" hervorzuheben.

Heute kann ich aber aus menschlichen Gründen nicht umhin, trotz meines philologischen Vorbehaltes eine Stelle aus Eckermann zu zitieren. Unter dem 14. März 1830 äußert sich Goethe über die politische Dichtung bei den Befreiungskriegen gegen Napoleon:

> Wie hätte ich nun Lieder des Hasses schreiben können ohne Haß! – Und, unter uns, ich haßte die Franzosen nicht, wiewohl ich Gott dankte, als wir sie los waren. Wie auch hätte ich, dem nur Kultur und Barbarei Dinge von Bedeutung sind, eine Nation hassen können, die zu den kultiviertesten der ganzen Erde gehört und der ich einen so großen Teil meiner eigenen Bildung verdankte!"

---

4 Vgl. Reinhard Buchwald: Goethe. Der Mensch / der Dichter / der Denker. Bücher von ihm und über ihn. Verlag Eberhard Stichnote. Hamburg 1951. S. 49 f. Neuere Forschungsergebnisse in: Johann Peter Eckermann. Leben im Spannungsfeld Goethes. Herausgegeben im Auftrage der Stiftung Weimarer Klassik vom Goethe-Nationalmuseum. Verlag Hermann Böhlaus Nachfolger. Weimar 1995.
5 Friedrich Nietzsche: Der Wanderer und sein Schatten. *Der Schatz der deutschen Prosa*. In: Karl Robert Mandelkow (Hrsg.), Goethe im Urteil seiner Kritiker. Teil III 1870–1918. C. H. Beck Verlag. München 1979. S. 28.
6 Ebd., S. 22.

Ebenso verdanke ich als Germanist der Bundesrepublik Deutschland fast meine ganze Ausbildung. Deshalb erlaube ich mir, Ihnen zunächst etwas von meinem akademischen Werdegang mitzuteilen, um dann zum Lobe der Goethephilologie unzeitgemäße Betrachtungen über die Germanistik anzustellen.

Abgesehen davon, daß ich im Jahre 1955 die Germanistik an der von den deutschen Jesuiten gegründeten Sophia-Universität in Tokyo zu studieren begann, habe ich meine philologischen Lehrjahre in München verbringen dürfen, weil mir frühzeitig ein DAAD-Stipendium zuteil wurde. Meine Wanderjahre mit ausgedehnten Vortrags- bzw. Studienreisen durch die weite Welt konnte ich vor allem deshalb antreten, weil ich im Goethejahr 1982 das Glück hatte, einen großartig dotierten Forschungspreis von der Alexander von Humboldt-Stiftung zu erhalten. Und während der langjährigen Lehrtätigkeit an meiner Alma Mater konnte ich mehrmals internationale Symposien erfolgreich durchführen, weil das Goethe-Institut Tokyo mich immer finanziell und organisatorisch unterstützt hat. Darüber hinaus habe ich nach meiner Emeritierung im März 2000 das Lektorat für Japanisch an der Universität Regensburg übernehmen können und wohne jetzt in einem alten Patrizierhaus an der Donau, das aus dem 13. Jahrhundert stammt und unter Denkmalschutz steht. Wenn mir heute auch noch der ehrenvolle Jacob- und Wilhelm-Grimm-Preis des DAAD verliehen wird, fühle ich mich so zu großem Dank verpflichtet, zumal ich für diese Auszeichnung in meinem akademischen Leben kaum mehr etwas leisten kann.

Dagegen leide ich allerdings seit meiner Jugend unter der Schizophrenie zwischen der japanischen und deutschen Sprache. Als Nicht-Muttersprachler kann ich doch diese bilder- und formenreiche Sprache nie richtig erlernen, auch wenn ich ständig Deutsch spreche und schreibe. Zudem gehöre ich als Goethephilologe immer noch zur alten Berliner Schule, die in der deutschen Germanistik längst verschwunden ist. Ich habe sie in meiner Münchner Studentenzeit von meinem hochverehrten Lehrer Hermann Kunisch (1901–1991) mehr oder weniger gründlich gelernt, indem ich zunächst seine Dissertation „Das Wort ‚Grund' in der Sprache der deutschen Mystik des 14. und 15. Jahrhunderts" (1929) las, und eine Nachfolge im Sinne von *imitatio* stellt gerade im Fernen Osten eine lange Tradition in Forschung und Lehre dar. Nach der konfuzianischen Lehre muß ja ein Schüler immer einen Meter hinter seinem Lehrer gehen, um nicht einmal dessen Schatten zu betreten. Ich bedaure sehr, daß diese schöne Sitte, die den drei Ehrfurchten in der „Pädagogischen Provinz" von Goethes Roman *Wilhelm Meisters Wanderjahre* ohne weiteres zugeordnet werden könnte, nicht nur in Deutschland, sondern auch in Japan verloren gegangen ist.

Es geht mir aber im Augenblick viel mehr um die Problematik der Kulturwissenschaften, die mittlerweile die traditionellen Geisteswissenschaften verdrängt zu haben scheinen. Neuerdings spricht man ausdrücklich von Germanistik als Kulturwissenschaft.[7] Aber Germanistik als deutsche Philologie nahm wissenschaftsgeschichtlich ihren Anfang von der Goethephilologie, die ihrerseits auf der Grundlage der klassischen Philologie sowie der Editionen mittelhochdeutscher Handschriften entstanden war. Mit der Berliner Schule ist diese altbewährte philologische Wissenschaftstradition in Deutschland gemeint. Zu ihr gehörten schließlich auch die Brüder Grimm, da sie bekanntlich nach ihrer Entlassung im Jahre 1837 aus Göttingen nach Berlin berufen worden waren. In Japan war es übrigens Umekichi Tanaka (1883–1975), der bereits 1943 eine bahnbrechende Monographie über den Sprachwissenschaftler Jacob Grimm veröffentlicht hat.[8]

Im *Deutschen Wörterbuch* von Jacob Grimm und Wilhelm Grimm, dessen erster Band im Jahre 1854 beim Verlag von Salomon Hirzel, dem eifrigen Sammler von Literaturzeugnissen des jungen Goethe, erschien, befindet sich nun ein 118 Spalten umfassender berühmter Artikel Rudolf Hildebrands (1824–1894) über das Stichwort „Geist".[9] Als ich, wie gesagt,

---

7   Vgl. Germanistik als Kulturwissenschaft. Themenheft der Mitteilungen des Deutschen Germanistenverbandes 46/1999, Heft 4. Zum wissenschaftstheoretischen Hintergrund vgl. Manfred Riedel: Geisteswissenschaften – Grundlagenkrise und Grundlagenstreit. In: Meyers Enzyklopädisches Lexikon. Sonderbeitrag aus Band 9, Herbst 1973, S. 293–298.

8   Vgl. Naoji Kimura: Jacob Grimm und die historische Sprachwissenschaft. Ein Forschungsbericht. In: Doitsu Bungaku (Deutsche Literatur) Nr. 77, Tokyo 1986. S. 141–143.

9   Vierten Bandes Erste Abtheilung. Zweiter Theil. Bearbeitet von Rudolf Hildebrand und Hermann Wunderlich. Sp. 2623–2741. Verlag von S. Hirzel. Leipzig 1897. Näheres über die Arbeit am *Deutschen Wörterbuch* vgl. Herbert Scurla: Die Brüder Grimm. Ein Lebensbild. Verlag der Nation. Berlin 1985: hier S. 308–321.

vor mehr als vierzig Jahren in München studierte, habe ich u. a. diesen später als eine selbständige Abhandlung erschienenen Artikel methodisch zum Muster genommen. Denn von meinem Doktorvater, der vor dem Krieg über zehn Jahre Mitarbeiter am Grimmschen *Deutschen Wörterbuch* in Berlin gewesen war, bekam ich für meine Dissertation die Aufgabe, eine Reihe poetologischer Stichwörter einschließlich „Geist" in Goethes Briefwechsel mit Schiller und in den Gesprächen mit Eckermann zu untersuchen.[10] Damals war in der Germanistik neben der ästhetisch ausgerichteten werkimmanenten Interpretation eine genaue Wortuntersuchung vergleichbar der Begriffsuntersuchung in der Philosophie eine beliebte Methode, wobei eine Dissertation als Gesellenarbeit und eine Habilitationsschrift als Meisterstück für eine Aufnahme in die akademische Zunft angesehen wurden. Obwohl in der Öffentlichkeit schon von Bildungsnotstand die Rede war, hatte man in Fachkreisen den humanistischen Grundgedanken von Wilhelm von Humboldt noch nicht ernsthaft in Frage gestellt.

Auf diese Weise arbeitete ich zu Anfang der 60er Jahre am Rande der gesamtdeutschen Zusammenarbeit, des 1947/48 in Hamburg und Leipzig, 1951 in Tübingen begonnenen Berliner Projekts, für das großangelegte *Goethe-Wörterbuch*, und die deutsche Philologie galt mir ohne jeden Zweifel als eine zuverlässige Disziplin in den Geisteswissenschaften. Im Grimmschen *Deutschen Wörterbuch* hieß es in der Tat unter dem Stichwort „Geisteswissenschaften", das nach dem mitten in den Ausführungen durch den Tod abgebrochenen Stichwort „Frucht" nicht mehr von Jacob Grimm selbst stammte, lakonisch: „plur. neuerdings im gegensatz zu den naturwissenschaften, also philosophie, geschichte, philologie u. s. w." Im Hinblick auf die Theologie, die ich schon wegen der deutschen Mystik als Nebenfach studierte, hatte ich ein gewisses Bedenken, ob sie zu den Geisteswissenschaften gehört oder nicht, und wenn nicht, wie sie sich zu ihnen verhält. Erwies sich mir doch Bibelexegese als Philologie schlechthin, Kirchen- oder Dogmengeschichte als

---

10 Vgl. Naoji Kimura: Goethes Wortgebrauch zur Dichtungstheorie im Briefwechsel mit Schiller und in den Gesprächen mit Eckermann. Max Hueber Verlag. München 1965.

historiographische Disziplinen, und die sogenannte *philosophia perennis* als eine Philosophie des christlichen Abendlandes. Immerhin stand in der Vignette von Ludwig Richter auf dem Titelblatt des Grimmschen *Deutschen Wörterbuchs* als Motto der Anfangsvers des Johannesevangeliums: „im anfang war das wort." Im ersten Teil von Goethes *Faust* war dieser Begriff literarisch im profanen Sinne als Sinn, Kraft und Tat nacheinander umgedeutet. Dadurch wurde mir glücklicherweise eine geisteswissenschaftliche Brücke vom späten Mittelalter über die Theologie zu Goethe geschlagen. Jacob Grimms Auffassung der Philologie selbst beruhte zutiefst auf seiner Liebe zum *logos*, worauf Klaus Ziegler hinwies: „So gilt gerade dem späten Grimm *Philologie* als *Theorie* im wortwörtlichen Verstande: als innerweltlicher Weg zur Gottesschau – im Grunde als eine säkularisierte Form der Theologie."[11]

Zu meiner Freude und Ermutigung bemerkte Jacob Grimm außerdem in seiner Vorrede:

> Göthes und Schillers hohe verdienste um unsere sprache strahlen so glänzend, dasz ihre gelegentlich etwa dargegebne abneigung vor einigen dichtungen des mittelalters, deren gehalt dabei weniger in betracht gekommen sein kann, als zufällige umstände, gar nicht angeschlagen werden darf. (Sp. VI)

Durch diesen vermittelnden Hinweis konnte ich mich mit der deutschen bzw. Weimarer Klassik ungeniert beschäftigen, ohne auf mein Interesse für das deutsche Mittelalter verzichten zu müssen. Meine Vorliebe für Goethe wurde dabei durch den editorischen Grundsatz Jacob Grimms nur bestätigt und gefördert. Nach ihm kam es darauf an, in jedem Jahrhundert die mächtigsten und gewaltigsten Zeugen der Sprache zu erfassen und wenigstens ihre größten Werke in das Wörterbuch einzutragen. So nannte er Keisersberg, Luther, Hans Sachs, Fischart sowie Goethe und schrieb für mich richtungsweisend über den zuletzt genannten Dichter: „den vollen gebrauch von Göthes schriften sicherten glücklicher weise die sorgfältigsten vorkehrungen, und besser ist, dasz aus andern vieles als aus ihm weniges abgehe." (Sp. XXXV f.)[12]

---

11 Klaus Ziegler: Die weltanschaulichen Grundlagen der Wissenschaft Jacob Grimms. In: Euphorion. Bd. 46 (1952), S. 241–260: hier S. 259.
12 Näheres über sein Verhältnis zu Weimar vgl. Reinhold Steig: Die Brüder Grimm und die Weimarische Bibliothek. In: Zeitschrift für Bücherfreunde. Neue Folge. Heraus-

Jacob Grimm benutzte dabei Goethes *Ausgabe letzter Hand* und verteidigte seine zahlreichen Zitate daraus folgendermaßen:

> Hin und wieder wird man der belege zuviel angebracht meinen, namentlich aus Luther und Göthe. doch jenes einflusz auf die sprache, Göthes macht über sie müssen reich und anschaulich vorgeführt werden und selbst in wiederkehrenden redensarten entfaltet jede wendung des ausdrucks eignen reiz. unter ahnungsvoll, unter bethätigen und sonst noch lag es daran, den wachsthum und die befestigung göthischer lieblingswörter recht zu zeigen. (Sp. XXXVII)

Dies alles schrieb Jacob Grimm noch vor den Herausgebern der *Weimarer Goetheausgabe*, die seit 1885 recht eigentlich die Goethephilologie begründeten. Wenn der Begründer der Germanistik allen voran Goethe so wertschätzte, hatte ich als angehender Germanist einen guten Grund, mich nach Kräften den Goethe-Studien zu widmen. Auch galt mir die Goethephilologie von Anfang an als eine Art kulturwissenschaftliche Forschungsdisziplin, zumal ich mit der Sprache Goethes gleichzeitig seine geistige Welt mit verschiedensten Themen studieren konnte und die führenden Geisteswissenschaftler wie Wilhelm Dilthey (1833–1911) oder Eduard Spranger (1882–1963) bedeutende Goethebücher geschrieben haben. Diese Bücher haben denn auch in japanischer Übersetzung die Goethe-Rezeption in Japan vor dem Zweiten Weltkrieg stark beeinflußt.

Als Musterbeispiel der Goethephilologie diente mir nicht mehr die *Jubiläums-Ausgabe* wie bei der älteren Generation, sondern die *Hamburger Ausgabe* von Goethes Werken mit ihren zuverlässigen Texten und ihrem vorzüglichen Kommentar. Aber wie ich mich ferner mit der Wissenschaftsgeschichte der Goetheforschung beschäftigte, hat sich bald ein anderer Aspekt der Goethephilologie gezeigt. Es stellte sich heraus, daß sie nicht nur eine höchste Leistung der Geisteswissenschaften darstellte, sondern auch eine ausgesprochene Nationalphilologie war, die sich im Laufe der Jahre für politische Zwecke instrumentalisieren ließ. Da wurde ich in meiner germanistischen Einstellung etwas ideologiekritisch und habe gemerkt, daß nicht der Geist als solcher, sondern mit dem Attribut

---

gegeben von Carl Schüddekopf und Georg Witkowski. Vierter Jahrgang Erste Hälfte. Leipzig 1912. S. 25–30.

„deutsch" – also deutscher Geist – in den dreißiger Jahren ebenso problematisch war wie der japanische Geist in Verbindung mit dem Nationalismus. In der neueren deutschen Geistesgeschichte liegt diese Umwertung des Geistes vom deutschen Idealismus über die Lebensphilosophie der Jahrhundertwende bis zu Ludwig Klages' (1872–1956) Begriff „Der Geist als Widersacher der Seele" klar auf der Hand.

Der leider fast vergessene Denker Theodor Haecker (1879–1945), der nebenbei bemerkt der geistige Mentor von Sophie Scholl (1921–1943) war, hat sich sein Leben lang mit dem Problem von „Geist und Leben" auseinandergesetzt, und ich habe besonders von seinen *Tag- und Nachtbüchern* viel gelernt.[13] Nicht zuletzt unter seinem Einfluß habe ich im Gegensatz zur vitalistischen Lebensphilosophie nie an dem Wert der Geisteswissenschaften gezweifelt, zumal ich früh genug die Philologie überhaupt als den echten deutschen Geist kennengelernt habe und die Goethephilologie trotz allem bis heute als Grundlage aller Goetheforschung hochschätze.[14] Die Bayerische Staatsbibliothek, in der ich im Goethejahr 1982 so oft gearbeitet habe, kam mir wörtlich wie eine Hochburg der deutschen Philologie vor. Im Prunksaal der Österreichischen Nationalbibliothek in Wien habe ich dann erlebt, was es bedeutet, Bücher zu schreiben.

Vor einigen Jahren war ich jedoch überrascht zu erfahren, daß es heutzutage im deutschen Sprachraum nicht mehr modern sein soll, von den Geisteswissenschaften zu sprechen, weil der „Geist" obsolet geworden sei.[15] Schon lange spricht man gewiß von der Krise der Geisteswissenschaften im Zusammenhang mit der Legitimationsfrage. Aber der hellsichtige Goethe ließ ein für allemal den in Fausts langem Kleide versteckten Mephistopheles sagen:

---

13 Vgl. Theodor Haecker: Tag- und Nachtbücher. 1939–1945. Mit einem Vorwort hrsg. von Heinrich Wild. Kösel Verlag (Hegner Bücherei). München 1947.
14 In diesem Sinne gilt die moderne Goethephilologie als Editionswissenschaft. Vgl. Jochen Golz (Hrsg.): Goethe-Philologie im Jubiläumsjahr – Bilanz und Perspektiven. Beihefte zu editio Bd. 16. Max Niemeyer Verlag. Tübingen 2001.
15 Vgl. Gotthart Wunberg/Lutz Musner: Kulturwissenschaft/en – eine Momentaufnahme. In: IFK news 2/99, S. 4–6. Es begann schon bald nach dem Zweiten Weltkrieg. Vgl. Karl Viëtor: Deutsche Literaturgeschichte als Geistesgeschichte. Francke Verlag. Bern 1967. S. 31.

„Wer will was Lebendigs erkennen und beschreiben,
Sucht erst den Geist heraus zu treiben,
Dann hat er die Teile in seiner Hand,
Fehlt leider! nur das geistige Band." (V. 1936–1939)

Dies ist im Hinblick auf *artes liberales* gesagt, aus denen sich später die philosophische Fakultät an den deutschen Universitäten entwickelt hat. Sollte die eben erwähnte Krise wirklich nachvollziehbar sein, so wäre sie gerade symptomatisch dafür, daß man durch zu viel Einzelwissen aus den Geisteswissenschaften den Geist herausgetrieben hat, ohne ein fächerübergreifendes Ganzes mit dem geistigen Band wiederherzustellen. Noch schlimmer wäre es freilich, wenn der Geisteswissenschaftler selber geistlos geworden sein sollte.

Auf jeden Fall sind meines Erachtens Geisteswissenschaften selbst nicht an ihrer Krise schuld, solange sie ihren wissenschaftlichen Prinzipien treu geblieben sind. Diese bestehen im Grunde genommen in der genauen Textlektüre und kritischen Auseinandersetzung damit, wie sie vornehmlich in allen Philologien seit eh und je praktiziert wird. Ich bin davon fest überzeugt, daß Sachkommentar und Wahrheitsgehalt bei Benjamin (1892–1940) keine Alternative, sondern aufeinander angewiesen sind. Die Germanistik sollte also bei aller Methodendebatte unbeirrt deutsche Philologie bleiben, während neue kulturwissenschaftliche Fragestellungen wie Ethnologie, Interkulturalität, Postkolonialismus, Körpersprache, Cultural oder Gender Studies usw. einem institutionell neu einzurichtenden Fachbereich zuzurechnen sind. Vermengung der Wissenschaftsdisziplinen im Namen der Integration bringt wie die Vermischung der Gattungen in der deutschen Romantik nur Chaos hervor. In Kunst und Literatur kann es sich eventuell schöpferisch auswirken, aber sicherlich nicht in den Geisteswissenschaften. Goethe und Schiller versuchten in ihrem Briefwechsel, die literarischen Gattungen streng voneinander zu trennen. Eine kulturwissenschaftliche Inter- oder Transdisziplinarität ist in der Goethephilologie eigentlich seit langem geläufig, wovon die Rezeptionsgeschichte Goethes in Deutschland Zeugnis ablegt. Eckermanns *Gespräche mit Goethe* bieten zum Beispiel eine reichhaltige Fundgrube für die Literatur-, Kultur- und Kunstgeschichte. Wenn sie keinen Anlaß zu einem Goethe-Kult geben, bin ich völlig damit einverstanden.

Aber nicht wegen der angeblichen Modernität verwendet man wohl statt der Geisteswissenschaften den neuen Terminus „Kulturwissenschaften", sondern es muß einen sachlich fundierten Grund dafür geben, wenn er in einer gesellschaftlich radikal veränderten Welt berechtigt ist. Es scheint mir zunächst einmal, daß die Kulturwissenschaften im Plural ein mehr empirischer als theoretischer Begriff ist, der nicht nur geistes-, sondern auch sozial- und naturwissenschaftliche Betrachtungsweisen einbezieht. Denn ihre Gegenstandsbereiche lassen sich in der mittels neuer Medien hervorgebrachten und vernetzten Zivilisation von heute nicht mehr deutlich voneinander abgrenzen. Goethes Farbenlehre zwischen Optik und Farbenästhetik ist schon ansatzweise ein gutes Beispiel dafür. In den formal so verstandenen Kulturwissenschaften wird daher eine erneute transkontinentale Betrachtungsweise wie bei Johann Gottfried Herder auf höherer, d. h. empirisch-naturwissenschaftlich fundierter, computergestützter Ebene unentbehrlich sein.[16]

Was die Kulturwissenschaft im Singular anbelangt, so dürfte sie im Prinzip annähernd mit dem Begriff der Kulturphilosophie übereinstimmen, der im Zuge des Kulturwandels um 1900 entstanden ist.[17] Stichworte, die in dem Zusammenhang genannt werden, also „historische Vorgaben", „Krise der Wissenschaften", „Kontinuitätsbruch", „Reflexivität und Kritik", machen faktisch die ganze Geistesgeschichte des 19. Jahrhunderts aus, bis der Neukantianismus (1865–1918) zur Bewältigung der neuartigen Kulturphänomene aufkam. Dabei geht es vor allem um die Kulturtheorien eines Wilhelm Windelband (1848–1915), Heinrich Rickert (1863-1936), Georg Simmel (1858–1918), Max Weber (1864–1920) oder Ernst Cassirer (1874–1945). Es ist aber auffallend, daß diese Philosophen außer Max Weber alle tiefschürfende Goethebücher

---

16 Vgl. Johann Gottfried Herder Werke. Herausgegeben von Wolfgang Pross. Band III/1: Ideen zur Philosophie der Geschichte der Menschheit. Text; Band III/2 Kommentar. Wissenschaftliche Buchgesellschaft. Darmstadt 2002. Vgl. ferner Naoji Kimura: Kontinentalität und Transkontinentalität am Beispiel Eurasiens. In: Jura Soyfer. Internationale Zeitschrift für Kulturwissenschaften. 11. Jg. Nr. 4/2002. S. 3–8. Vgl. auch Friedrich Muthmann: Alexander von Humboldt und sein Naturbild im Spiegel der Goethezeit. Artemis-Verlag. Zürich und Stuttgart 1955.

oder Faust-Aufsätze geschrieben haben und diese gleich ins Japanische übersetzt worden sind. Offenbar wollten sie auf Goethes Humanität, zumindest auf seinen Kulturbegriff zurückgreifen, wovon die japanischen Gebildeten sowieso sehr angetan waren.

An dieser Stelle ist wieder Eckermanns Werk *Gespräche mit Goethe* wegen der darin ausgesprochenen Bildungsidee kritisch zu überprüfen. Es erschien 1836 zum erstenmal in Leipzig bei Brockhaus in zwei Bändchen. Der dritte Teil kam mit Benutzung des Manuskripts von Frédéric Soret (1795–1865) zustande und erschien 1848 in Magdeburg bei Heinrichshofen, da zwischen dem Verfasser und dem Verlag Brockhaus unliebsame Streitigkeiten vorgekommen waren. Die Gesamtausgabe mit den drei Teilen konnte erst nach dreizehn Jahren wieder bei Brockhaus gedruckt werden.[18] Es ist allgemein bekannt, wie tief Goethes Ansehen in den Jahren des Vormärz gesunken war. Deshalb ist grundsätzlich davon auszugehen, daß es sich bei Eckermanns Werk um ein stark apologetisches Buch für den von Heine (1797–1856) oder Börne (1786–1837) geschmähten greisen Dichter handelt. In einer Nachlaßnotiz Nietzsches vom Juli–August 1879 heißt es: „Eckermann das beste Prosawerk unserer Literatur, der höchste Punkt der deutschen Humanität erreicht."[19] Eine Kulturkritik, die solche Maßstäbe anwendet, müßte die moderne Kunst und Literatur seit dem Wertzerfall um 1900 notwendigerweise anders beurteilen als deren Anhänger, geschweige denn eine weltweit verbreitete Massen-, Pop- oder Subkultur nach dem Zweiten Weltkrieg.

Das einzige Problem, das ich noch aus den kulturwissenschaftlichen Fragestellungen aufgreifen möchte, ist im Rahmen der sogenannten „Interkulturalität" die Frage nach dem herkömmlichen Unterschied von Ost und West, wo es so viele verschiedene Kulturen gibt. Nach der alten

---

17 Näheres vgl. Markus Fauser: Einführung in die Kulturwissenschaft. Wissenschaftliche Buchgesellschaft. Darmstadt 2003. S. 12 f.
18 Vgl. Eckermann Gespräche mit Goethe. Illustrierte Ausgabe, besorgt von Hans Th. Kroeber. Gustav Kiepenheuer Verlag. Weimar 1913. Nachwort des Herausgebers S. 747–752. Vgl. die neueste Ausgabe von Christoph Michel mit einem kritischen Kommentar in: Johann Wolfgang Goethe, Sämtliche Werke. Briefe, Tagebücher und Gespräche. II. Abteilung, Bd. 12. Frankfurt/Main 1999.
19 Abgedruckt bei K. R. Mandelkow in den Anmerkungen, S. 494.

Vorstellung geht die Sonne im Osten auf und geht im Westen unter. Sonst hätte Oswald Spengler (1880–1936) im Hinblick auf den faustischen Drang der europäischen Zivilisation nicht vom Untergang des Abendlandes gesprochen. Aber wo beginnt dieser Osten? und wo endet der Westen? Goethes *West-östlicher Divan* bewegt sich in Wahrheit nur zwischen Europa und der arabisch-persischen Welt. Die altertümliche Bezeichnung „Nippon" für Japan bedeutet ursprünglich das Land der aufgehenden Sonne im Fernen Osten. Als die Europäer vor Jahrhunderten *ex oriente lux* sagten, haben sie aber etwas anderes im Auge gehabt. Wie es weiter lautet, *ex occidente lex*, war der islamische Orient im Nahen Osten dem christlichen Okzident in Europa gegenübergestellt, und als Luther das Wort Orient als Morgenland ins Deutsche übersetzte, lag das Übersetzungswort „Abendland" für Okzident von selbst bereit. In der gegenwärtigen Weltlage ist nur zu hoffen, daß das Licht im Osten nicht erlischt und das Recht wirklich aus dem Westen kommt.

Zwischen Deutschland und Japan bestehen seit den Tagen eines Engelbert Kaempfer (1651–1716), der aus Europa über den Orient bis nach Japan gekommen ist, enge kulturelle Beziehungen. Darüber hat gerade der japanische Grimmforscher Umekichi Tanaka sein umfangreiches Hauptwerk als Vermächtnis für die spätere Generation hinterlassen.[20] Wenn die DAAD-Außenstelle Tokyo in diesem Jahr ihr 25jähriges Jubiläum feiert, so freue ich mich, daß ihr Wirkungskreis inzwischen von Japan bis nach Korea und China erweitert worden ist. Dank ihrer Unterstützung ist es doch seit dem IVG-Kongreß 1990 in Tokyo so weit gekommen, daß die chinesischen, koreanischen und japanischen Germanisten auf verschiedenen Tagungen freundschaftlich zusammenarbeiten. Daß sie sich dabei ohne weiteres auf deutsch verständigen können, spricht eindeutig für die wissenschaftliche Relevanz der deutschen Sprachkultur in Ostasien. Als Jacob Grimm seine Vorrede zum *Deutschen Wörterbuch* mit folgenden Worten abschloß, hätte er wohl kaum daran gedacht, daß auch ostasiatische Germanisten eines Tages in

---

20 Vgl. Umekichi Tanaka: Synoptische Geschichtstabellen der wechselseitigen Strömungen der Sprachkultur zwischen Japan und Deutschland mit ausführlichen Literaturnachweisen und Anmerkungen. Tokyo 1968.

die philologisch geheiligte „Halle" der deutschen Sprache einstimmend eintreten würden:

> Deutsche geliebte landsleute, welches reichs, welches glaubens ihr seiet, tretet ein in die euch allen aufgethane halle eurer angestammten, uralten sprache, lernet und heiliget sie und haltet an ihr, eure volkskraft und dauer hängt in ihr. noch reicht sie über den Rhein in das Elsasz bis nach Lothringen, über die Eider tief in Schleswigholstein, am ostseegestade hin nach Riga und Reval, jenseits der Karpathen in Siebenbürgens altdakisches gebiet. Auch zu euch, ihr ausgewanderten Deutschen, über das salzige meer gelangen wird das buch und euch wehmütige, liebliche gedanken an die heimatsprache eingeben oder befestigen, mit der ihr zugleich unsere und euere dichter hinüber zieht, wie die englischen und spanischen in Amerika ewig fortleben. (Sp. LXVIII)

2. Auslandsgermanistik als Kulturwissenschaft

In der Frankfurter Allgemeinen Sonntagszeitung vom 14. März 2004 erschien unter der Rubrik Politik ein schockierender Artikel „Wann stirbt das Deutsche aus? Sparkurs nimmt der Sprache Chancen". Der Verfasser Konrad Schuller wurde dazu veranlaßt, weil der deutsche Bundesaußenminister Joschka Fischer am 3. März 2004 im Kulturausschuß des Bundestages verkündet hatte, die kommenden Mittelkürzungen bei der auswärtigen Sprach- und Kulturpolitik würden nicht nur „ins Fleisch" gehen, sondern „ins Mark". Der Ausdruck „bis in Knochen und Fleisch durchdringen" befindet sich im chinesischen Schriftzeichen wörtlich auch im Japanischen, Koreanischen und Chinesischen, so daß die damit gemeinte krisenhafte Situation der deutschen Sprache von heute für mich gut nachvollziehbar ist.

Die Prognose fällt leider sehr schlecht aus. Nach einem Zitat zum Schluß sieht ein deutscher Sprachwissenschaftler (Rudolf Hoberg) Überlebenschancen für die eigene Muttersprache allenfalls im Inland: „Daheim, beim Abendbrot werden auch unsere Ururenkel mit ihren Kindern weiter deutsch reden. Nur unsere Vorlesungen, die werden wir dann wohl auf englisch halten müssen." Der letztere Satz ist offensichtlich im Hinblick auf den globalen Vereinheitlichungsdruck und den fulminanten Vormarsch des Englischen in Handel, Wissenschaft und Massenmedien gesagt. So heißt es in erstaunlicher Weise: „Immer mehr Universitäten in Deutschland können Fachleute und Studenten aus aller Welt nur noch zu sich locken, wenn sie Veranstaltungen auf englisch anbieten. Auf immer mehr Gebieten hat das Deutsche seine schöpferische Kraft verloren." Mit der „schöpferischen Kraft" ist die sprachliche Kreativität, neue Fachbegriffe wie bei Max Weber, Albert Einstein oder Sigmund Freud bilden zu können, gemeint.

Der erstere Satz impliziert etwas ironisch, daß das Deutsche dadurch wohl nicht verschwindet, aber in seinem Geltungsbereich stark reduziert werden wird. Wenn also der Sparkurs bleibt, scheint nur noch die bescheidene Hoffnung zu bestehen, daß es nach dem desaströsen Einbruch des Russischen als Lingua franca des Ostens nunmehr als „Französisch des Ostens" avanciert, „wo das Deutsche auf den zweiten Platz kommen kann". Näher erläutert besagt der Sachverhalt:

> Auch hier wird zwar niemand dem Englischen den ersten Rang streitig machen können. In den meisten Reformländern des Ostens aber hat das Deutsche – Lenin zufolge schon immer die einzige slawische Sprache, die alle Slawen verstehen – eine reelle Chance auf den zweiten Platz.

Mit dem Osten ist freilich nicht Ostasien, sondern ausschließlich Osteuropa gemeint. Bei der genannten Krise geht es eigentlich nicht um die deutsche Sprache als solche, die etwa aussterben könnte, sondern vielmehr um eine Kulturpolitik, die durch eine drastische Sparmaßnahme die Sprachvermittlung im Ausland gefährdet. Insofern bildet der besorgniserregende Artikel in der F.A.Z. für die ostasiatischen Germanisten nur einen Anhaltspunkt dafür, über die Wissenschaft von deutscher Sprache und Literatur weitere Betrachtungen anzustellen. Aber die Zweideutigkeit des Wortes „Osten" kommt mir diesmal sehr gelegen. Denn was dort gesagt wird, läßt sich analog und zutreffend auf Ostasien anwenden.

Zunächst soll daran festgehalten werden, daß das Deutsche trotz allem zu den lebensfähigsten Sprachen der Welt gehört, wie sie von Konrad Schuller folgendermaßen charakterisiert werden:

> Hundert Millionen Sprecher, hinreichend Familien, deren Kinder die alte Muttersprache noch lernen, ein reicher Schatz an verschrifteten Sprachdenkmälern und respektable Wirtschaftskraft, das alles sind Kennzeichen derjenigen Sprachen, die den Kollaps des 21. Jahrhunderts wohl überleben werden.

Gerade deshalb bemühen sich ja seit Jahrzehnten hunderttausende Studierende und Dozenten in Ostasien, das Deutsche als effiziente Fremdsprache zu erlernen und mittels dieser Sprache mannigfaltige Ziele in Forschung und Beruf zu verfolgen. Es gilt nicht nur traditionsgemäß als akademische Sprache wie Latein in Ostasien, sondern hat sich mittlerweile auch zumindest unter Germanisten als Lingua franca Ostasiens erwiesen. Sonst würde ein solches Symposium wie das unsere nicht zustande kommen. Im folgenden soll jedoch vorwiegend von den „verschrifteten Sprachdenkmälern" gesprochen werden, wenngleich „respektable Wirtschaftskraft" der deutschen Sprache hier in China eine viel größere Rolle spielt als in Japan oder Korea.

Germanistik, die sich wissenschaftlich mit deutschen Sprachdenkmälern beschäftigt, wurde bekanntlich in Europa als eine der Nationalphilologien zumeist auf sprach- und / oder literaturwissenschaftlicher Grundlage betrieben. Die philologische und hermeneutische Grundlage der Germanistik ist aber seit den sechziger Jahren des vorigen Jahrhunderts immer wieder in Frage gestellt worden. Vor allem wurde sie als Textwissenschaft um ihre gesellschaftlichen Kontexte erweitert worden, so daß ihr hergebrachter Gegenstandsbereich durch die sogenannten sozialgeschichtlichen Methoden weitgehend überschritten war. Daneben kam die rezeptionsgeschichtliche Betrachtungsweise auf und wurde besonders durch Auslandsgermanisten dankbar praktiziert. Aber in den siebziger Jahren erschütterte die sogenannte linguistische Wende ihre unangefochtene Stellung. Was man früher im Rahmen der Sprachphilosophie reflektiert hatte, wurde fortan als moderne Linguistik etwas empirischer betrieben, und die historische Sprachwissenschaft drohte vernachlässigt zu werden.

Daher wird der Hintergrund der bisherigen Methodendebatten in Deutschland z. B. von Markus Fauser wie folgt umschrieben:

> Mit der Erkenntnis von der Sprache als einer unhintergehbaren Bedingung des Denkens ließ sich die Linguistik als Königin der Wissenschaften feiern und bewies, dass sprachliche Kategorien auch für das wissenschaftliche Denken essentiell sind. Sämtliche Ordnungen des Wissens, das ist seither unbestritten, besonders natürlich das überlieferte historische Wissen, sind sprachlich vermittelt und existieren nur in dieser Form. Das erklärt auch den Erfolg des

Poststrukturalismus und der Dekonstruktion in den achtziger Jahren, die bis in kleinste Textverfahren hinein die Rhetorizität der Kommunikation nachwiesen.[21]

Japanische Germanisten der jüngeren Generation sind bis heute noch von dieser angeblich neuen Methode sehr eingenommen, während ich ein alter, in ihren Augen vielleicht obsoleter Goethephilologe mit ideologiekritischem Einschlag geblieben bin. Ich habe doch Germanistik noch vor 1968 in München studiert. Aber schon seit den neunziger Jahren ist wieder eine neue Wende in der deutschen Germanistik bemerkbar. Verunsichert durch verschiedene Reformprogramme suchte man nach den tatsächlich innovativen Konzepten sowie ihren fachlichen Umsetzungen und hat sie endlich in den sogenannten Kulturwissenschaften gefunden. Der Begriff Kulturwissenschaft scheint zur Zeit an den deutschen Universitäten wirklich einen ungewöhnlichen Reiz auszuüben, obwohl er sich meiner Meinung nach nicht wesentlich von der Kulturphilosophie in den zwanziger Jahren des 20. Jahrhunderts unterscheidet. Damals war man angesichts des Wertzerfalls nach der Jahrundertwende vor die Aufgabe gestellt, den Begriff der Kultur erneut zu überdenken. Das Neue an der heutigen Kulturwissenschaft besteht allerdings wie bei der Linguistik in der mehr empirischen Verfahrensweise, wie es in der bevorzugten Pluralform angedeutet wird.

Gefördert wurde die kulturwissenschaftliche Wende wohl insbesondere durch die sogenannte interkulturelle Germanistik. Die von Alois Wierlacher ins Leben gerufene „Sommerkonferenz Deutsch als Fremdsprache", die im Juli 1984 zum vierten Male in Karlsruhe stattgefunden hatte, führte zur Gründung einer „Gesellschaft für interkulturelle Germanistik"(GIG), ein Ergebnis, das über das Fach Deutsch als Fremdsprache hinaus Bedeutung gewinnen sollte.[22] Nach den Mitteilungen des

---

21 Markus Fauser: Einführung in die Kulturwissenschaft. Wissenschaftliche Buchgesellschaft. Darmstadt 2003, S. 7.
22 Nach der Satzung der GIG versteht sich die interkulturelle Germanistik „als Teil einer angewandten Kulturwissenschaft". Zum Verständnis dieses Wissenschaftsbegriffs in Ostasien vgl. Wilhelm Voßkamp: Literaturwissenschaft und Kulturwissenschaften: Versuch einer Bestandsaufnahme. In: Asiatische Germanistentagung 1997. Literatur im multimedialen Zeitalter. Neue Perspektiven der Germanistik in Asien. 2 Bde. Koreanische Gesellschaft für Germanistik, Seoul 1998. Dokumentationen Band 1, S. 74–93. Vgl.

IIK-Bayreuth (=Institut für Internationale Kommunikation und Auswärtige Kulturarbeit. Heft 1 / August 1996) hat dann die Universität Bayreuth 1986 als erste deutsche Universität ein Fachstudium Deutsch als Fremdsprache eingerichtet, das als Interkulturelle Germanistik konturiert ist. Dabei waren mehrere Tendenzen wirksam. Zum einen war man sich einer immer deutlicher hervortretenden wechselseitigen Abhängigkeit der Kulturen in Ost und West bewußt. Zum anderen verband sich das Bewußtsein dennoch mit dem Bedürfnis nach kultureller Eigenständigkeit und Vielfalt in den einzelnen Regionen. Hier ergaben sich für die traditionellen Geisteswissenschaften, also auch für die Germanistik neue Aufgabenfelder. Zudem bemühte sich die Auslands- oder Fremdsprachengermanistik schon lange um ein neues Selbstverständnis. Im Fach Deutsch als Fremdsprachenphilologie deutete sich ebenfalls eine Umorientierung nach der landeskundlichen Sprachvermittlung an. Schließlich wurden in der Muttersprachen- oder Inlandsgermanistik Wege zu einer „Germanistik als Kulturwissenschaft" gesucht.[23]

Auf Ziele, Aufgaben und Grundlagen der auf diese Weise an der Universität Bayreuth etablierten interkulturellen Germanistik brauche ich hier nicht näher einzugehen, da sie im Grunde von deutscher Perspektive aus konzipiert sind, wie Alois Wierlacher seinerzeit in einem Verlagsprospekt formuliert hat:

> Als „Interkulturelle Germanistik" bezeichne ich eine Wissenschaft vom Deutschen und von deutschsprachigen Kulturen, die von der Kulturgebundenheit aller germanistischen Arbeit in Forschung und Lehre ausgeht und sich als Teil eines interkulturellen Dialogs versteht.

Sie stellt sozusagen eine Überbrückung zwischen traditioneller Germanistik und modernen Kulturwissenschaften dar. Aber die folgende freundliche Bemerkung seines Mitstreiters Bernd Thum ermunterte mich zum Beziehen meiner eigenen Position:

---

ferner Sun-Mi Tak: Germanistik als Cultural Studies: Versuch einer transkulturellen literaturwissenschaftlichen Frauenforschung, ebenda in Band 2, S. 388-404.
23 Näheres vgl. Bernd Thum: Auf dem Wege zu einer interkulturellen Germanistik. In: Jahrbuch Deutsch als Fremdsprache. Band 11. Max Hueber Verlag. München 1985. S. 329–341.

Germanistik wird in vielen Ländern der Welt betrieben, von muttersprachigen und fremdsprachigen Germanisten. Es liegt auf der Hand, daß die Grundlagen wissenschaftlicher Erkenntnis, das Frageinteresse und die Zielsetzungen im Unterricht nicht weltweit die gleichen sein können, wenn diese Wissenschaft die gesellschaftlich-kulturellen Bedingungen ihres Landes reflektiert und die berechtigten Forderungen nach einer „adressatenbezogenen" Wissenschaft berücksichtigt.[24]

So habe ich mir einmal erlaubt, (wie oben) zu behaupten, daß die deutschsprachige Germanistik grundsätzlich Philologie bleiben sollte, während die Auslandsgermanistik sich fast notgedrungen zur Kulturwissenschaft entwickeln muß, spricht man doch neuerdings in den deutschen Fachkreisen von Rephilologisierung der Germanistik. Ich habe zwar philologisch meine akademische Laufbahn angefangen, aber offen gestanden, arbeite ich auch als Germanist seit Jahren kulturwissenschaftlich. In den letzten drei Jahren habe ich außerdem an der Universität Regensburg japanische Sprache und Kultur unterrichtet, auch wenn ich von Haus aus kein Fachjapanologe bin. Ich bilde mir dennoch ein, daß es sich gerade als interkulturell erweisen würde, wenn ein japanischer Germanist versucht, den deutschen Studenten japanische Sprache und Kultur auf deutsch näher zu bringen. Ich gebe dabei natürlich auch Unterricht für chinesische Schriftzeichen Kanji, da sie einen wesentlichen Bestandteil der japanischen Sprache bilden.[25]

Daß wir ostasiatische Germanisten nicht streng philologisch, sondern kulturwissenschaftlich arbeiten müssen, ist sicherlich unsere Schwäche, weil wir das Deutsche nie wie deutschsprachige Germanisten beherrschen können. Aber wir haben auch einen großen Vorteil, indem wir mehr oder weniger mit der Kulturtradition in Ostasien vertraut sind und so globale Vergleichsmöglichkeiten von Ost und West haben. Ich befürworte es gern, wenn Bernd Thum im Anschluß an das obige Zitat schreibt:

> Eine interkulturell interessierte ‚Inlandsgermanistik' hat also die Verfahren, Themen und Zielsetzungen zur Kenntnis zu nehmen und weiterzuvermitteln, die sich die Auslandsgermanisten erarbeiten, wenn sie sich mit ihren jeweils

---

24 Ebd., S. 340.
25 Näheres vgl. Naoji Kimura: Der „Ferne Westen" Japan. Zehn Kapitel über Mythos und Geschichte Japans. Röhrig-Universitätsverlag. St. Ingbert 2003. 1. Kap. Die chinesischen Schriftzeichen als das kulturelle Band in Ostasien, S. 27–39.

eigenen kulturellen Bedingungen und den für sie fremden deutschsprachigen Kulturen auseinandersetzen. Dies wäre eine Bereicherung gerade auch für die Deutung der deutschen Literatur, die sich so in ihrem verborgenen Sinngehalt immer mehr erschließt."

Aber aus sprachlichen Gründen werden unsere Leistungen zu einem guten Teil von den deutschsprachigen Germanisten nicht wahrgenommen. In der Tat beschäftigt man sich in Ostasien, besonders in Japan, als Germanist von Anfang an nicht nur mit der deutschen Sprache und Literatur, sondern auch mit vielen anderen Bereichen der deutschsprachigen Kultur, also von Kunst und Musik über Philosophie, Jura, Soziologie und Religion bis zur Medizin-, Kultur- oder Sozialgeschichte. Deshalb ist die Auslandsgermanistik zumindest in Ostasien mit Recht nicht so sehr als Philologie im strengen Sinne, sondern eher als Kulturwissenschaften im Sinne von „cultural studies" anzusprechen. Ihre fachwissenschaftliche Arbeit beginnt üblicherweise mit der Übesetzung, die schon eine Menge geschichtlicher, landeskundlicher und soziologisch-mentalitätshistorischer Kenntnisse über die deutschsprachigen Länder voraussetzt. Sie findet ihren interkulturellen Status zunehmend dadurch, daß vermehrt interdisziplinäre, vor allem kulturwissenschaftliche Aspekte einbezogen werden. Durch so verschiedenartige Übersetzungen ins Japanische, Koreanische oder Chinesische wird die internationale Germanistik zweifellos mannigfaltiger und erhält wohl auch manche Anregungen für ihre Weiterorientierung.

Wissenschatsgeschichtlich spielten dabei die japanischen Germanisten eine vermittelnde Zubringerrolle für den internen germanistischen und ästhetisch-literarischen Kulturaustausch in Ostasien, da die japanische Germanistik schon in den zwanziger Jahren des vorigen Jahrhunderts an den Staatsuniversitäten und an einigen Privatuniversitäten wie Waseda etabliert worden ist. Wenn sie über die Übersetzungstätigkeit hinaus ihre eigenen Ansichten über die an sich fremde deutschsprachige Kultur mit chinesischen und koreanischen Kollegen zusammen in deutscher Sprache artikulieren würden, wäre es im Zeitalter der beschleunigten Kulturbegegnung ein bedeutender Beitrag zur ost-westlichen Verständigung. Das chinesisch-deutsche Jahrbuch für Sprache, Literatur und Kultur „Literaturstraße" gilt in dieser Hinsicht als einer der wichtigsten

Meilensteine auf dem Weg dazu. Sollte die deutsche Literaturgeschichte durch unschöpferische Methodendebatten in den letzten Jahrzehnten in die Sackgasse geraten sein, so müßten die Auslandsgermanisten in Ostasien sie zu durchbrechen versuchen.

Eine interkulturelle Germanistik aus ostasiatischer Perspektive könnte in indirekter Weise auch eine gegenwartsbezogene Ostasienwissenschaft darstellen, da die ostasiatischen bzw. spezifisch japanischen, koreanischen oder chinesischen Bezugspunkte vielfach zum Vergleich herangezogen werden würden. Während die eigentliche Ostasienwissenschaft, die die fernöstliche Kulturtradition überhaupt zu erforschen hat, sich je nach dem Kulturkreis in Sinologie, Koreanistik oder Japanologie gliedert, könnte sie durch eine Einbindung in die deutschsprachige Germanistik wieder zu einer allgemeinen Kulturwissenschaft integriert werden. Aber wenn ich mich recht entsinne, war die kulturwissenschaftliche Wende in der japanischen Germanistik bis zum Beginn der neunziger Jahre theoretisch bzw. methodisch noch wenig erkennbar. Sie bemühte sich vielmehr, gänzlich nach dem Vorbild der deutschen Germanistik literaturwissenschaftlich und linguistisch zu arbeiten. Als ich im Sommersemester 1997 erstmals Gastprofessor der Germanistik in Regensburg war, wurde so im Institut für Germanistik unter Moderation meines Betreuers Hans Joachim Kreutzer eine Gesprächsrunde mit Gerhard Schulz, Melbourne, Walter Hinderer, Princeton, und mir veranstaltet, und das von deutscher Seite aufgestellte Rahmenthema lautete noch klassisch-orthodox: „Was heißt und zu welchem Ende lehrt man Germanistik?".

Die Formulierung erinnerte mich sogleich an die Antrittsvorlesung des Geschichtsprofessors Friedrich Schiller: „Was heißt und zu welchem Ende studiert man Universalgeschichte?" So großartig konnte ich selbstverständlich als Auslandsgermanist doch nicht reden. Um die erste Frage in dem vorgegebenen zweigliedrigen Thema: „Was heißt, daß man Germanistik lehrt?" immerhin zu beantworten, hatte ich zunächst im Hinblick auf Japan, Korea und China eine gewisse Begriffsbestimmung der Germanistik vorzunehmen,[26] wobei auch die Professoren und Studenten

---

26 Vgl. im Hinblick auf Korea u. a. Kyu-Hwa Chung: 120 Jahre deutsch-koreanische Kulturbeziehungen; Do Won Yang: Die Entwicklungsgeschichte des Deutschunterrichts in Korea; Jeong-Jun Lee: Computerunterstützte Lehre und Forschung: Aufbau und Ausbau

in ihrer Einstellung und Eignung voneinander unterschieden werden mußten. Denn die Grundposition ist auf beiden Seiten anders. Während die Professoren nach dem akademischen Prinzip seit Wilhelm von Humboldt aus ihrer Forschung zu lehren haben, müssen die Studenten vor allem lernen, was die Professoren nach ihrem Ermessen als Lehrstoff an deutscher Sprache und Literatur anbieten.

In erster Linie mußte ich betonen, daß man in Ostasien unter Germanistik, wie gesagt, keine deutsche Philologie im traditionellen Sinne verstehen darf. Damit ist doch zumindest auf studentischer Seite im allgemeinen Deutschstudium gemeint, weil es sich dort vor allen Dingen um den Sprachunterricht für Deutsch als zweite Fremdsprache handelt und zusätzlich um den Literaturunterricht für diejenigen, die Deutsch als erste Fremdsprache gelernt haben. Die meisten lernen freilich Deutsch nur als zweite Fremdsprache neben dem Englischen als Hauptfremdsprache, und es sind verhältnismäßig wenige Studenten, die Deutsch als Hauptfremdsprache erlernen wollen. Der Begriff „Deutsch als Fremdsprache" trifft also nicht ganz auf diese Art Deutschunterricht zu, obwohl auch in Japan schon lange nach einem erfolglosen Unterricht der Landeskunde davon die Rede ist. Japanisch wird übrigens in Regensburg wie Koreanisch und

---

einer landesspezifischen Germanistik, in: Deutsche Literatur in Korea. Ein Bespiel für angewandte Interkulturalität. Festschrift für Bonghi Cha. Seoul 2000. Im Hinblick auf China u. a. Zhang Yushu: Traditionen und Perspektiven der Germanistik in China. In Doitsu Bungaku. Heft 84, Tokyo 1990, S. 109–118 ; Huang Guozhen: Die Germanistik in China. Eine Wissenschaftsdisziplin am Kreuzweg mit dem Blick in das 21. Jahrhundert. In: Asiatische Germanistentagung 1997. Literatur im multimedialen Zeitalter. Neue Perspektiven der Germanistik in Asien. 2 Bde. Koreanische Gesellschaft für Germanistik, Seoul 1998. Dokumentationen Band 1, S. 94–109; Zhao Dengrong: Neue Tendenzen im Germanistikstudium in China. In: Albert Raasch (Hrsg.), Deutsch und andere Fremdsprachen – international. S. 53–58; derselbe, Chinesische Germanistik nach der Erstellung neuer Curricula. In: DAAD Info DaF Nr. 6, 25. Jg. 1998, S. 685–694; Huidie Jia: Bildlichkeit versus Sachlichkeit. Über eine typische Stilinterferenz chinesischer Deutschlernender bei der Textproduktion. In: Hans-R. Fluck / Jürgen Gerbig (Hrsg.), Spracherwerb Deutsch in Ost- und Zentralasien. Lehr- und Lerntradition im Wandel. Stauffenburg Verlag 1999, S. 79–92.

Als übrigens die Internationale Ausgabe von „Doitsu Bungaku" Heft 109 erstmals im Herbst 2002 herauskam, enthielt Band 1 „Neue Beiträge zur Germanistik" u. a. ein Rahmenthema: Überlegungen zu einer zukünftigen Germanistik in Asien.

Chinesisch quasi als dritte Fremdsprache im Rahmen der sogenannten Studienbegleitenden Fremdsprachenausbildung unterrichtet.

Beachtenswert ist dabei, daß man in Japan nach dem Zweiten Weltkrieg grundsätzlich erst auf den Hochschulen anfängt, sowohl als zweite wie auch als erste Fremdsprache Deutsch oder Französisch zu lernen. Vor dem Krieg war es nach dem Muster der humanistischen Gymnasialtradition Deutschlands anders.[27] Guo Moruo oder Lu Xun haben in Japan zuerst Deutsch gelernt, um die deutsche Medizin studieren zu können. Japanische Oberschulen, in denen heutzutage Deutsch oder Französisch unterrichtet werden, sind Ausnahmen. Soweit ich weiß, ist aber an den koreanischen Oberschulen eine dieser Sprachen neben dem Japanischen ein obligatorisches Wahlfach. Hier in China gibt es sogar Eliteschulen, in denen sechs Jahre lang, d. h. auf der Mittel- und Oberschule durchgehend nicht nur Englisch, sondern auch Deutsch, Französisch oder Japanisch als Hauptfremdsprache unterrichtet werden. Das ist der größte Vorteil für chinesische Studenten. Vor Jahren habe ich zwei solche Japanisch-Studentinnen in Tokyo betreut, und ihre Sprachfähigkeit war wirklich bewundernswürdig.

Koreanische Studenten können ebenfalls mehr oder weniger Deutsch oder Französisch, wenn sie auf der Universität mit der Germanistik oder Romanistik im engeren Sinne anfangen. Dagegen beginnen nach wie vor alle japanischen Studenten, auch diejenigen, die später Germanistik im Hauptfach studieren, erst auf der Universität Deutsch zu lernen. Nach amerikanischem Bildungssystem müssen sie in den ersten zwei Jahren verschiedene Fächer der sog. Humanities in der Undergraduate school absolviert haben, bevor sie das Studium des Hauptfachs aufnehmen. Auch besuchen sie normalerweise im Unterschied zu den deutschen Gymnasiasten mit 18 Jahren eine Universität bzw. Hochschule, nachdem sie eine meist schwere Aufnahmeprüfung bestanden haben. Fachhochschulen sind in Japan nicht so verbreitet wie in Deutschland. Institutionelle

---

27 Über das japanische Schulsystem überhaupt vgl. Günther Haasch (Hrsg.): Bildung und Erziehung in Japan. Ein Handbuch zur Geschichte, Philosophie, Politik und Organisation des japanischen Bildungswesens von den Anfängen bis zur Gegenwart. Edition Colloquium. Berlin 2000.

Differenzen zwischen dem japanischen und deutschen Bildungswesen sind nach dem Status quo so groß, daß ein akademischer Austausch auf studentischer Ebene faktisch unmöglich ist.

Das eigentliche Fachstudium setzt also in den japanischen Universitäten erst mit dem 3. Hochschuljahr ein – in Japan rechnet man nicht nach dem Semester, sondern nach dem Studienjahr – und endet im wörtlichen Sinne mit dem 4. Hochschuljahr. Was kann man aber in einem zweijährigen Fachstudium den Studenten von dem umfangreichen Fachbereich Germanistik beibringen? Während die Anglistikprofessoren in ihrem Literaturunterricht schon in den ersten zwei Jahren sofort mit dem Kolleg über Shakespeare, Whitman oder Hemingway anfangen können, müssen die Germanisten oder Romanisten versuchen, ihren Studenten so bald wie möglich einen Überblick über die deutsche oder französische Literaturgeschichte zu geben und sie in eine genaue Textlektüre sowie Interpretationslehre einzuführen. Diese Studenten haben aber gerade noch die Anfänge der deutschen oder französischen Grammatik gelernt und sind deshalb noch gar nicht imstande, literarische Texte verschiedener Epochen zu lesen oder gar zu verstehen.

Bei bedeutenden Dichtern oder Schriftstellern gibt es zwar genügend japanische Übersetzungen. Aber ohne Originaltexte in deutscher Sprache lesen zu können, kann man doch keine Germanistik im wissenschaftlichen Sinne betreiben. Die Studenten können noch nicht so gut Deutsch, aber die Professoren wollen mit ihnen gleich Goethe, Schiller, Hölderlin, Kleist, Stifter, Hofmannsthal, Rilke, Thomas Mann, Kafka u. a. m. lesen. Dabei ist im allgemeinen von einer Literaturdidaktik keine Rede, da ein literaturgeschichtlich ausgerichtetes Curriculum mit einer Leseliste praktisch undurchführbar ist. Von einer Sprachdidaktik im Deutschunterricht spricht man auch unter den japanischen Germanisten erst seit etwa zehn Jahren. Das erste Didaktik-Seminar für japanische Germanisten fand im August 1992 mit dem Thema „Deutschunterricht und Lerntheorie" statt. Der Themenleiter Otmar Schießl wurde damals vom Goethe-Institut München nach Tokyo entsandt. Obwohl es bis heute fortgesetzt wird, ist der Nachholbedarf hier noch sehr groß. Wollten die Professoren über die Literatur hinaus kulturwissenschaftlich arbeiten, so müßte zunächst das Interesse der Studenten an deutscher Kultur geweckt werden.

In dem anschließenden Magister- und Doktorkurs, also in der Graduate school, wo relativ wenige Studenten weiterstudieren und trotz ihres meist literaturwissenschaftlich ausgerichteten Fachstudiums ein Lehramt in Deutsch anstreben müssen, ist die Situation nicht wesentlich anders. Die Professoren lehren ja das, was sie interessiert, z. B. ausschließlich Goethezeit mit Klassik und Romantik, Literatur der Jahrhundertwende oder Gegenwartsliteratur, manchmal sogar höfisches Epos, Barockromane, oder meinetwegen Frühneuhochdeutsch, Lutherdeutsch usw. Der japanische Germanist hat einen guten Magen und hat alle Bereiche der deutschen Literaturgeschichte studiert und doch noch nie sich übergessen. Aber er lehrt nicht gerade das, was die Studenten für ihren künftigen Beruf als Deutschlehrer oder Dolmetscher brauchen. Literarisch interessierte Studenten wären jedoch ihrerseits mit lauter linguistischen Übungen und Sprachdidaktik auch nicht zufrieden.

Daraus entstehen naürlich schwierige pädagogische und fachwissenschaftliche Probleme. Zur Zeit ist ein Literaturunterricht in Fremdsprachen sowieso ein soziologisches Problem, weil er den Studenten keine Berufschancen mehr bietet. In China, wo die deutsche Industrie großartig investiert und auf gute Deutschkenntnisse der Germanistikstudenten angewiesen ist, kennt man diese Probleme noch nicht. Im übrigen absolviert man in Japan gewöhnlich den Doktorkurs der philosophischen Fakultät, ohne den Doktortitel zu erwerben. Das hängt wohl mit der fernöstlischen Tradition zusammen, daß ein Doktor der Literaturwissenschaft früher nicht nur gelehrt, sondern auch weise sein mußte, und weise konnte man leider nur im Alter durch Lebenserfahrungen werden. Es gab früher auch keine gelehrten Frauen, sondern weise Mütter, die wie die Mutter von Meng ihre Söhne gut zu erziehen wußten. Ich habe gehört, daß in ganz China nur wenige hochqualifizierte Germanistikprofessoren dazu berechtigt sind, den Doktortitel zu vergeben.

Die Frage nach Auslandsgermanistik wird meist erst dann gestellt, wenn ausländische Germanistikstudenten nach Deutschland kommen und die deutsche Philologie im strengen Sinne studieren wollen oder müssen, um eine Magisterarbeit zu machen oder promovieren zu können. Denn diese ist in vielen Fällen anders als die Germanistik, die sie in ihrem Heimatland studiert haben. Auch wenn ein angehender Deutschlehrer in Deutschland etwa durch seine Doktorarbeit philologisch gründlich ausgebildet worden ist, muß er sich denn auch nach der Rückkehr meist der landesüblichen Wissenschaftstradition und der Unterrichtspraxis anpassen oder eventuell sich kulturwissenschaftlich umorientieren. Sonst kann er sich als Hochschullehrer nicht bewähren oder weiterkommen. So kommt es in Japan oft vor, daß junge Germanisten, die in Deutschland nach einem jahrelangen Studium promoviert haben, nachher zu ihrer bitteren Enttäuschung keine feste Stelle mehr an einer Universität bekommen.

Was die zweite Frage in dem bereits erwähnten Thema: „Zu welchem Ende lehrt man Germanistik?" anbelangt, so wollte ich sie mit Rücksicht auf die eben geschilderte Situation unter dem dreifachen Gesichtspunkt aufgreifen: pädagogisch, fachwissenschaftlich und schließlich noch kulturpolitisch. Bei dem pädagogischen Gesichtspunkt auf seiten derer, die die Germanistik zu lehren haben, ist m. E. das Selbstverständnis japanischer Deutschlehrer in akademisch-soziologischer Hinsicht von großer Bedeutung. Sie sind nämlich alle Hochschullehrer, auch wenn sie im deutschen Sinne nicht promoviert oder habilitiert sind, und halten es für selbstverständlich, sich mit einem germanistischen Forschungsthema zu beschäftigen. Die Japanische Gesellschaft für Germanistik hat seit Jahren etwa 2.500 Mitglieder, die zum großen Teil nicht Literaturunterricht, sondern nur Deutschunterricht zu erteilen haben, sich aber alle Germanisten nennen. Neben ihnen gibt es schätzungsweise noch mehrere hundert Deutschlehrer, die auf den Hochschulen berufsmäßig Deutschunterricht geben, deren akademisches Fach aber Philosophie, Kunstgeschichte, Soziologie oder sonst irgendeine Disziplin ist, die es nach ihrer Ausbildung mit der deutschen Sprache zu tun hat. Manchmal sind sie Mitglieder einer anderen Organisation, wie z. B. der Gesellschaft für Ästhetik, der Gesellschaft zur Erforschung des 18. Jahrhunderts oder der Japanischen Gesellschaft für Deutsch-Studien. Für sie bedeutet Deutschunterricht lediglich eine Erwerbsmöglichkeit, ein Mittel zum Zweck, das sie oft ohne viel sachliches Interesse ausüben.

Allen gemeinsam ist ihr Bewußtsein, Forscher oder Spezialist auf einem Gebiet zu sein, so daß sie sich bemühen, neben ihrer pädagogischen Aufgabe für den Deutschunterricht irgendwie fachwissenschaftlich zu arbeiten, sei es literaturwissenschaftlich, sprachwissenschaftlich oder linguistisch ausgerichtet. Um eine akademische Laufbahn einzuschlagen, müssen sie natürlich wissenschaftliche Publikationen aufweisen, und für ihre Förderung vom Dozenten über den Assistenzprofessor zum ordentlichen Professor werden entsprechende Anforderungen gestellt. Viele befleißigen sich auch der Übersetzungstätigkeit, weil sie traditionsgemäß als wissenschaftliche Leistung erachtet und dementsprechend eingeschätzt wird. Ich persönlich bin der gleichen Meinung, insofern es sich dabei um anspruchsvolle Literaturwerke oder wertvolle wissenschaftliche Schriften handelt. Die wissenschaftliche Arbeit eines ostasiatischen Auslandsgermanisten beginnt ja häufig mit der Übersetzung einzelner Werke des Dichters, mit dem er sich gerade beschäftigt. Sie entspricht einigermaßen der Editionsphilologie deutscher Germanisten. Er muß ansonsten viel Sekundärliteratur lesen und wird sie dann in Form von Zitaten ständig übersetzen müssen.

Überhaupt waren die Japaner von Anbeginn ihrer Geschichte darauf angewiesen, fremde fortgeschrittene Kulturen durch eine fleißige Übersetzungstätigkeit zu rezipieren. So haben sie sich das ganze Mittelalter hindurch mit der chinesischen Klassik beschäftigt und unzählige Texte philosophischer, religiöser, literarischer, historischer, medizinischer und nicht zuletzt auch militärischer Art ins Japanische übersetzt. So haben sie in der sogenannten Xirishitan-Zeit im 16. Jahrhundert christliche Texte aus dem Portugiesischen, Spanischen und sogar aus der lateinischen Sprache ins Japanische übersetzt. In der fast 250 Jahre dauernden Zeit der Landesabschließung nach der Christenverfolgung bis zur Meiji-Restauration im Jahre 1868 hat man sich die westliche Kultur, hauptsächlich die Naturwissenschaften, einzig durch zahlreiche Übersetzungen aus dem Niederländischen angeeignet, so daß man im Hinblick auf diese Übergangszeit zur Neuzeit ausdrücklich von der „Holländischen Wissenschaft" spricht.[28]

Bei diesen Übersetzungen handelte es sich um nicht wenige deutsche medizinische Bücher, die ins Niederländische übersetzt worden waren.

---

28 Näheres vgl. Naoji Kimura: Jenseits von Weimar. Goethes Weg zum Fernen Osten. Bern 1997, III. Teil, 1. Kapitel: Japans frühe Begegnung mit der deutschen Medizin. Vgl. ferner Wolfgang Michel: Von Leipzig nach Japan. Der Chirurg und Handelsmann Casper Schamberger (1623–1706). München: iudicium verlag 1999.

Daß dann seit der Meiji-Zeit auch auf allen Gebieten der Geistes- und Sozialwissenschaften so viele Bücher aus dem Englischen, Französischen und Deutschen ins Japanische übersetzt worden sind, ist bekannt genug. Besonders hervorzuheben ist, daß es protestantische Missionare aus Amerika waren, die am Ende des 19. Jahrhunderts durch ihre Bemühungen um eine japanische Bibelübersetzung gleichsam wie die Luther-Bibel den Japanern dazu verholfen haben, eine literaturfähige moderne japanische Sprache zu schaffen. Erst auf dieser Basis konnten zahlreiche deutsche Literaturwerke im Laufe der Jahrzehnte ins Japanische übersetzt werden. Hinsichtlich der Übersetzungen aus dem Deutschen gibt es schon umfangreiche Bibliographien nicht nur in Japan, sondern auch in Korea und China.[29]

Im Zusammenhang mit der überaus produktiven Übersetzungstätigkeit in Ostasien erweist sich die Wörterbucharbeit als sehr wichtig für die Auslandsgermanistik. In Japan konnte man auf Grund der niederländischen Sprachkenntnisse frühzeitig damit anfangen, von dem Niederländischen ausgehend Wörterbücher für verschiedene europäische Sprachen zusammenzustellen. So hatte das Tokugawa-Shogunat während der hermetischen Abschließung des Landes einem Team jener „Holland-Kundigen" den geheimen Auftrag gegeben, eine französische Enzyklopädie ins Japanische zu übersetzen. Es wußte also damals genau um die politische Weltlage Bescheid und wollte sich rechtzeitig gegen den europäischen Kolonialismus wehren. Dieses Lexikon in japanischer Übersetzung ist vor etwa zwanzig Jahren aus dem Geheimarchiv vollständig gedruckt worden. Sprachen lernen ist nicht einfach eine literarische oder rein linguistische Angelegenheit, sondern zugleich eine Sache von politisch-wirtschaftlicher Bedeutung. Auch bei der deutschen Rechtschreibreform müßte man eigentlich darauf Rücksicht nehmen, wie sie sich auf den Deutschunterricht im Ausland auswirken würde. Wenn

---

29 Vgl. Yi Choong Sup: Forschungen der Germanistik in Korea. Eine Bibliographie 1945–1986, Seoul 1989; Wolfgang Bauer / Shen-chang Hwang (Hrsg.), German Impact on Modern Chinese Intellectual History. A Bibliography of Chinese Publications (Deutschlands Einfluß auf die moderne chinesische Geistesgeschichte. Eine Bibliographie chinesischsprachiger Werke). Stuttgart 1982.

alle Wörterbücher und Lehrwerke entsprechend umgearbeitet werden müßten, würden die Druckkosten dafür viel zu viel betragen, als daß man es sich leisten könnte.

Ansonsten wußte ich Anfang der neunziger Jahre, daß koreanische Kollegen mit Unterstützung der Volkswagen-Stiftung seit Jahren mühsam an der Zusammenstellung eines großangelegten deutsch-koreanischen Wörterbuchs arbeiteten. Als sie aber damit fast fertig waren, ist der 6bändige Duden, den sie als Grundlage benutzten, in völlig neubearbeiteter Auflage erschienen. Ihre Verlegenheit konnte ich mir damals gut vorstellen, da ich auch an einem mithilfe der Valenztheorie erstellten Deutsch-Japanischen Wörterbuch mitgearbeitet hatte. In Peking habe ich in den ersten Jahren meiner Chinareisen von einem führenden chinesischen Germanisten der älteren Generation erfahren, daß er in seiner Jugend mit einem Deutsch-Japanischen Wörterbuch Deutsch gelernt hat. Die Schriftzeichen sind ja in China und Japan gleichbedeutend. Da er es während der Kulturrevolution verloren haben soll, habe ich ihm beim nächsten Besuch ein antiquarisch aufgetriebenes altes Exemplar als Gastgeschenk überbracht. Inzwischen gibt es auf dem Buchhandel so viele deutsch-chinesische oder deutsch-koreanische Wörterbücher. Ich würde es begrüßen, daß Fachleute aus China, Korea und Japan einmal zusamentreffen, um auf einem Symposium ihre Erfahrungen bei der Zusammenstellung der Wörterbücher auszutauschen. Ich möchte sie nur davor warnen, die neue Rechtschreibung übereilt hineinarbeiten zu wollen, weil die Frankfurter Allgemeine Zeitung längst zur alten Schreibweise zurückgekehrt ist.

Für den dritten Gesichtspunkt, unter dem die Auslandsgermanistik erörtert werden soll, kommt die deutsche Kulturpolitik in Betracht. Wie Sie alle wissen, setzen sich drei Kulturinstitutionen der Bundesrepublik Deutschland für die Förderung deutscher Sprache und Literatur im Ausland ein: Deutscher Akademischer Austauschdienst (DAAD), Alexander von Humboldt-Stiftung und nicht zuletzt das Goethe-Institut. Dafür schicken sie einerseits viele deutsche Germanisten entweder als Lektoren für Deutsch oder als Gastwissenschaftler zu den Symposien nach China, Korea und Japan. Andererseits laden sie so viele japanische, koreanische und chinesische Germanisten als Stipendiaten nach Deutschland ein. Ein gutes Beispiel für eine erfolgreiche Zusammenarbeit ist das sogenannte Tateshina-Kulturseminar, das von der Japanischen Gesellschaft für Germanistik (JGG) durchgeführt wird und bereits auf eine mehr als vierzigjährige Geschichte zurückblicken kann.[30] Seit etwa zehn Jahren wird abwechselnd auch ein chinesischer oder koreanischer Kollege dazu eingeladen. Mittlerweile hat auch die Koreanische Gesellschaft für Germanistik (KGG) ein solches Ferienseminar eingerichtet und lädt, soweit ich weiß, alle zwei Jahre einen japanischen Kollegen ein. Die Tateshina-Symposien wirken wie ein „Zauberberg" auf japanische Germanisten und deutsche Dozenten – sie kommen mit neuen wissenschaftlichen Perspektiven von ihm zurück.

Durch so großzügige Maßnahmen und sorgfältige Deutschkurse oder Seminare ist es jenen drei Kulturinstitutionen bis jetzt wunderbar gelungen, das Interesse an deutscher Sprache und Literatur in der ganzen Welt aufrecht zu erhalten und vor allem die Vorliebe der akademischen Jugend für Deutschland zu gewinnen. Ein Sparkurs wäre hier fehl am Platz. Es ist mit Sicherheit darauf zurückzuführen, daß Deutschland durch eine solche Kulturpolitik trotz des Nationalsozialismus in ganz Ostasien heute noch als eine Nation der Dichter und Denker hochgeachtet wird, was leider für Japan mit seinem einstigen Nationalismus und Militarismus nicht unbedingt der Fall ist. Aber auch die Germanisten Japans und bestimmt auch von Korea und China werden schon dafür sorgen, daß die Studenten trotz der weltweiten Anglizismen gutes Deutsch nicht ganz verlernen. Darin besteht letzten Endes ihre pädagogische Hauptaufgabe.

Wenn deutsche Germanisten übrigens nach Japan kommen, sind sie merkwürdigerweise in diesem fernöstlichen Land keine Auslandsgermanisten für die japanische Germanistik, sondern verehrte Lehrer,

---

30 Vgl. die bisher veröffentlichten Dokumentationsbände: Literarische Problematisierung der Moderne. Deutsche Aufklärung und Romantik in der japanischen Germanistik. Iudicium Verlag. München 1992; Sprachproblematik und ästhetische Produktivität in der literarischen Moderne. Iudicium Verlag. München 1994; Literatur und Kulturhermeneutik. Iudicium Verlag. München 1996; Kritische Revisionen. Gender und Mythos im literarischen Diskurs. Iudicium Verlag. München 1998; Evokationen – Gedächtnis und Theatralität als kulturelle Praktiken. Iudicium Verlag 2000.

vertraute Kollegen oder liebe Freunde, bei denen die japanischen Germanisten einmal studiert haben oder mit denen sie ein- oder andermal gemeinsam an Symposien teilgenommen haben. Es dürfte ihnen auch in Korea oder China ähnlich ergehen. Denn im Grunde genommen haben wir alle gleiches geistig-kulturelles Interesse. Im Laufe meiner langen Lehrtätigkeit in Tokyo habe ich gemerkt, daß sich Germanistik irgendwie freundschaftsstiftend auswirkt. Dank dieser inneren Eigenschaft der Germanistik ist Deutsch inzwischen tatsächlich eine Art Lingua franca unter den chinesischen, koreanischen und japanischen Germanisten geworden. Seit dem IVG-Kongreß 1990 in Tokyo unterhalten wir uns ja miteinander auf deutsch und korrespondieren auch in dieser Sprache.

Wir werden zwar in Deutschland als Auslandsgermanisten bezeichnet. Das ist aber gewiß nicht pejorativ, sondern mit Rücksicht auf unsere Sprech- oder Schreibfähigkeit und mit Erwartung einer neuen Betrachtungsweise nachsichtsvoll gesagt. Solange wir ostasiatische Germanisten im eigenen Lande Germanistik lehren, stellen wir eigentlich die Frage „wozu" nicht, wie bei jedem Fach, das man gern studiert und zudem noch das Glück hat, die Wissenschaft als Beruf auszuüben. Was den deutschsprachigen Germanisten als selbstverständlich gilt, ist dem ostasiatischen Publikum manchmal gar nicht bekannt. Dann müssen wir Auslandsgermanisten es ihm verständlich zu machen suchen, auch wenn es fachwissenschaftlich gar nicht originell und wertvoll erscheint. Ich möchte zum Schluß deutsche Inlandsgermanisten um Verständnis dafür bitten.

3. Ansätze zu einer gegenwartsbezogenen Ostasienwissenschaft

Als Einleitung in die Sektion „Transnationale Bestrebungen und Widersprüche in Asien und Afrika" möchte ich etwas über den japanischen Imperialismus vorbringen, weil seine staatsgrenzenüberschreitenden Bestrebungen in der Vergangenheit nicht nur aus einem machtpolitischen Nationalismus, sondern auch mit kulturpolitischen Ansprüchen und Gewaltstrategien durchgeführt wurden. Zunächst soll aber vorsorglich eine Begriffsbestimmung über Asien vorgenommen werden.

Als man davon sprach, *ex oriente lux, ex occidente lex*, dachte man nur an das Morgenland im Gegensatz zum Abendland. Die erste Hälfte des Spruchs ist bekannt genug, während die zweite kaum zitiert wird. Mit der Erweiterung des stets vom Westen aus gesehenen Weltbildes kam nach dem Vorderen Orient allmählich auch der Mittlere Orient in den Gesichtskreis der Europäer. Aus diesem Nahen und Mittleren Osten blieb jedoch der Ferne Osten bis heute ausgeschlossen. Wenn also in einer kulturwissenschaftlichen Fragestellung vom Fernen Osten die Rede ist, muß man im strengen Sinne von Ostasien und ferner von Südostasien sprechen. Viele Mißverständnisse im Westen entstehen dadurch, daß man innerhalb des Ostens diese drei Bereiche nicht deutlich voneinander unterscheidet. Vor allem sollte man im deutschen Wortgebrauch den Gegensatz von Okzident und Orient auf Europa und Nahost beschränken, wie die Forschungsdisziplin Orientalistik es nahelegt. So war denn auch die Aachener Ausstellung 2003 betitelt: „Ex oriente – Isaak und der weiße Elefant. Bagdad – Jerusalem – Aachen. Eine Reise durch drei Kulturen um 800 und heute".

Das Trennende lag dabei im Grunde genommen in der unterschiedlichen Religiosität, zog doch die westliche Christenheit trotz aller inneren Spaltungen mit allen Mitteln eine strikte Grenze gegen alle nichtchristlichen Religionen im Osten, also Judentum, Islam, Hinduismus, Buddhismus, Shintoismus oder was es sonst noch heißen mag. Die Jesuiten haben zumindest vom Taoismus und Konfuzianismus die wichtigsten Schriften in lateinischer und französischer Übersetzung den Europäern zugänglich gemacht. Da die Religionen wesentlich durch die Sprache überliefert werden und jeweils eine eigentümliche Kultur hervorbringen, ergeben sich natürlich aus dem Trennenden der Religionen vielfach kulturelle Komplikationen von größter Tragweite wie z. B. bei den Kreuzzügen im Mittelalter. Dem Verbindenden der Kulturen müßte deshalb eine friedliche Koexistenz der Religionen vorausgehen. Sonst müßte das Licht im Osten erlöschen und das Recht könnte vom Westen nicht kommen.[31]

Im üblichen Sinne des Wortes bezeichnet der Ferne Osten oder Ostasien China, Korea sowie Japan, und Südostasien schließt die Philippinen, Vietnam, Laos, Kambodscha, Malaysia, Indonesien, Thailand, Myanmar und einige andere Nationen ein. Indien gehört für meine Begriffe schon zum Mittleren Osten und wird deshalb in den folgenden Betrachtungen über den japanischen Nationalismus und Imperialismus außer acht gelassen. Als historischer Rückblick kommt Eurasien insofern in Betracht, als es durch die Seidenstraße kulturgeschichtliche Spuren hinterlassen hat. Politisch und religiös hat sie trotz der übermittelten buddhistischen Kunst in der japanischen Geschichte kaum eine Rolle gespielt.[32] Neuerdings sprechen die Staaten Zentralasiens, des Kaukasus und der Schwarz-Meer-Region von „Neuer Seidenstraße".[33] Immerhin erstreckt sich der Forschungsbereich des ganzen Problems zeitlich von der Zeit Alexanders des Großen bis zur Gegenwart und geographisch von Europa bis nach Ostasien bzw. Südostasien. Thematisch handelt es sich dabei um Trans- und Interkulturalität, Globalisierung sowie neue Medien, die transkontinental über alle Grenzen verschiedener Erdteile hinweg gehen. Das Thema „Das Verbindende der Kulturen" umfaßt somit die ganze Kulturgeschichte der Menschheit.

In dieser grundlegenden Situation befindet sich Japan in einer zwiespältigen Lage, die geopolitisch und religionsgeschichtlich bedingt ist. Als ein Land, das in dem fernsten Fernen Osten liegt, war das Inselreich

---

31 Vgl. Otto Kallscheuer (Hrsg.): Das Europa der Religionen. Ein Kontinent zwischen Säkularisierung und Fundamentalismus. S. Fischer Verlag. Frankfurt am Main 1996.
32 Vgl. z. B. Heinz Spielmann (Hrsg.): Kunst an der Seidenstraße. Faszination Buddha. Hatje Cantz Verlag. Hamburg 2003.
33 Vgl. Claus Richter / Bruno Baumann / Bernd Liebner: Die Seidenstraße. Mythos und Gegenwart. Hoffmann und Campe Verlag. Hamburg 1999.

historisch durch das ganze Mittelalter hindurch mit der führenden chinesischen Kulturtradition eng verbunden, zumal auch der ursprünglich indische Buddhismus nach Japan in chinesischer Übersetzung überliefert wurde. Aber als es aus einer „Sakoku" genannten mehr als 200jährigen Landesabschließung in der Edo-Zeit (1603–1867) durch die Ankunft des amerikanischen Geschwaders im Jahre 1853 ausbrach und sich seit der Meiji-Restauration im Jahre 1868 zusehends modernisierte, hat es sich über die USA dem Westen angeschlossen und erweist sich längst als der Ferne Westen.[34] Nebenbei bemerkt wurde das Wort „Sakoku" ursprünglich vom deutschen Arzt Engelbert Kaempfer (1651–1716) geprägt, der sich in den Jahren 1690–91 in Nagasaki aufgehalten hatte und in seinem posthum erschienenen Hauptwerk „Geschichte und Beschreibung von Japan" (1777–79) den vom Westen abgeschlossenen friedlichen Zustand des Inselreiches im Vergleich mit dem Dreißigjährigen Krieg bejahend hervorhob. Diese Ausführungen übersetzte dann 1801 Shizuki Tadao mit dem treffenden Titel „Sakoku" ins Japanische.

Was die Edo-Zeit im einzelnen anbelangt, so wird sie als eine Geschichtsperiode vom Jahr 1603 bis 1867 anberaumt. Im Jahre 1600 trug Tokugawa Ieyasu (1542–1616) in der entscheidenden Schlacht von Sekigahara in Zentraljapan den Sieg davon und ließ sich 1603 vom Kaiser zum erblichen Shogun ernennen und sicherte damit seiner Familie die tatsächliche Regierungsgewalt über ganz Japan. Der japanische Kaiser war bis zur Meiji-Restauration als eine ideelle politische Macht nur dem Namen nach das Staatsoberhaupt und hatte auch weiterhin seinen Sitz in der alten Hauptstadt des Landes, Kyoto, während die Shogune der Tokugawa-Familie, die seit 1590 in Edo, dem heutigen Tokyo, residiert hatten, nunmehr von hier aus das Land verwalteten. Aber Ieyasu trat schon 1605 seinem Sohn Hidetada das Shogunat ab und zog sich zwei Jahre darauf nach Sunpu, dem heutigen Shizuoka, zurück, bis er im Jahre 1616 starb. Es war dann erst im Jahre 1615, daß sein eigentlicher Kontrahent, die Toyotomi-Familie, endgültig zugrunde ging.

---

34 Vgl. Naoji Kimura: Der „Ferne Westen" Japan. Zehn Kapitel über Mythos und Geschichte Japans. Schriftenreihe der INST 19. Universitätsverlag Röhrig, St. Ingbert 2003.

Von der Edo-Zeit läßt sich generell mit Recht folgendes sagen: „Über Weisung des ersten Tokugawa-Shoguns, Ieyasu, lebte Japan, seit 1603 von den erblichen Shogunen der Tokugawa-Familie regiert, still und im Kokon seiner Abgeschiedenheit am Geschehen in der weiten Welt vorbei. In der rund 250 Jahre dauernden Absperrungszeit von ausländischen Einflüssen, während der im Lande Friede herrschte, entwickelten sich Kultur, Kunst und Wissenschaften zu einer für mittelalterlich feudale Verhältnisse erstaunlichen Höhe und großartiger Blüte."[35] Historisch ist es also von Bedeutung, zu fragen, wie einerseits die außenpolitischen Maßnahmen für die Landesabschließung getroffen wurden, und wie sich andererseits die japanische Kultur unter diesen besonderen Bedingungen entwickelt hat.

Bekanntlich begann die christliche Mission in Japan im Jahre 1549. Es war die erste Begegnung der Japaner mit dem Westen, die zunächst in freundlicher Zusammenarbeit vor sich ging. Wie sein Vorgänger Oda Nobunaga (1534–1582) ließ der mächtige Alleinherrscher Toyotomi Hideyoshi (1537–1598) anfangs die christliche Mission zu, und zwar in der Meinung, dadurch den Außenhandel mit Südostasien fördern zu können. Aber nicht so sehr aus religiösen, als vielmehr aus politischen Gründen wurden die spanischen und portugiesischen Missionare im Jahre 1587 des Landes verwiesen, und zehn Jahre danach kam es bei einer kolonialismusverdächtigen Aussage eines Matrosen auf dem verschlagenen spanischen Schiff „San Felipe" und durch Verleumdungen von seiten der Portugiesen zum Märtyrertod von 26 Priestern sowie Gläubigen in Nagasaki, die heutzutage offiziell als Heilige verehrt werden. Im Hintergrund spielten sich unselige Rivalitäten zwischen den missionierenden Franziskaner- und Jesuitenorden ab.

Beachtenswerterweise ließ Tokugawa Ieyasu noch im Jahre 1601 die Erbauung einer christlichen Kirche in Edo zu, verbot aber 1612 in seiner unmittelbaren Domäne das Christentum. Da er an einer Wiederaufnahme

---

35 Gerhard Linzbichler in der Einleitung zu seiner Übersetzung von Fukuzawa Yukichis Autobiographie, Tokyo 1971, S. 3. Über Fukuzawa Yukichi vgl. Masao Sugiyama: Der Traum der Verwandlung vom Selbst ohne Subjekt ins souveräne Subjekt. Die Europäisierung in Japan – am Beispiel Fukuzawa Yukichi. In: Walter Gebhard (Hrsg.): Ostasienrezeption zwischen Klischee und Innovation. Zur Begegnung zwischen Ost und West um 1900. Iudicium Verlag. München 2000. S. 149–166.

des Außenhandels mit Spanien interessiert war, holte er jedoch 1610 den verschlagenen ehemaligen Gouverneur Don Rodrigo von Luzon nach Nueva Espana, dem heutigen Mexiko, zurück. Tanaka Shosuke, den er mitfahren ließ, gilt als der erste Japaner, der den amerikanischen Boden betreten hat. Sein Nachfolger, Shogun Hidetada, veranlaßte zwar 1613 auf den Ratschlag des Missionars Luis Sotelo hin Date Masamune, den Daimyo von Sendai, dessen Vasallen Hasekura Tsunenaga nach Spanien zu entsenden, verbannte aber im folgenden Jahr den christlichen Daimyo Takayama Ukon u. a.m. ins Ausland. Die Christenverfolgung erreichte 1622 in der Massenhinrichtung in Nagasaki ihren Höhepunkt. Im Jahre 1633 wurde dann die strengste Strafe über die Einreise von christlichen Missionaren verhängt.

Parallel dazu wurden Maßnahmen zur Kontrolle der Auslandskontakte schrittweise in die Wege geleitet. Im Jahre 1616 wurde das Einlaufen von Schiffen außer aus China auf die Häfen Nagasaki und Hirado eingeschränkt. Diese erste Stufe der Landesabschließung wurde dadurch abgeschlossen, daß 1624 das Einfahren von spanischen Schiffen verboten und den Einheimischen außer mit einem staatlichen Sonderauftrag Auslandsreisen sowie Rückkehr aus dem Ausland untersagt wurden. Die zweite Stufe bildeten 1634 die Errichtung der winzigen künstlichen Insel Dejima bei Nagasaki sowie 1635 das Totalverbot der Auslandsreisen für die Japaner. In der abschließenden dritten Stufe wurden 1636 die Portugiesen auf die Insel Dejima verwiesen, 1639 das Einfahren portugiesischer Schiffe verboten und schließlich 1641 die Faktorei der Holländer aus Hirado auf die Insel Dejima verlegt. So wurde also die Landesabschließung „Sakoku" bis zur Mitte des 17. Jahrhunderts innenpolitisch vollzogen, bis sie im Jahre 1854 durch Commodore Perrys Wiederkunft gewaltsam aufgehoben wurde. In den Verträgen von Kanagawa mußte Japan zuerst den USA und in den folgenden Jahren den europäischen Großmächten die Öffnung seiner Häfen zugestehen. Um es kurz zusammenzufassen: „Etwas mehr als hundert Jahre ist es her, daß Japan nach einer freiwillig gewählten Isolationsperiode von nahezu 250 Jahren seine Tore geöffnet hat und in den Verkehr mit den anderen Ländern der Welt getreten ist."[36]

---

36 Linzbichler a. a. O., S. 1.

Vor der Landesabschließung durften aber die Japaner vom 16. Jahrhundert bis zur ersten Hälfte des 17. Jahrhunderts einen friedlichen Handel in Südostasien betreiben. So fuhren die japanischen Handelsschiffe „Shuinsen" mit der rotgestempelten Genehmigung der Toyotomi- bzw. Tokugawa-Regierung in Richtung Südchina, Formosa, Luzon, Tongking, Annam, Kambodscha, Siam, Malaya, und Indonesien, wo die Portugiesen in Goa, Spanier in Manila und Niederländer in Batavia bereits ihren Kolonialsitz oder Niederlassungen besaßen. Es gab damals eine Anzahl japanischer Wohnviertel in südostasiatischen Städten wie Tsulan oder Fefo in Cochin, Phnom Penh oder Piniyal in Kambodscha, Ayutthaya in Siam, Arakan in Burma, Dirao oder San Migel bei Manila in den Philippinen. Durch die Einschränkung des ergiebigen Außenhandels wollte das Tokugawa-Shogunat letztlich erzielen: 1) Durchsetzung des Christenverbots, 2) Unterdrückung des wirtschaftlichen Wachstums von Daimyos und Großhändlern, 3) Monopolisierung des Handels für sich. Aber diese lag auch im Interesse der protestantischen Niederländer, die gern einzige Geschäftspartner von Japan sein wollten. In der Tat nahmen die Engländer, die gleichfalls als Protestanten einige Jahre später eine eigene Faktorei in Hirado aufgemacht hatten, im Jahre 1623 Rückzug.

Während der „Sakoku"-Periode wandten sich die japanischen Intellektuellen, d. h. junge Samurai meist aus dem niederen Stand gleichsam wie ritterliche Ministerialen im deutschen Mittelalter, der sogenannten Holländischen Wissenschaft „Rangaku" zu. Für sie stellte die kleine Handelsstation der Holländer auf der Insel Dejima das einzige Fenster zur westlichen Welt dar. Neben ihnen gab es Intellektuelle bürgerlicher Herkunft, die sich bewußt von der chinesischen Klassik ab- und der einheimischen Tradition der Hofdichtung zuwandten. Sie wurden auf diese Weise Jünger der sogenannten Nationalen Schule „Kokugaku" und bereiteten ideologisch den japanischen Nationalismus in der Meiji-Zeit vor. Aber es gehört zu einem anderen Kapitel, die beiden in der Geisteshaltung von fortschrittlich und konservativ entgegengesetzten Wissenschaftsbereiche in der Edo-Zeit näher zu recherchieren.[37]

37 Vgl. Naoji Kimura: Jenseits von Weimar. Goethes Weg zum Fernen Osten. Peter Lang Verlag 1997. Schlußbetrachtung: Gestaltung des neuzeitlichen Japans durch die Jünger der sog. Holländischen Wissenschaft, S. 507–523.

Die Blütezeit bürgerlicher Kultur in der politisch stabilen Edo-Zeit, die sich von der zweiten Hälfte des 17. Jahrhunderts bis zur ersten Hälfte des 18. Jahrhunderts erstreckt, wird als „Genroku-Periode" bezeichnet. Geographisch war die traditionsreiche Gegend von Kyoto und Osaka, also das „Kamigata" genannte Westjapan im Kulturschaffen noch führend. Edo als Hauptstadt des Tokugawa-Shogunats spielte erst allmählich eine größere Rolle. In der Genroku-Kultur waren verbürgerlichte Samurai und reiche Kaufleute tonangebend, aber auch das Volk konnte die Gaben ihres Kulturschaffens genießen. Infolge der Landesabschließung wurde der Einfluß westlicher Kultur immer geringer und das traditionelle Japan konnte sich zur fast gesättigten Reife entwickeln. Im Zuge des Fortschritts der Drucktechnik wurden illustrierte Werke der Unterhaltungsliteratur unter dem Volk weit verbreitet. Da es keinen Bürgerkrieg mehr gab, genoß man das Stadtleben an Leib und Seele. Insofern war die Edo-Zeit im Vergleich mit der vorangegangenen kriegerischen Kamakura-Zeit (1185–1333), in der mehrere jenseitsgerichtete buddhistische Schulen zur Erlösung des einfachen Volkes entstanden waren, weltlich eingestellt.

Während die konfuzianische Moralphilosophie der Zhu Xi-Schule für die Führungsschicht und der Geist der japanischen Alt-Philologie für die Gebildetenkreise richtungsweisend waren, suchte man in der bürgerlichen Kunst und Literatur grundsätzlich nach Menschlichkeit. So stammen alle klassischen Künste Japans, die schon lange in der ganzen Welt bekannt und beliebt sind, aus jener Zeit: Kabuki-Theater, Puppenspiel Bunraku, Farbholzschnitt *Ukiyo-e*, Haiku-Dichtung usw. Das ältere Noh-Theater wurde zu seiner letzten Vollendung hochstilisiert. Diese einigermaßen ambivalente Kultur von damals wollte man in Deutschland durch zwei Ausstellungen veranschaulichen. Zum einen war es die Ausstellung „Shogun. Kunstschätze und Lebensstil eines japanischen Fürsten der Shogun-Zeit", die im Jahre 1985 im Haus der Kunst München gezeigt wurde. Zum anderen war es die Ausstellung „Im Schatten des Shogun. Kunst und Kultur im Japan der Edo-Zeit", die im Jahre 2001 im Historischen Museum von Regensburg mit Farbholzschnitten der Sammlung Winzinger (Regensburg) und Objekten der Sammlung Siebold (München) veranstaltet wurde. Zeitlich und thematisch umfassender war die große Ausstellung „Japan und Europa 1543–1929", die 1993 im Rahmen der 43. Berliner Festwochen stattfand. Zuletzt wurden in den Monaten August – Oktober 2003 Meisterwerke aus dem Tokyo National Museum in der Bonner Ausstellung „Japans Schönheit – Japans Seele" gezeigt.

Erst in der Meiji-Zeit (1868–1912), etwa seit dem Ende des 19. Jahrhunderts begann Japan quasi als eine der Westmächte, sein Reich geopolitisch und kulturell über seine Staatsgrenzen hinaus in Ostasien aufzubauen.[38] Nationalismus, Imperialismus und Militarismus gingen dabei Hand in Hand – so wie in Europa. Aber angeblich wollte Japan schon damals eine Art Asiatische Union errichten, indem es von einem asiatischen Großkulturraum unter seiner Hegemonie sprach. Dieser Versuch führte freilich in den Interessenkonflikt mit den westlichen Kolonialmächten, die bereits China und Südostasien weitgehend kolonisiert hatten, und endete mit der Niederlage im Zweiten Weltkrieg. Aus den verhängnisvollen Folgen konnte Japan sich selbst relativ schnell wiederherstellen, da es sich in technischer und wirtschaftlicher Hinsicht zu einem der modernsten Länder der Welt entwickelt hat.

Aber aus geistesgeschichtlichen Gründen, zumal in der shintoistischen Naturreligion der Schuldbegriff im christlichen Sinne fehlt,[39] ist eine Vergangenheitsbewältigung im politischen und kulturellen Bereich von seiten Japans noch nicht ausreichend erfolgt, so daß die ostasiatischen Länder bzw. südostasiatischen Nationen einem erneuten Versuch, über die ASEAN (Association of Southeast Asian Nations: Myanmar, Thailand, Laos, Vietnam, Kambodscha, Indonesien, Malaysia, Singapur, Brunei, die Philippinen) hinaus eine Asiatische Union in Analogie zur EU ins Leben zu rufen, skeptisch gegenüberstehen, solange Japan mit seiner Wirtschaftsmacht darin eine führende Rolle spielt. Früher war es eine weltweite geopolitische Ideologie, die transnationale Bestrebungen in Ostasien leitete. Gegenwärtig macht die Technik mit neuen Medien eine Transkulturalität ebenfalls in Ostasien bzw. Südostasien notwendig und verbreitet im Internet Massen-, Pop- oder Subkultur. In ganz Asien bleiben jedoch uralte Religionen mit ihren traditionellen Kulturen noch lange lebendig, die beide mit widersprüchlichen nationalen und ethnischen Problemen behaftet sind.

---

38 Vgl. Karl Haushofer: Japan baut sein Reich. Zeitgeschichte-Verlag. Berlin 1941.
39 Vgl. Nitobe Inazo: Bushido. Die innere Kraft der Samurai. Ansata-Verlag. Interlaken 1985. „In der Shinto-Theologie ist kein Platz für das Dogma der 'Erbsünde'." (S. 81)

Eigentlich setzt das Sektionsthema „Transnationales" auf diese Weise Entstehung und Entfaltung der Nationen in der neueren Geschichte von Ost und West voraus. Denn es impliziert die ganze Problematik des Nationalismus, der im Zeitalter der Globalisierung durch eine politische oder wirtschaftliche Internationalisierung fast überwunden worden zu sein scheint. Aber genau besehen waren es gerade die Nationalstaaten, die vielfältige Nationalismen in der Welt durch ihre völkerrechtlichen Prinzipien hervorgebracht haben: nämlich staatliche Souveränität, territoriale Integrität und Interventionsverbot. Transnationale Bestrebungen in Asien sind allerdings anders motiviert als bei den europäischen Nationalstaaten im 19. und 20. Jahrhundert, da die Nationalstaaten dort meist nach dem Zweiten Weltkrieg von den Kolonialmächten unabhängig geworden sind. Dementsprechend sind sie mit anderen Problemen konfrontiert als im alten Europa. Wenn beispielsweise die zehn Mitgliederstaaten der ASEAN – später kommt voraussichtlich auch Osttimor hinzu – bei gravierenden Interessenkonflikten jeweils auf den Rechten einer unabhängigen Nation bestehen sollten, könnte eventuell eine politische Ausweglosigkeit entstehen, die nicht so leicht behoben werden würde. Im Zeitalter der Globalisierung könnten einzelne Nationen politisch doch noch selbständig bleiben, aber wirtschaftlich sind sie manchmal aufeinander angewiesen, und ihre kulturelle Identität ist durch fremde Einflüsse mittels neuer Medien ständig gefährdet.

Der Nationalismus in Europa war seinerzeit von einem starken Expansionsdrang durchdrungen. Daraus ergab sich im Laufe der großen Entdeckungsreisen seit dem 16. Jahrhundert ein Imperialismus, der die südamerikanische, afrikanische, asiatische und slawische Welt unter den Kolonialmächten aufteilte. Hier ist nicht der Ort, die wechselvolle Geschichte des europäischen Kolonialismus im einzelnen nachzuzeichnen. Der Tübinger Historiker Gerhard Schulz faßt sie in seinem Buch „Europa und der Globus. Staaten und Imperien seit dem Altertum"[40] wie folgt zusammen: „Alle Mächte, die im Verlauf des 19. Jahrhunderts, wie England schon vordem, über die geographische Zone Europas

---

40 Deutsche Verlags-Anstalt. Stuttgart/München 2001.

hinauswuchsen, Frankreich, Rußland, Deutschland und zuletzt Italien – Österreich-Ungarn blieb bis zum Ersten Weltkrieg nur europäische Großmacht –, erfuhren eine Potenzierung ihrer inneren Kräfte, vor allem eine gewaltige Steigerung ihrer Bevölkerungen."[41]

Wichtig für unsere Fragestellung ist sein Hinweis auf die kulturellen Auswirkungen einer solchen transnationalen Aufteilung der außereuropäischen Welt: „Im Orient, in Afrika wie in China und Südostasien waren die europäischen Kolonialmächte in Kulturen vorgedrungen, die eigene Prozesse durchlebten und den Europäern ein unüberschaubares Feld neuer Konflikte boten."[42] Von europäischer Seite können kulturelle Prozesse gewiß immer grenzüberschreitend sein, weil sie vielfach mit kulturpolitischen Bemühungen um Durchsetzung der eigenen Sprache und Religion verbunden waren. Aber von seiten der kolonisierten Länder werden ihnen dann oft kulturelle Widerstände entgegengesetzt, da sie auch jahrhundertealte Sprachen und Religionen besitzen. Angesichts dieser Tatsache spricht man heutzutage oft vom Konflikt der Kulturen, wie z. B. Samuel P. Huntington in seinem bekannten Buch „Kampf der Kulturen. Die Neugestaltung der Weltpolitik im 21. Jahrhundert".[43] Es sei dahingestellt, ob der amerikanische Originaltitel „The Clash of Civilization" angemessen ins Deutsche übersetzt worden ist. Es geht dabei nicht nur um „Clash" als Zusammenprall, sondern auch um Gleichsetzung von Kultur und Zivilisation. Wenn man auf jeden Fall nicht erneut auf Kreuzzüge mit ihren schweren Folgen gehen will, sollte man sich wie auf dieser Wiener Konferenz um einen Dialog der Kulturen bemühen.

Kulturell erlitt Japan in der Meiji-Zeit deshalb keinen Zusammenprall mit der westlichen Zivilisation, weil es durch die sog. Holländische Wissenschaft lange genug darauf vorbereitet war. Nachdem die Feudalordnung und das Ausreiseverbot schnell abgeschafft worden waren, konnten die Japaner mithilfe der ausländischen Berater auf allen Bereichen der Wissenschaft und Technik sowie aufgrund eigener Auslandsstudien reibungslos den Anschluß an die Weltwirtschaft erreichen. Mit der rapiden Industrialisierung strebten sie nach dem Motto „Fukoku Kyohei",

---

41 G. Schulz a. a. O., S. 285.
42 G. Schulz a. a. O., S. 265.
43 Europaverlag. München / Wien 1996.

das Land zu bereichern und das Militär zu stärken, um nicht von den Westmächten kolonisiert zu werden. Mit dem Prinzip „Wakon Yosai", d. h. japanische Seele und westliche Fertigkeiten, wollten sie dabei ihre buddhistisch-konfuzianisch geprägte Kulturtradition mit der westlichen Zivilisation in Einklang bringen, obwohl ihre Bemühungen sich widerspruchsvoll zwischen Nationalismus und Verwestlichung als „Datsua Nyu-ou", d. h. als Hinwendung von Asien weg zu Europa erwiesen.

Unter Kaiser Meiji-Tenno paßte sich Japan darüber hinaus europäischem Standard an und wollte selbst, wie gesagt, imperialistisch eine Kolonialmacht in Ostasien werden. Im Norden schloß Japan im Jahre 1875 ein Umtauschabkommen mit Rußland ab, in dem bestimmt wurde, daß die Insel Sachalin, die der japanische Geograph Mamiya Rinzo bereits 1808 im Auftrag der Tokugawa-Regierung sorgfältig untersucht hatte, russisch blieb, die Kurilen jedoch japanisch wurden. Auf der anderen Seite besetzte die japanische Armee im Jahre 1879 die südlich gelegenen Ryukyu-Inseln und machte sie trotz ihrer politischen Abhändigkeit von China zur Okinawa-Präfektur. Durch den Sieg im Chinesisch-Japanischen Krieg (1894/95) wurde dann im Frieden von Shimonoseki beschlossen, daß China ferner Formosa und die Pescadores-Inseln an Japan abtrat. 1902 schloß Japan mit Großbritannien ein Schützbündnis gegen russisches Vordringen in Ostasien und siegte im Russisch-Japanischen Krieg (1904/05). Japan erhielt dadurch Süd-Sachalin, Port Arthur sowie das Protektorat über Korea und die Südmandschurei. Im Jahre 1910 annektierte Japan schließlich Korea.

Während des Ersten Weltkrieges vergrößerte Japan seine Kriegs- und Handelsmarine und entwickelte sich zu einer militärischen Großmacht: „Bei Zugrundelegung der Heeresstärken waren Rußland, Deutschland, Frankreich und Japan die größten Militärmächte, im Hinblick auf die Marine Großbritannien, Deutschland, die Vereinigten Staaten, Frankreich und Japan die größten Seemächte der Erde."[44] Durch die Niederlage Deutschlands erhielt Japan als Bündnispartner Großbritanniens deutsche Besitzungen im Pazifikraum: Tsingtao sowie deutsche Konzessionen in China, die Marianen, Karolinen und Marshallinseln. Während des Zweiten Weltkrieges expandierte Japan weiter nach Südostasien und besetzte

---

44 G. Schulz a. a. O., S. 286

Französisch-Indochina, die Philippinen, Burma, Malaya, Singapur und Indonesien, so daß der ganze Nordpazifische Raum in japanische Hand gerät. Das war die geopolitische Konstellation vor dem Zusammenbruch des japanischen Nationalismus, Imperialismus sowie des Militarismus im August 1945.

Es mag wie ein Widerspruch erscheinen, daß alle von Japan kolonisierten Länder in Südostasien nach dem Zweiten Weltkrieg vom europäischen Kolonialismus befreit wurden und im Laufe der Jahre unabhängige Nationen geworden sind. Dagegen scheint Japan heutzutage in diesen Nationen keine politische oder kulturelle Rolle mehr zu spielen. Geblieben ist einzig die wirtschaftliche Macht Japans im südostasiatischen Markt nicht ohne negative ökologische Auswirkungen. Das Verbindende der Kulturen besteht traditionsgemäß nach wie vor zwischen Japan und China bzw. Korea. So eng sind jahrhundertelange kulturelle Beziehungen in Ostasien, daß sie durch unglückliche politische Ereignisse in der Vergangenheit nicht zerrissen werden können. Der entscheidende Grund dafür liegt m.E. darin, daß China, Korea und Japan in chinesischen Schriftzeichen und im Konfuzianismus oder Taoismus eine gemeinsame Grundlage ihrer Kultur besitzen, auch wenn sie sich im Verlauf der Geschichte unterschiedlich entwickelt haben. Gemeinsam ist ihnen auch der Mahayana-Buddhismus, der sich vom Hinayana-Buddhismus in Südostasien weitgehend unterscheidet.

In den südostasiatischen Nationen erscheint die Kultur nicht so einheitlich wie in Ostasien. Denn unter den Einflüssen der westlichen und nördlichen Großmächte wurden neben den einheimischen Sprachen geschichtlich viele andere Sprachen gesprochen: portugiesisch, spanisch, englisch, niederländisch, französisch, japanisch und nicht zuletzt chinesisch. Auch die indische Sprache Sanskrit war vor Jahrhunderten in buddhistischen Kulten meist aus Ceylon her gebräuchlich.[45] Sie hinterließen selbstverständlich mehr oder weniger Spuren in Sitten und Bräuchen des Volkes. Außerdem kommt der starke Einfluß des Islams auf seine

---

45 Vgl. Wilhelm von Humboldt: Über die Verschiedenheit des menschlichen Sprachbaues und ihren Einfluß auf die geistige Entwicklung des Menschengeschlechts. Über die Sprache. Lizenzausgabe. Fourier Verlag. Wiesbaden 2003: hier 1. „Wohnplätze und Culturverhältnisse der Malayischen Völkerstämme" S. 279–289.

Kultur hinzu, der im ostasiatischen Kulturkreis nie Wurzel fassen konnte. Wie weit noch Einflüsse arabischer oder persischer Kultur im Zusammenhang damit bemerkbar sind, entzieht sich leider meiner Kenntnis. Wenn die Landessprache die Kultur eines Volkes bzw. einer Nation selbst verkörpert, ist die südostasiatische Kultur nur in ihrer Mannigfaltigkeit zu erfassen. In Indien soll es hundert Sprachen und dementsprechend hundert verschiedene Kulturen geben, während die europäische Sprache Englisch als das Verbindende von allen diesen Sprachen und Kulturen gilt. Ähnlich wird es sich wohl auch in Südostasien verhalten. Aber die chinesischen Schriftzeichen haben in Ostasien als das kulturelle Band eine bedeutendere Funktion, weil sie hier schon im Mittelalter eine feste philosophisch-literarische Tradition begründet haben.[46] Die hinduistischen, buddhistischen und islamischen Kulturen in Südostasien stellen, offen gestanden, für die europäisierten Asiaten Japaner vielfach eine undurchschaubare Welt dar.

46 Näheres vgl. Naoji Kimura: Die chinesischen Schriftzeichen als das kulturelle Band in Ostasien. Einige Gedanken zu den Begriffen „Gleichnis", „Vergleich", „Metapher" In: Trans. Internet-Zeitschrift für Kulturwissenschaften 13. Nr. Mai 2002.

Der erste Teil:
Goethe zwischen Ost und West

I. Kapitel: Entmythologisierung des Japanbildes*

Wiewohl es auch als selbstverständlich erscheinen mag, möchte ich um des Verfremdungseffekts willen davon ausgehen, daß in Japan eine völlig andere Sprache als im europäischen Kulturbereich gesprochen wird und darüber hinaus eine lange literarische Tradition seit Übernahme der chinesischen Klassik mit deren konfuzianischen, taoistischen und buddhistischen Elementen besteht. Überhaupt ist die chinesische Kultur im Mittelalter nicht nur unmittelbar über See, sondern auch von Korea nach Japan überliefert worden. Dazu kommt die bodenständige shintoistische Naturreligion, und das Christentum beider Konfessionen spielt im Grunde keine große Rolle in der Öffentlichkeit, auch wenn es schon lange gebührend geachtet wird.[1] Diese geschichtlichen Prozesse genau zu erforschen, gehört eigentlich zur Aufgabe der fachübergreifenden Ostasienwissenschaft. Ich muß jedoch ehrlich gestehen, daß ich wohl Germanist, aber im fachwissenschaftlichen Sinne kein Japanologe bin. Denn die Japanologie ist ebenfalls eine so umfangreiche philologische Forschungsdisziplin wie die Germanistik, geschweige denn die Sinologie, die eine jahrtausendelange Kulturtradition zu recherchieren hat wie die klassische Philologie in Europa.

Um Ihnen meine Lage als Auslandsgermanist etwas verständlicher zu machen, möchte ich Sie zunächst auf eine ähnliche Lage deutscher Japanologen hinweisen. Die fachwissenschaftliche Germanistik, die die japanischen Germanistikstudenten an den deutschen Universitäten studieren wollen oder müssen, läßt sich doch sehr leicht mit einem japanologischen Studium in Japan oder meinetwegen in Deutschland vergleichen. Wie

---

* Eine mit Anmerkungen versehene Fassung eines Vorlesungsmanukripts, das meiner Landeskunde im Rahmen der Lehrtätigkeit im Lektorat für Japanisch an der Universität Regensburg zugrunde lag.
1 Vgl. Naoji Kimura: Der „Ferne Westen" Japan. Zehn Kapitel über Mythos und Geschichte Japans. Röhrig Universitätsverlag. St. Ingbert 2003. Über das Christentum in Japan vgl. Jan Swyngedouw: Christliche Einflüsse auf die japanische Kultur. In: Constantin von Barloewen / Kai Werhahn-Mees (Hrsg.): Japan und der Westen. Band 3 Politik, Kultur, Gesellschaft. Fischer Taschenbuch Verlag. Frankfurt am Main 1986, S. 201–229.

schwierig dies ist, davon legt eine Aussage eines der besten deutschen Japanologen Zeugnis ab. Die bekannte Japanologin Irmela Hijiya-Kirschnereit an der Freien Universität Berlin, die seit einigen Jahren das Deutsche Institut für Japanstudien in Tokyo leitet, antwortete in einer Sendung des japanischen Funk-Kollegs auf die Frage, ob sie einen großen Unterschied zwischen den japanischen und den europäischen Japanologen im Umgang mit der japanischen Literatur sehe, folgendermaßen. Der Text ist übrigens für japanische Deutsch-Studenten in der deutschen Originalsprache veröffentlicht worden:

> Ich glaube, das ist auch die einzige Chance, die europäische Japanologen haben, oder sagen wir: nicht-japanische Literaturwissenschaftler, wenn sie sich mit der japanischen Literatur befassen. Denn wir haben natürlich große Nachteile: Wir können nicht so viel, so schnell lesen. Natürlich kennen wir auch viele der Anspielungen oder viel von dem Hintergrund nicht und müssen uns den erst aneignen. Aber weil wir das zum Teil nicht kennen, und auch weil wir eine andere Perspektive haben und weil wir von dem Hintergrund der europäischen Literatur herkommen, deswegen sehen wir auch andere Dinge, und wir stolpern über Dinge, die ein japanischer Literaturwissenschaftler in einem Text wahrscheinlich gar nicht sieht.[2]

Es versteht sich von selbst, daß man das gleiche im Hinblick auf die japanische Germanistik sagen kann. Es läßt sich da auf dem Gebiet der Rezeptionsgeschichte als Geistes- bzw. Kulturgeschichte oder in der Übersetzungswissenschaft als einer linguistisch-literaturkritischen Komparatistik noch viel erarbeiten. Immerhin durfte die Direktorin des Deutschen Instituts für Japanstudien, Tokyo, ihre Meinung in der Muttersprache aussprechen. Wenn ich aber in dieser Einführung in die gegenwartsbezogene Ostasienwissenschaft alles auf deutsch sagen muß, sehe ich mich als Nicht-Muttersprachler mit einer großen Schwierigkeit konfrontiert. Kann ich doch weder als Germanist eine neue japanische Perspektive geltend machen noch als Japanologe mich meiner Muttersprache bedienen. Außerdem bin ich ohne alte japanische Tradition in Sapporo / Hokkaido aufgewachsen und meinem Lebenslauf gemäß mehr mit dem Christentum vertraut als mit dem Buddhis-

---

2 Vgl. Keiichi Aizawa: Aktuelles Deutschland. Unterrichtsheft vom 28. März 1997, S. 82. Tokyo 1997.

mus oder Shintoismus. Allenfalls wäre ich Konfuzianer christlicher Prägung oder Christ mit goethischer Religiosität. Ich habe also als Auslandsgermanist nur Nachteile.

Auch deswegen erlaube ich mir, in den ersten Semestern hier in Regensburg ein Rahmenthema aufzugreifen, in dem ich mich einigermaßen auskenne, nämlich deutsch-japanische Kulturbeziehungen aufgrund der Goethe-Rezeption in Japan.[3] Da habe ich Stoff genug und kann wie ein Fisch im Wasser ohne Atemnot schwimmen. Ich würde vor allem nach Kräften versuchen, im Spiegel der Goethe-Rezeption das moderne Japan als ein Zubringerland zu zeigen zwischen Deutschland einerseits und Korea sowie China andererseits. Während die Japaner bekanntlich im Mittelalter in China studierten, haben aus geschichtlichen Gründen viele koreanische oder chinesische Intellektuelle seit der Meiji-Zeit (1868–1912) in Japan westliche Philosophie oder Medizin studiert und dabei neben Englisch das Deutsche als die wichtigste Wissenschaftssprache wie Latein gelernt. Die bekanntesten Namen sind beispielsweise die chinesischen Schriftsteller Guo Moruo und Lu Xun, die zuerst deutsche Medizin in Japan studieren wollten. Es war Guo Moruo (1892–1978), der Goethes *Werther* und *Faust* zum erstenmal ins Chinesische übersetzte, und Lu Xun (1881–1936) war von dem frühzeitig ins Japanische übersetzten Nietzsche sehr beeinflußt. Mori Ogai (1862–1922), seinerseits als Mediziner, Übersetzer und Dichter, dürfte ihnen bei ihren literarischen Anfängen vorbildlich gewesen sein.[4]

Unter dem Gesichtspunkt einer solchen gegenwartsbezogenen Ostasienwissenschaft verstehe ich die sogenannte interkulturelle Germanistik für Ostasien. Wenn die ostasiatische Auslandsgermanistik in diesem Sinne ferner als Kulturwissenschaft aufgefaßt wird, so gehe ich davon aus, daß sie im großen und ganzen die sprachlich vermittelte deutsche Kultur zu ihrem Forschungsgegenstand hat und unter den Kulturwissenschaften im Plural vorwiegend die Wissenschaft speziell von der deutschsprachigen Kultur beinhaltet. Es fragt sich dann, was eigentlich die Kultur im Zeital-

---

3 Für ein umfassenderes Studium vgl. Irmela Hijiya-Kirschnereit (Hrsg.): Kulturbeziehungen zwischen Japan und dem Westen seit 1853. Eine annotierte Bibliographie. München: Iudicium Verlag 1999.
4 Näheres vgl. das 3. Kapitel des I. Teils im vorliegenden Buch.

ter der Globalisierung ist. Dafür gibt es in deutscher Sprache Fachliteratur genug, heutzutage kann man sogar im Internet einen aufschlußreichen Beitrag von Hartmut Böhme an der Humboldt-Universität zu Berlin nachlesen. Ein wunder Punkt der meisten Überlegungen deutscher Kulturphilosophen liegt aber darin, daß sie sich grundsätzlich im Rahmen der abendländischen Tradition drehen und allenfalls die islamische Welt im Nahost berücksichtigen. Die wissenschaftlichen Erkenntnisse, die europäische bzw. deutsche Sinologen, Japanologen oder Koreanisten durch ihre mühsame Forschung erarbeitet haben, werden leider kaum beachtet, sondern bewußt oder unbewußt außer acht gelassen.

Als einzige Ausnahme kann man wohl Johann Gottfried Herder ansehen, der immerhin den Nachlaß des frühen Japanforschers Engelbert Kaempfer aus Lemgo (1651–1716) benutzt haben soll, als er sein Hauptwerk *Ideen zur Philosophie der Geschichte der Menschheit* schrieb. Philipp Franz von Siebold aus Würzburg (1796–1866) ging zwar in seinem umfangreichen Werk *Nippon* auch etwas auf die koreanische Sprache ein. Aber bei dem Reichtum indischer oder chinesischer Kultur sowohl in der Literatur als auch in der Kunst bedeutet diese Nichtkenntnisnahme von Ostasien, daß die Kulturwissenschaften in Europa faktisch nur die Hälfte der Weltkultur ins Auge fassen und daraus angeblich eine allgemeine Kulturtheorie ableiten. Die Globalisierung in der Kulturwissenschaft müßte jedoch unbedingt die westliche und östliche Hemisphäre der Erde einbeziehen, wie schon Alexander von Humboldt, das Vorbild Siebolds, in seiner anthropologisch-geographischen Naturwissenschaft ein gutes Beispiel dafür gegeben hat. Im Spiegel der Goethe-Rezeption könnte ich z. B. nicht nur eine japanische Geistesgeschichte der neueren Zeit schreiben, sondern auch einen Überblick über deutsch-ostasiatische Kulturbeziehungen um die Jahrhundertwende verschaffen.

1. Das alte und neue Japanbild in Deutschland

Positiv oder negativ gibt es nun überall in der Welt klischeehafte Vorstellungen von den anderen Völkern, Nationen oder Kulturen, wenn z. B. von den Asiaten, Europäern, Amerikanern oder Japanern überhaupt die Rede ist. Dabei spielen nicht nur beschränktes Erkenntnisvermögen des Menschen, sondern auch individuelle Vorurteile, kollektiver Nationaldünkel oder auch kulturpolitische Manipulationen eine große Rolle. Was speziell Japan anbelangt, so scheint das Interesse an ihm in Europa immer noch weitgehend von einem Exotismus bestimmt zu sein, obwohl technisch hochentwickelte Verkehrsmittel und neue Medien heutzutage Ost und West aneinander näher gerückt haben. Trotz der Globalisierung halten die Menschen anscheinend aus Denkfaulheit lieber an ihrem vertrauten Welt- bzw. Menschenbild oder an ihrem althergebrachten geistigen Standpunkt fest, um die anderen zu beurteilen oder zu verurteilen.

Eine solche Vorstellung von Japan, vom Land und seinen Leuten, nennt man üblicherweise das Japanbild.[5] Dafür gibt es nicht nur fachwissenschaftliche Monographien über die japanische Kultur, sondern auch eine Menge populäre Japanbücher in englischer oder deutscher Sprache, die in Form eines Reiseführers oder in essayistischen Reiseberichten verschiedene Japanbilder entwerfen und den sogenannten Japandiskurs provozieren.[6] Aufschlußreich ist eine Beobachtung des Freiburger Historikers Bernd Martin:

> Das deutsche Japanbild erhielt seine stärksten Verzerrungen in der Zeit des Nationalsozialismus und der Kriegsallianz, als vorwiegend von deutscher Seite und hier besonders von der berufenen Fachwissenschaft, der Japanologie,

---

5 Josef Kreiner: Das Deutschland-Bild der Japaner und das deutsche Japanbild. In: Klaus Kracht, Bruno Levin und Klaus Müller (Hrsg.), Japan und Deutschland im 20. Jahrhundert. Wiesbaden 1984, S. 84–115.
6 Vgl. als japanische Stellungnahme dazu Aoki Tamotsu: Der Japandiskurs im historischen Wandel. Zur Kultur und Identität einer Nation. Philipp-Franz-von-Siebold-Stiftung Deutsches Institut für Japanstudien. Monographien 14. Iudicium Verlag. München 1996. Vgl. ferner Thomas Pekar: Der Japan-Diskurs im westlichen Kulturkontext. (1860–1920). Reiseberichte – Literatur – Kunst. Iudicium Verlag. München 2003.

zwischen Deutschen und Japanern überall dort Gemeinsamkeiten entdeckt wurden, wo keine waren.[7]

Mittlerweile gibt es zwar eine sachlich-aktuelle Gesamtdarstellung Japans neben zahlreichen Einzelstudien.[8] In weiten Gebildetenkreisen des deutschen Sprachraums ist aber heutzutage ein neuer Japan-Mythos bemerkbar, der den Anschein macht, nicht so leicht aus der Welt geschafft werden zu können.

Von kulturgeschichtlicher Bedeutung ist gewiß das Japanbild eines Engelbert Kaempfer im 17. Jahrhundert oder Philipp Franz von Siebold im frühen 19. Jahrhundert, das neuerdings in einem Bildband für die modernen Leser zusammengestellt worden ist.[9] Erstaunlicherweise veröffentlichte Heinrich Schliemann (1822–1890) bereits im Jahre 1869 seine ausführlichen Reiseberichte über China und Japan *La Chine et le Japon au temps présent* in Paris. Sie sind vor ein paar Jahren ins Japanische übersetzt worden. Klassisch im literarischen Sinne ist jedoch ohne Zweifel Lafcadio Hearns Buch *Nippon. Leben und Erlebnisse im alten Japan 1890–1904*. Es ist in jener ästhetisierenden Tendenz der Fluchtbewegungen des ausgehenden 19. Jahrhunderts und der Jahrhundertwende entstanden und hat einen völlig anderen historischen Hintergrund als heute:

---

7 Bernd Martin (Hrsg.): Japans Weg in die Moderne. Ein Sonderweg nach deutschem Vorbild? Campus Verlag. Frankfurt / New York 1987. Vorwort S. 10. Vgl. ferner Bernd Martin: Deutschland und Japan im Zweiten Weltkrieg 1940–1945. Nikol Verlagsgesellschaft mbH & Co. KG. Hamburg 2001.

8 Vgl. z. B. Hans Jürgen Mayer / Manfred Pohl (Hrsg.): Länderbericht Japan. Geographie. Geschichte. Politik. Wirtschaft. Gesellschaft. Kultur. Darmstadt 1995. Vgl. auch Hans A. Dettmer: Einführung in das Studium der japanischen Geschichte. Darmstadt 1987. Das von Horst Hammitzsch herausgegebene Japan-Handbuch liegt noch in dritter Auflage von 1990 vor.

9 Vgl. beispielsweise Detlef Haberland: Zwischen Wunderkammer und Forschungsbericht – Engelbert Kaempfers Beitrag zum europäischen Japanbild. In: Japan und Europa 1543–1929. Berliner Festspiele. Ausstellungskatalog 1993. Argon, S. 83–93; Peter Noever (Hrsg.): Das alte Japan. Spuren und Objekte der Siebold-Reisen. Prestel. München / New York. 1997. Vgl. auch Oliver Statler: Das Gasthaus am Tokaido. Deutsche Buch-Gemeinschaft. Berlin / Darmstadt / Wien 1963.

Als Lafcadio Hearn zum ersten Mal japanischen Boden betritt, ist der Kolonialismus eine politische Größe und eine weltanschaulich prägende Kraft. Das imperiale Sendungsbewußtsein schlägt sich – in zahllosen Reiseberichten jener Zeit nachzulesen – in einer mehr oder weniger offenbaren Herrenmoral im Blick auf die „Eingeborenen", in rassistischer Arroganz, Kulturkolonialismus, Unverständnis und Nichtverstehenwollen, aber auch in einem falschen, süßlichfaden Mitleid nieder.[10]

Freilich hatte das Bild Japans bei einem Aussteiger aus dem „amerikanischen Traum" nichts davon. Ein deutscher Arzt beginnt übrigens die 1902 abgefaßte Vorrede seines gründlichen Japansbuchs mit den Worten: „Sicherlich bedarf es einer großen Entschuldigung, wenn man ein neues Buch über Japan verfaßt. Es sind ihrer gar viele, und Eulen nach Athen zu tragen ist mindestens nutzlos."[11]

Dagegen wird das z. Zt. wohl neueste Japanbild etwa durch das weitverbreitete Heft „Merian – Japan" (02/54 Hamburg 2001) vermittelt. Seine facettenreichen Aspekte werden durch schön bebilderte Artikel beleuchtet wie „Tokio: Die Sanftmut einer Megastadt, Japans Norden und seine Mythen, Kult um Comics und Roboter. Sumo-Ringer: Schwer in Form". Hier heißt es über Tokio – Stadt ohne Plan – obwohl die Post aus der ganzen Welt richtig ankommt:

> Die Metropole der zwölf Millionen ist ein Irrgarten der Moderne. Nur die wenigsten Straßen tragen Namen, Adressen bleiben Rätsel. Wer hier lebt, fragt ständig nach dem Weg.

Zeit für Tee wird dann folgendermaßen beschrieben: „Eine Einladung zum Tee kann in Japan vier schmerzhafte Stunden dauern. Doch Geduld: Der Gastgeber hat dafür schließlich Jahre geübt." Als Einleitung heißt es zuletzt: „Der große Literat der Niederlande, Cees Nooteboom, ging in Japan auf

---

10 DuMont-Reiseberichte. Köln 1981. S. 7. Vgl. ferner Das Japanbuch. Eine Auswahl von Lafcadio Hearn. Literarische Anstalt Rütten & Loening. Frankfurt a.M. 1921.
11 Vgl. Joseph Lauterer: Japan. Das Land der aufgehenden Sonne einst und jetzt. Nach seinen Reisen und Studien. Verlag von Otto Spamer. Leipzig o. J. In der Vorrede erwähnt er, daß die deutsche Gesellschaft für Natur- und Völkerkunde Ostasiens eine auserlesene japanische und fremde Bücherei besitzt, die auch den Nachlaß von Siebold einschließt. Aber wie ich festgestellt habe, gingen diese Sieboldiana irgendwann verloren.

Pilgerfahrt, weil er Ruhe suchte in einem rastlosen Land. Er fand mehr als das: eine Welt voller Rätsel und Geheimnisse."

Cees Nootebooms Gleichnis trifft allerdings zu, wenn er unumwunden schreibt: „Ich war hier unter falschem Vorwand, auf der Suche nach einem Japan, das es eigentlich nur noch als Ausnahmeerscheinung gab, so als mache sich ein Japaner in Europa ausschließlich auf die Suche nach Benediktinerklöstern." (S. 74) Das ginge noch, wenn dieser Japaner ein Christ mit Lateinkenntnissen wäre, was durchaus möglich ist. Aber Cees Nooteboom ist weder Buddhist noch Shintoist und kann nicht die japanische Schriftsprache lesen, was sich als fatal erweist. Da versteht es sich von selbst, daß „ein japanischer Tempel mit seinem Panoptikum heiliger Figuren und sakraler Gegenstände, seinen Riten und Bräuchen einen vor allerlei Rätsel stellt". Ein derartiger geheimnisvoller Aspekt scheint heute denn auch am meisten das Japanbild zu charakterisieren, wobei man allenfalls versucht, alle Widersprüche in der japanischen Kultur wie einen gordischen Knoten mit dem Zen-Buddhismus zu erklären. Sogar ein Buch, das eigentlich diesen dunklen Aspekt mit authentischen Erläuterungen beleuchten soll, wird in dem gleichen Sinne betitelt, um für das deutsche Lesepublikum attraktiv zu sein.[12] Idealisierend und irreführend wird darin als Motto aus Diderot / D'Alembert *Encyclopedie,* 1775, zitiert: „Dieses erstaunliche Volk ist das einzige von Asien, das nie besiegt wurde, das unbesiegbar scheint […] Japan ist nicht minder dicht besiedelt als China, aber als Nation stolzer und tapferer. Es besitzt alles, was uns fehlt." Japan wird also trotz allem immer noch als Utopie dargestellt.

Vor dem Zweiten Weltkrieg, also zwischen diesen zwei Japanbildern eines Amerikaners und eines Niederländers, bestand, wie gesagt, ein besonderes Verhältnis zwischen Deutschland und Japan. Abgesehen von den langen kulturellen Beziehungen war es vor allem ein bündnishaft-militärisches und insofern kameradschaftliches Verhältnis zueinander. So erschien bereits 1904 ein von Alfred Stead herausgegebenes Quellenbuch *Unser Vaterland Japan,* das mit besonderer Genehmigung dem Kaiser von

---

12 Vgl. Shuichi Kato: Geheimnis Japan. Genehmigte Sonderausgabe. Orbis Verlag. München 2001.

Japan gewidmet war. Das von Japanern geschriebene enzyklopädische Werk umfaßte kapitelweise die nachstehend genannten Themen: Japans Wachstum, Die Pflichten der politischen Parteien, Die nationale Politik unter der Verfassung, Die Organisation eines konstitutionellen Staates, Das Heer, Die Marine, Diplomatie, Auswärtige Politik, Erziehung, Religion, Finanzen, Bankwesen, Handel und Industrie, Haupt-Industriezweige, Auswärtiger Handel, Bergbau, Arbeit, Die Handels-Marine, Eisenbahnen, Das Rechts-System, Polizei und Gefängnisse, Kunst und Literatur, Japanische Zeitungen, Post, Telegraph und Telephon, Formosa, Die Stellung der Frau, Das Kaiserliche Parlament und Die Kaiserliche Familie. Richtungsweisend insbesondere in dem Kapitel über die japanische Religion waren „Bushido die moralischen Grundsätze Japans" von Inazo Nitobe und „Ahnen-Kultus" von Nobushige Hozumi.[13]

In der Kriegszeit richtete dann Karl Haushofer sein geopolitisches Augenmerk auf das Sonnenaufgangsland im Osten und schrieb 1941 ein mit vielen Illustrationen versehenes Buch *Japan baut sein Reich*. Charakteristisch genug widmete er es drei japanischen Generalen als den Treuesten unter seinen japanischen Freunden. Um die freundschaftlichen Beziehungen dieses Inselreichs zum Dritten Reich hervorzuheben, kam 1942 quasi anschließend ein photographisch schönes Buch von Edmund Fürholzer heraus: *Freundesland im Osten. Ein Nipponbuch in Bildern*. Im Vorwort von Herbert von Dirksen heißt es u. a.:

> Nippon ist in viel höherem Maße ein „optisches" Land als etwa China. Der großartigen Einfachheit der chinesischen Landschaft und der Einheitlichkeit der Lebensformen seiner Bewohner stellt Nippon eine ungeheure, verwirrende Vielfalt von Eindrücken entgegen – eine Vielfalt, die bedingt ist durch die geographische Streckung des japanischen Inselbogens von arktischen Breiten bis in tropische Regionen; bedingt durch die Verschmelzung zweier Lebensformen, der ostasiatischen mit der europäischen; bedingt schließlich durch die Intensität gewaltigen Geschehens auf allen Gebieten staatlicher und menschlicher Betätigung.

---

13 Nitobes bekanntes Buch wird heute noch in deutscher Übersetzung verlegt. Vgl. Inazo Nitobe: Bushido. Die innere Kraft der Samurai. Ansata-Verlag. Interlaken 1985; Bushido. Die Seele Japans. Werner Kristkeitz Verlag. Heidelberg 2000; Bushido. Die Seele Japans. Erweiterte Fassung. Angkor Verlag. Frankfurt 2003.

Schon damals wurde Japan als ein geheimnisvolles Land und Volk wie auch Deutschland bezeichnet.[14]

Propagiert wurde daneben das Bild des nationalsozialistischen Deutschland in Japan etwa durch eine Sammlung von Aufsätzen, die zuerst in japanischen Zeitschriften, übersetzt von Fumio Hashimoto, dann im Verlage Risosha in zwei Sammelveröffentlichungen erschienen: *Volkstum und Weltanschauung* (1. Aufl. 1940; 3. Aufl. 1941) sowie *Leben und Kultur* (1. Aufl. 1941).[15] Die Sammlung in deutscher Sprache enthielt folgende Aufsätze: Volkstum und Weltanschauung; Deutscher Geist und westlicher Geist; Wesenszüge des deutschen Geistes; Der Herzgrund der deutschen Technik; Kultur und Kulturpolitik im nationalsozialistischen Sinn; Autorität und Freiheit; Schönheit und Volk; Wissenschaft und Staat; Das nationalsozialistische Bild des Menschen; Die völkischen Grundlagen zwischenvölkischen Verstehens. Es sind historische Zeugnisse davon, was für ein Deutschlandbild die Japaner in der Kriegszeit vorgestellt bekamen und in welchen Wesenszügen sie sich mit den Deutschen verwandt fühlten.[16]

Beachtenswert ist besonders, daß der Zen-Buddhismus gerade in den dreißiger Jahren durch die Deutschen entdeckt wurde. In dem oben erwähnten kenntnisreichen Japanbuch eines deutschen praktischen Arztes wird das Zen nur als eine Sekte neben anderen Sekten im japanischen Buddhismus erwähnt:

> Von ebenda (China) brachte Eiku die Zensekte nach Japan, wo also schon um 800 n. Chr. acht Sekten existierten, deren keine irgend etwas Wesentliches mit Buddha zu tun hat – abgesehen von seiner heidnischen Verehrung.
>
> Zur Zeit, als in Frankreich die Albigenser und Waldenser auftraten und sich auf den Glauben an die Gnade als Heiligungsmittel beriefen, brachte der Bonze Eisei auf der Heimreise von China die Lehren der schon unter Saga 810 n. Chr. in Japan bekannt gewordenen Zensekte mit. Auch der Teekultur

---

14 Vgl. Ed. von Pustau und Okanouye-Kurota: Japan und Deutschland die beiden Welträtsel. Politische, wirtschaftliche und kulturelle Entwicklung. Deutsche Ausgabe. Deutscher Verlag für Politik und Wirtschaft Otto Jamrowski. Berlin 1936.
15 Graf Karlfried von Dürckheim-Montmartin: Neues Deutschland. Deutscher Geist. Herausgegeben vom Japanisch-Deutschen Kultur-Institut Niigata. Sansyusya Verlagsbuchhandlung. Tokyo 1942.

gab er neuen Anstoß. Er brachte Samen aus China und legte eine Pflanzung in Taganoo (Kyoto) an.

Gärten ließ sich Yoshimasa von seinem Günstling Soami anlegen, von denen noch heute Überreste zu sehen sind. Der Zensekte baute er in Kyoto den Tempel Shokokuji.[17]

Das Zen spielte offensichtlich noch keine führende Rolle bei der Rezeption der japanischen Kultur in Europa. Der englische Japankenner George B. Sansom räumte ihm zwar frühzeitig eine große geistesgeschichtliche Bedeutung ein, indem er zu seinem erstmals 1931 erschienenen Japanbuch bemerkte:

> Ferner habe ich versucht, die geistigen Strömungen der japanischen Geschichte nachzuzeichnen, doch muß ich fürchten, daß es mir nicht gelang, die besondere Haltung der Japaner gegenüber der Moral und den Problemen der Philosophie zu zeigen – ihre intuitive, emotionale Betrachtungsweise und ihr Mißtrauen gegen Logik und Analyse. Diesen Fehler mag man mir vielleicht nachsehen, da die Quintessenz des japanischen Denkens im Zen-Buddhismus und in anderen Philosophien zu finden ist, deren Lehren per definitionem nicht durch das geschriebene Wort vermittelt werden können und deren Sinn nur durch innere Erleuchtung zu fassen ist.[18]

Wie er ferner sagt, hat dieses schwer zu erklärende Denken tatsächlich die politischen und religiösen Überzeugungen des japanischen Volkes entscheidend mitgeprägt. Aber dennoch spricht er außer dem Zen von „anderen Philosophien", die für die japanische Geistesgeschichte nichtsdestoweniger von Bedeutung sind.[19] Die japanische Kultur erscheint wohl deshalb so geheimnisvoll, weil diese weitgehend nicht berücksichtigt werden.

---

16 Näheres vgl. das 3. Kapitel des II. Teils im vorliegenden Buch.
17 Joseph Lauterer: Japan. Das Land der aufgehenden Sonne einst und jetzt. Verlag von Otto Spamer. Leipzig 1902. S. 39, 88, 102.
18 George B. Sansom: Japan. Von der Frühgeschichte bis zum Ende des Feudalsystems. Magnus Verlag. Essen 1975. S. 5. Von ihm wird empfohlen Edwin O. Reischauer: Japan. Safari-Verlag. Berlin 1953.
19 Vgl. z. B. Masao Maruyama: Denken in Japan. Herausgegeben und übersetzt von Wolfgang Schamoni und Wolfgang Seifert. Edition suhrkamp 1398. Suhrkamp Verlag. Frankfurt am Main 1988.

2. Das vom Zen-Buddhismus geprägte Japanbild von heute

Im Gegensatz zum althergebrachten Japanbild ist das gegenwärtige in Deutschland durch eine gewisse geistige Kurzsichtigkeit gekennzeichnet. Im kulturellen Bereich ist man im Grunde genommen am alten Japan orientiert, wenngleich dies sehr einseitig erblickt wird. So findet sich in der Bild-Zeitung vom 4. Juli 2000 beispielsweise ein Artikel mit drei farbigen Fotos in einer Zusammenstellung, und zwar mit den Schlagzeilen „Mit Meditation zur Erleuchtung". Abgebildet sind vor allen Dingen das chinesische Schriftzeichen für das Zen und ein buddhistischer Mönch, „der angesichts eines Steingartens in tiefer Versenkung meditiert, um Erleuchtung zu erlangen". Daneben eine ältere Japanerin mit ernstem Gesicht als Beispiel für die Erklärung: „Zen ist Konzentration auf das Wesentliche – daher gilt auch das Bogenschießen als Meditation", und dazu noch eine junge Dame im schönen Kimono mit der Erklärung: „Die japanische Teezeremonie ist zentypisch".

Es handelte sich dabei gewiß nur um einen Werbetext für das Buch „Körper, Geist & Seele" von Edda Costantini, das anscheinend die spirituelle Zen-Versenkung mit einer Selbsthilfemethode bei Schmerzen und Beschwerden des Bewegungsapparates in Verbindung zu bringen versuchte. Im Buchtipp wird jedoch ordentlich Daisetz T. Suzuki: *Die große Befreiung, Einführung in den Zen-Buddhismus*, O.W.Barth, angeboten. Dieses Buch erschien aber in deutscher Übersetzung von Heinrich Zimmer erstmals 1939 in Leipzig. Darauf folgte *Zen und die Kultur Japan*. (Übertragen und eingeleitet von Otto Fischer. Deutsche Verlags-Anstalt. Stuttgart / Berlin 1941. Leicht gekürzte Ausgabe in: rowohlts deutsche enzyklopädie. Hamburg 1958) Beides stand also im Schatten des japanischen Nationalismus. Dann erschien noch Daisetz Teitaro Suzuki: *Leben aus Zen*. Deutsch von Ursula von Mangoldt, 1955, und Daisetz Teitaro Suzuki: *Der Weg zur Erleuchtung*. Die Übung des Koan als Mittel, Satori zu verwirklichen oder Erleuchtung zu erlangen. Deutsch von Fritz Kraus. Holle Verlag. Baden-Baden o. J. Eugen Herrigels Buch *Zen in der Kunst des Bogenschießens* kam zwar 1951 heraus, aber der Verfasser war von 1924 bis 1929 in Sendai / Japan, und Okakura

Tenshins *Buch vom Tee* erschien ursprünglich 1906 in New York, auch wenn diese Bücher in einer volkstümlichen Zeitung nicht mehr genannt waren. Das klischeehafte Japanbild, das auf den Vorstellungen von Zen, Bogenschießen und Teezeremonie beruht, stammt auf jeden Fall durchgehend aus einer Zeit vor dem Zweiten Weltkrieg, in der die deutschen Schriftsteller wie Hermann Hesse, Max Dauthendey, Waldemar Bonsels, Hermann Graf Keyserling u. a. m. europamüde in der fernöstlichen Mystik ihr Heil suchten.

Weltbekannt sind ansonsten vom alten Japan Geisha und Harakiri, von denen ich leider nichts Erlebnisnahes zu berichten weiß.[20] Da müßte man sich in den Holzschnitten *Ukiyo-e*, wie sie hier in Regensburg in der Ausstellung „Im Schatten des Shogun" (13. Mai bis 23. September 2001) gezeigt wurden, oder im klassischen Ehrenkodex eines Samurai „Bushido" auskennen, wie er in Tsunetomo Yamamotos Schrift *Hagakure. Der Weg des Samurai*,[21] noch besser in Nitobe Inazos Buch *Bushido. Die innere Kraft der Samurai*, Interlaken 1985, geschildert ist. Eiji Yoshikawas Roman *Musashi* scheint ebenfalls in deutscher Übersetzung guten Anklang gefunden zu haben. Neuerdings ist auch Sushi in der ganzen Welt bekannt geworden, auch hier in Regensburg habe ich in der Nähe des Doms ein Sushi-Café gefunden. In New York oder Wien spricht man von einer Sushi-Bar. In einer deutschen Zeitung vom 14. Oktober 2000 habe ich ansonsten zufällig ein Foto des großen Buddha in Kamakura gesehen, vom dem einst eine leidenschaftliche japanische Dichterin Yosano Akiko in einem Tanka-Gedicht sang, er sei doch ein schöner Mann! Aber in dem beigegebenen Text waren folgende Zeilen zu lesen. Wegen ihres merkwürdigen Inhalts möchte ich Ihnen den ganzen Text anführen:

---

20 Vgl. z. B. Hans-Christian Kirsch: Yoshiwara oder Die schwankende Welt. Roman. Eugen Diederichs Verlag. München 1997; Ivan Morris: Samurai oder Von der Würde des Scheiterns. Tragische Helden in der Geschichte Japans. Insel Verlag. Frankfurt am Main 1989. Die ganze Samurai-Kultur wurde vom 24. November 1984 bis 3. Februar 1985 in der Münchner Ausstellung „Shogun. Kunstschätze und Lebensstil eines japanischen Fürsten der Shogun-Zeit" gezeigt.

21 Zuerst erschien eine Auswahl im Jahre 2000 beim Piper Verlag, München. Dann kamen 2003 die Bände I und II in einem Band beim gleichen Verlag heraus.

In der Ruhe liegt die Kraft. Das strahlt die Buddha-Figur aus. Von der Kultur Japans kann die westliche Welt nur lernen. Die japanische Kultur mit ihren Bräuchen, ihrer Philosophie und ihrer Kochkunst ist Thema des Buches „Zu Gast in Japan" (Weingarten: Weingarten-Verlag, 144 Seiten). Der reich bebilderte Band führt ein in eine ferne Welt voller Geheimnisse und langer Traditionen. Neben Texten zur Geschichte Japans und seinen Sitten und Gebräuchen werden in einem umfangreichen Teil Kochrezepte vorgestellt. Neben den aufwendigen Sashimi- und Sushi-Kreationen aus den großen Restaurantküchen werden auch einfache Gerichte beschrieben.

Wer mit solchen idealisiert-realistischen gastronomischen Vorstellungen nach Japan reist, dürfte von dem total anders gearteten Land der aufgehenden Sonne im Fernen Osten schwer enttäuscht sein. Kürzlich ist auch im Fernsehen des Bayerischen Rundfunks ein Bildungsprogramm mit den im Grunde gleichen Vorstellungen von Japan ausgestrahlt worden, wenn es auch kulturell auf viel höherem Niveau gestaltet war.

Aber darüber hinaus ist ein anderes Japanbild bemerkbar. Es gibt doch in Europa prinzipiell zwei gegensätzliche Japan-Bilder wie überall im Hinblick auf ein anderes Land oder eine fremde Nation. Ein freundliches Japanbild beruht, wie bereits erwähnt, meist auf der traditionellen Kultur in Japan. So hat denn auch Rilke sie in Haiku, Erich Orlik in den japanischen Holzschnitten oder Bruno Taut in der Architektur gefunden. Vorausgegangen waren als Japan-Forscher eben Engelbert Kaempfer aus Lemgo, Westfalen, und Philipp Franz von Siebold aus Würzburg, um nur im deutschen Sprachraum zu bleiben. Sonst müßte man auf die Amerikaner wie Lafcadio Hearn (1850–1904) oder Ernest Francisco Fenollosa (1853–1908) näher zu sprechen kommen und ferner auf den japonisme in Frankreich eingehen. Noch im Jahre 1990 hatte der frühere Direktor des Deutschen Instituts für Japanstudien Josef Kreiner – er ist der Bonner Japanologe aus Wien – zum deutschen Japanbild in Geschichte und Gegenwart auf einem Mitteilungsblatt bemerkt:

> Das heutige Japanbild Deutschlands beruht auf diesen jahrhundertealten Kulturkontakten ebenso wie auf der Geschichte der letzten Jahrzehnte und den gegenwärtigen Entwicklungen. Aufgrund von empirischen Untersuchungen der letzten zehn Jahre zeigt sich, daß die Deutschen das positivste Japanbild unter den Ländern der EG haben, daß sie jedoch mehr über Kultur und

Alltagsleben Japans erfahren wollen als die Medien berichten und daß sie vor allem von Japan mehr Einsatz im Kulturaustausch erwarten.[22]

Aber das andere Japanbild ist ein Feindbild neueren Datums, das im Unterschied zum verklärten Bild meist aus den industriell-wirtschaftlichen Kreisen stammt und Japan als gewissenlose Konkurrenz oder unmenschlichen Gegner angreift. Jeder vernünftige Mensch sieht ein, daß beides wegen seiner Einseitigkeit ungerecht ist. Der Philosoph Max Scheler hatte frühzeitig erkannt, daß die Einseitigkeit einer westlichen oder östlichen Denkweise als solche im 20. Jahrhundert überwunden werden muß, indem er schrieb: „Haben die großen Kulturkreise in ihrer bisherigen Geschichte Arten des Wissens einseitig entwickelt, [...] so ist nunmehr die Weltstunde gekommen, da sich eine Ausgleichung und zugleich eine Ergänzung dieser einseitigen Richtung des Geistes anbahnen muß."[23] Leider war dennoch in den dreißiger Jahren eine Freund-Feind-Theorie eines Carl Schmitt in Deutschland weit verbreitet,[24] bis sie nach dem Krieg durch die Einsicht in die Interkulturalität verschiedener Regionen zumindest innerhalb Europas allmählich abgebaut werden konnte. Ein solches Verständnis müßte in Zukunft durch kulturwissenschaftliche Erkenntnisse über die Völker der ganzen Welt erweitert werden.

Natürlich ist es ein offenbares Geheimnis, um mit Goethe zu sprechen, daß die japanische Wirtschaft erst dann floriert, wenn die Regierung bürokratisch gut funktioniert. Die japanischen Beamten und Technologen sind ja Samurai von heute. Solange die japanische Wirtschaft mit moderner Technik erfolgreich ist und die Tokioter Börse mit dem

---

22 Näheres vgl. Josef Kreiner (Hrsg.): Deutschland – Japan. Historische Kontakte. Bonn 1984, darin Eberhard Friese: Das deutsche Japanbild 1944 – Bemerkungen zum Problem der auswärtigen Kulturpolitik während des Nationalsozialismus, S. 265–284. Nach E. Friese beruht das freundliche Japanbild der Deutschen weitgehend auf der deutsch-japanischen Kulturarbeit während der Weimarer Republik.
23 Zitiert bei Manfred Osten: Japan für Fortgeschrittene. Studien für Kenner und interessierte Laien. F.A.Z. vom 30.9.1986, Nr. 226 (Eine Rezension des oben genannten Japan-Handbuchs).
24 Vgl. Günter Maschke: Im Irrgarten Carl Schmitts. In: Karl Corino (Hrsg.), Intellektuelle im Bann des Naionalsozialismus. Hoffmann und Campe Verlag. Hamburg 1980, S. 204–241.

Nikkei-Aktienindex eine Tagesaktualität in den Fernsehnachrichten ist, reimt sich anscheinend für die Europäer das Bild eines geheimnisvollen Landes mit einem Industrieland nicht. Aber wenn es ihr schlecht geht wie seit etwa zehn Jahren, mystifiziert man das Japanbild wieder und macht daraus ein altvertrautes exotisches Land, das seinen an sich überholten Vorstellungen entspricht.[25] Erst jetzt verstehe ich nach zehn Jahren den Hintergrund eines Artikels mit dem Titel „Das neue Feindbild. Japan im (falschen) Urteil der Europäer", den Georg Blume in der Stuttgarter Zeitung vom 27. Juli 1991 geschrieben hat. Damals soll, wie Georg Blume anführt, ein amerikanischer Staatsmann gesagt haben, der Kalte Krieg sei vorbei, der Sieger sei Japan. Die US-Amerikaner hätten noch um das erdrückende wirtschaftliche Gewicht sowie die beißende technologische Konkurenz Japans Sorgen gehabt. Aus wirtschaftlichen Sorgen soll dann nicht nur in Frankreich, sondern auch in Deutschland ein neues Feindbild entstanden sein, wie ein führender deutscher Politiker sagte:

> Japan, unser aggressivster Wettbewerber, klotzt in die Eroberung der Zukunftsmärkte. Nachdem es die Uhren-, Kamera- und Unterhaltungselektronikmärkte erobert hat, setzt es seinen Vormarsch auf den Automobilmärkten fort. Noch signifikanter: sieben der zehn größten Chip-Hersteller sind Japaner.

Es tut mir leid, daß die Japaner sich auf diese Weise sogar in Deutschland nicht gerade verhaßt, aber zumindest unbeliebt gemacht haben. Japan galt doch lange als Deutschlands bester Freund in der Welt, alle deutschen Botschafter in Japan bezeugen das. Ich kann nur nicht beurteilen, ob es zu Recht steht, wenn im obigen Zeitungsartikel gesagt wird: „Das einseitige Japan-Bild, dem heute vor allem die Linke in Europa folgt, entstand freilich auch als Reaktion auf eine Japan-Verklärung von rechts." Dafür müßte man westliche Japan-Theorien, die die japanische Gesellschaft vergöttern oder verteufeln, genau untersuchen. Wahrscheinlich möchte

---

25 Vgl. Shuichi Kato: Geheimnis Japan. Luzern 1991. Deutschsprachige Ausgabe, Köln 1992. Sonderausgabe, München 2001. Der scharfsinnige Literaturkritiker, der ein Standardwerk der japanischen Literaturgeschichte in deutscher Sprache publizierte, hätte gerade versuchen sollen, dieses Geheimnis für die deutschen Leser zu enträtseln, statt es noch mehr zu mystifizieren. Aber der Buchtitel dürfte nicht von ihm selbst stammen.

man sich in Europa Japan nur als ein Wunderland der Exotik vorstellen, wie die Japaner immer noch vom romantischen Deutschland schwärmen. So schreibt Georg Blume treffend:

> Nippon scheint den meisten Europäern weiterhin in exotischer Ferne. Das Inselreich „Zipangu", wie es der Weltentdecker Marco Polo als erster farbenreich und paradiesisch schilderte, lebt in den Japan-Darstellungen unserer Zeit fort. Meist wird dabei das uns mit den Japanern Gemeinsame, Menschliche unterbelichtet: statt dessen stilisiert man die Unterschiede.

Wie wir eben in den neuesten Zeitungsausschnitten gesehen haben, sind es vornehmlich der heilige Berg Fuji, der hinter dem großen Buddha hervorragt, Geishas, Samurai, Sumo-Ringkämpfer, Volksfeste und nicht zuletzt Sushi, die Japan hier heute noch interessant machen. Infolge dessen soll eine geistig-intellektuelle Beschäftigung mit Japan bis auf wenige Ausnahmen in Europa auch im zwanzigsten Jahrhundert unterblieben sein. Dagegen müßte ich je ein ganzes Semester eine Vorlesung halten, wie fleißig die japanischen Germanisten kulturwissenschaftlich sich mit deutscher Sprache und Literatur, Philosophie und Pädagogik, Kunst- und Musikgeschichte, Jura und Soziologie, Geschichts- und Religionswissenschaft usf. beschäftigt haben. Während die Japanische Gesellschaft für Germanistik auf diese Weise fast drei tausend Mitglieder hat – sie ist somit größer als der deutsche Germanistenverband – gibt es in Deutschland vielleicht kaum hundert Fachjapanologen. Während der Kriegszeit verbot die japanische Regierung, auf den Schulen Englisch zu unterrichten, weil es die Feindessprache sei. Aber um den Feind besser zu verstehen und zu besiegen, förderte die amerikanische Regierung ein Sonderprojekt, aus dem z. B. Ruth Benedicts bekanntes Buch *Chrysanthemum und Schwert* entstand. Aus den speziell im Japanischen geschulten Offizieren sind dann nach dem Krieg die besten amerikanischen Japanologen, Historiker oder Politologen hervorgegangen, die fließend Japanisch sprechen. In Deutschland sind es meist Literaturwissenschaftler, die Japanisch sprechen, abgesehen von deutschen Geschäftsleuten oder Lektoren, die lange in Japan leben. Aufgrund dieser Tatsache schrieb einmal der ehemalige deutsche Botschafter Günter Diehl klipp und klar folgendermaßen:

> Die Japaner wissen viel über Deutschland, die Deutschen wissen wenig über Japan. Bei unterschiedlichem Stand der Kenntnisse neigen beide Seiten dazu,

sich gegenseitig zu idealisieren. Dies ist der Stand der Beziehungen. Wie jede Kurzformel hat auch diese ihre Schwächen. Die Aussage ist dennoch zulässig, weil sie überwiegend richtig ist.[26]

Es kommt also letztlich entweder auf Unterschiede oder auf Gemeinsamkeiten an in den deutsch-japanischen Kulturbeziehungen. Meiner Meinung nach gilt die Trennungslogik zwischen Ost und West deshalb nicht, weil sie auf der fatalen Verkennung des geschichtlichen und aktuellen Sachverhaltes über Japan oder auch über Ostasien beruht. Wenn die Japaner, wie einige Kritiker behaupten, wirklich Menschen völlig anderer Mentalität und Moral wären, wie könnte man erklären, daß es allein von Goethe mehrere Gesamtwerkausgaben in japanischer Übersetzung gibt, die bisher umfangreichste umfaßt 36 Bände. In koreanischer Sprache laufen noch zwei Parallelausgaben von Goethe, während in China 1999 die erste 14bändige Goetheausgabe abgeschlossen werden konnte.[27] Es ist hier nicht der Ort, daß ich japanische Gesamtausgaben anderer deutscher Dichter und Philosophen aufzähle. Ich schätze selbstverständlich mit Dankbarkeit die Leistungen deutscher Japanologen, die in den letzten zehn Jahren eine 34bändige Übersetzungsreihe der Japanischen Bibliothek aus dem Insel-Verlag herausgebracht haben. Aber japanische Germanisten haben sich seit hundert Jahren bemüht, bedeutende Werke aus allen Bereichen der deutschen Kultur ins Japanische zu übersetzen. Es gibt nicht nur eine umfangreiche Bibliographie japanischer Übersetzungen aus dem Deutschen, sondern auch diejenigen von koreanischen und chinesischen Übersetzungen, aber ich fürchte, daß diese Tatsachen des Kulturaustausches zwischen Deutschland und Ostasien in den deutschen Germanistenkreisen wenig bekannt sind.

---

26 Vorwort zu Heinrich Seemann: Japan – Ferner Osten oder Ferner Westen. Stuttgart 1978.
27 Vgl. Yang Wuneng: Goethe in China (1889–1999). Frankfurt am Main 2000. Vgl. ferner Goethe Society of India Yearbook 1998 und Yearbook of the Goethe Society of India 1999–2000.

3. Japan im Schnittpunkt östlicher und westlicher Kultur

Im technischen Zeitalter der Globalisierung spielt die geographische Ferne zu Japan keine Rolle mehr. Trotz der spürbaren wirtschaftlichen Nähe scheint jedoch Japan im kulturell-historischen Bewußtsein der Europäer immer noch in weiter Ferne zu liegen. Heutzutage braucht man von Frankfurt am Main bis nach Tokyo nur zwölf Stunden zu fliegen, und im Internet kann man alle Webseiten der wichtigsten Institutionen und Firmen in Japan sekundenschnell abrufen. Nicht nur verschiedenste Informationen von gesellschaftlichem Belange, sondern auch Abendnachrichten kann man gegenseitig jeden Tag in japanischer oder deutscher Sprache lesen. In der Beurteilung dieses früher unvorstellbaren Zustandes scheiden sich freilich die Geister. Nach Georg Blume schrieb der Frankfurter Essayst Lothar Baier u. a.:

> Die Entfernung als Maß der räumlichen Ausdehnung wird in Zeiteinheiten gemessen: in Flugstunden, Autobahnstunden, Superschnellzugstunden [...] Die Gebirge schmelzen zusammen, die Farben der Landschaft fließen ineinander über, die Klimazonen treten, wenn überhaupt, nur noch als Störung des Wohlbefindens in Erscheinung.

Es geht folglich darum, was man aus diesem durch die Zeit mehr oder weniger seiner Eigenart beraubten Raum macht. Vor Jahrhunderten gelangte der hellenistische Einfluß der Kunst durch die Seidenstraße in der Wüste über Indien und China bis nach Japan, ohne Kulturkonflikt unter verschiedenen Religionen hervorzurufen.[28] Dafür brauchte man der großen Entfernung entsprechend ungeheuer viel Zeit. Neuerdings kann man aber auch fremde Kulturen im eigenen Lande ablehnen und im Nu zerstören. Als bekanntlich die erste deutsche Bahn 1835 zwischen Nürnberg und Fürth eröffnet und immer mehr ausgebaut wurde, sah sich ein romantischer Dichter wie Eichendorff in seinem autobiographischen Essay „Erlebtes" im literarischen Nachlaß mit dem Problem der schwindelnden Geschwindigkeit und der damit verbundenen radikalen Wandlung des Lebens konfrontiert. Im Vorwort heißt es sehr eindrucksvoll:

---

28 Vgl. Kunst des Buddhismus entlang der Seidenstraße. Ausstellungskatalog des Staatlichen Museums für Völkerkunde München. München 1992.

An einem schönen warmen Herbstmorgen kam ich auf der Eisenbahn vom andern Ende Deutschlands mit einer Vehemenz dahergefahren, als käme es bei Lebensstrafe darauf an, dem Reisen, das doch mein alleiniger Zweck war, auf das allerschleunigste ein Ende zu machen. Diese Dampffahrten rütteln die Welt, die eigentlich nur noch aus Bahnhöfen besteht, unermüdlich durcheinander wie ein Kaleidoskop, wo die vorüberjagenden Landschaften, ehe man noch irgendeine Physiognomie gefaßt, immer neue Gesichter schneiden, der fliegende Salon immer andere Sozietäten bildet, bevor man noch die alten recht überwunden.[29]

Für das gleiche Problem hatte denn auch der alte Goethe, worauf der Goethe- und Japankenner Manfred Osten wiederholt hingewiesen hat, ein neues Wort geprägt und einem Berliner Juristen Nicolovius gegenüber die rasende Erscheinung der neuzeitlichen Geschwindigkeit mit dem Wort „veloziferisch", nämlich der Zusammensetzung von *velocitas* (= Eile) und Luzifer als etwas Teuflisches charakterisiert.[30] Wenn aber die Verklärung Japans zu einem Kulturland sondergleichen nicht mehr gefragt ist, muß man sich doch der technisch schnellsten Mittel des Internets bedienen, um sofort in die japanische Realität vorzustoßen. Da besteht keine Gefahr, die virtuelle Wirklichkeit mit dem schönen Wunschtraum zu verwechseln. Das nicht mehr verklärte Japan ist handgreiflich da, wenn man die japanischen Überschriften und dazugehörigen Texte verstehen kann. Ich hoffe, daß Sie letztendlich für diesen Zweck Japanisch lernen werden. Denn wie Georg Blume ironisch sagt, „der kulturellen Geheimnisse haben unsere westlichen Japanologen schon zuviel gesucht und nie gefunden". Lassen Sie sich nicht gefallen, daß man Japan auf Kosten der sprachlichen Unkenntnis gern mystifiziert. Wir wollen dagegen in diesem Seminar nüchtern und ernsthaft an einer Entmythologisierung des herkömmlichen idealisierten Japanbildes arbeiten.

---

29 Joseph von Eichendorff. Werke Band 1. Winkler Verlag, München 1970. S. 895.
30 Manfred Osten: Goethes *Faust*. Die Tragödie der modernen Übereilung. In: 250 Jahre Johann Wolfgang von Goethe. Symposium „Goethe – Wirkung und Gegenwart". Studien des Instituts für die Kultur der deutschsprachigen Länder Nr. 18, Sophia-Universität, Tokyo 2000. S. 36–46, hier S. 36. Vgl. Manfred Osten: „Alles veloziferisch" oder Goethes Entdeckung der Langsamkeit. Zur Modernität eines Klassikers im 21. Jahrhundert. Insel Verlag. Frankfurt am Main und Leipzig 2003.

Um den Mythos Japan zu zerstören, der nicht gerade nationalistisch wie der tennoistische Geschichtsmythos in der Kriegszeit, aber kulturpolitisch bewußt nach dem Krieg von japanischer Seite im Ausland geschaffen worden ist, wurde einmal eine Gesellschaft zur Abschaffung des Kabuki, Ikebana und Kendo in Tokyo gegründet, von der die Frankfurter Allgemeine Zeitung unter dem 13.12.1982 berichtete. In der Zeit, wo die japanische Wirtschaft noch aufwärts stieg, ging man davon aus, daß derartige Exotismen nicht geeignet seien, die Freundschaft zwischen Japanern und anderen Völkern zu vertiefen. Diese Formen des ureigensten japanischen Lebens hätten sich inzwischen überlebt, sie bedeuteten den normalen Japanern nichts mehr, sie würden allein von „ewiggestrigen" – ein Zitat aus Schillers *Wallenstein*, das sich schon der junge Siebold auf der Hofreise nach Yedo im Jahre 1826 notiert hatte – Landsleuten benutzt, um ausländische Touristen das Staunen ob japanischer Eigenwilligkeit zu lehren. In Deutschland erlebte ich selbst vor Jahren, wie Unfug damit getrieben wurde. Im Japanischen bedeutet das Wort *kyojyu* als Verb „lehren, beibringen, unterweisen" und als Substantiv „Professor". Nun hat eine einfache japanische Ikebana-Lehrerin den Titel einer Professorin geführt, weil sie in der Kunst des Blumensteckens unterweise. Das war für die Japanischkundigen eine fadenscheinige Hochstapelei. Ich verstehe also das Anliegen dieser Gesellschaft und ihren Angriff auf japanische Exotismen. Aber sie fand gleich gegensätzliche Feinde von zwei Seiten. Konservative Japaner warfen ihr vor, den Ausverkauf ureigenster japanischer Werte zu betreiben. Dagegen machten ihr die anderen Radikalen den Vorwurf, nicht konsequent genug mit japanischen Traditionalismen aufzuräumen. Auch Sumo, Hanami, d. i. Kirschblütenfeste, Kimonos oder Sashimi müßten als Opfer gebracht werden, um Japan in die Gemeinschaft der modernen Nationen einbeziehen zu können. Die scheinbar fortschrittliche Gesellschaft zur Abschaffung der traditionellen japanischen Künste existiert wohl nicht mehr. Denn sie hatte doch die Frauen von der Mitgliedschaft ausgeschlossen mit der Begründung, sie seien nach der Eheschließung für Förderung des Ansehens des modernen Japan in der Welt nicht mehr von Nutzen.

Ich versichere Sie natürlich, daß ich mit meinem Versuch, das gängige Japanbild in Deutschland zu entmythologisieren, nicht so radikal vorgehen würde. Als Goetheforscher weiß ich doch das alte Wahre zu schätzen. Es geht mir vielmehr darum, die Frage aufzustellen, wie es in Japan möglich war, das Land seit der Meiji-Zeit so schnell zu modernisieren, ohne seine eigene Tradition aufzugeben, oder anders ausgedrückt, trotz so großer westlicher Einflüsse nicht ganz europäisiert bzw. amerikanisiert zu werden. Es ist wirklich ein kulturphilosophisches Problem von größter Tragweite, über das Verhältnis von traditioneller Kultur und westlicher Tradition im modernen Japan nachzudenken.[31] Ich bin mir dabei durchaus bewußt, daß Japan im Zuge der velozifischen Modernisierung viel Unheil in Ostasien angerichtet hat. Darüber werde ich gelegentlich kritische Betrachtungen anstellen müssen. Vorerst habe ich mich mit den 1978 von Heinrich Seemann in seinem Buch *Japan – ferner Osten oder ferner Westen* aufgestellten zehn Sätzen über ein Phänomen (Japan) auseinanderzusetzen. Sie lauten:

> Erster Satz: Japan ist der ferne Westen – Japan ist der ferne Osten.
> Zweiter Satz: Technik und westliche Zivilisation haben in Japan keine ästhetische Komponente: die japanische Tradition hat eine vollkommene Einheit von Funktion und Ästhetik geschaffen.
> Dritter Satz: Das japanische Medium ist die Sprache: das japanische Medium ist das Schweigen.
> Vierter Satz: In Japan ist alles partiell: Japan ist nur als Gesamtheit verständlich.
> Fünfter Satz: Japaner denken umständlich: Japaner sind praktisch.
> Sechster Satz: Japan ist weltoffen: Japan ist isolationistisch.
> Siebter Satz: Japaner ahmen nach: Japaner sind schöpferisch.
> Achter Satz: Japan denkt nicht an das Morgen: Japan plant das Morgen.
> Neunter Satz: Japan hat eine gut funktionierende Demokratie: Japaner sind Pseudodemokraten.
> Zehnter Satz: Japan ist das Land, dem die Zukunft gehört: Japan ist an seine Grenzen gestoßen.

Es sind in diesen Sätzen thesenhaft tiefe Einsichten in die japanische Gesellschaft und Kultur ausgesprochen, die man unbedingt ernstnehmen und kritisch überdenken muß. Da ich aber noch keine Stellungnahme dazu geben kann, möchte ich zum Schluß noch etwas vom

---

31 Vgl. J. Witte: Japan zwischen zwei Kulturen. J.C. Hinrichs'sche Buchhandlung. Leipzig 1928.

Deutschlandbild der Japaner sprechen, zumal in dieser Lehrveranstaltung besonders die deutsch-japanischen Kulturbeziehungen behandelt werden sollen. Nachdem davon die Rede war, wie die Europäer Japan sehen, muß gefragt werden, wie die Japaner gegenwärtig Deutschland sehen. Methodisch bewegt sich die Frage traditionell im Rahmen der sog. Exotismus-Forschung.[32] Den komparatistischen Aspekten zwischen Japan und Europa kann ich jedoch nur in groben Zügen nachgehen, so soll für heute nur auf ein grundlegendes Werk von Peter Kapitza verwiesen werden.[33]

Japan ist wie Großbritannien als ein Land durch seine geographische Insellage deutlich umrissen und erscheint als eine Nation durch seine lange Tradition ziemlich einheitlich. Dagegen ist Deutschland topographisch und kulturell so mannigfaltig, daß es den Japanern schwerfällt, sich ein klar umrissenes Deutschlandbild zu bilden. Als der amerikanische Commodore Perry im Jahre 1853 das über zwei hundert Jahre nach außen hin abgeschlossene Japan der Edo-Zeit zwang, das Land zum Handelszweck zu öffnen, und sich unter militärischem Druck im folgenden Jahr durchsetzte, gab es noch kein einheitliches Deutschland. So konnten nach den USA England, Rußland, Niederlande und Frankreich in den Jahren 1854 bis 1858 staatliche Handelsverträge mit Japan abschließen.

Aber als Westmacht kam Deutschland wiederum als eine verspätete Nation zuletzt nach Japan, als Graf Friedrich Albert Eulenburg im Jahre 1860 mit seiner Flotte nach Japan kam und im folgenden Jahr einen

---

32 Vgl. Wolfgang Kubin (Hrsg.), Mein Bild in deinem Auge. Exotismus und Moderne: Deutschland – China im 20. Jahrhundert. Darmstadt 1995. Vgl. ferner Walter Gebhard (Hrsg.), Ostasienrezeption zwischen Klischee und Innovation. Zur Begegnung zwischen Ost und West um 1900. Iudicium Verlag. München 2000.

33 Vgl. Peter Kapitza (Hrsg.), Japan in Europa. Texte und Bilddokumente zur europäischen Japankenntnis von Marco Polo bis Wilhelm von Humboldt, 2 Bände mit einem Begleitband, München: iudicium verlag 1990. Vgl. sonst noch Kiyoshi Inoue: Geschichte Japans. Aus dem Japanischen und mit einem Vorwort von Manfred Hubricht. Frankfurt am Main 1993. Sonderausgabe, Köln 2001. Vgl. ferner Emil Lederer und Emy Lederer-Seidler: Japan – Europa. Wandlungen im Fernen Osten. Frankfurter Societäts-Druckerei GmbH. Frankfurt am Main 1929; Josef Kreiner, Das europäische Japanbild im 19. Jahrhundert und die beiden Siebold. In: Peter Noever (Hrsg.), Das alte Japan. Spuren und Objekte der Siebold-Reisen. Prestel-Verlag. München 1997, S. 15–20.

Handelvertrag mit dem Tokugawa-Shogunate abschloß. Wahrscheinlich wußte man damals in Japan noch nicht, daß es sich dabei in Wirklichkeit nicht um Deutschland im strengen Sinne handelte, sondern um Preußen. Weil aber bald darauf im Jahre 1871 das Deutsche Reich unter preußischer Hegemonie gegründet wurde, haben die meisten Japaner umso mehr Preußen mit Deutschland verwechselt, ohne Bayern, Sachsen und andere deutsche Bundesländer genügend zu beachten. Kulturell konnten sie zwischen Deutschland und Österreich auch nicht deutlich unterscheiden. Galt ihnen doch die Wiener Musik lange als die deutsche Musik schlechthin, obwohl sie später Bach und Händel ebenfalls schätzen gelernt haben. Sowohl deutsche Philosophie als auch deutsche Philologie existierten für sie seit der Meiji-Zeit zweifellos an der Universität zu Berlin in dem Boulevard „Unter den Linden", sie fragten aber nicht nach der Herkunft eines Hegel, Jacob Grimm oder Wilhelm Scherer, die alle nicht aus Preußen stammten.

Kurzum: die Japaner haben den politischen Föderalismus mit der Kulturhoheit in Deutschland nicht genug wahrgenommen, zumal sie den Unterschied zwischen Katholizismus und Protestantismus, insbesondere ihre politisch-kulturelle Verquickung nicht recht verstehen konnten. Im Laufe der Zeit haben sie sich dann ausschließlich ein romantisches Deutschlandbild gebildet und hängen im Grunde heute noch daran, wie die Europäer an dem zenbuddhistischen Japan. So kommen sie nach Deutschland, um einzig die Romantische Straße von Würzburg herunter bis nach Füssen zu fahren. Nicht die Wartburg, sondern das Schloß Neuschwanstein ist für sie das Wahrzeichen deutscher Geschichte, weil jene in Ostdeutschland ihnen kaum zugänglich war. Für sie bestand Westdeutschland nur noch aus drei Häusern: Beethovenhaus in Bonn, Goethehaus in Frankfurt am Main und Hofbräuhaus in München. Vielleicht gelingt es mir noch, den Regensburger Salzstadel mit Historischer Wurstküche als das vierte Haus hinzuzufügen. Den Japanern zuliebe hat man ja außer der genannten Romantischen Straße noch eine Märchen-Straße von Hanau über Kassel bis nach Hameln eingerichtet. Nach der Wiedervereinigung Deutschlands hat man nachträglich auch eine Goethe-Straße von Frankfurt über Fulda, Eisenach, Erfurt, Weimar, Jena bis Leipzig für die japanischen Touristen eingeführt. Kurz vor dem Goethejahr 1999 hat man sogar eine Klassische Straße eröffnet, die kleinere Goethe-Gedenkstätten in Thüringen einbezieht.

In den Gebildetenkreisen in Japan gilt Goethe zwar als der größte Dichter Deutschlands, bei den viel größeren Kreisen der literarischen Laien sind aber Grimms Märchen neben Goethes *Faust* das bedeutendste Werk der deutschen Literatur. Man kann also den deutschen Japanfreunden nicht übelnehmen, daß sie trotz allem immer noch ein verklärtes Japanbild haben. Man muß ihnen vielmehr dafür dankbar sein, ist es doch besser als das unbegründete Feindbild Japans. Man kann aber nicht genug betonen, daß es auch ein anderes, geschichtlich fundiertes Japanbild gibt.

2. Kapitel: Goethe auf dem Weg zum Fernen Osten*

Die 1827 von Goethe konzipierte Weltliteratur kommt durch die Übersetzung sprachlicher Meisterwerke zustande, was aber ausreichende Kenntnisse der Ausgangs- und Zielsprache voraussetzt. Wenn sie noch nicht vorhanden sind, müssen sie wie im Japan des Zeitalters der Landesabschließung (1636/39–1853/54) durch andere nonverbale Kenntnisse wie Medizin oder Naturgeschichte ergänzt werden, bis eine vertiefte Kommunikation überhaupt erst möglich wird.[1] Es war genau drei hundert Jahre nach der Ankunft des deutschen Weltreisenden Engelbert Kaempfer (1651–1716), daß der 8. Weltkongreß der IVG 1990 in Tokyo stattgefunden hat. Der Kongreß, dessen Generalthema bezeichnenderweise „Begegnung mit dem ‚Fremden'" hieß, stand unter dem Zeichen von Goethes bekanntem Gedicht „Gingo biloba" aus dem *West-östlichen Divan*. Das Gedicht wurde nicht nur von Prof. Eijiro Iwasaki, dem damaligen Präsidenten der IVG, in seinem Grußwort zum Hauptprogramm zitiert, sondern die Originalhandschrift wurde auch im Rahmen einer Faust-Ausstellung mit den Exponaten aus dem Goethe-Museum Düsseldorf gezeigt. Symbolisch genug ist eine Tafel mit dem Gedicht auch hier im Goethe-Institut Seoul an der Wand der Eingangshalle angebracht.

Bei der Gelegenheit des IVG-Kongresses Tokyo wurde durch die Herausgabe einer Sonderbriefmarke eines Mannes gedacht, der sich in besonderer Weise für die Einführung der deutschen Literatur nach

---

* Eine erweiterte Fassung meines Referates auf dem internationalen Symposium „Goethe in Ostasien. Übersetzung und Weltliteratur", das vom 8.–9. Oktober 1999 im Institut für Übersetzungsforschung zur deutschen und koreanischen Literatur, Seoul, stattfand. Es wurde im Heft 8/2000 von dessen Organ *Übersetzungsforschung* publiziert.

1 Näheres vgl. Naoji Kimura: Übersetzung als Kulturgeschichte. In: Alois Wierlacher / Georg Stötzel (Hrsg.), Blickwinkel. München 1996. S. 903–918. Vgl. ferner Naoji Kimura: Weltliteratur als Weltkultur. In: Studien des Instituts für die Kultur der deutschsprachigen Länder. Nr. 17, Tokyo 1999, S. 31–42.

Japan verdient gemacht hatte. Es war kein geringerer als der Dichtergelehrte Mori Ogai (1862–1922), der ohne Zweifel als Wegbereiter der Goethe-Rezeption in Japan gilt.[2] Dabei erwies sich Japan schließlich als Vermittler der deutschen Sprache und Literatur für ganz Ostasien. Um die Bedeutung von Mori Ogai angemessen einzuschätzen und seine Leistungen in die ganze Geschichte der Goethe-Rezeption im Fernen Osten einzuordnen, muß man aber die lange Vorgeschichte vor seiner literarischen Tätigkeit kennen.

Da kommt zuerst durch eine entfernte geschichtliche Beziehung eben Engelbert Kaempfer aus Lemgo, Westfalen, in den Blick und dann der große Japanforscher Philipp Franz von Siebold aus Würzburg (1796–1866), der im Jahre 1823, also in dem Jahr von Eckermanns Ankunft in Weimar, als Stabsarzt in niederländischen Diensten nach Nagasaki gekommen war. Siebold als solcher hat mit Goethe nichts unmittelbar zu tun, erscheint jedoch insofern beachtenswert, als er noch zu Lebzeiten des Dichters nach Japan kam und sein Förderer Nees von Esenbeck – er war Präsident der Deutschen Akademie der Naturforscher Leopoldina – der botanische Freund Goethes war. Zudem gehörten seine beiden Onkel Barthel und Elias zum Schülerkreis des Jenaer Medizinprofessors Justus Christian Loder und trafen in Hörsälen ab und zu mit Goethe zusammen. Damals wurde auch das Hauptwerk *Enchiridion medicum* des Leibarztes der preußischen Königsfamilie Christoph Wilhelm Hufeland (1762–1836) ins Japanische übersetzt, der Hausarzt Goethes und Schillers in Weimar gewesen war.

---

2   Näheres vgl. das 3. Kapitel des I. Teils im vorliegenden Buch. Vgl. auch Tak, Sun-Mi: Herzenssprache und Seelenliebe? – eine intertextuelle Untersuchung der *Werther*-Rezeption in Korea. In: Übersetzungsforschung. Heft 8. Seoul 2000. Anm. 4: „Nach Darstellung Kims waren die Übersetzer Kim Yeong-Bo, Baek-Wha und Kim Yeong-Jin keine Germanisten. Es ist somit sehr wahrscheinlich, dass ihre *Werther*-Übersetzungen erst über die Adaption der japanischen Fassung zustande gekommen sind." (S. 67)

1. Der Ginkgobaum im Heidelberger Schloßgarten

Was die entfernte geschichtliche Beziehung anbelangt, so steht bekanntlich im Heidelberger Schloßgarten ein alter Ginkgobaum, der den alternden Dichter Goethe im September 1815 beim Wiedersehen mit Marianne von Willemer zu jenem symbolischen Liebesgedicht angeregt haben soll. Vor Jahren hat ein Japaner mit allen Mitteln versucht, das Alter des als chinesischer Herkunft ausgeschilderten Baumes zu bestimmen, um so dessen Identität mit dem von Goethe besungenen Gingo biloba plausibel zu machen. Nachweisen konnte er zwar nicht, daß der Baum tatsächlich Mitte des 18. Jahrhunderts aus Japan über England nach Deutschland transportiert, also wörtlich übers Meer übergesetzt worden sei. Aber es war immerhin kein anderer als Engelbert Kaempfer, der den Ginkgobaum in seinem Werk *Amoenitates exoticae* (1712) – teilweise ins Deutsche übersetzt unter dem Titel *Seltsames Asien* – zum erstenmal in Europa bekannt gemacht hatte. Er hatte die zwei chinesischen Schriftzeichen für den betreffenden Baum 銀杏 phonetisch als *Ginkyo* wiedergegeben, was aber irrtümlich als Ginkgo gedruckt wurde. Kulturgeschichtlich geht Goethes geistige Begegnung mit Japan also letztlich auf diesen deutschen Arzt zurück. Eine genaue botanische Angabe über diesen denkwürdigen Baum lautet:

> Kaempfers Beschreibung des Gingko ist sehr bekannt geworden. Der Gingko ist der letzte Vertreter einer Pflanzengruppe, die vor 150 Millionen Jahren erdweit verbreitet war. Er überlebte als Relikt in den Gebirgen Chinas, wo er seit Menschengedenken gezüchtet und wie in Japan als Tempelbaum verehrt wird. Blätter und Samen, geröstet als Delikatesse geschätzt, sind auch in der Pharmazie (einer der Wirkstoffe: Kämpferol) von Bedeutung. Auf Grund einer vermuteten höheren Resistenz gegen Schadstoffe wird er neuerdings häufiger als Straßenbaum angepflanzt. Die Bedeutung des Namens ist „Silber-Aprikose" und bezieht sich auf die Früchte des weiblichen Baumes. Die falsche Schreibweise „Gingko" statt „Ginkyo" wurde durch Linné von Kaempfer übernommen.[3]

---

3 Ausstellungskatalog „Sakoku", Lemgo 1990, S. 33. Vgl. Engelbert Kaempfer: Flora Japonica. (1712). Reprint des Originals und Kommentar von Wolfgang Muntschick. Wiesbaden 1913. S. 103. Vgl. dazu Wolfgang Caesar: Ginkgo biloba. Ein Baum, der die Zeit besiegte. In: Deutsche Apotheker Zeitung. 129. Jahrg. Nr. 45. 9.11.1989. S. 2430 f.

Es ist bekannt, daß Goethe trotz aller Kritik an der Einteilungssystematik mit Linnés Botanik sehr vertraut war. Die Beziehungen Kaempfer – Japan – Goethe bestehen jedoch in einem anderen, merkwürdigen Zusammenhang und müssen noch philologisch genau untersucht werden. In der Weimarer Ausgabe Bd. 42, 2 befindet sich nämlich ein Goethe zugeschriebener kurzer Aufsatz mit dem von Eckermann stammenden Titel „Vorschlag zur Einführung der deutschen Sprache in Polen". Der undatierte Aufsatz scheint wegen des angeblichen Plädoyers von Goethe für eine preußisch-nationale Kulturpolitik aufgenommen worden zu sein. Dennoch hat er schon lange die Aufmerksamkeit japanischer Germanisten bzw. deutscher Japanologen auf sich gezogen, weil er einen Passus enthält, der von einem frühen Interesse des Dichters an Japan Zeugnis abzulegen scheint: „Wir lesen bei Kämpfer, daß der japanische Kaiser sich sehr unterhalten gefunden, als ihm die Holländer ihre gewöhnlichen Reverenzen, Begegnungen und täglichen Handlungen vorgespielt."[4]

Obwohl diese Stelle offensichtlich den Shogun mit dem Kaiser verwechselt, schien sie zweifellos dem Bericht Engelbert Kaempfers zu entsprechen, der sich vom September 1690 bis November 1692 wie später Siebold im Dienst der niederländisch-ostindischen Kompanie auf der Insel Dejima in Nagasaki aufhielt. In seinem posthum erschienenen Hauptwerk *Geschichte und Beschreibung von Japan* (1777/79) führte er u. a. über seine erste Hofreise nach Edo (dem heutigen Tokyo) aus:

> Bald musten wir nämlich aufstehen und hin und her spatzieren, bald uns unter einander komplimentiren, dann tanzen, springen, einen betrunkenen Man vorstellen, Japanisch stammeln, malen, Holländisch und Deutsch lesen, singen, die Mäntel bald um- und wieder wegthun, u.d.gl., ich an meinem Theile stimte hiebei eine Deutsche Liebesarie an.[5]

Es handelt sich dabei um das folgende Lied, das mit Sicherheit als der früheste je in Japan erklungene älteste deutsche Text gelten muß:

---

4 Weimarer Ausgabe. 1. Abt. 42. Band II, S. 20.
5 Engelbert Kaempfer: Geschichte und Beschreibung von Japan. Unveränderter Neudruck. Mit einer Einführung von Hanno Beck. Stuttgart 1964, II. Bd. S. 285. Vgl. Engelbert Kaempfer Werke 1/1. Heutiges Japan, herausgegeben von Wolfgang Michel und Barend J. Terwiel. Iudicium Verlag. München 2002, S. 429.

Ich gedencke meiner pflicht,
an den eussersten der Erden.
Schönste! die mir nicht kan werden
liebste die mein Hertze bricht.
Der ich einen Eid geschworen
Sonder Arg und ohne Scheu
bey dem licht, da ich gebohren
zu verbleiben Ewig Treu.

Ja was sag ich Pflicht und Schuld?
Was versprechen und beloben?
Deine Schönheit, die von Oben
Dir vergönnt der Götter Huld,
Deine Tugend, die man findet
Nimmer in der gantzen Welt,
Ist die Kette die mich bindet,
Ist der Kercker der mich hält.

Ach zu meiner harten Zucht
hab ich Armer mich vermessen,
Deiner, Engel! zu vergessen.
Durch so weite wüste Flucht.
Taur und Caucas, Türck und Heiden
Noch der Ind- und Ganges Fluht,
Können mich von dir nicht scheiden,
Nicht vermindern meine Gluht.

Grosser Kaiser, Himmels Sohn
Herscher dieser ferne Landen.
Reich von Gold und starck von Handen
Ich betheur bey deinem Trohn
Daß ich alle diese Strahlen
Deines Reichthumbs, deiner Pracht,
Deiner Dames, die sich mahlen.
Nichts vor meinen Engel acht:

Weg du Hoff der Eitelkeit
Weg du Land mit so viel Schätzen,
Zeitlich kan mich nichts ergetzen,
alß die keusche Lieblichkeit
Meiner Edlen Florimenen,
Meiner eintzigen Begier,

die wir unß so hertzlich sehnen
Sie nach mich, und Ich nach Ihr.⁶

Die Tatsache, daß Kaempfers Werk nicht aus seiner deutschen Originalhandschrift, sondern zuerst in englischer Übersetzung erschienen war und dann über die französische Übersetzung dieser englischen Übersetzung ins Deutsche zurückübertragen wurde, war damals unbekannt.⁷ Die echte deutsche Ausgabe wurde nachträglich von Christian Wilhelm Dohm, dem späteren Hauslehrer Alexander von Humboldts, besorgt. Es versteht sich von selbst, daß aus einer solchen Übersetzungsgeschichte eine Unmenge Mißverständnisse über Japan entstanden waren. Unabhängig davon hat sich inzwischen überraschend herausgestellt, daß der genannte Aufsatz im Hinblick auf Goethes Autorschaft sehr zweifelhaft ist. Dafür führt der bekannte Goetheforscher Erich Trunz acht philologische Gründe an und kommt zu dem Schluß:

> Wie die vorstehenden Ausführungen zeigen, habe ich keinen handfesten Beweis, um diesen Aufsatz Goethe abzusprechen, etwa eine Erwähnung in einem Brief oder dergleichen. Doch Suphan hatte ebensowenig einen sicheren Beweis, ihn Goethe zuzusprechen. Da nun der eine Philologe den Aufsatz Goethe zugesprochen hat und der andere ihn ihm abspricht, schlage ich vor, ihn als „zweifelhaft" zu bezeichnen.⁸

Demnach ist höchst wahrscheinlich, daß der Aufsatz von einem Mann stammt, dem „Goethe einen Gefallen tun wollte und dem er den Aufsatz durchkorrigiert hat".

Außerdem bemerkt Theo Buck gerade auf dem Seouler Symposium: „Obwohl ein Manuskript mit der Datierung vom 15. September vorliegt, ist damit keineswegs der genaue Zeitpunkt der Entstehung nachgewiesen. Im Tagebucheintrag des mit Goethe reisenden Sulpiz Boisserée findet sich allerdings unter dem gleichen Datum eine bestätigende Notiz."⁹ Danach

---

6 Engelbert Kaempfer Werke 1/1. Heutiges Japan, herausgegeben von Wolfgang Michel und Barend J. Terwiel. Iudicium Verlag. München 2002, S. 429 f.
7 Über diese Druckgeschichte vgl. Hanno Beck: Engelbert Kaempfer, der größte Reisende der Barockzeit und Erschließer Japans. In: Engelbert Kaempfer (1651–1716) / Philipp Franz von Siebold. Gedenkschrift. Tokyo 1966. S. 1–26: hier S. 19. Vgl. auch den Ausstellungskatalog „Sakoku", Lemgo 1990, S. 23–27.
8 Erich Trunz: Weimarer Goethe-Studien. Weimar 1984. S. 98 f.

hatte Goethe Marianne von Willemer ein Blatt der Ginkgo biloba als Sinnbild der Freundschaft geschickt, und mit dem Hinweis von Boisserée war das beim IVG-Kongreß Tokyo ausgestellte Reinschriftblatt des Gedichts von Goethes Hand mit zwei schön ornamentiert aufgeklebten, gepreßten Ginkgo-Blättern gemeint. Theo Buck meint aber, vieles spreche demnach dafür, daß der Text in den Tagen kurz vor dem 15. September entstanden ist.

Ansonsten ist es der Heidelberger Philosoph Kuno Fischer (1824– 1907), der eine gewisse Beziehung Heidelbergs zu Japan herstellt. Denn als Mori Ogai 1913 erstmals die erste *Faust*-Gesamtübersetzung in japanischer Sprache veröffentlichte, hat er zu gleicher Zeit nicht nur Bielschowskys Goethe-Biographie, sondern auch Kuno Fischers *Faust-Studien* teilweise ins Japanische übersetzt. Um den Zusammenhang zwischen Goethe und Heidelberg zu erleuchten, machte Kuno Fischer in seiner Rede von 1899 eingangs auf zwei Inschriften in seiner Stadt aufmerksam: eine an einem schmalen, am Markt gelegenen Hause und eine andere an der südwestlichen Mauer des Schlosses im englischen Garten.[10] Diese lautete: „An diesem Orte weilte mit Vorliebe Goethe, sinnend und dichtend, in den Herbsttagen 1814 und 1815.", während jene noch weiter ausholte: „Aus diesem Hause seiner mütterlichen Freundin Dorothea Delph reiste Goethe, der Einladung Karl Augusts folgend, den 4. November 1775 nach Weimar." Von hier beginnen also Goethes Wirkungen auf die ganze Welt, ja bis nach Ostasien.[11]

---

9 Theo Buck: Goethes Gedicht *Ginkgo biloba*. In: Übersetzungsforschung. Heft 8/2000. Seoul 2000, S. 158–175: hier S. 164. Es wird dabei auf eine Studie des Bonner Sinologen Günther Debon verwiesen: „Zit. n. : Günther Debon: Das Blatt von Osten: Gedanken zum Gingo-biloba-Gedicht. In: Euphorion 73. 1979. S. 227–236: Zitat S. 230."
10 Kuno Fischer: Goethe und Heidelberg. 7. Aufl. Carl Winter Universitätsverlag. Heidelberg o. J.
11 Vgl. Naoji Kimura: Jenseits von Weimar. Goethes Weg zum Fernen Osten. 2. Aufl. Peter Lang Verlag. Bern 2001.

2. Das frühe Verhältnis der Weimarer Klassiker zu Ostasien

Die frühere Annahme der Japanologen, daß Goethe durch Engelbert Kaempfer die erste ausführlichere Japankenntnis gewonnen hätte, ist also nicht mehr stichhaltig, zumindest ist sie sehr fragwürdig geworden. Goethe bezog seine Kenntnisse über Japan vielmehr aus Herders geschichtsphilosophischem Hauptwerk *Ideen zur Philosophie der Geschichte der Menschheit*, dessen dritten Teil er im Oktober 1787 während seines zweiten Aufenthaltes in Rom vom Autor zugeschickt erhielt. In den *Ideen* handelt das Elfte Buch im Abschnitt I von China und im Abschnitt II von Kotschinchina, Tongking, Laos, Korea, der östlichen Tatarei und Japan. Herder war freilich mit der Chinoiserie im Europa des 18. Jahrhunderts vertraut und leitete seine zwölf Seiten langen Ausführungen über China respektvoll mit den folgenden Sätzen ein:

> Im östlichen Winkel Asiens unter dem Gebürge liegt ein Land, das an Alter und Cultur sich selbst das Erste aller Länder, die Mittelblume der Welt nennet, gewiß aber Eins der ältesten und merkwürdigsten ist, Sina. Kleiner als Europa, rühmet es sich einer größern Anzahl Einwohner, als in Verhältnis dieser Volkreiche Weltteil hat: denn es zählet in sich über 25 Millionen und zweimal hunderttausend steuernde Ackerleute, 1572 große und kleine Städte, 1193 Castelle, 3158 steinerne Brücken, 2796 Tempel, 2606 Klöster, 10 809 alte Gebäude u.f.; welche alle von den 18 Statthalterschaften, in welche das Reich geteilt ist, samt Bergen und Flüssen, Kriegsleuten und Gelehrten, Producten und Waren in langen Verzeichnissen jährlich aufgestellt werden. Mehrere Reisende sind darüber einig, daß außer Europa und etwa dem alten Ägypten wohl kein Land so viel an Wege und Ströme, an Brücken und Canäle, selbst an künstliche Berge und Felsen gewandt habe, als Sina; die nebst der großen Mauer, alle doch vom geduldigen Fleiß menschlicher Hände zeugen.[12]

Im Anschluß an die eingehenden Einzeldarstellungen stellte Herder zum Beginn des II. Abschnitts eine treffliche Betrachtung über die welthistorische Bedeutung Chinas an:

---

12 Johann Gottfried Herder Werke, herausgegeben von Wolfgang Proß. Band III/1: Ideen zur Philosophie der Geschichte der Menschheit. Wissenschaftliche Buchgesellschaft. Darmstadt 2002, S. 392 f.

Aus der Geschichte der Menschheit ists unläugbar, daß wo sich irgend ein Land zu einem vorzüglichen Grad der Cultur erhob, es auch auf einen Kreis seiner Nachbarn gewirkt habe. Also auch die Sinesische Nation, ob sie gleich unkriegerisch und ihre Verfassung sehr in sich gekehrt ist: so hat doch auch sie auf einen großen Bezirk der Länder umher ihren Einfluß verbreitet. Es ist dabei die Frage nicht, ob diese Länder dem Sinesischen Reich unterworfen gewesen oder unterworfen geblieben; wenn sie an seiner Einrichtung, Sprache, Religion Wissenschaften, Sitten und Künsten Teil nahmen, so sind sie eine Provinz desselben im Gebiet des Geistes.[13]

In der Tat kann man nicht leugnen, daß das alte China für ganz Ostasien politisch eine analoge Rolle wie das Römische Imperium und kulturell wie die griechische Antike für Europa gespielt hat. Über Korea steht dann geschrieben:

Korea ist durch die Mandschu's den Sinesern wirklich unterworfen und man vergleiche diese einst wilde Nation mit ihren nördlichern Nachbarn. Die Einwohner eines zum Teil so kalten Erdstrichs sind sanft und milde: in ihren Ergötzungen und Trauergebräuchen, in Kleidungen und Häusern, in der Religion und einiger Liebe zur Wissenschaft ahmen sie wenigstens den Sinesen nach, von denen auch ihre Regierung eingerichtet und einige Manufactur in Gang gebracht worden.[14]

Die Einwohner Koreas sind von Herder freundlicherweise als „sanft und milde" bezeichnet. Denn, wie er im voraus sagt, „Mehreren Platz hat die Sinesische Einrichtung nordwärts gewonnen, und das Land kann sich rühmen, daß es zu Besänftigung der wilden Völker dieses ungeheuren Erdstrichs mehr beigetragen habe, als vielleicht die Europäer in allen Weltteilen."

Dagegen heißt es von Japan etwas kritischer:

Die Insel indes, an welcher sich die Sinesen den größten Nebenbuhler ihres Fleißes erzogen haben, ist Japan. Die Japaner waren einst Barbaren und ihrem gewalttätigen, kühnen Charakter nach gewiß harte und strenge Barbaren; durch die Nachbarschaft und den Umgang mit jenem Volk, von dem sie Schrift und Wissenschaften, Manufacturen und Künste lernten, haben sie sich zu einem Staat gebildet, der in manchen Stücken mit Sina wetteifert oder es gar übertrifft. Zwar ist, dem Charakter dieser Nation nach, sowohl die

13 Ebd., S. 403.
14 Ebd., S. 404.

Regierung als die Religion härter und grausamer, auch ist an einen Fortgang zu feinern Wissenschaften, wie sie Europa treibt, in Japan so wenig als in Sina zu denken; wenn aber Känntnis und Gebrauch des Landes, wenn Fleiß im Ackerbau und in nützlichen Künsten, wenn Handel und Schiffahrt, ja selbst die rohe Pracht und despotische Ordnung ihrer Reichsverfassung unläugbar Stuffen der Cultur sind: so hat das stolze Japan diese nur durch die Sinesen erstiegen. Die Annalen dieser Nation nennen noch die Zeit, da die Japaner als Barbaren nach Sina kamen und so eigentümlich sich die rauhe Insel gebildet und von Sina weggebildet hat: so ist doch in allen Hülfsmitteln ihrer Cultur, ja in der Bearbeitung ihrer Künste selbst der Sinesische Ursprung kännlich.[15]

Bei diesen Schilderungen wird freilich ein wertender Unterschied zwischen geistiger Kultur und technischer Zivilisation gemacht, wobei Japan wie heute noch vorwiegend aus dem letzteren Gesichtspunkt beurteilt wird. Von der koreanischen oder japanischen Literatur ist natürlich keine Rede. Aber seine Ausführungen sind viel zu kurz und generalisierend, um Quellen seiner verwendeten Materialien feststellen zu können.

Nach einem noch nicht veröffentlichten Dokument scheint Herder als seine Wissensquelle den Nachlaß Kaempfers teilweise benutzt zu haben. Vom 1. Sept.–4. Nov. 1990 fand im Weserrenaissance-Museum Schloß Brake, Lemgo-Brake, eine Ausstellung statt: „Sakoku – Am 25. Sept. 1690 betritt Engelbert Kaempfer das verschlossene Japan." Hoch interessant war der Hinweis auf Herder in der Beschriftung Nr. 65. Nach Kaempfers Tode war nämlich der Hauptteil seines Nachlasses an seinen Neffen Johann Hermann gegangen. Nach dessen Tode ging sodann die Kaempfersche Familienbibliothek 1736 in den Besitz seiner Schwester Maria Magdalena Kaempfer über. Als diese letzte Kaempfer-Erbin 1773 starb, wurde die Bibliothek versteigert. Das in Lemgo vorhandene „durchschossene" Handexemplar des gedruckten Versteigerungskatologes mit ca. 3500 Nummern gibt Käufer und Kaufpreis an:

„Catalogus verschiedener ... rarer Bücher, welche den 25ten October ... in der seel. Jungfer Kämpfern Behausung ... verkauft ... werden sollen", Lemgo 1773; Leihgeber: Stadtarchiv Lemgo, A 989. Aufgeschlagen bei S. 28: Bücher von Chardin u. a., Herder als Käufer; Foto des Titelblattes beigelegt.[16]

---

15 Ebd., S. 405 f.
16 Vgl. den Ausstellungskatalog „Sakoku", Lemgo 1990, S. 26.

Immerhin richtete sich Herders Augenmerk über Ostasien und Pazifik hinaus bis auf den amerikanischen Kontinent, was seine die kulturelle Globalisierung des 20. Jahrhunderts vorwegnehmende welthistorische Betrachtungsweise bezeugt. Im Anschluß an die obigen Ausführungen über Japan stellte er eine eigentlich erstaunliche Frage auf:

> Ob nun dieses Volk auch weiter gedrungen und zur Cultur Eines der zwei gesitteten Reiche Amerika's, die beide an dem ihm zugekehrten westlichen Ufer lagen, Einfluß gehabt habe? wird schwerlich entschieden werden. Wäre von dieser Weltseite ein cultiviertes Volk nach Amerika gelangt: so könnte es kaum ein andres gewesen sein, als die Sinesen oder die Japaner. Überhaupt ists Schade, daß die Sinesische Geschichte, der Verfassung ihres Landes nach, so Sinesisch hat bearbeitet werden müssen. Alle Erfindungen schreibt sie ihren Königen zu: sie vergißt die Welt über ihrem Lande und als eine Geschichte des Reichs ist sie leider so wenig eine unterrichtende Menschengeschichte.

Wenn man umgekehrt die Frage stellt, wann die Japaner wohl die erste Kunde von Goethe erhalten haben, so war es Heinrich Heine, der als erster den Anspruch erhob, früher als Goethe in Japan bekannt geworden zu sein. Unter Bezugnahme auf Siebolds Nachfolger in Nagasaki führt Heine in seinen im Winter 1854 geschriebenen *Geständnissen* aus:

> Keiner meiner Landsleute hat in so frühem Alter wie ich den Lorbeer errungen, und wenn mein Kollege Wolfgang Goethe wohlgefällig davon singt, „daß der Chinese mit zitternder Hand Werthern und Lotten auf Glas male", so kann ich, soll doch einmal geprahlt werden, dem chinesischen Ruhm einen noch weit fabelhaftern, nämlich einen japanischen, entgegensetzen. Als ich mich vor etwa zwölf Jahren hier im Hotel des Princes bei meinem Freunde H. Wörmann aus Riga befand, stellte mir derselbe einen Holländer vor, der eben aus Japan gekommen, dreißig Jahre dort in Nangasaki (sic!) zugebracht und begierig wünschte, meine Bekanntschaft zu machen. Es war der Dr. Bürger, der jetzt in Leiden mit dem gelehrten Seybold das große Werk über Japan herausgibt. Der Holländer erzählte mir, daß er einen jungen Japanesen Deutsch gelehrt, der später meine Gedichte in japanischer Übersetzung drukken ließ, und dieses sei das erste europäische Buch gewesen, das in japanischer Sprache erschienen.[17]

---

17 Heinrich Heine: Geständnisse. Geschrieben im Winter 1854. Werke in vier Bänden. Die Bibliothek deutscher Klassiker. München / Wien 1982. 4. Bd. S. 220.

Aber hier täuschte sich Heine durch das bloße Hörensagen. Alle Nachforschungen der japanischen Germanisten erwiesen sich als erfolglos. Vom ersten in japanischer Sprache erschienenen europäischen Buch kann auch keine Rede sein, weil Äsops Parabeln bereits im Jahre 1593 von einem unbekannten Japaner aus dem Lateinischen ins Japanische übersetzt wurden.[18] In der sog. Xirishitan-Zeit um die zweite Hälfte des 16. Jahrhunderts hatten die ersten Missionare angefangen, gleichsam wie bei der Germanenmission christliches Schrifttum durch Übersetzungen den Japanern zugänglich zu machen. Soweit man bis jetzt mit Dokumenten belegen konnte, war die erste japanische Übersetzung eines deutschen Literaturwerkes Schillers *Wilhelm Tell* im Jahre 1880 und dann erneut im Jahre 1882, wenngleich diese beiden Ausgaben nur unzulängliche Teilübersetzungen darstellten. Goethes Epos *Reineke Fuchs*, das erst danach 1884 ins Japanische übertragen wurde, war offensichtlich durch die demokratische Freiheitsbewegung veranlaßt. Denn diese lustig illustrierte Übersetzung erschien 1886 in zweiter Auflage, wurde dann nach zwei Jahren verboten, erlebte aber 1893 trotzdem die fünfte Auflage. Ebenso sollte Schillers Drama im Zuge der Volksrechte-Bewegung als Kampfmittel gegen die Machtpolitik der neuen Meiji-Regierung verwendet werden. Merkwürdig genug wurde die japanische Übersetzung von *Wilhelm Tell* später ins Chinesische übersetzt und daraus wieder ins Koreanische, um gleichfalls als Kampfmittel gegen den japanischen Nationalismus eingesetzt zu werden.[19]

Interessanterweise zitierte auch schon Philipp Franz von Siebold auf dem letzten Blatt seines *Journals während meiner Reise nach dem Kaiserlichen Hofe Jedo im Jahre 1826* fünf Zeilen aus Schillers *Wallensteins Tod* (I,4), um seinen Lebensverdruß auf der engen Insel Dejima in Nagasaki zum Ausdruck zu bringen: „Nicht, was lebendig, kraftvoll

---

18 Vgl. Yoshihiro Koga: Rezeption und Veränderung der Fabeln von Äsop. Überlieferung der deutschen Übersetzung von Steinhöwel in Japan. In: Symposium „Das Mittelalter in der Gegenwart". Veröffentlichungen des Japanisch-Deutschen Zentrums Berlin, Bd. 30. Berlin 1996. S. 123–129.

19 Vgl. Seok-Hee Choi: *Wilhelm Tell* im koreanischen Roman. In: Fernöstliche Brückenschläge. euro-sinica 3, hrsg. von Adrian Hsia und Sigfrid Hoefert. Bern 1992. S. 233–245. Über die Goethe-Rezeption in China vgl. Günther Debon / Adrian Hsia (Hrsg.), Goethe und China – China und Goethe. euro-sinica 1. Bern 1985.

sich verkündigt, / – Das ganz / Gemeine ist's, das ewig Gestrige, / Was immer war und immer wiederkehrt, / Und morgen gilt, weil's heute hat gegolten."[20] Nach dem damaligen Stand der japanischen Bildung, wo man von den europäischen Sprachen nur das Niederländische lernen durfte, war es einem Japaner, geschweige denn einem deutschen Arzt unmöglich, einen so anspruchsvollen deutschen Text in ein literaturfähiges Japanisch zu übersetzen. Es entzieht sich leider jeder Feststellung, ob Siebold in Gegenwart seiner zahlreichen japanischen Schüler je von Schiller oder Goethe gesprochen hätte. Auf jeden Fall war Schiller wie in Deutschland zunächst auch in Japan populärer als Goethe, galt dieser doch in der Umbruchszeit überall als konservativ und nicht modern genug für die vorwärts strebende Jugend.[21]

3. Die Anfänge der japanischen Goethe-Rezeption

Aber im Laufe der letzten Jahrzehnte des 19. Jahrhunderts sollte Goethe an geistigem Einfluß auf die Japaner den fortschrittlichen Schiller weit übertreffen. Auch wenn allmählich andere Dichter wie Heine, Wilhelm Hauff, E.T.A. Hoffmann, Kleist, Eichendorff, Theodor Storm, Arthur Schnitzler, Hofmannsthal, Gerhart Hauptmann u.a.m. ins Japanische übersetzt wurden, können sie bei weitem nicht mit Goethe konkurrieren, abgesehen von modernen Autoren par excellence wie Hermann Hesse, Thomas Mann, Rilke oder Kafka, die heutzutage von der akademischen Jugend viel mehr gelesen werden als Goethe.[22] Fragt man nach dem Grund, warum Goethe sich in Japan so lange einer großen Beliebtheit erfreut hat, so muß man weiter ausholen und sich einen Überblick über die Goethe-Rezeption seit der Meiji-Zeit verschaffen. Im großen und ganzen läßt sich schematisch sagen, daß

---

20 Vgl. Friedrich M. Trautz: Schiller – Thunberg – Siebold. In: Goethe-Jahrbuch Bd. 5, Tokyo 1936. S. 89–102.
21 Vgl. K. Fischer: Goethe und Heidelberg, S. 7.
22 Näheres vgl. den Ausstellungskatalog zum IVG-Kongreß in Tokyo: Deutsche Sprache und Literatur in Japan. Ein geschichtlicher Rückblick. Tokyo 1990. Vgl. ferner Yorio Nobuoka: Aufnahme der deutschen Literatur in Japan. In: Keizai-Kenkyu Nr. 104 der Seijo-Universität, Tokyo 1989, S. 68–94.

Goethe von den Japanern in fünf Phasen rezipiert worden ist, bis er schließlich nach der Säkularfeier 1932 in allen Kreisen der japanischen Gebildeten bekannt ist. Man muß somit als die Leser Goethes 1) protestantische Denker, 2) Dichter bzw. Schriftsteller, 3) Philosophen, 4) Germanisten und 5) das breite Lesepublikum voneinander unterscheiden, um Goethes facettenreiche Wirkungen auf die Japaner in zeitlicher Reihenfolge zu erkennen.

Dabei spielen die Deutschkenntnisse natürlich eine entscheidende Rolle. Während Goethe zuerst in protestantischen, dann in literarischen Kreisen durch englische Übersetzungen rezipiert wurde, waren es japanische Philosophen, die Goethe im deutschen Originaltext zu lesen anfingen. Es handelte sich dabei hauptsächlich um *Die Leiden des jungen Werther*, *Dichtung und Wahrheit*, *Faust* sowie *Wilhelm Meisters Lehrjahre*. Der tiefsinnige Roman *Die Wahlverwandtschaften* war in den engeren Kreisen der Schriftsteller beliebt. Man merkt es daran, daß dieser heute am meisten geschätzte Roman viel weniger übersetzt worden ist als der *Werther*-Roman. Die Germanisten haben dann dafür gesorgt, sowohl Goethes sämtliche Werke als auch die wichtigste Sekundärliteratur wie Kuno Fischer, Albert Bielschowsky, Friedrich Gundolf, Hermann August Korff, Georg Simmel, Fritz Strich, Georg Brandes, Georg Lukács, Richard Friedenthal, Emil Staiger u. a.m. für das breite Lesepublikum ins Japanische zu übersetzen. Die Goethe-Kenntnisse sind auf diese Weise in ganz Japan immer mehr verbreitet worden.[23]

Daß Goethe in einer 1871 erschienenen Übersetzung des englischen Werkes *On Liberty* von John Stuart Mill zum erstenmal genannt wurde, ist in zweierlei Hinsicht von symbolischer Bedeutung. Denn gerade damals wurde das Augenmerk der japanischen Machthaber durch den Ausgang des Preußisch-Französischen Krieges politisch und wissenschaftlich auf Deutschland gerichtet, während das Tokugawa-Schogunat nach Aufhebung der Landesabschließung mehr an Frankreich orientiert war.[24]

---

23 Vgl. Eiichi Kikuchi: Goethe in Japan. In: Goethe. Neue Folge des Jahrbuchs der Goethe-Gesellschaft. 19. Bd. Weimar 1957. S. 122–137. Vgl. ferner Tezuka Tomio: Goethe and the Japanese. In: Japan Quarterly. No. 11, Tokyo 1964. S. 481–485.
24 So nahm das Japan des Tokugawa-Shogunats bereits an der Pariser Weltausstellung von 1867 teil. Vgl. Winfried Kretschmer: Geschichte der Weltausstellungen. Campus Verlag. Frankfurt / New York 1999.

Dagegen haben sich die Liberalen wie Fukuzawa Yukichi intensiv mit dem Gedankengut der anglo-amerikanischen Demokratie beschäftigt.[25] So wurde Goethe den japanischen Gebildeten von Anfang an im Kontext der geistigen Freiheit bzw. des Liberalismus vorgestellt, so daß sie sich in ihren Neigungen, die westliche Kultur ohne innere wie äußere Bindung an das Christentum zu übernehmen, ungeniert an den größten Dichter Deutschlands wenden konnten. Goethes Wirkung in Japan war sicherlich deshalb so groß, weil sie dem Erwartungshorizont sowie der Mentalität der Japaner in hohem Maß entsprach. Zu bemerken ist außerdem, daß diese japanische Goethe-Rezeption parallel zur immer höheren Aufwertung Goethes zum Dichterfürsten und Nationaldichter im Deutschen Reich vor sich ging. Daraus ergab sich auch in Japan ein gewisser Goethe-Kult, der bis zum Ende des Zweiten Weltkrieges andauerte. Was sich im Goethejahr 1999 in der ganzen Welt abspielte, dürfte etwas anderes als der eigentliche Goethe-Kult gewesen sein, den Karl Jaspers bereits im Jahre 1947 kritisiert hatte, wenngleich der Alt-Bundespräsident Roman Herzog in seiner am 14. April 1999 im Kaisersaal des Frankfurter Römer gehaltenen Rede seine Landsleute vor einer „unkritischen Idealisierung des Menschen Goethe" warnen zu müssen glaubte.

Allerdings war Uchimura Kanzo, der bedeutendste von einigen japanischen Protestanten, die sich relativ früh mit Goethe beschäftigt hatten, Goethe gegenüber noch kritisch eingestellt, wie sehr er auch von dessen *Faust* als der von Heine so genannten „Welt-Bibel" eingenommen war. Aber die große Begeisterung für Goethe wurde fast zu gleicher Zeit durch den oben genannten Dichtergelehrten Mori Ogai vorbereitet. Im Unterschied zu Uchimura Kanzo, der in den USA theologisch ausgebildet wurde,[26] studierte Mori Ogai in den Jahren 1884–1888 in Deutschland Medizin, und zwar bei Hoffmann in Leipzig, bei Pettenkofer in München und bei Robert Koch in Berlin. Während seines Deutschlandaufenthaltes befaßte sich der literarisch begabte Mediziner eingehend mit Goethe

---

25 Vgl. Fukuzawa Yukichi: Eine autobiographische Lebensschilderung. Übersetzt und mit einer Einleitung von Gerhard Linzbichler. Tokyo 1971.
26 Vgl. Naoji Kimura: Amerikas Einfluß auf die Neuzeit Japans. Der Fall Kanzo Uchimura. In: Nilüfer Kuruyazici et al. (Hrsg.), Schnittpunkte der Kulturen. Stuttgart 1998. S. 257–269.

und bahnte bald nach seiner Heimkehr durch eine geniale Übersetzung von Goethes Gedichten, vor allem „Mignons Italienlied", sowie durch seine eigenen autobiographischen Novellen und Essays die eigentliche Goethe-Rezeption in Japan an. Da er aber die Übersetzung von *Werther* einem Schüler von ihm überließ und seine Gesamtübersetzung des *Faust* erst im Jahre 1913 veröffentlichte, mußte sich die literarische Jugend der Meiji-Zeit noch lange mit englischen Übersetzungen begnügen.

Die erste *Werther*-Übersetzung in japanischer Sprache war bereits 1904 erschienen und wurde sicherlich bei der ersten chinesischen *Werther*-Übersetzung berücksichtigt, die Guo Moruo 1922 in Fukuoka erstellte. Als dieser chinesische Dichtergelehrte 1928 den ersten Teil des *Faust* ebenfalls zum erstenmal ins Chinesische übersetzte, erwähnte er im Vorwort dankbar die Pionierarbeit Mori Ogais. Den zweiten Teil veröffentlichte Guo Moruo erst im Jahre 1947. Soweit ich weiß, sind danach drei chinesische *Faust*-Übersetzungen erschienen.[27] Im Koreanischen gibt es ebenso viele *Faust*-Übersetzungen wie im Japanischen, deren frühe Phase einmal von einem koreanischen Germanisten im Hinblick auf Mori Ogai untersucht worden ist.[28] Es steht geschichtlich fest, daß Goethes Weg zum Fernen Osten in dieser Weise zunächst aus Weimar über Japan nach Korea und China führte. Man darf jedoch nicht übersehen, daß sein geistiger Einfluß nicht nur von Mori Ogai, sondern auch von Thomas Carlyle, Ralph Waldo Emerson oder Matthew Arnold vermittelt worden war.[29] Da Goethe, wie gesagt, zuerst in englischer Übersetzung gelesen wurde, fand diese beachtenswerte Beeinflussung auf dem Weg über England und Amerika zeitlich früher statt als die direkte aus Deutschland.

---

27 Vgl. Gao, Yan Ting: Ein Staffellauf zum wahren Sinn von *Faust* – eine vergleichende Arbeit von *Faust*-Übersetzungen. In: Übersetzungsforschung. Heft 8/2000. Seoul 2000, S. 126–143.
28 Vgl. Sung-Ock Kim: Vergleich der Mori Ogaischen Faust-Übersetzung mit den Faust-Übersetzungen in koreanischer Sprache. Organ der Korea-Universität, Nr. 38. Seoul 1993.
29 Näheres vgl. Naoji Kimura: Jenseits von Weimar. Bern 1997. Darin I. Teil, 2. Kapitel: Carlyle als Vermittler Goethes in Japan. S. 67–98.

Die Goetheforschung in England erscheint mir übrigens sehr wichtig. Sie wird leider von den japanischen Germanisten meist geringgeschätzt, zumindest nicht so hochgeschätzt wie die deutsche. Aber der Berliner Kunsthistoriker Herman Grimm war nicht zuletzt von Thomas Carlyle inspiriert, als er sein für die japanische Goetherezeption folgenreiches Goethebild entwarf. Die erste lesbare Goethe-Biographie von George Henry Lewes: *Life and Works of Goethe* (1855) erreichte in deutscher Übersetzung immerhin bis 1903 die 18. Auflage. In der Meiji-Zeit (1868–1912) wurden ebenfalls Ralph Waldo Emersons Buch *Representative men* (1850) mit einem Goethe-Kapitel sowie Bayard Taylors *Faust*-Übersetzung mit Kommentar (Boston 1871) unter den japanischen Gebildeten sehr verbreitet. Im strengen Sinne stellten sie einen amerikanischen Beitrag zur Goetherezeption in ganz Ostasien dar. Später sollte W. H. Brufords Werk *Culture and Society in Classical Weimar* (Cambridge 1962) nicht nur in deutscher, sondern auch in japanischer Übersetzung einen bedeutenden englischen Beitrag zur Goetheforschung seit Lewes fortsetzen. Zu dieser Tradition gehört freilich auch Nicholas Boyles auf drei Bände angelegte große Goethe-Biographie der Gegenwart.

Bei der rezeptionsgeschichtlichen Fragestellung gehe ich allerdings davon aus, daß die japanische Goetherezeption im Grunde genommen eine etwa um eine Generation verspätete Nachwirkung der Goetherezeption bzw. Goetheforschung in Deutschland darstellt. Denn um überhaupt von den Japanern rezipiert werden zu können, müssen Goethes Werke zuerst ins Japanische übersetzt werden. Da diese Übersetzungen mehr oder weniger sprachlich und sachlich kommentiert werden sollen, müssen sich die Germanisten vorwiegend als Übersetzer mit der Stoff-, Entstehungs- und Wirkungsgeschichte der betreffenden Werke intensiv beschäftigen. Dadurch ist spontan eine japanische Goetheforschung entstanden, die meist von der deutschen Goetheforschung abhängig war. Es versteht sich von selbst, daß die Leser dann von ihren Forschungsergebnissen stark beeinflußt werden. Es handelt sich dabei sowohl um Goethes literarische Werke als auch um seine naturwissenschaftlichen und literatur- bzw. kunsttheoretischen Schriften. Es gibt daher bis jetzt mehrere Goethe-Ausgaben in japanischer Sprache, die alle diese Werke umfassen. Außerdem hat man im Laufe der Zeit eine Menge deutscher Fachliteratur über Goethe ins Japanische übersetzt. Selbstverständlich haben die Japaner selbst ebenfalls eine Unmenge literaturwissenschaftlicher Aufsätze oder literarischer Essays geschrieben. Da sie im großen und ganzen bibliographisch erfaßt sind, kann man die Goetherezeption in Japan schriftlich belegen und analysieren, wie es Karl Robert Mandelkow für die Goetherezeption in Deutschland geleistet hat.

Meiner Ansicht nach ist aber ein vertieftes Goetheverständnis nicht so sehr von den Germanisten, sondern vielmehr von den japanischen Philosophen grundgelegt worden. Da sie durch ihr Studium der deutschen Philosophie ausreichende Deutschkenntnisse hatten, konnten sie ohne weiteres mit Goethetexten im Original umgehen. Sie standen dabei unter dem akademischen Einfluß des Rußlanddeutschen Raphael von Köber, der in den Jahren 1893–1914 an der Kaiserlichen Universität Tokyo Vorlesungen über das klassische Altertum und die deutsche Philosophie hielt. Auch spielte er vorzüglich Klavier und verkörperte so die deutsche humanistische Bildungstradition.[30] Der Philosoph, dessen zahlreiche Essays seinerzeit von den japanischen Gebildeten viel gelesen wurden, hatte in Jena und Heidelberg studiert. Es lag deshalb nahe, daß auch seine Schüler nach Heidelberg zum Studium gingen und dort die lange Tradition der philosophischen Goetheforschung von Kuno Fischer über Wilhelm Windelband bis zu Heinrich Rickert kennenlernten. Die Goethebücher ihrer Lehrer wurden denn auch bald ins Japanische übersetzt, und später richteten sie in Kyoto sogar einen Philosophenweg ein. Nicht zuletzt durch die bedeutenden Philosophen wie Abe Jiro, die aus dem Schülerkreis Raphael von Köbers herauswuchsen, gilt Goethe seitdem in weiten Kreisen der japanischen Gebildeten als der Weltweise im wörtlichen Sinne, d. h. ein Weiser in und an der Welt sowie ein Weiser über diese Welt. Zudem zieht er sie durch seine offene religiöse Haltung an, wie er sich am Lebensende als „Hypsistarier"[31] bezeichnet hat. Goethes Religiosität ist kein wertfreier Synkretismus, sondern eine Form der religiösen Koexistenz, die wahrhaft den Frieden unter den Menschen stiftet. Man könnte fast sagen,

---

30 Vgl. das 5. Kapitel des I. Teils im vorliegenden Buch.
31 An Sulpiz Boisserée, 22.3.1831. Vgl. Goethes Werke. Hamburger Ausgabe. Kommentar zu den *Geheimnissen*, Bd. 2, S. 595. Näheres vgl. das 5. Kapitel des III. Teils im vorliegenden Buch.

daß Goethe im neuzeitlichen Japan nach der Meiji-Restauration (1868) die Rolle gespielt hat, die Shakespeare für die deutsche Literatur im 18. Jahrhundert innehatte.

4. Gründe für Goethes Wirkungen in Japan

Obwohl mittlerweile von und über Goethe sehr viel ins Japanische übersetzt worden ist, ist eine Übersetzung aus dem Deutschen in eine so wesensfremde Sprache stets mit großen Schwierigkeiten verbunden. Jedesmal, wenn man ein deutsches Gedicht oder Prosawerk ins Japanische übersetzt, muß man über die grammatischen, semantischen und syntaktischen Unterschiede der beiden Sprachen hinaus noch einige Eigentümlichkeiten der japanischen Sprache berücksichtigen. Es sind Stilunterschiede in der Umgangs- und Schriftsprache, verschiedene Redewendungen in der jeweiligen Geschlechtersprache, der überaus rasche Sprachwandel und die Grundsatzfrage der Verfremdung oder Entfremdung. Da aber das Übersetzungsproblem auch bei der koreanischen oder chinesischen Sprache im Grunde gleicher bzw. ähnlicher Art sein dürfte,[32] soll im folgenden nur ein einziges, typisch japanisches Beispiel für diesen Fragenkomplex angeführt werden.

Ein Haiku-Gedicht des bekannten Dichters Basho (1644–1694) lautet z. B.: „Yuku Haru ya / Tori naki Uo no / Me wa Namida". Ins Deutsche übertragen heißt es dem Inhalt nach ungefähr so: „Vergehender Frühling! / Vögel schreien / an den Augen der Fische Tränen." Gefühlsmäßige Reaktionen auf den Frühling sind traditionsgemäß zwischen der japanischen Lyrik und etwa dem Goetheschen „Mailied" oder „Osterspaziergang" verschieden, auch wenn damit äußerlich die gleiche Jahreszeit gemeint ist. Selbstverständlich freuen sich auch die Japaner im Alltagsleben, daß der Frühling endlich da ist. Basho trauert aber über das Vergehen des Frühlings oder trauert dem fast schon vergangenen

---

32 Vgl. die Jahresschrift *Übersetzungsforschung* Hefte 1–5 des Instituts für Übersetzungsforschung zur deutschen und koreanischen Literatur. Seoul 1993–1997 sowie den unter Mitwirkung von Takeshi Imamura von mir zusammengestellten Ausstellungskatalog „Goethe-Literatur in japanischer, koreanischer und chinesischer Sprache", Tokyo 1999.

Frühling nach. Dieses feine Trauergefühl wird mit einer unübersetzbaren, nur mit einem Ausrufungszeichen wiederzugebenden Partikel „ya" zum Ausdruck gebracht wie beim anderen bekannteren Haiku: „Furuike ya / Kawazu tobikomu / Mizu no Oto". („Alter Teich! / ein Frosch springt hinein / ein Wassergeräusch.") Die lyrische Assoziation durch Lebewesen ist auch in Ost und West, vielleicht sogar in den einzelnen Nationen des Fernen Ostens anders, so z. B. bei Vogel, Fisch oder Frosch. Bei Goethe schweigen die Vöglein im Walde, und wie in der Ballade „Der Fischer" werden die Fischlein „in Todesglut hinaufgelockt", d. h. zum Braten in der Pfanne, wie der Dichter selbst gelassen erklärt hat. In Grimms Märchen oder in den Bildergeschichten von Wilhelm Busch ruft der Froschkönig vermutlich eine erotische Vorstellung hervor, nicht aber eine besinnliche Stimmung wie in der Tuschmalerei. Am meisten japanisch empfunden sind wohl die Tränen der Fische, die Herder einfach „stumme Tiere im Wasser" genannt hat.

Bei dieser sprachlichen Eigentümlichkeit und Andersartigkeit der poetischen Bilder ist es daher gar nicht verwunderlich, daß jeder japanische Übersetzer ein kleines Gedicht Goethes je nach seinem Stilempfinden und seiner Schreibweise anders übersetzt als seine Vorgänger. Wie von einem Lied Goethes manchmal Dutzende Vertonungen zu finden sind, entstehen derart ebenso viele mannigfaltige Übersetzungen in japanischer Sprache. So gibt es in Japan bekanntlich mehr als 40 *Werther*-Übersetzungen, und der Roman wird auch in Zukunft wegen des relativ raschen Sprachwandels immer wieder übersetzt werden. Aber bei jeder guten japanischen *Werther*-Übersetzung wird man feststellen können, daß sie sich mit den oben angesprochenen Sprachproblemen auseinandergesetzt hat. Viel größer sind die Übersetzungsschwierigkeiten beim *Faust*, da doch in dieser Tragödie verschiedene Versmaße erklingen, die sich in japanischer Sprache überhaupt nicht wiedergeben lassen. Der japanischkundige Jesuit Hans Müller würdigte 1939 in seinem Aufsatz „Goethe in Japan" das Verdienst einer guten japanischen Übersetzung wie folgt: „Die Schwierigkeiten jeder Übertragung aus der deutschen Dichtersprache ins Japanische sind naturgemäß sehr groß. Das Japanische ist nach Grammatik, Wortfügung, Wortschatz, Begriffsvorstellungen und seelischer Haltung vom Deutschen so grundverschieden, daß jede gute Übersetzung eine hohe künstlerische Leistung darstellt."³³ Man könnte diese sachkundige Würdigung wortwörtlich auf die koreanische oder chinesische Übersetzung anwenden.

Wirkungsgeschichtlich ist zu fragen, warum die Japaner trotz der angedeuteten Sprachschwierigkeiten so sehr von Goethe, insbesondere von *Werther*, *Faust*, und Goethes Lyrik eingenommen sind. Bei dieser Fragestellung geht es prinzipiell darum, an der Art und Weise der Goethe-Rezeption in Japan charakteristische Züge der japanischen Mentalität wahrzunehmen. Denn der Sinn einer rezeptionsgeschichtlichen Untersuchung besteht eben darin, daß man an den Wirkungen eines bestimmten Dichters oder eines dichterischen Werkes die dadurch angeregten Eigenschaften der Rezipienten erkennen kann. Dazu sind *Werther*, *Faust* und Goethes Lyrik ganz besonders gut geeignet, da sie thematisch allgemein menschlich sind und sich in Ostasien einer gemeinsamen Beliebtheit erfreuen. Ein Beispiel für eine vertiefte *Werther*-Rezeption ist der Literaturkritiker Kamei Katsuichiro, dessen Hauptwerk die 6bändige *Japanische Geistesgeschichte* ist. In seinem 1937 veröffentlichten Buch *Die Menschenbildung. Ein Versuch über Goethe* äußert er sich begeistert für Werther, weil er die Absolutheit von dessen Liebe als die Treue zu sich selbst interpretiert und Werthers Tod als „schön" im ethisch-ästhetischen Sinne auffaßt. Es gibt in Japan seit alters eine Ästhetik des Todes, die die Selbsthingabe an die reine Idee verherrlicht und in der flüchtigen Kirschblüte das Symbol des menschlichen Lebens findet. Eine solche, als schön empfundene Selbsthingabe bis in den Tod hinein ist nach traditioneller Auffassung der Japaner deshalb wertvoll, weil sie nur von wenigen Menschen vollbracht werden kann.

Das eklatante Beispiel für eine idealistische *Faust*-Rezeption in Japan ist der große Goetheforscher Kinji Kimura, der bis 1948 den Lehrstuhl für Germanistik an der Universität Tokyo innehatte und durch seine akademische Tätigkeit die Blütezeit der japanischen Goetheforschung herbeiführte. Sein erfolgreichstes Goethebuch war *Der junge Goethe* von 1933. Schon in diesem Buch unternahm er es, Goethes gesamtes Leben und Schaffen aus dem *Daimon* in dessen Altersgedicht „Urworte.

---

33 Hans Müller: Goethe in Japan. In: Monumenta Nipponica 2,II. Tokyo 1939: hier S. 471.

Orphisch", aus der „geprägten Form, die lebend sich entwickelt" zu deuten und ein gewaltiges Goethebild zu entwerfen. Dabei ließ sich für ihn diese Form im Sinne der Entelechie ohne weiteres mit dem sog. faustischen Streben der dreißiger Jahre in Deutschland verbinden. Als gläubiger Buddhist konnte Kinji Kimura jedoch die mystische Erlösung Fausts mit der buddhistischen Lehre der *Kannon*, d. h. der Gottheit der Barmherzigkeit in Einklang bringen. Im Shintoismus ist denn auch die althergebrachte Vorstellung gang und gäbe, daß die Sünden in einem Reinigungsritual ins Meer oder in einen Fluß hinweggetan werden können, wie Faust in der „Anmutigen Gegend" des zweiten Teils im Tau der Lethe ohne Reue und Buße einfach von seiner Schuld an Gretchen wiederhergestellt wird. So wird es ebenfalls beim Mord an Philemon und Baucis bestellt sein. Wo es keine klare Vorstellung des personalen Gottes gibt, fehlt eben der Schuldbegriff, weil man den mythologischen Göttern oder dem Buddha im Nirwana eigentlich nichts schuldet. In der Tat ist die Schlußszene des *Faust* für die meisten nichtchristlichen Japaner kein Stein des Anstoßes wie bei den strengen Christen in Europa, sondern vielmehr die Quelle eines tiefen, fast religiösen Trostes für ihre geistig-akademischen Bemühungen. Im Unterschied zur jüdischen Vorliebe für den *Faust* schwärmen sie für Goethe jedoch mehr aus Bildungsfreudigkeit als aus Leiderfahrung.[34]

Über die innere Verwandtschaft der Goetheschen Lyrik mit der japanischen Poesie brauche ich vielleicht nach den Bemerkungen über die Haiku-Gedichte Bashos kein Wort zu verlieren. Es war kein geringerer als Nishida Kitaro, einer der bedeutendsten Philosophen Japans, der in seinem bekannten Aufsatz „Der metaphysische Hintergrund Goethes" nach den Ausführungen über den grundsätzlichen Unterschied zwischen Spinoza und Goethe das Wesen der Goetheschen Lyrik mit folgenden Worten beleuchtet hat:

---

34 Vgl. Wilfried Barner: Jüdische Goethe-Verehrung vor 1933. In: Stéphane Moses / Albrecht Schöne (Hrsg.), Juden in der deutschen Literatur. suhrkamp taschenbuch 2063. Frankfurt am Main 1986, S. 127–151.

Mit dem Gesagten hängt es vor allem zusammen, daß Goethe, trotz seiner Vielseitigkeit, der größte lyrische Dichter ist. Im Drama, wo Gestalt notwendig ist, ist jener Hintergrund wesentlich ein Dreidimensionales. Von der Lyrik allein weiß man nicht, woher sie kommt und wohin sie geht; sie muß ein Überfließen unserer Lebensquelle sein. Es gibt niemanden, bei dem das Erlebnis an sich so unmittelbar Dichtung geworden wäre wie bei Goethe. So, wie er sagt: „Spät erklingt, was früh erklang, / Glück und Unglück wird Gesang", ist seine Dichtung nichts anderes als der unmittelbare Ausdruck seiner ungewöhnlichen Erlebnisse.[35]

Der japanische Philosoph war von Goethes „Wandrers Nachtlied" so tief beeindruckt, daß er es selbst in sein geliebtes Japanisch übersetzte und den mit dem Pinsel geschriebenen Dreizeiler mit der Überschrift „Goethes Lied" in den Grabstein seines Freundes Kuki Shuzo einmeißeln ließ. Dieser 1941 gestorbene Philosoph hatte seinerseits in einem geistreichen Essay über die begriffliche Struktur der „Iki" genannten spezifisch japanischen Ästhetik auf „Mignons Italienlied" als Beispiel für die deutsche Sehnsucht nach dem Süden hingewiesen.

Die hier genannten drei japanischen Goetheverehrer gehörten alle der älteren Generation an. Seit dem Kriegsende ist aber eine radikale Änderung im Geistesleben der Japaner eingetreten. Sie haben sich im Zuge davon zusehends vom alten Europa zum neuen Kontinent Amerika gewandt. Die japanische Bildungstradition, die vor dem Krieg durch die Begegnung mit der deutschen Kultur goethischer Prägung stark gefördert worden ist, bleibt dennoch im Prinzip bestehen. So wirkt Goethe durch seine ganze Lebensweisheit unmerklich auf die japanischen Gebildeten weiter, wenn das gute Japan analog zum guten Deutschland in den dreißiger Jahren mit gewissem Recht angenommen werden darf. Seine Bedeutung für die Japaner liegt m.E. vor allem in der alle Widersprüche überwindenden und völkerverbindenden Kraft seiner Persönlichkeit. Es war bestimmt kein Zufall, daß die Weimarer Goethe-Gesellschaft auch im geteilten Deutschland die einzige gesamtdeutsche Angelegenheit geblieben ist. Weimar als symbolischer Ort besagt, daß die großen Geister Deutschlands im 18. Jahrhundert im Namen der Humanität in dieser

---

35 Kitaro Nishida: Der metaphysische Hintergrund Goethes. In: Goethe. Vierteljahresschrift. 3. Bd. Weimar 1938. S. 135–144: hier S. 139.

kleinen Stadt zusammentrafen: Goethe aus Frankfurt am Main, Schiller aus Marbach, Herder aus Königsberg/Riga, Wilhelm und Alexander von Humboldt aus Berlin u. a. m. Gewiß hatte sich Goethe in einem der *Xenien* über die staatliche Zersplitterung seines Vaterlandes beklagt: „Deutschland? aber wo liegt es? Ich weiß das Land nicht zu finden, / Wo das gelehrte beginnt, hört das politische auf."[36] Nach Heinrich Luden soll der Dichter auch am 13. Dezember 1813 gesagt haben, er habe oft einen bittern Schmerz empfunden bei dem Gedanken an das deutsche Volk, das so achtbar im einzelnen und so miserabel im ganzen sei.

Nicht das deutsche Volk, sondern die deutsche Nation als das gelehrte Deutschland setzte sich damals nach Goethes Wortgebrauch aus einzelnen Gebildeten zusammen. Aber am 3. Oktober 1990 ereignete sich etwas Unerhörtes in der deutschen Geschichte: die Wiedervereinigung Deutschlands ohne blutige Revolution, die unbedingt Goethes Anerkennung finden müßte. Hat sich doch das deutsche Volk dadurch vor ihm als ganzes so achtbar erwiesen. Darüber hinaus steht die deutsche Einheit auf nationaler Ebene viel höher als auf einer individuellen Liebe im Zeichen des Ginkgobaumes. Der eine Kontinent Eurasien ist halt in Europa und Asien geteilt, und Asien ist wiederum in Nah- und Fernost geteilt. Aber das geistige Erbe Goethes anzutreten, hieße immer, wie im Taoismus vorgegeben, aufgrund der polaren Zweiheit die höhere Einheit in der Steigerung zu erstreben oder die menschliche Einheit in der kulturellen Mannigfaltigkeit zu erzielen. Das wäre der eigentliche Sinn einer allgemeinen Weltliteratur, wie sie von Goethe zuerst im Jahre 1827 fundiert wurde. Solange Goethe in die chinesische, koreanische oder japanische Sprache übersetzt wird, ist er als ein gern gesehener Gast dauernd unterwegs zum Fernen Osten, auch wenn er einmal aus Deutschland vertrieben werden sollte.[37]

---

36 Goethes Werke. Artemis-Gedenkausgabe, Bd. 2, S. 455.
37 Vgl. Kim, Byong-Ock: Die Goethesche Weltliteratur und die Globalisierung. In: Übersetzungsforschung. Heft 8/2000. Seoul 2000, S. 5–16.

3. Kapitel: Mori Ogai als Wegbereiter der Goethe-Rezeption in Ostasien*

Angesichts zahlreicher Veranstaltungen 1999 zum 250. Geburtstag Goethes in Ost und West ist es wohl nicht übertrieben, von einer weltweiten Wirkung Goethes zu sprechen. Ende Oktober dieses Jahres habe ich selber in meinem Institut an der Sophia-Universität, Tokyo, ein internationales Goethe-Symposium „Goethe – Wirkung und Gegenwart" unter den zwei Gesichtspunkten „Goethes Weltbürgertum" und „Goethe und die Nationalkulturen" veranstaltet, auf dem dank der finanziellen Unterstützung von Seiten des Goethe-Instituts Tokyo die Goetheforscher aus Deutschland, Österreich, der Schweiz, England, Amerika, nicht zuletzt China und Korea vertreten waren.[1] In den siebziger Jahren, also in den Jahren der „Unruhe um einen Klassiker",[2] wurde allerdings Goethes Fremdheit gegenüber seiner vermeintlichen überzeitlichen Geltung hervorgehoben. Eine derartige Infragestellung des auch nach 1945 ohne Bruch tradierten reinen Goethebildes

---

* Eine erweiterte Fassung des Vortrags am 3. Dezember 1999 als einer Veranstaltung der Mori-Ogai-Gedenkstätte der Humboldt-Universität zu Berlin. Erstmals unter dem Titel „Goethes Weg zum Fernen Osten" in: Japanisches Goethe-Jahrbuch. 42. Band. Tokyo 2000, S. 7–23.
1 Vgl. Studien des Instituts für die Kultur der deutschsprachigen Länder. Sophia-Universität. Nr. 18. Tokyo 2000. Darin: Wilhelm Voßkamp, Bildung als „deutsche Ideologie"?; Zhang Yushu, Goethe und die chinesische Klassik; Manfred Osten, Goethes *Faust* – die Tragödie der modernen Übereilung; Kim Tschong-Dae, Goethe in der koreanischen Kultur; Walter Hinderer, „Hier, oder nirgends ist Amerika." Anmerkungen zu Goethe und die neue Welt; Rhie Won-Yang, Goethes *Faust* auf der koreanischen Bühne; Adolf Muschg, Schweizer Spuren in Goethes Werk; Yang Wuneng, Goethe-Rezeption in China. Vom Werther-Fieber zu *Werther*-Übersetzungseifer; Werner M. Bauer, Goethe in Österreich; T. J. Reed, Englische Literatur als Weltliteratur; Naoji Kimura, Goethe und die japanische Mentalität; Lothar Ehrlich, Der fremde Goethe. Die Deutschen und ihr Dichter.
2 Vgl. Bernd Leistner: Unruhe um einen Klassiker. Mitteldeutscher Verlag. Halle-Leipzig 1978. Zitiert nach Karl Robert Mandelkow: West-östliche Goethe-Bilder. Zur Klassikerrezeption im geteilten Deutschland, in: aus politik und zeitgeschichte. beilage zur wochenzeitung das parlament. B 11/82. 20. März 1982, S. 3–14; hier S. 14.

war sicherlich in Deutschland notwendig. Daß aber Goethe sich in Ostasien, besonders in Japan, heute noch einer großen Beliebtheit erfreut, beruht gewissermaßen auf der Übergeschichtlichkeit des allgemein Menschlichen in seinen literarischen Werken, die über zeitlich-räumliche Grenzen hinweg alle Menschen in der Welt wirkungsvoll ansprechen.

Von der Wirkung Goethes in der Vergangenheit zu sprechen, fällt mir nicht schwer, wie eine Vielzahl der Goethe betreffenden Primär- und Sekundärliteratur in japanischer Sprache bezeugt.[3] Aber seine Wirkung in der Gegenwart erscheint, offen gestanden, doch etwas problematisch. Im Grunde sind es relativ wenige Gebildete der älteren Generation, die sich in Japan aktiv für Goethe engagieren. Es gibt selbst unter den japanischen Germanisten nicht sehr viele, die sich wie früher speziell mit Goethe und mit der Goethezeit überhaupt beschäftigen. Es gehört immerhin zum gesunden Menschenverstand aller japanischen Germanisten, daß sie etwas von Goethe wissen. Insofern beschäftigen sie sich im Laufe ihres germanistischen Studiums mehr oder weniger mit der Goethezeit und kommen in ihrer Lehrtätigkeit vielfach darauf zu sprechen. Es gehört ebenfalls zur Allgemeinbildung der japanischen Studenten, daß sie in der Jugend die wichtigsten Werke der Weltliteratur gelesen haben müssen, zu denen selbstverständlich Goethes *Faust* gerechnet wird. *Die Leiden des jungen Werther* oder Liebesgedichte Goethes werden viele von ihnen lesen, ohne aufgefordert zu werden. Einige Gedichte von ihm sind durch Lied-Kompositionen eines Franz Schubert oder Hugo Wolf so bekannt und beliebt wie Schillers Gedicht „An die Freude" in der Neunten Symphonie Beethovens.

Kritisch wird die Kenntnis der akademischen Jugend in Bezug auf Goethes andere Werke, vor allem bei seinem eigentlich für sie so wichtigen Bildungsroman und seinen klassischen Dramen. Es gibt nämlich im japanischen Buchhandel keine Taschenbuchausgaben mehr für *Wilhelm Meisters Lehr-* und *Wanderjahre, Iphigenie* oder *Tasso*, obwohl alle diese Werke in der neuesten 15bändigen japanischen Goetheausgabe des Ushio-Verlags enthalten sind. Glücklicherweise sind *Dichtung und Wahrheit*

---

3   Näheres vgl. Naoji Kimura: Jenseits von Weimar. Goethes Weg zum Fernen Osten. Peter Lang Verlag. Bern 1997.

sowie der Roman *Die Wahlverwandtschaften* immer noch in der altbewährten Iwanami-Bücherei zu finden. Aber die *Italienische Reise* ist schon lange vergriffen. Da es heutzutage wirklich eine Zumutung für die Studenten ist, diese Werke in der deutschen Originalsprache zu lesen, braucht man im Literaturunterricht gute japanische Übersetzungen.[4] Ich bedaure diese japanische Jugend nicht zu sehr, finde es vielmehr richtig, daß sie sich mehr für moderne Autoren interessiert, weil sie heute mit anderen Problemen konfrontiert ist als mit denen der Goethezeit. Bedenklich ist nur, daß sie mit den deutschen Schriftstellern der unmittelbaren Gegenwart, selbst mit Heinrich Böll, Günter Grass oder Martin Walser wenig anzufangen weiß. In dieser rezeptionsgeschichtlichen Situation bleibt es eine Aufgabe für die japanischen Goetheforscher, die zukunftsträchtige Bedeutung Goethes auf dem Weg zum 21. Jahrhundert zu entdecken und deren Glaubwürdigkeit ihren Studenten begreiflich zu machen.

I. Das traditionelle Goethebild vom Dichterfürsten

Bei meinem heutigen Vortrag geht es trotzdem darum, auf die Geschichte der Goethe-Rezeption in Japan zurückzugehen und in großen Zügen aufzuzeigen, wie vielfältig Goethes Weg zum Fernen Osten gewesen ist. Gibt es doch grundsätzlich schon geographisch zwei Wege, um von Kontinentaleuropa aus zum Fernen Osten, ja bis zum Land der aufgehenden Sonne zu gelangen: der eine geht über den Westen und der andere über den Nahen Osten. Früher mußte man beim ersteren über Atlantik, Amerika sowie Pazifik fahren, und beim letzteren durch den Suezkanal über Indien, China oder Java mit dem niederländischen Stutzpunkt Batavia, dem heutigen Jakarta. Zu Lebzeiten Goethes war dieser Kanal freilich noch nicht da – fertig gebaut wurde er in den Jahren 1859–1869 –, so daß der greise Dichter gegenüber Eckermann unter dem 2. Februar 1827 neben den Wünschen nach dem Panamakanal sowie der Verbindung der Donau mit dem Rhein-Main seinen dritten Wunsch äußerte: „Und endlich drittens möchte ich die Engländer im Besitz

---

4 Vgl. Zhang Yushu: Der Stellenwert der Übersetzung für die Goethesche Idee der Weltliteratur. In: Übersetzungsforschung. Heft 8. Seoul 2000, S. 17–29.

eines Kanals von Suez sehen." Er fügte zur Bekräftigung hinzu, diese drei großen Dinge möchte er erleben, und es wäre wohl der Mühe wert, ihnen zuliebe es noch einige fünfzig Jahre auszuhalten.

Von Frankfurt am Main, wo Goethe zur Welt kam, und von Weimar, wo er starb, hat es ebenso zwei verschiedene Wege von Wirkung und Rezeption im Hinblick auf diesen deutschen Dichter des 18. Jahrhunderts gegeben. In seiner Autobiographie *Dichtung und Wahrheit* wird erzählt, wie seine Verlobte Lili Schönemann bereit war, zur Verwirklichung der Ehe mit ihm sogar nach Amerika auszuwandern. In den jungen Jahren las er auch gern im Alten Testament und studierte vor allen biblischen Schriften die fünf Bücher des Moses gründlich. So griff Goethe in seinen beiden Wilhelm Meister-Romanen das Amerika-Motiv auf und beschäftigte sich im *West-östlichen Divan* eingehend mit dem Orient. Darüber hinaus führte er in den Jahren 1824–1832 mit dem schottländischen Übersetzer und Schriftsteller Thomas Carlyle (1795–1881) einen regen Briefwechsel, woraus dann im Laufe des Jahres 1827 sein Konzept der Weltliteratur als geistig-literarischer Austausch in Europa zustande kam. Er dachte noch nicht an eine amerikanische Literatur, aber Thomas Carlyle pflegte schon mit dem amerikanischen Schriftsteller Ralph Waldo Emerson (1803–1882) engsten Gedankenaustausch. So wurden die beiden Autoren in der Meiji-Zeit durch ihre Goethe-Essays die ersten Vermittler Goethes in Japan. Englisch wurde ja an den japanischen Schulen früher als Deutsch unterrichtet.

Von Frankfurt aus ist bekanntlich zunächst die *Werther*-Wirkung auf England und Frankreich hervorgegangen. Später trug auch *Dichtung und Wahrheit* dazu bei, das Leben des jungen Goethe in französischer und englischer Übersetzung dem europäischen Lesepublikum wie z. B. Madame de Staël (1766–1817) bekannt zu machen. Es war aber ohne Zweifel Weimar, von wo aus Goethes weltweite Wirkung besonders mit seiner Faustdichtung einsetzte. Goethe selbst war sich dessen durchaus bewußt und unterstand sich in seinen *Venetianischen Epigrammen* zu sagen:

> Klein ist unter den Fürsten Germaniens freilich der meine, / Kurz und schmal ist sein Land, mäßig nur, was er vermag. / Aber so wende nach innen, so wende nach außen die Kräfte / Jeder: da wär' es ein Fest, Deutscher mit Deutschen zu sein.[5]

Goethe und Weimar, das ist von da an ein wichtiges Thema in der deutschen Geistesgeschichte,[6] die jedoch nicht in sich geschlossen bleibt, sondern positive oder negative Auswirkungen gehabt hat auf andere Nationen wie z. B. Japan in der neueren Zeit.

Dabei spielte Berlin eine entscheidende Vermittlerrolle in beiden Richtungen nach Westen und Osten hin, wenngleich Goethe im Mai 1778 in Begleitung Carl Augusts sich dort kaum zehn Tage aufhielt. An seinen Jugendfreund Merck berichtete er unter dem 5. August 1778 unumwunden:

> Auch in Berlin war ich im Frühjahr; ein ganz ander Schauspiel! Wir waren wenige Tage da, und ich guckte nur drein, wie das Kind in Schön-Raritäten-Kasten. Aber du weißt, wie ich im Anschaun lebe; es sind mir tausend Lichter aufgegangen. Und dem alten Fritz bin ich recht nah worden, da ich hab sein Wesen gesehn, sein Gold, Silber, Marmor, Affen, Papageien und zerrissene Vorhänge, und hab über den großen Menschen seine eignen Lumpenhunde räsonnieren hören.

Goethe scheint damals schon das Gefühl gehabt zu haben, daß der Geist von Weimar mit dem Geist von Potsdam schwer in Einklang zu bringen ist. In der Frankfurter Kindheit war Goethe fritzisch gesinnt. Der jugendliche Dichter bekam dann irgendwie eine gewisse Abneigung gegen Berlin. Ohne die Stadt gesehen zu haben, hatte er doch unter dem 18. Oktober 1766 aus Leipzig an seine Schwester Cornelia geschrieben: „denn ich glaube, es ist jetzo in ganz Europa kein so gottloser Ort als die Residenz des Königs in Preußen."[7] Dagegen schrieb er in den späteren Jahren an Alois Ludwig Hirt unter dem 30. Januar 1798: „Berlin ist vielleicht der einzige Ort, von dem man sagen kann, daß ein Publikum beisammen sei, und um so mehr muß es einen Autor interessieren, wenn er daselbst gut aufgenommen wird." Es handelte sich bei diesem Berliner Publikum vor allem um die Gebildetenkreise im literarischen Salon einer Henriette Herz (1764–1847) oder Rahel Levin (1771–1833). Um Rahel Levin, die spätere Gattin Varnhagen von Enses, bildete sich der

---

5   Goethes Werke. Hamburger Ausgabe. Bd. 1, S. 178.
6   Vgl. beispielsweise Dieter Borchmeyer: Weimarer Klassik. Portrait einer Epoche. Studienausgabe. Beltz Athenäum GmbH. Weinheim 1998.
7   Zitiert bei Walther Victor: Goethe in Berlin. 3. Aufl., Berlin und Weimar 1976, S. 12.

erste Kreis der Goetheverehrer, der für die Goethe-Rezeption nicht nur in Deutschland, sondern auch in Japan von großer Tragweite werden sollte.[8] Aus dieser vorwiegend jüdischen Goethe-Verehrung könnte man nämlich eine Parallele zur Goethe-Rezeption in Japan ziehen und diese als einen japanischen Versuch der Assimilation an die deutsche bzw. europäische Kultur überhaupt deuten. Aber das gehört zu einem anderen Kapitel.[9]

Berlin erweist sich auch in anderer Hinsicht als ein Scheideweg in Goethes Wirkung nach Ost und West. Denn Herman Grimm (1828– 1901), der renommierte Professor der Kunstgeschichte an der Universität zu Berlin, hielt in den Jahren 1874/1875 seine berühmten Goethe-Vorlesungen unter dem Einfluß der Heldenverehrung von Thomas Carlyle. Außerdem war Christoph Wilhelm Hufeland (1762–1836), der ja Goethes Hausarzt in Weimar sowie Medizinprofessor in Jena war und zuletzt zum ersten Medizinprofessor an der heutigen Humboldt-Universität berufen wurde, durch eine japanische Übersetzung seines Hauptwerkes *Enchiridion medicum* schon in der Edo-Zeit (1603–1867) unter den sog. Holland-Kundigen bekannt. Obwohl Goethe in diesem Werk Hufelands nicht ausdrücklich genannt wird, wurde der Leibarzt der preußischen Königsfamilie in seiner Jugend geistig von Goethes Humanismus zutiefst geprägt und übte durch seine Ethik ärztlichen Handelns bleibenden Einfluß auf die japanischen Ärzte aus.[10]

Es war Herman Grimm, der nachdrücklich darauf hinwies, daß man Goethe prinzipiell nach einem zwischen Objekt und Subjekt vermittelnden Bild erkennt. So sagt er in seinen Berliner Goethe-Vorlesungen:

> Was unseren Blicken an Goethe fremd zu werden anfing, war nicht er selbst, sondern nur das mit seinem Namen genannte Bild, welches die letzte Generation sich von ihm geformt hatte. Eine neue Zeit beginnt, die sich ihr eignes

---

8 Vgl. Rahel Varnhagen: Briefwechsel mit Alexander von der Marwitz; Rahel Varnhagen: Briefwechsel mit August Varnhagen von Ense; Rahel Varnhagen im Umgang mit ihren Freunden (Briefe 1973–1833); Rahel Varnhagen und ihre Zeit (Briefe 1800–1833), herausgegeben von Friedhelm Kemp. 4 Bände. Kösel Verlag. München 1966, 1967, 1967, 1968.
9 Vgl. das 5. Kapitel des III. Teils im vorliegenden Buch.
10 Näheres vgl. Naoji Kimura: Jenseits von Weimar. Goethes Weg zum Fernen Osten. Bern 1997. Darin III. Teil, 3. Kap.: Hufeland und Ogata Koan, S. 407–424.

Bild Goethe's von Frischem schaffen muß. Sie stürzt das alte, ihn selber aber berührt Niemand.[11]

Zu den Zeiten der Reichsgründung nahm er einen anderen Standpunkt als früher ein und entwarf sein eigenes Goethebild für das deutsche Volk. Denn er meinte, die Veränderung des Standpunktes ergebe sich aus der veränderten Stellung, die man damals zu aller historischen Betrachtung überhaupt in Deutschland einnehme. Man erkennt also Goethe, wie er sich auf seinem geistigen Netzhaut je nach seinem Standpunkt widerspiegelt.

Aber nach Herman Grimm geht es beim Goethebild nicht allein um Erkenntnisse, sondern auch um eine bewußte Formung eines wirkungsvollen Goethebildes. So schreibt er zum Schluß seiner Einleitung: „Eine unserer wichtigsten Aufgaben bleibt, aus dieser Masse [= Nachrichten aus seinem Leben] heraus das Bild Goethe's zu gewinnen, das uns am meisten fördert und dem wir am meisten vertrauen."[12] Wenn es sich mit dem Verständnis des Dichters so verhält, fragt sich folgerichtig nach einem Standpunkt der Japaner bei der Goethe-Rezeption. Die japanischen Germanisten haben damals hauptsächlich in Berlin die Goethe-Philologie studiert, die ihnen in der gediegenen Jubiläums-Ausgabe die besten Hilfsmittel zur Verfügung stellte. Die erste Weimarer Ausgabe in Japan wurde ihnen bei der Gründung der Goethe-Gesellschaft im Jahre 1931 von der deutschen Botschaft der Weimarer Republik geschenkt. Von den bekannten positivistischen Goethe-Biographien wurde diejenige von Karl Heinemann (1895) in japanischer Übersetzung in der renommierten Iwanami-Taschenbuchreihe publiziert. Die im Japanischen dreibändige Goethe-Biographie von Albert Bielschowsky (1896) konnte erst in den letzten Kriegsjahren erscheinen. Die von Walther Linden bearbeitete Neuausgabe (1928) wurde anachronistisch vor etwa zehn Jahren ins Japanische übersetzt.

Frühzeitig übersetzt wurden ansonsten die geistesgeschichtlich ausgerichteten Goethe-Bücher wie beispielsweise Friedrich Gundolf (1916) oder Hermann August Korff (*Geist der Goethezeit*, 1. Band). Dadurch wurde Gundolfs Auffassung von Goethes Titanismus in Japan sehr

---

11 Herman Grimm: Goethe. Vorlesungen gehalten an der Kgl. Universität zu Berlin. Achte Aufl. Stuttgart und Berlin 1903. Erster Band, S. 7.
12 Ebd., S. 19.

populär, und Korffs goethischer Humanismus bzw. faustischer Glaube riefen unter den japanischen Gebildeten fast eine humanistische Religion hervor. Für sie war ein Vorstoß ins Metaphysische durch die geistesgeschichtliche Betrachtungsweise sehr gelegen. Aber Goethe-Mythos war auch naheliegend, weil sie meist keine andere Religion hatten. So stellte sich Goethes Autobiographie *Dichtung und Wahrheit* für sie als irreführend heraus. Hieß sie doch ursprünglich „Wahrheit und Dichtung", d. h. Tatsachen und dichterische Wahrheit, mit anderen Worten Faktizität und Fiktion oder Realität und Idealität. Damit war der Vorrang des Werkes vor dem Leben angedeutet, so daß sich Goethes geistige Welt dem japanischen Lesepublikum stets als eine ideale Welt zeigte. Daher wurde bei ihnen ein klassisches Humanitätsideal für immer der Wirklichkeit der jeweiligen Gegenwart gegenübergestellt. Je miserabler die Wirklichkeit war, desto höher erschien ihnen das Idealbild der Klassik. So ist es mit dem japanischen Goethebild weitgehend bis heute noch bestellt.

Als im Jahre 1990 ein internationaler Weltkongreß der Germanisten in Tokyo stattfand, wurde deshalb durch die Herausgabe einer Sonderbriefmarke eines Mannes gedacht, der sich in besonderer Weise für die Einführung der deutschen Literatur, insbesondere Goethes nach Japan verdient gemacht hatte. Es war eben der Dichtergelehrte Mori Ogai (1862–1922), der in Berlin an der Charité als Mediziner gearbeitet hatte und im allgemeinen als Wegbereiter der Goethe-Rezeption in Japan angesehen wird.[13] Um seine Bedeutung angemessen einzuschätzen und seine Leistungen in die Geschichte der Goethe-Rezeption im Fernen Osten einzuordnen, muß man natürlich die lange Vorgeschichte vor seiner literarischen Tätigkeit kennen. Dafür muß zuerst durch eine entfernte geschichtliche Beziehung zum Ginkgobaum bzw. zu Goethes Gedicht „Gingo biloba" auf den deutschen Arzt Engelbert Kaempfer (1651–1716) aus Lemgo, Westfalen, hingewiesen werden, und dann ist der große Japanforscher Philipp Franz von Siebold (1796–1866) aus Würzburg zu erwähnen, der im Jahre 1823 als Stabsarzt in niederländischen Diensten

---

13 Vgl. Beate Weber (Hrsg.): Ausstellungskatalog „Mori Ogai als Wegbereiter der Goethe-Rezeption in Japan". Mori-Ogai-Gedenkstätte der Humboldt-Universität zu Berlin. Berlin 1999.

nach Nagasaki gekommen war. Siebold als solcher hat mit Goethe nichts zu tun, erscheint jedoch insofern beachtenswert, als er noch zu Lebzeiten des Dichters, nebenbei bemerkt im gleichen Jahr wie Eckermann zu Goethe, nach Japan kam und sein Förderer Nees von Esenbeck – er war Präsident der Deutschen Akademie der Naturforscher Leopoldina – der botanische Freund Goethes war. Zudem gehörten seine beiden Onkel Barthel und Elias zum Schülerkreis des Jenaer Medizinprofessors Justus Christian Loder und trafen in Hörsälen ab und zu mit Goethe zusammen. Dadurch muß der Name des Weimarer Dichters dem noch jugendlichen Siebold sehr vertraut gewesen sein.[14]

In den Jahren 1870–1873 soll dann der Philosoph Nishi Amane, der Ogais Onkel war, in einem Kollegentwurf den Werktitel *Faust* mit dem Dichternamen notiert haben. Daß Goethe dokumentarisch in einer 1871 erschienenen Übersetzung des englischen Werkes *On Liberty* von John Stuart Mill zum erstenmal genannt wurde, ist in zweierlei Hinsicht von symbolischer Bedeutung. Denn gerade damals wurde das Augenmerk der japanischen Machthaber durch den Ausgang des Preußisch-Französischen Krieges politisch und wissenschaftlich auf Deutschland gerichtet, während das Tokugawa-Shogunat nach Aufhebung der Landesabschließung mehr an Frankreich orientiert war. Eine im Auftrag des Shogunats heimlich ins Japanische übersetzte frangzösische Enzyklopädie ist erst vor etwa zehn Jahren aus dem Staatsarchiv gedruckt worden. Dagegen haben sich die Liberalen wie Fukuzawa Yukichi (1835–1901) intensiv mit dem Gedankengut der anglo-amerikanischen Demokratie beschäftigt.[15] Die japanischen Intellektuellen der Meji-Zeit interessierten sich allerdings vorwiegend für geistige Freiheit bzw. Liberalismus in Europa und dachten kaum daran, die christliche Tradition der westlichen Kultur kennenzulernen, geschweige denn das Christentum als solches verbindlich zu übernehmen. So wurde ihnen Goethe von Anfang an als der größte

---

14 Vgl. Naoji Kimura: Übersetzung als Kulturgeschichte. In: Alois Wierlacher / Georg Stötzel (Hrsg.), Blickwinkel. München 1996. S. 903–918.
15 Vgl. Fukuzawa Yukichi: Eine autobiographische Lebensschilderung. Übersetzt und mit einer Einleitung von Gerhard Linzbichler. Tokyo 1971. Vgl. auch Naoji Kimura: Amerikas Einfluß auf die Neuzeit Japans. Der Fall Kanzo Uchimura. In: Nilüfer Kuruyazici et al. (Hrsg.), Schnittpunkte der Kulturen. Stuttgart 1998. S. 257–269.

Dichter Deutschlands vorgestellt, der eben als Befreier aller menschlichen Werte aus kirchlichen Fesseln galt. Das entsprach denn auch dem Erwartungshorizont der japanischen Gebildeten.

2. Die anglo-amerikanische Route von Goethes Wirkungen

Darüber hinaus zu bemerken ist, daß diese japanische Goethe-Rezeption parallel zu der seit Herman Grimm erfolgten, immer höheren Aufwertung Goethes zum Dichterfürsten und Nationaldichter im Deutschen Reich vor sich ging. Aber es dauerte noch lange, bis dieses neue Goethebild der Gründerzeit durch die japanischen Germanisten in weiten Kreisen der Gebildeten verbreitet wurde. Da Goethe in Japan zuerst in englischer Übersetzung gelesen wurde, fand diese beachtenswerte Beeinflussung auf dem Weg über England und Amerika früher statt als direkt aus Deutschland. Ein Beispiel dafür ist der bekannte Lyriker und Schriftsteller Shimazaki Toson (1872–1943), der in seiner Jugend eine englische Übersetzung von *Wilhelm Meisters Lehrjahren* gern las und in späteren Jahren sich eine sog. Born-Goetheausgabe in englischer Sprache anschaffte. Den frühen Goethe-Monographien in japanischer Sprache wie Takagi Isakus *Goethe* (1893) lagen denn auch nachweislich zwei englische Werke zugrunde: James Sime, *Life of Johann Wolfgang Goethe*, London 1888; Paul Carus, *Goethe with special Consideration of his Philosophy*, Chicago 1915. Selbst den populären Goethe-Biographien in deutscher Sprache ging das zweibändige englische Werk von George Henry Lewes, *The Life and Works of Goethe* (1855) voran, das jedoch nie als solches ins Japanische übersetzt wurde.

Während die Goethe-Auffassung Thomas Carlyles durch verschiedene japanische Übersetzungen seiner Goethe-Essays oder seines Briefwechsels mit Goethe ziemlich bekannt ist, scheint Ralph W. Emerson mit dem Kapitel „Goethe oder Der Schriftsteller" seines Buches *Repräsentanten der Menschheit* (1850) in der japanischen Goethe-Rezeption weniger wirkungsvoll gewesen zu sein. Der belgische Schriftsteller Maurice Maeterlinck (1862–1949) meinte einmal, Goethe begleite unsere Seele an die Ufer des Meeres der inneren Heiterkeit. Dabei stellte er Carlyle und

Emerson bei aller Geistesverwandtschaft scharf gegenüber und plädierte indirekt für das Goethebild des letzteren, indem er schrieb:

> Carlyle, Emersons geistiger Bruder, der uns in diesem Jahrhundert vom anderen Ende des Tales aus berichtet, läßt allein die heroischen Momente unseres Seins wie Blitze vor dem dunklen, gewittrigen Hintergrund eines unverändert entsetzlichen Unbekannten vorüberziehen. Wie eine verschreckte Herde führt er uns durch die Stürme zu unbekannten, schwefelhaltigen Weiden. Er stößt uns in die tiefste Finsternis, die er freudig entdeckt hat und die allein vom ungestümen, unbeständigen Stern der Helden erleuchtet wird, und überläßt uns hämisch lachend der gewaltigen Rache des Rätselhaften. Aber zur gleichen Zeit ist da auch Emerson, der gütige morgendliche Hirte der blaßgrünen Wiesen eines neuen, natürlichen und vertretbaren Optimismus. Er führt uns nicht zu den Abgründen hin. Er treibt uns nicht aus dem bescheidenen heimischen Garten, denn Gletscher, Meer, ewiger Schnee, Palast, Stall, der erloschene Ofen des Armen und das Bett des Kranken, alles liegt unter dem gleichen Himmel, ist den gleichen unbegrenzten Mächten unterworfen.[16]

Wie allgemein bekannt ist, wurde die Heldenverehrung Carlyles in den dreißiger Jahren des 20. Jahrhunderts vom Nationalsozialismus in Anspruch genommen, und sein Goethebild führte schließlich zu einem dämonischen Titanismus in der Goethe-Auffassung oder zum faustischen Drang. Dagegen ist nach Emerson der Schriftsteller überhaupt weder Verkünder einer göttlichen Idee noch Führer einer Nation. Dessen Auftrag besteht vielmehr darin, das Gedächtnis eines fast pantheistischen Gottes in Natur und Geschichte aufzuzeichnen. So zitiert er treffsicher das Tasso-Wort: „Und wenn der Mensch in seiner Qual verstummt, / Gab mir ein Gott zu sagen, was ich leide."[17] Da dieses Aussagens zugleich eine innere Heilung des Dichters bedeutete, fügte Goethe später für Werther, der sich nicht mehr aussprechen konnte, hinzu: „Verstrickt in solche Qualen, halbverschuldet, / Geb' ihm ein Gott zu sagen, was er duldet."[18] Aber Emerson schrieb überaus zuversichtlich etwas Entscheidendes über den dichterischen Auftrag Goethes, was bis zum heutigen Gedächtnis-Diskurs kaum beachtet wurde:

---

16 Ralph Waldo Emerson: Repräsentanten der Menschheit. Mit einem Essay über Emerson von Maurice Maeterlinck. Oesch Verlag. Zürich 1987, S. 276 f.
17 Goethes Werke. Hamburger Ausgabe. Bd. 4, S. 166.
18 Goethes Werke. Hamburger Ausgabe. Bd. 1, S. 381.

Ich bin überzeugt, daß im Weltenplan die Person eines Schreibers oder Protokollführers vorgesehen ist. Seine Aufgabe ist es, über das Wirken des wunderbaren Lebensgeistes, der in allem pulsiert und schafft, zu berichten. Es gehört zu seinem Amt, die Fakten in seinem Gedächtnis zu sammeln und danach eine Auswahl der bedeutendsten und typischsten Vorkommnisse zu treffen.[19]

Der zweite Weg nach dieser anglo-amerikanischen Route ging unterdessen über die Niederlande, speziell von Amsterdam aus, auch wenn er wie etwa im Schülerkreis von Siebold der früheste sein könnte. In einem wertvollen Literaturarchiv der Tokugawa-Familie in Shizuoka befindet sich ein 1845 in Den Haag herausgegebenes Unterrichtswerk eines Dr. Budding: Alemania. Deutsches Lesebuch, oder Sammlung einiger schöner Lesestücke. In dem Buch sollen deutsche Texte von ungefähr dreißig Autoren zusammengefaßt sein. So ist also davon auszugehen, daß die Namen von Goethe und Schiller wie auch Lessing und Herder frühzeitig in Japan bekannt geworden sind. Die ersten fragmentarischen Übersetzungen aus der deutschen Literatur waren denn auch Schillers *Wilhelm Tell* (1880), wenngleich die vollständige Ausgabe erst im Jahre 1905 herauskam, und dann Goethes *Reineke Fuchs* (1884) mit lustigen Illustrationen aus einer englischen Übersetzung. Der dritte Weg ging noch von Wien aus, zumal die kommentierte *Faust*-Ausgabe des Wiener Goetheforschers Karl Julius Schröer um die Jahrhundertwende in Japan empfohlen wurde. Sein tüchtigster Schüler an der Technischen Hochschule Wien war Rudolf Steiner (1861–1925), dessen Kommentar zu Goethes naturwissenschaftlichen Schriften heute noch von den japanischen Goetheforschern benutzt wird.

Dagegen wurde, nicht immer deutlich lokalisierbar, Goethekritik der hauptsächlich russischen Marxisten – Goethe als bürgerlicher Bildungsphilister – immer wieder in japanischer Übersetzung herbeigeholt. Der Liebeslyriker Heinrich Heine wurde dabei von den japanischen Marxisten vielfach als Vorkämpfer der sozialistischen Revolution vereinnahmt. Als aber die linksradikale Bewegung in den zwanziger Jahren des 20. Jahrhunderts allmählich unterdrückt und brutal verfolgt wurde, wurden aus nicht wenigen Marxisten durch einen polizeilich erzwungenen Gesinnungswechsel ästhetische Goetheaner mit nationalistischem

---

19 Ralph W. Emerson: Repräsentanten der Menschheit, S. 239.

Einschlag, die die sogenannte „Japanische Romantische Schule" bildeten.[20] Zu jener Zeit erschien jedoch eine japanische Übersetzung von Paul Valérys *Discours en l'honneur de Goethe* (1932). Hier wurde Goethes Weltbürgertum mit dessen Weisheit und Universalismus hervorgehoben. In der Mitte zwischen links und rechts stand Goethe später auch bei T. S. Eliot in seinem im Mai 1955 an der Universität Hamburg gehaltenen Vortrag *Goethe as the Sage*.

Vor der Rückkehr Mori Ogais war es besonders der junge Literaturkritiker Ishibashi Ningetsu (1865–1926), der sich angeblich als der japanische Lessing bemühte, dem japanischen Lesepublikum die ersten Kenntnisse über die deutsche Literatur, also auch etwas über Goethes Leben und Werk zu vermitteln. Er benutzte bei seinem Goethe-Essay von 1888 außer englischen Büchern die damals in Deutschland vielgelesenen Literaturgeschichten von August Friedrich Vilmer und Robert Koenig. Er hatte aber ursprünglich Jura studiert, versagte deshalb in literarischer Auseinandersetzung mit Ogai, als er dessen frühe Novellen zu rezensieren wagte. Auch war er sprachlich mit dem genialen Übersetzer kaum zu vergleichen. Als er 1889 in einem unbeholfenen Stil versuchte, Harfners Lied „Wer nie sein Brot mit Tränen aß" aus *Wilhelm Meisters Lehrjahren* ins Japanische zu übersetzen, publizierte Mori Ogai mit seiner Gegenkritik „Die lyrische Urteilsfähigkeit der heutigen Kritiker" (1890) zusammen seine eigene viel bessere Übersetzung des Gedichts. Damit war Ishibashi Ningetsu erledigt und verließ von selbst die literarische Bühne.

Einer der bedeutendsten von einigen japanischen Protestanten, die sich relativ früh mit Goethe beschäftigt hatten, war der sprachmächtige Uchimura Kanzo (1861–1930). Er war Goethe gegenüber noch kritisch eingestellt, wie sehr er auch von dessen *Faust* als der von Heine so genannten „Welt-Bibel" eingenommen war. Als rigoroser Christ entschied er sich in der Tat letztendlich gegen Goethe und für Dante. Aber die große Begeisterung für Goethe wurde fast zu gleicher Zeit durch den besten Kenner der deutschen Literatur von damals vorbereitet. Im Unterschied zu Uchimura Kanzo, der in den USA theologisch ausgebildet wurde,

---

20 Vgl. Kevin Michael Doak: Dreams of Difference. The Japan Romantic School and the Crisis of Modernity. University of California Press. Berkeley and Los Angeles 1994.

studierte Mori Ogai in den Jahren 1884–1888 in Deutschland Medizin, und zwar bei Hoffmann in Leipzig, bei Max von Pettenkofer in München und bei Robert Koch in Berlin. Während seines Deutschlandaufenthaltes befaßte sich der literarisch begabte Mediziner eingehend mit Goethe, besuchte am 5. Februar 1886 eine *Faust*-Aufführung im Dresdner Hoftheater (der heutigen Semperoper) und bahnte bald nach seiner Heimkehr durch eine Reihe genialer Übersetzungen von europäischen Gedichten, vor allem „Mignons Italienlied" in der Anthologie *Omokage* (1889),[21] sowie durch seine eigenen autobiographischen Novellen und literaturkritischen Essays eine neue folgenreiche Epoche der Goethe-Rezeption in Japan an. In Mori Ogais *Deutschlandtagebuch* finden sich zahlreiche Hinweise, wie er bereits in jungen Jahren mit Goethe in Berührung kam.

Ein Jahr nach der Rückkehr legte Mori Ogai in Auseinandersetzung mit dem sino-japanischen Stil des sog. Altromans eine Probeübersetzung des Werther-Briefes vom 16. Juli 1771 vor. Die hier bewußt verwendete Umgangssprache war schon richtungsweisend für seine spätere *Faust*-Übersetzung. Da er aber die Übersetzung des *Werther* einem in Deutsch wenig bewanderten Schüler überließ und seine Gesamtübersetzung des *Faust* erst im Jahre 1913 veröffentlichte, mußte sich die literarische Jugend der Meiji-Zeit noch lange mit englischen Übersetzungen begnügen. So wurden *The Sorrows of Werter* in Cassell's National Library und *Goethe's Faust* in der englischen Übersetzung von Bayard Taylor eifrig gelesen. Die erste *Werther*-Übersetzung in japanischer Sprache war bereits 1904 aus der Feder von Kubo Tenzui erschienen und wurde wahrscheinlich bei der ersten chinesischen *Werther*-Übersetzung berücksichtigt, die Guo Moruo 1922 in Fukuoka erstellte. Als dieser chinesische Dichtergelehrte 1928 den ersten Teil des *Faust* ebenfalls zum erstenmal ins Chinesische übersetzte, erwähnte er im Vorwort dankbar die Pionierarbeit Mori Ogais. Die erste japanische Übersetzung des *Faust I* (1904) durch Takahashi Goro hatte sich schon lange als obsolet erwiesen. Den zweiten Teil des *Faust* veröffentlichte Guo Moruo erst im Jahre 1947. Soweit ich

---

21 Vgl. Keiichiro Kobori: Goethe im Lichte der Mori Ogwaischen (sic!) Übersetzungskunst. In: Japanisches Goethe-Jahrbuch. 20. Band. Tokyo 1978, S. 54–68.

weiß, sind danach drei chinesische *Faust*-Übersetzungen erschienen. Eine in Taiwan erschienene *Faust*-Ausgabe stammt von einem chinesischen Übersetzer, der in Kyoto studiert hat. Im Koreanischen gibt es viel mehr *Faust*-Übersetzungen als im Japanischen, deren frühe Phase einmal von einem koreanischen Germanisten im Hinblick auf Mori Ogai untersucht worden ist.[22] Es steht geschichtlich fest, daß Goethes Weg zum Fernen Osten in dieser Weise zunächst aus Weimar über Japan nach Korea und China führte.

3. Der Dichtergelehrte Mori Ogai

Mori Ogai war Arzt, Beamter und Literat. Als Arzt spezialisierte er sich auf die öffentliche Hygiene und als Militärarzt stieg er zu den höchsten Rängen auf, bis er 1916 pensioniert wurde. Als Literat war er produktiv in literarischer Übersetzung, Literaturkritik, Novellen- und Dramenschaffen sowie Geschichtserzählungen. Als er aber mitten im Ersten Weltkrieg seine medizinisch-literarische Laufbahn reflektierte, bemerkte er in einer kurzen Aufzeichnung *Zwischenbilanz* (Nakajikiri, 1917): „Als Arzt kam ich nie in der Öffentlichkeit zur Sprache. Es war als Literat, daß ich öffentlich ein wenig gewürdigt wurde." Als Militärarzt mußte er ja schließlich auf die naturwissenschaftliche Forschung verzichten, die er in Deutschland gerne erstrebt hätte. Dabei war er sich wohl bewußt, daß er literarisch nicht besonders erfolgreich war. Mit philosophischen Aussagen war er deshalb zurückhaltend, weil die Naturwissenschaft damals für den Mediziner ein zu disparates Feld war. Angeregt etwa durch Emil Zola wandte er sich gewiß der Genealogie des Menschen zu und schrieb in den späteren Jahren die sog. Geschichtsstücke. Aber er meinte, er wäre von Hause aus nicht zur Kunst und Literatur berufen gewesen, und wies darauf hin, daß man ihn stets für einen Dilettanten gehalten hätte. Das ist offenbar die Stimme eines Resignierten, wiewohl er als Übersetzer des Goetheschen *Faust* berühmt war.

---

22 Vgl. Sung-Ock Kim: Vergleich der Mori Ogaischen Faust-Übersetzung mit den *Faust*-Übersetzungen in koreanischer Sprache. Organ der Korea-Universität, Nr. 38. Seoul 1993.

Die Gründe für eine solche Haltung am Ende eines bedeutenden Menschenlebens lassen sich nur vermutungsweise anführen. Als 1904 sowohl vom *Werther* als auch vom Ersten Teil des *Faust* die erste Übersetzung in japanischer Sprache erschienen, war Mori Ogai als Militärarzt auf dem Feldzug im Japanisch-Russischen Krieg. Diesen epochalen Ereignissen in der literarischen Welt mußte er an der Front im Ausland nur zusehen, ohne literaturkritische Bemerkungen machen zu können. Thematisch enthielten dann die Werke des jungen Goethe durchgehend etwas, was er als Mensch und Dichter ebenso auf dem Gewissen haben mußte. Verließ er doch seine deutsche Geliebte im Grunde mit Rücksicht auf seine Beamtenkarriere, wie es in seiner Erstlingsnovelle *Das Ballettmädchen* angedeutet ist.[23] In den philosophischen Lebensbetrachtungen *Illusionen* (Moso, 1911) läßt Mori Ogai den Helden in Gestalt eines alten Gelehrten, der sich vor die Wahl zwischen dem bequemen Deutschland und der japanischen Heimat gestellt sieht, recht eindeutig sagen: „obgleich eine weiße, liebe Hand leicht an der bequemen Schale zog, neigte die Waage sich doch deutlich in die Richtung der Träume …"

Die sprachlich schöne Übersetzung von „Heidenröslein" mit dem heiklen Liebesmotiv veröffentlichte er dann auch nur unter einem Pseudonym. Es wäre ihm nach der Affäre mit Elis zu peinlich gewesen, den *Faust I* mit der Gretchen-Handlung selber ins Japanische zu übersetzen. Aber der renommierteste Übersetzer der deutschen Literatur in Japan konnte auch nicht zulassen, daß ihm jemand mit einer minderwertigen Übersetzung des gesamten *Faust* zuvorgekommen wäre. Erst so kann man sein scheinbar gleichgültiges Verhalten gegenüber der Kritik an den Einzelheiten seiner Übersetzung verstehen. Er war philologisch genügend vorbereitet, erklärte aber gelassen in seinem Essay „Über eine mühelose Arbeit", er hätte sich bei der Übersetzung des *Faust* keine so große Mühe gegeben, wie man glaubt. Er wollte weder Philologe noch Germanist sein,

---

23 Vgl. R. J. Bowrings englische Übersetzung „The dancing girl". In: Monumenta Nipponica XXX (1975), S. 151–166. Über Mori Ogais Leben und Werk vgl. Wolfgang Schamoni: Der Umweg über die Fremde. Das Europaerlebnis des japanischen Schriftstellers Mori Ogai (1862–1922) In: Heidelberger Jahrbücher XXXI 1987. Springer Verlag.

sondern als schöpferischer Übersetzer sich literarisch betätigen, wie er den ersten Teil des *Faust* sofort in seiner umgangssprachlichen Übersetzung erstmalig in Japan aufführen ließ.

Daß aber Mori Ogai bei seiner Übersetzungsarbeit mit philologischen Mitteln sehr gut ausgerüstet war, geht aus seiner Textgrundlage hervor. Er erwähnte fast nebenbei, er hätte seiner Übersetzung die *Faust*-Sonderausgabe von Otto Harnack zugrunde gelegt, weil sie wegen ihrer einbändigen Form sehr praktisch gewesen sei, um die beiden Teile des *Faust* miteinander zu vergleichen. Bei Zweifelsfällen hätte er auch die dreibändige Sophienausgabe herangezogen. Otto Harnacks *Faust*-Ausgabe war im 5. Band von *Goethes Werke* von Meyers Klassiker-Ausgaben des Bibliographischen Instituts Leipzig und Wien enthalten, die in den Jahren 1901–1908 von Karl Heinemann herausgegeben wurden. Die von Erich Schmidt herausgegebenen *Faust*-Bände der Sophienausgabe, Bd. 14 und Bd. 15 mit zwei Abteilungen, waren in den Jahren 1887–1888 erschienen, in denen gerade Ogai sich in Berlin aufhielt.

Es ist kaum anzunehmen, daß die Weimarer Sophienausgabe auf dem deutschen Buchhandel einzeln beziehbar war. Bedenkt man, daß die japanische Germanistik erst in den 20er Jahren des 20. Jahrhunderts allmählich an der Kaiserlichen Universität zu Tokyo etabliert wurde, so ist erstaunlich, daß Mori Ogai sie schon damals persönlich besaß. Kein japanischer Leser, nicht einmal der Kritiker, der die Einzelheiten seiner *Faust*-Übersetzung bemängelte, hätte verstanden, was mit der Nennung der Sophienausgabe ironisch gemeint war. Um mit seiner Gelehrsamkeit fast pedantisch zu prahlen, kommt er blasiert auf die Goethe-Literatur von Engel, Trautmann oder Schade zu sprechen, nicht aber Düntzer oder Krupp, die er bei der ersten *Faust*-Lektüre in Leipzig benutzt hatte. Merkwürdigerweise führte er auch nicht die Jubiläums-Ausgabe an, in deren 13. und 14. Band der *Faust* von Erich Schmidt ausführlich kommentiert worden war. Bei Reclam war seit 1881 ein *Faust*-Kommentar von Hjarmar Hjorth Boyesen erschienen. Auch berichtete Ogai, wie er in Tokyo über das *Faust*-Verständnis der Japaner ein Streitgespräch mit dem bekannten Goethe-Biographen Eugen Kühnemann geführt hatte.

Zu erwähnen ist noch die Tatsache, daß Mori Ogai 1913 im Anschluß an seine zweibändige *Faust*-Übersetzung ohne den Namen Goethe zwei Goethe-Fachbücher in japanischer Sprache herausgebracht hat, ohne wieder die Verfasser zu nennen. Es handelte sich dabei um die gekürzten Übersetzungen von Kuno Fischers vierbändigen *Faust-Studien* sowie Albert Bielschowskys Goethe-Biographie in der ersten Auflage. Die beiden Ausgaben waren vom Übersetzer als Einführungen sowohl in das Leben Goethes als auch in das Werk selbst gedacht, zumal seine *Faust*-Übersetzung wohl mit einem Personenverzeichnis, aber ohne jeden Kommentar erschienen war. In seinem Essay „Der übersetzte Faust" begründete Mori Ogai immerhin, warum er Goethe nicht genannt hat, und machte Bielschowsky sowie Kuno Fischer namhaft, die doch nicht so geläufig sind wie der in aller Welt bekannte Autor des *Faust*. Wichtiger erscheint mir die Art und Weise, wie die beiden Werke zusammengefaßt worden sind. Von Bielschowskys Goethe-Biographie hatte er im Grunde genommen eine sehr vereinfachte Ausgabe mit Bevorzugung äußerer Daten besorgt, während er bei Kuno Fischer die Vorgeschichte der eigentlichen Faust-Studien weitgehend strich. Dadurch wurde die lange Tradition bis zur Faustlegende in Deutschland faktisch unkenntlich gemacht. Um diese Eingriffe durch Mori Ogai wiedergutzumachen, wurden die beiden Werke noch in den vierziger Jahren der Kriegszeit vollständig ins Japanische übersetzt. Aber damals waren sie wissenschaftlich schon überholt und kamen auch nicht mehr dem Interesse des mittlerweile nüchtern gewordenen japanischen Lesepublikums entgegen.

Auffallend ist im übrigen, daß Mori Ogai selbst keine größere Monographie über Goethe geschrieben hat. Seine Auffassung von Goethe, insbesondere vom *Faust* ist zumindest seinem zweiaktigen Drama *Das Perlenkästchen und zwei mit Namen Urashima* (Tamakushige Futari Urashima, 1902) zu entnehmen. In diesem noch im klassischen Versmaß von sieben und fünf Silben gehaltenen Theaterstück werden einige Faust-Motive mit Sperrungen im japanischen Text hervorgehoben. In der Übersetzung von Frau Rosa Wunner sind es nachstehend genannte fünf Stellen:

> des Friedens dieser Jahre müde, / wird jetzt die Unternehmung mir wieder lieb,
> geriet das Blut / im ganzen Körper mir / in Wallung, / und in dem Maß / wie auch der Geist / frei wurde,
> Dich, meine Liebste, freut es, wenn / die Dinge aus sich selber werden, / ich dagegen will / Sachen gerade machen,

Daher scheint mir nun eine Unterredung / als Hemmnis meiner Unternehmung,
beim Vorfahren / liegt das Sinnen ... / der Nachfahr / wird die Tat vollbringen.

Diese Stellen sind sicherlich als Anspielungen auf Fausts Äußerungen gegenüber Gretchen gedacht, und sie spiegeln in der Tat mehr oder weniger das Faustische an der Gestalt Taro wider. Bedenklich ist allerdings der durch die japanische Legende bedingte Rollenaustausch, bei dem Taro gewissermaßen von der Meeresprinzessin Otohime verführt wird. Ein ähnliches Motiv kommt auch in Goethes naturmagischer Ballade „Der Fischer" vor. Zudem wird die Verwandlungsszene in der „Hexenküche" in entgegengesetzter Richtung angewendet.

Während Faust von einem alten Mann zum Jüngling gewandelt wird und an der Seite des Mephistopheles das Leben der großen und kleinen Welt durchläuft, wird Urashima Taro nach den idyllischen Jahren im Palast des Meeresgottes in der Heimat unversehens zum Greis und zieht sich in die Bergeinsamkeit zurück.[24]

Abgesehen von der großen Welt, die in Ogais Theaterstück schon aus technischen Gründen nicht dargestellt werden kann, und von der wiederum umgekehrten Reihenfolge von *vita activa* und *vita contemplativa*, erscheint mir noch der angeblich hoffnungsvolle Schlußgedanke, den Taro folgendermaßen zum Ausdruck bringt, problematisch: „Die Unternehmung geb' ich weiter / an meinen jungen Nachfahr, / er wird die Ausführung besorgen. / Auch das ist eine Art / Unsterblichkeit." Dieser Gedanke von Unsterblichkeit erinnert an jene von Emil Zola übernommene Genealogie des Menschen, die Ogai seinen Geschichtsstücken der Spätzeit zugrunde legte, während die von Goethe Faust zugedachte Unsterblichkeit auf dem Gedanken der Entelechie beruhte. Unfaustisch in diesem Sinne war denn auch der Schluß von Kitamura Tokokus (1868–1894) Versdrama *Horai-Berg* (Horai Kyoku, 1891), dessen Held mit faustischen zwei Seelen aus Verzweiflung tatsächlich den Selbstmord begeht. In dem vorhin erwähnten novellistischen Werk

---

24 Mori Ogai: Das Perlenkästchen und zwei mit Namen Urashima. Aus dem Japanischen von Rosa Wunner. Kleine Reihe 2. Mori-Ogai-Gedenkstätte der Humboldt-Universität zu Berlin. Berlin 1997. Hier: Nachbemerkung S. 40.

Illusionen zitiert Mori Ogai zwar aus Goethes *Maximen und Reflexionen*: „Wie kann man sich selbst kennenlernen? Durch Betrachtung niemals, wohl aber durch Handeln. Versuche, deine Pflicht zu tun, und du weißt gleich, was an dir ist. Was aber ist deine Pflicht? Die Forderung des Tages."[25] Aber auf diese Pflicht wird nur hingewiesen, damit der reflektierende Held der Aussage Goethes widerspricht: „Sich die Forderungen des Tages zur Pflicht zu machen, und sie verwirklichen: das ist das genaue Gegenteil davon, die gegenwärtige Realität für nichts zu erachten." Der alte Gelehrte, dem es nicht gelingt, sich in einer goethischen Atmosphäre, d. h. Grundhaltung anzusiedeln, wendet sich daraufhin den pessimistischen Philosophen wie Philipp Mainländer, Eduard von Hartmann oder Arthur Schopenhauer zu. Er kann aber von ihnen keine befriedigende Lösung für die zwiespältige Lage seines Innern erhalten. Auch von Nietzsches Philosophie des Übermenschen oder von der Schulphilosophie eines Friedrich Paulsen kann er auf die Dauer keinen Gebrauch machen. Dennoch sagt er irgendwie von Nietzsche begeistert: „Wahrscheinlich haben nur Genies das Recht, die Forderung des Tages geringzuachten" und führt Goethes Maxime ad absurdum. Denn Goethe nahm sie doch als ein Genie überaus ernst.

Aufgrund des Ausgeführten möchte ich also die These aufstellen, daß Mori Ogai trotz seiner *Faust*-Übersetzung geistig wenig von Goethe beeinflußt war. Daß er wie Goethe eine Doppelexistenz als Dichter und Staatsbeamter führte, stellt nur eine äußere Ähnlichkeit dar. Beachtenswerterweise traf es sich im Juli 1909, daß sein Werk *Vita Sexualis* verboten wurde, während er als Schriftsteller gerade den ehrenvollen Doktor der Literatur verliehen bekam. Im Vorjahr hatte er den höchsten Rang als Militärarzt erreicht, was wiederum an den Dichter der *Römischen Elegien* nach der Italienreise erinnert. Aber Goethe sprach fortan nicht von Resignation wie Mori Ogai in den *Illusionen*, sondern von Entsagung, die tatkräftig die Forderung des Tages erfüllt. Der alte Gelehrte mit der Lupe in der Hand ist auch nicht mit dem Naturwissenschaftler Goethe zu vergleichen, der mit ungerechter Polemik gegen Newton auf seiner Farbenlehre verharrte und doch auf dem Gebiet der Morphologie etwas Entscheidendes geleistet hat.

---

25 Goethes Werke. Hamburger Ausgabe. Bd. 12, S. 517 f.

4. Goethes literarische Einflüsse in der Vorkriegszeit

Mori Ogai gilt als Vorläufer für die japanische Goetheforschung. Die Geschichte der Goethe-Rezeption in Japan läßt sich weiterhin unter einem dreifachen Gesichtspunkt näher beschreiben. Man könnte sie nach dem vorliegenden Überblick in die Geschichte der ins Japanische übersetzten Werke Goethes, in die Wissenschaftsgeschichte der japanischen Goetheforschung und in die japanische Geistesgeschichte im Spiegel der Goethe-Rezeption gliedern. Beim ersten Gesichtspunkt müssen selbstverständlich viele bibliographische Angaben gemacht werden, was aber für einen Vortrag in deutscher Sprache sehr langweilig werden kann. Denn bis 1914 waren fast alle wichtigen Werke Goethes oft mehrmals ins Japanische übersetzt worden. Beim zweiten ist eine gewisse Ideologiekritik unumgänglich, weil die Goetheforschung in Japan wie in Deutschland in ihren Anfängen gleichzeitig die Geschichte der japanischen Germanistik darstellte. Es ist hier aber nicht der Ort, auf solche fachwissenschaftliche Fragen einzugehen. Übrig bleibt mir also nur noch der letzte Gesichtspunkt, wonach allgemeine Betrachtungen über das innere Verhältnis der Japaner zu Goethe anhand konkreter Beispiele angestellt werden sollen.

Shimazaki Toson, einer der bedeutendsten Schriftsteller Japans, schrieb 1932 anläßlich der Säkularfeier Goethes, nachdem er alle in dem Jahr erschienene Goethe-Literatur in japanischer Sprache emsig gelesen hatte:

> Ich habe über den Grund nachgedacht, warum man auch noch hundert Jahre nach dem Tode so dringend nach Goethe sucht. Ich dachte mir, vielleicht weil unser Leben mit so schnellem Tempo sich von der Natur entfernt hat. Mit seinem Anliegen, die große Natur zur Mutter zu nehmen, erweist sich Goethe wahrlich als der Mensch des 19. Jahrhunderts. Was wir suchen sollen, besteht nicht darin, Goethes Spuren nachzusuchen, sondern vielmehr darin, gerade das zu suchen, was Goethe gesucht hat.

Diese seine Aussage geht zwar auf die Diktion des von ihm hochverehrten Haiku-Dichters Matsuo Basho (1644–1694) zurück, gilt aber als eines der aufrichtigsten lobenden Worte über Goethe, die je von einem Japaner geschrieben worden sind. Toson erblickt das Vertrauenswürdige im Leben Goethes darin, daß es dem deutschen Dichter gelungen ist, auf dem so mühsamen Weg der Ratio doch das rechte Gefühl zu befreien, und daß er darüber hinaus das Menschliche sein Leben lang immer tiefer lieben gelernt hat. Den gleichen Gedankengang wiederholte er dann in seiner öffentlichen Empfehlung für die bis heute umfangreichste Goetheausgabe des Kaizosha-Verlages, die im Jahre 1935 zu erscheinen begann, und fuhr fort: „Immer wieder müssen wir zu Goethe zurückgehen und dem sich entwickelnden Leben des Menschen, der die so große Natur zur Mutter nahm und sein Leben lang die Liebe zum Menschlichen pflegte, auf die Spur gehen, so daß das darin verborgene Geheimnis uns offenbar wird." Mit einem Wort ist diese Art der Goethe-Rezeption in Japan eine Haltung der Nachfolge gegenüber dem geistig großen Meister, die heute noch weitgehend in den Gebildetenkreisen erhalten geblieben ist.

Vor dem Krieg hat es in Japan drei Bücher gegeben, die jeder Gebildete bei seinen inneren Bemühungen um die eigene menschliche Entwicklung quasi als Seelenfreund zu Rate gezogen und gelesen haben mußte. Es handelte sich dabei um *Studien über das Gute* von Nishida Kitaro (1870–1945), dessen Goethe-Aufsatz „Der metaphysische Hintergrund Goethes" von 1938 seinerzeit in Deutschland berühmt war, dann *Das Tagebuch des Santaro* von Abe Jiro (1883–1959) sowie der Essayband *Aufbruch zur Liebe und Erkenntnis* von Kurata Hyakuzo (1891–1943). Und gerade in diesen Büchern war u. a. viel von Goethe die Rede. Der Philosoph Abe Jiro übersetzte denn auch Goethes *Faust* und *Wilhelm Meisters Wanderjahre*, und Kurata Hyakuzo schrieb ein vom Bekenntnis zum Religionsstifter Shinran durchdrungenes Drama *Der Mönch und seine Schüler* mit deutlichen Anklängen auf Goethes *Faust*. Nach dem Krieg war es vor allem Kamei Katsuichiro (1907–1966), der sich in seinem bedeutenden Essay *Über die Vergänglichkeit der Liebe* zu einer goethischen Kunstfrömmigkeit wie bei Kurata Hyakuzo bekannte.

Abe Jiro zitierte auf der Titelseite seines philosophischen Tagebuches das Wort des Herrn aus dem „Prolog im Himmel": „Es irrt der Mensch, solang er strebt" in deutscher Sprache und erhob es somit zu einem der beliebtesten Zitate der akademischen Jugend in Japan. In seiner Kindheit wurde er von einer katholischen Großmutter erzogen, die ihm immer wieder von der Hölle als Strafe Gottes erzählte. Daher wurde er einerseits von der Furcht vor der Hölle gequält und versuchte andererseits von Jugend an, diese verdammte Hölle zu überwinden. So fand er schließlich nicht so sehr zum Christentum, sondern vielmehr zum ästhetisch-ethischen Humanismus eines Goethe. Seine folgenden Bemerkungen im Tagebuch könnte man heute noch als eine Grundhaltung vieler japanischer Intellektueller gelten lassen:

> Indem ich auf die Frage eines Lesers nach meinen Lieblingsbüchern zu antworten versuchte, bemerkte ich, daß es das Blut der großen Klassiker ist, das in meinem Herzensgrund durchfließt. Ich schäme mich nicht, Homer, Sophokles, Hiob, David, Christus sowie den Hl. Augustinus, den Hl. Franziskus, Dante oder Goethe als meine geistigen Vorfahren zu haben.

Zum Schluß soll noch Akutagawa Ryunosuke (1892–1927), der Verfasser von *Rashomon*, als ein anderes Beispiel für eine japanische Goethe-Rezeption herangezogen werden. Im Jahr 1927, also im Jahr seines Selbstmordes, und im Nachlaß kommt er in seinen Werken oft auf Goethe zu sprechen. Den Essay *Der Mann vom Westen* beginnt er mit dem Satz: „Vor etwa zehn Jahren habe ich in künstlerischer Hinsicht das Christentum, besonders den Katholizismus geliebt. Die Frauenkirche in Nagasaki ist mir noch frisch in Erinnerung geblieben." Es mag sein, daß er von der europäischen Atmosphäre Nagasakis angetan war wie Ogais Freund Kinoshita Mokutaro (1885–1945), der gern in der *Italienischen Reise* von Goethe las. Als im Jahre 1926 der *West-östliche Divan* in einer frühen Goetheausgabe zum erstenmal ins Japanische übersetzt wurde, muß er den Gedichtband sogleich gelesen haben. In seinem fast letzten Werk *Das Leben eines Narren* schrieb er den folgenden Aphorismus:

> Der *Divan* wollte ihm noch einmal seinem Herzen eine neue Kraft geben. Es war ein ‚orientalischer Goethe', den er noch nicht gekannt hat. Er sah Goethe jenseits von Gut und Böse gelassen stehen und empfand einen der Verzweiflung naheliegenden Neid. In seinen Augen sah der Dichter Goethe größer aus als der Dichter Christus. In der Seele dieses Dichters blühten Rosen nicht nur von Akropolis und Golgotha, sondern auch Arabien. Hätte er noch so viel Kraft, den Fußstapfen dieses Dichters zu folgen ... Nach der Lektüre des *Divan* beruhigte sich seine innere Bewegung etwas, und er mußte sich selbst als einen Eunuchen des Lebens verachten.

Man könnte zusammenfassend wohl sagen, daß die Goetherezeption in Japan mit der oben genannten Kaizosha-Goetheausgabe von 36 Bänden (1935/40) ihren Gipfel erreichte. Einige Jahre zuvor hatte Einstein auf

Einladung des Kaizosha-Verlags Japan besucht, und der japanische Physiker Ishihara Jun übersetzte nicht nur seine Werke, insbesondere *Relativitätstheorie*, sondern auch Goethes *Farbenlehre didaktischer Teil* erstmals ins Japanische. Das japanische Lesepublikum erkannte daran die hohe Bedeutung der naturwissenschaftlichen Schriften Goethes. Nach dem Zweiten Weltkrieg erschien 1961 in Kyoto, wo die Japanische Goethe-Gesellschaft im Jahre 1931 gegründet worden war, die Jinbunshoin-Goetheausgabe. Die Werkausgabe enthielt im 12. Band die nachstehend genannten Aufsätze und Essays in japanischer Übersetzung: Thomas Mann: Phantasie über Goethe; Hans Carossa: Wirkungen Goethes in der Gegenwart; Hermann Hesse: Dank an Goethe; Johannes Robert Becher: Der Befreier; Paul Valéry: Discours en l'honneur de Goethe; Andre Gide: Goethe; T. S. Eliot: Goethe as the Sage; Jose Ortega y Gasset: Um einen Goethe von innen bittend; Benedetto Croce: Dell'exmonaco pugliese Domenico Giovinazzi che insegne l'italiano al Goethe fanciullo (Goethes Italienischlehrer); Julius Bab: Das Leben Goethes.

Das von diesen Autoren vermittelte Goethebild der japanischen Gebildeten kann man in etwa folgendermaßen charakterisieren: der große Europäer (Thomas Mann), der Humanist Goethe (Hermann Hesse), der Naturwissenschaftler Goethe (Rudolf Steiner, Paul Valéry, Albert Schweitzer u. a. m.), schließlich Goethe der Universale (Paul Valéry). Bewundernswürdig erscheinen ihnen somit Reichtum, Breite und Weite des Weimarer Klassikers, insofern er nicht nur Dichter, sondern auch Naturforscher, Kunsthistoriker, Literaturkritiker, Philosoph, nicht zuletzt Politiker gewesen ist.[26] Damit sind auch die Vorteile einer Goetheforschung für einen japanischen Germanisten gegeben. Darf er sich doch erlauben, von der Germanistik aus kulturwissenschaftlich Grenzüberschreitungen zu verschiedenen Disziplinen zu unternehmen, so daß er eventuell als allseitig gebildet angesehen werden könnte, wenn er nicht gerade einem seichten Dilettantismus anheimgefallen ist.

Der umschriebene, anhand der kennzeichnenden Stationen angedeutete Weg Goethes zum Fernen Osten geht von Japan nach Korea und

---

26 Vgl. Ekkehart Krippendorff: Goethe. Politik gegen den Zeitgeist. Insel Verlag. Frankfurt am Main und Leipzig 1999.

China weiter.[27] Innerhalb Japans scheint der Weg gegenwärtig immer schmaler zu werden, um nicht zu sagen, in eine Sackgasse zu geraten. Das literarische Interesse der japanischen Gebildetenkreise ist leider zu sehr auf den *Faust* konzentriert. In den letzten zwei Jahren sind vier *Faust*-Übersetzungen in japanischer Sprache erschienen.[28] Darüber hinaus ist zum Goethejahr 1999 noch eine Gesamtübersetzung der *Farbenlehre* mit dem didaktischen, polemischen und historischen Teil publiziert worden. Aber das ökologische Interesse an dem Naturwissenschaftler Goethe allein erscheint auch allzu einseitig und widerspricht der universalen Geisteshaltung des deutschen Dichters im 18. Jahrhundert. Wie einst Herman Grimm für das Deutsche Reich forderte, brauchen wir vielleicht für das globale Zeitalter wieder ein entsprechendes neues Goethebild.

27 Vgl. beispielsweise Goethe-Yongu (Goethe Studien). Band 13. Koreanische Goethe-Gesellschaft. Seoul 2001. Vgl. ferner Han, Sung-Ja: Überlegungen zum Goetheschen *West-östlichen Divan* mit stetem Bezug auf Hafis. In: Übersetzungsforschung. Heft 8. Seoul 2000, S. 144–157; Zhang, Rong Chang: Übersetzen und Interpretieren – Anmerkungen zur Chinesischen Übersetzung von Goethes *Wilhelm Meisters Lehrjahre*. In: Übersetzungsforschung. Heft 8. Seoul 2000, S. 101–109.
28 Vgl. einen der Übersetzer Shibata, Sho: Die Treue zum Originaltext und die Treue zur eigenen Sprache – anhand einiger Goethescher Texte. In: Übersetzungsforschung. Heft 8. Seoul 2000, S. 30-38.

4. Kapitel: Amerikas Einfluß auf die Neuzeit Japans.
Fukuzawa Yukichi und Uchimura Kanzo*

I. Zwiespalt im Modernisierungsprozeß Japans

Spricht man von der Modernisierung Japans, so beginnt man üblicherweise mit der Meiji-Restauration im Jahre 1868. In der Tat stellt diese in der japanischen Geschichte eine so einschneidende Zeitenwende dar, daß man sie mit Recht als den Anfang der so spät einsetzenden japanischen Neuzeit gelten lassen kann.[1] Da sie zeitlich und politisch-wirtschaftlich eher der deutschen Reichsgründung unter preußischer Hegemonie vergleichbar ist als der künstlerischen Bewegung im Wien der Jahrhundertwende, soll das Wort Moderne besser nicht verwendet werden. Damit ist eigentlich die Neuzeit

---

* Beim Abschnitt 2 handelt es sich um eine vollständige Fassung meines Referats, das am 24. März 2004 auf dem Symposium „Biographie und Autobiographie, Porträt und Selbstporträt in Ostasien" im EKO-Haus der Japanischen Kultur, Düsseldorf, vorgetragen wurde, und beim Abschnitt 3 um meinen Beitrag „Amerikas Einfluß auf die Neuzeit Japans. Der Fall Kanzo Uchimura" in: Schnittpunkte der Kulturen. Gesammelte Vorträge des Internationalen Symposions 17.–22. September 1996, Istanbul / Türkei, hrsg. von Nilüfer Kuruyazici, Sabine Jahn, Ulrich Müller, Priska Steger, Klaus Zelewitz. Akademischer Verlag. Stuttgart 1998, wobei die Einleitung als Abschnitt 1 vorangestellt und eine Kurzfassung meines am 26. April 2002 auf Einladung der Deutsch-Japanischen Gesellschaft in Bayern gehaltenen Vortrags als c) hinzugefügt wurden.

1   Vgl. Näheres bei Naoji Kimura: Gestaltung des neuzeitlichen Japans durch die Jünger der sogenannten Holländischen Wissenschaft (*rangaku*). In: Symposium „Das Mittelalter in der Gegenwart". Veröffentlichungen des Japanisch-Deutschen Zentrums Berlin, Berlin 1996, S. 191–202. Vgl. Hans Jürgen Mayer / Manfred Pohl (Hrsg.), Länderbericht Japan. Geographie, Geschichte, Politik, Wirtschaft, Gesellschaft, Kultur. Wissenschaftliche Buchgesellschaft. Darmstadt 1995. Vgl. auch Kiyoshi Inoue: Geschichte Japans. Aus dem Japanischen und mit einem Vorwort von Manfred Hubricht. 3. Aufl. Campus Verlag. Frankfurt / New York 2001.

gemeint.² Problematisch erscheint allerdings die vorangegangene Edo-Zeit, die 250 Jahre lang gegen die westliche Welt hermetisch abgeschlossen war. Es steht zwar fest, daß das japanische Mittelalter im engeren Sinne mit der Gründung der Tokugawa-Regierung im Jahre 1603 zu Ende ging. Aber die damit einsetzende Edo-Zeit trug unzweifelhaft einen Doppelcharakter. Einerseits bestanden das Feudalwesen und die Herrschaft des Shogunats mit dessen Clan-System weiter. Insofern ist die Zeit noch als recht mittelalterlich anzusehen. Andererseits verbreitete sich die Geldwirtschaft immer mehr, und im Zuge davon blühte in den Städten eine bürgerliche Kultur auf, was sich eindeutig als neuzeitlich erwies. Es war also eine große Übergangszeit zwischen dem Mittelalter und der Neuzeit in Japan, die in der japanischen Terminologie als die neuere Zeit bezeichnet wird, und in der die Meiji-Zeit wie im Mutterleib unter allmählicher Kenntnisnahme der europäischen Naturwissenschaften und Technik langsam vorbereitet worden ist.

In dieser Zwischenzeit gab es denn auch zwei entgegengesetzte geistige Strömungen. Die eine strebte unter dem Einfluß der sog. Holländischen Wissenschaft ständig nach vorwärts, während die andere rückgewandt sich auf die weder vom Buddhismus noch vom Konfuzianismus abhängige shintoistische Tradition besann und sie in der altjapanischen Literatur ausgesprochen fand. Als diese sich mit der Kaiserverehrung verband, wirkte sie sich in nationalistischer Übersteigerung auf die politische Bewegung aus, die immer radikaler zur Meiji-Restauration führen sollte. Bekanntlich mußte Japan seit 1854 seine Häfen den europäisch-amerikanischen Handelsmächten öffnen. Den entscheidenden Anstoß dazu gab das amerikanische Geschwader, das ein Jahr zuvor unter dem Kommando des amerikanischen Flottenkapitäns Matthew Calbraith Perry (1794–1858) in Uraga in der Bucht von Tokyo gelandet war. Die Neuzeit im eigentlichen Sinne nahm damit ihren Anfang. Um diese Zeit wandte man sich immer stärker der westlichen Kultur und Zivilisation zu, und in dieser gärenden Geisteswelt Japans machten sich im Verlauf der Meiji-Zeit verschiedene vorwärtsstrebende Richtungen bemerkbar. Es waren Aufklärung, Traditionalismus, Protestantismus und Nationalismus. In der Meiji-Zeit wurde das Christentum, nachdem es seit 1612 offiziell verboten und faktisch ausgerottet worden war, vorwiegend

---

2   Vgl. Bernd Martin (Hrsg.): Japans Weg in die Moderne. Ein Sonderweg nach deutschem Vorbild? Campus Verlag. Frankfurt / New York 1987.

durch protestantische Missionare aus Amerika von neuem eingeführt.³ Unter den jungen gebildeten Japanern, die damals meist aus den Samurai-Familien stammten, fanden sich einige wie Niijima Jo, Nitobe Inazo oder Uchimura Kanzo, die sich während ihres Studiums in Amerika zum Protestantismus bekehrt hatten. Merkwürdigerweise fanden die Japaner, die in der letzten Hälfte des 19. Jahrhunderts in Europa studiert hatten, kaum zum Christentum, sondern eigneten sich vielmehr dem europäischen Zeitgeist entsprechend antichristliches bzw. liberales Gedankengut an. Die geistesgeschichtliche Konstellation in der westlichen Welt sah tatsächlich so aus, als das Inselreich Japan gezwungenermaßen sich wieder nach außen öffnete und sich nicht nur mit den europäischen Naturwissenschaften, sondern nunmehr auch mit den Geistes- und Sozialwissenschaften beschäftigte.

Von den obengenannten drei japanischen Protestanten ist Uchimura Kanzo (1861–1930) zweifellos geistesgeschichtlich am einflußreichsten, wenngleich Niijima Jo (1843–1890) die bedeutende Privatuniversität „Doshisha" in Kyoto gründete und Nitobe Inazo (1862–1933) als Verfasser des Buchs *Bushido* (1899) heute noch international bekannt ist und vor dem Zweiten Weltkrieg als stellvertretender Generalsekretär des Völkerbundes tätig war. Während der renommierte Dichtergelehrte Mori Ogai (1862–1922) in den Jahren 1884–1888 in Deutschland Medizin studierte, war Uchimura Kanzo in der gleichen Zeit zwei Jahre am Amherst-College in Massachussetts, USA, eingeschrieben und studierte nach seiner Diplomierung noch in dem Heartford-Theologischen Seminar, ohne ordiniert zu werden. Obwohl er schon in seiner Studienzeit in Sapporo unter dem indirekten Einfluß des amerikanischen Professors William S. Clark (1826–1886) christlich gesinnt war und 1878 von dem Methodistenpfarrer Merriman C. Harris (1846–1921) getauft wurde, bekehrte er sich erst 1886 endgültig zum protestantischen Christentum und beschrieb im nachhinein seine äußeren und inneren Erfahrungen in dem bekannten Buch *How I Became A Christian. Out of My Diary* (1895), das auch ins Deutsche übertragen wurde. Man kann daran nachvollziehen, wie ein bedeutender, ja repräsentativer Japaner in der Meiji-Zeit die anglo-amerikanische Kultur und Zivilisation erlebt hat. Vor Uchimura als dem überzeugten Christen

---

3   Näheres vgl. Jan Swyngedouw: Christliche Einflüsse auf die japanische Kultur. In: Japan und der Westen. 3 Bde. Fischer Taschenbuch. Frankfurt am Main 1986. Band 3, S. 201–229.

verdient jedoch der Gründer der Keio-Universität Tokyo, Fukuzawa Yukichi (1835–1901) eine Erwähnung, da er überraschenderweise ein Kryptochrist gewesen sein könnte.

Im allgemeinen gilt Fukuzawa im Gegensatz zu Uchimura als der aufklärerische Freidenker, der zur geistigen Modernisierung Japans vor allen anderen einen entscheidenden Beitrag geleistet hat. Über seinen persönlichen und wissenschaftlichen Werdegang ist man schon lange durch seine Autobiographie gut unterrichtet,[4] und seine zahlreichen Schriften sind seit Jahrzehnten in ganz Japan verbreitet, so daß eine erneute Betrachtung seines Lebenswerks zumindest für die Japaner fast überflüssig ist. Obwohl er Gelegenheit hatte, noch in der Endphase der Tokugawa-Regierung zweimal nach Amerika zu fahren und eine Europareise mitzumachen, hat er im Sinne des Studienaufenthaltes[5] nicht im Ausland studiert. Alles, was er für seine japanischen Zeitgenossen über den Westen niederschrieb, hat er hauptsächlich durch Bücher und Reiseerlebnisse gelernt. Von den persönlichen Einflüssen eines anglo-amerikanischen Lehrers auf ihn ist nichts bekannt. Daraus erklärt sich wohl, daß er anscheinend kein näheres Verhältnis zum Christentum gehabt hat. Aber angesichts der hoffnungslosen Lage in den Jahren um die Meiji-Restauration schreibt er in seiner Autobiographie etwas, was seine Sympathie für das Christentum zu verraten scheint. Eingedenk seines verstorbenen Vaters, der den kleinen Sohn in den Mönchsstand versetzen wollte, um ihn aus der strengen Standesordnung der Samurai zu befreien, schreibt er nämlich: „Ich dachte sogar daran, meine Kinder Priester werden zu lassen, obwohl ich selbst kein Anhänger der christlichen Religion bin, um sie eventuell so vor Schande zu bewahren, denn da stünden sie abseits der Politik und wären auch nicht auf andere angewiesen."[6]

Es war aber der nationalistische Philosoph Inoue Tetsujiro (1855–1944), der in den Jahren 1884–1890 in Deutschland studiert hatte und nach

---

4   Vgl. Fukuzawa Yukichi: Eine autobiographische Lebensschilderung. Übersetzt und mit einer Einleitung von Gerhard Linzbichler. Tokyo 1971.
5   Über den speziell japanischen Begriff des Auslandsstudiums vgl Wolfgang Schamoni: Der Umweg über die Fremde. Das Europaerlebnis des japanischen Schriftstellers Mori Ogai (1862–1922) In: Heidelberger Jahrbücher XXXI 1987. Springer Verlag, S. 4.
6   Fukuzawa Yukichi: Eine autobiographische Lebensschilderung, S. 240.

langjähriger Lehrtätigkeit an der Kaiserlichen Universität zu Tokyo ohne Bezugnahme darauf auf etwas ganz Merkwürdiges im Leben Fukuzawas aufmerksam machte. In einem Nachruf auf Nishimura Shigeki (1829– 1902), eines der ältesten Mitglieder der Japanischen Akademie der Wissenschaften, hebt Inoue zuerst hervor, daß der Verstorbene zu den führenden Geistern der frühen Meiji-Zeit wie Nishi Amane, Fukuzawa Yukichi oder Kato Hiroyuki zählt. Indem Inoue den verstorbenen Konfuzianer in mancher Hinsicht Fukuzawa gegenüberstellt, charakterisiert er dann den Europaverehrer etwas kritisch:

> Der alte Fukuzawa war bekanntlich utilitaristisch eingestellt. Anfangs war er nicht gerade gegen den Konfuzianismus, wurde aber immer gegnerischer und erlaubte sich zuletzt sogar zu sagen, die Hauptschriften des Konfuzianismus seien schon verdorben. So bemühte er sich, ausschließlich westliche Gedanken einzuführen. Auf diese Weise neigten seine Äußerungen natürlich dazu, an Gerechtigkeit zu verlieren und ins Extrem zu fallen.[7]

Inoue schätzte dagegen den gemäßigten Konfuzianer Nishimura, der Vorzüge sowohl des Buddhismus als auch des Christentums nicht zurückwies. Inoue selbst meinte, es verstehe sich von selbst, daß das Christentum deshalb nicht gern gesehen werde, weil es sich seit den ersten Jahren der Meiji-Zeit nicht selten gegen den Staat äußere und auch entsprechend verhalte. Er hätte wirklich ein unangenehmes Gefühl dagegen, daß das Christentum es wagte, Nachteiliges für den japanischen Staat zu unternehmen. Aus dieser Einstellung heraus bemerkt er dann gelassen:

> Der alte Fukuzawa war zwar utilitaristisch, aber nicht besonders gegen das Christentum. Er ging seinerzeit nach Tsukiji und empfing die Taufe. Aber es ist kaum zu glauben, daß er ein echter Christ gewesen ist. In den Zeitungen befürwortete er die christliche oder buddhistische Religion, wohl deshalb, weil er die Religion doch für ein Volkserziehungsmittel gehalten hat. Er hat wohl gedacht, die Religion sei nötig, um das Volk zu regieren. Aber er selbst hatte keinen Glauben an eine Religion. Als er starb, wurde er in der Tat buddhistisch beerdigt.[8]

---

7 Tetsujiro Inoue: Nachruf auf Shigeki Nishimura. In: Biographical Memoirs of Members of the Imperial Academy 1906–1947. Hrsg. von The Japan Academy. Tokyo 1979, S. 86.
8 Ebd., S. 89.

Tsukiji ist ein Stadtteil Tokyos, wo sich eine bekannte protestantische Kirche befand, und in den Zeittafeln über Fukuzawas Leben und Werk ist sonst keine Rede von seiner Taufe dort bei einem anglo-amerikanischen Missionar.

Nach der Ansicht Inoues sind die Gelehrten der frühen Meiji-Zeit alle sozusagen verwandelte Konfuzianer aus der Edo-Zeit. Fukuzawa, Kato, Nishi, Nishimura u. a. m. haben sich wohl mit europäischen Wissenschaften beschäftigt, sind aber im Grunde als Konfuzianer anzusehen, die in der Meiji-Zeit als westlich orientierte Wissenschaftler hervorgetreten sind. Die Bezeichnung Konfuzianismus hätte am wenigsten dem alten Fukuzawa gefallen. Er war dennoch weder Buddhist noch Christ. Soweit er an der weltlichen Moral außerhalb dieser Religionen festhielt, stand er noch auf einem konfuzianischen Standpunkt im weiteren Sinne. Es war mit einer solchen Argumentation, daß Inoue die Gründung einer konfuzianischen Bildungsanstalt durch Nishimura befürwortete. Seine moralische und doch antichristliche Geisteshaltung, die ihr zugrunde lag, muß für die damaligen Gebildetenkreise in Japan richtungsweisend gewesen sein:

> Da Japan kein christliches Land ist, ist man in Not, wenn es keine volkstümliche Lehranstalt gibt, die die einfachen Leute unabhängig vom Christentum weit und breit bildet. Die Predigten, die von den buddhistischen Mönchen in den Tempeln gehalten werden, sind zu banal und veraltet. Es sind nur wenige, die in die christlichen Kirchen gehen. Da es jedoch für die Nationalmoral nicht gerade erfreulich ist, muß es eine Anstalt geben, die eine von der Religion unabhängige Tugendlehre erteilt. Im Christentum ist doch sehr viel Aberglaube enthalten. Außerdem vertritt es manchmal Meinungen, die dem japanischen Staatssystem nicht entsprechen oder zumindest die weltliche Moral geringschätzen, kurzum Meinungen, die für Japan nicht förderlich sind. Predigten einer solchen Religion sind nicht besonders vonnöten.[9]

Mit liberaler Gesinnung schrieb auch Tokutomi Iichiro (1863–1957), Gründer einer einflußreichen politisch-literarischen Zeitschrift der Meiji-Zeit, über den Kultusminister Mori Arinori (1847–1889), der 1889 am Tage der Verkündigung der überhaupt ersten japanischen Staatsverfassung ermordet wurde. Nach Tokutomi war Mori ein exzentrischer Theoretiker

---

9   Ebd., S. 91.

und dachte nicht nur eigensinnig, sondern wollte seine widersprüchlichen Meinungen mit Entschiedenheit durchsetzen. Um den jahrhundertealten Samurai-Stand aufzulösen, hatte er sich zum Beispiel für die Aufhebung des persönlichen Schwerttragens noch während der Restaurationsjahre eingesetzt. Darüber hinaus bestand er frühzeitig auf der Gleichberechtigung von Mann und Frau und plädierte für eine zwangsfreie vertragliche Eheschließung im westlichen Sinne oder für eine freie Diskussion in politischen Fragen. Als Kultusminister führte er dann auch eine eigene Mädchenerziehung und eine kaufmännische Schulausbildung ein. Mori Arinori war eben in der ersten Hälfte seines Lebens vom fortschrittlichen Amerika stark beeinflußt und in der letzten Hälfte vom konservativen Europa und sprach sich schließlich für eine altjapanische Bushido-Erziehung in den Schulen aus. Es könnte so sein, wie Inoue unumwunden herausstellte, daß auch die westlich orientierten Japaner in der Meiji-Zeit doch in ihrem Wesenskern dem Konfuzianismus bzw. dem Buddhismus verhaftet geblieben sind, freilich noch mehr die vom Volkscharakter geprägten einfachen Leute.

2. *Fukuo-Jiden* von Fukuzawa Yukichi als Autobiographie eines Liberalen

a) Jugenderlebnisse in der Edo-Zeit

Unabhängig von der abendländischen Tradition der Autobiographie seit Augustinus wird *Fukuo-Jiden* in der japanischen Literaturgeschichte als eines der Meisterwerke für die literarische Gattng der Autobiographie angesehen. Fuku-o heißt Fukuzawa der Alte, wobei „o" für „okina" steht, und Jiden als Abkürzung von „Jijoden" bedeutet Selbstbiographie. Matsuo Basho (1644–94) stellt sich selbst auf seiner literarischen Reise ins Hinterland *Oku no Hosomichi* (1702) in der Gestalt eines „okina" dar.[10] Als er im März 1689 zu dieser vierten Wanderreise nach dem nördlichen

---

10 Basho: Auf schmalen Pfaden durchs Hinterland. Aus dem Japanischen übertragen sowie mit einer Einführung und Annotationen versehen von G. S. Dombrady. Dieterichs'sche Verlagsbuchhandlung. Mainz 1985. 2., unveränd. Auflage 2001.

Japan aufbrach, war er 46 Jahre alt. So konnte sich Fukuzawa Yukichi im Alter von 63 Jahren ruhig als „okina" bezeichnen.

Mit der Überschrift sind detailliert drei Themenkreise angesprochen: 1) Persönliches Leben von Fukuzawa Yukichi, 2) Fukuzawa im Kreis der „Holland-Kundigen" und 3) Zeitsituation vor und nach der Meiji-Restauration. Im Leben Fukuzawas sind damit 1) Jugenderlebnisse in der Edo-Zeit, 2) Bildungsweg zu einem aufklärerischen Freidenker und 3) geschichtlicher Zusammenhang mit der Meiji-Zeit näher zu betrachten. Einzelheiten dieser Prozesse diktierte Fukuzawa im Mai 1898 zu Ende und veröffentlichte diese seine autobiographische Lebensschilderung als *Fukuo-Jiden* im Laufe des gleichen Jahres. Er erlitt bald darauf einen Gehirnschlag und konnte seine Selbstbiographie nicht mehr ergänzen oder stilistisch verbessern. Wenngleich er in seiner Autobiographie zahlreiche lebende Menschen erwähnt und eine Reihe bedeutender Zeitgenossen kritisiert hatte, hätte er wohl nichts zurücknehmen oder widerrufen müssen. Nachdem die Fukuzawa-Autobiographie längst ein Bestseller geworden war, wurde sie durch einen Japaner ins Englische übersetzt: Eiichi Kiyooka, The Autobiography of Fukuzawa Yukichi. Es wurde dann im Rahmen eines deutsch-japanischen Kulturaustausches eine deutsche Übersetzung in Zusammenarbeit mit japanischen Germanisten an der Keio-Universität fertiggestellt: Fukuzawa Yukichi. Eine autobiographische Lebensschilderung, übersetzt und mit einer Einleitung von Gerhard Linzbichler. Die Japanisch-Deutsche Gesellschaft e.V. Tokyo 1971. Im folgenden wird Fukuzawa dankbar aus dieser Übersetzung mit Seitenangabe im Text zitiert.

Über die Autobiographie gibt es in der deutschen Germanistik Forschungsliteratur genug. Grundlegend ist die Materialsammlung von Günter Niggl.[11] Als Germanist arbeite ich vor allem mit der Definition von Goethe. In der Vorrede zu seiner Autobiographie *Dichtung und Wahrheit* im Sinne von Faktizität und dichterischer Fiktion schreibt er:

> Dieses scheint die Hauptaufgabe der Biographie zu sein, den Menschen in seinen Zeitverhältnissen darzustellen, und zu zeigen, inwiefern ihm das

---

11 Vgl. Günter Niggl (Hrsg.): Die Autobiographie. Zu Form und Geschichte einer literarischen Gattung. Wissenschaftliche Buchgesellschaft. 2. Aufl. Darmstadt 1998.

Ganze widerstrebt, inwiefern es ihn begünstigt, wie er sich eine Welt- und Menschenansicht daraus gebildet, und wie er sie, wenn er Künstler, Dichter, Schriftsteller ist, wieder nach außen abgespiegelt.[12]

Es geht also in diesem Zitat grundsätzlich um ein dialektisches Verhältnis von Individuum und seinem Jahrhundert und um seine schriftstellerischen Werke als Resultate seines Lebens. Ich gehe freilich nach allgemeinem Konsens der Goetheforschung davon aus, daß Goethe anders als Fukuzawa nicht bloß Tatsachen aus seinem Leben beschreiben wollte, sondern vielmehr anhand ausgewählter oder transformierter Lebensbeschreibung bewußt an einem eigenen Goethebild gearbeitet hat. Dadurch wollte er seine persönlichen Erlebnisse für seine Mitmenschen symbolisch darstellen und schließlich sich selbst zu einem Symbol der Menschheit erheben. Darüber schreibt Günter Niggl in seiner Habilitationsschrift:

„Dichtung und Wahrheit" konnte sich nicht wie alle früheren Beispiele der Gattung darin erschöpfen, das persönliche Leben nur in seinem historisch einmaligen Verlauf und Zusammenhang zu schildern. Von Anfang an wird vielmehr das Bestreben deutlich, die individuelle Lebensgeschichte zugleich als ein Exemplum vorzustellen.[13]

So konnte Goethe seine Autobiographie fast romanhaft schreiben, worauf Klaus-Detlef Müller frühzeitig hingewiesen hat.[14] Pietistische Selbstbeobachtung im Sinne von Jung-Stilling oder Karl Philipp Moritz stand dabei im geistesgeschichtlichen Hintergrund.[15]

Die Autobiographie von Fukuzawa Yukichi war nicht so sehr eine nach einer bestimmten Bildungsidee ausgerichtete Lebensbeschreibung wie bei Goethe, sondern vielmehr eine sachliche Schilderung oder

---

12 Goethes Werke. Hamburger Ausgabe. Bd. 9, S. 9.
13 G. Niggl: Geschichte der deutschen Autobiographie im 18. Jahrhundert. Theoretische Grundlegung und literarische Entfaltung. Stuttgart 1977, S. 164 f. Vgl. auch Erwin Seitz: Talent und Geschichte. Goethe in seiner Autobiographie. J.B. Metzler Verlag. Stuttgart / Weimar 1996.
14 Vgl. Klaus-Detlef Müller: Autobiographie und Roman. Studien zur literarischen Autobiographie der Goethezeit. Max Niemeyer. Tübingen 1976.
15 Vgl. Kay Goodmann: Autobiographie und deutsche Nation. Goethe und Herder. In: Wolfgang Wittkowski (Hrsg.), Goethe im Kontext. Tübingen 1984.

Darstellung eines ereignis- und erfolgreichen Lebens in der Meiji-Zeit. Sie enthielt also im Prinzip keine Dichtung, sondern lauter Wahrheit, soweit sich der Verfasser daran erinnern konnte. Zumindest könnten anekdotenhafte Episoden wie lustige Geschichten erzählt worden sein. Bei Fukuzawa findet man entsprechend kaum einen Ansatzpunkt zu theoretischen Überlegungen über das Wesen der Autobiographie. Eine philosophische Reflexion über sein eigenes Dasein kommt dem geborenen Praktiker nicht in Frage.[16] In der frühen Edo-Zeit hatte er zwar einen musterhaften Vorgänger in Arai Hakuseki (1657–1725), aber es entzieht sich meiner Kenntnis, ob Fukuzawa dessen Selbstbiographie *Oritaku Shiba no Ki* (1716) gelesen hat, obwohl der bedeutende Politiker in seinen anderen Werken schon erwähnt wird. In *Fukuo-Jiden* gedenkt er zwar seines unmittelbaren Lehrers oder deren Meister in seiner konfuzianistichen Schule, nennt aber den großen Gelehrten nicht.

Fukuzawa Yukichi wurde 1835 als Sohn eines Samurai niederen Standes vom Nakatsu-Clan in Kyushu auf dessen Handelsniederlassung in Osaka geboren. Aber nach dem unerwarteten Tode seines Vaters im folgenden Jahr mußte er seine Kindheit bis 1853 mit der Mutter und dem um acht Jahre älteren Bruder sowie drei älteren Schwestern in Nakatsu verbringen. Sein Leben ist fortan im großen und ganzen durch vier bedeutende Epochen markiert: 1) Kindheit in Nakatsu, Lehrzeit in Nagasaki (1854) und Ausbildung in Osaka (1855); 2) Übersiedlung nach Edo und drei Auslandsreisen nach Amerika (1860), durch Europa (1862) sowie nochmals nach Amerika (1867); 3) Meiji-Restauration in Edo (1868); 4) Gründung der Keio-Universität in Tokyo (1858/68).

Bekanntlich beginnt ein Gedicht Goethes zur Selbstcharakteristik: „Vom Vater hab' ich die Statur, / Des Lebens ernstes Führen, / Von Mütterchen die Frohnatur / Und Lust zu fabulieren."[17] Mehr oder weniger ähnlich setzt Fukuzawa Yukichis Autobiographie mit der Schilde-

---

16 Vgl. Ohashi Ryosuke: Philosophie als Auto-Bio-Graphie. Beispiel: Die Philosophie der Kyoto-Schule. In: Ryosuke Ohashi: Japan im interkulturellen Dialog. Iudicium Verlag. München 1999. S. 177–188.
17 Goethes Werke. Hamburger Ausgabe. Bd. 1, S. 32.

rung seiner Eltern ein. Die Gestalt seines Vaters wird dabei genau nach Herkunft, Rang und Bildung beschrieben:

> Die gesellschaftliche Stellung meines Vaters war wesentlich höher als jene des gemeinen Fußsoldaten [...] Der Rang meines Vaters war gerade noch hoch genug, um an einer öffentlichen Audienz beim Daimyo teilnehmen zu können. (S. 1)
> Erwähnenswert ist ferner noch die Tatsache, daß mein Vater eigentlich ein Gelehrter der chinesischen Klassik war. (S. 2)
> Aus den Schriften, die mein Vater hinterließ, ist er als überzeugter Konfuzianist zu erkennen. Seine Verehrung galt insbesondere dem großen Lehrer Ito Togai (1672–1738) in Kyoto. In all seinem Handeln war er ständig bestrebt, nicht mit seinem Gewissen in Konflikt zu kommen. Dieser konfuzianische Geist scheint auch noch nach seinem Tode unsere Familie beherrscht zu haben. (S. 3)

Die Bibliothek des Vaters umfaßte ungefähr 1500 Titel. Unter diesen befanden sich einige seltene Werke. Das Schriftzeichen für „Yu" in dem Vornamen „Yukichi" war z. B. von „Joyu Jorei", dem Titel einer chinesischen Verordnungssammlung genommen, die insgesamt 60 oder 70 Bände umfaßte. An dem Tag, an welchem der zweite Sohn abends geboren worden war, hatte er die lange ersehnte Sammlung erhalten und gab dem Kind sofort ein Schriftzeichen davon als Ausdruck seiner zweifachen Freude. Unter den Büchern waren ebenfalls 13 Bände mit Kommentaren zu *I-king*, dem Buch der Wandlungen, mit eigenhändigen Anmerkungen von Meister Ito Togai. Er hatte sie in Osaka gekauft und wie ein Heiligtum behandelt.

Der Vater Fukuzawa besaß auch ein Halbformatbild von Rai Sanyo (1780–1832). Bemerkenswert ist aber, daß er keinen Umgang mit dem bekannten Konfuzianer und Verfasser der neueren japanischen Geschichte *Nihon Gaishi* suchte:

> Mein Vater war so wie unser Lehrer (Shiraishi). Als jener noch in Osaka war, lebte Sanyo in Kyoto, und, obwohl sie miteinander hätten verkehren sollen, hatten sie einander niemals getroffen. Ein Mann namens Noda Tekiho war einer der besten Freunde meines Vaters. Ich weiß zwar nicht, wer dieser Noda war, aber daß mein Vater mit diesem und nicht mit Sanyo Umgang gepflegt hatte, bedeutete wohl, daß Tekiho ein ernstzunehmender Gelehrter war. (S. 10)

Offensichtlich war der Vater Fukuzawa ein nicht politisch engagierter Privatgelehrter und benahm sich in seinem Leben ausschließlich als ein resignierter Familienvater: „Wie bereits erwähnt, war mein Vater mit seinem niedrigrangigen Beamtendasein keineswegs zufrieden. Er hätte also durchaus Nakatsu den Rücken kehren und woanders hingehen können, doch schien er dies nie ins Auge gefaßt zu haben." (S. 5 f.) Aber er verachtete niemals einen anderen. Er war z. B. mit Nakamura Ritsuen, einem bedeutenden Gelehrten in Minakuchi in der Provinz Omi, so eng befreundet, als wäre dieser sein Bruder gewesen. „Dieser Ritsuen war der Sohn eines Färbers in Nakatsu in der Provinz Buzen, also nur ein Bürgersproß, mit dem sich kein Samurai des Clans abgab. Mein Vater jedoch verehrte ihn und behandelte ihn ohne jegliche Rücksicht auf den Standesunterschied sehr zuvorkommend." (S. 206) Dazu kam noch etwas. „Mein Vater […] erwähnte meiner Mutter gegenüber wiederholt, daß ich ein gutes Kind sei und mit 10 oder 11 Jahren in einen Tempel eintreten solle." (S. 6)

Fukuzawa Yukichi meinte, sein Vater habe sich in einer wahrhaft bedauernswerten Situation befunden, und begründete dessen Absicht für den noch so kleinen Sohn wie folgt:

> Im Rahmen des Feudalwesens, welches das Leben in Nakatsu beherrschte, war alles in eine festgelegte Ordnung gepreßt, wie die Akten in einem Archiv. Jahrhunderte hindurch gab es keinerlei Veränderungen. Die Kinder erbten den Beruf und den Gesellschaftsrang des Vaters, und so war es auf allen Stufen der sozialen Rangleiter. Für meinen Vater als niedrigen Samurai bestand aus diesem Grund auch nicht die geringste Möglichkeit für einen Aufstieg. Eine Ausnahme in diesem starren Feudalsystem bildete lediglich das Bonzentum. (S. 6 f.)

Später zieht er daraus Konsequenzen und erklärt das Feudalsystem als den Feind seines Vaters und macht die Suche nach der Freiheit im Leben zum Leitmotiv seiner ganzen Selbstbiographie:

> So gesehen tut mir mein Vater noch heute leid, daß er, eingezwängt in das Feudalsystem, während seines 45-jährigen Lebens nichts erreichen konnte und mit unzufriedenem Herzen aus der Welt hatte scheiden müssen. Sicherlich haben seine Liebe zu mir und die Sorge um meine Zukunft ihn den Entschluß fassen lassen, für mich die Bonzenlaufbahn zu wählen; denn nur so war ein Weg nach oben gegeben. Immer wenn ich daran denke, bin ich von der Güte meines Vaters aufs neue zutiefst gerührt und zugleich packt mich der

Zorn auf das Feudalsystem, welches meinem Vater nur Leid beschieden hat. Darum faßte ich den Entschluß, an diesem System für meinen Vater Rache zu nehmen. (S. 7)

Fukuzawa Yukichi erbte also von seinem Vater eine literarisch-wissenschaftliche Begabung sowie eine entschiedene Kritik an dem jahrhundertealten Feudalwesen in Japan. Dagegen scheint er von seiner Mutter eine Disziplin ohne Strenge gelernt zu haben. An ihr hebt er zunächst ein urbanes Erscheinungsbild hervor: „Auf Grund ihres langen Aufenthaltes in Osaka hatte sich meine Mutter den dortigen Lebensstil zu eigen gemacht; unsere Haartracht und Kleidung waren deshalb auch verschieden von der in Nakatsu." (S. 2)

Yukichi wurde faktisch nicht von seinem Vater, sondern von seiner Mutter erzogen und verdankte ihr seine lautere Gesinnung sowie ernsthafte Lebensführung:

> Wir waren so erzogen worden, daß wir nichts Gemeines oder Unanständiges dachten oder gar taten. Es gab auch gar keine schlechten Beispiele in unserer Umgebung. Unsere Mutter war nie besonders streng gewesen, wir kamen mit ihr sehr gut aus. Wir verhielten uns ganz von selbst anständig, was wohl die Vorstellung, die wir von unserem Vater hatten, und das ruhige und feste Wesen der Mutter bewirkt haben mögen. (S. 4)
> Meine Mutter, als Frau von Natur aus nicht ganz ohne Interesse für das Theater, machte uns Kindern gegenüber nie auch nur die geringste diesbezügliche Erwähnung und auch mein älterer Bruder verlangte nie, dorthin gehen zu dürfen. (S. 5)

Um die Bildung Yukichis kümmerte sich die Mutter nicht besonders, scheint ihn aber durch ihre Volksnähe und eigenartige buddistische Frömmigkeit stark beeinflußt zu haben:

> Da wir uns kein Dienstpersonal leisten konnten, mußte die Mutter ganz allein den Haushalt mit uns 5 Kindern führen und hatte so praktisch keine Zeit, sich auch noch um unsere Ausbildung zu kümmern. (S. 7)
> Meine Mutter hatte eine gewisse Vorliebe für Außergewöhnliches. Den Leuten mag sie wohl etwas komisch erschienen sein. Sie liebte es, mit Leuten der unteren Volksschichten Umgang zu pflegen. […] Wir gehörten zwar der Shinshu-Sekte an, aber meine Mutter hatte niemals eine Predigt gehört. Zu uns sagte sie immer: „In einen Tempel zu gehen, um zu Buddha zu beten, kommt mir komisch vor. Das macht mich verlegen." (S. 16)

In einer solchen Familie waren die Kinder praktisch sich selbst überlassen. Aber der ältere Bruder war noch von seinem strengen Vater konfuzianisch erzogen worden. Von ihm wird berichtet: „Mein Bruder hatte eine Reihe von Freunden. Ich war viel zu jung, um bei ihren Diskussionen über Zeitprobleme mitreden zu können; ich wurde nur umherdirigiert." (S. 13)

> Wenn man damals von Wissenschaft sprach, so war damit Kangaku, Chinakunde gemeint. Auch mein Bruder betrieb sehr eifrig Chinakunde. Im Unterschied zu den anderen Gelehrten befaßte er sich aber auch mit Mathematik, was dem Einfluß der Schule von Hoashi Banri (1778–1852) zuzuschreiben war [...] Abgesehen von seinem Interesse für die Mathematik war er aber durch und durch ein Konfuzianist und ein echter Chinagelehrter. (S. 14 f.)

Im Hinblick auf seinen konfuzianistischen Vater hatte Yukichi bemerkt: „Die Gelehrten der damaligen Zeit hatten im Gegensatz zu den heutigen der europäischen Wissenschaften eine ausgesprochene Abneigung gegen alles, was Geld war." (S. 2) Eines Tages richtete der ältere Bruder eine Frage an Yukichi, was er einmal werden wolle. Auf Yukichis Gegenfrage, wie der Bruder sich seine Zukunft vorstelle, erwiderte er nur: „Bis in den Tod will ich den Lehren des Konfuzius getreu sein." (S. 15) Er hatte irgendwie etwas Sonderbares an sich und war beispielsweise von einem unvorsichtigen Benehmen Yukichis sehr aufgeregt:

> Als ich einmal unbekümmert auf alte, beschriebene Papierblätter trat, die mein Bruder zum Ordnen ausgelegt hatte, brachte das ihn furchtbar in Zorn und er schrie mich an: „Kannst du denn nicht aufpassen? Sieh, was da steht! Der Name Okudaira Daizennotayu. [...] Den Namen einer so hochstehenden Person mit den Füßen zu treten, das ist doch reiner Frevel" zog er wie ein Donnerwetter über mich her. (S. 17 f.)

Sich selbst charakterisiert Fukuzawa Yukichi nach Sprache, Lerneifer, Geschicklichkeit, Schlichtheit, Sorglosigkeit, Trinksucht oder physischer Schwäche. Wie überall war es auch im Nakatsu-Clan Sitte, schon im Kindesalter etwa, *Lun-yü*, das Buch der Zitate Konfuzius' oder *Tahüe*, das Buch über Bildung und Moralerziehung, von einem Schüler desselben lesen zu lassen. Angehalten hierzu wurde Yukichi jedoch von niemand. Schreiben und Lesen interessierten ihn auch nicht besonders. So tat er in der Kindheit nichts und lebte einfach so in den Tag hinein, bis sein jugendliches Bedürfnis, etwas Anständiges lernen zu müssen, von selbst erwachte. Über die Unterschiede der Dialekte, die ihn von Anfang an zu einem Außenseiter machten, heißt es: „Von unserem Leben in Nakatsu ist mir nur in Erinnerung geblieben, daß wir Geschwister uns nie mit den Einheimischen hatten befreunden können. [...] Schuld daran war in erster Linie die große Verschiedenheit in der Ausdrucksweise." (S. 2)

Über das erste Lernen der chinesischen Schriften in einer Privatschule wird in drei Abschnitten berichtet:

> Als ich 14 oder 15 Jahre alt war, schämte ich mich wohl, daß ich der einzige war, der nicht lesen konnte, während es alle anderen Kinder in der Nachbarschaft beherrschten. Ich fürchtete mich, sie könnten dies erfahren. So bekam ich Lust, selbst lesen zu lernen und ich begann, eine ländliche Privatschule zu besuchen. (S. 8)

Bei der Lektüre in der Chinakunde ging es selbstverständlich um vier Bücher und fünf Sutren:

> Erst mit 14 oder 15 Jahren mit dem Lernen in der Schule zu beginnen, war mir äußerst unangenehm. Die anderen Schüler lasen bereits *Schi-king*, Buch der Lieder, oder *Schu-king*, Buch der Urkunden. Ich aber mußte mich noch mit dem richtigen Lesen von *Meng-tse* herumplagen. (S. 8)

Hier erinnert man sich natürlich an das Sprichwort „Rongo yomi no rongo shirazu", d. h. *Lun-yü* lesen, ohne den Sinn desselben zu verstehen. Lesen und Verstehen verhalten sich zueinander genau wie Geist und Buchstabe in der Bibleklüre oder in der Dichtung.[18] In der Auslegung des gelesenen Textes zeichnete sich der junge Fukuzawa schon in früher Jugend aus:

> Außergewöhnlich war jedoch, daß ich bei Diskussionsrunden über *Meng-tsiu*, *Meng-tse* oder *Lun-yü* und dgl. in der Schule deren Sinn gut verstehen konnte. Hatte ich vielleicht eine besondere Begabung dafür? Jedenfalls war ich dem Lehrer, der mich am Vormittag im Lesen unterrichtet hatte, bei den nachmittäglichen Diskussionen stets überlegen. Er konnte zwar die Zeichen gut lesen, vom Inhalt aber verstand er nicht allzuviel, kein Wunder also, daß ich bei Diskussionen als Sieger hervorging. (S. 8)

---

18 Vgl. Max Kommerell: Geist und Buchstabe der Dichtung. Goethe, Schiller, Kleist, Hölderlin. 6. Aufl. Mit editorischem Anhang. Vittorio Klostermann. Frankfurt am Main 1991.

Im Anschluß an die weiteren Ausführungen über die Wissenschaft rühmt sich Fukuzawa seiner Geschicklichkeit im Handwerklichen: „Verglichen mit den Kindern der anderen Samurai in unserem Clan war ich im Basteln äußerst geschickt." (S. 10) „Von klein auf habe ich außer der Lektüre immer nur alltägliche Dinge und Sachen gemacht und gedacht. Daran änderte sich auch in späteren Jahren nichts. Basteln blieb meine Leidenschaft." (S. 12) Die Neigung zur Alltäglichkeit zeigte sich dann in der Schlichtheit seines Lebensstils: „Einen Sinn für Kunst besaß ich einfach nicht. Bei mir war alles schmucklos; auf Wohnkultur oder Kleidung legte ich keinerlei Wert. Modeströmungen wie Streifenmuster und dgl. existierten für mich nicht." (S. 12)

Ansonsten wird seine Sorglosigkeit im Umgang mit den Mitmenschen hervorgehoben: „Schon von klein auf war ich meiner Umwelt gegenüber gleichgültig eingestellt, meine Umgebung interessierte mich nicht." (S. 12) Zur inneren Natur kam allerdings die moralische Bildung durch die Lektüre konfuzianischer Schriften hinzu: „Eines Tages las ich in einem chinesischen Buch, man solle seine Gefühle nicht offen zeigen. Diese Worte machten einen sehr starken Eindruck auf mich. Ich schrieb sie mir gut ins Gedächtnis und machte sie mir zum Prinzip." (S. 21) Die Verhaltenheit in der Leidenschaft gehört traditionsgemäß zu den konfuzianischen Tugenden und darf nicht als innere Unehrlichkeit mißverstanden werden. Gilt sie doch als männliche Tugend der Selbstbeherrschung.

Nachträglich wird noch eingestanden, daß Yukichi schon von klein auf eine besondere Vorliebe für Sake hatte und sein gelegentliches Danebenbenehmen auf Rechnung Sake ging. Auf der anderen Seite war er sich dessen durchaus bewußt, daß er ein anständiger und ordentlicher Mensch war, und führte es auf die Erziehung in seinem Elternhaus zurück:

> Wir fünf Geschwister waren nur von unserer Mutter erzogen worden und wir haben, auch als wir größer wurden, in unserer Familie weder offen noch geheim Schlechtes gehört oder gesprochen. Diese Lauterkeit unterschied unsere Familie von den anderen im Clan. Auch nachdem ich mein Elternhaus verlassen hatte, bewahrte ich diese Gewohnheit, ohne mich daduch beengt zu fühlen. Für mich war diese Lauterkeit ganz selbstverständlich. (S. 65)

Als er später in seinem Studium gute Fortschritte machte und schließlich Unterrichtsleiter der Ogata-Schule in Osaka wurde, meinte er, im Lebenswandel habe er sich in einem von den anderen unterschieden.

> Ich quälte nie, auch nicht zum Spaß Schwächere, ich begehrte nie Sachen von anderen, lieh mir niemals Geld aus, nicht einmal 100 Mon und ich war anständig, sittenstreng und hatte eine reine Gesinnung. Ich freute mich, daß die Studenten auf mich hörten und war bemüht, sie zu führen, wandte aber so tiefreichenden Werten wie Moral oder Vasallentreue und Loyalität gegenüber dem Lehrer wenig Aufmerksamkeit zu. (S. 69)

Aber anläßlich einer medizinischen Besichtigung in Rußland mußte er einen schwachen Punkt seines Körpers anführen:

> Wenngleich ich auch schon von klein auf sehr lebendig gewesen bin und oft mich auch aufgespielt habe, bin ich doch von Natur aus ein eher zart besaitetes Wesen. Ich kann Töten nicht ausstehen und kann auch kein Blut sehen. (S. 154)

Auf diese Weise treten in seiner Autobiographie allmählich Charakterzüge zutage, die Fukuzawa Yukichis von Natur praktisch veranlagtes, aber im Grunde konfuzianisch gebildetes Individuum ausmachen. Im Laufe der Jahre eignete er sich gewiß eine reichhaltige Bildung von seiten der europäischen Wissenschaften an und distanzierte sich immer mehr von seiner ursprünglichen Ausbildung in der herkömmlichen Tradition des Samurai-Standes. Aber in seiner ethischen Haltung ist er wohl sein Leben lang ein Samurai geblieben, wovon seine Auseinandersetzung mit den früheren Shogunatsbeamten Katsu Kaishu oder Enomoto Takeaki, die beide in der Meiji-Regierung Karriere gemacht haben, Zeugnis ablegt.

b) Bildungsweg zu einem aufklärerischen Freidenker

Aus den bisherigen Ausführungen der autobiographischen Lebensschilderung Fukuzawas geht eindeutig hervor, daß sowohl die Eltern als auch der ältere Bruder vorbehaltlos der herkömmlichen Kulturtradition der Edo-Zeit verpflichtet waren. Nachdem aber der junge Fukuzawa eine subjektive Frömmigkeit zum Buddhismus bei seiner Mutter und eine formalistische Einhaltung der konfuzianischen Lehren bei seinem Bruder erlebt hatte, hegte er bei allem Respekt vor der natürlichen Ethik Zweifel an der althergebrachten religiösen

Tradition in Japan. Veranlaßt durch das oben erwähnte Schimpfen seines älteren Bruders überlegt er sich: „Sollte das Drauftreten auf ein Blatt Papier mit dem Namen des Fürsten wirklich so etwas Schlimmes sein, wie mein Bruder sagt, so wäre es interessant zu wissen, was geschähe, wenn man auf ein Papierblatt mit dem Namen Gottes träte." (S. 18)

Als er an einem verborgenen Orte den Versuch machte, ereignete sich nichts. Er nahm dann den Zettel mit in den Abort und stellte fest, daß doch wieder nichts passierte. Mit fortschreitendem Alter wurde er noch kühner und gelangte zu der Überzeugung, daß die sogenannten Gottesstrafen, von denen die alten Leute gerne sprachen, reine Lügerei seien. In der Tat fand er im Tabernakel des Schreines im Hause seines Adoptivvaters nur einen Stein. Er nahm ihn heraus und legte an seiner Stelle einen anderen hinein. Auch bei seinem Nachbar öffnete er das Tabernakel des Inari-Schreines. Hier lag ein Holzplättchen als Sinnbild der Inari-Gottheit drinnen. Er nahm es an sich und warf es weg. Trotzdem wurde bald darauf das Inarifest wie üblich vom Volk gefeiert. Aus der Religionskritik daran ging der japanische Aufklärer Fukuzawa Yukichi in der Mitte des 19. Jahrhunderts hervor:

> Schon in meiner Jugendzeit hatte ich keine Angst vor Gott oder besondere Ehrfurcht gegenüber Buddha. Ebenso hielt ich nicht das geringste von Wahrsagerei, Beschwörerei und was es da sonst noch gibt. Daß der Dachs oder Fuchs in einen Menschen fahren könne, tat ich von allem Anfang an als Dummheit ab. Ich war schon als Kind ein ausgesprochen heller Kopf. (S. 19)

Die von Fukuzawa verworfene volkstümliche Religiosität beruhte auf dem mit dem Buddhismus vermischten Shintoismus. Darüber hinaus mußte er früher oder später mit dem Feudalsystem als dem Feind seines Vaters brechen, das zutiefst im Konfuzianismus verwurzelt war. Daher richtete sich seine Kritik einerseits auf das hierarchische Feudalwesen des Samurai-Standes und andererseits auf die altchinesische Schule „Kangaku". Seine Abkehr von der Tradition vollzog sich jedoch in der Kindheit noch ohne Abwendung von der konfuzianistisch ausgerichteten Privatschule im Nakatsu-Clan:

> Meine ständige Unzufriedenheit in Nakatsu war durchaus nicht ohne Gründe. In der Samuraiklasse herrschte eine strenge Rangordnung. Diese wurde nicht nur im offiziellen Verkehr genauestens beachtet, sondern trat auch im Umgang der Kinder untereinander in Erscheinung. [...] Daß diese Ordnung auch bei

den unschuldigen Kinderspielen herrschte, ärgerte mich sehr. Beim Lesen in der Schule waren wir jedoch immer den Kindern, die uns mit ‚Du' oder sonstwie anredeten, überlegen. (S. 20)

Unter den Erwachsenen war es selbstverständlich noch schlimmer. So kann man sich leicht vorstellen, daß der junge Fukuzawa sich zunächst deshalb der Chinakunde befleißigte, weil sie ihm gewissermaßen über die soziale Rangordnung hinweg helfen konnte. Von Jugend auf hatte Yukichi die Last des Feudalismus empfunden und war deshalb innerlich immer kritisch eingestellt. Aber über die politischen Mißstände im Nakatsu-Clan enthielt er sich in der Jugend kritischer Bemerkungen, solange sie sich aussichts- und nutzlos erwiesen. So sagte er einmal seinem älteren Bruder sowie seinen frustrierten Vettern, die fleißig Bücher lasen, aber den unteren Samurairängen angehörten:

> „Hört doch auf mit diesem lächerlichen Lamentieren! Solange ihr hier in Nakatsu seid, hilft das doch gar nichts. Wenn es euch hier nicht paßt, so könnt ihr ja weggehen. Bleibt ihr aber, dann seid ruhig!" Mit diesen Worten brachte ich sie immer zum Schweigen. Offenbar hatte ich diesen Charakterzug schon mit in die Wiege bekommen. (S. 21)

Immerhin war er in der Tradition des Konfuzianismus genug gebildet, bevor er seinen Nakatsu-Clan verließ. Ito Togai, den der Vater Fukuzawa verehrte, und Togais Vater Jinsai hatten eine „Kogigakuha" genannte semantische Interpretation des ursprünglichen Konfuzianismus entwickelt. Dagegen war Hoashi Banri, der Lehrer des älteren Bruders, ein konfuzianistischer Gelehrter mit starkem Interesse für Ökonomie, Astronomie, Physik, Mathematik und Medizin und vertrat die Ansicht, Feuerwaffen und das Rechnen mit der Soroban, dem Rechenbrett, sollten von den Samurai als nicht zu niedrig angesehen werden. Der junge Fukuzawa lernte aber bei einem Lehrer namens Shiraishi die chinesischen Klassiker: „In den 4 oder 5 Jahren, wo ich seine Schule besuchte, lernte ich äußerst rasch und mühelos die Gedanken der Werke der chinesischen Klassiker zu erfassen. In erster Linie lasen wir bei Shiraishi die Schriften der alten chinesischen Weisen und studierten Konfuzius' Analekten." (S. 8 f.)

Bei den chinesischen Klassikern, die er bei seinem Lehrer Shiraishi las, handelte es sich um die folgenden Schriften: *Schi-king, Schu-king, Schi-schuo, Tso-tschuan, Tschan-kuoh-tse, Laotse* und *Tschuang-tse*. Darüber hinaus studierte er auf dem Gebiet der Geschichte *Schiki, Tsien-houhan-schu, Tsin-schu, Wu-tai-schi, Yüan-Ming-Schin-Lueh* und so weiter. Besonders sagte ihm *Tso-tschuan* zu: „Die meisten Schüler gaben nach 3 oder 4 Bänden von diesem 15-bändigen Werk auf. Ich aber las alle Bände insgesamt wohl elfmal, und wußte alle interessanten Stellen auswendig. Mein Wissen war so umfangreich wie das eines angehenden Sinologen." (S. 9)

Daß Fukuzawa kaum etwas von der altjapanischen Schule „Kokugaku" spricht, geht sicherlich auf seine grundsätzliche Desinteressiertheit an der klassischen japanischen Literatur zurück. Auch im Zusammenhang mit dem japanischen Nationalismus interessiert ihn die altphilologische Schule eines Motoori Norinaga (1730–1801) gar nicht. Es könnte aber ein geistiger Einfluß seines Lehrers Shiraishi gewesen sein, der als ein Schüler des Zhu Xi-Gegners Kamei in der Provinz Chikuzen Gedichte geringschätzte und beispielsweise von Haiku abschätzig sprach:

> Da mein Lehrer sehr von Kamei eingenommen war, und unser Unterricht im Sinne seiner Schule erfolgte, zeigte Shiraishi nur wenig Interesse für Gedichte und lehrte uns auch kaum chinesische Gedichte machen. Von Hirose Tanso hielt unser Lehrer überhaupt nichts. Er meinte, dieser sei ein Hokku- und Haiku-Schreiber, könne keine chinesischen Verse schmieden und auch keinen ordentlichen chinesischen Satz zu Papier bringen. Sonderbarerweise waren wir Schüler der gleichen Meinung. (S. 9)

Auch Rai Sanyo wurde nicht so sehr wegen seiner betont nationalen Geschichtsschreibung, sondern vielmehr aus stilistischen Gründen geringgeschätzt:

> Auch für Rai Sanyo hatte er nicht das geringste übrig. „Sollte man das, was dieser Sanyo schreibt, als Satz ansprechen, so kann jeder Mensch ordentliche Sätze schreiben! Seine Sätze nehmen sich aus wie das Gestammel eines Sprechgestörten." Da sich unser Lehrer so abfällig über Rai äußerte, hatten wir auch nichts für diese Gedichte übrig. […] Da Kamei in Chikuzen seine Lehren auf der klassischen chinesischen Philosophie und nicht auf der Lehre des *Tschi-hi* aufgebaut hatte, konnten natürlich auch seine Schüler an der Richtung des Sanyo keinen Gefallen finden. (S. 9 f.)

Im Jahr 1854 gelang es Yukichi, zum Studium der europäischen Schule „Yogaku" seine Heimat zu verlassen, und damit begann seine Lehrzeit in

Nagasaki. Im Vorjahr war Commodore Perry (1794–1858) mit seinem amerikanischen Geschwader „Kurofune" nach Japan gekommen. In den größeren Städten betrieb man schon seit rund 100 Jahren die sogenannte Holländische Wissenschaft „Rangaku", doch in einer Provinzstadt wie Nakatsu bekam man keine fremdländischen Buchstaben oder gar Texte zu Gesicht: „So ging ich also mit neunzehn im Februar 1854, dem ersten Jahr der Ansei-Periode, nach Nagasaki. Zu jener Zeit gab es in Nakatsu keinen einzigen Menschen, der die waagerecht geschriebene europäische Schrift hätte lesen können, ja diese überhaupt einmal gesehen hätte." (S. 24)

Angesichts der amerikanischen Kriegsschiffe ereiferte man sich allerorts über Geschützkunde. Nicht mehr zum medizinischen Studium, sondern für ein Studium der holländischen Geschützkunde war das Lesen der Originaltexte unerläßlich. Zum Sprachenlernen war aber der junge Fukuzawa von Anfang an zuversichtlich:

> Da ich beim Studium der chinesischen Bücher meinen Kameraden immer überlegen war und mir das Lesen keinerlei Schwierigkeiten bereitete, hatte ich mir wohl ein ziemliches Selbstvertrauen erworben. So meinte ich also: „Was andere Leute lesen können, werde ich auch noch zuwege bringen, ganz gleich was für eine Schrift es auch sei!" (S. 25)

Seine Hinwendung zur europäischen Schule erweist sich also fast als Zufall:

> Der eigentliche Grund, weshalb ich nach Nagasaki ging, war jedoch, daß ich es einfach in der Enge des provinziellen Nakatsu nicht mehr aushalten konnte. Jeder Anlaß hiezu war mir willkommen, literarische oder Ritterkunstschulung, Hauptsache, ich konnte weg. So kannte ich auch keine Sentiments beim Verlassen der Heimat. (S. 25)

In Nagasaki studierte der Sohn des höchsten Clanbeamten, Okudaira Iki, Geschützkunde bei einem Meister namens Yamamoto Monojiro. Durch die Hilfe von Okudaira konnte Fukuzawa im Haus von Yamamoto ein Unterkommen finden: „In Nagasaki war ich Kostgänger und Schüler im Hause Yamamoto. Ich studierte beflissen und lernte mich einigermaßen in der holländischen Sprache zurechtfinden, daneben verrichtete ich alle möglichen Arbeiten im Hause des Lehrers, keine Arbeit war mir zu schwer oder widerlich." (S. 42) Hier kam ihm auch sein in Nakatsu erworbenes Wissen in der Chinakunde zu Hilfe.

> Der Meister hatte schlechte Augen und konnte nichts lesen. So las ich ihm aus verschiedenen Werken vor, in denen Autoritäten in chinesischem Schreibstil über das Zeitgeschehen berichteten. Dem einzigen Sohn des Hauses, ungefähr 18 oder 19 Jahre alt und nicht sehr begabt, gab ich Unterricht im Lesen chinesischer Bücher, da der Vater wollte, daß sein Sohn Bücher lese. (S. 26)

Aufschlußreich ist der Bericht Fukuzawas über den angeblichen Lehrbetrieb von Yamamoto:

> Über die Fachleute der Geschützkunst von damals wäre folgendes zu sagen: Sie hatten handgeschriebene Kopien von einschlägigen Werken in ihrem Besitz, die sie gegen eine beträchtliche Gebühr ausliehen. Für die Anfertigung von Abschriften verlangten sie ein Honorar. Dieses bildete für Yamamoto ein Nebeneinkommen. Da der Meister schlechte Augen hatte, spielte sich das gesamte Ausleihen und Abschreiben über meine Hände ab. Ich war gewissermaßen der Prokurist, der alles erledigte. Zu dieser Zeit kamen Europakundige aus verschiedenen Clanländereien wie Uwajima, Goto, Saga, Mito usw. nach Nagasaki und wollten die Faktorei der Holländer auf Dejima besichtigen oder Pläne für einen Kanonenguß gezeigt haben und dgl. Hier zu vermitteln, war Aufgabe des Hauses Yamamoto. In Wirklichkeit besorgte ich das alles. (S. 27)

Außerdem machte Fukuzawa bald große Fortschritte im Holländischlernen, so daß Okudaira Iki neidisch auf ihn wurde und zuletzt eine Intrige, ihn nach Nakatsu zurückzuschicken, faßte:

> Eine weitere Absicht von mir war es, Originaltexte lesen zu lernen. Zu diesem Zwecke besuchte ich mit Eifer einen Arzt der holländischen Medizin (Narabayashi) und einen Dolmetscher für Holländisch. Dort sah ich zum ersten Mal Originaltexte und, nachdem zwei oder drei Monate vergangen waren, begann ich allmählich ihre Bedeutung zu erfassen. Iki jedoch als verhätscheltes Söhnchen aus gutem Haus hatte diese Texte nie richtig lesen gelernt. Mit der Zeit mußte ich ihm sehr gelehrt erscheinen und damit begann sich zwischen uns eine Kluft aufzutun. (S. 28)

Da der Weiterverbleib in Nagasaki schwierig wurde, wollte Fukuzawa zum Weiterstudium nach Edo gehen. Aber durch eine glückliche Fügung konnte er im März 1855 beim damals bedeutendsten Arzt Ogata Koan (1810–1863) in Osaka eine gründliche Ausbildung erfahren. Ogata gilt als der eigentliche Lehrer Fukuzawas. Ogata Koan übersetzte übrigens das Hauptwerk *Enchiridion medicum* des Leibarztes der preußischen Königsfamilie Christoph

Wilhelm Hufeland (1762–1836) aus dem Niederländischen ins Japanische und leitete damit in entscheidender Weise die Tradition der deutschen Medizin in der Meiji-Zeit ein:[19]

> Ich hatte (in Nagasaki) keinen ständigen Lehrer gehabt und auch die holländischen Bücher nicht gründlich gelesen; das eigentliche Holländischstudium begann erst, als ich in Osaka in Ogatas Schule eintrat. Dort erhielt ich zum ersten Mal einen methodisch aufgebauten Unterricht im fremdsprachlichen Lesen. Ich machte auch damals ziemlich rasche Fortschritte; unter den vielen Schülern dürfte ich wohl zu den guten gehört haben. (S. 47)

Als der ältere Bruder am 10. September 1856 starb, mußte Yukichi kurz nach Nakatsu zurückfahren. Er war zwar zu seinem Onkel mit dem Familiennamen Nakamura in Adoption gegeben worden. Aber jetzt, wo das Oberhaupt der eigenen Linie verstorben war, war es selbstverständlich, daß der jüngere Bruder dessen Nachfolge antrat. Der Verwandtenrat hatte ihn deshalb vor seiner Rückkehr zum Oberhaupt der Fukuzawa-Familie gemacht, ohne daß er davon überhaupt etwas wußte. Mit der Stellung eines Familienoberhauptes waren jedoch verschiedene Pflichten gegenüber dem Feudalfürsten verbunden, so daß Yukichi taktvoll gewisse Schwierigkeiten überwinden mußte, um zur Ogata-Schule nach Osaka zurückkehren zu können. Während seines damaligen Aufenthaltes in Nakatsu hat er etwas sonderbar Wertvolles geleistet. Okudaira Iki war gerade aus Nagasaki zurückgekehrt und hatte ihm einmal eine holländische Neuerscheinung über die Errichtung von Befestigungsanlagen mitgebracht:

> In Osaka an der medizinisch ausgerichteten Ogata-Schule hatten wir nur medizinische Bücher gelesen, so war dieses Werk für mich ein interessantes Stück. Um diese Zeit war gerade der amerikanische Admiral Perry nach Japan gekommen und im ganzen Land wurde rege über Küstenbefestigung und Rüstung diskutiert. (S. 55 f.)

Beim Meister Yamamoto in Nagasaki hatte der junge Fukuzawa Erfahrungen mit den Abschriften gemacht. So lieh er geschickt von Okudaira das Buch über Schanzbau aus und schrieb es heimlich etwa in drei bis vier Wochen ab, ohne bemerkt zu werden. Er hatte sogar die zwei Pläne dazu abgezeichnet. Um

---

19 Vgl. Naoji Kimura: Jenseits von Weimar. Goethes Weg zum Fernen Osten. Peter Lang Verlag. Bern 1997. III. Teil, 3. Kap.: Hufeland und Ogata Koan. S. 407–424.

zur medizinischen Schule von Ogata zurückzukehren, mußte er denn auch ein Ansuchen verfassen, daß er zum Zwecke eines Studiums der Geschützbaukunst bei Ogata Koan nach Osaka auszureisen wünsche. Seine Bemerkung dazu ist besonders zeitkritisch und enthält Ansätze zur von nun an wiederholt einsetzenden Kritik an der altchinesichen Schule „Kangaku":

> Diese Geschichte gibt Aufschluß über die Zustände, wie sie damals nicht nur im Nakatsu-Clan, sondern in ganz Japan bestanden. In dieser vom Geist der Chinakunde durchdrungenen Welt konnte man einfach kein Verständnis für westliche Dinge erwarten. Erst ein Ereignis, wie die Ankunft von Admiral Perry in Japan, vermochte die Leute aufzurütteln und zur Einsicht zu bringen, daß zumindest die Geschütze nach westländischer Art sein sollten. (S. 59)

Als der mittellose Yukichi dem neuen väterlichen Lehrer in Osaka u. a. auch von dem Kopieren des Buches aus dem Besitz von Okudaira Iki erzählte, gab der Lehrer ihm aus Rücksicht auf andere Mitschüler einen formalen Auftrag zur Übersetzung der Kopie.

> So wurde ich also Gaststudent mit voller Verpflegung bei Meister Ogata. Eigentlich hätte ich als Gaststudent in einem Arzthaus in der Arzneibereitung tätig sein müssen, durch das große Entgegenkommen des Meisters und seiner Frau wurde ich jedoch nicht als Medizinstudent, sondern als Übersetzer bei ihm aufgenommen. Im Grunde genommen war es mir überlassen, die Übersetzung zu machen oder auch nicht, ich setzte aber doch den Vorwand in Realität um und übersetzte die Kopie zur Gänze. (S. 61 f.)

Was Fukuzawa über das Leben in Ogatas Heimschule beschrieb, läßt sich wie eine Lausbubengeschichte lesen mit Stichworten wie „Nackte Studenten", „Nacktheit bringt manchen Vorteil", „Hygiene kümmert uns nicht", „Ein Schwein wird umgebracht", „Ein Bär wird seziert", „Ein Schauspielbesuch mit bösem Ende", „Gestellte Raufhändel", „Morddrohung an einen Topfpflanzenhändler", „Langfinger!", „Glaubenslos", „Das gefälschte Schreiben einer Dirne", „Schabernack mit einem Abergläubischen", „Ich lasse einen Mitschüler giftigen Kugelfisch essen", „Diebstähle in Gaststätten", „Ich werfe Tassen von der Naniwa-Brücke", „Von der Abstinenz zum Rauchen", „Auf dem Rückweg von Momoyama zu einer Brandstätte", „Unsere Studierweise".

Von wissenschaftsgeschichtlicher Bedeutung ist der anschließende Bericht darüber, wie man zu jener Zeit im Holländischunterricht methodisch vorging. Er ist ebenso wichtig wie das Erinnerungsbuch *Rangaku*

Kotohajime, in dem Sugita Genpaku (1733–1817), der Übersetzer von *Tafel Anatomia*, d. i. *Kaitai Shinsho* (1774), eine Generation früher über die Anfänge der Holländischen Wissenschaft in Japan berichtete:

> Da neu eintretende Schüler überhaupt keine Vorkenntnisse mitbrachten, mußten wir sie zunächst einmal in Grammatik und Syntax unterweisen. Damals gab es zwei Lehrbücher, Grammatica und Syntaxis, beide waren in Edo gedruckt worden. Jeder Anfänger bekam zuerst die Grammatica in die Hand. An Hand dieser lernte er lesen und erhielt allerhand Erläuterungen. Hatte er das Buch durchgearbeitet, mußte er die Syntaxis in gleicher Weise durcharbeiten. Hatte er den Inhalt dieser beiden Lehrbücher einigermaßen verstanden, durfte er an den Kaidoku- oder Lesezirkeln teilnehmen. (S. 95 f.)

Eine Kaidoku-Sitzung, auf der drei bis höchstens fünf Hanshi-Seiten gelesen wurden, sah wie folgt aus:

> Dabei wurde so vorgegangen, daß jeder der 10 oder 15 Personen umfassenden Gruppe unter dem Vorsitz eines Tutors eine bestimmte Stelle eines beliebigen holländischen Textes lesen und erklären mußte. Konnte er das gut, erhielt er ein Ringerl, ging es nicht, dann gab es einen Schlechtpunkt. Sobald jeder die zwei Grammatikbücher durchgearbeitet hatte und ordentlich lesen konnte, war er sich selbst überlassen und allein auf seine Fähigkeit angewiesen. Über Unklarheiten beim Lesen durfte niemand um Rat fragen, und es fragte auch niemand. (S. 96)

Die betreffende Stelle des verwendeten Textes mußte jedesmal selbst kopiert werden:

> Die Bibliothek der Ogata-Schule umfaßte einige Physik- und Medizinbücher, insgesamt nur 10 Werke. Es waren Originalwerke aus Holland und von jedem nur ein Exemplar vorhanden. Jeder Student, der mit der Grammatik und Syntax fertig war, mußte daher seinen Lesetext aus diesen Büchern abschreiben. Sechsmal im Monat wurden an festgelegten Tagen unsere Kaidoku-Konferenzen abgehalten, zu denen jeder seinen abgeschriebenen Text mitbringen mußte. Da nicht alle 10 oder mehr Schüler einer Gruppe zur gleichen Zeit kopieren konnten, bestimmten wir die Reihenfolge durch das Los. (S. 96)

Beim Kaidoku wurde also von den Teilnehmern kategorisch ein selbständiges Studieren verlangt:

> Wir hatten niemand, der uns bei der Vorbereitung auf die Lesestunden mit unseren selbstgeschriebenen Texten Erklärungen oder Ausspracheanleitungen gegeben hätte. Einander um Rat zu fragen, empfanden wir als beschämend. Jeder war ausschließlich auf sich selbst angewiesen. Als Hilfsmittel standen ihm die Grammatiklehrbücher und zwei Wörterbücher zur Verfügung. (S. 97)

Es handelte sich dabei um das sogenannte Doeff-Wörterbuch, eine handgeschriebene Kopie, die 3000 Blätter umfaßte. Ein gewisser Doktor Hendrik Doeff, der Direktor der holländischen Handelsniederlassung auf der Insel Dejima bei Nagasaki war, hatte das Wörterbuch zusammengestellt. Als Grundlage hiezu hatte ihm das Holländisch-Französisch-Wörterbuch von François Halma gedient. Das Doeff-Wörterbuch wurde *Nagasaki-Halma* genannt, während man ein von Inamura Sanpaku übersetztes Wörterbuch davon *Edo-Halma* nannte. Von *Nagasaki-Halma* heißt es:

> Das Wörterbuch von Doeff wurde in Kreisen der Hollandkunde als Schatz betrachtet. Mehrere Japaner hatten Abschriften davon angefertigt, eine von diesen hatten wir in der Schule. Sie war ständig in Verwendung. Dann hatten wir noch ein sechsbändiges Holländisch-Wörterbuch von Weiland. Was wir im Doeff nicht finden konnten, suchten wir im Weiland, der jedoch für einen Anfänger nicht zu gebrauchen war, da er einsprachig und alles in Holländisch erklärt war. Also blieb nur der Doeff. (S. 98)

Nach dem Holländisch-Studium interessierten den jungen Fukuzawa anscheinend alle technischen Dinge mehr als die europäische Medizin, zumal diese schon lange in weiten Kreisen der Holland-Kundigen, insbesondere der japanischen Schüler von Philipp Franz von Siebold bekannt war:

> Damals gab es noch keine Technik wie heute. Eine Dampfmaschine konnte man in ganz Japan nirgends finden. Geräte für chemische Versuche waren ebenfalls unbekannt. Im allgemeinen wußten wir jedoch über das Wesen der Maschinen und Chemie einigermaßen Bescheid und so bauten wir im Bestreben, einige Versuche durchzuführen, so gut es eben ging, gemäß den Skizzen und Plänen in unseren Büchern allerlei Experimentiergeräte zusammen. Das war eine ziemlich mühselige Arbeit. (S. 102)

Je mühevoller die Arbeit mit Maschinen und Chemie war, desto verhaßter waren die Chinakundler dem jungen Fukuzawa und seinen Mitstreitern in der europäischen Schule. Da sie eine Ärzteschule waren, wurde kaum über Politik gesprochen. In der Frage einer Abschließung oder Öffnung des Landes waren sie aus naheliegenden Gründen für das letztere, aber auch darüber wurde kaum debattiert. Ihre Gegner waren eigentlich die Ärzte der chinesischen Heilkunde. Das führte aber notwendigerweise zur Kritik der altchinesischen Schule überhaupt:

> Wie uns deren Ärzte verhaßt waren, so haßten wir auch die konfuzianistischen Gelehrten und verachteten überhaupt alles Chinesische. Gaben konfuzianistische Gelehrte Vorlesungen über chinesische Klassik oder Geschichte, so ging niemand von uns zuhören, denn wir taten das als lächerlich ab. Besonders die Studenten der chinesischen Heilkunde waren das Ziel unseres Spottes und unserer Verachtung. (S. 109)

Die Kritik am konfuzianistischen Feudalsytem sollte aber erst nach Vertiefung der europäischen Schule durch die dreimaligen Auslandsreisen verschärft werden.

c) Geschichtlicher Zusammenhang mit der Meiji-Zeit

Im Jahre 1858 siedelte Fukuzawa, 25 Jahre alt, von Osaka nach Edo über. Der Edo-Hof des Fürsten Okudaira hatte ihn dorthin berufen, um ihn an der gerade errichteten Clan-Schule für Holländisch-Studium unterrichten zu lassen. Studenten der Ogata-Schule hatten sowieso das stolze Bewußtsein, sie kämen aus Osaka nicht zum Studium, sondern zum Unterrichten nach Edo. Bald nach seinem Einzug in die Niederlassung des Nakatsu-Clans konnte er tatsächlich feststellen, daß er die Gelehrten in Edo in dieser Hinsicht nicht zu fürchten brauchte. Aber es stellte sich zu seiner Beunruhigung heraus, daß das Holländische mittlerweile in Edo untauglich geworden war: „Nachdem ich mir auf diese Weise ein Bild vom Niveau im Holländischkreis in Edo gemacht hatte, war ich einigermaßen beruhigt. Doch sofort erwuchs mir eine andere große Sorge." (S. 115)

Im folgenden Jahr, als der sogenannte Fünf-Staaten-Vertrag inkraft trat und der Hafen von Yokohama für den Außenhandel geöffnet wurde,[20] begab er sich einmal in diese Stadt und mußte erleben, daß

---

20 Näheres vgl. Gerhard Dambmann: Wie Japan den Westen entdeckte. Eine Geschichte in Farbholzschnitten. Belser Verlag. Stuttgart und Zürich 1988.

er sich mit den Ausländern nicht verständigen konnte. Zufällig stieß er auf den Laden eines Deutschen namens Knüpfer, und dieser konnte Holländisch. Er unterhielt sich mit ihm eine Zeitlang, kaufte etwas und kehrte dann nach Edo zurück:

> Aus Yokohama zurückgekehrt fühlte ich mich total ermattet, es war weniger Ermüdung als vielmehr Niedergeschlagenheit. Es war einfach nichts zu machen! Da hatte ich all die Jahre hindurch wie irrsinnig Holländisch studiert und jetzt schien das ganze Lernen umsonst zu sein. Ich konnte nicht einmal ein Ladenschild lesen! Ich war zutiefst enttäuscht. (S. 116)

Seine Enttäuschung machte allerdings am nächsten Tag einem neuen Entschluß Platz, von nun an Englisch zu lernen, sagte er doch zu sich selbst:

> Bei den Sprachen in Yokohama muß es sich wohl um Englisch oder Französisch handeln, wahrscheinlich Englisch, denn diese Sprache ist meines Wissens auf der Welt in weitverbreiteter Verwendung. Unser Land schließt mit anderen Verträge ab und ist dabei, seine Tore der Welt zu öffnen. Sicher wird dem Englischen in Zukunft eine sehr große Bedeutung zukommen. Als Okzidentologe muß man daher unbedingt Englisch können. Es bleibt also nichts anderes, als Englisch zu lernen. (S. 116 f.)

Nach großen Anfangsschwierigkeiten hatte sich der junge Fukuzawa für ein Alleinstudium entschlossen, suchte aber nach einem Freund zum Englischlernen und konnte sich endlich zurecht finden. Ein Gutteil seiner Holländischkenntnisse erwies sich doch für die Lektüre des Englischen als sehr nützlich. Für die Anfänge des Englischunterrichts in Japan leistete er wieder etwas Entscheidendes:

> Zunächst versuchten wir einmal englische Sätze ins Holländische zu übersetzen, wobei wir Wort für Wort im Wörterbuch nachschlugen. Und es wurden tatsächlich anständige holländische Sätze, deren Bedeutung man ohne weiteres verstehen konnte. Einige Mühe bereitete uns jedoch das Lesen der Sätze, aber auch das wurde mit der Zeit leichter. Allmählich sahen wir ein, daß unsere Ansicht, daß wir nun mit dem Beginn des Englischlernens das Holländische gänzlich über Bord zu werfen und nach all den mühseligen Jahren nun ein zweites Mal eine riesige Bürde auf uns zu nehmen hätten, ein großer Irrtum war. Holländisch wie Englisch waren ja beide waagrecht geschriebene Sprachen und sie wiesen in der Grammatik sehr viele Parallelen auf. (S. 122)

Die Einsicht Fukuzawas, daß dem Englischen in Zukunft eine sehr große Bedeutung zukommen würde, bewahrheitete sich schon in seinem zweiten Jahr in Edo. Es war nebenbei bemerkt im Jahr 1610, daß Tokugawa Ieyasu (1542–1616), der an einer Wiederaufnahme des Außenhandels mit Spanien interessiert war, den verschlagenen ehemaligen Gouverneur Don Rodrigo von Luzon in Philippinen nach Nueva Espana, dem heutigen Mexiko, zurückschickte. Dabei ließ er Tanaka Shosuke mitfahren. Deshalb gilt dieser als der erste Japaner, der den amerikanischen Boden betreten hat. Aber daß das Tokugawa-Shogunat nach der 250jährigen Landesabschließung im Winter 1859 den Entschluß faßte, ein Schiff mit japanischer Besatzung nach Amerika zu entsenden, war etwas, was es seit Bestehen des Landes noch nicht gegeben hatte.

Das vorgesehene kleine Kriegsschiff „Kanrin-maru" hatte nur eine 100 PS-Dampfmaschine für das Aus- und Einlaufen der Häfen und war auf offener See vollkommen auf den Wind angewiesen. Es war einige Jahre zuvor von Holland gekauft worden:

> Ungefähr seit 1855, dem 2. Jahr der Ansei-Periode, hatten Leute vom Shogunat in Nagasaki bei den Holländern Navigation zu lernen begonnen. Ihr Wissen und Können hatte ein solches Niveau erreicht, daß sich der Regierungsrat entschlossen hatte, anläßlich der Reise des ersten Gesandten nach Washington ein japanisches Kriegsschiff nach San Franzisko zu entsenden. (S. 123)

Die erste Reise nach Amerika fand unter dem Kommando des damaligen Flottenministers Kimura Settsu-no-kami statt. Der junge Fukuzawa hatte das Glück, von ihm gleichsam als ein Bediensteter mitgenommen zu werden, und beschrieb seine Erfahrungen mit den weiteren Stichworten: „Zwischenspiel in Uraga", „Eine Lawine von Silbermünzen", „Wie in einem Gefängnis bei einem Erdbeben", „Wagemut der Japaner", „Willkommsalut der Amerikaner", „Teppiche, überall Teppiche", „Ich fühle mich wie eine frischgebackene Braut im Haushalt der Schwiegereltern", „‚Ladies first' unglaublich!", „Die Erklärungen sind für mich nichts Neues!", „Wo sind die Nachfahren von George Washington?", „Unser Schiff wird kostenlos überholt", „Die ersten Englisch-Lexika in Japan", „Die Miliz von San Franzisko", „Besuch von Hawaii", „Das Bild mit einem amerikanischen Mädchen", „Die Ermordung von Fürst Ii". Vor allen Dingen wurden der japanischen Delegation technische Geräte oder Einrichtungen ausführlich erklärt, denn die Amerikaner wußten nicht, daß zumindest Fukuzawa bereits Jahre hindurch solche Dinge studiert hatte. Auf dem Gebiet der Gesellschaft, der Politik und der Wirtschaft war ihm jedoch einfach alles unverständlich.

Seit der Abreise aus Uraga Anfang Januar 1860 waren knapp 6 Monate vergangen, in denen man ohne jegliche Nachricht von Japan gewesen war, da in der Zwischenzeit kein einziges Schiff zwischen Japan und Amerika verkehrt war. Als aber bei der Rückkehr von etwas Entsetzlichem die Rede war, konnte der junge Fukuzawa richtig den sogenannten Sakurada-Vorfall erraten, bei dem am 3. März 1860 der Kanzler des Shoguns, Ii Kamon-no-kami ermordet worden war. Er meinte, schon vor seiner Abreise nach Amerika sei ihm klar gewesen, daß es früher oder später zu einer Unruhe habe kommen müssen. So stellte er also die Zeitsituation mit folgenden Worten kritisch fest:

> Seit dem Vorjahr hatte sich immer mehr eine Anti-Ausländer-Haltung durchzusetzen begonnen. Während seines Aufenthaltes in Amerika hatte sich Kapitän Kimura zum Spaß einen Parapluie gekauft. Alle bewunderten dieses Stück und diskutierten, was wohl sein würde, wenn der Kapitän damit in Japan herumspazieren sollte. „Das ist doch sonnenklar: Der Kapitän würde sicher sofort von Clanlosen überfallen werden, sollte er damit von seiner Residenz in Shinsenza nach Nihon-bashi gehen. Das beste wird es vorläufig sein, den Schirm nur zu Hause aufzuspannen und dort zu betrachten!" So waren die Zeiten damals. Nach unserer Rückkehr wurde die Anti-Ausländer-Einstellung immer stärker. (S. 142 f.)

Fukuzawa hatte in Amerika Gelegenheit gehabt, im Verkehr mit den Amerikanern Englisch zu studieren, und auch nach seiner Rückkehr bemühte er sich, soviel wie möglich englische Bücher zu lesen. Die Schüler seiner Privatschule lehrte er denn auch nicht Holländisch, sondern Englisch. Das Englischlesen war jedoch ziemlich schwierig, er war ständig auf das Englisch-Holländische Wörterbuch angewiesen. Etwas später erhielt er im Außenamt der Shogunatsregierung eine Anstellung:

> Von den Japanern konnte damals niemand Englisch oder Französisch lesen oder gar schreiben, und so war es Brauch, alle offiziellen Schreiben mit einer Holländischübersetzung zu versehen. Da von den Regierungsbeamten niemand eine Fremdsprache konnte, hatte man notgedrungen Baishin, Vasallen von Daimyos, die Holländisch konnten, in Dienst nehmen müssen. Die Anstellung hatte auch einen Vorteil. Die Schreiben des englischen und

amerikanischen Gesandten waren in Englisch, aber mit einer holländischen Übersetzung dabei. (S. 143 f.)

Fukuzawa versuchte daher immer zunächst einmal, den englischen Text ohne Zuhilfenahme der holländischen Übersetzung ins Japanische zu übersetzen. Nur Stellen, die er nicht verstehen konnte, sah er in der Übersetzung nach. Auf diese Weise konnte er herrlich Englisch studieren. Außerdem gab es im Außenministerium auch eine Vielzahl von englischen Originalwerken. Diese konnte man sich ausleihen und sie sogar mit nach Hause nehmen. In dieser Hinsicht hatte diese Stellung bei der Shogunatsregierung einen sehr großen Vorteil für ihn. Nach der Rückkehr aus Amerika hatte er 1860 *Kaei-tsuugo*, eine Sammlung von Wörtern und kurzen Sätzen in chinesischer und englischer Sprache, ins Japanische übersetzt und herausgegeben. Diese Arbeit stellte gewissermaßen den Anfang seiner Veröffentlichungen dar.

Im Winter 1861 wurde von Japan wieder eine Delegation nach Europa entsandt. Diesmal war Fukuzawa ein ordentliches Mitglied der Delegation, da er von der Shogunatsregierung zu dieser Europareise aufgefordert worden war. Die Abfahrt mit dem englischen Kriegsschiff „die Odin" erfolgte im Dezember 1861. Die Reiseroute war bis Marseille fast die gleiche Strecke, die seitdem so viele Japaner mit dem Schiff zum Studium nach Europa gefahren sind, nur daß man von Suez nach Kairo und weiter nach Alexandria noch mit der Eisenbahn fahren mußte. Bei der Hinreise fuhr man von Marseille über Paris bis London. Von England ging es nach Holland, von dort weiter in die Hauptstadt Preußens, Berlin, dann nach St. Petersburg. Von St. Petersburg kehrte man nach Paris zurück. Von Frankreich ging es dann per Schiff nach Lissabon, durch das Mittelmeer und über Kairo wieder die alte Route zurück.

Diese Reise durch Europa wird in der Fukuzawa-Autobiographie mit folgenden Stichworten geschildert: „Reiseutensilien – Fehler und Versager", „Politik und Leute in Europa", „Freier Kauf und Verkauf von Land", „Freiheit mit Grenzen", „Angst vor Blut", „Mein Interesse gegenüber Alltagsdingen", „Verhandlungen bezüglich des Grenzverlaufes von Karafuto", „Die große Gastfreundschaft der Russen", „Aufforderung zum Verbleib in Rußland", „Der Namamugi-Vorfall bringt die Delegation in eine schwierige Lage". Alles in allem war die Delegation ungefähr ein Jahr unterwegs und zu Ende 1862 war man wieder in

Japan. In London wie auch in Paris sprach Fukuzawa mit vielen Leuten über Politik. Doch blieb ihm manches unverständlich, da er die nötigen Hintergründe aus der Geschichte nicht kannte:

> Damals war Napoleon III. der Politiker Nr. 1 in Europa und besaß einen großen Einfluß. Das Nachbarland Preußen wäre sehr stark im Kommen, was zur Vorsicht mahnte. Der Krieg mit Österreich, Elsaß-Lothringen usw. würden als Probleme in der Diplomatie in den kommenden Jahren Veränderungen verursachen, war die allgemeine Meinung. (S. 151)

Diesmal hatte sich am 21. August 1861 der sogenannte Namamugi-Vorfall ereignet:

> In Namamugi war der Engländer Richardson von Samurai aus Satsuma getötet worden. Durch diese Nachricht wurde die Regierung Napoleons in ihrer Haltung gegenüber uns Japanern reserviert. Ich weiß nicht, wie die Leute darüber dachten, die Regierung jedenfalls zeigte sich ausgesprochen kühl und unfreundlich. (S. 161 f.)

Da die Nachricht darüber zu jener Zeit aus technischen Gründen nicht so schnell Frankreich erreichen konnte, dürfte ihre Erwähnung eine der wenigen Fiktionen von Fukuzawa gewesen sein. Aber es war schon wahr, daß die Fremdenhasserei seit der 1. Amerikareise immer stärker geworden war.

Das Thema wurde zuvor einige Male andeutungsweise angesprochen:

> Im Speisesaal (des Pariser Hotels) gab es die feinsten Delikatessen, die Land und Meer boten, daß selbst diejenigen in unserer Gesandtschaft, die antiausländisch eingestellt waren, ihre Abneigung vergaßen und es sich reichlich schmecken ließen. (S. 150)
>
> Das bisherige Verhalten der ausländischen Regierungen, die Schwäche Japans und die Unwissenheit der Japaner zu ihrem Vorteil auszunutzen, konfrontierte die Japaner mit schwierigen Problemen. Hier im Ausland jedoch konnte ich sehen, daß es auch gerecht gesinnte und freundliche Leute gab, was mich in meiner Ansicht, Japan sollte mit der übrigen Welt Verkehr pflegen, bestärkte. (S. 151 f.)
>
> Etwas war allerdings komisch. Japan betrieb eine Politik der Isolation und so versuchten die Gesandten unserer Abordnung auch hier im Ausland, uns möglichst von den Ausländern fernzuhalten. (S. 153)
>
> Das ist ja weiters nichts Besonderes. Wir tragen eben auf unserer Reise durch Europa die Abgeschlossenheit Japans mit uns herum! (S. 154)

Schon vor unserer Abreise machte sich in Japan immer stärker eine Anti-Ausländer-Einstellung bemerkbar; in der Außenpolitik häuften sich die Fehler. (S. 157)
Je mehr die Anti-Ausländer-Einstellung wuchs, desto schwächer wurde die japanische Nation, wo würde das noch hinführen? Bei diesen Gedanken fühlte ich echtes Bedauern. (S. 158)

Mitten in der angespannten Situation der Fremdenhasserei, die in der Fukuzawa-Autobiographie ausführlich geschildert wird, fand die zweite Reise nach Amerika im Januar 1867 statt. Es war mittlerweile so weit gekommen, daß der Fremdenhaß sich auch gegen die sogenannten Okzidentologen richtete. Aber kurz vor der Meiji-Restauration ging es für Fukuzawa nicht so sehr um politische Auseinandersetzungen, sondern vielmehr um eine politisch neutrale echte Befürwortung der Landesöffnung:

Ich war gegen die Absperrung des Landes eingestellt und haßte dieses alte, Menschen knechtende Feudal- und Clan-System. Alle, die nicht gleich eingestellt waren, betrachtete ich als Feinde. In gleicher Weise wurden auch wir Okzidentologen von den Isolationisten und Anhängern des alten Systems gehaßt. In meinen Augen verkörperte die Regierung dieses alte System, von einer Politik der Öffnung des Landes oder von Liberalismus war nichts zu bemerken. (S. 194f.)

Da er von diesem Standpunkt aus gewagt hatte, beim Saketrinken auf dem Schiff die Politik der Shogunatsregierung offen zu kritisieren, mußte er nach der Rückkehr vorübergehend vom Dienst dispensiert werden. Er schrieb damals gerade an seinem Buch *Seiyo-tabi-Annai*, einem Reiseführer für die Länder des Westens. Überhaupt ging er abends aus Angst vor Ermordung niemals außer Haus in den ganzen 13 oder 14 Jahren bis in die ersten Jahre der Meiji-Zeit hinein.

Als die sogenannte Restauration vollzogen war, wurde eine kurze Interimsregierung in Osaka geschaffen. Fukuzawa Yukichi erhielt mit zwei Kollegen zusammen die Aufforderung, sich bei dieser in offizieller Angelegenheit zu melden. Als dann die Regierung von Osaka nach Edo verlegt war, wurde er abermals von der neuen Regierung wiederholt aufgefordert, ein Amt zu übernehmen. Aber er lehnte jedesmal ab. Nach Wiedererrichtung der kaiserlichen Regierungsgewalt rekapitulierte er vielmehr seine Überzeugung, er verabscheue den Bürokratismus,

Despotismus und Isolationismus der Schogunatsregierung, gründlich und kritisierte nicht nur das unverbesserliche Feudalsystem des Nakatsu-Clans, sondern auch die ausländerfeindliche Haltung der Shogunatsregierung:

> Es mag den Eindruck erwecken, daß damals alle Feudal-Ländereien ausnahmslos eine ausländerfeindliche Politik verfolgt hätten und in dieser Atmosphäre des Ausländerhasses nur die Tokugawa-Regierung für eine Öffnung des Landes eingetreten sei. Man geht aber keineswegs fehl zu behaupten, daß gerade das Shogunat in seiner innersten Einstellung am stärksten ausländerfeindlich eingestellt war. (S. 217 f.)

Als Begründung meinte er:

> Die Tokugawa-Regierung erschien nur deshalb als pro-ausländisch eingestellt, weil sie gezwungen war, sich im Verkehr mit den ausländischen Mächten so zu geben. Ein Blick hinter die Kulissen hätte jedoch gezeigt, daß es sich um eine höchst anti-ausländisch eingestellte Gruppe handelte. (S. 218)

Der innenpolitische Übergang von der Shogunats- zur neuen Meiji-Regierung konnte bei dieser komplizierten diplomatischen Situation nicht so leicht erfolgen. Erst nach dreißig Jahren hat er sich in der Autobiographie erlaubt, seine damalige Sorge offen zu bekennen: „Die hoffnungslose Lage in den Jahren um die Restauration ließ mich schwarz sehen für die Unabhängigkeit des Landes, jeder Tag konnte irgendwelche Übergriffe von seiten der ausländischen Mächte bringen." (S. 240) Was er für seine Person machen konnte, bestand vor allem darin, sich für den Ausbau seiner in Edo eingerichteten Privatschule einzusetzen. Im ersten Jahr der Meiji- bzw. im vierten Jahr der Keio-Periode verlegte er seine Schule von Teppozu in Tsukiji nach Shinsenza in Shiba und gab ihr, weil dies im letzten Jahr der alten Periode war, den Namen Keio-Gijuku. Aus ihr wurde dann im Laufe der Jahre die Keio-Universität mit mehreren Fakultäten.

In den Kriegswirren waren die Unterrichtsstätten des Tokugawa-Shogunates alle zugrunde gegangen und die Lehrer auch verschwunden. Die neue Regierung hatte keine Zeit, um sich mit Schulfragen zu beschäftigen, und so war damals die Keio-Gijuku die einzige Unterrichtsinstitution in ganz Japan. Auch war die einzige Schule, wo europäische Wissenschaften unterrichtet wurden, die Keio-Gijuku, da das erste Kultusministerium in den ersten 5 oder 6 Jahren der Meiji-Zeit auf dem Gebiet des Unterrichtswesens nichts getan hatte. Dort stellte Fukuzawa sein Erziehungsprinzip: Vernunft und Selbständigkeit auf: „Mein begeistertes Streben war es, die abendländischen Wissenschaften in Japan Allgemeingut werden zu lassen und das Land zivilisiert, reich und stark zu machen wie die Nationen des Abendlandes. Die Keio-Gijuku sollte auf diesem Gebiet richtungsweisend sein." (S. 247) In seiner ganzen Erziehungslehre lag das Schwergewicht auf natürlichen Prinzipien, und er versuchte, alle menschlichen Handlungsweisen aus den beiden Grundprinzipien von Zahl und Vernunft abzuleiten.

Obwohl das Übersetzungswort „abendländisch" statt „europäisch" nicht ganz zutreffend erscheint, erweist sich hier Fukuzawa Yukichi als echter Aufklärer europäischen Gepräges. Ohne vom christlichen Gedankengut je beeinflußt zu werden, huldigte er denn auch einem natürlichen Humanismus der europäischen Aufklärung:

> In moralischer Hinsicht sehe ich im Menschen das höchste und heiligste Wesen, das auf Grund seines Selbstrespektes keinerlei schändliche Handlungen wie Untreue, Verrat, Unrecht, Undankbarkeit, Unmenschlichkeit usw. vollbringen kann, selbst wenn es dazu gebeten oder gezwungen würde. Der Mensch sollte daher ständig versuchen, noch besser zu werden und in seiner Unabhängigkeit seine Sicherheit zu finden. (S. 247)

Dabei macht er in groben Zügen einen Vergleich zwischen dem Osten und Westen und findet einen großen Unterschied im Fortschritt und in dessen Tempo. Beide haben ihre Morallehren und ihre Wirtschaftsprinzipien, Wissenschaft wie Kriegskunst haben je ihre Schwächen und Stärken. Er beurteilt sie aber eindeutig nach dem englischen Utilitarismus hinsichtlich nationalen Reichtums, militärischer Stärke und des größten Glückes für eine größtmögliche Zahl Menschen. Da der Osten nach ihm in dieser Hinsicht dem Westen unterlegen ist, muß er den Grund für den Unterschied in der nationalen Stärke in der Erziehung des Volkes suchen, die sich zwangsläufig in der Bildungsweise unterscheidet. Bei diesem Vergleich werden der Konfuzianismus im Osten und die Zivilisation im Westen gegenübergestellt und Konsequenzen daraus gezogen: „Vergleicht man den Konfuzianismus des Orients mit der Zivilisation des Okzidentes, so fällt einem auf, daß dem Orient zwei Punkte fehlen, nämlich in der materiellen Sphäre die Physik und im spirituellen Bereich der Gedanke der Unabhängigkeit." (S. 248)

Nach Fukuzawa sind Rationalismus und Selbständigkeit beim Neuaufbau des Staates der wichtigste Faktor für alle menschlichen Belange, dem aber in Japan viel zu wenig Beachtung geschenkt wurde. Daher bestünde für Japan wenig Aussicht, durch eine Öffnung des Landes allein ein ebenbürtiger Partner der westlichen Großmächte zu werden. Er war fest davon überzeugt, daß die ganze Schuld hiefür in der konfuzianistisch ausgerichteten Erziehung lag. Deshalb war er bemüht, das gesamte Erziehungsprogramm an der Keio-Gijuku soweit wie möglich nach rationalistischen Prinzipien auszurichten und die Selbständigkeit zu betonen. Da er sich dabei über die altchinesische Schule vorzüglich auskannte, war er in den Augen der Chinakundler so etwas wie der Wurm im Leib des Löwen:

> Ich habe nicht nur nichts für die Chinakunde übrig, sondern war bereits von Jugend auf entschlossen, deren schädliche Lehren aus der Welt zu schaffen. Solange ein gewöhnlicher Okzidentologe oder Dolmetscher für westliche Sprachen über die Chinakundler schimpfte, war das kaum von Belang für diese. Mich jedoch, der ich viele chinesische Werke gelesen hatte, aber trotzdem so tat, als wüßte ich nichts davon, mußten sie geradezu verabscheuen. (S. 249)

Freilich war es nicht seine Absicht, junge Leute in seiner Schule zu versammeln, nur um sie ausländische Bücher lesen zu lassen. Er war darüber hinaus bestrebt, das so lange abgeschlossene Japan zu öffnen, es in die europäische Zivilisation einzuführen, das Land reich und militärisch stark zu machen, damit es nicht hinter den anderen Ländern zurückblieb. Dieses sein Bildungsideal hatte sicherlich einen geschichtlichen Auftrag gehabt und erfüllte ihn in der Tat mit seinen Vor- und Nachteilen. Die Vorteile, die sich aus der Betonung der europäischen Schule „Yogaku" ergaben, liegen auf der Hand. Die Nachteile bestanden m. E. darin, daß Fukuzawas Europa-Bild ausschließlich auf das Physische beschränkt geblieben war, so daß sowohl die Metaphysik in der abendländischen Philosophie als auch die Bedeutung des Christentums für die europäische Geschichte zu kurz gekommen sind. Außerdem äußerte sich Fukuzawa in seiner Autobiographie oft über Korea und China so herabsetzend, daß es nationalistische Auswirkungen für die europäisierten Japaner ausgeübt haben muß. Heutzutage müßten sie sich bemühen, die seit der Meiji-Zeit vernachlässigte andere Seite Europas gründlich zu studieren und sich erneut mit der altchinesischen Schule „Kangaku" zu beschäftigen und schließlich die eigene Kulturtradition der altjapanischen Schule „Kokugaku" besser schätzen zu lernen. Denn das wäre im Zeitalter der Globalisierung die einzige Chance für eine echte Begegnung von Ost und West.

3. Tagebuch des japanischen Christen Uchimura Kanzo in Amerika

a) Bekehrung zum Protestantismus

In der Zeitströmung seit dem Ende des 19. Jahrhunderts, die unter Führung nationalistischer Ideologen wie Inoue Tetsujiro immer rechtsradikaler und militaristischer wurde, war es Uchimura Kanzo, der sich bis zu seinem Lebensende im Jahre 1930 öffentlich zum protestantischen Christentum bekannte und gegen den Zeitgeist immer wieder seine pazifistische Gesinnung zur Geltung zu bringen suchte. Wie er in seiner Jugend in Sapporo und dann in Amerika zum Christentum fand, schilderte er wie vorher erwähnt in der aus seinem Tagebuch entstandenen Schrift *Wie ich ein Christ wurde. Bekenntnisse eines Japaners* (1895) ausführlich. Im Rahmen der interkulturellen Germanistik kann es natürlich nur darum gehen, das Augenmerk auf sein Verhältnis zu Amerika überhaupt und insbesondere auf sein Interesse an der deutschen Sprache und Literatur zu richten. Hinsichtlich des letzteren Problems erwähnt Uchimura im Zusammenhang mit dem Hochschulleben in Neuengland nur folgendes: „Der Professor des Deutschen war ein prächtiger Mensch. Ich las bei ihm Goethes Faust und er machte ihn mir sehr anziehend. Die Tragödie schlug bei mir ein wie ein Blitz vom Himmel, und auch jetzt noch zitiere ich aus dieser weltlichen Bibel, nur etwas seltener als aus der wirklichen."[21]

---

21 Kanso Utschimura (sic!): Wie ich ein Christ wurde. Bekenntnisse eines Japaners. Übersetzt von Luise Oehler. Stuttgart 1904, S. 84. Vgl. ferner Naoji Kimura: Mori Ogai als „Faust"-Übersetzer. In: Bernd Thum / Gonthier-Louis Fink (Hrsg.): Praxis interkultureller Germanistik. Forschung – Bildung – Politik. München 1994, S. 945–958.

Seine Begeisterung für den *Faust* erinnert, nebenbei bemerkt, an Thomas Carlyle, von dessen Schrift über Cromwell er sehr beeindruckt war. So hatte er in der Erstausgabe seiner englisch geschriebenen Schrift ein Wort Carlyles über die Aufrichtigkeit bei der Selbstaussage als Motto angeführt. Daß aber Uchimura als Puritaner im eigentlichen Sinne nicht ästhetisch, also auch nicht literarisch veranlagt war, geht aus einer rigoristischen Bemerkung in seiner Schrift hervor. Als er etwa drei Wochen nach der Taufe mit seinen christlichen Brüdern ins Theater ging, schreibt er:

> Ich ging nicht mit ganz freiem Gewissen und mein zweiter Theaterbesuch nach meiner Taufe war auch mein letzter. Ich habe später gelernt, daß Christen ohne Schaden für ihre Seele ins Theater gehen können und es auch oft tun, aber ich kann ohne solche Vergnügungen durchs Leben kommen, und so ist's wohl besser, wenn ich darauf verzichte.[22]

Was das erste Problem anbelangt, so sagte schon Goethe: „Amerika, du hast es besser / Als unser Kontinent, das alte, / Hast keine verfallene Schlösser / Und keine Basalte. / Dich stört nicht im Innern / Zu lebendiger Zeit / Unnützes Erinnern / Und vergeblicher Streit."[23] Dabei sah er nicht die amerikanische Wirklichkeit, sondern hatte den neuen Kontinent als eine Idee vor Augen, so wie er seinerzeit im katholischen Rom und auf klassischem Boden in Sizilien nach dem reinen idealen Bild Griechenlands gesucht hatte. Mit Uchimuras Beziehung zu Amerika hatte es ähnliche Bewandtnis. Für ihn stellte das klassische China, mit dessen konfuzianischem Schrifttum er als Sohn einer Samurai-Familie den ersten Unterricht im Lesen und Schreiben erhielt, gleichsam den alten Kontinent dar:

> Mein Vater hatte seinen Konfuzius gründlich studiert und konnte die meisten Stellen in den Schriften dieses Weisen aus dem Gedächtnis anführen. So wurde ich in diesen Grundsätzen erzogen, und wenn ich auch die sittlichen und politischen Ansichten der chinesischen Weisen nicht verstand, so wurden mir doch ihre Gebote eingeprägt.[24]

---

22 Utschimura, a. a. O., S. 23.
23 Goethes Werke. Hamburger Ausgabe. Bd. 1, S. 333. Vgl. Peter Boerner: Amerika, du hast es besser? Goethe's views of America in a different light. In: Germanistik aus interkultureller Perspektive, hrsg. von Adrien Finck und Gertrud Gräciano, Strasbourg 1988.
24 Utschimura, a. a. O., S. 10.

Auf diese Weise waren der Fürst, der Vater und der Lehrer von Jugend auf seine Dreieinigkeit, und alle drei hatten für ihn den gleichen Rang. Aber darüber hinaus war er als religiöser Mensch von Kindheit an in der einheimischen shintoistischen Naturfrömmigkeit verwurzelt. Als diese herkömmlichen ethisch-religiösen Werte im Zuge der Meiji-Restauration zugrunde zu gehen drohten, mußte er nach den neuen Werten aus dem Westen Ausschau halten und fand sie im protestantischen Christentum, wie es sein amerikanischer Professor an der Landwirtschaftshochschule zu Sapporo lehrte und lebte. Für ihn war Amerika in William S. Clark verkörpert, dessen geistiger Einfluß auf ihn und seine Studienfreunde von entscheidender Bedeutung war, auch wenn der Amerikaner sich nur anderthalb Jahre in Sapporo aufgehalten hatte.

Amerika schwebte also dem jugendlichen Uchimura als der neue Kontinent vor Augen, wo das Christentum das leitende Prinzip für die Menschen verschiedener Herkunft und Klassen sein würde. Um so bewußter kehrt er den heidnischen Charakter seines eigenen Volkes und seiner traditionellen Bildung hervor, so daß das 1. Kapitel seiner Schrift mit „Im Heidentum" überschrieben ist, obwohl es sich dabei vorerst nur um eine nichtchristliche Religion handelt. So schreibt er über seine Großmutter, die in ihrem hohen Alter ruhig das Ende erwartete und friedlich aus dem Leben schied: „Es liegt etwas Rührendes in einem so edlen Heidentum."[25] Oder er spricht von seinem konfuzianischen, aber antibuddhistischen Vater, der die heidnischen Götter mit Spott und Verachtung behandelte. Oder aber er verteidigt das nichtchristliche Japan gegen europäische Vorurteile: „Die oft den Heiden vorgeworfene Grausamkeit gegen Frauen findet in unsrem Gesetzbuch keinen Anhalt."[26] Vielmehr erlaubt er sich anfangs eine kritische Bemerkung: „Man erzählte mir keine biblischen Geschichten, die die Wildheit meiner kindischen Leidenschaften dämpfen konnten, aber die Aufregung und Ruhelosigkeit, die in der Christenheit so viele mit sich fortreißt und ihnen ein frühes Grab bereitet, kannte ich nicht."[27]

---

25 Ebd.
26 Utschimura, a. a. O., S. 11.
27 Utschimura, a. a. O., S. 10.

Aber er wurde doch allmählich reizbar und furchtsam, weil er es im Gegensatz zu seinem Vater so vielen Göttern des Shintoismus recht machen wollte. Auf der neugegründeten Landwirtschaftshochschule zu Sapporo war er „der einzige Heide, der Götzendiener, der unverbesserliche Anbeter von Holz und Stein"[28]. Der christliche Glaube an einen einzigen Gott brachte ihm schließlich eine seelische Befreiung und machte aus ihm einen neuen Menschen. Dennoch schreibt der traditionsgebundene japanische Konvertit nach der Unterzeichnung eines konfessionellen Bundes: „So tat ich also meinen ersten Schritt ins Christentum gegen meinen Willen und, ich muß es bekennen, auch etwas gegen mein Gewissen."[29] So sehr empörte sich seine ganze Natur dagegen, so sehr lag ihm nach der Heimkehr viel daran, seine heidnische Familie zu bekehren, mit der Überzeugung, Christen seien eine ganz andere Menschenklasse als die Heiden.

Der Übereifer, andere bekehren zu wollen, ist beim fanatischen Konvertiten in einem nicht-christlichen Land oft anzutreffen. Er wird aber auf einmal ernüchtert, wenn er mit der Wirklichkeit in einem christlichen Land konfrontiert wird. Mußte doch das christliche Amerika seiner Ansicht nach erhaben, fromm, puritanisch sein. So dachte Uchimura, Amerika müsse eine Art von heiligem Land sein, als er Ende November 1884 zum erstenmal das Land der Christenheit erblickte. Seine ersten schlechten Erfahrungen brauchen hier aber nicht eigens nacherzählt zu werden, da sie überall in den christlichen Ländern gleich sind. Woran er am meisten Anstoß nahm, waren die Rassenvorurteile bei den Bekennern des Christentums: „So stark und unchristlich auch die Abneigung der Amerikaner gegen die Indianer und Neger ist, so ist das noch nichts im Vergleich mit dem Widerwillen und dem Vorurteil, das sie gegen die Söhne Chinas hegen. Dergleichen ist uns unter den Heiden nie vorgekommen."[30]

Nachdem er drei gängige Gründe dafür mit christlicher Argumentation widerlegt hat, unterstreicht er sein Mitgefühl, zumal er selbst oft mit einem Chinesen verwechselt wurde: „Ich bin kein Chinese, aber ich schäme mich der Verwandtschaft mit dem ältesten Volk nicht, – einem Volk, das der Welt

---

28 Utschimura, a.a.O., S. 15.
29 Ebd.
30 Utschimura, a.a.O., S. 62.

einen Menzius und Konfuzius gegeben und, Jahrhunderte ehe man sich in Europa so etwas träumen ließ, Kompaß und Druckerpresse erfunden hat."[31] Als er sich bekehrt hatte, hörte er von Amerika mit seinen 400 Hohen Schulen, von England als der Heimat der Puritaner, von Deutschland als dem Vaterland Luthers, von der Schweiz mit ihrem Zwingli sowie von Schottland mit seinem John Knox. Er kann sich des Eindrucks, getäuscht worden zu sein, nicht enthalten und faßt den Entschluß, er werde nie wieder das Christentum darum verteidigen, weil es die Religion Europas und Amerikas sei. Es versteht sich von selbst, daß er seitdem auf der Suche nach einem von westlicher Zivilisation unabhängigen Christentum war und sich aus der Ferne erneut auf die Vorzüge seines Vaterlands besann. Nach der Rückkehr nach Japan hat er später seinen eigenen Standpunkt in dem Motto „Pro Christo et Patria" zusammengefaßt, indem er eine von allen Konfessionen selbständige, sogenannte nichtkirchliche Gemeinde ins Leben rief.

Glücklicherweise sollte Uchimura in Amerika nicht nur unchristliche Züge der Christenheit, sondern auch die Hilfsbereitschaft aus echt christlicher Gesinnung kennenlernen. Bald nach seiner Ankunft in Amerika nahm sich ein Arzt aus Pennsylvania seiner an und gab ihm in seiner Heilanstalt für Schwachsinnige eine Stelle als Wärter. Er meinte, er wäre in den Spitaldienst eingetreten aus ähnlichen Gründen, wie die, die Luther ins Kloster getrieben hätte, und bewunderte den zielbewußten Willen seines Wohltäters, der „sich nach und nach die felsigsten Berge Pennsylvaniens unterwarf und aus ihnen ein blühendes Heim für die Unglücklichsten unter den Menschen machte".[32] Der Doktor hatte ihm eben gezeigt, daß die Menschenliebe, mag sie aus noch so edlen und feinen Gefühlen entspringen, nur dann der leidenden Menschheit zum Segen wird, wenn sie mit einem klaren Kopf und einem eisernen Willen verbunden ist. Auf diesem Erlebnis beruhte seine Abneigung gegen eine weltfremde Theologie: „Keine Vorlesung über praktische Theologie hätte mir diese unschätzbare Lehre so eingeschärft, wie das lebendige Beispiel dieses wahrhaft praktischen Mannes."[33] Ansonsten

---

31 Utschimura, a. a. O., S. 64.
32 Utschimura, a. a. O., S. 72.
33 Ebd.

lernte er durch einen jungen Arzt aus Delaware im Süden, daß es auch „ritterliches Christentum"³⁴ gibt, das seinem nationalen Herzen zusagt. Der Arzt war nämlich edelmütig, gemütvoll, wahr und arglos.

Es war ein Glück für ihn, daß er dann gebührenfrei an der humanistisch orientierten Hochschule Amherst College zugelassen wurde. Der Präsident war zu ihm so freundlich und hilfsbereit, daß es von dem Augenblick der ersten Begegnung an mit seinem Christentum eine ganz neue Wendung nahm. Unter dem 4. Dezember 1886 notierte er über J. H. Sealy:

> In der Vorlesung des Präsidenten erzählte ich heute morgen, wie ich dazu gekommen bin, das Christentum als Wahrheit anzunehmen. Ich sagte offen und ehrlich, daß ich die Lösung des sittlichen Zwiespalts nur in Christus finde und schloß mit Luthers Worten: „Ich kann nicht anders, Gott helfe mir!"³⁵

Dieses sein Bekenntnis war anders als bei seiner Taufe in Sapporo, die doch erst den Beginn seiner inneren Kämpfe einleitete. Er schrieb ausdrücklich: „Ich wurde hier, etwa zehn Jahre nach meiner Taufe, wirklich bekehrt, d. h. umgekehrt."³⁶ Da der Präsident übrigens die Heidenchristen wie ihn mit großer Achtung behandelte, konnte er sich auch davon überzeugen: „Gott will nicht, daß unsere Volkseigenart, die sich in einer zweitausendjährigen Erziehung entwickelt hat, ganz amerikanisch oder europäisch werde."³⁷ Er hat damit sozusagen eine grundlegende Erkenntnis der interkulturellen Germanistik vorweggenommen.

b) Theologische Begründung eines kirchenfreien Christentums

Als Uchimura sich daraufhin noch anderthalb Jahre mit der Theologie beschäftigte, erwachte in ihm wieder seine japanische Natur, da er sich davon zurückgestoßen fühlte: „Ich stammte ja aus einer Familie von Kriegern und diese verachten die Priester als Leute, die den Menschen unnütze, unbrauchbare Dinge geben und dafür Nahrung, Kleidung und

---

34 Utschimura, a.a.O., S. 74.
35 Utschimura, a.a.O., S. 93.
36 Utschimura, a.a.O., S. 98.
37 Utschimura, a.a.O., S. 94.

andre wertvolle Dinge empfangen."[38] Im Laufe der Zeit war er zwar durch gegenteilige gute Beispiele nahestehender Lehrer seine früheren Ansichten über die Hohlheit und Nutzlosigkeit der Theologie losgeworden. Doch meinte er immer noch, Konfuzius und Buddha könnten ihn das meiste auch lehren, was jene Theologen die Heiden lehren wollten. Angesichts der ausgesprochen missionswissenschaftlich ausgerichteten Theologie in Amerika fühlte er sich herausgefordert zu sagen: „Uns liegen die Tüfteleien der indischen Philosophie, die religionslosen chinesischen Sittenlehrer, die verwirrten, anscheinend materialistischen, aber im Grunde doch geistig gerichteten Bestrebungen neugeborener Völker viel näher."[39] Sind doch nach ihm die Gedanken Gemeingut der Völker und die Japaner lernen gerne und mit Dankbarkeit von Menschen aller Nationen. So zitierte er eine Aussage des heidnischen Japaners Hikokuro Takayama (1747–1793): „Die Erkenntnis ist wertvoll in so weit, als sie den Weg zur Rechtschaffenheit erleuchtet. Der Mensch erlernt sie nicht, um ein berufsmäßiger Sittenlehrer zu werden"[40], und wies darauf hin, daß Takayama und viele seinesgleichen die größte sittliche und politische Reformation Japans zustande gebracht haben.

Es war Uchimura besonders suspekt, daß die Predigten einen Marktwert wie Schweinefleisch und Tomaten zu haben schienen. Während die amerikanischen Geistlichen besoldet waren, hatten die heidnischen Lehrer traditionsgemäß kein bestimmtes Gehalt, sondern zweimal im Jahr brachte ihnen jeder Schüler, was ihm seine Verhältnisse erlaubten. Die armen Morgenländer hatten noch den idealistischen Glauben, daß der Mensch nicht vom Brot allein lebt, daß Geist auch irgendwie leibliche Nahrung ist. Als ein Missionar in China auf diese Eigentümlichkeiten der Heiden Rücksicht nahm, wurde ihm wegen seiner „Wunderlichkeiten" schließlich von daheim die Unterstützung entzogen, aber die Heiden selbst unterstützten ihn und sein Werk. „Er erschien ihnen so heilig, daß sie ihn den christlichen Buddha nannten. Um seine Religion haben sich vielleicht nicht viele gekümmert, aber von ihm selbst haben alle etwas von göttlichem Leid und göttlicher

---

38 Utschimura, a.a.O., S. 100.
39 Utschimura, a.a.O., S. 105.
40 Ebd.

Liebe gelernt."[41] Nach dem Tode Uchimuras hat sich später dasselbe beim heiliggesprochenen polnischen Franziskaner Maximilian Kolbe wiederholt, der ja vor seiner Deportation nach Ausschwitz Missionar in Japan war.

Trotz dieser Schattenseiten des Seminarlebens kannte Uchimura freilich den Nutzen einer theologischen Ausbildung genau. Der Prophet muß geboren werden wie der Dichter. Aber ein theologisches Seminar ist doch der beste Platz für ihn, wo er wachsen und sich entwickeln kann. Gerade der Umstand, daß alle seine Mängel, wie er sie selbst kritisch beobachtete, deutlicher heraustreten als bei andern Einrichtungen, zeigt die Notwendigkeit fast übermenschlicher Vorzüge bei den Theologen. „Die Welt erwartet von ihnen, was sie nur von Engeln erwarten kann; und wirft Steine auf sie wegen eben der Fehler, deren sie sich ganz ungescheut selber schuldig macht."[42] Aufgrund der tröstlichen Einsicht, daß Pfarrer und Missionar wohl vor Gott in Sack und Asche Buße tun müßten, aber vor der Welt sich nicht zu schämen brauchten, wendet er sich von nun an mehr den Lichtseiten des Christentums in Amerika zu, zumal er an die Heimkehr denken muß. Das heimische Heidentum in Japan wird dabei gar nicht abgelehnt, er wirft vielmehr eine an Wolfram von Eschenbachs *Willehalm* erinnernde Frage auf: „Ist's in der Christenheit wirklich besser als unter den Heiden? Ist es gut, das Christentum in meinem Vaterland einzuführen und ist also die Mission berechtigt?"[43] Die Gründe für die Bejahung dieser Frage sind, abgesehen von seiner positiven Beurteilung des undogmatischen und kirchenfreien Christentums, dreifach:

1. Er schätzt sich glücklich, daß Gott ihn als einen Heiden in die Welt kommen ließ und nicht als einen Christen. Ist doch das Heidentum eine unentwickelte Stufe der Menschheit und kann sich zu einer höheren und vollkommeneren entwickeln als die höchste, die irgend eine Form des Christentums bis jetzt erreicht hat.
2. Das japanische Volk ist seiner Geschichte nach zwar mehr als zweitausend Jahre alt, aber es ist noch ein „Kind in Christus" und all die Hoffnungen und Möglichkeiten seiner Zukunft sind noch verhüllt.

---

41 Utschimura, a.a.O., S. 108.
42 Utschimura, a.a.O., S. 109.
43 Ebd.

3. Ein Konvertit kann als früherer Heide die Macht der neuen Wahrheit stärker empfinden. Was den geborenen Christen abgegriffene Gemeinplätze scheinen, erweist sich ihm als neue Offenbarungen.

Unter diesen Voraussetzungen verfährt Uchimura ganz fair, um das Christentum in seinem reinen, einfachen Wesen zu rechtfertigen. Er schreibt nämlich:

> Wir wollen nicht alle anderen Religionen schlecht machen, um zu beweisen, daß überhaupt nur das Christentum einen Wert als Religion habe. Aber mir ist es viel, viel mehr als irgend eine Religion, die ich kenne, und nachdem ich alles, was ich von Religionsvergleichung weiß, erwogen habe, weiß ich nichts Vollkommeneres als das Christentum.[44]

Wie er hinzufügt, lehrt auch das Heidentum uns die Sittlichkeit und schärft uns ihre Gebote ein.

> Wenn Christen die sittlichen Gebote von Buddha, Konfuzius und andern heidnischen Lehrern gründlich studieren, so werden sie sich ihrer eigenen Selbstgenügsamkeit schämen. Wenn die Chinesen und Japaner die Gebote ihres Konfuzius wirklich hielten, so hätte man eine bessere Christenheit als die Amerikas und Europas. Die besten japanischen und chinesischen Christen haben auf das Wesentliche im Buddhismus und Konfuzianismus niemals verzichtet.[45]

Das Heidentum zeigt uns also den Weg und heißt ihn gehen; mehr kann es jedoch nach Uchimura nicht. Dagegen sei das Christentum mehr und höher als das Heidentum, weil es die Kraft zum Halten des Gesetzes gebe. Es sei Heidentum plus Leben. Seinen Landsleuten, die soviel von der dunklen Seite der Christenheit erzählen, hält deshalb Uchimura entgegen: „Aber wenn das Böse in der Christenheit so böse ist, wie gut ist dann das Gute!"[46] Was er besonders hervorhebt, ist das sogenannte „nationale Gewissen" von Amerika, und darauf kommt es meiner Meinung nach letztlich an, wenn von Amerikas Einfluß auf die Neuzeit Japans die Rede ist. Nachdrücklich sagt er: „Wie hoch steht es in der Christenheit über dem Durchschnittsgewissen der einzelnen. Als Volk lehnen sie sich gegen das auf, was sie sich vielleicht

---

44 Utschimura, a. a. O., S. 112.
45 Ebd.
46 Utschimura, a. a. O., S. 115.

als einzelne erlauben würden."[47] Was er danach im einzelnen ausführt, ist im Vergleich zu dieser durchschlagenden Einsicht nicht mehr erwähnenswert, und zum Schluß muß ich bekennen, daß das von Uchimura Kanzo so hochgeschätzte nationale Gewissen sich in der Tat sowohl in der Idee von der „Pax Americana" im moralischen Sinne als auch in der Vergangenheitsbewältigung der Bundesrepublik Deutschland deutlich zu erkennen ist. Es gibt in Japan viele gute Menschen. Es sind aber im Grunde genommen nur einzelne, die nicht imstande sind, ihr persönliches Gewissen zu einem ausgeprägten Nationalgewissen zu erheben. Solange das nationale Gewissen im japanischen Volk noch nicht erwacht ist, befindet es sich noch in jenem adventistischen Zustand, wie er durch Theodor Haecker (1879–1945) in seinem antifaustischen Buch *Vergil. Vater des Abendlandes* (1931) charakterisiert ist.[48] Das Problem hängt m. E. mit der shintoistischen Religiosität zusammen, worauf hier jedoch nicht mehr eingegangen werden kann.[49]

c) Geistiges Erbe der Landwirtschaftshochschule Sapporo

Seit der Winterolympiade 1972 besteht zwischen Sapporo und München eine Städtepartnerschaft, zumal der erste Deutsche, der nach Sapporo kam, ein Münchner Braumeister gewesen sein soll. Der einheimische Ingenieur, der zur Gründung der ersten japanischen Brauerei berufen wurde, hatte allerdings an der Bierfirma Tivoli in Berlin seine Ausbildung erfahren. So eine kleine Episode gehört wohl auch zur Kulturgeschichte meiner Heimatstadt. Aber geschichtlich wichtiger erscheint mir die Tatsache, daß das alte Sapporo als eine christliche Kulturstadt gegolten hat. Leider droht dieser Aspekt in der überaus rapiden Entwicklung der Stadt verschüttet zu werden. Deshalb soll er im folgenden im Zusammenhang mit der japanischen Missionsgeschichte doch noch etwas beleuchtet werden.

Das neue Sapporo mit dem modernsten Fußball-Stadion ist freilich zu groß, um christlich genannt werden zu können. Symbolisch genug ist das im Mai 2001 fertiggestellte Stadion als „Sapporo-Dome" bezeichnet worden. Heutzutage ist die Stadt als eine „bezaubernde Stadt der vier

---

47 Utschimura, a. a. O., S. 117.
48 Vgl. Theodor Haecker: Was ist der Mensch? Leipzig 1933. S. 28.
49 Vgl. Naoji Kimura: Der „Ferne Westen" Japan. Zehn Kapitel über Mythos und Geschichte Japans. Röhrig Universitätsverlag. St. Ingbert 2003.

Jahreszeiten", insbesondere des Schneefestes auch international bekannt und hat eine Bevölkerung von 1,800,000, indem sie nach dem Zweiten Weltkrieg zusehends umliegende Gebiete und Dörfer eingemeindet hat. Vor dem Krieg bestand sie lediglich aus den jetzigen drei Bezirken in der Mitte sowie im Norden und Osten, und ihre Einwohnerzahl betrug 200,000 bis höchstens 300,000. Außerdem verlor das japanische Christentum in den Kriegsjahren wegen der nationalistisch gerichteten politischen Unterdrückung viel an Bedeutung. Aber seit der Gründung im Jahre 1869 ist Sapporo vergleichsweise stark christlich geprägt gewesen, wofür die Tatsache spricht, daß es heute noch in der Stadt 38 protestantische Kirchen verschiedener Konfessionen, 9 katholische Kirchen sowie 8 Klöster und darüber hinaus eine russisch-orthodoxe Haristos-Kirche gibt. Das kommt daher, weil Sapporo bei der Modernisierung Japans aus geschichtlichen Gründen einen Sonderweg gegangen ist.

Im Jahre 1869, also schon ein Jahr nach der Meiji-Restauration gab die japanische Regierung das Startzeichen, die hauptsächlich von den Ainu bewohnte nördlichste Insel Ezo zu erschließen, und hat die althergebrachte Bezeichnung Ezo (蝦夷) zu Hokkaido umbenannt. Die zwei Schriftzeichen „Ezo" lauteten nämlich in chinesischer Lesart „kai" und wurden mit dem Schriftzeichen für das Meer „umi" bzw. „kai" ersetzt. Dann setzte man das Schriftzeichen für den Norden „kita" bzw. „hoku", das durch eine Assimilation „hokku" ausgesprochen wird, voran und fügte das Schriftzeichen für den Weg „michi" bzw. „do" wie die alte Landstraße „Tokaido" auf der Hauptinsel Honshu hinzu. Daraus ergab sich die Bezeichnung „Hokkaido" für die Insel im Norden Japans, als deren Regierungssitz Sapporo von Anfang an bestimmt war. Außerdem war Sapporo ursprünglich in der Ainu-Sprache der Name des Flusses, der heute „Toyohiragawa" heißt, und wurde mit verschiedenen Schriftzeichen geschrieben, bis die jetzige Schreibweise sich durchgesetzt hat. Wenn ein älterer Bürger von Sapporo z. B. den Ortsnamen mit den Schriftzeichen „Tsukisamu" „Tsukissappu" ausspricht, kennt er noch die Etymologie des Ortsnamens aus der Ainu-Sprache.[50]

---

50 Vgl. Die Ainu. Porträt einer Kultur im Norden Japans. Ausstellung anläßlich der 30-jährigen Städtepartnerschaft Sapporo München 1972–2002. Staatliches Museum für Völkerkunde München. 28. Nov. 2002 bis 23. Feb. 2003.

Zur Erschließung Hokkaidos wurden wie überhaupt in ganz Japan Berater und Fachleute aus dem Ausland, besonders aus Amerika gerufen. Dafür arbeitete vor allem der zuständige Gouverneur Kuroda Kiyotaka mit dem Amerikaner Hores Kepron eng zusammen, wovon ihre 1967 zur Säkularfeier Hokkaidos errichteten Bronzestatuen im Odori-Park lebendiges Zeugnis ablegen. Im Zuge davon wurde dann auch 1876 die Landwirtschaftshochschule Sapporo gegründet, die zunächst noch zur Kaiserlichen Universität Tohoku in Sendai gehörte. Der Uhrenturm *Tokeidai*, der schon lange als Wahrzeichen von Sapporo gilt, wurde 1878 als Exerzierhaus dieser Hochschule in amerikanischem Stil aus Holz gebaut. Sie war Vorläufer der Hokkaido-Universität und sollte nicht nur für den Ausbau einer modernen Industrie, sondern auch kulturell für die Entwicklung der Hauptstadt Hokkaidos eine entscheidende Rolle spielen.

Bekanntlich war der erste amerikanische Lehrer William Smith Clark (1826–86) aus dem Amherst College, Massachusetts USA, ein Laienmissionar. Obwohl er sich nur neun Monate in Sapporo aufhielt, haben sämtliche 16 Schüler des ersten Jahrgangs sowie 15 des zweiten Jahrgangs an der Landwirtschaftshochschule unter seinem geistigen Einfluß beim Abschied von ihm ein sogenanntes „Covenant of Believers in Jesus" unterschrieben. Getauft wurden sie danach zum Teil von dem amerikanischen Methodistenmissionar Merriman Colbert Harris (1846–1921). Unter ihnen befanden sich u. a. Uchimura Kanzo, Nitobe Inazo und Miyabe Kingo, die für die Verbreitung des Protestantismus in Japan von großer Bedeutung geworden sind. Auch der spätere Rektor der Hokkaido-Universität, Sato Shosuke, war ihr christlicher Studienfreund. Aus ihnen und ihrem Schülerkreis ging ein so andauernder Einfluß hervor, daß man kirchengeschichtlich neben den zwei christlichen Banden in Yokohama und Kumamoto vom Sapporo-Band im japanischen Christentum gesprochen hat. In der Aula des Amherst Colleges hängt übrigens ein Porträtgemälde von Niijima Jo, dem Gründer der Doshisha-Universität in Kyoto, und das Porträtgemälde von Uchimura Kanzo befindet sich an der Eingangshalle zur Bibliothek. Ich konnte die beiden Bilder vor einigen Jahren durch freundliche Vermittlung der dortigen Germanistin Frau Prof. Ute Brandes besichtigen.

Der bekannte Literaturkritiker Kamei Katsuichiro, der selbst aus Hakodate in dem relativ frühzeitig erschlossenen Gebiet Hokkaidos stammt, charakterisierte in seinem Essay „Genealogie der Hokkaido-Literatur" (1954) das literarische Schaffen von Hokkaido mit drei Stichworten: Puritanismus in Sapporo, Realismus in Otaru und Romantizismus in Hakodate. Nach seiner Meinung stellen sie zugleich drei Formen des Frontiergeistes in Hokkaido dar, wobei die Landwirtschaftshochschule Sapporo als Urquelle der Verknüpfung von Puritanismus und Konfuzianismus in Japan angesehen wird. In der Tat kann man an den Fotos von damals feststellen, daß das Stadtbild Sapporos vor dem Krieg durch mehrere westlich-moderne Kirchengebäude um den heutigen Odori-Park herum stark geprägt war. Leider sind sie im Laufe der Zeit gänzlich umgebaut oder anderswohin verlegt worden.

Der breite Grüngürtel, der in der Mitte der Stadt von Ost nach West verläuft, wurde 1870 eigentlich als Brandschutz angelegt und spielte auch für das kulturelle Leben der Stadt immer schon eine zentrale Rolle. Da die christlichen Kirchen, die vorwiegend von den aufgeschlossenen Professoren der Landwirtschaftshochschule Sapporo geleitet wurden, eine sogenannte Sonntagsschule für die Allgemeinbildung sowie einen Kindergarten eingerichtet hatten, wurden diese pädagogischen Anstalten auch von den nichtchristlichen, aber bildungsfreudigen Jugendlichen der meist wohlhabenden Bürger gut besucht. Das trug selbstverständlich dazu bei, daß Sapporo innerlich immer christlicher und äußerlich immer westlicher ausgestaltet wurde. In diesem Sinne könnte man die neue protestantische Stadt Sapporo im Norden der alten katholischen Stadt Nagasaki im Süden auf der Insel Kyushu gegenüberstellen. Akutagawa Ryunosuke, Autor der bekannten Erzählung „Rashomon", schwärmte wie der Dichtergelehrte Kinoshita Mokutaro mehr von Nagasaki.

Die christliche Mission in Hokkaido begann nach der Meiji-Restauration in der für westliche Mächte eröffneten Hafenstadt Hakodate, nachdem 1873 das Christenverbot in Japan faktisch aufgehoben worden war. Aber schon im Jahre 1847 hatte der römische Papst die Pariser Missionsgesellschaft damit beauftragt, die katholische Kirche aus der Xirishitan-Zeit im 16. Jahrhundert wieder aufzubauen. Zunächst waren es deshalb ein paar katholische Priester, die in dem französischen und russischen Konsulat ihre Landsleute betreuten. Dann kamen auch anglikanische

Pfarrer. So erbaute man in Hakodate relativ früh protestantische, katholische und russisch-orthodoxe Kirchen, und von dort her kamen die ersten Missionare nach Sapporo. Aber während Hakodate schon seit der Edo-Zeit durch den Matsumae-Clan eine engere Beziehung zur Hauptinsel Honshu und somit zur alten Tradition Japans hatte, gab es in der reinen Kolonialstadt Sapporo keine althergebrachte Kulturtradition mit ihren buddhistischen Tempeln und shintoistischen Schreinen oder auch mit konfuzianischen Clan-Schulen.

Für Kult und Kultur des Ainu-Volkes hatten die japanischen Einwanderer sich kaum interessiert, auch wenn seine Sprache tiefgreifende Spuren in vielen Ortsnamen hinterlassen hat. Immerhin hat der japanische Japanologe Kindaichi Kyosuku das mündlich überlieferte Volksepos der Ainu „Yukara" mit großer Mühe aufgezeichnet und durch seine Übersetzung für die Nachwelt gerettet. Diese Traditionslosigkeit, die sich gewissermaßen heute noch auswirkt, war ohne Zweifel ein Grund dafür, warum das Christentum in Sapporo sogar auf der Basis einer staatlichen Hochschule so fest Wurzel schlagen konnte. Dazu kam, daß die Söhne der getauften oder christlich beeinflußten Bürger sich mit dem Studium der Landwirtschaft befleißigten und vielfach zum Weiterstudium nach Amerika fuhren. Nach der Rückkehr waren sie in Landwirtschaft, Industrie und Handel meist führend tätig und verhalfen der Stadt sowohl zum Wohlstand als auch zur kulturellen Entwicklung. Aus den Kindern dieser reichen und gebildeten Familien sind denn auch wieder eine Reihe namhafte Schriftsteller, Künstler und Musiker von Sapporo hervorgegangen, ganz zu schweigen von den Wissenschaftlern, die akademische Lehrer an der Hokkaido-Universität geworden sind.

Die protestantischen Missionare wurden unmittelbar von dem sogenannten American Board aus Yokohama oder Tokyo nach Sapporo entsandt. Es war jedoch der englische Missionar Archdeacon John Batchelor (1854–1944), der 1877 zuerst nach Hakodate entsandt wurde und nach mehrjährigen sprachlich-praktischen Vorbereitungen sich in Sapporo besonders für die Ainu einsetzte. Er war noch als Student Missionary von der sogenannten Church Missionary Society (S.M.S) der anglikanischen Kirche beauftragt, seinem Vorgänger Pfarrer Walter Dening zur Seite zu stehen. In den Jahren 1892–1940 betreute er die Ainu in einem von den japanischen Ärzten für sie eingerichteten Krankenhaus, bildete ein paar japanische Missionare für das Ainu-Volk aus und gründete zuletzt 1924 mit finanzieller Unterstützung von Fürst Tokugawa aufgrund einer Sondergenehmigung der Verwaltungsbehörde von Hokkaido eine eigene Fortbildungsschule für die Jugendlichen des Ainu-Volkes. Er hatte auch ein Wörterbuch der Ainu-Sprache verfaßt und bemühte sich um dessen verbesserte Auflage, bis er 1940 als Engländer das antiwestlich gewordene Japan verlassen mußte. Es dürfte auf seine missionarische Tätigkeit zurückzuführen sein, daß die Engländerin Isabella Bird 1878 eine Fahrt in die entlegenen Wohngebiete der Ainu unternahm und einen historisch wertvollen Reisebericht, wie er soeben von Frau Alexandra Schmidt vorgestellt worden ist, hinterließ.

Der katholische Missionar, der erstmals im Jahre 1880 kurz nach Sapporo kam, war der Franzose Alfred Pettier aus Hakodate. Bald darauf begann 1881 Jean Urbain Faurie (1847–1915) als einer der elf Missionare der Pariser Missionsgesellschaft mit seiner Missionsarbeit in Sapporo, und zwei Jahre danach wurden 5 Japaner und Japanerinnen von ihm getauft. Es war im Jahre 1898, daß die erste katholische Kirche in Sapporo, die heute noch existierende Kitaichijyo-kyokai aus Holz, mit einem steinernen Pfarrhaus zusammen erbaut wurde. Missionarisch tätig waren sonst Patres Henri Lafon und Jacues Ernest Billiet. Der französische Bischof Alexandre Berlioz fuhr damals nach Europa, um noch mehr Ordensleute zur Missionarsarbeit in Sapporo zu werben, und gewann Franziskaner und Franziskanerinnen. Die Franziskaner, unter ihnen der spätere deutsche Bischof Wenzeslaus Kinold, kamen also im Jahre 1907 nach Sapporo und gründeten im nördlichen Teil der Stadt ein Kloster als Stützpunkt für eine schulische Tätigkeit, und die franziskanische Äbtissin Guadeloupe mit ihren 6 Ordensschwestern hat im Jahre 1911 ein Krankenhaus namens Tenshi-in (= Engelshaus) mit 30 Betten gegründet. Pater Faurie war übrigens ein botanisierender Missionar. Während Philipp Franz von Siebold aus Würzburg hauptsächlich im Südwesten Japans die bis dahin unbekannte Pflanzenwelt erforschte, hat der französische Missionar in Hokkaido 700 neue Arten der japanischen Flora entdeckt. Nach ihm benannte Pflanzen zählen etwa 70 wie Fauria oder Fauriella, und seine umfangreiche Kollektion ist im botanischen Institut der Kyoto-Universität aufbewahrt.

Bischof Kinold war 1871 in Giershagen, Westfalen, geboren und wurde 1891 im Frauenberg-Kloster bei Fulda Franziskaner. Zum Priester geweiht wurde er im Jahre 1897. Auf Anregung von Bischof Berlioz hin, der den Franziskanergeneral in Rom eigens gebeten hatte, ein paar Missionare nach Hokkaido zu entsenden, kam Kinold, wie gesagt 1907, mit Maurice Bertin nach Sapporo. Als er zunächst im Jahre 1915 Generalvikar der Diozöse Sapporo wurde, gab es eine einzige oben genannte Kirche Kitaichijyo-kyokai mit 586 Gläubigen. Er gründete aber 1925 die Fuji-Mädchenschule, daneben ein theologisches Seminar zur Ausbildung japanischer Priester sowie die Kosei-Jünglingsschule, ein Krankenhaus, eine Druckerei und dazu noch einen Kindergarten. Bis er 1941 mit 70 Jahren von einem japanischen Bischof abgelöst wurde, errichtete er schließlich 13 Kirchen in Hokkaido, davon 4 in Sapporo in allen vier Himmelsrichtungen. Er ist 1952 mit 81 Jahren in dem Krankenhaus Tenshi-in gestorben. Zu erwähnen ist noch, daß der deutsche Pater Gerhard Huber 1937 Generalvikar des Franziskanerordens in Sapporo geworden ist. Aber nähere Einzelheiten über seine Tätigkeit entziehen sich leider meiner Kenntnis.

Bei der Gründung der Mädchenschule standen dem Bischof Kinold drei deutsche Ordensschwestern zur Seite. Die eine Franziskanerin Xavera Rehme (1889–1982) aus Osterkappeln bei Osnabrück wurde Schuldirektorin. Die anderen zwei Schwestern hießen Reineria und Liboria, und Pater Hilarius Schmelz nahm den naturalisierten Namen Hirayo Shumei an. Er war einer der ersten Missionare, die sich in Sapporo für Sozialwerke engagiert haben. Außer diesen franziskanischen Ordensleuten in meiner Kindheit erinnere ich mich flüchtig an Pater Eusebius Breitung, der ein sehr nützliches Deutsch-Japanisches Wörterbuch in chinesischen Schriftzeichen und Umschreibung in Romaji zusammenstellte. Es erschien zu Ostern 1936 und wurde bis 1993 wiederholt nachgedruckt. Im Nachwort des Verfassers zu der 2. verbesserten und wesentlich vermehrten Auflage von 1947 heißt es:

> Das Wort ist indifferent zum Guten wie zum Bösen. Der eine gebraucht es, um das Gute, das in seinem Herzen ruht, andern mitzuteilen und ihnen zu helfen, besser zu werden; der andere, um mit dem Bösen, das dort nistet, andere zu vergiften und schlechter zu machen.

Ich habe diese Worte während meiner langen Lehrtätigkeit immer beherzigt. In meiner Studentenzeit an der von den deutschen Jesuiten gegründeten Sophia-Universität in Tokyo habe ich dann den gelehrten Franziskaner Titus Ziegler aus Sapporo als den nach dem Tod von Johannes Kraus SJ beauftragten Herausgeber der mehrbändigen katholischen Enzyklopädie in japanischer Sprache kennengelernt.

Gegen Ende des 19. Jahrhunderts hat es in Sapporo auf diese Weise eine katholische Kirche, eine russisch-orthodoxe Kirche und fünf protestantische Kirchen bzw. Konfessionen gegeben. Die früheste protestantische Kirche war die anglikanische, die sich mit der Ankunft von John Batchelor in Sapporo etablierte. Aber im Vergleich mit den anderen amerikanisch beeinflußten protestantischen Kirchen wie der congregational-, presbyterian- oder methodist-church war ihr Wirkungskreis sehr beschränkt, zumal Batchelor besonders an der Ainu-Mission interessiert war. Im Jahre 1901 erregte eine ältere dieser Kirchen mit der Umbenennung „Unabhängige Kirche" ein großes Aufsehen in der japanischen Christenheit, da sie den Verzicht auf Taufakt und Abendmahl, also eine Kirche ohne alle Liturgie erklärte. Fast zu gleicher Zeit begann Uchimura Kanzo in Tokyo, ein sogenanntes kirchenfreies Christentum *Mukyokai-ha* zu begründen. Es war der Anfang eines undogmatischen Kulturchristentums in Japan, das nicht geringzuschätzen ist, weil es sich meiner Meinung nach ohne weiteres mit der humanistischen Tradition seit der deutschen Klassik und Romantik verbinden läßt. Es ist doch allgemein bekannt, wie sehr sich japanische Germanisten mit der deutschen Literatur und Philosophie dieser Ausrichtung beschäftigt und durch ihre fleißige Übersetzungsarbeit die japanischen Gebildeten damit vertraut gemacht haben. Nietzsche ist zwar immer noch einer der beliebtesten deutschen Philosophen in Japan, aber er ist im Grunde genommen ein Goethe-Verehrer gewesen.

5. Kapitel: Goethes Bedeutung für die japanische Bildungstradition*

1. Bildung im japanischen Verständnis

Im Rahmen des Japanisch-deutschen Kolloquiums zur „Bedeutung der Geisteswissenschaften", das am 30. März 1996 in Kyoto von der Alexander von Humboldt-Stiftung veranstaltet wurde, soll im folgenden ein japanischer Aspekt des nach wie vor so aktuellen Problems von Bildung betrachtet werden. Die Frage nach Goethes Bedeutung für die japanische Bildungstradition impliziert grundsätzlich dreierlei: den japanischen Begriff der Bildung, die Vermittlungsweise dieser Bildung in Japan und Goethes Wirkung darauf im geschichtlichen Verlauf. Im Deutschen ist der Unterschied zwischen Erziehung und Bildung manchmal nicht ganz eindeutig, wie man von Schulbildung oder Bildungsanstalt spricht. Dagegen unterscheidet man im japanischen Wortgebrauch deutlich zwischen Erziehung und Bildung. Erziehung (*kyoiku*) meint die schulische Ausbildung einschließlich des Hochschulstudiengangs, während Bildung (*kyoyo*) etwas Schöngeistiges, Künstlerisches, ja Kulturelles überhaupt bedeutet, also etwas, was man über die schulische Erziehung oder berufliche Ausbildung hinaus sich geistig an- und zueignet.[1]

Ein Naturwissenschaftler gilt als gebildet, wenn er musizieren oder malen kann. Ein Sozialwissenschaftler ist gebildet, wenn er literarische Essays schreiben kann. Aber wie steht es mit den Geisteswissenschaftlern, die sich anscheinend mit der Bildung als solcher beschäftigen? Sind sie per se gebildet, oder müssen sie etwas anderes erstreben als ihre

---

* Eine um Abschnitt 5 erweiterte Fassung meines Beitrags zu: Sprache, Literatur und Kommunikation im kulturellen Wandel. Festschrift für Eijiro Iwasaki anläßlich seines 75. Geburtstags, hrsg. von Tozo Hayakawa, Takashi Sengoku, Naoji Kimura und Kozo Hirao. Dogakusha Verlag. Tokyo 1997.
1 Das japanische Wort „kyoyo" deckt sich nur teilweise mit dem umfangreichen Bedeutungsgehalt von Bildung bei Goethe. Somit läßt sich auch der japanische Begriff von „kyoyoshugi" nicht mit „Bildungstradition" angemessen wiedergeben.

Fachwissenschaft, um gebildet zu sein? Wer sich allerdings mit Goethe beschäftigt, hat insofern seine Vorteile, als Goethe nicht nur Dichter, sondern auch Naturforscher, Kunsthistoriker, Literaturkritiker, Philosoph, nicht zuletzt Politiker gewesen ist. Darf er sich doch erlauben, von der Germanistik aus Grenzüberschreitungen zu verschiedenen Disziplinen zu unternehmen, so daß er eventuell als allseitig gebildet angesehen werden könnte, wenn er nicht gerade einem seichten Dilettantismus anheimgefallen ist. Aber ein Goetheforscher, der sein Leben lang nur Goethe studiert und darüber hinaus nichts weiß, kann wiederum als Fachidiot übergebildet oder sogar verbildet sein.[2]

Was die Vermittlung der Bildung in Japan anbelangt, so erfolgt sie speziell hinsichtlich der Weltliteratur als des wichtigsten Bildungsmittels entweder durch die Übersetzer oder Lehrer. Bei jenen besteht ihr Lesepublikum aus unbestimmten Gebildetenkreisen, die sich in manchen Fällen schwer erfassen lassen. Bei diesen ist ihr Verhältnis zu den Schülern von entscheidender Wichtigkeit und im großen und ganzen erfaßbar. Abgesehen von der bedeutsamen Rolle der Übersetzer, kommt also vor allem dieses Schüler-Lehrerverhältnis in der Goetheforschung für die japanische Bildungstradition in Betracht.

Den geschichtlichen Verlauf der Bildungstradition, die sich seit dem Anfang der Meiji-Zeit unter der immer stärkeren Wirkung Goethes heranbildete, könnte man dabei dezennienweise gliedern, und zwar in den siebziger Jahren des 19. Jahrhunderts die ersten Kenntnisse über die deutsche Literatur erblicken, dann in den achtziger Jahren die Studienaufenthalte der ersten Goethekenner in Amerika oder Europa, in den neuziger Jahren die begeisterte Aufnahme des *Werther*, im ersten Jahrzehnt des 20. Jahrhunderts die allmähliche Lektüre des *Faust* und schließlich die Etablierung der japanischen Germanistik in den zwanziger Jahren im Anschluß an die Übersetzung von *Wilhelm Meisters Lehrjahren*.[3]

---

2 Damit hängt die ganze Problematik des Bildungsphilisters bzw. des Bildungsbürgertums zusammen, die aber hier nicht weiter erörtert werden kann. Vgl. Aleida Assmann: Arbeit am nationalen Gedächtnis. Eine kurze Geschichte der deutschen Bildungsidee. Edition Pandora. Frankfurt/Main 1993.
3 Vgl. Yoshio Koshina (Hrsg.): Deutsche Sprache und Literatur in Japan. Ein geschichtlicher Rückblick. Ausstellungskatalog zum IVG-Kongreß in Tokyo. Tokyo 1990.

Merkwürdigerweise kam die Blütezeit der Goetheforschung in Japan erst in den dreißiger Jahren herauf.[4] Diese dezennienweisen Einzelphasen kann man aber auch vor und nach dem epochemachenden Übersetzer Mori Ogai gliedern und folgendermaßen charakterisieren. Nach der eigentlichen Einführung der deutschen Literatur durch ihn hat sich die literarische Jugend in Japan zuerst für den *Werther* und dann für den *Faust* begeistert, bis die Germanisten als Fachphilologen des deutschen Bildungsromans an den Universitäten hervortraten.[5]

Zur Veranschaulichung dieses Prozesses sollen zunächst die drei Bilder (im Anhang) dienen. Im Jahre 1832 veröffentlichte der schottische Goetheverehrer Thomas Carlyle in „Frazers Magazine" einen kleinen Aufsatz „Goethes Porträt" und setzte wie folgt ein: „Leser! Hier siehst du das Bildnis Johann Wolfgang Goethes. So lebt und leibt er jetzt in seinem 83. Jahre, weit entfernt, in dem heiteren freundlichen kleinen Kreise zu Weimar der ‚klarste, universellste Mann seiner Zeit'."[6] Es handelte sich bei diesem Bildnis um die Zeichnung von Daniel Maclise, die auf eine Skizze Thackerays nach dem Leben unter Benutzung des Stieler-Kopfes zurückgeht. Des Bayerischen Hofmalers Joseph Karl Stieler Aquarelle mit farbiger Kreide, besonders sein Ölgemälde von 1828 im Besitz der Neuen Pinakothek zu München, sind weltbekannt. Die Zeichnung von Maclise, deren Wiedergabe in der Zeitschrift gänzlich mißlungen sein und einer unfreiwilligen Karikatur geglichen haben soll, dürfte Ihnen weniger bekannt sein. Aber noch weniger bekannt ist Ihnen sicherlich eine Goethe-Zeichnung in Kimono und Geta, die Tadashi Kogawa, Gründer des Goethe-Gedächtnismuseums in Tokyo, zum Goethe-Jahr 1982 entworfen hat. Nebenbei bemerkt, hat diese Zeichnung Manfred

---

4   Näheres vgl. Naoji Kimura: Rezeption ‚heroischer' deutscher Literatur in Japan 1933–45. In: Formierung und Fall der Achse Berlin–Tokyo. Monographien aus dem Deutschen Institut für Japanstudien der Philipp-Franz-von-Siebold-Stiftung. Bd. 8, hrsg. von Gerhard Krebs und Bernd Martin. Iudicium Verlag. München 1994, S. 129–151.
5   Näheres vgl. Naoji Kimura: Die japanische Germanistik im Überblick. In: Jahrbuch für internationale Germanistk. Jg. XX / Heft 1. Bern 1989, S. 138–154.
6   Goethes Briefwechsel mit Thomas Carlyle. Hrsg. von Georg Hecht, Dachau 1913, S. 133. Vgl. ferner Thomas Carlyle: Goethe. Carlyle's Goetheportraet nachgezeichnet von Samuel Saenger. Berlin 1907.

Osten in seinem Artikel „War Goethe ein Japaner?" in der Frankfurter Allgemeinen Zeitung vom 21. Oktober 1987 veröffentlicht.

Was an diesen drei Bildnissen symbolisch zutage tritt, ist ein verschlungener Wandlungsprozeß der Goethe-Rezeption von Deutschland über England und Amerika nach Japan, auf den hier nicht eingegangen werden kann, zumal er gleichzeitig die Wissenschaftsgeschichte der Germanistik selbst darstellt. Soll dieser rezeptionsgeschichtliche Vorgang trotzdem in groben Zügen angedeutet werden, so läßt sich sagen, daß zuerst der deutsche Idealismus einschließlich der Dichtung von Goethe und Schiller auf Thomas Carlyle mit dessen Heldenverehrung stark gewirkt hat und sodann aus ihm einerseits eine Rückwirkung auf den deutschen Kunsthistoriker Herman Grimm und andererseits eine Weiterwirkung auf den amerikanischen Denker Ralph Waldo Emerson hervorgegangen ist.[7]

2. Bildungsidee im Zuge der Goethe-Rezeption

Bekanntlich ist Herman Grimms Goethebild, wie es in seinen Berliner Goethe-Vorlesungen von 1874/75 großartig ausgeführt ist, richtungsweisend für die weiteren Goethe-Auffassungen in Deutschland geworden. Das bedeutet, daß auch die Goethe-Rezeption in Japan indirekt mehr oder weniger unter seinem Einfluß gestanden hat, soweit sie seit Mori Ogai unmittelbar auf dem Weg der deutschen Germanistik erfolgt ist. Vor Mori Ogai, der in den Jahren 1884–88 in Deutschland als Hauptfach Medizin studierte, hatten die japanischen Literaturkritiker ihre Kenntnisse über Goethe vor allem aus den damals bekannten zwei Werken entnommen: August Friedrich Vilmar, *Geschichte der Deutschen National-Litteratur* (Marburg/Leipzig 1845) sowie Robert Koenig, *Deutsche Literaturgeschichte* 2 Bde. (Bielefeld/Leipzig 1879). Vilmars Literaturgeschichte war allerdings in erster Linie „der durchgeführte Gedanke von der Größe und Herrlichkeit der mittelalterlichen epischen

---

7 Vgl. Naoji Kimura: Carlyle als Vermittler Goethes in Japan. In: Symposium „Goethe und die Weltkultur", Veröffentlichungen des Japanisch-Deutschen Zentrums Berlin, Bd. 15. Berlin 1993, S. 72–82.

Volksdichtung, mit ihrer Ehre und Treue bis in den Tod [...] es ist ferner die aufrichtige schöne Gerechtigkeit, mit der die Dichter der neueren Zeit nach ihrem nationalen Gehalte gewürdigt wurden."[8] Und Robert Koenig hatte vor, „ein anschauliches, wenn auch nicht erschöpfendes Bild des Entwickelungsganges unserer deutschen Dichtung im Rahmen unserer ganzen Kultur darzubieten".[9]

Mori Ogai war freilich noch kein Germanist im eigentlichen Sinne. Mehr literaturkritisch als philologisch eingestellt, hatte er viele zeitgenössische Werke aus der deutschen Literatur ins Japanische übersetzt, bevor er 1913 dem japanischen Lesepublikum die erste Gesamtübersetzung von Goethes *Faust* zusammen mit den gesondert erschienenen Auszügen von Albert Bielschowskys Goethe-Biographie und Kuno Fischers *Faust-Studien* vorlegte. Obwohl die ersten japanischen Übersetzungen sowohl von dem *Werther*-Roman als auch von dem ersten Teil des *Faust* bereits 1904 erschienen waren, erwiesen sie sich sprachlich als steif und kaum genießbar. So waren denn auch die jungen Dichter und Schriftsteller der Meiji-Zeit weitgehend auf die englischen Übersetzungen angewiesen, wie z. B. *The Sorrows of Werter* (1892) in Cassell's National Library, *Faust. A Tragedy* (1871) in der Übersetzung von Bayard Taylor oder *Wilhelm Meister's Apprenticeship* (1824) in der Übersetzung von Thomas Carlyle. Carlyles englische Übersetzung von *Wilhelm Meisters Wanderjahren* (1827) scheint in Japan keine nennenswerte Beachtung gefunden zu haben, weil sie auf der ersten Fassung des noch nicht vollendeten Werkes beruhte. Als Vorgeschichte der japanischen Goethe-Rezeption gilt es jedoch diese literarhistorischen Zusammenhänge auf dem Weg über England und Amerika eingehender zu untersuchen. Hervorzuheben ist an dieser Stelle, daß die literarisch interessierte japanische Jugend frühzeitig nicht nur vom *Werther* als dem befreienden romantischen Liebesroman, sondern auch vom *Wilhelm Meister* als dem deutschen Bildungsroman sehr angetan war.

---

8 A.F.C. Vilmar: Geschichte der Deutschen National-Litteratur, 23. vermehrte Auflage. Marburg und Leipzig 1890. Vorwort zur einundzwanzigsten Auflage von Karl Goedeke, S. VII.
9 Rob. Koenig: Deutsche Literaturgeschichte. 10., mit der 9. Auflage gleichlautende Auflage. Bielefeld und Leipzig 1880. Vorwort zur ersten Auflage.

Die Germanistik als akademische Disziplin in Japan nahm ihren Anfang, als im Jahre 1893 der Lehrstuhl dafür an der Kaiserlichen Universität zu Tokyo eingerichtet wurde. Da aber als Lehrkräfte dort jahrelang vorwiegend deutsche Professoren wie Karl Florenz, Joseph Dahlmann SJ u. a. m. vertreten waren, würde man die institutionell etablierte japanische Germanistik erst mit Teisuke Fujishiro ansetzen, der im Jahre 1907 als der erste japanische Lehrstuhlinhaber der Germanistik an die zehn Jahre zuvor gegründete Kaiserliche Universität zu Kyoto berufen wurde. Hier eröffnete er mit seinen Kollegen und Schülern eine Übersetzungsreihe mit den Klassikern der deutschen Literatur und trug sich mit dem Gedanken, den ganzen *Faust* selbst ins Japanische zu übertragen, bis der frühe Tod ihn daran hinderte. In der Reihe fand übrigens die erste japanische Übersetzung von *Wilhelm Meisters Lehrjahren* Aufnahme, die 1920 erschienen war, deren Druckvorlage aber durch das große Erdbeben im Kanto-Gebiet vernichtet wurde. Goethes Bildungsroman, auf japanisch zunächst „kyoyoteki shosetsu" oder „shuyo shosetsu" genannt, wurde auf diese Weise relativ spät dem japanischen Lesepublikum zugänglich gemacht, während Mori Ogais *Faust*-Übersetzung durch die Aufnahme in die Iwanami-Taschenbuchreihe im Jahre 1928 unter den japanischen Gebildeten immer populärer geworden ist.

Die führende Rolle Kyotos in der damaligen Germanistik zeigt sich unverkennbar darin, daß die Goethe-Gesellschaft in Japan im Jahre 1931, also ein Jahr vor der Säkularfeier Goethes, nicht in Tokyo, sondern in Kyoto gegründet wurde, wenngleich Shokichi Aoki, Professor an der Kaiserlichen Universität zu Tokyo, zum ersten Präsidenten gewählt worden war. Vizepräsident wurde natürlich Kiyoshi Naruse, Professor an der Kaiserlichen Universität zu Kyoto, der das japanische Übersetzungswort für „Sturm und Drang" ein für allemal geprägt hat, und der junge Dozent Toshio Yukiyama in Kyoto, der später als erster das *Nibelungenlied* aus dem Mittelhochdeutschen ins Japanische übersetzen sollte, zum geschäftsführenden Vorstandsmitglied ernannt. Kiyoshi Naruse löste nach einigen Jahren den erkrankten Präsidenten Shokichi Aoki ab und wechselte nach dem Krieg zur Keio-Universität über. Es kommt daher, daß die Goethe-Gesellschaft in Japan im Jahre 1958 nicht in Kyoto, sondern in Tokyo durch Professor Morio Sagara wiederaufgebaut worden ist.

Schon der 1. Band des Japanischen Goethe-Jahrbuchs zur Hundertjahrfeier 1932 stellt in Umfang und Vielfalt der Thematik einen Gipfel der bisherigen Goetheforschung in Japan dar. Versucht er doch mit dem ehrwürdigen Ölgemälde Stielers als Titelbild, „Goethes geistiges Bild im großen und ganzen" zu demonstrieren, wie es im Nachwort des Redaktionskomitees heißt, und der Schriftleiter bewundert angesichts der Vielzahl der beigesteuerten Aufsätze den inspirierenden Genius Goethe, der „das Weltall übersteigt und es doch umfaßt". In der Tat kommt darin das Weltbürgertum Goethes hervor, das die japanischen Gebildeten seit ihrer geistigen Begegnung mit diesem deutschen Dichter anzog. Es schreiben nämlich renommierte Autoren verschiedenster Provenienz – außer den Germanisten Philosophen bis zu Naturwissenschaftlern – über die Themen, die sämtlich das facettenreiche Wesen des Universalisten zu beleuchten suchen.

Zur Sprache gelangen da der Reihe nach Goethes Roman *Wilhelm Meisters Lehrjahre*, Goethe als Naturwissenschaftler, sein Verhältnis zur platonischen Liebe, Botanik, Erziehung sowie Musik, Erläuterungen über seine Lyrik und sein Konzept der Weltliteratur. Ihnen folgt der durch die deutsche Übersetzung Robert Schinzingers berühmt gewordene Aufsatz von Kitaro Nishida „Der (metaphysische) Hintergrund Goethes".[10] Es finden sich sodann Aufsätze über den *West-östlichen Divan*, die Freundschaft zwischen Goethe und Schiller, die zwei Seelen im *Faust*, Goethes Verhältnis zu Asien, Religionen, Märchen sowie Kunstgeschichte. Zum Abschluß werden noch Probleme von Goethe-Biographie, Goethes *Iphigenie*, sowie Goethes Beschäftigung mit Kant aufgegriffen. Außerdem sind auch deutsche Professoren bzw. Lektoren wie Erwin Jahn, Erwin Meyenburg, Anna Miura, Johannes Müller SJ jeweils mit Beiträgen über Heines Goetheporträt, Goethes Novelle *Der Mann von funfzig Jahren*, die Hauptdramen Goethes und die Goethische Prosaepik vertreten, so daß jeder Goethefreund sich für sein Spezialinteresse persönlich angesprochen fühlen konnte.

---

10 Vgl. Kitaro Nishida: Der metaphysische Hintergrund Goethes. In: Viermonatsschrift der Goethe-Gesellschaft, 3. Bd., Weimar 1938, S. 135–144.

Wenn man das alles als Aspekte der Selbstbildung bei Goethe auffaßt, so stößt man ohne weiteres auf eine Bildungsidee, die sich zugleich als Ideal für die akademische Jugend in Japan auswirken mußte. Wie daraus deutlich hervorgeht, daß ein Aufsatz über *Wilhelm Meisters Lehrjahre* vorangestellt wurde, war Goethe im Laufe der Taisho-Zeit vom weltschmerzlichen Dichter des *Werther* zum Repräsentanten des bürgerlichen Zeitalters avanciert und hat die japanische Bildungstradition wesentlich mitgestaltet. Denn der Bildungsweg von Wilhelm, den man im allgemeinen mit Faust als Goethes Doppelgänger betrachtet, ist dadurch gekennzeichnet, daß er in der Jugend Zeit genug hatte, sich in Liebe und Liebhaberei zu verirren, um dann schließlich vom bürgerlichen Kaufmannssohn zu einem Geistesadel im Wohlstand erhoben zu werden. Das entsprach ohne Zweifel der Lebens- und Denkweise vieler Oberschüler der alten Kotogakko, die bekanntlich nach dem deutschen Gymnasium ausgerichtet war, und vieler Studenten an den Universitäten der Vorkriegszeit, die als geistige Elite eine gute Aussicht und Chancen genug hatten, überall in der Gesellschaft eine Karriere zu machen. Daß man der deutschen Sprache mächtig ist, war überhaupt die Voraussetzung aller Bildung, galt ja manchmal sogar als Bildung schlechthin. Leider ist es heute nicht mehr der Fall.

3. Anglo-amerikanisches Ideal von Humanities

Aber daß die Bildung als solche in Japan noch immer hochgeachtet wird, geht meiner Meinung nach ebenfalls auf die anglo-amerikanische Bildungstradition zurück, in der Meiji-Zeit insbesondere auf den Einluß eines Carlyle, Emerson oder Matthew Arnold, die alle Goethe zugetan waren, und in der Nachkriegszeit auf das allgemeinbildende Curriculum, das nach dem ursprünglich mittelalterlich-europäischen, heute aber faktisch amerikanischen Modell von liberal arts bzw. Humanities landesweit in die japanischen Universitäten eingeführt worden ist. Da diese Stufe der Bildung traditionsgemäß in Deutschland bereits im humanistischen Gymnasium absolviert wird, hat die deutsche Universität mit ihren hohen Ansprüchen auf Forschung und Lehre nach dem Krieg nicht so sehr als Modell für das japanische Bildungswesen dienen können.

Hier liegt im übrigen ein kulturpolitisches Problem für die Bundesrepublik Deutschland, wenn deutsche Hochschulen für Ausländer, also auch für die japanischen Studenten in der Undergraduate school, attraktiver gemacht werden wollen, wie Bundesaußenminister Klaus Kinkel neulich in einer Weimarer Rede hervorgehoben hat.[11] Die größte Schwierigkeit für die Anpassung an das deutsche Hochschulwesen besteht m.E. darin, daß man in Deutschland normalerweise mit neunzehn Jahren Abitur macht und grundsätzlich nur die staatlichen Universitäten zu besuchen hat, deren Studium nicht nach dem amerikanischen Einheiten-System, sondern mit einem erfolgreichen Staatsexamen oder durch den Erwerb eines Magister- bzw. Doktorgrades abgeschlossen werden kann. Das Staatsexamen kommt jedoch für ausländische Studenten gar nicht in Frage. Außerdem ist das Hochschulstudium in Deutschland gebührenfrei, so daß ein Studentenaustausch mit den japanischen Universitäten mit hohen Studiengebühren finanztechnisch sehr schwierig ist.

Es ist nun in Kunst und Wissenschaft der Lehrer, der das Wissen tradiert. So verhält es sich auch in der Bildungstradition. Die meisten Hochschullehrer in Japan sind bis vor kurzem entweder selbst in der Bildungstradition der alten Kotogakko geistig aufgewachsen oder noch von traditionsgebundenen Lehrern ausgebildet worden. In dieser wissenschaftlichen Atmosphäre war Goethe mit seiner ästhetisch-ethischen Einstellung und seiner politisch konservativen Haltung mit dem althergebrachten Konfuzianismus gut vereinbar. Worte aus Konfutses *Lun Yü* waren den japanischen Oberschülern und Studenten noch ebenso geläufig wie seinerzeit Bibelzitate oder Eckermanns *Gespräche mit Goethe* den deutschen Gebildeten. Wer von Ihnen kennt nicht den Spruch von Konfuzius „Lernen und fortwährend üben: Ist das denn nicht befriedigend? Freunde haben, die aus fernen Gegenden kommen: Ist das nicht auch fröhlich?" oder einen anderen wie „Lernen und nicht denken ist nichtig. Denken und nicht lernen ist ermüdend."?[12] Es ist wie wenn

---

11 Vgl. den Artikel „Das Markenzeichen Kultur" in der Thüringer Allgemeinen Zeitung vom 23.3.1996. Vgl. ferner Naoji Kimura: Goethe auf den Schild heben. Deutsche Kulturpolitik aus japanischer Perspektive. In: Joachim Sartorius (Hrsg.): In dieser Armut – welche Fülle! Wallstein Verlag. Göttingen 1996, S. 130–135.
12 Beide Zitate in der Übersetzung von Richard Wilhelm: Kungfutse / Gespräche (Lun Yü). Düsseldorf-Köln 1955, S. 37 u. S. 45.

man in Goethes *Maximen und Reflexionen* läse oder an Kant erinnert würde, der gesagt hat: „Erfahrung ohne Begriffe ist blind, Begriffe ohne Erfahrung sind leer."

Konfuzius hatte zwar in Laotse, dem Begründer des Taoismus, seinen Gegner, und Goethe hatte in Ludwig Börne, Heinrich Heine oder Wolfgang Menzel seine Kritiker, und es war gut so. Focht doch Goethe selbst mit Schiller in den *Xenien* eine literarische Fehde aus. Wer sich aber nach Herman Grimm mit Goethe beschäftigt, ist ständig mit der Gefahr konfrontiert, einem prekären Goethekult zu verfallen und somit zur Kritiklosigkeit gegen Goethe verurteilt zu werden. Einer solchen Gefahr vorzubeugen wäre eigentlich die pädagogische Aufgabe eines einsichtigen Lehrers gegenüber seinen Schülern. Schlimm ist nur, wenn der Lehrer selbst dem Goethekult verfällt und angeblich daran als einer geheiligten Bildungstradition festhalten will. In den dreißiger Jahren wirkte sich besonders die nationalistisch übersteigerte Faust-Ideologie auch in Japan verhängnisvoll aus, da man den Universalisten Goethe mehr oder weniger bewußt auf den deutschen Faust-Mythos hin interpretierte.

Symptomatisch erscheint daher im nachhinein, daß im 1. Band des Japanischen Goethe-Jahrbuchs ein Blatt aus Goethes biographischem Schema zu *Dichtung und Wahrheit* in getreuer Nachbildung seiner Handschrift wiedergegeben war. Durch Umstellung der Zeilen auf Grund eines Hakens lautet der Text wie folgt: „Ausbreitung der französischen / Sprache u. Cultur / Ursachen früher / in der Dipl. An der Stelle der lateinischen / allgemeine Communicale / Aufhebung der deutschen / Dialekte / Zusammendrängen der deutschen / Expansion der letzteren." Die letzten zwei Zeilen, die sich ursprünglich auf die ersten zwei Zeilen bezogen, lassen sich so lesen: Zusammendrängen der deutschen Sprache u. Cultur / Expansion der letzteren, d. h. deutschen Sprache u. Cultur. Der Text deutet auf eine literaturgeschichtliche Konstellation in der Sturm- und Drang-Periode, und man kann nichts dagegen sagen, daß Herder gegen Gottscheds rationalistische Literaturtheorie auftrat und Shakespeare gegen die französische Literatur ausspielte.[13] Durch Herders Anregungen

---

13 Aus der ursprünglich literarischen Bewegung wurde freilich eine immer nationalistischere Bewegung. Vgl. Wilhelm Scherer: Die deutsche Literaturrevolution. In:

begeistert, hat auch der junge Goethe das Straßburger Münster im gotischen Baustil anachronistisch als deutsche Baukunst gepriesen, wiewohl es an sich nur Ausdruck seiner neuen Kunstanschauung war.

Aber bald nach der Gründung der Goethe-Gesellschaft in Japan sollte Goethes Weltbürgertum zu einem nationalistisch gefärbten Goethekult verengt werden, indem nun *Faust* für das Menschenbild Goethes in der Showa-Zeit bestimmend geworden und *Wilhelm Meister*, insbesondere *Wanderjahre* mit der Pädagogischen Provinz, für Goethes Gesellschafts- und Religionslehre in Anspruch genommen worden ist. Derjenige Hochschullehrer, der dazu in entscheidender Weise Vorschub geleistet hat, war Kinji Kimura, der Nachfolger von Shokichi Aoki auf dem Lehrstuhl der Germanistik an der Kaiserlichen Universität zu Tokyo. Da der Goetheforscher einen tüchtigen Schülerkreis gehabt und als der bedeutendste Multiplikator wieder eine Anzahl neue Goetheforscher ausgebildet hat, war sein geistiger Einfluß von großer Tragweite, dessen Auswirkungen heute noch zu spüren sind.

4. Die deutsche humanistische Tradition

Es wäre absurd zu sagen, durch die völkische Literaturwissenschaft eines Walther Linden sei auch die japanische Germanistik gleichgeschaltet worden. Wie in Deutschland gab es unter den japanischen Goetheforschern, die im Laufe der dreißiger Jahre eine führende Rolle in der Germanistik spielten, opportunistische Mitläufer, Lehrstuhlinhaber, die nachträglich in die nationalsozialistische Kulturpolitik verwickelt wurden, und Hochschullehrer, die in eine innere Emigration gingen. Am Scheidepunkt stand in dieser Hinsicht das 1932 vom Japanisch-Deutschen Kultur-Institut Tokyo herausgegebene Heft „Japanisch-deutscher Geistesaustausch" Nr. 4 mit dem Titel *Goethe-Studien*. Das Heft enthielt vier deutsche Beiträge: Thomas Mann, An die japanische Jugend, Fritz Strich, Goethe und unsere Zeit, Erwin Jahn, Goethe und Asien, Walter Donat, Goethes Vermächtnis in der Gegenwart.

Vorträge und Aufsätze zur Geschichte des geistigen Lebens in Deutschland und Oesterreich. Berlin 1874.

Wie im Vorwort bemerkt, war es das erstemal, daß ein deutscher Schriftsteller von dem Rufe eines Thomas Mann sich unmittelbar an die Leserwelt Japans wandte, und die Gesprächsstelle mit Eckermann, an die er sofort anknüpfen wollte, war Goethes bekannte Aussage über die Weltliteratur als Gemeingut der Menschheit:

> An diese Worte des majestätischen, aus kernigstem Deutschtum in überschauende Größe emporgewachsenen Greises muß ich denken, da mir der ehrenvolle und rührende Auftrag zuteil wird, der ostasiatischen Festpublikation zu hundertstem Tage, diesem seinem Leben und Werk gewidmeten Sammelwerk hervorragender japanischer Gelehrter ein deutsches Vorwort zu schreiben, es mit einem Gruß aus dem Geburtslande des Gefeierten zu versehen. Weltliteratur![14]

Schon damals warnte Thomas Mann vor den „Provinzlern des Geistes", die die naheliegende Gefahr der Verwechselung des Weltfähig-Weltgültigen mit dem nur Weltläufigen, einem minderen internationalen Gebrauchsgut, mit Vorliebe zur nationalen Diskreditierung allgemein anerkannter Leistungen ausnützen: „Geflissentlich nennen sie den echten und den wohlfeilen Weltruhm in einem Atem und meinen so das Mehr-als-Nationale zugleich mit dem Unter- und Zwischennationalen zu verunglimpfen."[15]

Nach Thomas Mann war Goethes Kosmopolitismus „klassische Vorform dessen, was durch einen späteren Weltdeutschen, Nietzsche, den Namen des ‚guten Europäertums' erhalten hat." Wie vorhin erwähnt, legt Goethes vorwegnehmendes gutes Europäertum in seinem Verhältnis zu Carlyle und Emerson ein beredtes Zeugnis ab und erweitert sich zu einem weltumfassenden Kosmopolitismus, indem es durch ihre Vermittlung zunächst in Japan rezipiert und dann vorerst über Japan nach Korea und China getragen worden ist. Thomas Carlyles Hauptwerke, somit auch seine Briefe an Goethe und Goethe-Essays sind schon lange ins Japanische übersetzt und haben noch vor Mori Ogai den japanischen Gebildeten ein nicht auf *Faust*, sondern auf *Wilhelm Meister* beruhendes Goethebild vermittelt. Da die beiden protestantischen Denker der Meiji-Zeit, Kanzo

---

14 Heute unter dem Titel „Eine Goethe-Studie". Vgl. Thomas Mann: Goethe's Laufbahn als Schriftsteller. Zwölf Essays und Reden. Fischer Taschenbuch. Frankfurt/Main 1982, S. 181.
15 Ebd., S. 184.

Uchimura und Inazo Nitobe, geistig bei ihm in die Schule gingen, wurde es durch ihre erzieherische Tätigkeit in ganz Japan verbreitet und übte über den engeren Germanistenkreis hinaus einen nachhaltigen Einfluß aus. Dagegen erwies sich Goethes Roman *Die Wahlverwandtschaften* aus verständlichen Gründen als wenig einflußreich.

Neben Carlyle war es der amerikanische Philosoph Ralph Waldo Emerson, der eine ähnliche Rolle bei der Goethe-Rezeption in Japan gespielt hat. In seinem populärsten Buch *Vertreter der Menschheit* widmet er sein letztes Kapitel Goethe dem Schriftsteller, das wiederum ein etwas anderes Goethebild vermittelt hat als das später durch die deutschen Goetheforscher beschworene mythische Goethebild. Ohne etwa den Genie-Gedanken geistesgeschichtlich auszumalen, schreibt Emerson z. B. schlicht essayistisch:

> Goethe kam in eine überzivilisierte Zeit und in ein überzivilisiertes Land, wo ursprüngliches Talent unter der Bürde von Büchern und mechanischen Hilfsmitteln und unter der verwirrenden Mannigfaltigkeit von Bestrebungen zu Boden gedrückt wurde. Da war er es, der die Menschen lehrte mit diesem bergehohen Mischmasch fertig zu werden und ihn sich sogar dienstbar zu machen.[16]

Angesichts der inzwischen uferlos gewordenen Goethe-Fachliteratur ist ein solcher Schreibstil wohl zu beherzigen, um den Dichter den heutigen Menschen in Ost und West wieder näher zu bringen.

Ansonsten möchte ich noch auf eine merkwürdige Tatsache aufmerksam machen. Es scheint mir, daß Goethe in den dreißiger Jahren als Bollwerk gegen das Eindringen des Marxismus unter den japanischen Studenten mißbraucht worden ist. Wie Sie alle wissen, kam das „Abkommen über die kulturelle Zusammenarbeit zwischen dem Deutschen Reich und Japan" im November 1938 zustande. Voraus ging der Abschluß des Antikominternpakts im Jahre 1936, der eindeutig politische Konsequenzen aus den schon in den zwanziger Jahren erfolgten Auseinandersetzungen mit den japanischen Marxisten bedeutete.[17]

---

16 Ralph Waldo Emerson: Vertreter der Menschheit. 2. Aufl. Jena 1905, S. 243.
17 Vgl. Taeko Matsushita: Rezeption der Literatur des Dritten Reichs im Rahmen der kulturspezifischen und kulturpolitischen Bedingungen Japans 1933–1945. Saarbrücken / Fort Lauderdale 1989.

Obwohl der Marxismus wie in der ehemaligen DDR nicht unbedingt mit Goethes Gedankengut unvereinbar ist, kam in jenen Jahren eine mehr oder weniger scharfe Goethe-Kritik fast immer aus dem sozialistischen Lager, während Goethe in den konservativ-humanistischen Kreisen immer mehr zum Dichterfürsten emporstilisiert und als Dichter des *Faust* gefeiert wurde. Als die kommunistische Bewegung 1928/29 in zwei Verhaftungswellen zerschlagen wurde, hat es daher für sozialistische Intellektuelle anscheinend nur die Alternative gegeben zwischen Karl Marx oder Goethe. Ein Beispiel dafür ist Katsuichiro Kamei. Nach seinem politischen Gesinnungswechsel hat der bekannte Schriftsteller sich einer intensiven Beschäftigung mit Goethe zugewandt und seinen inneren Konflikt in dem Buch *Menschenbildung*, faktisch einem Sammelband seiner Goethe-Aufsätze, anschaulich geschildert.

Auf der anderen Seite erinnert sich der große Goetheforscher Kinji Kimura im Vorwort seiner im Dezember 1938 erschienenen umfangreichen Aufsatz-Sammlung *Goethe* mit Genugtuung daran, wie er damals zu einer neuen Goethe-Auffassung kam:

> Der Grund, warum mein Augenmerk in den Jahren der Säkularfeier vor allem auf die beiden Werke *Faust* und – vorwiegend – *Wilhelm Meisters Wanderjahre* gerichtet wurde, geht auf die Zeitumstände zurück. Gegen Ende der Taisho-Zeit und Anfang der Showa-Zeit war die materialistische Tendenz stark bemerkbar, und es schien, als ob in erster Linie der Marxismus das leitende Prinzip für die japanische Jugend darstellte. Wer diesem Gedanken nicht huldigen wollte, wurde als unzeitgemäß verachtet, und man dachte in weiten Kreisen, es gäbe keine anderen Gedanken, die einem eine geistige Nahrung gewähren würden, oder denen man sich hingeben könnte. In einer solchen Zeit war ich von meinem Standpunkt aus überzeugt, daß gerade Goethes Gedanken, die die religiöse Ehrfurcht zur Grundlage der Gesellschaft machen, die mächtigsten Gegenmittel gegen den Egoismus mit dessen Betonung materialistischer Ansprüche sein könnten.

Die Goetheforschung war also bei Kinji Kimura nicht nur eine wissenschaftliche Angelegenheit, sondern auch als Protest gegen den Zeitgeist gedacht. Wörtlich schrieb er hinzu, er hätte es als eine „Pflichterfüllung" eines mit der Jugenderziehung Beauftragten betrachtet. Wenn jemand als Hochschullehrer mit gutem Gewissen seine pädagogische Pflicht erfüllen will, muß man es subjektiv respektieren. Aber objektiv kann er irren und damit seine gut gemeinte Absicht verfehlen, auch wenn er ein noch so großer Gelehrter ist wie Kinji Kimura. Hier fällt mir allerdings ein Bibelwort ein: „Mit dem Maße, mit dem ihr meßt, wird euch auch gemessen werden." (Mt. 7,2) Wenn man selber Goetheforscher ist und die akademische Jugend von heute zu erziehen hat, trägt man offensichtlich die Verantwortung dafür, an der japanischen Bildungstradition nach Kräften und kreativ mitzuwirken, damit sie sich in die rasch wandelnde Zukunft hin fruchtbar entwickelt. In dem Gedicht „Eins und Alles" hatte doch Goethe gesagt:

> Denn alles muß in Nichts zerfallen,
> Wenn es im Sein beharren will.[18]

Und in dem Gedicht „Vermächtnis" heißt es weiter: „Was fruchtbar ist, allein ist wahr."[19] Aus dem Kontext losgelöst, wurde der Vers gewiß in den dreißiger Jahren viel mißbraucht. Aber die Voraussetzung dafür war, daß der Verstand einen wach erhält und die Vernunft überall zugegen ist, bevor man den Sinnen traut. Dann erweist sich allein was wahr ist, als wirklich fruchtbar. Was dabei unter den japanischen Gebildeten als wahr gilt, bezieht sich nicht so sehr auf die Religion wie im christlichen Abendland, sondern vielmehr auf Kunst und Wissenschaft. Vom alten Goethe stammt ein Gedicht, das genau ihre Mentalität ausspricht:

> Wer Wissenschaft und Kunst besitzt,
> Hat auch Religion;
> Wer jene beiden nicht besitzt,
> Der habe Religion.[20]

Goethes Bedeutung für die japanische Bildungstradition wird in diesem Sinne noch lange lebendig bleiben, solange das Ideal der ganzheitlichen Menschenbildung in Wissenschaft und Kunst an den japanischen Hochschulen aufrecht erhalten wird.

---

18 Goethes Werke. Hamburger Ausgabe, Bd. 1, S. 369.
19 Ebd., S. 370.
20 Ebd., S. 367.

5. Japanisches Bildungsbürgertum

Die japanische Bildungstradition im Zuge der Goethe-Rezeption läßt sich ohne weiteres auf die Rezeption der deutschen Klassik erweitern. Als zentrales Thema des Essener Diskussionsabends „Goethe und die Deutschen – ein Blick nach außen", das am 12. Januar 2004 im Kulturwissenschaftlichen Institut am Wissenschaftszentrum Nordrhein-Westfalen stattfand, ist mir die Frage nach dem Deutschlandbild gestellt worden, das die heutige Rezeption der deutschen Klassiker, vor allem von Goethe, vermittelt. Da hieß es u. a.: „Inwieweit gibt es in den einzelnen Kulturen überhaupt noch eine Klassikerrezeption, die Weltbilder, Bilder von Nationen und Zivilisationen beeinflußt?" Als der amerikanische Germanist Wolfgang Leppmann frühzeitig sein Buch *Goethe und die Deutschen. Vom Nachruhm eines Dichters* veröffentlichte,[21] scheint noch die Bezeichnung „Klassik", „klassisch" oder „Klassiker" allgemein unumstritten gewesen zu sein, wenngleich bereits im Jahre 1929 vom „Klassikertod" die Rede war.[22] Literaturwissenschaftlich gibt es aber entsprechend der Kunstgeschichte einen nahverwandten Begriff von Klassizismus, klassizistisch oder Klassizität. Deshalb möchte ich zunächst mein Verständnis der deutschen Klassiker etwas präzisieren, wiewohl es auch banal klingen mag. Es war wohl Goethe selbst, der sich erstmals in seinem Aufsatz „Literarischer Sansculottismus" die Frage nach dem klassischen Autor bzw. Werk gestellt hatte.[23]

---

21 W. Kohlhammer Verlag. Stuttgart 1962. Erweiterte Neufassung: Goethe und die Deutschen. Der Nachruhm eines Dichters im Wandel der Zeit und der Weltanschauungen. Ein Spiegelbild deutscher Kultur und Bildung. Scherz Verlag. Bern und München 1982. Vgl. Bernd Witte: Goethe und die Deutschen. In: Sprache und Literatur in Wissenschaft und Literatur. 83–1999. S. 73–89.
22 Vgl. Bertolt Brecht und Herbert Jhering: Gespräch über Klassiker. In: Karl R. Mandelkow, Goethe im Urteil seiner Kritiker. Teil IV 1918–1982. Verlag C. H. Beck. München 1984. S. 94–98.
23 Goethes Werke. Hamburger Ausgabe. Bd. 12, S. 24. Vgl. Horst Turk: Wie und wo entsteht ein klassischer Nationalautor? In: Reinhard Lauer und Horst Turk (Hrsg.), Prinzipien der Literaturgeschichtsschreibung. Wiesbaden 1988, S. 165–231.

In Japan wurde das begrifflich klärende Buch von Fritz Strich schon im Jahre 1932 ins Japanische übersetzt,[24] und die Gegenüberstellung von deutscher Klassik und Romantik ist unter den japanischen Gebildeten fast aus Bequemlichkeitsgründen gang und gäbe. Aber wenn so bedeutende Autoren wie Kleist, Jean Paul oder Hölderlin, die übrigens in Japan heute noch mehr oder weniger gern gelesen werden, nicht zu diesem stilistischen Schema passen, erweist es sich als wenig produktiv für die heutige Diskussion. Unter „Klassikern" verstehe ich vielmehr heuristisch mustergültige Autoren vornehmlich auf den Bereichen der Philosophie und Literatur, obwohl die Sache nicht so einfach ist. Noch voriges Jahr haben Gerhard Schulz und Sabine Doering, die ich von Regensburg her gut kenne, in der Beck'schen Reihe ein Büchlein *Klassik. Geschichte und Begriff* publiziert. Einige Jahre zuvor hatte Gerhard Schulz auch in seinem eigenen Buch ein Kapitel „Goethe und seine Deutschen. Über die Schwierigkeiten, ein Klassiker zu sein" geschrieben.[25] Bei der Unbestimmtheit des Begriffs spricht man in der Tat von Klassikern der Philosophie, Theologie, Medizin oder sogar Meditation. Den Anlaß dazu gab wohl die neue Klassiker-Ausgabe der deutschen Literatur in den achtziger Jahren.[26] Aber bei dieser Essener Diskussion beschränke ich mich grundsätzlich auf die Klassiker der Literatur, die im 18. Jahrhundert im literaturgeschichtlichen Sinne in Weimar gelebt haben, also Wieland, Herder, Goethe und Schiller.

Es ging dabei in Deutschland hauptsächlich um ihr Bildungsideal[27], und ein persönliches Bekenntnis dazu lautete bis Ende des Zweiten Weltkrieges beispielsweise wie folgt:

---

24 Vgl. Fritz Strich: Deutsche Klassik und Romantik oder Vollendung und Unendlichkeit. Ein Vergleich. Fünfte Auflage. Francke Verlag. Bern und München 1962.
25 Gerhard Schulz: Exotik der Gefühle. Goethe und seine Deutschen. Verlag C. H. Beck. München 1998.
26 Vgl. Warum Klassiker? Ein Almanach zur Eröffnungsedition der Bibliothek deutscher Klassiker herausgegeben von Honnefelder. Zweite Auflage. Deutscher Klassiker Verlag Frankfurt am Main 1985.
27 Vgl. z. B. Holger Burckhart: Theodor Litt. Das Bildungsideal der deutschen Klassik und die moderne Arbeitswelt. Wissenschaftliche Buchgesellschaft. Darmstadt 2003.

Von den deutschen Klassikern als einer geistigen Macht in unserer Gegenwart handelt dieses Buch. [...] Seit ich ein verantwortliches geistiges Leben zu führen versuche, bin ich immer mehr in die Überzeugung von der Kraft, die in dem Vermächtnis der klassischen Dichtung beschlossen liegt, hineingewachsen.[28]

Hinsichtlich dieser par excellence deutschen Klassiker spricht man nach der Wiedervereinigung Deutschlands auffälligerweise statt von deutscher Klassik mehr von Weimarer Klassik. Die Nationalen Forschungs- und Gedenkstätten der klassischen deutschen Literatur in Weimar wurden nach der Wiedervereinigung Deutschlands schließlich zur Stiftung Weimarer Klassik umorganisiert. Eigentlich müßte man es auch problematisieren,[29] obgleich man bald danach die deutsche Klassik als solche in Frage stellte.[30]

Seitdem ist Goethe sozusagen im Exil in Ostasien. Aber im Hinblick auf Japan habe ich zumindest den Eindruck, daß Wieland trotz der Bemühungen einiger Germanisten, die die *Geschichte der Abderiten* oder *Agathon* relativ spät übersetzten, im literarischen Bewußtsein der japanischen Gebildeten wenig präsent ist. Herder ist zwar als Geschichtsphilosoph und Sprachdenker bekannt genug – von seinen *Ideen zur Philosophie der Geschichte der Menschheit* sind zwei japanische Übersetzungen vorhanden aus der Zeit vor und kurz nach dem Zweiten Weltkrieg, und seine *Abhandlung über den Ursprung der Sprache* wird seit 1972 in meiner Übersetzung gelesen. Vor einigen Jahren ist auch sein *Reisejournal* vollständig übersetzt. Er bleibt aber dennoch mehr eine akademische Angelegenheit japanischer Germanisten. Seit etwa zehn Jahren gibt es in Japan eine sehr aktive Herder-Gesellschaft, die ihr

---

28 Reinhard Buchwald: Das Vermächtnis der deutschen Klassiker. Insel-Verlag. 1946. S. 5.
29 Vgl. Horst Turk: Das „Klassische" Zeitalter. Zur geschichtsphilosophischen Begründung der Weimarer Klassik. In: Wolfgang Haubrichs (Hrsg.), Probleme der Literaturgeschichtsschreibung. Göttingen 1979, S. 155–174. Vgl. ferner Dieter Borchmeyer: Weimarer Klassik. Portrait einer Epoche. Aktualisierte Neuausgabe. Beltz Athenäum GmbH, Weinheim 1998.
30 Vgl. Reinhold Grimm / Jost Hermand (Hrsg.): Die Klassik-Legende. Frankfurt am Main 1971. Vorwort in: Karl R. Mandelkow, Goethe im Urteil seiner Kritiker. Teil IV 1918–1982. Verlag C. H. Beck. München 1984. S. 446–451.

eigenes Jahrbuch herausgibt. Zur traditionellen, sogenannten deutschen Klassik gehören also für das japanische Lesepublikum fast ausschließlich Goethe und Schiller. Es existiert allerdings keine Schiller-Gesellschaft in Japan. Bisher ist auch nur eine sechsbändige Werkausgabe von Schiller in der Kriegszeit erschienen, während es von Goethe mehr als zehn vollendete und unabgeschlossene Goetheausgaben in japanischer Sprache gibt.

Die Goethe-Gesellschaft in Japan besteht seit 1931, um im darauf folgenden Jubiläumsjahr den ersten Band des japanischen Goethe-Jahrbuchs herausgeben zu können. Es erscheint nach Unterbrechung mit dem 11. Band seit 1959 bis heute in neuer Folge. Die Koreanische Goethe-Gesellschaft ist im Jahre 1982 gegründet worden, und sowohl die Chinesische als auch die Indische Goethe-Gesellschaft sind im Jahre 1999 ins Leben gerufen worden. In Korea sind zwei teilweise erschienene Goetheausgaben noch lange nicht vollendet, aber in China hat der Germanist Yang Wuneng im Goethejahr 1999 aus bereits vorhandenen Übersetzungen eine vierzehnbändige Goetheausgabe zustande gebracht. In Indien scheint man Goethes Werke ohne weiteres in englischen Übersetzungen zu lesen. Im vergangenen Goethejahr 1999 habe ich anläßich eines internationalen Goethe-Symposiums an meiner früheren Universität Sophia in Tokyo eine umfangreiche Goethe-Bibliographie in japanischer, koreanischer und chinesischer Sprache zusammengestellt. Sie ist zusammen mit allen dort gehaltenen und später in Deutsch publizierten Beiträgen im Internet abrufbar.

Zum Goethejahr 1932 erschien u. a. eine stattliche Festschrift in japanischer Sprache, zu der Thomas Mann und Fritz Strich je einen Beitrag beisteuerten. Deutschland wurde gerade in der ganzen Welt als eine „Nation der Dichter und Denker" gefeiert. Aber Thomas Mann hatte sich bereits im Lessingjahr 1929 gegen den aufkommenden antiaufklärerischen, nationalistischen Irrationalismus ausgesprochen. Eine Warnung vor dem deutschen Nationalismus war denn auch in seinem Beitrag „An die japanische Jugend" enthalten.[31] Fritz Strich war ebenfalls gegen das

---

31 In: Goethe-Studien. Japanisch-deutscher Geistesaustausch Heft 4. Japanisch-Deutsches Kultur-Institut. Tokyo 1932. S. 1–15.

„chthonische Gelichter" der raunenden Beschwörer der Inhumanität im Sinne des Nationalsozialismus eingestellt und deutete es besorgnisvoll in seinem Beitrag „Goethe und unsere Zeit" an.[32] Von japanischer Seite wurde ein Goethe-Aufsatz des bedeutendsten Philosophen Japans, Nishida Kitaro, in deutscher Übersetzung veröffentlicht: Der metaphysische Hintergrund Goethes.[33] Wie bei den anderen Philosophen oder Goethekennern stellte die Goethe- bzw. Klassik-Rezeption in Japan faktisch die Weiterführung der deutschen humanistischen Tradition dar. Wenn Goethe letztendlich als der große Europäer und Humanist angesehen werden kann, wird er sich übrigens auch für die Idee der EU-Verfassung als richtungsweisend erweisen, wie Friedrich Ebert seinerzeit Goethe oder den Geist von Weimar zum Prinzip der Weimarer Republik erheben wollte.

Man könnte wohl sagen, daß die Goethe-Rezeption in Japan mit der Kaizosha-Goetheausgabe von 36 Bänden (1935/40) ihren Gipfel erreichte. Einige Jahre zuvor hatte Einstein auf Einladung des Kaizosha-Verlags Japan besucht, und der japanische Physiker Ishihara Jun übersetzte nicht nur seine Werke, besonders die Relativitätstheorie, sondern auch Goethes *Farbenlehre didaktischer Teil* erstmals ins Japanische. Das japanische Lesepublikum erkannte daran die hohe Bedeutung der naturwissenschaftlichen Schriften Goethes. Nach dem Zweiten Weltkrieg erschien 1961 in Kyoto, wo die Japanische Goethe-Gesellschaft gegründet worden war, die Jinbunshoin-Goetheausgabe. Die Werkausgabe enthielt im 12. Band die Aufsätze und Essays der nachstehend genannten Autoren in japanischer Übersetzung: Thomas Mann, Phantasie über Goethe; Hans Carossa, Wirkungen Goethes in der Gegenwart; Hermann Hesse, Dank an Goethe; Robert Becher, Der Befreier; Paul Valéry, Discours en d'honneur de Goethe; Andre Gide, Goethe; T. S. Eliot, Goethe as the Sage; Jose Ortega y Gasset, Um einen Goethe von innen bittend; Benedetto Croce, Goethes Italienischlehrer und Julius Bab, Das Leben Goethes.

In diesen Schriften war allerdings das humanistische Goethebild der europäischen Goetheaner in den dreißiger Jahren nachgeholt. Um es

---

32 Ebd., S. 16–36.
33 In: Goethe. Vierteljahresschrift 3. Bd. (1938), S. 135–144.

sozusagen zu aktualisieren, bot dann die zum Goethejahr 1982 herausgegebene Ushio-Goetheausgabe (Paperbacks 2003) einen Sonderband mit Hans Mayer (Hrsg.): *Goethe im zwanzigsten Jahrhundert. Spiegelungen und Deutungen*[34] wieder in japanischer Übersetzung. Darin war das facettenreiche Goethebild der Gegenwart noch deutlicher hervorgehoben durch folgende namhafte Autoren: Thomas Mann: Goethes Werther; Ernst Bloch: Der junge Goethe, Nicht-Entsagung, Ariel; Max Kommerell: Goethes große Gedichtkreise; Theodor W. Adorno: Zum Klassizismus von Goethes Iphigenie; Paul Rilla: Goethes theatralische Sendung; Elizabeth M. Wilkinson: Torquato Tasso; Hermann Hesse: Wilhelm Meisters Lehrjahre; Emil Staiger: Goethe: „Novelle"; Hugo von Hofmannsthal: Einleitung zu einem Band von Goethes Werken enthaltend die Opern und Singspiele; Rudolf Alexander Schröder: Goethes „Natürliche Tochter"; Walter Benjamin: Goethes „Wahlverwandtschaften"; Siegfried Unseld: Goethes „Tagebuch" – ein „höchst merkwürdiges" Gedicht; Adolf Muschg: „Der Mann von funfzig Jahren" („Wilhelm Meisters Wanderjahre"); Wolfgang Schadewaldt: Faust und Helena; Eduard Spranger: Goethe über sich selbst; Heinrich Wölfflin: Goethes Italienische Reise; Erich Trunz: Goethes späte Lyrik; Pierre Bertaux: Die erotischen Spiele; Ernst Robert Curtius: Goethe als Kritiker; Leo Kreutzer: Inszenierung einer Abhängigkeit. Johann Peter Eckermanns Leben für Goethe; Georg Lukács: Der Briefwechsel zwischen Schiller und Goethe; Gottfried Benn: Goethe und die Naturwissenschaften; Werner Heisenberg: Die Goethesche und die Newtonsche Farbenlehre im Lichte der modernen Physik. Von ihnen fanden Siegfried Unseld, Adolf Muschg, Pierre Bertaux, und Leo Kreutzer vielleicht aus urheberrechtlichen Gründen keine Aufnahme, und der Essay von Adorno wurde mit einem anderen über die letzte Szene des *Faust II* ersetzt.

---

34 Insel Verlag. Frankfurt am Main 1987. Der Sammelband von Hans Mayer: Spiegelungen Goethes in unserer Zeit. Limes-Verlag. Wiesbaden 1949 enthielt ursprünglich Goethe-Essays von Walter Benjamin (Goethes Wahlverwandtschaften), Hugo von Hofmannsthal (Unterhaltung über den „Tasso" von Goethe; Goethes „West-östlicher Divan"), Georg Lukács (Das Zwischenspiel des klassischen Humanismus), Karl Kerény (Das Ägäische Fest. Die Meergötterszene in Goethes Faust), Thomas Mann (Phantasie über Goethe), Emil Staiger (Goethes Novelle), Edmond Vermeil (Revolutionäre Hintergründe in Goethes Faust) und Heinrich Wölfflin (Goethes Italienische Reise).

Von entscheidender Bedeutung für die japanische Goethe-Rezeption erscheint mir ansonsten die Tatsache, daß in den zwanziger Jahren die Japaner von den deutschen Philosophen die Differenzierung der Kultur von Zivilisation gelernt haben und heute noch dazu neigen, zwischen geistiger Kultur und materieller Zivilisation zu unterscheiden. Die Bildung gehörte deshalb einseitig zur Kultur. Da es aber Goethe wunderbar gelungen ist, beides zu vermitteln, kann er meiner Ansicht nach für eine neue Auffassung der Kultur bzw. Bildung richtungsweisend werden. Vor dem Krieg hatten die Japaner großen Respekt vor deutscher Medizin und Naturwissenschaft ebenso wie vor Philosophie und Literatur, aber nach dem Krieg haben sie sich in Naturwissenschaft und Technik ganz nach Amerika ausgerichtet und suchen im alten Europa, besonders im deutschen Sprachraum vorwiegend nach Kultur. Zivilisation im engeren Sinne bezieht sich für sie immer noch auf moderne Technik und bezeichnet erst im weitesten Sinne des Wortes größere Kulturkreise wie beispielsweise orientalische, indische oder chinesische Zivilisation.

Von Deutschland haben die Japaner selbstverständlich ein bestimmtes Nationbild, das schon aus der Vorkriegszeit stammt und aus geschichtlichen Gründen meist preußisch ausgeprägt ist. Ein japanischer Offizier konnte ja eine preußische Armee kommandieren, weil er so ausgebildet worden war. Es ist aber genau so klischeehaft wie im Hinblick auf Japan, also Fujiyama, Geisha, Harakiri oder Kamikaze-Flieger. Heutzutage ist es harmlos erweitert worden auf Ikebana, Teezeremonie, Sushi oder Haiku bzw. Renga. Auf der anderen Seite bestand Deutschland vor der Wende für japanische Touristen nur aus drei Häusern: Beethovenhaus in Bonn, Goethehaus in Frankfurt und Hofbräuhaus in München. Jetzt besteht es für sie aus vielen Straßen: Romantische Straße, Märchenstraße, Weinstraße, Goethestraße, Klassiker-Straße usw. Buchenwald oder Dachau möchten sie nicht gern besuchen, weil diese Orte mit ihrem lange gehegten schöngeistigen Deutschlandbild nicht übereinstimmen. Eine Auseinandersetzung mit dem für sie unbegreiflichen Problem nimmt schon viel geistig-intellektuelle Anstrengungen in Anspruch. Richard Alewyns Diktum „Zwischen uns und Weimar liegt Buchenwald" dürfte nur den Fachkreisen bekannt sein. Er sagte ferner: „Was aber nicht geht, ist, sich Goethes zu rühmen und Hitler zu leugnen. Es gibt nur Goethe *und* Hitler, die Humanität *und* die Bestialität."[35] Aber die meisten Japaner wären mehr daran interessiert, in ihrem Leben einmal auf den Kichelhahn bei Ilmenau zu steigen, weil das Gedicht „Wandrers Nachtlied" unter dem japanischen Lesepublikum in über 40 verschiedenen Übersetzungen verbreitet ist. Ebenso zieht der heilige Berg Fuji viele Europäer, besonders deutsche Touristen zum Bergsteigen an.

Wenn das Geburtshaus Goethes in Frankfurt am Main ein Wallfahrtsort für die Japaner geworden ist, so ist doch zu fragen, wie viele von ihnen noch das Düsseldorfer Goethe-Museum mit seinen originellen optischen Experimentiergeräten besuchen. Nach der Wiedervereinigung Deutschlands hat man hauptsächlich den Japanern zuliebe sofort eine Goethestraße zwischen Frankfurt und Weimar oder die Klassker-Straße in Thüringen eingerichtet. Es ist aber sehr fraglich, ob sie auch das Goethe-Nationalmuseum in Weimar besuchen. Durch jahrzehntelange Kulturbeziehungen zwischen Deutschland und Japan ist das Deutschlandbild außerdem unter den japanischen Gebildeten so mannigfaltig, daß es lange nicht allein von Goethe bzw. Weimar her bestimmt ist. Im allgemeinen läßt sich schon sagen, daß sie in Deutschland gern Kulturlandschaften besuchen, also Erinnerungs- oder Gedenkstätten der ihnen aus der deutschen Kulturgeschichte vertrauten Dichter, Philosophen, Musiker oder Maler in den alten Städten aufsuchen.

Ein solches Deutschlandbild ist, nebenbei bemerkt, auch bei den Handelsbeziehungen ernst zu nehmen, liegt ihm doch eine Hochschätzung deutscher Kultur aus japanischer Sicht zugrunde, auch wenn man im Deutschen über die geistige Kultur hinaus wohl von Weinkultur, aber nicht von Bierkultur spricht. Hier ist vielmehr Vorliebe der Japaner für deutsche Gemütlichkeit zu finden. Der alte Goethe soll jeden Abend eine Flasche Wein getrunken haben, aber ich habe noch nie gehört, daß er gern Bier getrunken hätte. Dagegen hat der große Japanforscher

---

35 Richard Alewyn: Goethe als Alibi? 1949. In: Karl R. Mandelkow, Goethe im Urteil seiner Kritiker. Teil IV 1918–1982. Verlag C.H.Beck. München 1984. S. 335. Das heikle Problem, das z. B. in dem Buch *Klassikerstadt und Nationalismus. Kultur und Politik in Weimar 1933 bis 1945* (hrsg. von Justus H. Ulbricht. Weimar 2002) dokumentiert ist, wurde erst nach dem Krieg unter den japanischen Fachkreisen bekannt.

Philipp Franz von Siebold aus Würzburg nicht nur das erste Klavier nach Japan mitgebracht, sondern auch bayerisches Faßbier immer wieder nach Nagasaki mit dem holländischen Schiff kommen lassen. Das macht schon auf die Japaner guten Eindruck. Ansonsten wird Goethewein aus dem Brentanohaus im Rheingau seit Jahren als beliebter Geschenkartikel importiert. Ich fürchte nur, daß die japanischen Studenten nach dem Umtrunk faustisch oder sogar mephistophelisch werden und lieber Auerbachs Keller in Leipzig besuchen wollen als Goethe-Gedenkstätten in Weimar.

Seit spätestens 1932 galt und gilt Goethe auf diese Weise weltweit als einer der Repräsentanten der Menschheit. Aber er wird zu Anfang des 21. Jahrhunderts in Deutschland anscheinend nicht mehr als der größte Deutsche angesehen. Daß die Deutschen Schwierigkeiten im Umgang mit Goethe haben, hat eine lange Vorgeschichte. In der deutschen Goethe-Rezeption traten mehrmals Brüche ein, so in den Jahren 1848, 1933 oder 1968. Wenn die japanische Goethe-Rezeption ihr langsam nachfolgt, kommt das Jahr 1968 ironischerweise in einem dialektischen Verhältnis in Frage. Als Goethe nämlich in jenen Jahren der Studentenrevolte aus der deutschen Germanistik gleichsam vertrieben zu werden drohte und in der Öffentlichkeit von Goetheferne oder Klassikerfeindlichkeit gesprochen wurde, verwies man auf die Japaner, die sich immer noch mit Goethe beschäftigten. So schrieb Kurt Reumann einen zeitkritischen Leitartikel „Unser Goethe" in der Frankfurter Allgemeinen Zeitung Nr. 13 vom 16. Jan. 1979. Darin hieß es u. a.: „Schülern, die ihren Lehrer bitten, auch mal einen Klassiker durchzunehmen, kann es freilich immer noch, wie an einer Schule in Frankfurt, passieren, daß der brüsk ablehnt: auf die Nostalgie des verdammten Bildungsbürgertums lasse er sich nicht ein."

Darauf nahm ein Artikel im Feuilleton der F.A.Z. am folgenden Tag Bezug und sprach von einer „verkehrten Welt" und bemerkte angesichts gebildeter Japaner, die auf der Europa abgekehrten Seite des Globus leben und Goethe „nicht nur kennen, sondern auch lesen":

> So wundert es überhaupt nicht, daß jetzt die Meldung eintrifft, zwei Drittel der Besucher des Goethehauses zu Frankfurt am Main seien Japaner ... So ist es nur folgerichtig, daß die Aufschriften im Frankfurter Goethehaus neben deutsch und englisch japanisch abgefaßt sind. Kein Französisch, kein

Italienisch. Europa adieu! Doch vielleicht hätte er, der den Geist der Weltliteratur predigte, gar nichts dagegen gehabt.

In Wirklichkeit waren es zum großen Teil japanische Touristen, die, mehr von Neugier als vom Bildungsbedürfnis getrieben, reiseplanmäßig von einer Sehenswürdigkeit zur anderen gegängelt wurden. Aber trotz allem könnten sie zum japanischen Bildungsbürgertum im weitesten Sinne des Wortes gezählt werden.

Geschichtlich hat es in Deutschland vor dem Bildungsbürgertum ein Besitzbürgertum gegeben, das ganz schematisch gesagt ohne Bildung sich ein Vermögen erworben hatte. Diese Vätergeneration ermöglichte ihren begabten Söhnen, sich am Gymnasium und in den Universitäten eine schöngeistige Bildung zu erwerben. So entstand das Bildungsbürgertum in Deutschland. Daraus ergab sich auch ein Vater-Sohn-Konflikt, wie es im Wien der Jahrhundertwende der Fall war. Heute verfügt das Bürgertum sowohl über Besitz als auch über Bildung. Das öffentliche Bewußtsein liegt daher heutzutage nicht so sehr beim Bildungsbürgertum, sondern vielmehr bei der sogenannten Bewußtseinsindustrie oder bei den Medien.

Das japanische Bildungsbürgertum im 20. Jahrhundert ist gewiß in Analogie zum deutschen Bildungsbürgertum im 19. Jahrhundert zu betrachten. Vor dem Zweiten Weltkrieg war das japanische Schulwesen eindeutig nach deutschem Muster ausgerichtet. So wurde auf der Kotogakko genannten Oberschule Deutsch anstelle Lateins als Hauptfremdsprache gelehrt und gelernt. Als Lehrstoff dazu hat man fast auschließlich die Texte der deutschen Klassiker auf dem Gebiet der Philosophie und Literatur verwendet, so daß die Studenten auf der Universität sich sogleich anhand der deutschen Sprachkenntnisse mit allen Disziplinen der Geistes- und Sozialwissenschaften beschäftigen konnten. Es versteht sich von selbst, daß sie nicht nur die deutsche Klassik, sondern auch die deutsche Romantik mit Vorliebe gelesen haben. Aber der Schwerpunkt lag jahrzehntelang im deutschen 18. Jahrhundert, und die japanische Germanistik ist denn auch im Zuge der Goetheforschung begründet und entwickelt worden.

Dadurch ging eine nachhaltige Wirkung von der Goetheforschung auf die japanischen Gebildetenkreise hervor, die mit Anglisten oder Romanisten ein Bildungsbürgertum bildeten und als Germanophilen häufig einem Goethe-Kult huldigten. Erst nach dem Krieg haben sie allmählich andere Schriftsteller der deutschen Literatur im 19. Jahrhundert und nach der Jahrhundertwende kennengelernt. Sie wurden dann Goethe gegenüber ernüchtert oder, wenn nicht von ihm abgewandt, zumindest kritisch eingestellt. Seit der Goethe-Rede von Karl Jaspers „Unsere Zukunft und Goethe" (Zürich 1948), die bald ins Japanische übersetzt wurde, ist der traditionelle Goethe-Kult wohl auch in Japan endgültig zu Ende gegangen, und es war auch gut so. Die japanische Goethe-Rezeption beruhte im Grunde auf einem japanisch umgeprägten Goethebild, das wiederum verschiedene Aspekte zeigt. Das in Japan verbreitete Goethebild kann nach der Gliederung von Karl Viëtor[36] gut analysiert werden: Der Dichter – Natur – Jugend und Sturm und Drang. Der Naturforscher – Geist – Hochklassik. Der Denker – Weisheit – Alter. In japanischer Übersetzung erschien aber nach dem Zweiten Krieg nicht dieses aufschlußreiche Goethebuch, sondern etwas anachronistisch Friedrich Gundolfs Monumentalwerk in drei Bänden: Der junge Goethe, Der klassische Goethe und der alte Goethe. Vor dem Krieg war nur der 1. Band erschienen.

Bei der japanischen Goethe-Rezeption ist allerdings unbedingt zu berücksichtigen, daß die Japaner Goethes Werke meist nicht im deutschen Originaltext, sondern in verschiedenen japanischen Übersetzungen lesen. Der sprachlich verwandelte Goethe ist gewissermaßen japanisiert und bietet ihnen ein anderes Bild des Dichters als bei den Deutschen. Wenn sie darüber hinaus Goethes Sekundärliteratur wieder in japanischer Sprache heranziehen, wird die Auswirkung der sprachlichen Metamorphose noch größer. Umgekehrt dürften die deutschen Goetheforscher von der 1938 durch Robert Schinzinger vorzüglich ins Deutsche übersetzten Abhandlung des japanischen Philosophen Nishida Kitaro über den dichterischen Denker Goethe einen völlig anderen, positiven Eindruck gewonnen haben als vom japanischen Original. Wenn man ferner Goethes geistesgeschichtliche Stellung zwischen dem Christentum nach der Aufklärung und dem Nihilismus seit Schopenhauer

---

36 Vgl Karl Viëtor: Goethe. Dichtung – Wissenschaft – Weltbild. Bern 1949.

oder Nietzsche, sowie die Probleme von Theismus und Atheismus in der deutschen Geistesgeschichte als Hintergrund seines literarischen Schaffens bedenkt, kann man über die Sprachbarriere nicht leicht hinwegkommen.

Im Zeitalter der neuen elektronischen Medien kommt dazu noch die Frage, ob nicht das Medium Film längst die Literatur abgelöst hat, wenn es um die Tradierung von Welt- und Nationenbildern geht. Die Frage nach der Zukunft des Buches ist freilich nicht neu. Der Freiburger Literaturwissenschaftler Gerhard Kaiser beginnt sein Buch *Wozu noch Literatur? Über Dichtung und Leben* wie folgt: „Immer mehr Bücher finden immer weniger Leser. Die Weite der Weltliteratur und die Tiefe der Literaturgeschichte sind erschlossen wie nie, aber für wen?"[37] Es sind hier vor allem Bücher der Literatur gemeint, wenn sie auch nicht unmittelbar dem Medium Film gegenübergestellt werden. Kino- oder Fernsehfilme gehören nach den anschließenden Ausführungen vielmehr zur Literatur im weiteren Sinne, sofern sie wie literarische Werke den Mitmenschen den Lebensgehalt des Menschen durch eine künstlerische Transformation vermitteln.

Bei der eingangs aufgeworfenen Frage geht es speziell um die Tradierung von Welt- und Nationenbildern. Weimarer Klassik richtet ihr Augenmerk auf das Menschliche überhaupt und vermittelt in erster Linie eine Anschauung vom Menschen und dann in zweiter Linie eine Weltanschauung. Das deutsche Weltbild im 18. Jahrhundert, das vom Pietismus bis zum Idealismus wesentlich auf die gnostisch-, neuplatonisch-, kabbalistische Tradition zurückgeht, kann aber nicht anschaulich, sondern nur durch Literatur und Philosophie vermittelt werden. In diesem Fall wird also Literatur prinzipiell nicht vom Medium Film abgelöst. Wenn man die Geisteshaltung der Weimarer Klassik als typisch deutsch auffaßt und daraus ein Bild der deutschen Nation bildet, kann man wohl noch von einem Nationbild sprechen. Da dies viel realistischer ist als ein Weltbild, kann es effektvoll durch das Medium Film zur Darstellung gebracht werden. In Deutschland spielt das Theater schon lange eine vermittelnde Rolle zwischen Literatur und Film.

---

37 Gerhard Kaiser: Wozu noch Literatur? Über Dichtung und Leben. Beck'sche Reihe. München 1996, S. 9.

Ein gutes Beispiel dafür ist Goethes Tragödie *Faust*. Über die Textlektüre hinaus habe ich bisher viele Theateraufführungen des *Faust* gesehen. Peymanns Stuttgarter epochale Inszenierung habe ich leider nicht erlebt. Aber Dieter Dorns *Faust*-Inszenierung habe ich in Tokyo sowohl auf der Bühne als auch im Fernsehen erlebt. Gründgens Hamburger Inszenierung habe ich allerdings nur in der Fassung des Kinofilms und im Video gesehen. Murnaus „Faust" habe ich im alten Stummfilm und in der Neufassung des ZDF mit Begleitmusik gesehen. Ich persönlich werde hinsichtlich des *Faust* Text und Bild nicht antithetisch einander gegenüberstellen, sondern beidem sein Recht widerfahren lassen. Aber ich bin nicht sicher, welchem das deutsche Publikum heutzutage Vorzug gibt, der Textlektüre oder der Theateraufführung. Vermutlich erzielt ein Peter Stein mit seiner textgetreuen und doch modernen Inszenierung den größten Erfolg.[38] Aber Goethes *Faust* ist ausnahmsweise ein Glücksfall, was nicht so sehr auf die Inszenierung von *Iphigenie* oder *Tasso* zutrifft, soweit ich sie in München gesehen habe. Literarische Verfilmungen von *Werther* oder *Die Wahlverwandtschaften*, die jetzt in der DVD-Version vorliegen, dürften beim deutschen Publikum viel weniger ankommen, weil ihnen theatralische Wirkungen fehlen.

Immerhin erscheint mir die kulturelle Bedeutung der Filmproduktion hier in Deutschland viel größer als in Japan. Neuerdings beklagen sich zwar manche über minderwertige Unterhaltungsfilme im Fernsehen, aber es gibt doch viele aufschlußreiche Dokumentarfilme mit sowohl kulturgeschichtlichen als auch zeitgeschichtlichen Themen, die alle verschiedene Nationenbilder in der ganzen Welt vermitteln. Wie Gerhard Kaiser im Anschluß an das obige Zitat sagt, scheint das „Literarische Quartett" im Fernsehen ein Massenpublikum und hohen Unterhaltungswert zu haben. Im Bildunsprogramm des Bayerischen Rundfunks oder des 3sat werden ebenfalls literaturwissenschaftliche oder allgemein philosophische Gespräche mit bekannten Schriftstellern oder Kritikern oft gesendet, was zur weiteren Lektüre der besprochenen Werke anregen könnte. Gewohnheitsleser, die sich in ihr Zimmer zurückziehen und in der Stille sich der

---

38 Vgl. Goethes Faust: Peter Steins Inszenierung in Bildern. Mit einem Essay von Klaus Reichert. DuMont Buchverlag. Köln 2001. Dazu kommt freilich auch die Musik. Vgl. Hans Joachim Kreutzer: Faust. Mythos und Musik. C.H. Beck. München 2003.

Lektüre hingeben, sind immer schon eine Minderheit gewesen. Ich werde also hier keine Alternative von Literatur und Film erblicken wollen.

Zum Schluß möchte ich noch kurz eine Grundsatzfrage ansprechen, nämlich das Verhältnis unserer Gegenwart zur Vergangenheit, um einen Ausblick auf die Zukunft zu gewinnen. Ich sage nicht als Goetheforscher aus dem Fernen Osten etwas provokativ, was wäre Deutschland ohne Goethe? Aber wie soll es mit der Wertschätzung Goethes als des Kulturerbes, das nunmehr der ganzen Welt gehört, stehen? Soll man aus dessen Zinsen wie Rentner weiter leben oder es schöpferisch als ein Kapital anlegen, um es zu vermehren, oder sogar aus Goethes Leben und Werk Kapital zu schlagen? Wer die sogenannten Klassiker, vor allem Goethe, für das Kriterium zur Beurteilung der Gegenwart heranzieht, steht vor der Frage nach dem weiterwirkenden Kulturerbe wie Ortega y Gasset, der im Jahre 1932, bewußt ketzerisch, ein völlig anderes Goethebild als sonst entwerfen wollte:

> Man sollte die Klassiker vor ein Tribunal von Schiffbrüchigen stellen und sie gewisse Urfragen des echten Lebens beantworten lassen. Wie würde Goethe vor diesem Gerichtshof bestehen? Es steht zu vermuten, daß er der Fragwürdigste aller Klassiker wäre, weil er ein Klassiker zweiter Ordnung ist, ein Klassiker, der seinerseits von den Klassikern gelebt hat, der Prototyp des geistigen Erben – von welchem Umstand er selbst sich so klare Rechenschaft gab – , kurz, ein Patrizier unter den Klassikern.[39]

Hier wird Goethe von der Vergangenheit vor die Aufgaben der Gegenwart herausgefordert. Dagegen sieht Emil Staiger die Gegenwart vor die geistigen Ansprüche der Vergangenheit gestellt. Heinz Kindermann wollte diese Einstellung vorerst gelten lassen, indem er darüber zurückhaltend urteilte:

> Gleichwohl darf schon jetzt dieses Werk (der 1. Band seines „Goethe") als wichtiges Dokument der neuen Goethe-Erkenntnis des Andersseins betrachtet werden, die nicht ausgeht, Elemente der eigenen Zeit in Goethe hineinzutragen, sondern die bei ihrem höchst verantwortungsbewußten Ausbreiten des

---

39 Zitiert bei Heinz Kindermann: Das Goethebild des 20. Jahrhunderts. Zweite, verbesserte und ergänzte Ausgabe. Wissenschaftliche Buchgesellschaft. Darmstadt 1966, S. 427.

„großen Erbes" immer wieder die ehrfürchtige Frage vor Augen hat: „Wie bestehen wir heute vor ihm?"[40]

Dieses scheinbar bescheidene Bekenntnis Staigers zu Goethe, das die eigene Gegenwart aus der Goethezeit beurteilen will, ist jedoch von Hans Mayer einmal als „verbunden mit einer Absage an die meisten zeitgenössischen geistigen Tendenzen" heftig kritisiert worden.[41]

Zum Goethe-Jahr 1932 erschien Walther Lindens Büchlein: Goethe und die deutsche Gegenwart, worin er zum Schluß schreibt:

> Zwiespältig ist unsere Zeit; zwiespältig ist immer der deutsche Geist gewesen. Goethe ist deutsch, indem er den aus der deutschen Innerlichkeit fließenden Zwiespalt des Inneren und Äußeren, des Ichs und der Welt, im Tiefsten und mit kämpferischer Mühe nacherlebt; er ist überdeutsch, d. h. nicht international oder kosmopolitisch, sondern reinste Blüte deutschen Wesens, indem er den Zwiespalt im Ringen überwindet.[42]

Im Goethejahr 1999, am 250. Geburtstag Goethes, wurde dagegen bewußt Goethes Weltbürgertum und Humanitätsideal in den Vordergrund gestellt. Im 21. Jahrhundert braucht die Menschheit sicherlich immer mehr Menschlichkeit als Kern der bürgerlichen Humanität. Aber man kann die Bedeutung der Bildung im humanistischen Sinne als Grundlage für Überwindung des Chaos durch den Kosmos sowohl im Individuum wie auch in der Welt nicht genug betonen. Im „Weitläufigen Saal" des Ersten Aktes von *Faust II* läßt doch Goethe den Knaben Lenker verkünden:

> Bin die Verschwendung, bin die Poesie;
> Bin der Poet, der sich vollendet,
> Wenn er sein eigenst Gut verschwendet.
> Auch ich bin unermeßlich reich
> Und schätze mich dem Plutus gleich. (V. 5573–5577)

---

40 H. Kindermann, a. a. O., S. 659.
41 Hans Mayer: Goethe im 20. Jahrhundert. Die Germanisten und Goethe. In: Dietrich Papenfuss und Jürgen Söring (Hrsg.), Rezeption der deutschen Gegenwartsliteratur im Ausland. Tagungsbeiträge eines Symposiums der Alexander von Humboldt-Stiftung, Bonn – Bad Godesberg. Kohlhammer Verlag. Stuttgart / Berlin / Köln / Mainz 1976, S. 43–56; hier S. 43 und S. 53.
42 Deutsches Verlagshaus Bong & Co. Berlin 1932, S. 70.

Bis zur Zeit des deutschen Wirtschaftswunders um die sechziger Jahre des 20. Jahrhunderts war das Bildungsideal, wie es von Goethe in den *Maximen und Reflexionen* ausgesprochen wurde, noch unumstritten: „Möge das Studium der griechischen und römischen Literatur immerfort die Basis der höhern Bildung bleiben!"[43] Angesichts der veränderten Zeiten müßte man den Satz zumindest dahingehend ändern: Möge das Studium der klassischen deutschen Literatur nicht nur in Deutschland, sondern auch in Japan die Basis der Allgemeinbildung bleiben!

---

43 Goethes Werke. Hamburger Ausgabe. Bd. 12, S. 505.

Wandel des Goethebildes

Joseph Karl Stieler
(Deutschland)

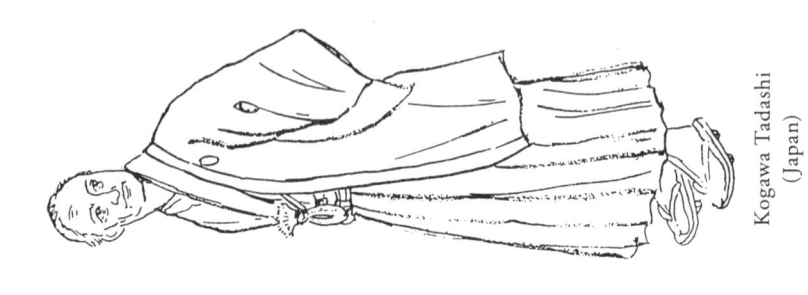

Daniel Maclise
(England)

Kogawa Tadashi
(Japan)

6. Kapitel: Der politische Ästhetizismus der sog. Japanischen Romantischen Schule*

Die literarische Bewegung der sogenannten Japanischen Romantischen Schule, *Nihon-romanha*, erlangte im Zuge des japanischen Nationalismus der dreißiger Jahre Einfluß und löste sich mit dessen Zusammenbruch auf. Ihr charismatischer Gründer war Yojuro Yasuda (1910–1981), der parallel zu seinem literarischen Organ *Cogito* im März 1935 eine Zeitschrift mit dem Titel *Nippon romanha* ins Leben rief. Sein Projekt unterstützten auch die fast gleichzeitig entstandenen literarischen Zeitschriften *Die blaue Blume* sowie *Die Realität* und *Das Brot*, die beide mehr sozialistisch als romantisch ausgerichtet waren. Zu seinen wichtigsten Mitstreitern zählte der ehemalige Marxist Katsuichiro Kamei (1907–1966). Obwohl die Herausgabe der neuen Zeitschrift bereits im August 1938 eingestellt wurde, bildete sich um sie ein Kreis ambitionierter Schriftsteller und Literaturkritiker, die Yasuda wie einen Religionsstifter bewunderten. Diese Stellung aber verlor er bereits nach dem Zweiten Weltkrieg in dem mittlerweile demokratisierten Japan. Man ignorierte ihn und verschwieg, daß es in der japanischen Literaturgeschichte etwas zur Literatur des Dritten Reiches Vergleichbares gegeben hatte. Als er im Jahre 1981 starb, wurde kaum ein Nachruf auf ihn geschrieben, denn die Japanische Romantische Schule stand im Grunde genommen für eine rechtsradikale Geisteshaltung, die in eigenartiger Verknüpfung von Nationalismus und Ästhetizismus den Geist eines vermeintlich ewigen Japan heraufzubeschwören suchte und so den berüchtigten japanischen Militarismus in der Kriegszeit ideologisch stützte.

---

* Eine um Abschnitt 4 erweiterte Fassung des Beitrags „Die Internationalität der sogenannten Japanischen Romantischen Schule", in: Gesa von Essen und Horst Turk (Hrsg.), Unerledigte Geschichten. Der literarische Umgang mit Nationalität und Internationalität. Wallstein Verlag. Göttingen 2000, S. 362–377.

1. Vom Marxismus zum japanischen Nationalismus

Unmittelbar nach dem Krieg sind zwar unter den Fachleuten gelegentlich literaturkritische oder literaturgeschichtliche Auseinandersetzungen um das Wesen jenes merkwürdigen literarischen Phänomens geführt worden. Dabei wurde Yojuro Yasuda vor allen Dingen vorgeworfen, daß er so schwer verständliches, verschwommenes Japanisch schreibe und sich in allen Werturteilen über den japanischen Imperialismus sehr ambivalent verhalte. Nachgeholte kritische Stellungnahmen zur *Nihon-romanha* sind aber nie ins allgemeine Bewußtsein der Öffentlichkeit gedrungen, was an der relativ geringen Fachliteratur zu diesem Thema abzulesen ist. Auf jeden Fall überlebte Yojuro Yasuda alle Kritik der Nachkriegsgeneration und vertrat nunmehr in der neu gegründeten Zeitschrift *Vaterland* einen pazifistischen Standpunkt des widerstandslosen absoluten Friedens. Damit deutet sich bereits an, daß es sich bei der *Nihon-romanha* um eine äußerst problematische Literaturbewegung handelt: sie erweist sich als ein Stück unbewältigter Vergangenheit Japans, die im Gesamtzusammenhang der japanischen Geschichtsschreibung, insbesondere im Rahmen der neueren japanischen Geistesgeschichte, eingehend untersucht werden muß. Die einschlägige japanische Literaturgeschichte in deutscher Sprache behandelt sie dagegen nur flüchtig: „Kamei begann als Marxist, wurde verhaftet und sagte sich in der Haft 1930 vom Marxismus los. Er gründete zusammen mit Yasuda 1935 die Zeitschrift *Nippon romanha*. Yasuda hatte an der kommunistischen Arbeiterbewegung nicht teilgenommen. Wie Kamei war er zu einer Zeit jung gewesen, als der Marxismus die Intellektuellen Tokyos in seinen Bann schlug. Diese Stiefkinder des Modemarxismus vertraten während des Faschismus eine Art tennoistische Ästhetik und huldigten einem kulturellen Traditionalismus, der großen Einfluß auf die jüngere Generation hatte."[1]

---

[1] Shuichi Kato: Geschichte der japanischen Literatur. Die Entwicklung der poetischen, epischen, dramatischen und essayistisch-philosophischen Literatur Japans von den Anfängen bis zur Gegenwart, Scherz Verlag. Bern / München / Wien 1990, S. 591. Vgl. auch den Ausstellungskatalog zum IVG-Kongreß in Tokyo, Deutsche Sprache und Literatur in Japan. Ein geschichtlicher Rückblick, hrsg. v. Yoshio Koshina et al., Tokyo 1990. Der einleitende Text ist der erste Versuch, die durch die völkische Literaturwissenschaft beeinflußte dunkle Seite der japanischen Germanistik während der dreißiger Jahre ein wenig zu beleuchten.

Die Bezeichnung *Nihon-romanha* geht auf die deutsche Romantik zurück, auch wenn diese aus einem spezifisch japanischen Blickwinkel mißverstanden wurde. Die jungen Literaten, die sich an dieser Bewegung beteiligten, konnten alle nach dem damaligen Bildungsniveau mehr oder weniger gut Deutsch. Es handelte sich zum großen Teil um zunächst politisch engagierte Marxisten, die mit der deutschen Philosophie vertraut waren, oder um Germanisten, die an der Kaiserlichen Universität zu Tokyo z. B. Julius Petersens Schrift *Die Wesensbestimmung der deutschen Romantik* studiert hatten. Um den Weg der akademischen Jugend vom politischen Marxismus zu einem ästhetisch orientierten romantischen Nationalismus zu begründen, verweist die oben bereits zitierte Literaturgeschichte auf den dialektischen Vorgang eines ideologischen Umschlags bei vielen jungen Intellektuellen:

> Der Marxismus hatte einer Generation von Literaten die Augen für politische und gesellschaftliche Phänomene geöffnet. Damit hatte er aber zugleich die Voraussetzung dafür geschaffen, daß zahlreiche ehemals sozialistisch gesinnte Schriftsteller nach ihrer Abkehr vom Marxismus zu ebenso entschiedenen Verfechtern des Krieges und des Militarismus werden konnten. [...] Schriftsteller, die sich vom Marxismus lossagten, gaben damit keineswegs ihr gesellschaftliches Interesse auf. Einige von ihnen richteten vielmehr ihr Interesse mit gleichem Elan auf eine dem Marxismus diametral entgegengesetzte Ideologie, bewegten sich vom Universalismus zum Partikularismus, vom Internationalismus zum Nationalismus, vom Rationalismus zum Irrationalismus.[2]

Dieser ideologische Umschlag, der sich in ähnlicher Weise auch bei deutschen Autoren des Dritten Reiches beobachten läßt, war bei den Anhängern der Japanischen Romantischen Schule besonders stark ausgeprägt. Nach der Vorankündigung, die im November 1934 im *Cogito* veröffentlicht wurde, zählten zu den Herausgebern der neuen Zeitschrift *Nippon romanha* außer Yojuro Yasuda noch fünf Schriftsteller: Kotaro Jimbo, Katsuichiro Kamei, Eijiro Nakajima, Takao Nakatani und Takashi Ogata. Kotaro Jimbo war ein nahmhafter Germanist, der einige Jahre darauf eine Anthologie der nationalsozialistischen Lyrik in japanischer Übersetzung herausgeben und nach dem Krieg – angeblich als guter Humanist – Eckermanns *Gespräche mit Goethe* ins

---

2 Ebd., S. 590 f.

Japanische übersetzen sollte.³ Von Katsuichiro Kamei stammen in der Zeitschrift *Nippon romanha* mehrere bedeutende Goethe-Essays, während Yasuda selbst in einer anderen Zeitschrift einen *Werther*-Aufsatz und einen 1939 erschienenen Essayband mit dem Titel *Warum starb Werther?* veröffentlichte. Später schlossen sich ihnen solche Schriftsteller bzw. Lyriker wie Osamu Dazai, Mitsugu Midorikawa, Kazuo Dan, Gaishi Yamagishi, Shizuo Ito oder Mayumi Haga. Der zuletzt genannte Germanist gehörte zu den engagierten Propagandisten der nationalsozialistischen Weltanschauung in Japan. In der Endphase zählten zu diesem Kreis mehr als fünfzig Literaten. Auch Yukio Mishima ist von dieser literarischen Bewegung insofern nicht ganz unberührt geblieben, als er sie von früher Jugend auf genau beobachtete und Shizuo Ito als den besten Lyriker der *Nihon-romanha* schätzte. Ito hatte sich nicht so sehr von den deutschen Romantikern, sondern vielmehr von Hölderlin inspirieren lassen, den seinerzeit Stefan George wiederentdeckt hatte. Ito bereute später, daß er einige Kriegsgedichte geschrieben hatte, erkrankte und verstarb relativ jung, während Kamei auch nach dem Krieg ein erfolgreicher Literaturkritiker blieb. Osamu Dazai dagegen beging 1948 aufgrund innerer Zerrüttung Selbstmord, avancierte aber zusehends zu einem Schriftsteller, der von bestimmten Kreisen des japanischen Lesepublikums noch heute sehr geschätzt wird. Bezeichnenderweise rang er nach den marxistischen Anfängen sein Leben lang mit christlich-religiösen Fragen. Yasuda dagegen blieb bis zuletzt ein shintoistischer Nationalist, währed Kamei nach der politischen Umkehr zu einem buddhistischen Ästheten wurde, der als Kind zwar nicht getauft worden, aber gleichwohl in einer wegen seiner wohlhabenden Eltern schuldbewußten Frömmigkeit aufgewachsen war.⁴

---

3   Vgl. dazu Naoji Kimura: Jenseits von Weimar. Goethes Weg zum Fernen Osten, Bern 1997, I. Teil, 8. Kap. „Rezeption heroischer deutscher Literatur in Japan 1933–45", S. 182–206, hier: S. 196 f. Vgl. auch Kusuo Seki, Japans Germanistik unter dem Faschismus, in: Doitsu Bungaku, Frühling, Heft 100, Tokyo 1998, S. 64–76, hier: S. 72.
4   Vgl. Iwao Tanaka: Katsuichiro Kamei und Goethe. Ein Fall der Goethe-Rezeption in Japan, in: Japanisches Goethe-Jahrbuch Bd. 40, S. 129–144, hier: S. 130. Vgl. ferner Nawata Yuji: Hölderlin in Japan. Seine Rezeption durch Ito Shizuo, einen Dichter der Japanischen Romantischen Schule. In: Bad Homburger Hölderlin-Vorträge 1996/97. S. 50–69.

Der zeitgeschichtliche Hintergrund dieser verschiedenen Biographien aus dem Kreis der *Nihon-romanha* wurde in erster Linie durch die damaligen politischen Verhältnisse bestimmt, die direkte Auswirkungen auf den Literaturbetrieb hatten: Mehrere Verhaftungswellen führten zum Ende der proletarischen Literaturbewegung, indem die jungen, zumeist politisch links ausgerichteten Schriftsteller im Gefängnis zum Gesinnungswechsel gezwungen wurden.[5] In diesen soziopolitischen Wirren und geistigen Unruhen suchten sie nach einer neuen Orientierung. So vertrat Yojuro Yasuda, der sich in der Studentenzeit mit Hölderlin und dem Marxismus beschäftigt hatte, mit seiner an der deutschen Romantik eines Friedrich Schlegel oder Novalis geschulten Ästhetik eine antifortschrittliche, reaktionäre Literaturauffassung, um die japanische Lyrik u. a. mit den Begriffen „Held" und „Dichter" wiederzubeleben. Katsuichiro Kamei versuchte, seine politische Umkehr mit der Judas-Deutung des russischen Philosophen Shestov zu rechtfertigen. Solche Standpunkte führten die Gruppe schließlich dazu, sich – ähnlich wie die deutschen Romantiker für das Mittelalter – für die altjapanische Dichtung und Kunst zu interessieren und die in der Edo-Zeit begründete Altjapanologie ideologisch gleichsam als eine japanische Wissenschaft wiederherzustellen. „Die epochale Leistung" des Hauptvertreters der Altjapanologie, Motoori Norinaga (1730–1801), besteht nach der bereits zitierten japanischen Literaturgeschichte darin, „innerhalb der vom Konfuzianismus und vom Buddhismus zutiefst beeinflußten Kultur die von ihrem Einfluß unabhängige japanisch-autochthone Weltanschauung auf das Niveau eines intellektuell verfeinerten Denkens erhoben zu haben […] Er drückte dieses Denken in seiner speziellen Wissenschaft, der sogenannten Nationalen Schule (*Kokugaku*), in polemischen Prosastücken und von seinen Schülern aufgezeichneten Aphorismen aus."[6]

---

5 Vgl. dazu Taeko Matsushita: Rezeption der Literatur des Dritten Reichs im Rahmen der kulturspezifischen und kulturpolitischen Bedingungen Japans 1933–1945, Saarbrücken / Fort Lauderdale 1989.
6 S. Kato, a. a. O., S. 380.

Die ersten Japanologen in der Meiji-Zeit hatten bei Hermann Paul und anderen deutsche Philologie oder deutsche Lexikographie studiert und begründeten in methodischer Anlehnung daran die moderne Japanologie. Nach jener altjapanischen Auffassung, wie sie von der *Nihon-romanha* verstanden wurde, beruht alles, was geschieht, auf der Natur, und alles Geschehene gehört in die Geschichte, die als Tradition im Leben wie in der Kunst immer gegenwärtig ist und damit zugleich richtungsweisend in die Zukunft wirkt. Es handelte sich also um eine ästhetische Mythologisierung der Geschichte, die bevorzugt dort vollzogen wird, wo eine metaphysische Transzendenz, wie im Fernen Osten, von Anfang an nicht da ist oder, wie in der europäischen Neuzeit, verloren gegangen war. In dem für die *Nihon-romanha* typischen Umschlag von linker zu rechter, von fortschrittlicher zu reaktionärer Ideologie, von westlichem Intellektualismus zu irrationalem japanischen Nationalismus zeigt sich der Einfluß des unreflektiert aufgenommenen Konzepts der romantischen Ironie, von der diese jungen Schriftsteller methodisch, opportunistisch oder vielleicht auch selbstspöttisch Gebrauch gemacht haben.

2. Mythologie der Geschichte als romantische Ironie

Im folgenden wird es daher weniger darum gehen, gewisse Parallen zwischen der deutschen und der japanischen Romantik aufzuzeigen, als vielmehr darzustellen, wie eigensinnig sich die Vertreter der sogenannten Japanischen Romantischen Schule die deutsche Romantik aneigneten. Es ist von einer gewissermaßen doppelten Parallelität von jeweils zwei Romantikvorstellungen in Deutschland bzw. Japan auszugehen, die geschichtlich verschiedene Voraussetzungen, also keine Gemeinsamkeiten im strengen Sinne haben. Im Unterschied zur japanischen Romantik vom Ende des 19. Jahrhunderts, die durch die Stichworte „Wertherism" und „Byronism" gekennzeichnet war und in der Goethe als romantischer Dichter schlechthin galt,[7] lag die Betonung

---

[7] Vgl. Wolfgang Schamoni: Kitamura Tokoku. Die frühen Jahre. Von der „Politik" zur „Literatur" (Münchener ostasiatische Studien Band 31), Franz Steiner Verlag. Stuttgart 1983, hier S. 10.

bei der *Nihon-romanha* deutlich stärker auf dem Adjektiv „japanisch" als auf dem Wort „Romantik". Es ging vorwiegend um die Propagierung eines japanischen Geistes, mit dem man sich auf chauvinistische Weise von westlichem, vor allem anglo-amerikanischem Einfluß abzusetzen versuchte. Da aber der sogenannte japanische Geist im Laufe der Jahrhunderte zutiefst von Buddhismus und Konfuzianismus beeinflußt worden war, mußte man, um überhaupt von ihm sprechen zu können, auf die frühere Stufe vor der Übernahme dieser „fremden" Religion bzw. Morallehre oder zumindest auf die Heian-Zeit des Frühmittelalters – die Blütezeit kaiserlicher Hofkultur – zurückgreifen. Dabei traten die gleichen Schwierigkeiten auf, in die auch deutsche Schriftsteller der dreißiger Jahre bei dem Versuch gerieten, den angeblich deutschen Geist vom sogenannten undeutschen Geist abzugrenzen. Bezeichnete sich doch die öffentliche Bücherverbrennung im April und Mai 1933 als eine studentische „Aktion wider den undeutschen Geist".[8] Wie die „Befreiung" des deutschen Geistes aus christlichen Traditionen auf die Vorstellung eines germanischen Geistes führte, so entpuppte sich der im 20. Jahrhundert beschworene mythische Geist Japans als eine shintoistische Naturreligion mit Fruchtbarkeits- und Ahnenkult. Diese lag in der altjapanischen Lyrik, vor allem in der großen Gedichtsammlung *Manyoshu*, allerdings in verfeinerter Form vor. Sie war zugleich der Verherrlichung der kaiserlichen Herrschaft verhaftet, die seit der Meiji-Zeit immer mehr zu einer theokratischen Staatsphilosophie erhoben wurde. Während eine Reihe von Schriftstellern der deutschen Romantik das christliche Mittelalter im Spannungsverhältnis von Kaiser und Papst wiederentdeckte, führte der wiedergefundene Anschluß der *Nihon-romanha* an die altjapanische Dichtung mit dem Tenno und die ästhetisch mythologisierte Geschichte zu einer anderen Haltung gegenüber weltlichem und geistlichem Oberhaupt: der japanische Kaiser hatte in der Staatsverfassung von 1889, die insgeheim nach den Ratschlägen des Rostocker Juraprofessors

---

8 Vgl. Hans-Wolfgang Strätz: Die geistige SA rückt ein. Die studentische „Aktion wider den undeutschen Geist" im Frühjahr 1933, in: 10. Mai 1933. Bücherverbrennung in Deutschland und die Folgen, hrsg. v. Ulrich Walberer, Eichborn Verlag. Frankfurt am Main 1983, S. 84–114. Vgl. ferner Gerhard Sauder (Hrsg.): Die Bücherverbrennung. Zum 10. Mai 1933. Carl Hanser Verlag. München / Wien 1983.

Hermann Roesler entworfen worden war, beinahe die Würde und Stellung eines Papstes inne.[9]

Die *Nihon-romanha* stellte des weiteren nicht das Wahre oder das Gute, sondern das Schöne als höchsten Wert heraus. In der Vorankündigung der Zeitschrift steht zu lesen:

> Es ist eine gemeine niedere Literatur in Mode. Die Geschwätzigkeit des Alltags wollte das unwandelbare Bekenntnis verdunkeln. Die Gründung der *Nihon-romanha* durch uns ist deshalb eine Herausforderung gegen die Mode. Wir schätzen ausschließlich die lautere Gesinnung der Schriftsteller und lieben den hervorragenden Geist der Künstler. Wir können uns des Sendungsbewußtseins nicht enthalten, nun für die Literaten der kommenden Generation die Schönheit zu entfalten und ihre Früchte tragen zu helfen.[10]

Darauf folgen kritische Bemerkungen zur künstlerischen Dekadenz, zur Vermarktung des Geistes und zur Aufgabe des fortschrittlichen Geistes der Künstler im Namen des Fortschritts. Aus dem Westen sei viel Kultur eingeführt und zum festen Besitz des Wissens gemacht worden, es sei aber selten eine Verwandlung in echte Kunst erfolgt. So sei es auch im Fall der romantischen Bewegung, die sich unter dem althergebrachten feudalistischen Familiensystem in Japan bislang noch nicht habe ausbilden lassen oder sich zumindest noch im aufkeimenden chaotischen Zustand befinde und auf den Gesang der neuen Generation warte. Bei dieser Gegenüberstellung von Kunst und Wissen ist darauf hinzuweisen, daß man seit der Meiji-Zeit gern von *Wakon Yosai* spricht. Es bedeutet wörtlich japanische Seele und westliche Fertigkeiten und entspricht ungefähr der Unterscheidung von Kultur und Zivilisation im deutschen Wortgebrauch. Beides besteht in der japanischen Kultur bis heute ziemlich konfliktfrei nebeneinander.

In diesem Sinne wird das romantische Ziel der Zeitschrift *Nippon romanha* folgendermaßen verkündet:

---

9 Vgl. Johannes Siemes: Die Staatsgründung des modernen Japans. Die Einflüsse Hermann Roeslers, in: Das moderne Japan. Einführende Aufsätze. Hrsg. v. Joseph Roggendorf, Tokyo 1963, S. 1–25.

10 Cogito, Nov. 1934. Materialien zur Nihon-romanha, in: Yasutaka Saegusa: Die Literaturbewegung der Nihon-romanha. Tokyo 1959, S. 236. Alle japanischen Zitate in der Übertragung von Naoji Kimura.

Deswegen fangen wir, um die Bewegung der Literatur zu verneinen, mit einer Literaturbewegung an. Es ist nichts anderes als die Behauptung des Herausragenden gegen das Gemeine, des Unwandelbaren gegen die Mode, des Rechten gegen das Gewöhnliche. Wir müssen uns nun endlich der Ironie als Dienerin der Wahrheit und Aufrichtigkeit bedienen.[11]

Die Zeitschrift soll zugleich als „das ernsthafteste Mittel der Literaten, Merkmal von Unzufriedenheit und Widerspruch" dienen. In erster Linie ging es den Herausgebern also um eine Gesinnung, eine Haltung, die sich als eine subjektive Haltung einer literarischen Jugend verstehen läßt, die sich zum Widerspruch gegen die Moderne gezwungen sah. Dementsprechend heißt es dann auch ausdrücklich: „*Nihon-romanha* ist also als solche Ironie." Hieran wird deutlich, daß sich die *Nihon-romanha* weniger aus einer Affinität zur deutschen Romantik speiste, sondern allenfalls in einem antimodernistischen Romantizismus bestand, vor allem aber aus strategischen Gründen die Haltung der romantischen Ironie übernahm. Bereits in der deutschen Romantik hatten kritische Stimmen auf die Voraussetzungen und Implikationen des Ironiekonzepts hingewiesen. So bezeichnete Heine „die humoristische Ironie" als „ein Zeichen unserer politischen Unfreiheit",[12] und Hegel kritisierte die Negativität der Ironie mit der Bemerkung:

> Die Befriedigungslosigkeit dieser Stille und Unkräftigkeit – die nicht handeln und nichts berühren mag [...] mit dem Verlangen nach Realität und Absolutem dennoch unwirklich und leer, wenn auch in sich rein bleibt – läßt die krankhafte Schönseeligkeit und Sehnsüchtigkeit entstehen.[13]

So war es denn auch nicht Novalis' Aufsatz *Die Christenheit oder Europa*, sondern eine Auswahl aus Friedrich Schlegels *Lyceums-Fragmente*, die in der allerersten Ausgabe der Zeitschrift *Nippon romanha* in japanischer Übersetzung als neue literarische Richtlinien abgedruckt wurden. Diesen vorangestellt waren einige Bemerkungen Takao Nakatanis, in denen dieser sich zum einen herausfordernd gegen die naturalistische bzw. sozialistische Literaturauffassung wendete und zum anderen auf das poetische Anliegen:

---

11 Y. Saegusa, a. a. O., hier S. 237.
12 Heinrich Heine: Die romantische Schule. Kritische Ausgabe. Hrsg. v. Helga Weidmann. Reclam UB Nr. 9831, Stuttgart 1976, S. 84.
13 Georg Wilhelm Friedrich Hegel: Ästhetik. Mit einem einführenden Essay von Georg Lukács, hrsg. v. Friedrich Bassenge, Berlin 1955, S. 105 f.

„Sucht nicht nach den Spuren der Alten, sondern sucht, was sie suchten" des bekannten Haiku-Dichters Matsuo Basho (1644–1694) anspielte:

> Romantik ist, wie ich meine, kein Gegensatz gegen irgendwelche Ismen in der Literatur, sondern vielmehr der Wunsch, in allen Literaturen das am meisten Literarische zu entdecken und selbst an dessen Schaffung teilzunehmen. Sie steht nicht im Gegensatz zum Realismus, sondern weist nur den Pseudorealismus zurück. / Wir wollen nicht den deutschen oder französischen Romantikern nachfolgen, sondern erstreben die Schaffung der Literatur von heute, indem wir suchen, was sie gesucht haben.[14]

Bei den anschließenden kritischen Fragmenten Friedrich Schlegels handelte es sich um die Nr. 2, 13, 22, 24, 26, 30, 35, 72, 86, 89, 100, 101, 107, 125.[15] Für unseren Zusammenhang sind dabei insbesondere die folgenden Fragmente von Interesse, die sich um die Begriffe Volk, Schicksal, Publikum und Werk drehen:

> [2] Jedes Volk will auf der Schaubühne nur den mittlern Durchschnitt seiner eignen Oberfläche schauen; man müßte ihm denn Helden, Musik oder Narren zum besten geben.
>
> [30] An die Stelle des Schicksals tritt in der modernen Tragödie zuweilen Gott der Vater, noch öfter aber der Teufel selbst. Wie kommts, daß dies noch keinen Kunstgelehrten zu einer Theorie der diabolischen Dichtart veranlaßt hat?
>
> [35] Mancher redet so vom Publikum, als ob es jemand wäre, mit dem er auf der Leipziger Messe im Hotel de Saxe zu Mittage gespeist hätte. Wer ist dieser Publikum? – Publikum ist gar keine Sache, sondern ein Gedanke, ein Postulat, wie Kirche.
>
> [72] Eigentlich haben sie's recht gern, wenn ein Dichterwerk ein wenig ruchlos ist, besonders in der Mitte; nur muß der Anstand nicht geradezu beleidigt werden, und zuletzt muß alles ein gutes Ende nehmen.

Abschließend sei noch ein Ausschnitt aus dem ebenfalls wichtigen Fragment Nr. 125 zitiert, in dem es um das Wesen der Literaturkritik geht:

---

14 *Nippon romanha*, Bd. 1, Nr. 1 (März 1935), S. 90.
15 Friedrich Schlegel: Charakteristiken und Kritiken I (1796–1801), in: Kritische Ausgabe, Zweiter Band, erste Abteilung, München / Paderborn / Wien 1967, S. 147–163.

Schon Sophokles glaubte treuherzig, seine dargestellten Menschen seien besser als die wirklichen [...] Wie haben nicht auch die größten Künstler wirkliche Helden in ihrer Darstellung verkleinert? Und doch ist jener Wahn allgemein geworden, von den Imperatoren der Poesie bis zu den geringsten Liktoren. Dichtern mag er auch wohl heilsam sein können [...] Ein Philosoph aber, der sich davon anstecken ließe, verdiente wenigstens deportiert zu werden, aus dem Reiche der Kritik [...][16]

Fragmente erscheinen als unverbindliche Gedankensplitter und sind in keinen, die Interpretation orientierenden Kontext eingebunden, so daß sich, ähnlich wie bei Nietzsches Aphorismen,[17] die lange vor Schlegels Fragmenten übersetzt in Japan vorlagen, auch keine begrifflich klare philosophische Konzeption aus ihnen erschließen oder ableiten läßt. Zudem enthält sich Takao Nakatani jeglichen Kommentars zu den Fragmenten. Aus diesen Gründen ist es weder leicht zu bestimmen, welche Anregungen von Schlegels Fragmenten ausgingen, noch einfach zu klären, welche literaturtheoretischen Ziele Takao Nakatani für die *Nihon-romanha* mit dem Abdruck verfolgte.

Die Vorstellungen, die sich die Vertreter der *Nihon-romanha* von der deutschen Romantik machten, waren literaturgeschichtlich offensichtlich wenig fundiert, wie eine Reihe von Beiträgen der Zeitschrift belegt, die sich weniger mit romantischen, als vielmehr mit Themen der – nach deutschem Sprachgebrauch – deutschen Klassik befaßte. So erörterte beispielsweise Katsuichiro Kamei in der ersten Ausgabe zwar das Problem des romantischen Ich, beschäftigte sich in den folgenden Ausgaben aber mit Themen wie: „Griechenland ohne Sklaven", „Der lebende Judas", „Auf der Suche nach dem Gesetz", „Über den Sturm und Drang", „Wiederaufbau und Untergang der Jugend", „Die Reise nach Italien", „Die schöne Helena" und „Mephistophelische Leidenschaft und Chironsche Weisheit". Er hatte diese Essays schon im Jahre 1937 in einem Sammelband *Menschenerziehung. Ein Versuch über Goethe* in Japan veröffentlicht, obwohl er zu diesem Zeitpunkt bereits als einer der führenden Schriftsteller der *Nihon-romanha* galt. So wurde denn auch

---

16 Ebd., S. 159.
17 Vgl. Fritz Strich: Wagner und Nietzsche, in: *Der Dichter und die Zeit*, Francke Verlag. Bern 1947, S. 325–350, hier: S. 334.

im November 1936 eine Ausgabe der *Nippon romanha* mit dem Rahmenthema „Goethe" herausgebracht, in der – anschließend an die letzte Folge von Kameis Essay „Die Reise nach Italien" folgende germanistische Beiträge enthalten waren: „*Urmeister*" (Shin Saito), „Bemerkungen zu den *Wahlverwandtschaften*" (Ken Sawanishi), „Außerhalb von rechts und links" (Yukio Takahashi), „Methodologie" (Mayumi Haga), „Goethe und Napoleon" (Gundolf, übersetzt von Katsuichiro Kamei), „Über Kunst und Kunstgeschichte" (Goethe, übersetzt von Shoji Ishinaka), „Über die Bücher *Gespräche mit Goethe*" (Kotaro Jimbo). Tatsächlich suchte Katsuichiro Kamei trotz eigentlich romantischer Ausrichtung in der alten Kaiserstadt Nara und deren Umgebung im „Geiste Goethes" nach einer japanischen Klassik der Dichtung und Kunst und beteiligte sich damit an dem zu dieser Zeit in Japan allgemein verbreiteten Goethekult. Auch Yojuro Yasuda berief sich auf Goethe, und zwar auf dessen Naturbegriff, als er die angebliche Modernität des *Manyoshu* zum Anlaß nahm, die westlich beeinflußte moderne Kultur Japans als künstlich und falsch zu kritisieren, weil ihr die ursprüngliche Natur fehle. Seiner Ansicht nach beruhte nämlich die altjapanische Dichtung auf urwüchsiger Natur sowie einer langen Kulturtradition und bildete somit eine Genealogie der Schönheit fort. In diesem Sinne erschien ihm die japanische Moderne als Dekadenz: In der Zeitschrift *Cogito* erklärte er, *Nihon-romanha* sei ein Kampf gegen Unkultur, Barbarei und Überreste des Feudalismus. Man fühlt sich durch den Begriff „Unkultur" bedenklich an die Diffamierung des sogenannten undeutschen Geistes erinnert.[18]

---

18 Thomas Mann nannte den echten deutschen Geist „europäisches Deutschland" im Gegensatz zum „deutschen Europa". Vgl. Thomas Mann: Goethe und die Demokratie, in: Goethe's Laufbahn als Schriftsteller. Zwölf Essays und Reden zu Goethe, Fischer Taschenbuch. Frankfurt a. M. 1982, S. 283–308, hier: S. 285.

3. Nachgeholte Kritik an der *Nihon-romanha*

Aus diesem Zusammenhang heraus ist auch zu verstehen, daß der japanische Literaturkritiker Yasutaka Saegusa seiner ausführlichen Untersuchung zur literarischen Bewegung der *Nihon-romanha* folgende Verse Stefan Georges als Motto voranstellt:

> Der sprengt die ketten fegt auf trümmerstätten
> Die ordnung, geisselt die verlaufnen heim
> Ins ewige recht wo grosses wiederum gross ist
> Herr wiederum herr, zucht wiederum zucht, er heftet
> Das wahre sinnbild auf das völkische banner
> Er führt durch sturm und grausige signale
> Des frührots seiner treuen schar zum werk
> Des wachen tags und pflanzt das Neue Reich.

Es handelt sich um die Schlußverse von Stefan Georges Gedicht *Der Dichter in Zeiten der Wirren. Dem Andenken des Grafen Bernhard Uxkull*[19], in dem von einem „jungen geschlecht" die Rede ist, „Das von sich spie was mürb und feig und lau / Das aus geweihtem träumen tun und dulden / Den einzigen der hilft den Mann gebiert ..." Dieser einzige Mann ist es, der dann mit den Zügen eines Volksführers eingehender geschildert wird. Im vorangehenden Gedicht *Der Krieg* heißt es: „Die jugend ruft die Götter auf ... Erstandne / Wie Ewige nach des Tages fülle ...". Dem Rahmen der deutschen Geistesgeschichte entsprechend werden von George nun christliche, antike und germanische Traditionselemente eingebracht: „Der an dem Baum des Heiles hing warf ab / Die blässe blasser seelen, dem Zerstückten / Im glutrausch gleich ... Apollo lehnt geheim / An Baldur: <Eine weile währt noch nacht, / Doch diesmal kommt von Osten nicht das licht.>"

Georges prophetischer Dichtergestus erinnert an Yasuda, der in eben dieser Weise die japanischen Götter anrief und von Helden und Dichtern sprach. Saegusa macht in diesem Zusammenhang auf eine Äußerung Thomas Manns über Richard Wagner aufmerksam. Dort heißt es: Wagner sei „den Weg des deutschen Bürgertums gegangen: von der Revolution zur Enttäuschung, zum Pessimismus und einer resignierten,

---

19 Stefan Georg: Das neue Reich, Düsseldorf und München 1964, S. 39.

machtgeschützten Innerlichkeit."[20] Diese Innerlichkeit konnte jedoch, wie Lukács sagte, wiederum in einer Art Umkehrung dem Schutz der politischen Macht dienen, wie es auch bei der *Nihon-romanha* der Fall war. Doch Thomas Manns Äußerung läßt sich nur eingeschränkt auf die Anhänger der *Nihon-romanha* übertragen, bei denen in keiner Weise von einer Revolutionsenttäuschung die Rede sein kann. Eher lassen sie sich mit den als „tatenarm und gedankenreich" geltenden vorrevolutionären deutschen Dichtern des 18. Jahrhunderts vergleichen. Gegen den überaus mächtigen japanischen Imperialismus bzw. Nationalismus konnten sie jedenfalls keinerlei Widerstand leisten. Es drängt sich die Frage auf, worin dann eigentlich die Identität der zwischen internationalem Marxismus auf der einen und ästhetisch verbrämtem Nationalismus auf der anderen Seite stehenden Schriftsteller der *Nihon-romanha* bestanden haben mag. Im Grunde genommen gleichgültig gegenüber den politischen Ausrichtungen, ging es ihnen letztendlich wohl um eine Machtstellung in der literarischen Welt.

Ebenfalls mit der Beantwortung dieser Frage befaßt, zieht ein anderer Kritiker der *Nihon-romanha*, Bunzo Hashikawa, eine Aussage von Karl Marx heran: „Die Götter Griechenlands, die schon einmal tragisch zu Tode verwundet waren im gefesselten Prometheus des Aeschylus, mußten noch einmal komisch sterben in den Gesprächen Lucians. Warum dieser Gang der Geschichte? Damit die Menschheit heiter von ihrer Vergangenheit scheide."[21] Hashikawa ist der Ansicht, daß Yojuro Yasudas Gedanken sowie sein Stil von der Trias des Marxismus, der nationalistischen Altjapanologie und der deutschen Romantik herleiten ließen. Dabei sieht er Yasudas Verfahren insbesondere durch die romantische Ironie gekennzeichnet, die er in folgender Weise näher bestimmt:

> Sie hat sich als eine eigentümliche Form der Selbstkritik, d. i. Produktionstheorie der deutschen Romantik entwickelt und stellt sich als eine Einstellung dar, die sich gleichsam in der Mitte zwischen Dekadenz und Spannung

---

20 Thomas Mann: Leiden und Größe Richard Wagners *(1933)*, in: Thomas Mann Essays, Band 4, hrsg. v. Hermann Kurzke und Stephan Stachorski, S. Fischer Verlag. Frankfurt a.M. 1995, S. 14–72, hier: S. 65.

21 Karl Marx: Zur Kritik der Hegelschen Rechtsphilosophie, in: Werke und Schriften. Bis Anfang 1844. Marx-Engels-Archiv, Frankfurt a.M. 1927, S. 611.

unendlich die Selbstentscheidung vorenthält. Allgemein gesprochen, gehört sie mehr oder weniger zur Eigenschaft der mittleren Intellektuellenschicht, die in eine gewisse politische Impotenz hineingestellt ist. In realistischer Hinsicht verrät sie eine Haltung der moralischen Verantwortungslosigkeit und politischen Flucht. In der Karriere der politischen Romantiker wie Adam Müller oder Schlegel sehen wir diese Ironie verkörpert.[22]

Alle diese Züge erkennt Hashikawa auch in den Gedanken und Aufsätzen der *Nihon-romanha* von Yasuda bis Kamei. Im Hinblick auf Yasuda fühlt er sich zudem an die Aussage von Friedrich Schlegel erinnert, die Ironie sei eine Persiflage als solche. Er zitiert zum Beleg einen verschwommen-zweideutigen Satz Yasudas: „Grundlage der *Nihon-romanha* bildeten das Chaos und der amorphe Zustand des neuen japanischen Geistes, die Ironie des freien Japans, das zu gleicher Zeit Zerstörung und Aufbau festhielt, ferner ein Realismus zu dem Japan als Ironie."[23] Ohne Quellenangabe verweist er auf eine ähnliche Äußerung Carl Schmitts, in der dieser die Ironie als einen Trieb bestimmt, der sich alle Möglichkeiten der Unbestimmbarkeit vorenthalten wolle. Bei Yasuda heißt es: „Ich sage als Zuschauer [...] , als Zuschauer finde ich interessant, wenn Deutschland den Sieg erringt. Es ist eine Hoffnung von mir, der ich über einen Bereich der Kultur durch die Geschichte nachgedacht habe. Es kommt mir vor, daß die Götter die Geschichte immer interessanter einrichten."[24]

In dieser Äußerung meint Hashikawa die romantische Geisteshaltung der Japanischen Romantischen Schule wiederzuerkennen, die auch Formen des psychologischen Betrugs und der Intrige nicht ausschließt. Was für eine oberflächliche Vorstellung Yasuda von der Romantik gehabt hat, geht aus folgendem Zitat hervor:

> Auch wenn dieser chinesisch-japanische Krieg erfolglos zu Ende gehen sollte, hat Japan einen in der Weltgeschichte epochemachenden großen Feldzug geleistet. Als ich am Gelben Fluß in der Mongolei stand, habe ich erst die weltgeschichtliche Stellung der japanischen Kontinentalpolitik empfunden [...] Vom

---

22 Bunzo Hashimoto: Studien zur Kritik der Nihon-romanha, Tokyo 1965, S. 40.
23 Ebd., S. 40 f.
24 Ebd., S. 41.

Standpunkt des Gedankens ist es wirklich ein großartiger Romantizismus, wenn ich mir nun auch vorstelle, daß dieser Krieg erfolglos zu Ende geht.[25]

Es ist erschütternd zu sehen, daß der *Nihon-romanha* ein solcher Romantizismus zugrunde lag und ihre ursprünglich gesellschaftsbewußten Anhänger sich nun ohne politisches Verantwortungsgefühl in ästhetischen Träumereien verloren. Darüber hinaus widmeten sie sich einer nihilistischen Todesästhetik, so daß man allein schon die Ahnung eines möglichen Untergangs zu einer dem Wahnsinn nahen Hingabe: „Wir müssen sterben!" führte, fand man doch in Japan traditionsgemäß den Tod so schön wie eine „im Nu abfallende Kirschblüte". Es erscheint fast wie eine Ironie der Geschichte, daß eine scheinbar unpolitische Literaturbewegung sich nach ihrer Abwendung vom Marxismus dennoch insofern politisch auswirkte, als sie den Krieg als ein Epos des Volkes verherrlichte und mit einer traditionellen Ästhetik des Todes die japanische Jugend zur Opferbereitschaft für den theokratisch-totalitären Staat aufrief. Allerdings wurde der Tod in der *Nihon-romanha* anders motiviert als etwa in Novalis' *Hymnen an die Nacht*. Aber nach Thomas Mann soll George Clémenceau während des Ersten Weltkrieges gesagt haben: „Die Deutschen lieben den Tod. Sehen Sie ihre Literatur an! Sie lieben im Grunde nur ihn."[26] Es scheint also doch in bezug auf die japanische Todesästhetik eine geheime Affinität zum Todeskult der deutschen Romantik zu geben. Ebenso lassen sich vielleicht Entsprechungen zwischen den germanischen Helden und den Samurai feststellen, die jahrhundertelang den deutschen bzw. japanischen Nationalcharakter bis zu einem gewissen Grad beeinflußt haben.[27] Es war sicher kein Zufall, daß die Germanisten Toshio Yukiyama und Masami Hattori, die beide das *Nibelungenlied* ins Japanische übersetzten, zur *Nihon-romanha* gehörten.

Die durch Yojuro Yasuda repräsentierte *Nihon-romanha* wird in der Literaturgeschichte oftmals als „fanatisch, chauvinistisch und ultranationalistisch" abgetan. Sie gilt als eine Literaturbewegung der marxi-

---

25 Ebd., S. 41 f.
26 Zitiert bei Thomas Mann: Goethe und die Demokratie, a. a. O., S. 289. Vgl. Walther Rehm, Der Todesgedanke in der deutschen Dichtung vom Mittelalter bis zur Romantik, Halle (Saale) 1928.
27 Vgl. Inazo Nitobé: Bushido. Die innere Kraft der Samurai, Interlaken 1985.

stisch ausgerichteten intellektuellen Jugend, die, an der ausweglosen politischen Situation verzweifelnd, zu einer „Leidenschaft des Untergangs" getrieben wurde und sich in romantischer Ironie dem vermeintlichen Chaos der äußeren und inneren Welt hingab. So spricht Bunzo Hashikawa von einem „radikalen Romantizismus" und sieht in den Wortspielen eine Verwandtschaft mit der sog. Quasi-Argumentation bei Friedrich Schlegel oder Adam Müller, in der z. B. der Hammer als christlich, der Amboß als heidnisch bewiesen werden soll. Zwar mußte die radikale literarische Jugend Japans keine Revolutionsenttäuschung erfahren, wie etwa Teile der deutschen Jugend, litt aber unter politischen Verfolgungen, was den revolutionären Enttäuschungen an existentieller Bedeutung gleichkam. Was Yojuro Yasuda zum ideologischen Führer der *Nihon-romanha* machte, war wohl seine Verbindung gründlicher altjapanologischer Bildung mit wirksamem Einsatz romantischer Ironie. Hier scheint er wiederum Friedrich Schlegel mit seiner umfangreichen abendländischen Bildung vergleichbar zu sein, doch inhaltlich läßt sich die Altjapanologie mit der Traditionssuche der deutschen Romantik wegen der Unterschiede zwischen den zugrundeliegenden östlichen bzw. westlichen Weltanschauungen nicht so leicht vergleichen. Es ist doch bezeichnend, daß die *Nihon-romanha* sich beispielsweise nie für die romantische Naturphilosophie eines Schelling oder die Morphologie Goethes interessierte und daß sie scheinbar auch Friedrich Schlegels herausragende Wilhelm Meister-Kritik nicht zur Kenntnis nahm. Ansonsten wäre sie notwendig auf Novalis' Auseinandersetzung mit Goethes Bildungsroman gestoßen. Eine derartige Fragestellung war aber Sache der universitären Germanistik in Japan, die sich in einer anderen Weise als die Anhänger der *Nihon-romanha* für den japanischen Nationalismus einsetzte.

Es fällt nicht schwer, die Anhänger der Japanischen Romantischen Schule im nachhinein zu verurteilen. Man kann ohne Bedenken ihr Verständnis der deutschen Romantik als oberflächlich und verfehlt bezeichnen und im Hinblick auf deren japanisierte Form von Pseudoromantik sprechen. In literaturwissenschaftlicher Hinsicht bleiben sie hinter dem Gründer der Altjapanologie weit zurück, von dem es heißt:

Die Wiederentdeckung autochthoner Weltsicht durch Motoori Norinaga ist keineswegs als Neubelebung einer untergegangenen Kulturwelt durch das Genie Norinagas zu verstehen, diese war vielmehr durch die ganze japanische Geschichte hindurch lebendig. Durch Norinaga aber wurde sie ins Bewußtsein gerückt und in Begriffe gefaßt, um sie dem Neokonfuzianismus ideologisch entgegensetzen zu können.[28]

Yojuro Yasuda versuchte zwar, die alte japanischen Kulturwelt in einer Geschichtsstunde der Kaiservergöttlichung lebendig zu machen, um sie dem Westen entgegensetzen zu können. Dennoch mußte sich der westlich gebildete Japaner der Moderne, wenn auch nur strategisch, der westlichen literarischen Bewegung bedienen. Dieser innere Widerspruch erwies sich als verhängnisvoll für die Anhänger der nationalistischen *Nihon romaha*: Anders als die deutsche Romantik führte sie nicht zu der Entwicklung eines neuen Geschichtsbewußtseins, das die Entstehung eines Historismus zur Folge hätte haben können. Vielmehr war die japanische Romantik am Ende des 19. Jahrhunderts in ihrer Begeisterung für Goethe und Byron so von der europäischen Romantik geprägt, daß sich gerade dort die Internationalität der japanischen Nationalliteratur niederschlug. Zur Rekonstruktion dieser Zusammenhänge aber müßte man die ganze Rezeptionsgeschichte europäischer Literatur seit der Meiji-Zeit in die komparatistische Betrachtung mit einbeziehen.

4. Vorgeschichte des japanischen Nationalismus

Mythos, Mythen oder Mythologie gelten seit eh und je als ein kulturwissenschaftliches Thema, da sie zugleich global und national sind. Aber auch der Nationalismus ist heutzutage von aktueller Bedeutung. Denn im Zuge der Internationalisierung kommt er doch immer wieder in verschiedener Form auf. Es geht dabei um mannigfaltige Nationalismen wie einen ethnischen, politischen, wirtschaftlichen, kulturellen oder nicht zuletzt religiösen Nationalismus. Um die Japanische Romantische Schule unter diesem Gesichtspunkt geschichtlich zu situieren, lassen sich drei Etappen zur

---

28 S. Kato, a. a. O., S. 31.

Entstehung eines literarischen Nationalismus aus dem Mythos zurückverfolgen, abgesehen von dem politischen, der ihnen allen irgendwie zugrunde gelegen hat:

1. Die literarische Etappe: Wie bereits erwähnt, hat es in den dreißiger Jahren des 20. Jahrhunderts eine traditionalistisch und nationalistisch ausgerichtete Literaturbewegung gegeben, die sich paradoxerweise mit einem europäischen Epochenbegriff als *Nihon-romanha* bezeichnete. An dieser Japanischen Romantischen Schule waren viele deutschkundige Schriftsteller und Germanisten beteiligt, die sich im deutschen Sprachgebrauch mehr als Klassiker denn als Romantiker herausstellten. Einige von ihnen waren ehemals engagierte Marxisten, die unter politischer Verfolgung ihre Gesinnung gewechselt und angeblich in Anlehnung an die deutsche Romantik das japanische Mittelalter verherrlicht haben.[29] Da sie in die unbewältigte Vergangenheit Japans gehören, wird heutzutage von ihnen nicht gern gesprochen, und zwar mit dem Hinweis, es sei in literarischen Kreisen schon eine abgetane Sache. Aber vor einigen Jahren hat sich ein amerikanischer Literaturwissenschaftler im Rahmen des japanischen Nationalismus wieder einmal eingehend mit diesem heiklen Problem beschäftigt.[30]

2. Die philologische Etappe: Es war die sogenannte Nationale Schule *Kokugaku* in der zweiten Hälfte des 18. Jahrhunderts, die die einheimische Literaturtradition mit philologischen Mitteln hervorzuheben suchte, indem sie alle fremden Einflüsse, also nicht nur den Buddhismus, sondern auch den Konfuzianismus trotz ihrer offensichtlich großen Bedeutung für die japanische Kultur zugunsten des bodenständigen Shintoismus geringschätzte. Der Taoismus hatte in der japanischen Literatur des Mittelalters keine so große Rolle wie der Konfuzianismus in der Samurai-Kultur der Edo-Zeit gespielt, wenngleich er schon auf die Eremitendichtung eines Saigyo (1118–1190) oder Matsuo Basho großen Einfluß ausübte. Karl Florenz, der vor dem Krieg als Germanist jahrelang an der Kaiserlichen

---

29 Vgl. die erste Darstellung japanischer Literaturgeschichte in deutscher Sprache bei Karl Florenz: Geschichte der japanischen Litteratur. Zweite Ausgabe. C. F. Amlangs Verlag. Leipzig 1909.

30 Vgl. Kevin Michael Doak: Dreams of Difference. The Japan Romantic School and the Crisis of Modernity. University of California Press. Berkeley and Los Angeles 1994. Japanische Übersetzung, Tokyo 1999.

Universität zu Tokyo doziert hatte, schrieb mit Recht: „Wie man den komplizierten Bau unserer Kultur ohne Kenntnis des klassischen Altertums nicht durchschauen kann, so kann man Japan nicht verstehen und nicht wissen, was in Japan japanisch ist, wenn man China nicht einigermaßen kennt."[31] Allerdings rief die allgemeine Rührigkeit, mit der die japanischen Sinologen traditionsgemäß das Studium des chinesischen Altertums betrieben, hier und da schon manchmal eine recht kritische Stellung gegenüber dem Chinesentum hervor. In viel schärferem Grade fand jedoch dieser Stimmungswechsel in der Nationalen Schule der Tokugawa-Periode statt. „Was aber einigermaßen überrascht, das ist die Feindseligkeit und unverdiente Geringschätzung, mit der ein großer Teil der Japanologen dem Chinesentum zuleibe ging."[32]

3. Die mythologische Etappe: Am Anfang der japanischen Literaturgeschichte steht das *Kojiki*, d. h. „Geschichte der Begebenheiten im Altertum", das erst im Jahre 712 entstanden ist. Es handelt sich dabei um ein mythologisches Geschichtswerk zur Begründung der kaiserlichen Herrscherlinie, das von dem Hauptvertreter der Nationalen Schule Motoori Norinaga auf das ausführlichste kommentiert wurde. Das *Kojiki* im frühen Mittelalter ist auf diese Weise neben dem *Manyoshu*, einer 4500 Waka-Gedichte umfassenden Anthologie des 8. Jahrhunderts, vorwiegend durch die doppelte Vermittlung in der Neuzeit und Moderne als Ursprung des japanischen Nationalismus anzusehen. Aber vor seiner Entstehung bestand schon lange auf den japanischen Inseln ein wohl befestigtes Staatsgebilde, das mit dem Festland, d. h. immer mit dem China des Altertums engen Kontakt hatte. Dabei spielte die koreanische Halbinsel geschichtlich die Rolle einer kulturellen Brücke zwischen China und Japan. Wenn man diese schriftlose Zeit in der japanischen Geschichte noch als die 4. Etappe hinzufügt, so ist sie mit einem gewissen Internationalismus im weitesten Sinne des Wortes gekennzeichnet.

Wie aus diesem Überblick über den historischen Hintergrund hervorgeht, erweist sich die japanische Mythologie im *Kojiki* als ideologisches

---

31 K. Florenz: Geschichte der japanischen Litteratur. S. VI.
32 Ebd., S. 431.

Erzeugnis, das erst im 8. Jahrhundert im Auftrag des Kaiserhauses zu seiner politischen Legitimation hergestellt worden ist. Das andere Geschichtswerk fast gleichen Inhalts *Nihon Shoki* oder *Nihongi* (= Japanische Annalen) entstand im Jahre 720, und beides zusammen wird üblicherweise *Kiki* genannt. Hinter diesem Geschichtsmythos stand freilich eine jahrhundertealte historische Realität.[33]

Zu jener Zeit gab es offenbar neben dem Kaiserhaus eine Reihe mächtiger Sippen im Besitz eigener Familienchroniken. Deshalb sah sich der endgültige Sieger der kaiserlichen Familie vor die Notwendigkeit gestellt, rechtzeitig die Richtlinien für die echten Kaiser-Annalen aufzustellen, indem er die Irrtümer der Sippenüberlieferungen als wertlose Fälschungen verurteilte. Scheinbar ging es darum, „Aufzug und Einschlag im Gewebe des Staates"[34] als Grundlage der Monarchie aufrechtzuerhalten. Das lief aber darauf hinaus, seine einzigartige Rechtmäßigkeit als göttlicher Herrscher zu legitimieren. Dafür mußten drei mythologische Legenden, die in der schriftlosen Zeit mündlich überliefert waren, zu einem japanischen Mythos vereinigt werden. Der Mythos, wie er im ersten Buch des *Kojiki* geschildert ist, besteht also aus drei Sagenkreisen um die Götter jeweils in Yamato bzw. Ise, Izumo und Tsukushi. Dabei ist diese genau lokalisierbare mythologische Welt aus dem Himmel, dem irdischen Zwischenreich und der Unterwelt aufgebaut. Als sie im *Kojiki expressis verbis* dargestellt wurde, herrschte aber das Kaiserhaus bereits von der Yamato-Provinz aus, wo die älteste Kaiserstadt Nara gegründet worden war, über ganz Japan. Deshalb mußte diese Gegend am Anfang des Mythos in den Himmel, der im Japanischen *Takamagahara* (= Gefilde des Hohen Himmels) heißt, projiziert werden, während Izumo gegen Westen am Meer lag und Tsukushi sich auf der südlichen Insel Kyushu befand. So waren es die himmlischen Götter im *Takamagahara*, die die menschliche Welt des Zwischenreiches *Nakatsukuni* (= Mittelland des Schilfgefildes) schufen. Im Himmel nahm schließlich die Sonnengöttin Amaterasu die zentrale Stellung ein. Dagegen wurde ihr Bruder, Sturmgott Susanoo, aus dem *Takamagahara* in die Unterwelt in der Provinz Izumo vertrieben. Als

---

33 Näheres vgl. Naoji Kimura: Der „Ferne Westen" Japan. Zehn Kapitel über Mythos und Geschichte Japans. Röhrig Universitätsverlag. St. Ingbert 2003.

34 Zitiert nach Karl Florenz: Die historischen Quellen der Shinto-Religion. Vandenhoeck & Ruprecht. Göttingen 1919. S. 6.

seine Nachkommen sich den himmlischen Göttern ergaben, schickte Amaterasu ihren göttlichen Enkel auf den Berg Takachiho in Kyushu, wo er die Tochter eines Berggottes heiratete, und der von ihm stammende erste Kaiser Jimmu machte von Kyushu aus einen siegreichen Feldzug gegen Osten bis nach Yamato.

An der Vorrede sowie in den Ausführungen im *Kojiki* selbst kann man schon eine nationalistische Tendenz feststellen. Der Berichterstatter des *Kojiki* Oh no Yasumaro war zwar so gut gebildet, daß er seine Vorrede nicht nur „in elegantem rhythmischem Chinesisch"[35] schreiben konnte, sondern auch die chinesische Dokumentsform zum Vorbild nahm. Vom Korea im Altertum war erstmals nur geographisch die Rede, als der himmlische Enkel der Sonnengöttin Amaterasu auf den Gipfel des Berges Takachiho in der Provinz Himuka in Tsukushi herabstieg. Er sprach:

> Dieser Ort liegt einem öden Lande (Kara-kuni) gegenüber. Auf der Suche nach Land durch ödes Gebirgsland hindurchschreitend zum erlauchten Kap von Kasasa, ist da ein Land, worauf die Morgensonne scheint, ein Land, welches das Sonnenlicht der Abendsonne bescheint. Daher ist dieser Ort ein guter Ort.[36]

Nach dem verwendeten chinesischen Schriftzeichen wird im Japanischen unter „Kara-kuni" Korea verstanden. Am Ende des zweiten Buches von *Kojiki* findet sich dann ein Kapitel, das geschichtlich sehr problematisch ist und sich denn auch verhängnisvoll ausgewirkt hat: das Kapitel über den Kaiser Chuai, in dem eine angeblich göttliche Verkündung des Besitzes von Korea ausgesprochen wird. Da der Kaiser jedoch die Sache nicht ernst genommen hatte, mußte er auf der Stelle sterben, und seine Gemahlin Kaiserin Jingo soll dann nach Korea gefahren sein, um die Länder Shiragi (Silla) und Kudara (Pekche) zu unterwerfen. An dieser Stelle lag offensichtlich der erste Keim eines politischen Nationalismus, der leider bis zum 20. Jahrhundert die koreanisch-japanischen Beziehungen belastet.

---

35 Zitat aus den Anmerkungen von K. Florenz: Die historischen Quellen der Shinto-Religion. S. 3.
36 K. Florenz, S. 72.

In dem anschließenden Kapitel über Ojin-Tenno, den Sohn der Kaiserin Jingo, wird ansonsten auf eine kulturgeschichtlich folgenschwere Tatsache hingewiesen, daß der koreanische Gelehrte Wani im Auftrag des Königs von Kudara die Gespräche mit Konfuzius' *Lun Yü*, zehn Bände, sowie einen Band Tausend chinesische Schriftzeichen *Senjimon* dem japanischen Kaiser überbracht hat. Darüber hinaus kamen damals ein koreanischer Schmied namens Takuso, eine chinesische Weberin namens Saiso und einige andere Verwalter oder Handwerker mit. Aber insofern diese Geschenke als ein Tribut auf Verlangen von japanischer Seite bezeichnet werden, muß man noch von einem kulturpolitischen Nationalismus sprechen. Obwohl es im *Kojiki* verschwiegen ist, wurde auch der Buddhismus im Laufe des 6. Jahrhunderts in chinesischer Übersetzung zunächst aus Kudara nach Japan überliefert. Das alles bezeugt eindeutig die kulturelle Überlegenheit Chinas bzw. Koreas bis zum Mittelalter.

Trotzdem kam zur Zeit des 8. Tokugawa-Shoguns, Yoshimune (1716–1745), die oben genannte philologische Bewegung auf, die ähnlich wie bei der germanischen Philologie das altjapanische Geisteserbe vor der Übernahme der buddhistischen und konfuzianischen Kulturgüter wieder zu voller Geltung zu bringen versuchte. Sie war „erfüllt von den Bestrebungen einer Reihe von Altphilologen und Altertumsforschern, welche darauf ausgehen, das vorchinesische und vorbuddhistische japanische Altertum politisch, kulturell und religiös zu neuem Leben zu erwecken."[37] So unternahm Arai Hakuseki (1657–1725), der den italienischen Missionar Sidotti polizeilich vernommen hatte, in der ersten Hälfte des 18. Jahrhunderts, die Geschichte des japanischen Altertums durch Textkritik darzulegen, und Kamo no Mabuchi (1697–1769) bemühte sich, das *Manyoshu* aufgrund des von ihm untersuchten Urjapanischen zu entziffern.

Es war aber unter diesen Altjapanologen insbesondere Motoori Norinaga (1730–1801), der die sogenannte *Kokugaku* (= Nationale Schule) philologisch begründete. Er „befleißigte sich genauer historisch-linguistischer Untersuchungen der Texte des Altertums (zumal des *Kojiki*) und gelangte zu tiefen Einsichten in den Kern der den japanischen

---

37 K. Florenz, S. V.

Volksmassen eigenen Kultur".[38] In seinem umfangreichen *Kojiki*-Kommentar *Kojikiden* (1764–98) wies er vor allem nach, „daß die wirkliche Regierungsmacht nicht dem Shogun, sondern dem Mikado gebühre, der das Haupt des heiligen, götterentstammten Herrschergeschlechts sei und als solcher der Vater und rechtmäßige Herr des ganzen Volkes."[39] Der altjapanische Religionsbesitz in Götterverehrung und Ahnenkult wurde von ihm als die ursprüngliche, echte Religion Japans behauptet, und er war es eigentlich, der das Wort *Shinto* (= Weg der Götter) für diese Religion schuf.

Merkwürdigerweise hatte Ogyu Sorai (1666–1728) fast ein Jahrhundert früher als die Brüder Grimm die positivistische, historischlinguistische Methode auf die Interpretation der konfuzianischen Klassiker angewandt. Tominaga Nakamoto (1715–1746) hatte dann Lehren buddhistischer Sekten im Zuge der ideengeschichtlichen Entwicklung kritisch dargelegt.

> Die Thematik (Sprache und Geschichte des Altertums) und die neue Methode (positivistische Vorgehensweise) der in der ersten Hälfte des 18. Jahrhunderts entwickelten Wissenschaft wurden in der zweiten Hälfte desselben Jahrhunderts von Norinaga weiterentwickelt und in gewisser Hinsicht vollendet.[40]

Aber das Originalwerk *Kojiki*, auf das sich Motoori Norinaga buchstäblich berufen wollte, war eben kein wahrheitsgetreues Geschichtsbuch, sondern ein erfundener Geschichtsmythos, der dazu dienen sollte, die göttliche Abstammung des Kaiserhauses zu rechtfertigen.

Außerdem gründete Hirata Atsutane (1776–1843), dem es bei seiner neuen Shintoismus-Interpretation darum ging, den konventionellen Buddhismus zu bekämpfen, diese scheinbar erneuerte Volksreligion auf die Pflege des Ahnenkultes und wies auf die Übereinstimmung mit der chinesischen Tugendlehre hin. „In Wahrheit hat sich die sehr primitive, altjapanische Naturreligion ihren sittlichen Inhalt aus der chinesischen Sittlichkeit entlehnt."[41] Aus dem verblendeten Stolz eines kulturellen

---

38 S. Kato: Geschichte der japanischen Literatur. S. 380.
39 J. Witte: Japan zwischen zwei Kulturen. J.G. Hinrichs'sche Buchhandlung. Leipzig 1928. S. 12.
40 S. Kato, S. 381.
41 J. Witte, S. 12.

Nationalismus soll Kamo no Mabuchi dennoch erklärt haben, die Japaner seien von Natur seit alters so sittlich edel, daß sie nie, nicht früher und auch jetzt nicht, sittliche Normen als Wegweiser nötig hätten, wogegen die von Natur verdorbenen Chinesen ohne ihre Sittenlehren verkommen würden. Motoori Norinaga ging in seinem literarischen Patriotismus so weit zu behaupten, es sei eine Verführung der Japaner durch böse Geister gewesen, daß sie sich dem chinesischen Wesen erschlossen hätten. Jetzt sei es höchste Zeit zur Selbstbesinnung und zur Rückkehr zum Urwesen des Volkes. Es war ein chauvinistischer Anfang des aus dem Minderwertigkeitsgefühl umgeschlagenen japanischen Nationalismus im 18. Jahrhundert. Nebenbei bemerkt wurde zu gleicher Zeit auch der Einfluß der europäischen Naturwissenschaft durch die sogenannte Holländische Wissenschaft immer stärker.[42]

Wie dem auch sei, dieser angeblich mit philologischen Mitteln erarbeitete Nationalismus sollte schließlich in Verbindung mit der konfuzianischen Mito-Schule, die nun eine Verschmelzung mit dem Shintoismus anstrebte, zur Meiji-Restauration im Jahre 1868 führen. Mit der Meiji-Zeit begann in der Tat eine antibuddhistische Bewegung des sogenannten *Haibutsu-Kishaku*, die von seiten der Nationalen Schule sowie des shintoistischen Priestertums ausging. Nach den Anregungen von Hirata Atsutane versuchten sie bewußt, den in der Edo-Zeit trotz allem einflußreich gebliebenen Buddhismus abzuschwächen. Dazu sollte in erster Linie die jahrhundertealte Verschmelzung von Buddha und Göttern seit der Nara-Zeit aufgehoben werden. Die Lehre des sogenannten *Honji-Suijyaku*, nach der die autochthonen Götter mannigfaltige Erscheinungen des realen Buddha sein sollten, hatte dazu geführt, daß die shintoistischen Priester allmählich an sozialer Bedeutung verloren, während die buddhistischen Mönche immer mehr an Einfluß gewannen. Nach der Abschaffung der *Honji-Suijyaku*-Lehre begründete man so mit einer konfuzianischen Moralphilosophie ein theokratisches Regime in der Meiji-Zeit, wobei die shintoistischen Priester oder Altjapanologen die Stellung eines Beamten zuerkannt bekamen, und viele buddhistische

---

42 Vgl. Naoji Kimura: Jenseits von Weimar. Goethes Weg zum Fernen Osten. Bern 1997. Schlußbetrachtung S. 507–523.

Einrichtungen, besonders Buddhafiguren in den shintoistischen Schreinen demoliert wurden.

Im Laufe der Jahre lernte man, daß im Westen Politik und Religion verfassungsmäßig getrennt waren, und führte ebenfalls in Japan eine gewisse Religionsfreiheit ein. Aber bis zum Ende des Zweiten Weltkrieges spielte der Shintoismus nicht nur als Volksreligion, sondern auch gerade als die Religion des Kaiserhauses eine tiefgreifende politische Rolle. Das Christentum beider Konfessionen wurde nur insofern zugelassen, als es nicht mit der japanischen Staatssicherheit zusammenstieß. Letzten Endes war es und ist es heute noch für das japanische Volk eine fremde Religion des Westens. Wenn die meisten Japaner traditionell an der Mischreligion aus Shintoismus, Buddhismus und Konfuzianismus festhalten, kann man es wohl nicht mehr nationalistisch nennen. Zu bedenken ist immerhin eine gewisse Verwandtschaft des japanischen Nationalismus mit dem deutschen Nationalismus der dreißiger Jahre:

> In Nazi-Deutschland wurden die aggressiven Expansionsprogramme und der leidenschaftliche Rassenhaß teilweise mit einer Belebung alter germanischer Mythologie „gerechtfertigt". Der japanische Imperialismus vor 1945 erfuhr eine ähnliche Sanktionierung mit der Auffrischung von Mythen, die Nationalismus, Militarismus und den Glauben an die göttliche Autorität des Staates förderten.[43]

Der politische Nationalismus in Japan war eigentlich nicht ästhetisch eingestellt wie die Japanische Romantische Schule, während der philologische Kulturnationalismus der *Kokugaku*-Schule von der literarischen Tradition der Hofdichtung im Mittelalter sehr eingenommen war. So entwickelte sich der japanische Nationalismus immer politischer, imperialistischer und somit militaristischer und setzte sich schließlich für einen anachronistischen Kolonialismus in Ostasien ein, der vom Japanisch-chinesischen Krieg (1894–1895) über den Japanisch-russischen Krieg (1904–1905) zur totalen Niederlage im Pazifischen Krieg (1941–1945) führen sollte. Der Invasionskrieg hatte schon im Jahre 1931 mit dem Überfall auf die Mandschurei

---

43 Mythologie. Eine illustrierte Weltgeschichte des mythisch-religiösen Denkens. Herausgegeben von Richard Cavendish und Trevor O. Ling. Deutsche Sonderausgabe o. J. Einleitung S. 10.

durch die Kwangtung-Armee begonnen und erweiterte sich zu einem verhängnisvollen Krieg gegen China im Jahre 1937. Es war gerade um diese Zeit, daß die Japanische Romantische Schule mit einem ethisch indifferenten Ästhetizismus den Krieg bewunderte. Nach dem verlorenen Krieg setzten ihre beiden Wortführer Yasuda Yojuro und Kamei Katsuichiro ihre literaturkritische Tätigkeit erfolgreich fort, ohne sich ernsthaft mit ihrer politischen Vergangenheit auseinanderzusetzen. Um ihre ethisch-religiöse Einstellung verstehen zu können, muß man wohl die ganze japanische Geistesgeschichte kennen.

7. Kapitel: Goethes *Wahlverwandtschaften* und die japanische Romantik*

Das Wort „romantisch" bzw. „Romantik" im japanischen Wortschatz ist aus naheliegenden Gründen ein Lehnwort über das Englische aus dem Deutschen. Es ist also zutiefst in der literarisch-künstlerischen Tradition der europäischen Romantik verwurzelt, die für die Europäer mehr oder weniger allgemeinverständlich oder relativ leicht zu verstehen ist. Mit dem Wort ist der entsprechende Sachverhalt, nämlich die romantische Literatur, Musik oder Kunst, den Japanern etwa seit den neunziger Jahren des 19. Jahrhunderts allmählich bekannt und vertraut geworden. Damals, um die Mitte der Meiji-Zeit, haben die japanischen Gebildeten das Niederländische, das sie während der über 200 Jahre dauernden Landesabschließung in der Edo-Zeit mühsam erlernten, aufgegeben, um von neuem Englisch, Deutsch oder Französisch zu lernen. Je nach dem haben sie dann nach Möglichkeit angefangen, zu Studienzwecken nach England, Deutschland oder Frankreich zu fahren. Es versteht sich von selbst, daß sie sich mit der Sprache ebenfalls mit der jeweiligen Literatur beschäftigten, wenn sie literarisch interessiert waren. Amerika übte damals auf die Japaner mehr philosophisch-religiösen als literarischen Einfluß aus.[1]

Schematisch läßt sich der Wandel der japanischen Literatur im Laufe des 19. Jahrhunderts folgendermaßen charakterisieren, zumal sie bis zur Meiji-Restauration im Jahre 1868 keinen literarischen Einfluß vom Westen erhalten hat. In der Sprache mußte man vom alten sino-japanischen Stil langsam zum neuen umgangssprachlichen Stil finden, um die

---

* Eine um Abschnitt 5 erweiterte Fassung des Beitrags zu: Friedhelm Marx / Andreas Meier (Hrsg.), Der europäische Roman zwischen Aufklärung und Postmoderne. Festschrift für Jürgen C. Jacobs. Verlag und Datenbank für Geisteswissenschaften. Weimar 2001. S. 51–62.

1 Näheres vgl. Naoji Kimura: Amerikas Einfluß auf die Neuzeit Japans. Der Fall Kanzo Uchimura. In: Nilüfer Kuruyazici et al. (Hrsg.), Schnittpunkte der Kulturen. Stuttgart 1998. S. 257–269.

europäische Literatur einschließlich der russischen übersetzen zu können. In den siebziger und achtziger Jahren des 19. Jahrhunderts, in denen die Meiji-Regierung sich um eine nationale Machtpolitik bemühte, fand eine politische Debatte statt, die auch in literarischen Kreisen geführt wurde. Daher kommt es denn auch, daß aus der deutschen Literatur zuerst Schillers *Wilhelm Tell* und Goethes *Reineke Fuchs* als politische Kampfmittel ins Japanische übersetzt wurden. Aber in einer Gesellschaft, wo es dem Bürgertum nicht gelungen war, sein Individuum von alten Sitten und Gebräuchen zu befreien, ging der Nationalismus einer verspäteten ostasiatischen Nation gleich zu einem anachronistischen Imperialismus europäischen Zuschnitts über. Aus der Enttäuschung darüber haben sich bald viele junge Schriftsteller von der Politik ab- und der Literatur zugewandt. Ein bekanntes Beispiel dafür ist Kitamura Tokoku.[2]

I. Japanischer Sonderweg einer literarischen Romantik

Auf diese Weise hat die literarische Jugend in der Meiji-Zeit die europäische Literatur verschiedentlich kennengelernt und daraus allmählich eine japanische Romantik gebildet. Diese beruhte vor allem auf Byron, Novalis und Chateaubriand, auch wenn dies etwas schematisch und nachträglich gesagt ist. Sie war wohl wie in Europa ganz allgemein gegen die Aufklärung sowie den Rationalismus eingestellt und zielbewußt auf die Befreiung von Gefühl, Liebe, Phantasie oder Subjektivität ausgerichtet, wobei das protestantische Christentum aus Amerika als neues Gedankengut sich anregend auswirkte. Da sie aber aus einer anderen Literaturtradition herkam, spielte der Gegensatz zu einer literarischen Klassik keine Rolle. Die literarische Klassik bestand für die gebildeten Japaner sowohl in der alten chinesischen Literatur als auch in der eigenen mittelalterlichen Dichtung, die beide nach wie vor wertgeschätzt und beliebt waren. Insofern erwies sich die japanische Romantik als von viel geringerer Bedeutung als in Europa, beschränkte sie sich doch im Grunde nur auf die Lyrik.

2 Vgl. Wolfgang Schamoni: Kitamura Tokoku. Die frühen Jahre. Von der „Politik" zur „Literatur". Münchener ostasiatische Studien Band 31. Wiesbaden 1983.

Die erste Generation japanischer Romantiker las freilich die europäische Literatur zunächst anhand der englischen Übersetzungen oder in japanischen Übersetzungen aus dem Englischen. Da ihr alles echt Poetische als romantisch galt, geschah etwas Merkwürdiges unter den jungen japanischen Dichtern. Sie waren nämlich von dem *Werther*-Roman so begeistert, daß Goethe als romantischer Dichter per exellence angesehen worden ist. Sie haben zwar vom Byronismus und Wertherismus gesprochen, aber ihre Begeisterung für Goethe war doch viel größer, da er nicht nur den *Werther*-Roman, sondern auch das *Faust*-Drama geschrieben hatte. Zu dieser ersten Generation der allgemeinen japanischen Romantik gehörte vor allem der obengenannte Dichter Kitamura Tokoku, der in der Zeitschrift *Bungakukai* (= Die literarische Welt, 1893–98) viele literarische Essays schrieb. Nach seinem Selbstmord entwickelte sein Freund Shimazaki Toson sich zu einem repräsentativen Lyriker, aus dem jedoch im Laufe der Zeit ein realistischer Romancier geworden ist. Nach dieser Zeit brachte das Wertherfieber eine Reihe japanischer *Werther*-Übersetzungen hervor. Die erste Übersetzung aus dem Englischen erschien bereits 1891 und die japanischen Übersetzungen sowohl des *Werther*-Romans als auch des *Faust I* aus dem deutschen Originaltext wurden im Jahre 1904 herausgebracht.[3]

Ausgesprochen romantische Lyriker sammelten sich um das Dichterehepaar Yosano Tekkan und Akiko, das eine literarische Zeitschrift *Myojyo* (= Der Morgenstern, 1900–08) ins Leben gerufen hatte. Sie erklärten, das Wesen der Poesie bestünde in der freien Entfaltung des dichterischen Ich, und wollten aus einer weltbürgerlichen Sicht die einheimische Dichtung reformieren. Ansonsten wurden nach 1909 romantisch ausgerichtete Literaturzeitschriften wie *Subaru* (= Plejaden) oder *Mita-Bungaku* gegründet, in denen allmählich nicht nur Gedichte, sondern auch Prosawerke mit phantasievollen bzw. phantastischen, exotischen und nicht zuletzt dekadenten Tendenzen publiziert wurden. Diese nach einem Naturalismus aufkommende Romantik in Japan wird deshalb im Unterschied zur lyrischen Frühromantik oft als Spätromantik

---

3 Näheres vgl. Naoji Kimura: Die Werther-Wirkung in Japan. In: derselbe, Jenseits von Weimar. Goethes Weg zum Fernen Osten. Euro-Sinica 8. Bern 1997. S. 99–122.

bzw. Neuromantik mit realistischem Einschlag angesehen. Daraus entstanden manchmal ein Ästhetizismus oder Symbolismus in der japanischen Literatur.[4] Nebenbei bemerkt: Eine frühe christliche Zeitschrift für junge Damen war eigentlich nicht romantisch zu nennen, obwohl einige Romantiker daran mitarbeiteten. Aber aus pädagogischen Gründen für die Mädchenerziehung übersetzte man darin schon im Jahre 1889 die Geschichte vom Prokurator aus den *Unterhaltungen deutscher Ausgewanderten*, weshalb Goethe seinerzeit als ein dichterischer, d. h. doch irgendwie romantischer Moralist betrachtet wurde.

Als die zweite Generation gilt die sogenannte Japanische Romantische Schule. Sie war eine nationalistische Literaturbewegung in den dreißiger Jahren des 20. Jahrhunderts, deren Begründer in der Jugend sich auf den Marxismus eingelassen hatten und nach dem Gesinnungswechsel unter der Verfolgung sich zu einem politischen Ästhetizismus bekehrten. Ihre Anhänger bestanden denn auch meist aus jungen Literaten, die nach dem Krieg als Germanisten an den japanischen Universitäten auftraten. Da sie als Intellektuelle von damals meist sehr gut Deutsch konnten, lasen sie statt Karl Marx nunmehr Goethe und die deutschen Romantiker, insbesondere Friedrich Schlegel, im Originaltext. In der politischen Anschauung sympathisierten sie mit Stefan George und dem Goetheforscher aus seinem Kreis, Friedrich Gundolf, dessen Schrift *Dichter und Helden* ihrem literarischen Geschmack entsprach. Einige wurden auch von Hölderlin inspiriert.[5]

Um die dritte Generation der japanischen Romantik zu nennen, so ist jener Kreis der japanischen Germanisten gemeint, die ohne politisches Engagement eine besondere Vorliebe für die deutsche Romantik hegen und durch ihre Übersetzungen, Forschungsliteratur oder Essays ein breites Lesepublikum ansprechen. Sie nahm ihren Anfang schon bei

---

4 Näheres vgl. Shuichi Kato: Geschichte der japanischen Literatur. Die Entwicklung der poetischen, epischen, dramatischen und essayistisch-philosophischen Literatur Japans von den Anfängen bis zur Gegenwart. Bern / München / Wien 1990.

5 Näheres vgl. Naoji Kimura: Die Internationalität der sogenannten Japanischen Romantischen Schule. In: Gesa von Essen / Horst Turk (Hrsg.), Unerledigte Geschichten. Der literarische Umgang mit Nationalität und Internationalität. Göttingen 2000. S. 362–377.

dem bekannten Dichtergelehrten Mori Ogai, sofern als er nach seinem Studienaufenthalt in Deutschland 1889 eine neue literarische Epoche in Japan herbeigeführt hat.[6] Er vertrat allerdings sozusagen die deutsche Schule in der japanischen Literatur der Moderne und gab der ersten romantischen Generation, die mehr anglo-amerikanisch orientiert war, durch seine zahlreichen Übersetzungen mehr literarische Anregungen als poetologischen Einfluß. Nach dem Krieg war es Walter Benjamins berühmte Abhandlung, die viele japanische Germanisten veranlaßt hat, nicht gerade mit Goethe, aber zumindest mit dessen Roman *Die Wahlverwandtschaften* sich zu beschäftigen.

Von den drei Generationen der japanischen Romantik, die weit weg von der europäischen einen Sonderweg ging, war sich die zweite der eigenen literarischen Eigentümlichkeit sehr bewußt, da sie sich ausdrücklich als eine romantische Schule bezeichnete. Aber romantisch war sie nur insoweit, als ihre Anhänger deutschkundige Literaten waren und die deutsche Romantik ihnen am meisten nahe lag. Ihnen kam es vielmehr auf das Wort „japanisch" an, weil sie schließlich darauf zielten, in Analogie zur deutschen Romantik sich dem japanischen Mittelalter zuzuwenden und daraus eine Rechtfertigung des japanischen Nationalismus in den Kriegsjahren herzuleiten. Auf der anderen Seite interessierten sie sich mit der von ihnen beliebten romantischen Ironie mehr für den klassischen, unpolitischen Dichter Goethe, der von der Schönheit des alten Griechenlands überaus angetan war, obwohl sie sich zu den Zeitumständen im Grunde sehr politisch verhielten. So war es insbesondere mit ihrem theoretischen Führer Yojuro Yasuda.[7] Er schrieb wohl zwei Essays über den *Werther*-Roman, äußerte sich aber darüber nicht als einer, der wie ein romantischer Leser in Japan mit Goethe gern mitempfinden möchte, sondern als ein kritisch kalkulierender Literaturkritiker Goethes vermeintlich heimtückische Auffassung von Liebe und Ehe entlarven wollte. Dagegen war sein Mitstreiter Katsuichiro Kamei

---

6   Näheres vgl. Naoji Kimura: Mori Ogai als Faust-Übersetzer. In: derselbe, Jenseits von Weimar. Goethes Weg zum Fernen Osten. Euro-Sinica 8. Bern 1997. S. 320–335.
7   Vgl. Kevin Michael Doak: Dreams of Difference. The Japan Romantic School and the Crisis of Modernity. Berkeley and Los Angeles. University of California Press 1994.

von Jugend an von Goethe eingenommen und schrieb zahlreiche, sich zu Goethe bekennende Essays. Sein Interesse war hauptsächlich auf *Werther* und *Faust* gerichtet, so daß er den Roman *Die Wahlverwandtschaften* in seinen Goethe-Essays kaum erwähnte.

Beschränkt man sich auf die japanischen Übersetzungen des Romans *Die Wahlverwandtschaften*, so ist ihre Anzahl in der Tat geringer als die der *Werther*-Übersetzungen. Es handelt sich dabei um die nachstehend genannten von: Masao Kubo (1920), Ushio Kurata (1924), Kuniki Masuda (1925), Sohei Morita (1926), Chino Shosho (1935), Ken Sawanishi (1941), Ichie Mochizuki (1947), Nobuo Sumi (1948), Jiro Abe (1949), Kenji Takahashi (1952), Toshiro Saneyoshi (1956), Koichi Sato (1964), Sho Shibata (1968), Sakae Hamakawa (1979). Warum vom gleichen klassischen Werk immer wieder neue Übersetzungen in Japan angefertigt wurden, hat sprachliche, verlagstechnische und buchhändlerische Gründe. Besonders wenn eine neue Goetheausgabe in japanischer Sprache geplant wird, muß auch aus urheberrechtlichen Gründen eine neue Übersetzung hergestellt werden, die dann später in Einzelausgaben herausgegeben wird. Die Taschenausgaben von Saneyoshi oder Shibata sind unter dem Lesepublikum stark verbreitet.

2. Ein romantischer Kommentar zu *Die Wahlverwandtschaften*

Einer der Angehörigen der Japanischen Romantischen Schule, Ken Sawanishi, übersetzte nicht nur *Die Wahlverwandtschaften* (1941), sondern auch den *Werther*-Roman im Jahre 1943. Da die beiden Übersetzungen mitten in der Kriegszeit, in der viele japanische Germanisten mit der NS-Kulturpolitik zusammenarbeiteten, erschienen, fällt auf, daß Ken Sawanishi in der Einführung zu seiner Übersetzung der *Wahlverwandtschaften* keine politische Bemerkung gemacht hat. Er hat nur bedauert, daß dieser hervorragende Roman Goethes in Japan weniger bekannt ist als dessen andere Werke wie *Werther*, *Wilhelm Meister* oder *Faust*. Zum besseren Verständnis wollte er deshalb seiner Übersetzung einen Kommentar vorausschicken. Beim folgenden geht es also um eine japanische

Interpretation, die sich nicht an die politisch engagierten Fachkreise, auch nicht an die Germanisten, sondern an das vor dem Kriegsbeginn noch literarisch interessierte Lesepublikum wandte.

Ken Sawanishi war in erster Linie ein Kenner der französischen Literatur wie der Germanist Toshihiko Katayama, der in seiner inneren Emigration neben Hans Carossa mit Vorliebe Romain Rollands Werke übersetzte. So schrieb er eingangs überraschenderweise wie folgt:

> Dieser Roman Goethes gilt als ein Werk, das der älteren Schwester oder gar der Mutter von Gides Erzählung *La Porte étroite* entspricht. Darin erscheint Ottile, die Aliça vergleichbar ist. Fast jeder Literaturliebhaber in Japan liest diese Erzählung, während viele kaum den Namen der *Wahlverwandtschaften* kennen. Es ist verwunderlich angesichts der Vorzüglichkeiten des Romans: seine Seelenschönheit, die *La Porte étroite* übertrifft, universale Tiefe und Reinheit, die nur bei Goethe zu finden sind, und leidenschaftliche Ursprünglichkeit des frischen Lebens. Seine Kunst der psychologischen Darstellung macht besonders den Eindruck, als ob sie fast Ahne von Radiguets *Le bal du comte o'Orgel* oder Prousts Liebesromanen heißen könnte.

Das Gelingen seiner sprachlich schwierigen Aufgabe, Goethes Roman ins Japanische zu übersetzen, führt Ken Sawanishi auf verschiedene Hilfsmittel zurück, nennt aber die benutzte Sekundärliteratur leider nicht im einzelnen. Nach dem damaligen Stand der Forschung ist er freilich noch der positivistischen Betrachtungsweise verpflichtet und legt seiner Deutung biographische Hintergründe zugrunde. Nach dem kurzen Hinweis auf die Entstehungsgeschichte erwähnt er, daß es über die Einzelszenen, Sitten, Gespräche, Gestalten usw. ausführliche Untersuchungen genug gibt. Da er das Schloß Wilhelmstal in Eisenach nennt, ist es wohl möglich, daß er z.B. Franz Munckers Einleitung der Jubiläums-Ausgabe gelesen hat. Prinzipiell geht er jedoch davon aus, daß Goethes subjektive Neigung zu Minna Herzlieb für eine objektive Gestaltung Ottiliens von entscheidender Bedeutung war. Deshalb sei die Gestalt Ottiliens dem Dichter so sehr lieb gewesen, wie er es 1815 Sulpiz Boisserée auf der Fahrt von Karlsruhe nach Heidelberg eingestanden hat. Aber an seiner Liebe zu den beiden Frauen ändere sich nichts. Nur werde die Liebe umso mehr introvertiert und so lyrisch, daß der ganze Roman mit dem Hymnus auf Ottilie ende.

Wie aus dieser Grundauffassung hervorgeht, versucht Ken Sawanishi, *Die Wahlverwandtschaften* nicht aus den chemischen Formeln, sondern aus Ottiliens Gestalt als dem Mittelpunkt des Romans zu begreifen. Er traut einem Erlebnis-Dichter wie Goethe kaum zu, aus einer durchgreifenden naturwissenschaftlichen Idee heraus dichterisch zu arbeiten, wie es angeblich in Eckermanns *Gesprächen mit Goethe* unter dem 6. Mai 1827 gesagt ist. Seiner Ansicht nach ist der Wesenskern des Romans eben in Ottilie kristallisiert. Es geht ihm dabei um Goethes zwei grundverschiedene Kategorien. Die eine ist die „eine Natur", wie sie in seiner bekannten Notiz für das *Morgenblatt* des Cotta Verlags vom 4. September 1809 ausgesprochen ist.[8] Die andere besteht in der Entsagung für oder gegen die Liebe, die dann das Schicksal des Menschen ausmacht.

In dem Roman zeigt sich der Gedanke, daß sowohl die Wahlverwandtschaft der Liebe als auch das durch den Charakter des Menschen bestimmte Schicksal genau wie das Naturgesetz unumgänglich und unwiderstehlich seien. Die Wahlverwandtschaft in diesem Sinne ist deshalb der Dämon der Liebe. Verstandesmäßige Charaktere wie Charlotte und der Hauptmann entkommen leicht dieser dämonischen Liebe, während Ottilie und Eduard veranlagt sind, ihr zu verfallen. Aber Ottilie hat von Natur zugleich den Charakter, vor allen Dingen der Liebe autonom zu entsagen. Es ist ihr Schicksal, diese widersprüchlichen Wege im Leben gehen zu müssen. Das Augenmerk des Romans ist darauf gerichtet, zu verfolgen, wie sie in dieser Situation lebt und leidet. Im Grunde genommen ist es der gleiche Konflikt, in den der alternde, nunmehr mit Christiane verheiratete Goethe selbst wieder einmal bei der jungen Frau Minna Herzlieb geraten war. Es ist eben der Grund, warum der Roman zentral von Ottilie aus interpretiert werden muß.

Die Romanheldin geht bei diesem Konflikt zwischen Natur und Schicksal schließlich zugrunde. Ihr Leidensweg wird dabei in fünf Phasen gegliedert: 1) als ein geborenes Kind des Liebesdämons liebt Ottilie unbewußt Eduard und vertieft auch so ihre Liebe; 2) sie entsagt der Liebe im gewöhnlichen Sinne des Wortes; 3) Ottiliens erste Erkenntnis um das eigene Gesetz; 4) die zweite Erkenntnis um ihr eigenes Gesetz; 5) durch

---

8 Vgl. Goethes Werke. Hamburger Ausgabe. Bd. 6, S. 639.

die Entsagung im wesentlichen Sinne wird Ottilie zu einer Heiligen erhoben. Daran schließt sich eine erläuternde Nacherzählung der Romanhandlung, die aber hier nicht wiederholt werden muß. Hervorzuheben ist die Bemerkung von Ken Sawanishi, daß Goethes psychologische Schilderungen in der ersten Phase technisch nicht nur an Radiguet oder Proust erinnern, sondern auch über deren psychologische Schönheit hinaus eine universale reine Schönheit beinhalten und so alles andere übertreffen. Diese Schönheit resultiert aus den bei Goethe symbolisch dargestellten Schilderungen.

Ottiliens erste Selbsterkenntnis besteht darin, daß sie infolge ihrer Natur notwendig der dämonischen Liebe verfallen war und durch einen Gott darüber belehrt wurde, dieser Liebe doch entsagen zu müssen. Die zweite Erkenntnis ist, das Schicksal ihres Lebens auf sich zu nehmen. Davon legt ihr Abschiedsbrief Zeugnis ab: „Ich bin aus meiner Bahn geschritten, und ich soll nicht wieder hinein. Ein feindseliger Dämon, der Macht über mich gewonnen, scheint mich von außen zu hindern, hätte ich mich auch mit mir selbst wieder zur Einigkeit gefunden"[9]. Es gibt für sie nur den Weg des Sterbens, um ihrem Schicksal Genüge zu tun. Wenn Gretchen im *Faust* ein blindes Opfer des Schicksals ist, so stellt Ottilie ein wissendes Opfer für das Schicksal dar. Goethe nannte sie deshalb eine Heilige, weil sie auf diese Weise ihre Bahn erkannt, diese still hingenommen und so mit ihrem Gesetz sowie mit Gott einig geworden ist. Goethe hat eigentlich die *Wahlverwandtschaften* geschrieben, um eine solche schöne Frau zu verherrlichen. Obwohl der Roman beim ersten Anblick objektiv-realistisch erscheint, ist er in Wirklichkeit lyrisch und romantisch. Wenn ein Angehöriger der Japanischen Romantischen Schule *Die Wahlverwandtschaften* ausdrücklich als romantisch bezeichnet hat, so könnte man es auch im Sinne der allgemeinen japanischen Romantik auffassen, zumal dabei weder politisches Engagement noch der Nationalismus eine Rolle spielten. Ken Sawanishi hegt außerdem keinen Zweifel daran, daß Goethe das Christuswort: „Wer ein Weib ansieht, ihrer zu begehren, der hat schon mit ihr die Ehe gebrochen in seinem Herzen" ganz ernst genommen habe. So stellt er denn auch an

---

9 Goethes Werke. Hamburger Ausgabe. Bd. 6, S. 476 f.

dem Roman kein Symptom der Dekadenz fest, zumal die Darstellungen der Liebe immer mit den täglichen Beschäftigungen begleitet werden.

3. Rezeption der *Wahlverwandtschaften* in den literarischen Kreisen

Unter allen rezetionsgeschichtlichen Zeugnissen über *Die Wahlverwandtschaften* in Deutschland sind wohl solche, die die Kontroversen über den sittlichen Standpunkt des Romans in pro und contra führen, von entscheidender Bedeutung. In einem nichtchristlichen Land wie Japan entfällt aber eigentlich eine derartige Fragestellung wie beim Selbstmord Werthers. Betrachten doch japanische Romantiker im allgemeinen die Gestalt Ottiliens als eine Heilige, wie Goethe sie gern gesehen hätte, und neigen dazu, *Die Wahlverwandtschaften* für einen Roman zur Befürwortung der Unauflöslichkeit der Ehe zu halten, ebenso wie sie den *Werther*-Roman wegen der Absolutheit der Liebe bewundern. Goethes Altersroman ist für sie auch deshalb bewunderungswürdig, weil sie bei literarischem Urteilen meist vom Inhaltlichen ausgehen und das Schicksal Ottiliens wie Werthers Leiden idealistisch mitempfinden.

Seit Mori Ogai im Jahre 1913 als eine Einführung zu Goethes Leben und Werk mit seiner Gesamtübersetzung des *Faust* zusammen Auszüge von Albert Bielschowskys Goethe-Biographie in Buchform herausgab, war die Goethe-Auffassung dieses Buches unter den japanischen Gebildeten verbreitet. In den Jahren 1943–46 erschien dann die ganze Goethe-Biographie in japanischer Übersetzung, und merkwürdigerweise wurde die 1928 von Walther Linden neubearbeitete Auflage im Jahre 1996 noch einmal ins Japanische übersetzt. Da diese Goethe-Biographie in der ethischen Deutung der *Wahlverwandtschaften* grundsätzlich mit den Ausführungen von Ken Sawanishi, der übrigens auch einmal Gundolf erwähnt, übereinstimmt, muß er sie gut gekannt haben. Es heißt bei Bielschowsky beispielsweise:

> Die Ethik des Romans läßt keine Wahl: wer dem Sittengesetz nicht folgt, muß zu Grunde gehen. Es ist freilich nicht leicht, ihm zu gehorchen, wenn die Natur sich dagegen auflehnt. Aber die Natur ist nicht unüberwindlich,

wenn sie den Menschen zur Verletzung des Sittengesetzes treibt. Und wer in sich selbst die Kraft nicht findet, sie zu überwinden, der muß alle Mächte zu Hilfe rufen, die ihm beistehen können.[10]

Sonderbar erscheint allerdings der Umstand, daß die japanischen Romantiker die Heiligkeit und Würde der Ehe meist als echt menschlich bewunderten, während Goethe sie anscheinend den deutschen Romantikern gegenüber bewußt so hoch hinstellen mußte: „Er wollte der laxen Auffassung der Ehe, die sich in Leben und Dichtung seit mehr als einem Menschenalter in den oberen Schichten der Nation eingebürgert und durch die Romantiker zu besonderer Höhe und Gefahr gediehen war, einen mächtigen Wall entgegentürmen."[11] Unabhängig von der ethischen Problematik erörterte der weltbekannte japanische Schriftsteller Mishima Yukio, der der Japanischen Romantischen Schule nahestand, einmal den Stil der *Wahlverwandtschaften* im Rahmen der stilistischen Probleme des Romans. Wie er in einem Essay schreibt, war die japanische Literatur traditionsgemäß nach dem schreibenden Geschlecht unterschieden. Dagegen ist der Roman eben eine große Ganzheit von männlicher Logik und weiblicher Empfindung und fordert als literarische Gattung eine Synthese von männlicher Idee und weiblicher Leidenschaft. In Japan neigte man üblicherweise entweder zu männlicher Seite oder zu weiblicher Seite und konnte deshalb einen solchen Roman wie in Europa schwerlich hervorbringen. Seiner Ansicht nach stellt jedoch *Genji-Monogatari* der Hofdame Murasaki Shikibu im japanischen Mittelalter trotz dieser Gattungsdefinition eine dem Roman entsprechende Liebesgeschichte dar, da sie so umfangreich und eben lang genug ist.

Als geborene Romanciers in Europa hebt Mishima Balzac, Goethe und Dostojewski hervor und schreibt über den deutschen Dichter, dessen *Proserpina* er für eine japanische Goetheausgabe übersetzte, etwa folgendes: Goethes Stil hat, wie man z. B. bei der Lektüre der *Wahlverwandtschaften* verstehen kann, beim ersten Anblick einen langweiligen Fluß, entwickelt aber in großen Wogen langsam seine Gedanken. In der Tat treten wir

---

10 Albert Bielschowsky: Goethe. Sein Leben und seine Werke. 36. Aufl., Zweiter Band. München 1919. S. 291 f.
11 Ebd. S. 292.

mit Langeweile in die Welt des Romans ein. Dann eröffnet sich vor uns langsam eine große Welt des Werkes, indem ferne Wälder und Dörfer sowie sonnige Seen und Wiesen mit seinen ruhigen Pinselstrichen ausgemalt erscheinen. Goethe nimmt nie wie in den Sätzen eines Novellisten von den kleinen Feldblumen oder Insekten am Wegrand Notiz, sondern besteigt ruhig den Bergsteg und führt den Leser bis dorthin, wo er alles überblicken kann. Der ideale Stil eines Romans ist also ein Stil, der sich von der Handlung unbefangen hält. Er läßt sich von den Dingen nicht stören, er hat einen großzügigen Stil. Leider verfügen japanische Schriftsteller kaum über einen solchen Stil. Man muß deshalb europäische Schriftsteller zum Beispiel nehmen, um über den Romanstil sprechen zu können. So führt Mishima im einzelnen weiter aus, was Goethe selbst am Anfang des zweiten Teils mitteilte:

> Im gemeinen Leben begegnet uns oft, was wir in der Epopöe als Kunstgriff des Dichters zu rühmen pflegen, daß nämlich, wenn die Hauptfiguren sich entfernen, verbergen, sich der Untätigkeit hingeben, gleich sodann schon ein Zweiter, Dritter, bisher kaum Bemerkter den Platz füllt und, indem er seine ganze Tätigkeit äußert, uns gleichfalls der Aufmerksamkeit, der Teilnahme, ja des Lobes und Preises würdig erscheint.[12]

Ein anderer bekannter Literaturkritiker Shinichiro Nakamura schrieb einmal nach der Beendigung einer zweijährigen schriftstellerischen Arbeit einen kurzen Essay über die *Wahlverwandtschaften*, indem er sich daran erinnerte, er habe doch früher immer wieder versucht, nach erschöpften Geisteskräften und darauf folgender Depression durch die Lektüre von Goethes Werken und Goethe-Biographien sich zu erholen. Zuerst las er Thomas Manns Essay „Goethe als Repräsentant des bürgerlichen Zeitalters" wieder. Dann nahm er Goethes Lebenstafel in die Hand und war von den Leistungen des Dichters überwältigt, der mit sechzig Jahren anfing, die bedeutendsten Werke seines Lebens hervorzubringen. Während der Kriegszeit hatte er Goethes Festspiel *Pandora* zum erstenmal gelesen und war von der Schönheit dieses Werkes so beeindruckt, daß er in seiner Jugendlichkeit davon träumte, nach dem Krieg ein Nachspiel davon „Die Rückkehr der Pandora" selbst zu dichten. Sein

---

12 Goethes Werke. Hamburger Ausgabe. Bd. 6, S. 360.

Jugendtraum hat sich allerdings durch das Erlebnis der Kriegsniederlage längst als unerfüllbar erwiesen.

So dachte Shinichiro Nakamura daran, *Die Wahlverwandtschaften* noch einmal zu lesen. Als er den Roman vor dem Krieg las, hatte er Freude an der tanzenden Gestik von vier Personen, die ihm voll von klassischer Stille und Schönheit wie an den griechischen Vasen erschien, und verglich Goethes Roman mit den französischen psychologischen Romanen, die er damals gern gelesen hatte. Als erfahrener Literaturkritiker fand er zwar den Gegensatz der älteren Dame und der jugendlichen Frau köstlich, mußte aber romantechnisch manche unverständliche oder überflüssige Stellen feststellen. Es kam ihm vor, als ob eine unreife Romantik in ein klassisches Schicksalsdrama hineingeflossen wäre. Hinsichtlich der sinnlichen Liebe konnte er nicht recht begreifen, ob Goethe revolutionär oder konservativ eingestellt sei. Dennoch schien es ihm nicht, daß alles menschliche Treiben vom transzendentalen Standpunkt Gottes her gesehen würde. Bei solchen Zweideutigkeiten pflegte er Edmond Jalouxs *Vie de Goethe* (Paris 1933. Neuaufl. 1949) sowie Joseph-François Angelloz' *Goethe* (Paris 1949) nachzuschlagen.

Bei Jaloux konnte er sich vielfach über Goethes Frauengeschichten vom menschlichen Standpunkt aus belehren lassen. Bei Angelloz erfuhr er, daß der Roman *Die Wahlverwandtschaften* teilweise deshalb schwer zu verstehen sei, weil der Autor alle Entwürfe und Notizen über diese Arbeit vernichtet hat. Der französische Germanist wies auch darauf hin, daß die ersten elf Kapitel des zweiten Teils, die ihm zu sehr von der Haupthandlung abzuweichen schienen, eine Art „Bildungsroman einer Jungfrau" darstelle, und das sei letzlich auf Goethes Verehrung des „Ewig-Weiblichen" zurückzuführen. Angelloz machte ihn ebenfalls darauf aufmerksam, daß der Roman eine Struktur der klassischen Tragödie aufweise, und erwähnte Hofmannsthals *Unterhaltung über den Tasso von Goethe*. Deshalb hat Shinichiro Nakamura diesen sprachlich wunderschönen Essay wieder einmal in die Hand genommen. Man muß sagen, daß die ganze Haltung bei einer solchen Lektüre der *Wahlverwandtschaften* einigermaßen romantisch im japanischen Wortgebrauch ist. Denn der alternde japanische Literaturkritiker gesteht zum Schluß, er habe sich sehr gefreut zu empfinden, daß im Verlauf der Lektüre von diesem Werk zum anderen eine jugendliche Leidenschaft in ihm allmählich wieder erwacht sei. Ein deutscher Literaturwissenschaftler würde so etwas nie bemerken, auch wenn er einmal einen literaturkritischen Essay schreiben wollte.

4. Die Wahlverwandtschaften als Anti-Bildungsroman

Als Musterbeispiele des deutschen Bildungsromans gelten selbstverständlich Goethes drei *Wilhelm Meister*-Romane.[13] Während diese nicht vorbehaltlos als Werke der deutschen oder Weimarer Klassik betrachtet werden können, gilt *Heinrich von Ofterdingen* von Novalis ohne Zweifel als Bildungsroman der deutschen Romantik, in der es bekanntlich darüber hinaus eine Reihe Romane mit dem Wandermotiv gibt. Zur Tradition der japanischen Romantik gehört nun ebenfalls das Motiv der Wanderschaft, wie z. B. in den autobiographischen Romanen von Shimazaki Toson, der in seiner Jugend Goethes *Wilhelm Meisters Lehrjahre* wiederholt in englischer Übersetzung las. In den späteren Jahren wurde er in den Inzest mit seiner Nichte verstrickt und schrieb diese qualvollen Liebeserlebnisse in einem Roman unter dem Titel *Vita nuova* nieder. Es handelte sich dabei um eine äußerst heikle Liebesgeschichte zwischen einem älteren Mann, dessen Ehefrau gerade gestorben war, und einer jungen Frau, die mit seiner kinderreichen Familie zusammen wohnte. Wenn *Die Wahlverwandtschaften* eine andere Romantradition als Bildungsroman in Deutschland eingeleitet hat,[14] so könnte auch Shimazaki Tosons Roman *Vita nuova* damit in Zusammenhang gebracht werden, obwohl der Goethe-Liebhaber nichts davon verraten hat. Aber er hat sein Werk nicht nur als einen Eheroman, sondern auch als eine Art Bildungsroman gestaltet, indem er darein ein Motiv der Auslandsreise nach Frankreich einflocht, um ein neues Leben beginnen zu können.

Die Wahlverwandtschaften ist gewiß kein Bildungsroman im positiven Sinne. Aber unter dem Gesichtspunkt des Wandermotivs kann das

---

13 Vgl. Jürgen Jacobs: Wilhelm Meister und seine Brüder. Untersuchungen zum deutschen Bildungsroman. München 1972.
14 Vgl. Jürgen Kolbe: Goethes „Wahlverwandtschaften" und der Roman des 19. Jahrhunderts. Stuttgart 1968.

Werk sich zumindest als ein Bildungsroman im negativen Sinne, d. h. als Anti-Bildungsroman herausstellen, wenn die ersten elf Kapitel des zweiten Teils nach Angelloz schon für Ottilie einen internen Bildungsroman ausmachen können. Denn die vier Helden, vor allem Eduard machen eigentlich keine Reise mehr. Die Handlung beginnt dort, gerade als Eduard von ausgedehnten Reisen zurückkehrte. Die Reisen liegen schon hinter seinem tätigen Leben, und er kann sie auch nicht zum gegenwärtigen Leben auf dem Lande auswerten. Damit ist angedeutet, daß er von Anfang an zur Untätigkeit verurteilt ist, wie Charlotte treffend sagt: „Du wolltest von allen Unruhen, die du bei Hof, im Militär, auf Reisen erlebt hattest, dich an meiner Seite erholen, zur Besinnung kommen, des Lebens genießen."[15]

Wie Charlotte nachträglich hinzufügte, wollte Eduard ursprünglich die Tagebücher seiner Reise ihr in ordentlicher Folge mitteilen, bei der Gelegenheit manches dahin Gehörige von Papieren in Ordnung bringen und unter ihrer Teilnahme, mit ihrer Beihilfe aus jenen unschätzbaren, aber verworrenen Heften und Blättern ein für beide und andere erfreuliches Ganzes zusammenstellen. Um die Zusammenstellung dieses Ganzen zu beschleunigen, will er zwar die Gegenwart des Hauptmanns benutzen, angeblich weil dieser einen Teil seiner Wanderungen mitgemacht und manches in verschiedenem Sinne sich angemerkt habe. Aber in anderthalb Jahren auf seinem Landbesitz tut er im Grunde nichts dafür. Auch der Krieg, in den er wieder zieht, bleibt schattenhaft am fernen Horizont. Deshalb kann er sich bei seiner Ehefrau weder erholen noch zur Besinnung kommen. Statt des Lebens zu genießen, muß er zuletzt aus Untätigkeit zugrunde gehen. Das Abschiedslied der Amerika-Auswanderer in *Wilhelm Meisters Wanderjahren* lautete dagegen:

> Bleibe nicht am Boden heften,
> Frisch gewagt und frisch hinaus!
> Kopf und Arm mit heitern Kräften,
> Überall sind sie zu Haus;
> Wo wir uns der Sonne freuen,
> Sind wir jede Sorge los.

---

15 Goethes Werke. Hamburger Ausgabe. Bd. 6, S. 246.

> Daß wir uns in ihr zerstreuen,
> Darum ist die Welt so groß.[16]

Die Welt war sicherlich auch für Eduard und Charlotte so groß, daß sie sich in ihr hätten zerstreuen können. Aber sie sind Eheleute ohne echte Bildungsreise. Nachdem der Hauptmann wieder in die weite Welt verschwand, blieb Eduard am Boden seines kleinen Landbesitzes heften, ohne sich frisch auf Reisen hinaus zu wagen, und Charlotte ist damit beschäftigt, Kopf und Arm nur für die persönliche Gartenanlage zu verschwenden. Es gibt allerdings ein anderes Paar, das in der Welt nirgends zu Hause ist: der Graf und die Baronesse. Sie stehen faktisch für die Ehelosigkeit der frivol Reisenden. Nach der Erkundung des Hauptmanns erwies sich ihr Verhältnis zueinander folgendermaßen: „Sie hatten früher, beide schon anderwärts verheiratet, sich leidenschaftlich liebgewonnen. Eine doppelte Ehe war nicht ohne Aufsehn gestört; man dachte an Scheidung. Bei der Baronesse war sie möglich geworden, bei dem Grafen nicht."[17] Nur scheinbar getrennt konnten sie im Winter in der Residenz nicht zusammen sein, und so entschädigten sie sich im Sommer auf Lustreisen und in Bädern. Durch die Schwierigkeiten, sich von seiner Gemahlin getrennt zu sehen, veranlaßt, war der Graf „bitter gegen alles, was eheliche Verbindung betraf, die er doch selbst mit der Baronesse so eifrig wünschte"[18]. Er war ironisch der Meinung, eine Ehe sollte nur dann für unauflöslich gehalten werden, wenn entweder beide Teile oder wenigstens der eine Teil zum drittenmal verheiratet wäre. Er war eben kein seriöser *homo viator*.

Das dritte Beispiel für ein Leben ohne ernste Bildungsreise ist ein englischer Lord mit seinem Begleiter. Eduard hatte ihn auf Reisen kennengelernt. Es scheint, daß der Engländer jede Sorge los ist, da er sich überall der Sonne freuen kann. Er wußte besonders Ottilie Bilder der Gegenden zu zeigen, „wovon Eduard viel zu erzählen pflegte, wo er gern verweilte, wohin er öfters zurückgekehrt".[19] Für ihn ist die Reise jedoch

---

16 Goethes Werke. Hamburger Ausgabe. Bd. 8, S. 392.
17 Goethes Werke. Hamburger Ausgabe. Bd. 6, S. 304.
18 Goethes Werke. Hamburger Ausgabe. Bd. 6, S. 310.
19 Goethes Werke. Hamburger Ausgabe. Bd. 6, S. 430.

nur Flucht vor der Ehe und Familie wie bei Faust dem Unbehausten. Er erzählt ungeniert, er habe sich angewöhnt, überall zu Hause zu sein, und finde zuletzt nichts bequemer, als daß andere für ihn bauen, pflanzen und sich häuslich bemühen. Als Begründung für diese Lebenshaltung fragt er: „Wer genießt jetzt meine Gebäude, meinen Park, meine Gärten? Nicht ich, nicht einmal die Meinigen: fremde Gäste, Neugierige, unruhige Reisende."[20] Seine Reden sind natürlich so ausgedacht, daß Ottilie sich in hohem Maße betroffen fühlt und ihr die ganze Arbeit in Schloß und Park für den abwesenden Eduard umsonst vorkommt. Aber umso mehr haben sie eine symbolische Aussagekraft für die Folgelosigkeit seiner unruhigen Reisen.

Die Reise von Charlottes Tochter, die wie der Sturm über das Schloß hereinbrach, ist viel Lärm um nichts mitten im persönlichen Bildungsroman von Ottilie und gibt ein letztes Beispiel für die Sinnlosigkeit vieler Reisen ohne Zweck und Ruhe, wie sie von Faust in Begleitung von Mephisto unternommen werden. Diesem ungestümen Treiben Lucianes mit ihrem ganzen Anhang beggnete Ottilie mit gleichmütiger Tätigkeit. Aber das Schloß sieht wie die Hexenküche im *Faust* aus: „Nun hätten alle gern, nach einer höchst beschwerlichen Reise, einige Ruhe genossen; der Bräutigam hätte sich seiner Schwiegermutter gern genähert, um ihr seine Liebe, seinen guten Willen zu beteuern; aber Luciane konnte nicht rasten."[21] Die Rastlosigkeit ist ein Wesenszug Fausts, und wie in der Hexenküche spielen die Affen in Abbildungen tatsächlich eine wichtige Rolle, um Lucianes Charakterzüge anzudeuten. Eine Bemerkung „Aus Ottiliens Tagebuche" scheint den Gegensatz von Lucianes äußerlich glanzvollem Lebensweg und Ottiliens innerem Werdegang zu einer „Heiligen" im Goetheschen Sinne zu beleuchten: „Wie man es nur über das Herz bringen kann, die garstigen Affen so sorgfältig abzubilden! Man erniedrigt sich schon, wenn man sie nur als Tiere betrachtet; man wird aber wirklich bösartiger, wenn man dem Reize folgt, bekannte Menschen unter dieser Maske aufzusuchen."[22] Hier erinnert man sich daran, daß auch Mignon im Engelskleid stirbt. Bei Ottilie, die im weißen Braut- und

---

20 Goethes Werke. Hamburger Ausgabe. Bd. 6, S. 431.
21 Goethes Werke. Hamburger Ausgabe. Bd. 6, S. 377.
22 Goethes Werke. Hamburger Ausgabe. Bd. 6, S. 415.

Totenkleid in der Kapelle begraben wird, hat man eher eine Assoziation an die „Braut von Korinth", da ihre Religiosität doch nicht christlich, sondern durchaus heidnisch im antiken Sinne ist. Aber Goethe selbst hatte seine fruchtbarsten Bildungserlebnisse in den Schweizer Reisen sowie auf der Italienreise und fand so ins Leben.[23]

5. Das Leitmotiv der Reise in der fernöstlichen Tradition

In der japanischen Literaturgeschichte vor Shimazaki Toson gibt es eine ausgesprochene Eremitendichtung, die im Mittelalter vor allem durch den Mönch Saigyo begonnen und in der bürgerlichen Genroku-Periode der Edo-Zeit durch den Haiku-Dichter Matsuo Basho fortgeführt wurde. Das poetische Reisetagebuch Bashos *Oku no hosomichi* (entstanden 1689, Erstdruck Kyoto 1702) gehört zu den bedeutendsten Werken dieser literarischen Tradition in Japan. Es handelt sich dabei um Aufzeichnungen über eine Wanderung von fünf Monaten, die Basho im Jahre 1689 durch die Nordprovinzen der Hauptinsel Honshu unternahm. Der deutsche Übersetzer charakterisiert sie zunächst einmal folgendermaßen:

> Von der herkömmlichen Reiseliteratur im Westen, aber auch von früheren japanischen Reisetagebüchern ist das *Oku no hosomichi* sehr verschieden. Daß Basho mit diesem Werk geradezu einen neuen Typ von Reisetagebuch geschaffen hat, läßt sich leicht erkennen. Neben faszinierenden Landschaftsbildern stehen vielfach banal scheinende Erlebnisse und unerklärlich lapidare Eintragungen über besichtigte Orte und Besuche bei Dichterfreunden. Über Begebenheiten des Reisealltags oder von persönlichen Eindrücken erfahren wir nur selten etwas. Die eingestreuten, meist am Ende eines Prosastücks stehenden Haiku-Verse sind nur mit einem gehörigen Aufwand von Assoziationssprüngen verständlich.[24]

---

23 Vgl. Adolf Muschg: Goethes Schweizer Reisen. In: Studien des Instituts für die Kultur der deutschsprachigen Länder. 250 Jahre Johann Wolfgang von Goethe. Symposium „Goethe – Wirkung und Gegenwart". Nr. 18. Sophia-Universität, Tokyo 2000, S. 106–129.
24 Basho: Auf schmalen Pfaden durchs Hinterland. Aus dem Japanischen übertragen sowie mit einer Einführung versehen von G. S. Dombrady. Dietrich'sche Verlagsbuchhandlung. Mainz 1985. 2., unveränderte Aufl. 2001, S. 9.

Die angeblich neue Form des poetischen Reisetagebuchs, die ein Prosastück jeweils mit einem Haiku-Gedicht symbolisch abschließt und so fast im Goetheschen Sinne dem Augenblick Dauer zu verleihen weiß, ist allerdings in der alten Tradition seit der höfischen Dichtung der Heian-Zeit verwurzelt. Hier waren es Waka-Gedichte, die in die Handlung einer Geschichte oder Erzählung motivisch eingestreut wurden, um sie weiter zu entwickeln oder einen intertextuellen Zusammenhang mit den fremden Werken herzustellen. Deshalb erscheint etwas irreführend, wenn der verdienstvolle Übersetzer seine Einleitung mit dem Fazit abschließt: „Das *Oku no hosomichi* ist eine verschlüsselte Apotheose, ein Hohelied von Traum und Vergänglichkeit und somit ein Meisterwerk der Weltliteratur."[25] Denn das letzte Haiku am Lebensende Bashos lautet in deutscher Übersetzung etwa: „Erkrankt auf der Reise habe ich einen Traum, der auf der Heide treibt". Wie in diesem Gedicht angedeutet, haben sowohl Lebensstimmung als auch Auffassung des Dichtertums, die dem Tagebuch Bashos zugrunde liegen, zum Beispiel mit den Künstlergedichten des jungen Goethe oder seiner Hymne „Harzreise im Winter" kaum etwas gemeinsam. Beginnt es doch mit den allen japanischen Gebildeten wohlbekannten Sätzen:

> „Sonne und Mond, Tage und Monate verweilen nur kurz als Gäste ewiger Zeiten", und so ist es mit den Jahren auch: sie gehen und kommen, sind stets auf Reisen. Nicht anders ergeht es den Menschen, die ihr ganzes Leben auf Booten dahinschaukeln lassen, oder jenen, die mit ihren am Zügel geführten Pferden dem Alter entgegenziehen: tagtäglich unterwegs, machen sie das Reisen zu ihrem ständigen Aufenthalt.[26]

An dieser Stelle sind die zwei chinesischen Schriftzeichen, die ursprünglich von den Piktogrammen für Mond und Sonne herstammen, mit der weiteren Bedeutung von Monat bzw. Tag in der eigentlichen und uneigentlichen Rede doppelt wiedergegeben. Aber ob Sonne und Mond, die doch auch für die Beständigkeit stehen könnten, wie Fluß und Wind die Vergänglichkeit der Welt und somit das Vergänglichkeitsgefühl des Menschen in dieser Welt versinnbildlichen, ist sehr fraglich. Zu recht steht freilich die Interpretation des gesamten Reisetagebuchs, das Dichten und das Wandern oder vielmehr das Wandern als ein Symbol des Lebens zu betrachten und das Leben – in

---

25 Ebd., S. 37.
26 Ebd., S. 43.

seiner Kontinuität dichterischer Äußerung – als eine Wanderschaft aufzufassen, wenngleich die Reise der Japaner sich damals nicht mehr bis nach China erstreckte, sondern infolge der Landesabschließung auf das Inland beschränkt war. Aber auch dann fragt sich, welche Unterschiede es zwischen Basho und Goethe in der Auffassung des Dichtertums und des Lebens als Wanderschaft gibt, zumal Goethe in der Jugend einfach der Wanderer genannt wurde und in seinem literarischen Schaffen so oft das Wandern bzw. die Reise thematisierte.[27]

Die eben zitierten Anfangszeilen des *Oku no hosomichi* beruhen ihrerseits auf dem Vorspann einer klassischen Dichtung des chinesischen Dichters Li Po (699–762) „Frühlingsnachtgelage unter Pflaumen- und Pfirsichblüten":

> Himmel und Erde – das ganze All – ist nur
> ein Gästehaus,
> es beherbergt alle Wesen insgesamt.
> Sonne und Mond sind darin auch nur Gäste,
> Laufgäste ewiger Zeiten.
> Das Leben in dieser flüchtigen Welt
> gleicht einem Traum.
> Wer weiß wie oft wir noch lachen?
> Unsere Altvordern zündeten daher
> Kerzen an, um die Nacht zu preisen ...[28]

Während die Nacht in diesen Zeilen keine solche symbolische Bedeutung hat wie etwa bei Novalis' *Hymnen an die Nacht*, weist der Traum schon frühzeitig einen unmittelbaren Bezug auf ein weitverbreitetes Gleichnis für das Leben in der Welt auf. Auch ohne die ausgesprochen buddhistische Einstellung zum menschlichen Dasein haben viele Dichter in China oder Japan das Leben als einen illusionistischen Traum empfunden, wie eben Li Po meinte, das Leben gleiche einem Traum. Aber Calderons Ausspruch „Das Leben – ein Traum" sowie andere europäische Traumgleichnisse können deshalb nicht das Gleiche meinen, weil grundsätzlich das christliche Weltbild dahinter

---

27 Vgl. Hans Joachim Schrimpf: Das Weltbild des späten Goethe. Überlieferung und Bewahrung in Goethes Alters Werk. Stuttgart 1956. Darin 6 „Das Wandermotiv. Von der Wandrer-Hymne zur Philemon und Baucis-Szene" S. 121–144.
28 Übersetzung von G. S. Dombrady. S. 42.

steht. So erweist sich beispielsweise der Traum in Eichendorffs *Marmorbild* als Alptraum, der nur vorübergehend ist und auf das echte Dasein hinter dem Trugbild hinweist. Wenn das Anliegen Bashos darin gelegen haben soll, „in der Traumhaftigkeit und in der Vergänglichkeit das Wesen des menschlichen Daseins zu erkennen, durch ständig tätiges Bewußtsein das Unfaßbare des endgültigen Vergehens faßbar zu machen"[29], so kann es der Einstellung des untätig zugrunde gehenden Helden in den *Wahlverwandtschaften* ähnlich sein, aber nicht dem tätigen Dasein bei Goethe entsprechen. Basho selbst war insofern wie der deutsche Dichter tätig, als er seine Erkenntnisse der Vergänglichkeit dichterisch zum Ausdruck brachte, was ihm letzten Endes zum Leben verhalf.

Es wird sonst noch auf einen wesentlichen Unterschied des Wanderns bei Basho hingewiesen:

> Nicht, wie bei uns, die Wanderlust der Handwerksburschen (oder gar die der romantisierten Studentenherrlichkeit!) bewegte ihn, nicht das harte Wanderleben des fahrenden Volkes, nicht Fernweh, Abenteuerlust oder Bildungsdrang. Selbst die Hinwendung zur Natur – die Naturliebe im landläufigen Sinne, die man Japanern gerne als etwas Besonderes unterstellt – war nicht sein Hauptbeweggrund.[30]

Stellt man daher die Reisebeschreibungen im Osten denen im Westen gegenüber, so lassen sich Aufschlüsse über die unterschiedliche Auffassung einer literarischen Romantik gewinnen. Laurence Sterne, dessen Werk *Eine empfindsame Reise* Goethe gründlich studierte, unterscheidet im Vorwort verschiedene Reisetypen voneinander, und in Goethes drei *Schweizerreisen* vollzieht sich eine künstlerische Wandlung von einer romantischen Subjektivität zur klassischen Objektivität. Der *Werther*-Roman stellt in dieser Hinsicht noch eine verinnerlichte empfindsame Reise dar. Bei den *Lehrjahren* handelt es sich um eine Bildungsreise als geistige Wanderschaft. Aber in den *Wanderjahren* erweitert sich die zielbewußte Wanderschaft zur Auswanderung nach Amerika. Es kommt als Ziel der Reise auf ein selbständiges Dasein an: „Der Mensch, so sagen wir, lerne sich ohne dauernden äußeren Bezug zu denken, er suche das Folgerechte

---

29 G. S. Dombradys Einführung S. 37.
30 Ebd., S. 30.

nicht an den Umständen, sondern in sich selbst, dort wird er's finden, mit Liebe hegen und pflegen. Er wird sich ausbilden und einrichten, daß er überall zu Hause sei."[31]

Dagegen richtete sich die romantische Sehnsucht in Novalis' Roman *Heinrich von Ofterdingen*: „Immer nach Hause", sowie in Tiecks Roman *Franz Sternbalds Wanderungen* nach dem europäischen Mittelalter. In Deutschland entstand aber auch eine anders ausgerichtete Reiseliteratur bedeutender Forschungsreisender wie Engelbert Kaempfer, Georg Forster, Alexander von Humboldt, Philipp Franz von Siebold u. a. m. Goethe war mit dem Weltreisenden Alexander von Humboldt gut befreundet und ließ ausgerechnet die innerlich verschlossene Ottilie in ihrem Tagebuch sagen: „Nur der Naturforscher ist verehrungswert, der uns das Fremdeste, Seltsamste mit seiner Lokalität, mit aller Nachbarschaft jedesmal in dem eigensten Elemente zu schildern und darzustellen weiß. Wie gern möchte ich nur einmal Humboldten erzählen hören!"[32]

Symbolisch genug für eine geistige Globalisierung reiste Alexander von Humboldt mit dem französischen Botaniker und Arzt Aime Bonpland vom Juni 1799 bis August 1804 in Lateinamerika und hielt sich von Ende 1807 bis zum April 1827 in Paris auf, um seine Forschungsergebnisse in französischer Sprache zu publizieren. Die deutsche Ausgabe seiner Pflanzengeographie wurde dann im Jahre 1807 Goethe gewidmet: *Geographie der Pflanzen in den Tropen-Ländern, ein Naturgemälde der Anden*, Tübingen 1807. Es war zwei Jahre darauf, als Goethes Roman *Die Wahlverwandtschaften* erschien. Daran ist deutlich zu erkennen, daß Goethe anders lebte als sein Romanheld, wie auch seinerzeit, als er den *Werther*-Roman schrieb. Nach den obigen Ausführungen über den Naturforscher findet sich in Ottiliens Tagebuch der vielzitierte Satz: „Aber das eigentliche Studium der Menschheit ist der Mensch."[33] Der Mensch gilt dabei in der abendländischen Tradition seit alters als *homo viator*. Goethisch ausgedrückt, heißt es „Gedenke zu wandern!" Die Reise gehört also zum Wesen des Menschen. Wer nicht mehr reist, läuft Gefahr, das eigene menschliche Wesen zu verfehlen.

---

31 Goethes Werke. Hamburger Ausgabe. Bd. 8, S. 391.
32 Goethes Werke. Hamburger Ausgabe. Bd. 6, S. 416.
33 Ebd., S. 417.

Der zweite Teil:
Kulturvermittlung durch Übersetzung

I. Kapitel: Literarische Übersetzung als Kanonbildung*

Im Zeitalter der Massenkommunikation müssen alle Informationen grundsätzlich in irgendeine Sprache übersetzt werden, da sie weltweit verbreitet werden. Die Übersetzung findet dabei vom Simultandolmetschen bis zur literarischen Übersetzung im weitesten Sinne des Wortes entweder mündlich oder schriftlich statt. Außerdem wird dieser sprachliche Akt heutzutage durch die technischen Einrichtungen vermittelt: Rundfunk, Fernsehen, Tonband, CD-Rom, Internet usw. Eine Phänomenologie der Übersetzungen in ihrer Mannigfaltigkeit wird ergeben, daß sie zum wesentlichen Bestandteil des menschlichen Lebens gehören. Sie scheinen im ersten Anblick wie die Sprache selbst so natürlich und so selbstverständlich zu sein, daß man sich ihrer erst bewußt wird, wenn man sprachlos wird oder auf eine Übersetzung angewiesen ist. So ist es auch mit der literarischen Übersetzung, deren Probleme man erst dann scharf genug wahrnimmt, wenn man selbst etwas literarisch zu übersetzen hat.

Über die literarische Übersetzung als solche läßt sich allerdings an dieser Stelle wenig sagen, gibt es doch in deutscher Sprache bereits eine Reihe von Fachbüchern, die ein Auslandsgermanist mit Dank und Nutzen zu studieren hat.[1] Es geht hier vielmehr darum, anhand japanischer Beispiele zu zeigen, wie bestimmte Übersetzungen sich für das Lesepublikum kanonbildend auswirken. Das dürfte im allgemeinen nicht nur für Japan, sondern auch für Korea und China gelten, wo

---

* Eine um Abschnitt 3 erweiterte Fassung des Beitrags zu: Michael Auer / Ulrich Müller (Hrsg.), Kanon und Text in interkulturellen Perspektiven: „Andere Texte anders lesen" 4. Internationaler Kongreß der „Gesellschaft für Interkulturelle Germanistik" und der Universität Salzburg (Kaprun 23.–27.9.1998) Verlag Hans-Dieter Heinz. Akademischer Verlag. Stuttgart 2001, S. 45–55.

1 Vgl. Jörn Albrecht, Literarische Übersetzung. Geschichte, Theorie, kulturelle Wirkung. Darmstadt 1998. Die einschlägige Literatur ist darin angegeben, aber aus verständlichen Gründen wird das Übersetzungsproblem in die nichteuropäischen Sprachen außer Acht gelassen.

ungemein viele Werke aus den europäischen Sprachen in die jeweilige Nationalsprache übersetzt werden.² Übersetzt werden dabei sowohl literarische Werke, als auch viele Werke aus den sämtlichen Bereichen der Kultur und Wissenschaft, soweit sie unter irgendeinem Gesichtspunkt als übersetzungswürdig gefunden werden. Bei Übersetzungsfragen muß man freilich davon ausgehen, daß alle intellektuellen Erzeugnisse des menschlichen Geistes letzten Endes sprachlich vermittelt werden. So kommen eigentlich über die Geistes- und Sozialwissenschaften hinaus ebenfalls die Naturwissenschaften wie z. B. Albert Einsteins Abhandlung über die Relativitätstheorie oder Ernst Machs Wärmelehre und sogar die Ingenieurwissenschaften etwa im Zusammenhang mit der Ökologie für die Übersetzungsforschung in Frage. Beispielsweise spielte die Übersetzung medizinischer Bücher bei der Modernisierung Japans eine große Rolle, weil die europäische Medizin als Humanwissenschaft Kenntnisse über den ganzen Menschen mit Leib und Seele sowie mit Individualität und Sozialproblematik mit sich brachte.³

I. Deutsche Literatur in japanischer Übersetzung

Mit der literarischen Übersetzung ist also faktisch die deutsche Literatur in japanischer Übersetzung gemeint, die nur einen kleinen Teil der gesamten Übersetzungsliteratur in Japan darstellt. Dabei zeigt sich die literarische Übersetzung m. E. kanonbildend unter drei Gesichtspunkten: 1) literarhistorische oder literaturkritische Grundeinstellung des Übersetzers bzw. des Herausgebers, 2) Richtlinien für die Auswahl der zu übersetzenden Werke und 3) der

---

2 Bibliographische Arbeiten sind schon vorhanden, obwohl sie durch die technische Entwicklung allmählich vom Druck zur Datenbank übergehen. Vgl. Yi Choong Sup: Forschungen der Germanistik. Eine Bibliographie 1945–1986. Seoul 1987; Wolfgang Bauer / Shen-Chang Hwang: Deutschlands Einfluß auf die moderne chinesische Geistesgeschichte. Wiesbaden 1982; List of Foreign Literary Works done into Japanese. Comp. & ed. by The National Diet Library. Tokyo 1959.
3 Vgl. Naoji Kimura: Übersetzung als Kulturgeschichte. In: Blickwinkel. Kulturelle Optik und interkulturelle Gegenstandskonstitution. Hrsg. v. Alois Wierlacher und Georg Stötzel. München 1996. S. 903–918.

entsprechende Einsatz des Verlegers für den Buchhandel. Die literarische Kanonbildung erfolgt nämlich in Japan oft systematisch entweder literarhistorisch oder literaturkritisch. Je älter ein Literaturwerk ist, desto leichter fällt es aus, seinen literarhistorischen Stellenwert zu bestimmen und dem literarischen Kanon zuzuordnen. Je moderner ein Literaturwerk ist, desto schwieriger wird es, seine künstlerische Qualität zu beurteilen und es im Literaturkanon anzusiedeln. Denn hierfür zuständig ist mehr Literaturkritik als die Literaturgeschichte, und die Literaturkritiker verlassen sich mehr auf ihre eigenen Kriterien als auf den allgemein anerkannten Wertmaßstab der Literaturgeschichte, die bis vor kurzem ziemlich nationalliteraturgeschichtlich eingestellt war. Bekanntlich hat Hans Magnus Enzensberger versucht, in den achtziger Jahren die andere Bibliothek der weniger bekannten, aber nichtsdestoweniger wertvollen Weltliteratur vorzulegen wie z. B. Alexander von Humboldts *Ansichten der Natur* oder Jean Pauls *Ideen-Gewimmel*. Es fällt aber zumindest auf dem Büchermarkt der Übersetzungen schwer, neue Maßstäbe durchzusetzen. Auf jeden Fall haben sich sowohl der Übersetzer als auch der Verleger bei der Werkauswahl normalerweise nach diesem oder jenem feststehenden Literaturkanon zu richten, wenn sie erfolgreich sein wollen. Auf diese Weise war man auch in den dreißiger Jahren erfolgreich, wenngleich die Übersetzungen der nationalsozialistischen Literatur von damals längst vergessen sind.[4]

Die deutsche Literatur ist heutzutage in Japan nicht mehr so stark vertreten wie früher, gilt aber immer noch im interkulturellen Sinne als repräsentativ für die deutsche Kultur, zumal sie jetzt das Deutschland nach der Wiedervereinigung mit vielfältigen Problemen umfassend widerspiegelt. Das beste Beispiel dafür ist die siebenbändige japanische Werkausgabe von Christa Wolf, die im Juli 1997 zu erscheinen begann und schon im April 1998 abgeschlossen werden konnte. Hauptherausgeber ist Kazuo Hosaka, er hat die Werke *Was bleibt* (1990), *Störfall* (1987), *Sommerstück* (1989), *Kein Ort. Nirgends* (1979) und *Die Dimension des Autors* (1986) übersetzt. Die Mitherausgeberin, Keiko Nakagome, hatte sich schon in der DDR-Zeit um die Übersetzung von *Kassandra* (1983)

---

4 Vgl. Hermann Schäfer: Deutsche Dichter der Gegenwart. Ihr Leben und ihre Werke. Tokyo 1944.

bemüht, konnte diese aber erst im September 1997 veröffentlichen. Von ihr ist auch das Materialienbuch *Voraussetzungen einer Erzählung* (1983) übertragen worden. Bei Christa Wolf ist anzunehmen, daß man sie als Symbolfigur für die schwierige Lage der freien Schriftsteller vor und nach der deutschen Wende hinstellen wollte. In der Übergangszeit hatte man mit einer als „neue deutsche Literatur" bezeichneten Reihe angefangen, die bisher nachstehend genannte Werke herausgebracht hat. Martin Walser: *Ein fliehendes Pferd*, Patrick Süskind: *Der Kontrabaß*, Patrick Süskind: *Die Taube*, Peter Handke: *Die linkshändige Frau*, Christoph Hein: *Drachenblut*, Wolfgang Koeppen: *Jugend*, Günter de Bruyn: *Märkische Forschungen*, Ulla Hahn: *Herz über Kopf*, Sten Nadolny: *Netzkarte*. Es sind lauter literaturkritisch anerkannte Werke der deutschen Gegenwartsliteratur, die dann gleich in japanischer Übersetzung dem Lesepublikum zugänglich gemacht werden. Aber bei der anderen Reihe neuer deutscher Literatur handelt es sich um weit weniger bekannte Autoren und Werke wie Christian Kracht: *Faserland*, Marcel Beyer: *Flughunde*, Claudia Nekro: *Good Bye Norma Jean*, Herta Müller: *Der Fuchs war damals schon der Jäger*, Judith Kuckart: *Wahl der Waffen*, Ralf Rothmann: *Wäldernacht*, Margit Hahn: *Einsamkeit der Lust*, Michael Kleeberg: *Barfuß*.

Als Schwanengesang auf die DDR-Literatur wagte man schließlich unter der Überschrift *Die Elbe fließt* auch noch die Erzählungen von 21 bekannten und weniger bekannten ostdeutschen Autoren herauszugeben: Heiner Müller, Karl Mundstück, Bodo Uhse, Eric Neutsch, Anna Seghers, Erwin Schrittmatter, Christa Wolf, Fritz Rudolf Fries, Paul Wiens, Franz Fühmann, Christine Wolter, Helga Königsdorf, Christa Müller, Günter de Bruyn, Stefan Heym, July Brisan, Christoph Hein, Helga Schubert, Stephan Hermlin, Hermann Kant, Volker Braun. Solche Sammlungen werden in Japan nie Best-Seller werden. Aber viele japanische Germanisten sehen eben in der Übersetzung ihre wissenschaftliche Aufgabe und genießen manchmal mehr Ansehen als ihre Kollegen, die nur fachwissenschaftliche Aufsätze schreiben. Denn diese bleiben meist nur auf die akademischen Kreise beschränkt und werden öffentlich nicht bekannt.

Ein Beispiel für die schlagartige Aufnahme der Best-Seller in Deutschland ist die im Dezember 1996 erschienene Übersetzung von Christoph

Ransmayrs *Die letzte Welt*, die Teruaki Takahashi in Zusammenarbeit mit seiner Frau fertiggestellt hat. Da Takahashi Hölderlinforscher ist und sich in der antiken Welt auskennt, hat er persönlich vom Autor den Auftrag erhalten, den mythologisch-zeitkritischen Roman ins Japanische zu übersetzen. Seine Übersetzung ist wie üblich mit einer ausführlichen Einführung versehen, so daß man sie für eine wissenschaftliche Leistung halten kann, zumal es sich dabei um ein anspruchsvolles Sprachwerk handelt, das zum erstenmal übersetzt wird. Dies muß deshalb hervorgehoben werden, weil ein beliebtes Werk der Weltliteratur in Japan wiederholt übersetzt zu werden pflegt. Klassische Philologen in Deutschland würden diesen Sachverhalt gut verstehen, während deutsche Germanisten außer Mediävisten gewöhnlich nichts zu übersetzen brauchen. Bei den Auslandsgermanisten kommt es in erster Linie auf die Übersetzung an, bevor sie sich mit der Interpretation des Originalwerks beschäftigen. Ihre Übersetzungstätigkeit ist wirklich mit der Editionsarbeit deutscher Germanisten zu vergleichen, und ihre Übersetzung erweist sich auch in Prosa schon durch Wortwahl und Syntax gewissermaßen als eine Art Interpretation.

Daher kommt es denn auch, daß ein und dasselbe Werk im Stil verschieden übersetzt werden kann, z. B. bei bekannten Autoren wie Goethe, Rilke, Thomas Mann, Hermann Hesse, Kafka usf. Von Robert Musils Riesenroman *Der Mann ohne Eigenschaften* gibt es gegenwärtig zwei Übersetzungen in japanischer Sprache. Wenn von den bedeutenden Werken Hermann Brochs jeweils nur eine Übersetzung vorliegt, ist wohl keine Geringschätzung, aber zumindest weniger Popularität unter den japanischen Gebildeten zu vermuten. Nebenbei bemerkt, macht man in Japan keinen wesentlichen Unterschied zwischen der deutschen und österreichischen Literatur, obwohl es eine eigene Gesellschaft zur Erforschung der österreichischen Literatur gibt. Es fällt keinem japanischen Germanisten ein, sich auf die österreichische Literaturgeschichte mit 12 Sprachen einzulassen. Unter der deutschen Literatur versteht man auch die schweizerische, für die wiederum eine eigene Studiengruppe eine Übersetzungsreihe herausgibt. Sie enthält bisher Werke wie Heinrich Wittenwilers *Ring*, Friedrich Dürrenmatts *Die Physiker*, Anthologien von schweizerischen Novellen sowie Gedichten und bildet durch ihre Werkauswahl einen gewissen Kanon für die schweizerische Literatur im engeren Sinne. Innerhalb dieser deutschsprachigen Literatur legt man vielmehr den Schwerpunkt auf die Städte wie Berlin, Wien, München, Prag oder Zürich in der Moderne, in denen Autoren verschiedener Nationalitäten vertreten sein können, wie beispielsweise Hermann Bahr.

2. Literarische Kanonbildung durch die Übersetzung

Diese an sich selbstverständlichen Faktoren bei der literarischen Kanonbildung sollen nun unter besonderer Berücksichtigung japanischer Verhältnisse näher betrachtet werden. Als Belege hierfür werden vor allen Dingen einige Novellensammlungen herangezogen, die bis in die siebziger Jahre des 20. Jahrhunderts im Rahmen der mehr oder weniger umfangreichen Bibliothek der Weltliteratur sehr beliebt waren. Es handelt sich dabei um deutsche Novellen des 19. Jahrhunderts und des 20. Jahrhunderts. Bei den Novellen des 19. Jahrhunderts ist der Maßstab für die Wertschätzung, wie gesagt, schon lange durch deutsche Literaturhistoriker oder führende japanische Germanisten der älteren Generation festgelegt worden. Deshalb ist es fast strategisch eine editorische oder redaktionelle Frage, welche Werke in eine Novellensammlung aufgenommen werden sollen. Bei Goethe oder Kleist, bei denen beinahe alles übersetzt vorliegt, wird man für ihre Werke je nach Umfang, Entstehungszeit und Zielsetzung eine Auswahl treffen.

So enthielt eine 1963 von dem bekannten Germanisten Tomio Tezuka herausgegebene Sammlung den kanonisierten Grundbestand des deutschen Novellenschatzes, den ein Emil Staiger „Meisterwerke deutscher Sprache" genannt hätte. Vor einer kritischen Betrachtung sollen zuerst die Titel der in die Novellensammlung aufgenommenen Werke angeführt werden, um eine japanische Vorstellung von der deutschen Literatur in weiten Kreisen der Gebildeten zu veranschaulichen. Johann Wolfgang Goethe: *Die neue Melusine*, E.T.A. Hoffmann: *Don Juan*, Heinrich von Kleist: *Der Findling*, Ludwig Tieck: *Der blonde Eckbert*, Johann Gottfried Herder: *Das Fest der Grazien*, Eduard Mörike: *Die Hand der Jezerte*, Adalbert Stifter: *Der Kuß von Sentze*, Friedrich Hebbel: *Rubin*, Theodor Storm: *Späte Rosen*, Gottfried Keller: *Der Schmied seines Glückes*, Wilhelm Heinrich Riehl: *Die vierzehn Nothelfer*, Marie von Ebner-Eschenbach:

Krambambuli, Paul Heyse: *L'Arrabbiata*, Wilhelm Raabe: *Im Siegeskranze*, Richard Wagner: *Eine Pilgerfahrt zu Beethoven*, Arthur Schnitzler: *Die Toten schweigen*, Clemens Brentano: *Die drei Nüsse*, Joseph von Eichendorff: *Die Zauberei im Herbste*, Georg Büchner: *Lenz*.

Von den bekanntesten Autoren ist nichts Besonderes zur Werkauswahl zu bemerken, da es in der Tat viele Möglichkeiten dafür gibt. Obwohl die zeitliche Reihenfolge aus irgendeinem Grund durcheinander geraten ist, liegt der Auswahl offensichtlich die pädagogische Absicht zugrunde, mit Musterbeispielen sowie mit einem kurzen Kommentar zu jedem Werk den Lesern einen literaturgeschichtlichen Überblick über Klassik, Romantik, Biedermeier und Realismus zu geben. Sonst könnte man nicht begreifen, warum Herder und Richard Wagner als Novellisten berücksichtigt wurden. Auch war der literarische Geschmack an Hebbel, Riehl, Heyse und Ebner-Eschenbach bei der bildungsfreudigen japanischen Jugend schon veraltet. Bei Tieck, Stifter und Brentano ist es mehr eine Frage der Popularität, wenn sie nicht aufgenommen werden. Sie alle waren verschwunden, als ein Jahr nach der genannten Novellensammlung eine andere erschien, wenn sie auch im Buchtitel nicht ausdrücklich so speziell bezeichnet war. Es versteht sich von selbst, daß die spätere Ausgabe in der Werkauswahl Rücksicht auf die vorangegangene nehmen muß. In der Literatur des 19. Jahrhunderts sind die Autoren selbst weitgehend kanonisiert. So kann es nur darum gehen, dem Lesepublikum bisher unübersetzte Werke anzubieten und diese Werke durch eine eingehende Erläuterung ebenso wie die anderen bekannteren zu kanonisieren. Die Sammlung war straffer in der Auswahl und enthielt folgende Werke. Über die zahlreichen übrigen Werke der aufgenommenen Autoren konnte man sich aus dem ausführlichen Werkverzeichnis im Anhang manche Auskünfte einholen. Johann Wolfgang Goethe: *Novelle*, Friedrich Schiller: *Wilhelm Tell*, E.T.A. Hoffmann: *Des Vetters Eckfenster*, Heinrich von Kleist: *Das Bettelweib von Locarno*, Franz Grillparzer: *Der arme Spielmann*, Eduard Mörike: *Mozart auf der Reise nach Prag*, Adalbert Stifter: *Brigitta*, Theodor Storm: *Carsten Curator*, Gottfried Keller: *Die mißbrauchten Liebesbriefe*, C. F. Meyer: *Das Amulett*.

Auffällig ist allerdings in dieser Sammlung, daß Schillers Drama *Wilhelm Tell* trotz der Gattungsverschiedenheit Aufnahme unter den Novellen gefunden hat. Offensichtlich verhält es sich damit folgendermaßen.

Einerseits brauchte man Schiller als den Klassiker unbedingt neben Goethe, wollte aber andererseits weder seine Erzählung *Der Verbrecher aus verlorener Ehre* noch das Romanfragment *Der Geisterseher* aufnehmen, welche beide Werke nicht zum literarischen Kanon gehörten. Parallel zur vorhin erwähnten Novellensammlung des 19. Jahrhunderts erschien noch ein Band mit Novellen des 20. Jahrhunderts im gleichen Jahr. Sie enthielt eine Anzahl Werke, die wohl von bedeutenden Autoren stammen, aber nicht mehr so bekannt sind wie die kanonisierten Werke aus dem vorigen Jahrhundert. Die Kanonbildung zumindest in Japan ließ noch auf sich warten, bis die Auswahl Anklang bei den Lesern fand. Zu ihrer Orientierung schrieb der Herausgeber der beiden Bände ein mehr literarhistorisches als literaturkritisches Nachwort. Seine Grundeinstellung geht schon daraus hervor, daß er zur Erklärung der Novellentheorie Johannes Klein zitiert.[5] Mit einem Wort war er literaturwissenschaftlich eingestellt und wollte die Leser in die Welt der deutschen Literatur überhaupt einführen, indem er als deren Eigentümlichkeit Innerlichkeit, Symbolik und Märchenhaftigkeit unterstrich.

Es handelte sich dabei um nachstehend genannte Werke. Rainer Maria Rilke: *Der Bettler und das stolze Fräulein*, Heinrich Mann: *Eine Liebesgeschichte*, Thomas Mann: *Schwere Stunde*, Hugo von Hofmannsthal: *Das Erlebnis des Marschalls von Bassompierre*, Hermann Hesse: *Aus Kinderzeiten*, C.F. Meyer: *Plautus im Nonnenkloster*, Gertrud von le Fort: *Der Turm der Beständigkeit*, Robert Musil: *Die Portgiesin*, Stefan Zweig: *Episode am Genfer See*, Arnold Zweig: *Die Wegwarte*, Franz Kafka: *Das Urteil*, Ernst Wiechert: *Die Mutter*, Franz Werfel: *Die Hoteltreppe*, Werner Bergengruen: *Die Krone*, Anna Seghers: *Die Kinder*, Hans Erich Nossack: *Kassandra*, Luise Rinser: *Die rote Katze*, Heinrich Böll: *So ward Abend und Morgen*, Ilse Aichinger: *Der Gefesselte*, Ricarda Huch: *Der Sänger*, Bernt von Heiseler: *Apollonia*, Wolfgang Borchert: *Schischyphusch oder Der Kellner meines Onkels*, Leonhard Frank: *Atmen*, Hans Bender: *Die Halbe Sonne*, Heinz Piontek: *Verlorene Stadt*, Eugen Gottlob Winkler: *Wunsch im Krähwinkel*.

---

5   Vgl. Johannes Klein: Geschichte der deutschen Novelle. 4. Aufl., Wiesbaden 1960.

Im Jahre 1971 erschien im Rahmen der sogenannten Weltliteratur der Gegenwart ein Sammelband mit 24 modernen deutschen Erzählungen. Darin fanden Hofmannsthal, Heinrich Mann, Werfel, Musil, Nossack und Aichinger mit dem gleichen Titel und gleichen Übersetzer aus der Novellensammlung des 20. Jahrunderts wieder Aufnahme, was wohl für den guten Anklang beim Lesepublikum spricht. Bei den anderen Titeln handelte es sich um folgende Werke. Johann Peter Hebel: *Kalendergeschichten*, Heinrich von Kleist: *Der Findling*, Joseph von Eichendorff: *Die Zauberei im Herbste*, Georg Büchner: *Lenz*, Arthur Schnitzler: *Die Toten schweigen*, Rudolf Kassner: *Julian*, Joseph Roth: *Stationschef Fallmerayer*, Gottfried Benn: *Der Geburtstag*, Georg Heym: *Der Irre*, Martin Walser: *Kleist in Thun*, Franz Kafka: *Ein Hungerkünstler*, Hanns Henny Jahnn: *Polarstern und Tigerin*, Günter Grass: *Meine grüne Wiese*, Hermann Broch: *Eine leichte Enttäuschung*, Elisabeth Langgässer: *Mars*, Peter Ulrich Weiss: *Der große Traum des Briefträgers Cheval*, Alfred Andersch: *Ein Liebhaber des Halbschattens*, Johannes Bobrowski: *Boehlendorff.*

Man wundert sich zunächst, daß in einer Sammlung von modernen deutschen Erzählungen immer noch Hebel, Kleist, Eichendorff, Büchner und Schnitzler vorkommen. Vielleicht waren sie doch noch pädagogisch als eine literaturgeschichtliche Einführung gedacht. Immerhin waren Kleist, Eichendorff, Büchner und Schnitzler mit dem gleichen Titel und gleichen Übersetzer aus der oben genannten Novellensammlung des 19. Jahrhunderts übernommen. Auch Hebels *Kalendergeschichten* sowie *Ein Hungerkünstler* von Kafka waren bereits übersetzt. Es sind also nur die übrigen zwölf Werke, die eigens für diese Sammlung zum erstenmal übersetzt wurden. Sie erstrecken sich von der Literatur der Jahrhundertwende bis zur Gruppe 47 und stellen somit wirklich einen Teil der deutschen Gegenwartsliteratur dar. Aufschlußreich in dieser Sammlung ist die Grundeinstellung des Herausgebers Jiro Kawamura, wie sie in seinem Nachwort zum Ausdruck gebracht wird. Der renommierte Literaturkritiker nimmt im Gegensatz zu Tomio Tezuka Fragen der Novellentheorie nicht ernst und schreibt darin zur Charakterisierung der deutschen Literatur u. a. folgendes:

> Gute Erzählungen der deutschen Moderne sind der Form nach anspruchslos, beschränkt, unbekümmert um die Handlung und manchmal ungeschickt.

Aber die innere Weite erweist sich im Gegensatz dazu als breit und oft bodenlos tief. Eine alpträumerische Vision durchdringt das Sein und erweckt den Anschein, als ob man das dahinter liegende Unbekannte gesehen hätte. Dann wird die drängende Kraft der Erzählung vergleichsweise der Beschwörungsformel eines Adepten ähnlich, der sich mit der Transzendenz in Verbindung zu setzen weiß. Büchners *Lenz* ist eben ein musterhaftes Werk dafür. Auch bei Bobrowskis *Boehlendorff* oder Walsers *Kleist in Thun* liegt hinter den dargestellten Gestalten und Geschehnissen etwas außergewöhnlich Dunkles oder abgründiges Schweigen. Die Werke herausragender Schriftsteller wie Hofmannsthal, Musil oder Broch lassen sich letzten Endes ebenfalls als Gleichnisse oder Parabeln auffassen, die dazu bestimmt sind, den amorphen Bereich des unnennbaren Jenseits, gleichsam die dunkle Zone von Seele und Welt indirekt zu beleuchten. Es ist vor allem Kafka, der die Ausrichtung solcher Werke bis ins Extrem getrieben hat.

Nach Jiro Kawamura betrachteten die deutschen Schriftsteller nach dem Zweiten Weltkrieg als ihre unmittelbaren Vorbilder, wenn nicht Kafka, so doch die Prosa des Expressionismus, namentlich experimentelle Versuche eines Benn, Heym oder Werfel. Es könnte allerdings so sein, daß jene Kälte der rätselhaften Sachlichkeit von dieser fieberhaften Erregtheit grundverschieden ist. Auch dürfte diese letztere leichter zu lernen sein. Nicht nur diejenigen Autoren wie Jahnn oder Langgässer, die als die Nachhut des Expressionismus anzusprechen sind, sondern auch Champions der Nachkriegsliteratur wie Grass oder Weiss, sowie Aichinger, die sich Kafka meisterhaft aneignete, haben in der Tat nicht gerade eine niedrige Körperwärme. Kafka ist zu kalt und durchsichtig, als daß man ihn lernen könnte. In seinen Werken nimmt nämlich der Körper zu wenig Raum ein. Man könnte es seine einsame Glorie nennen. Nur kommt es darauf hinaus, immer offen zu sein ohne plastische Ausgeglichenheit. Aber gerade deshalb kann auch das Guckfenster zur hintergründigen Landschaft ohne weiteres aufgestoßen werden. Es wäre in jedem Fall möglich, auf einen solchen allgemeinen Charakter hinzuweisen. Die Aktualität der deutschen Erzählungen ist wohl hier zu suchen. Selbst Andersch hinterläßt einen Nachgeschmack eines unaussprechlichen Lebens, obwohl er durchgehend spannende Erzählungen schreibt.

Indem der Herausgeber in dieser Weise die aufgenommenen Werke charakterisiert, unterbreitet er den Lesern seine eigene Vorstellung vom Wesenszug der deutschen Literatur. Eigentlich hängt die Werkauswahl davon ab, und diejenigen Werke, die dazu nicht passen, werden stillschweigend ausgeklammert. Wenn man aber die deutsche Literatur unter einem anderen Gesichtspunkt betrachtet, kann man auch durch eine verschiedene Werkauswahl ein anderes Bild der deutschen Literatur entwerfen. So legte der marxistische Literaturkritiker Kureto Kurahara im Jahre 1977 im Rahmen der Reihe „Meistererzählungen der Welt" einen deutschen Band mit den Werken vor, die vorwiegend gesellschaftsbezogen und zeitkrisch ausgerichtet sind. Diese realistisch–ideologische Grundeinstellung des Herausgebers, die sich von der metaphysisch–ästhetischen Jiro Kawamuras deutlich abhebt, tritt durch die Aufnahme folgender Werke anschaulich genug zutage: Johann Wolfgang Goethe: *Novelle*, Friedrich Schiller: *Der Verbrecher aus verlorener Ehre*, Heinrich von Kleist: *Die Verlobung in St. Domingo*, Heinrich Heine: *Die Geschichte von Mademoiselle Lawrence*, Friedrich Hebbel: *Eine Nacht im Jägerhaus*, Gottfried Keller: *Der Schmied seines Glückes*, Thomas Mann: *Mario und der Zauberer*, Egon Erwin Kisch: *Landung in Australien*, Friedrich Wolf: *Jule*, Bertold Brecht: *Die Bestie*. Anna Seghers: *Die vierzig Jahre von Margarethe Wolff*, Rolf Hochhut: *Die Berliner Antigone*.

Schiller ist nun mit dem oben als nicht kanonisiert bezeichneten Werk vertreten, auch wenn es nicht zum erstenmal übersetzt worden ist. Ganz neu ist Heinrich Heine mit der *Geschichte von Mademoiselle Lawrence*,[6] die in Japan kaum bekannt gewesen sein dürfte. Es ist hier nicht der Ort, auf die Heine-Rezeption in Japan einzugehen.[7] Zumindest soll darauf hingewiesen werden, daß die Beschäftigung mit Heine fast immer ideologisch belastet gewesen ist, sei es vom bürgerlichen Gesichtspunkt als Liebesdichter, oder sei es vom sozialistischen Standpunkt als Revolutionär, aber auch von der literaturgeschichtlichen Betrachtungsweise unter besonderer Berücksichtigung des jungen Deutschland. Abgesehen davon, daß die Aufnahme von Goethe, Schiller, Kleist, Hebbel oder gar Thomas Mann anders motiviert war als bisher, ist es ansonsten von großer Bedeutung, daß der antifaschistische Aspekt der deutschen Literatur im 20. Jahrhundert durch Kisch, Friedrich Wolf, Anna Seghers, Brecht sowie Rolf Hochhut hervorgehoben worden ist. Dahinter stand

---

6   Es handelt sich hierbei um eine Rückübersetzung aus dem japanischen Titel.
7   Vgl. Zhang Yushu (Hrsg.): Heine gehört auch uns. Tagungsband des Internationalen Heine-Symposiums '97 Beijing. Beijing 1998.

damals noch eine gewisse Spannung zwischen den japanischen Germanisten, die entweder nach der Bundesrepublik Deutschland oder nach der DDR ausgerichtet waren. Diese Problematik gehört aber auch wie Heine in ein anderes Kapitel der Wissenschaftsgeschichte in der japanischen Germanistik.

Beschränkt man sich auf die Übersetzungsfragen und im Zusammenhang damit auf die Fragen der Kanonbildung, so können die erwähnten Werke woanders vereinzelt in japanischer Übersetzung erschienen sein. Dann haben die Leser aufgrund ihres persönlichen Literaturverständnisses selbst ein Urteil zu fällen. Bei japanischen Übersetzungen kann also der Literaturkanon nicht unmittelbar von der Lektüre der deutschen Originalwerke, sondern vielfach von der diesbezüglichen Auffassung des Übersetzers bzw. des Herausgebers gebildet werden, die für die Leser eine mehr oder weniger große Autorität besitzt. Auf dem Buchhandel wird der Verleger im Grunde die gleiche Auffassung vertreten und das Lesepublikum ebenfalls kanonbildend beeinflussen wollen, um seine Bücher besser verkaufen zu können. Es gelingt ihm freilich, solange das japanische Lesepublikum, insbesondere die akademische Jugend bildungsfreudig ist und sich durch derartige Einführungen belehren läßt. Hoffentlich können die Übersetzer immer noch dazu beitragen, das Interesse der Jugend an deutscher Sprache und Literatur durch ihre bescheidene, aber oft mühsame Arbeit wachzuhalten.

3. Japanische Literatur in deutscher Übersetzung

Während man aus dem Deutschen scheinbar so leicht und bequem alles Mögliche ins Japanische übersetzt hat, wird auf seiten der westlichen Japanologie hervorgehoben, Übersetzungen aus dem Japanischen seien nicht schwer: sie seien unmöglich. Der amerikanische Sprachwissenschaftler Roy A. Miller geht dabei von der These aus:

> Der Schwierigkeitsgrad einer Übersetzung scheint der Übersetzbarkeit eines Textes umgekehrt proportional zu sein: je „übersetzbarer" ein Text, desto leichter die Aufgabe, ihn zu übersetzen. Je mehr „Wert und Würde" (Benjamin) die Sprache des Originals besitzt, je weniger sie nur „Mitteilung" ist,

desto übersetzbarer ist sie in dem Sinne, daß dabei für die Übersetzung noch etwas „zu gewinnen" ist. Ein Text, der etwas Einfaches auf einfache Weise sagt, frustriert Übersetzung: je mehr ein Text pure Mitteilung ist, desto geringer der Gewinn der Übersetzung. Je höher die Qualität eines Originals, desto größer die Chance, daß an der Übersetzung noch ein Schimmer des ursprünglichen Lichts wahrzunehmen ist.[8]

Zwar meint Miller damit, daß die ganze japanische Kultur, der die japanische Sprache und ihre Kunstformen angehören, bloß Übersetzung von den fremden Kulturen sei und deshalb Übesetzungen wertlos und unübersetzbar seien. Nach ihm soll die japanische Kultur der Vergangenheit sowie der Gegenwart eine Kultur sein, die essentiell und „au fond" durch Übersetzung charakterisiert ist. So ein gewagtes Verdikt ist selten und sonderbar. Es muß aber hier dahingestellt bleiben, ob das gleiche nicht mehr oder weniger auf alle Kulturen der Welt zutrifft, also nicht nur auf die griechische Kultur, die viel von der ägyptischen übernommen hatte, sondern auch auf die deutsche Literatur, die im Laufe ihrer Geschichte sich von lateinischen, französischen, englischen und italienischen Literaturen so viel angeeignet und übersetzt hat.[9] Es kommt im Grunde darauf an, was man aus dem Fremden für die eigene Kultur gemacht hat. Ein deutscher Japanologe, der als erster die Geschichte der japanischen Literaturgeschichte verfaßte, schrieb etwas anderes:

> Die scheinbar unüberwindlichen Schwierigkeiten der japanischen Schriftsprache haben es mit sich gebracht, daß nur einige wenige Fremde ihr Studium mit genügender Ausdauer und Gründlichkeit betrieben haben, um die in ihr niedergelegten Literaturerzeugnisse verstehen und würdigen zu können, aus welchem Grunde auch die Zahl der verläßlichen Übersetzungen japanischer Werke in europäische Sprachen sehr gering ist.[10]

---

8 Zitiert bei Peter Pörtner, Aneignung durch Enteignung, ein japanischer Weg. Flankierende Notizen zum Fremdverständnis, zur japanischen Literaturwissenschaft und zum Übersetzungsproblem. In: Wie international ist die Literaturwissenschaft? Methoden- und Theoriediskussion in den Literaturwissenschaften: kulturelle Besonderheiten und interkultureller Austausch am Beispiel des Interpretationsproblems (1950–1990). Hrsg. v. Lutz Danneberg und Friedrich Vollhardt. Stuttgart / Weimar 1996, S. 489.
9 Vgl. Weltliteratur. Die Lust am Übersetzen im Jahrhundert Goethes. Marbacher Kataloge 37. Hrsg. v. Bernhard Zeller. München 1982.
10 Karl Florenz: Geschichte der japanischen Litteratur. Zweite Ausgabe. C. F. Amelangs Verlag. Leipzig 1909, S. III f.

Wichtiger erscheint vielmehr die Tatsache, daß die kanonisierten Werke der Weltliteratur in Japan immer wieder übersetzt werden. Etwas übertrieben könnte man fast sagen, daß die Werke der ausländischen Literatur, die nicht wiederholt übersetzt werden, in Japan noch nicht im vollen Sinne des Wortes zum literarischen Kanon gehören. Denn bei ihnen lohnt sich nicht die Arbeit der Übersetzung, die infolge des raschen Wandels der japanischen Sprache zumindest nach Verlauf einer Generation vorgenommen werden muß. Es gibt von Goethe, Kafka, Rilke, Thomas Mann oder Hermann Hesse mehrere umfangreiche Werkausgaben in japanischer Sprache. Symptomatisch ist dagegen, daß von Schiller nur eine 6-bändige Werkausgabe (1941–1946) herausgegeben wurde und schon lange vergriffen ist. Schiller wird eben von den japanischen Gebildetenkreisen viel weniger gelesen als Goethe. In *Dichtung und Wahrheit* schreibt Goethe: „Shakespeare ist von den Deutschen mehr als von allen anderen Nationen, ja vielleicht mehr als von seiner eignen erkannt."[11] Ähnlich könnte man die japanische Vorliebe für Goethe charakterisieren, auch wenn sie heutzutage ziemlich nachgelassen hat. Goethe wurde unter den deutschen Dichtern nicht nur in Japan, sondern auch in Korea und China am meisten übersetzt. Insofern gilt er in Ostasien als der kanonisierteste deutsche Dichter. Ansonsten läßt sich noch sagen, daß es bei den kanonisierten Autoren ebenfalls eine umfangreiche Sekundärliteratur über sie in japanischer Übersetzung gibt. Eben daran kann man die literarische Bedeutung eines Autors oder Werkes im Ausland ermessen.

Ungeachtet dessen, daß die japanische Literatur unübersetzbar sei, weil ihr Original keinen der Übersetzung würdigen inneren Gehalt habe, werden ihre Werke erfreulicherweise doch noch ins Deutsche übersetzt. Im philosophischen oder religiösen Bereich werden sie heute noch teilweise aus dem Englischen übersetzt. Aber es gibt schon viele sorgfältig erstellte gute Übersetzungen aus der japanischen Literatur ins Deutsche, die im folgenden, wenn auch nur unvollständig, aber zumindest bibliographisch erfaßt und dankbar gewürdigt werden sollen. Als Vorläufer gilt dabei Hans Bethge: Japanischer Frühling. Nachdichtungen japanischer Lyrik. Inselverlag. Leipzig 1920.

---

11 Goethes Werke. Hamburger Ausgabe. Bd. 9, S. 492.

Eine der frühesten Anthologien stellt wohl aus dem Jahr 1930 Adler-Revon: Japanische Literatur. Geschichte und Auswahl von den Anfängen bis zur neusten Zeit. Frankfurt am Main o. J. dar. Zum Schluß seiner Einführung schreibt Paul Adler:

> Die folgende Auswahl ist etwa zu drei Vierteilen identisch mit der aus einheimischen Sammlungen geschöpften „Anthologie Japonaise" des Professor Revon (Paris, Delagrave 1919). Es ist dieses die erste in Europa erschienene Chrestomathie. Für etwa zwanzig Stücke wurden die Proben von Karl Florenz aus seinem maßgebenden Werke über japanische Literatur verwendet.

Bald nach dem Zweiten Weltkrieg erschien ein Sammelwerk moderner Erzählungen: Flüchtiges Leben. Moderne japanische Erzählungen. Aus dem Original übertragen von Oscar Benl. Robert Mölich Verlag. Hamburg 1948. Es enthielt mit den kurzen Biographien der Autoren folgende Werke: Arishima Takeo, *Meine Kleinen*; Kawabata Yasunari, *Die kleine Tänzerin von Izu*; Shiga Naoya, *Kuniko*; Hojo Tamiyo, *Die erste Nacht eines neuen Lebens*; Tayama Katai, *Futon*; Mushakoji Saneatsu, *Ryokan*; Nagai Kafu, *Geliebtes Gesicht*; Ibuse Masuji, *Sawan auf dem Dache*.

Oscar Benl ließ dieser Auswahl eine umfangreichere Anthologie mit einer aufschlußreichen Einleitung folgen: *Der Kirschblütenzweig*. Japanische Liebesgeschichten aus tausend Jahren. Herausgegeben und übersetzt von Oscar Benl. Nymphenburger Verlagshandlung. München 1965. Es handelte sich dabei um eine Reihe von Übersetzungen asiatischer Literatur, die durch die UNESCO im Rahmen ihres Hauptprogramms zur weiteren Verständigung zwischen Ost und West gefördert wurde. Enthalten waren die folgenden Werke, die sich von der Hofdichtung im Mittelalter bis zur Moderne erstrecken: *Ise-monogatari*; Izumi Shikibu, *Das Tagebuch der Izumi Shikibu*; *Tsutsumi-chunagon-monogatari. Der Shosho bricht Kirschblüten. Der Gon-Chunagon kommt über den Berg nicht hinweg. Der Aschenpuder*; Ueda Akinari, *Die unreine Leidenschaft einer Schlange. Das Haus im Schilf*; Higuchi Ichiyo, *Die Liebe der kleinen Midori*; Futabatei Shimei, *Mittelmaß*; Takahama Kyoshi, *Ikaruga-monogatari*; Yoichi Nakagawa, *Die Yugao-Blüte am Himmel*; Chikamatsu Shuko, *Das schwarze Haar*; Nagai Kafu, *Geliebtes Gesicht*; Ibuse Masuji, *Besuch einer Frau*; Kawabata Yasunari, *Der erste Schnee auf dem Fuji-Berg*.

Ein Folgeband der UNESCO-Reihe war die aufschlußreiche Sammlung aus der japanischen Literatur von den ersten Anfängen bis zum 18. Jahrhundert: *Die Zauberschale. Erzählungen vom Leben japanischer Damen, Mönche, Herren und Knechte.* Ausgewählt und aus dem Japanischen übersetzt von Nelly und Wolfram Naumann. Carl Hanser Verlag. München 1973.

Nach dieser literarhistorischen Auswahl bietet Siegfried Schaarschmidt (Hrsg.): Das große Japan Lesebuch. Wilhelm Goldmann Verlag. München 1990 wieder lauter Werke der japanischen Gegenwartsliteratur: Junichiro Tanizaki, *Die Tätowierung*; Ryunosuke Akutagawa, *Der Chrysanthemenball*; Naoya Shiga, *Kuniko*; Ineko Sata, *Aus der Bonbonfabrik*; Masuji Ibuse, *Der Salamander*; Yasunari Kawabata, Von *Vögeln und Tieren*; Osamu Dazai, *Von Frauen*; Kafu Nagai, *Geliebtes Gesicht*; Ango Sakaguchi, *Unter der vollen Blüte im Kirschbaumwald*; Kobo Abe, *Der rote Kokon. Hochwasser*; Shotaro Yasuoka, *Das Kaninchensyndrom*; Morio Kita, *Geflügelte Ameisen am Hang*; Kenzaburo Oe, *Der Fang*; Yukio Mishima, *Die Brückenprobe*; Harumi Setouchi, *Einmal hat Makiko gestohlen*; Takeshi Kaiko, *Das Duell*; Kenji Nakagami, *Der Bergasket*; Makoto Oda, *Der Kommandeur*; Mitsuharu Inoue, *Die Nacht davor*; Yasushi Inoue, *Ein Brief aus der Wüste.*

Es scheint, daß das Interesse des deutschen Lesepublikums sich vorwiegend auf die Prosa in der japanischen Literatur richtet. So kamen wieder ein paar Sammelwerke heraus: *Verführerischer Adlerfarn. Anthologie japanischer Erzählungen*; *Das literarische Japanlesebuch.* Herausgegeben von Hannelore Eisenhofer-Halim und Peter Pörtner. Konkurs-Buchverlag. Tübingen 1999; *Träume aus zehn Nächten. Japanische Erzählungen des 20. Jahrhunderts.* Herausgegeben von Eduard Klopfenstein. Theseus Verlag. Zürich / München 1992.

Hervorzuheben ist jedoch die große Leistung von Oscar Benl auf dem Gebiet der klassischen Literatur: *Genji-Monogatari. Die Geschichte vom Prinzen Genji.* Altjapanischer Liebesroman aus dem 11. Jahrhundert, verfaßt von der Hofdame Murasaki. Vollständige Ausgabe. Aus dem Original übersetzt von Oscar Benl. 2 Bde., Manesse Verlag. Zürich 1992. Vorausgegangen war die schöne Ausgabe: *Liebesgeschichten des japanischen Kavaliers Narihira.* Aus dem *Ise-monogatari.* Mit 14 farbigen Wiedergaben nach den Sotatsu zugeschriebenen Bildern. Herausgegeben und aus dem

Japanischen übertragen von Oscar Benl. Mit einer kunsthistorischen Einleitung von Dietrich Seckel. Carl Hanser Verlag. München 1957. Ansonsten sind in der Japanischen Bibliothek im Insel Verlag enthalten klassische Werke wie der Roman: *Die vertauschten Geschwister,* aus dem Japanischen übersetzt von Michael Stein; Kamo no Chomei, *Aufzeichnungen aus meiner Hütte,* aus dem Japanischen übersetzt von Nicola Liscutin; Ueda Akinari, *Erzählungen beim Frühlingsregen,* aus dem Japanischen übersetzt von Wolfgang Schlecht; Santo Kyoden, *Die Geschichte der schönen Sakurahime,* aus dem Japanischen übersetzt von Bruno Levin.

Die japanische Lyrik des Mittelalters sowie der Neuzeit war gebührend gewürdigt in der Anthologie: *Lyrik des Ostens.* Gedichte der Völker Asiens vom Nahen bis zum Fernen Osten. Herausgegeben von Wilhelm Gundert, Annemarie Schimmel und Walther Schubring. Carl Hanser Verlag. München 1965. Vorausgegangen war der Gedichtband: *Liebe, Tod und Vollmondnächte. Japanische Gedichte.* Übertragen von Manfred Hausmann. S. Fischer Verlag. Frankfurt am Main 1951. Später erschien noch ein Gemeinschaftswerk: *Ruf der Regenpfeifer. Japanische Gedichte.* Aus dem Japanischen von Takayasu Kunio und Manfred Hausmann. Theseus-Verlag. Küsnacht 1990. Die literarische Welt der Haiku-Dichtung war ebenfalls vorgestellt in der Übersetzung von Basho: *Auf schmalen Pfaden durchs Hinterland.* Aus dem Japanischen übertragen sowie mit einer Einführung und Annotationen versehen von G. S. Dombrady. Dieterich'sche Verlagsbuchhandlung. Mainz 1985. 2., unveränd. Auflage 2001. Traditionelle Waka-Dichtung liegt vor in: *Die vier Jahreszeiten. Gedichte aus dem Kokin-wakashu.* Übersetzung und Kommentar von Peter Ackermann und Angelika Kretschmer. Insel Verlag. Frankfurt am Main 2000 (Japanische Bibliothek im Insel Verlag).

Moderne japanische Lyrik ist in der Japanischen Bibliothek im Insel Verlag vertreten durch Ishikawa Takuboku, *Trauriges Spielzeug,* übersetzt von Wolfgang Schamoni; Tanikawa Shuntaro, *Picknick auf der Erdkugel,* übersetzt von Eduard Klopfenstein; *Mensch auf der Brücke.* Zeitgenössische Lyrik aus Japan, herausgegeben von Eduard Klopfenstein und Cornelius Ouwehand.

Auch das japanische Drama wurde einmal in deutscher Übersetzung vorgestellt: *Japanische Dramen.* Herausgegeben und mit einem Nachwort versehen von Jürgen Berndt. Verlag Volk und Welt. Berlin 1968. Als

Beispiele dienten die Werke von Matsuyo Akimoto, *In Gala*; Masakazu Yamazaki, *Licht und Schatten*; Junji Kinoshita, *Der Abendkranich*; Ken Miyamoto, *Der Pilot*; Kobo Abe, *Geister in Kitahama*.

Darüber hinaus wurde auch die japanische Märchenwelt frühzeitig bekannt gemacht: *Japanische Märchen*. Herausgegeben und übersetzt von Toschio (sic!) Ozawa. Fischer Taschenbuch Verlag. Frankfurt am Main 1974. Einzigartig ist Araki Tadao (Hrsg.), *Deutsch-japanische Begegnung in Kurzgedichten*. Iudicium Verlag. München 1992.

Von den Schriftstellern, die in die oben genannten Sammelwerke mehrfach aufgenommen wurden, kam zuerst ein in Europa relativ unbekannter Autor wegen seines sensationellen Werkes in die Öffentlichkeit: Junichiro Tanizaki, *Der Schlüssel*. Aus dem Japanischen übertragen von Sachiko Yatsushiro und Gerhard Knauss. Rowohlt Verlag. Reinbek bei Hamburg 1956. Es gibt davon auch eine Taschenbuchausgabe. Später erschien Tanizaki Junichiro, *Die geheime Geschichte des Fürsten von Musashi*. Roman. Aus dem Japanischen von Josef Bohaczek in der umfangreichen Japanischen Bibliothek im Insel Verlag.

Viel bekannter war: Yukio Mishima, *Der Seemann, der die See verriet*. Roman. Deutsch von Sachiko Yatsushiro. Rowohlt Verlag. Reinbek bei Hamburg 1970. Vor ein paar Jahren wurde auch ein anderer Roman von ihm ins Deutsche übersetzt: derselbe, *Liebesdurst*. Aus dem Japanischen übersetzt von Josef Bohaczeck. Nachwort von Irmela Hijiya-Kirschnereit. Insel-Verlag. Frankfurt am Main 2000. In der gleichen Japanischen Bibliothek erschienen auch: Furui Yoshikichi, *Der Heilige*. Roman. Aus dem Japanischen von Ekkehard May; Ibuse Masuji, *Pflaumenblüten in der Nacht*. Erzählungen. Aus dem Japanischen von Jürgen Berndt; Ooka Shohei, *Feuer im Grasland*. Aus dem Japanischen von G. S. Dombrady und Oscar Benl.

Ebenso bekannt wie Mishima war noch ein anderer, früher verstorbener Autor: Kobo Abe, *Die Frau in den Dünen*. Roman. Aus dem Japanischen von Oscar Benl und Mieko Osaki. Eichborn Verlag. Frankfurt am Main 1981; derselbe, *Der verbrannte Stadtplan*. Roman. Aus dem Japanischen von Jürgen Stalph. List Taschenbuch Verlag. München 2000.

Einer der bekanntesten Autoren ist freilich Kawabata Yasunari, der erste Nobel-Literaturpreisträger Japans. Von ihm gibt es z. B. folgende Übersetzungen: Yasunari Kawabata, *Tausend Kraniche*. Roman. Autorisierte

Übersetzung aus dem Japanischen von Sachiko Yatsushiro. Nachwort von Robert Schinzinger. Carl Hanser Verlag. München 1956; derselbe, Ausgewählte Werke. Nachwort von Ralph-Rainer Wuthenow. Carl Hanser Verlag. München 1968. Darin: *Die Tänzerin von Izu* (Übers. von Oscar Benl); *Tausend Kraniche* (Übers. von Sachiko Yatsushiro); Schneeland (Übers. von Oscar Benl); *Kyoto* (Übers. von Walter Donat); derselbe, *Ein Kirschbaum im Winter*. Roman. Aus dem Japanischen übersetzt von Siegfried Schaarschmidt und Misako Kure. Carl Hanser Verlag 1969; derselbe, *Schönheit und Trauer*. Roman. Aus dem Japanischen von Heinz Haase. Carl Hanser Verlag. München 1988; derselbe, *Drei Erzählungen* (*Sprachlos. Ein Mädchen mit Duft. Was ihr Mann nie tat*). Aus dem Japanischen übersetzt von Barbara Yoshida-Krafft. Iudicium Verlag. München 2001; derselbe, *Die Rote Bande von Asakusa*. Aus dem Japanischen übersetzt von Richmod Bollinger. Insel Verlag. Frankfurt am Main 1999.

Aber ebenso wie Kawabata bekannt und geschätzt war ohne Zweifel der japanische Autor Inoue Yasushi. In den letzten Jahren wurden folgende Werke von ihm ins Deutsche übersetzt:

Inoue Yasushi, *Der Fälscher*. Erzählungen (*Der Vulkan. Schilf. Der Fälscher. Die Singdrossel*). Ausgewählt und aus dem Japanischen übertragen von Irmela Hijiya-Kirschnereit. Insel Verlag. Frankfurt am Main und Leipzig 1999; derselbe, *Schwarze Flut*. Roman. Aus dem Japanischen übersetzt und mit einem Nachwort versehen von Otto Putz. Suhrkamp Verlag. Frankfurt am Main 2000; derselbe, *Liebe*. Drei Erzählungen (*Tod, Liebe und Wellen. Der Steingarten. Der Hochzeitstag*). Aus dem Japanischen von Richmod Bollinger. Residenz Verlag. Salzburg und Wien 2000.

Von dem zweiten japanischen Nobel-Literaturpreisträger Oe liegen beispielsweise in deutscher Sprache vor: Kenzaburo Oe, *Die Brüder Nedokoro*. Roman. Deutsche Übersetzung von Rainer und Ingrid Rönsch. Fischer Taschenbuch Verlag. Frankfurt am Main 1983; derselbe, *Grüner Baum in Flammen*. Roman. Aus dem Japanischen von Annelie Ortmanns. S. Fischer Verlag. Frankfurt am Main 2000; derselbe, *Stille Tage*. Aus dem Japanischen von Wolfgang Schlecht und Ursula Gräfe. Japanische Bibliothek im Insel Verlag. In deutscher Übersetzung müssen noch mehrere Werke von ihm vorliegen.

Neuerdings sind zwei japanische Autoren der jüngeren Generation durch deutsche Übersetzungen bekannt geworden. Es sind Haruki

Murakami und Banana Yoshimoto: Haruki Murakami, *Naokos Lächeln. Nur eine Liebesgeschichte.* Roman. Aus dem Japanischen von Ursula Gräfe. Dumont Buchverlag. Köln 2001; derselbe, *Hard-boiled Wonderland und das Ende der Welt.* Aus dem Japanischen übersetzt von Annelie Ortmanns und Jürgen Stalph. Japanische Bibliothek im Insel Verlag; derselbe, *Schafmanns Weihnachten.* Aus dem Japanischen von Christine v. Wedel. Mori Ogai-Gedenkstätte der Humboldt-Universität zu Berlin. Kleine Reihe 8. Berlin 1998: Banana Yoshimoto, *Kitchen.* Aus dem Japanischen von Wolfgang E. Schlecht. Mit einem Essay von Giorgio Amitrano. Diogenes Verlag. Zürich; dieselbe, *N.P.* Roman. Deutsch von Annelie Ortmanns-Suzuki. Diogenes Verlag. Zürich; dieselbe, *Tsugumi.* Roman. Deutsch von Annelie Ortmanns. Diogenes Verlag. Zürich; dieselbe, *Amrita.* Roman. Deutsch von Annelie Ortmanns. Diogenes Verlag. Zürich; dieselbe, *Dornröschenschlaf. Drei Erzählungen von der Nacht.* Aus dem Japanischen von Annelie Ortmanns, Gisela Ogasa und Anita Brockmann. Diogenes Verlag. Zürich 2001.

Dem deutschsprachigen Publikum weniger bekannt sind wohl: Dazai Osamu, *Das Gemeine und andere Erzählungen.* Aus dem Japanischen übersetzt von Stefan Wundt und Fumiya Hirataka. Iudicium Verlag. München 1992; derselbe, *Gezeichnet.* Roman. Aus dem Japanischen von Jürgen Stalph. Insel Verlag; Nagai Kafu, *Romanze östlich des Sumidagawa,* aus dem Japanischen von Barbara Yoshida-Krafft. Insel Verlag; Shimao Toshio, *Der Stachel des Todes.* Roman. Aus dem Japanischen übertragen von Sabine Mangold und Wolfgang E. Schlecht. Insel Verlag. Frankfurt am Main und Leipzig 1999; Maruya Saiichi, *Die Journalistin.* Roman. Aus dem Japanischen von Sabine Mangold und Hayasaki Yukari. Insel Verlag; Hikaru Okuizumi, *Das Gedächtnis der Steine.* Aus dem Japanischen übersetzt von Ursula Gräfe und Kimiko Nakayama-Ziegler. Deutsche Verlagsanstalt. Stuttgart / München 2000.

Von der Frauenliteratur der älteren Generation liegen mehrere deutsche Übersetzungen vor: Fumiko Enchi, *Die Dichterin und die Masken.* Roman. Aus dem Japanischen von Irmela Hijiya-Kirschnereit. Rowohlt Taschenbuch Verlag. Reinbeck bei Hamburg 1984 (*Frauen, Masken.* Japanische Bibliothek im Insel Verlag); Ariyoshi Sawako, *Kae und ihre Rivalin.* Aus dem Japanischen von Urs Loosli. Theseus-Verlag. Küsnacht 1990; Sata Ineko, *Scharlachrot.* Roman. Aus dem Japanischen von Hilaria Gössmann. Iudicium Verlag. München 1990; Kono Taeko, *Riskante Begierden*. Roman. Aus dem Japanischen vom Sabine Mangold und Hayasaki Yukari. Japanische Bibliothek im Insel Verlag; Oba Minako, *Tanze, Schneck, tanz*. Aus dem Japanischen von Irmela Hijiya-Kirschnereit. Japanische Bibliothek im Insel Verlag; Uno Chiyo, *Die Geschichte einer Frau*. Aus dem Japanischen von Barbara Yoshida-Krafft. Japanische Bibliothek im Insel Verlag.

Fast eine literaturwissenschaftliche Studie mit Kommentar und Anmerkungen ist übrigens: Koda Rohan, *Begegnung mit einem Totenschädel*. Zwei Novellen aus dem Japan der Jahrhundertwende. Aus dem Japanischen übersetzt und mit einem Nachwort versehen von Diana Donath. edition q. Berlin 1999.

Wollte man auf bibliographische Vollständigkeit zielen, so ließen sich selbstverständlich viel mehr literarische Übersetzungen aus dem Japanischen ins Deutsche erfassen.[12] Aber es ist praktisch unmöglich. So kam z. B. die 1941 von Konami Hirao fertiggestellte Übersetzung von Fujimori Seikichi, *Watanabe Kazan*. Roman. Iudicium Verlag. München 1995 erst vor zehn Jahren heraus. Relativ neu sind auch die zwei Übersetzungen: Natsume Soseki, *Der Tor aus Tokio*. Aus dem Japanischen von Jürgen Berndt und Shinohara Seiei. Theseus-Verlag. Küsnacht 1990; derselbe, *Sanshiro*. Aus dem Japanischen von Christoph Langemann. Theseus-Verlag. Küsnacht 1991. Vor einigen Jahren erschien auch Natsume Sosekis Roman: *Ich der Kater*, aus dem Japanischen übersetzt von Otto Putz in der Japanischen Bibliothek im Insel Verlag ebenso wie Mori Ogai, *Im Umbau*. Gesammelte Erzählungen, ausgewählt, übersetzt und erläutert von Wolfgang Schamoni; Shimazaki Toson, *Ausgestoßen*. Roman. Aus dem Japanischen von Jürgen Berndt. Es könnte von diesen klassischen Autoren ältere Übersetzungen gegeben haben.

Allein schon die angeführten Beispiele legen aber Zeugnis davon ab, wie großes Interesse im deutschsprachigen Raum der japanischen Literatur entgegengebracht wird. Hier liegt der Schwerpunkt offensichtlich in der Gegenwartsliteratur, während man in Japan immer noch dazu geneigt ist, die bereits kanonisierten Werke der deutschen Literatur

---

12 Vgl. Japanese Literature in Foreign Languages 1945–1995. The Japan P.E.N. Club, 1997.

ins Japanische zu übersetzen. Dafür werden verschiedene Formen der deutschen Literatur, also nicht nur dichterische Werke, sondern auch Essays, Literaturkritiken oder sogar Forschungsliteratur aus literaturwissenschaftlichem Interesse heraus übersetzt. Wenn sie einmal ins Japanische übersetzt worden sind, wirken sie sich lange auf das Lesepublikum richtungsweisend aus. Somit erweist sich die literarische Übersetzung prinzipiell als kanonbildend.

2. Kapitel: Konfuzius' *Lun Yü* in deutscher Übersetzung[*]

Zu Beginn seines Aufsatzes „Chinesische Gedichte in deutscher Sprache" unterstreicht Eduard Horst von Tscharner die große Schwierigkeit, mit der er bei seinem philologisch-literarischen Unternehmen konfrontiert ist: „Die Probleme, die sich dem Übersetzer fremder Dichtung stellen, erscheinen wohl nirgends in so grellem Licht, in so scharfen Umrissen wie angesichts der chinesischen Dichtung. Sprachlich, metrisch, inhaltlich, geistig unterscheidet sich kaum eine andere Dichtung mehr von der unsrigen."[1]

Glücklicherweise hat sich ein japanischer Germanist nicht in dieser Weise zu beklagen, ist er doch traditionsgemäß mit der chinesischen Sprache und Dichtung, soweit es sich dabei um die geschriebenen Texte aus dem klassischen Zeitalter handelt, mehr oder weniger so vertraut wie die deutschen Literaturwissenschaftler mit der lateinischen Sprache und Literatur. Im Laufe der Jahrhunderte ist von der chinesischen Literatur und Philosophie so viel ins Japanische übersetzt worden, daß manches davon von den japanischen Gebildeten fast als einheimisch empfunden wird. So sei hier eine deutsche Übersetzung von Konfuzius' *Lun Yü* unter Zuhilfenahme japanischer Übersetzungen mit dem chinesischen Urtext verglichen und im Hinblick auf den Kulturtransfer ausgewertet.

---

[*] Eine ergänzte Fassung des Beitrags zu: Beata Hammerschmid und Hermann Krapoth (Hrsg.), Übersetzung als kultureller Prozeß. Rezeption, Projektion und Konstruktion des Fremden. Erich Schmidt Verlag. Berlin 1998, S. 213–227.
[1] Eduard Horst von Tscharner: Chinesische Gedichte in deutscher Sprache. In: Das Problem des Übersetzens. Wege der Forschung 8. Hrsg. von Hans Joachim Störig. Darmstadt 1973. S. 242–272; hier S. 242.

1. Die frühe Rezeption des Taoismus in Europa

Konfuzius ist allerdings kein Dichter, sondern Philosoph mit einem begrifflich festgelegten System der Morallehre wie Aristoteles mit seiner *Nikomachischen Ethik*. Dagegen gilt sein älterer Kontrahent, Laotse, als ein mehr dichterischer Typ, der für seinen Traktat nicht mehr als rund 800 verschiedene Wörter gebraucht. Die ihm zugeschriebenen Texte bereiten dem deutschen Übersetzer anscheinend mehr Sprachschwierigkeiten als diejenigen Konfuzius'. Der moderne Laotse-Übersetzer, Günther Debon in Heidelberg, der zumindest anstrebt, einen chinesischen Terminus mit nur einem deutschen wiederzugeben, und doch eine Nachahmung des raffiniert Lapidaren unmöglich findet, weist ausdrücklich auf folgendes hin: „Ein entscheidendes Problem, vor das der Übersetzer sich gestellt sieht, ist das der Form. Einerseits verpflichtet, den Gehalt der philosophischen Schrift so treu wie möglich zu transponieren, muß er andererseits ihrer künstlerischen Gestalt gerecht werden."²

Dieser Aporie würde ein japanischer Übersetzer entgehen, indem er von vornherein auf eine annähernde Wiedergabe metrischer Form verzichtet. Denn obwohl er grundsätzlich die gleichen Schriftzeichen für seine Übersetzung verwenden kann, ist deren Aussprache, die als chinesische Lesart *on* heißt, akustisch sehr ausdifferenziert und von der vokalreichen japanischen Lesart *kun* gänzlich verschieden. Darüber hinaus ist der Satzbau in den beiden Sprachen grundlegend anders. Während die semantische Verwandtschaft für die japanische Sprache optisch vorgegeben ist, ähnelt das Chinesische syntaktisch mehr den europäischen Sprachen. Gerade deswegen dürfte sich der deutsche Übersetzer, so ist anzunehmen, verpflichtet fühlen, die ursprüngliche Form möglichst nachzubilden, in der Annahme, zwischen den Extremen einer sinntreuen Prosa-Übersetzung sowie einer sinnentstellenden Wiedergabe von Metrum und Reimschema einen mittleren Weg beschreiten zu müssen, „indem er Reim und Rhythmus nur so weit

---

2 Günther Debon: „Einleitung". In: Laotse, Tao-Te-King. Das Heilige Buch vom Weg und von der Tugend. Übersetzt von Günther Debon. Reclams-UB. Nr. 6798. Stuttgart 1961. S. 3–21; hier S. 20 f.

nachahmt, wie das die deutsche Sprache bei Wahrung der philologischen Sauberkeit zuläßt".³

In dem bekannten Buch *Was ist der Mensch?* schreibt Theodor Haecker mit Rückblick auf sein bewußt abendländisch ausgerichtetes Buch *Vergil*. *Vater des Abendlandes*: „Ich kann mir sehr wohl denken, daß einer ein kleines Buch schriebe: Laotse, Vater des Morgenlands."⁴ Auffälligerweise ist in den Flugblättern der Weißen Rose neben der Bibel (Der Prediger Salomo), Augustinus, Goethe, Schiller, Novalis sowie Aristoteles der chinesische Philosoph Laotse, der Begründer des Taoismus, mit zwei Sprüchen zitiert.⁵ Der eine Text lautet:

> Der, des Verwaltung unauffällig ist, des Volk ist froh. Der, des Verwaltung aufdringlich ist, des Volk ist gebrochen.
> Elend, ach, ist es, worauf Glück sich aufbaut. Glück, ach, verschleiert nur Elend. Wo soll das hinaus? Das Ende ist nicht abzusehen. Das Geordnete verkehrt sich in Unordnung, das Gute verkehrt sich in Schlechtes. Das Volk gerät in Verwirrung. Ist es nicht so, täglich, seit langem?
> Daher ist der Hohe Mensch rechteckig, aber er stößt nicht an, er ist kantig, aber verletzt nicht, er ist aufrecht, aber nicht schroff. Er ist klar, aber will nicht glänzen.

Der andere Text ist in vier Absätzen wiedergegeben:

> Wer unternimmt, das Reich zu beherrschen und es nach seiner Willkür zu gestalten; ich sehe ihn sein Ziel nicht erreichen; das ist alles.
> Das Reich ist ein lebendiger Organismus; es kann nicht gemacht werden, wahrlich! Wer daran machen will, verdirbt es, wer sich seiner bemächtigen will, verliert es.

---

3   Debon, „Einleitung" S. 21. Vgl. ansonsten Laotse, Tao Te King. Das Buch vom Weltgesetz und seinem Wirken. Wiedergabe des deutschen Textes durch Walter Jerven. 2. Aufl. Otto Wilhelm Barth. Verlag. München 1976; Laotse, Tao te king. Das Buch vom Sinn und Leben. Aus dem Chinesischen übersetzt und mit einem Kommentar versehen von Richard Wilhelm. Eugen Diederichs Verlag. Düsseldorf / Köln 1978; Laotse, Tao Te King. Eine zeitgemäße Version für westliche Leser. Mit Vorwort und Kommentar von Stephan Mitchell. Wilhelm Goldmann Verlag. München 2003.
4   Theodor Haecker: Was ist der Mensch? Jakob Hegner Verlag. Leipzig 1933. S. 28.
5   Inge Scholl:. Die Weiße Rose. Erw. Neuausg. Frankfurt a.M. 1993. S. 82 f.

Daher:

> Von den Wesen gehen manche vorauf, andere folgen ihnen, manche atmen warm, manche kalt, manche sind stark, manche schwach, manche erlangen Fülle, andere unterliegen. Der Hohe Mensch daher läßt ab von Übertriebenheit, läßt ab von Überhebung, läßt ab von Übergriffen.

Die Geschwister Scholl standen damals dem Hochland-Kreis von Carl Muth sehr nahe, und es ist leicht anzunehmen, daß die Erwähnung von Laotse unter dem geistigen Einfluß Theodor Haeckers steht. Es entzieht sich zwar meiner Kenntnis, auf wessen deutscher Übersetzung die zwei Zitate beruhen, vermutlich auf derjenigen von Max Müller, der 1844 als erster das Buch *Tao Te Ching* ins Deutsche übersetzte, nachdem es im Jahre 1788 in lateinischer Übersetzung den Europäern bekannt gemacht worden war. Die Originaltextstellen können aber identifiziert werden, so daß ein sprachlicher Vergleich möglich ist. Eine Wiedergabe aus der japanischen Lesart, d. h. einer auslegend-paraphrasierenden Übertragung lautet in meiner deutschen Übersetzung etwa wie folgt. Zunächst das 58. Kapitel:

> Wenn das Regieren großzügig ist, ist das Volk ehrlich und munter. Wenn das Regieren streng und hart ist, reagiert das Volk unehrlich. Das Unglück ist es, worauf das Glück beruht. Das Glück ist es, wo das Unglück auf der Lauer liegt. Wer weiß, worauf es hinausläuft. Gibt es überhaupt nichts Rechtes? Das Rechte kann sich als Lug und Trug erweisen und das Gute als Übel. Es dauert schon lange, seit das Volk dadurch verwirrt ist. Deshalb hält sich der tugendhafte Weise aufrichtig und zeigt sich doch nicht scharf, ist redlich und doch nicht schädlich, ist gerade und doch nicht aufdringlich, leuchtet und glänzt doch nicht.

Wie schon aus dieser Stelle deutlich hervorgeht, arbeitet Laotse gern mit einem gegensätzlichen Begriffspaar, sucht erst dann nach einer dieses wieder aufhebenden Mitte und drückt sich dabei in Paradoxa aus: „Weg der Weglosigkeit" oder „Unweg der Wege" wie in der deutschen Mystik eines Meister Eckhart. Dabei gebraucht er aber viele Metaphern, die sich nicht immer mit dem deutschen Wortgebrauch decken und daher nicht gleich zu erfassen sind, wie „rechteckig" oder „kantig" in der obigen wörtlichen Übersetzung. Darin ist auch vom „Hohen Menschen" die Rede. Der eigentümliche Ausdruck ist eine Wiedergabe des chinesischen Wortes, dessen Schriftzeichen eigentlich einen „heiligen Mann" bezeichnen. In meiner deutschen Übersetzung „der tugendhafte Weise" sollte freilich eine Verwechselung mit dem christlichen Heiligen oder dem griechischen Philosophen vermieden werden, wobei die Tugend im chinesischen Sinne m. E. mit dem römischen Begriff *virtus* verwandt ist.

Das andere Zitat aus dem 29. Kapitel hat die Bedeutsamkeit des Nicht-Handelns zum Thema und läßt sich folgendermaßen übersetzen:

> Daß diejenigen, die nach der Herrschaft über die Welt trachten und diese bewerkstelligen wollen, doch nichts erreichen, sehe ich wohl. Die Welt ist ein heiliges Gefäß, mit dem nichts zu bewerkstelligen ist. Wer es bewerkstelligen will, dem gelingt es nicht. Wer darauf besteht, verliert sie. Überhaupt steht es mit allen Dingen so: wenn einer etwas tut, so machen es die anderen nach. Wenn einer langatmig ist, so atmen die anderen heftig. Wenn einer beladen ist, so entladen die anderen. Deshalb meidet der tugendhafte Weise alles Übertriebene, meidet jeden Eigensinn und meidet alles Extreme.

Hier wird der Gedanke des Maßhaltens, besonders in der Politik, ausgesprochen. Dabei bedeutet das als „heiliges Gefäß" wiedergegebene chinesische Schriftzeichen wörtlich das „göttliche Gefäß". Aber weil es in der chinesischen Philosophie keinen Begriff gibt, der dem christlichen Gott oder den griechisch-römischen Göttern entspräche, muß das Wort „göttlich" in einer deutschen Übersetzung unbedingt vermieden werden und allenfalls durch das Wort „heilig" ersetzt werden, da dieses noch die verborgene, durch einen Himmelsherrn gesteuerte Weltordnung andeuten kann.

Nach Laotse ist in der Welt, vor allem in der Politik, mit dem menschlichen Wollen nichts zu bewerkstelligen. Alles ist dem Willen des Himmels zuzuschreiben. Deshalb ist das Nicht-Handeln das Beste, was ein Mensch tun kann. Meister Eckhart würde im Hinblick auf den geistigen Bereich sagen: „sich lassen". Jedoch ist vom Reich als einem „lebendigen Organismus" – so die deutsche Wiedergabe – keinesfalls die Rede. Dieser recht europäische Gedanke geht ursprünglich auf die paulinisch-theologische Vorstellung von der Kirche zurück, lebt in der Ästhetik des 18. Jahrhunderts auf und wird im 20. Jahrhundert von der faschistischen Staatsauffassung mißbraucht. Die deutsche Wiedergabe erweist sich also entweder als ein Übersetzungsfehler oder als eine angepaßte Mißdeutung. Wenn die lateinische oder deutsche Übersetzung auf diese Weise von Anfang an so fehlerhaft gewesen sein sollte, wäre das Mißverständnis über den Taoismus in Europa sehr groß gewesen, mit dem sich Hegel, Schopenhauer, Carl Gustav

Jung, Heidegger oder Martin Buber mehr oder weniger intensiv beschäftigt haben.⁶ Es sei dahingestellt, ob ein solches Mißverständnis sich auf ihr philosophisches Denken positiv, d. h. schöpferisch oder kreativ ausgewirkt hat, da doch die gleiche Frage bei jeder japanischen Übersetzung aus einem deutschen Text gestellt werden kann. Zum besseren Verständnis sei noch die neueste Übersetzung von Günther Debon herangezogen:

> Wes Herrschaft bang-befangen, / Des Volk wird harmlos prangen; / Wes Herrschaft strebig-straff, / Des Volk wird arg und schlaff. / Der Segen, ach! lehnt an das Unheil sich; / Das Unheil, ach! es kauert vor dem Segen. / Wer weiß, wo beider First gelegen? / Da Rechtes nicht noch Ketzerei vorhanden, / Verkehrt das Rechte sich in Widrigkeit / Und muß das Gute sich in Dämonie verkehren. / Daß blind der Menschen Blick, / Des Tage werden ewig währen! / Deshalb, der Heilige Mensch / Ist vierkant, ohne zu schneiden; / Ist winklig, ohne zu stechen; / Ist aufrecht, ohne sich zu dehnen; Ist glänzend, ohne zu blenden.⁷

> Wenn einer begehrt, das Reich zu nehmen, / Um an ihm zu tun – / Ich sehe voraus, daß er scheitert. / Denn das Reich ist ein Geist-Gerät: / Es darf an ihm nichts getan werden. / Wer ihm antut, zerstört es; / Wer es festhält, verliert es. / Wahrlich, die Wesen: Bald gehn sie vor und folgen nach alsbald; / Nun ist ihr Atmen warm, nun ist ihr Keuchen kalt; / Nun sind sie stark und sind alsbald verkümmert; / Zermalmen bald und liegen bald zertrümmert. / Deshalb, der Heilige Mensch / Weist ab das Ungemeine, / Weist ab das Vermessene, / Weist ab das Grandiose.⁸

2. Konfuzius' staatsphilosophische Bedeutung für Ostasien

Ich komme zum Kern des hier anhand sehr differenter übersetzerischer Lösungen vorgestellten Problems. Die Verstehensweise und Wirkungen des Taoismus lassen sich in allgemeinen Zügen so charakterisieren: In China hat er religiös, in Japan literarisch und in Europa philosophisch gewirkt. So stellte ihn auch eine englische Sinologin in ähnlichem Sinne dem Konfuzianismus gegenüber:

---

6   Chung-yuan Chang: Tao. A New Way of Thinking. New York 1977. (Japanische Übersetzung: Tokyo 1987)
7   Laotse Tao-Te-King [Debon] S. 87.
8   Laotse Tao-Te-King [Debon].S. 53.

Die zwei angestammten Religionen Chinas waren in sich selbst *Yin-Yang*-Kräfte im Leben des Volkes und halfen, es in Balance zu halten. Der Taoismus unterstützte das kreative, künstlerische und mystische Element, während der Konfuzianismus für soziale Ordnung, den Anstand und das Ritual verantwortlich war.[9]

Entscheidend ist jedoch in ganz Ostasien, namentlich in China, Korea und Japan, der Konfuzianismus geworden. Er prägt heute noch im Grunde den Volkscharakter dieser Völker, auch wenn in den letzten Jahrzehnten der westliche Einfluß auf sie enorm gewesen sein mag. So wurde der Konfuzianismus doch als Staatsphilosophie und Morallehre seit Jahrhunderten von der politischen Führungsschicht dieser Länder ernsthaft studiert und praktiziert, um das Volk zu beherrschen. Dementsprechend wurde die Sozialstruktur nach seinen Richtlinien gebildet und als Feudalismus jahrhundertelang gefestigt. Die Hauptschrift des Konfuzianismus, *Lun Yü*, die Gespräche mit seinem Begründer Konfuzius, galt in den chinesischen, koreanischen und japanischen Gebildetenkreisen ähnlich wegweisend wie die Bibel unter den Christen und der Koran unter den Moslems. Bei den Buddhisten umfaßt das Sutra so viele Schriften, daß kein einzelner Text als Hauptwerk bezeichnet werden kann. Außerdem ist das Sutra nach Japan nicht im Sanskrit, sondern nur in chinesischer Übersetzung überliefert worden. Die damit zusammenhängenden philologischen Probleme gehören aber nicht so sehr zur Übersetzungswissenschaft als vielmehr zur Indologie bzw. zur Sinologie. Hier wird nur nach dem Konfuzianismus in deutscher und japanischer Übersetzung aus dem chinesischen Urtext gefragt.

In der Tat schreibt der deutsche Übersetzer von *Lun Yü* in seiner Einführung: „Niemand, der sich mit China beschäftigen will, kann an der Persönlichkeit des Kung (der von den Jesuiten Konfuzius genannt wurde, nach dem chinesischen Kung Fu Dsi = Meister Kung, und diesen Namen in Europa bis heute behalten hat) vorübergehen. Kung war durch die Jahrtausende das

---

9   J. C. Cooper: Was ist Taoismus? Der Weg des Tao – eine Einführung in die uralte Weisheitslehre Chinas. Dt. Neuausg. München 1993. S. 40. Vgl. ferner Martin Palmer: Taoismus. Aurum Verlag. Braunschweig 1994.

Ideal der überwältigenden Mehrheit des chinesischen Volkes, und niemand kann ein Volk richtig beurteilen, ohne dessen Ideale zu verstehen."[10]

Der Übersetzer Richard Wilhelm bedauert dann, daß man dennoch in Europa noch lange nicht zu einer eindeutigen Würdigung Konfuzius' durchgedrungen sei. Wie weit dies auf das deutsche Lesepublikum zutrifft, entzieht sich meiner genauen Kenntnis, zumal die Sinologie in Deutschland auf hohem Niveau steht.[11] Im folgenden geht es mir nur darum, Wilhelms deutsche Übersetzung anhand einiger Beispiele ausführlicher als bei der deutschen Übersetzung von Laotse zu überprüfen, um so annähernd festzustellen, wie das Gedankengut Konfuzius' dem deutschen Lesepublikum vermittelt worden ist. Dabei steht die semantische Fragestellung im Vordergrund, während die syntaktischen Probleme beim Übersetzen aus dem Chinesischen ins Deutsche oder ins Japanische nur eine untergeordnete Rolle spielen. Denn im Satzbau bietet das Chinesische, wie erwähnt, wesentlich größere Analogien zum Deutschen als zum Japanischen, das aus dem Chinesischen nur die Schriftzeichen entlehnt hat und im Unterschied zu dieser isolierenden Sprache als eine agglutinierende Sprache zu einer anderen Sprachfamilie gehört.

Was die Persönlichkeit Konfuzius' anbelangt, so findet sich im *Lun Yü* eine sich unmittelbar darauf beziehende berühmte Gesprächsstelle hier und im weiteren, falls nicht anders gekennzeichnet, in meiner deutschen

---

10 Kungfutse. Gespräche (Lun Yü), übersetzt von Richard Wilhelm, Düsseldorf / Köln 1955. Einführung. S. 5–33; hier S. 5. Vgl. ansonsten Konfuzius Gespräche (Lun-yu) Aus dem Chinesischen übersetzt und herausgegeben von Ralf Moritz. Philipp Reclam jun. Stuttgart 2003; Konfuzius Gespräche (Lun Yü). Nach der englischen Übersetzung von J. Legge neu herausgegeben von Klaus Bock. Phaidon Verlag o. J.; Worte des Konfuzius (Aus dem Buch der Gespräche). Bearbeitet und eingeleitet von Rudolf Wrede. Paul Hugendubel Verlag München 1942.

11 Vgl. Otto Franke: Geschichte des chinesischen Reiches: eine Darstellung seiner Entstehung, seines Wesens und seiner Entwicklung bis zur neuesten Zeit. 5 Bde. De Gruyter. Berlin 2001, besonders Bd. 1. Das Altertum und das Werden des konfuzianischen Staates. Unveränd. Neuausg. der 1965 erschienenen 2., berichtigten Aufl.; Helwig Schmidt-Glintzer: Geschichte der chinesischen Literatur. Die 3000jährige Entwicklung der poetischen, erzählenden und philosophisch-religiösen Literatur Chinas von den Anfängen bis zur Gegenwart. Bern, München, Wien 1990; Maurizio Scarpari: Das antike China. Deutschsprachige Ausgabe. Verlag Karl Müller GmbH. Köln 2001.

Übersetzung, die bei Richard Wilhelm als „Stufen der Entwicklung des Meisters" gekennzeichnet ist. Der Meister sprach:[12]

> Ich war fünfzehn, und mein Wille stand aufs Lernen, mit dreißig stand ich fest, mit vierzig hatte ich keine Zweifel mehr, mit fünfzig war mir das Gesetz des Himmels kund, mit sechzig war mein Ohr aufgetan, mit siebzig konnte ich meines Herzens Wünschen folgen, ohne das Maß zu übertreten. (II,4)

Im Satzbau besteht in der japanischen Lesart nur ein geringfügiger Unterschied, der alle Sätze dahingehend parataktisch anordnet: „Ich hatte mit fünfzehn einen Willen aufs Lernen usf." Bei vierzig wird statt „Zweifel" das Schriftzeichen für „irren" gebraucht, das an die japanische Übersetzung der *Faust*-Stelle erinnert: „Es irrt der Mensch, solang' er strebt."(V. 317) Später heißt es ergänzend: „Wer mit 40 Jahren (unter seinen Nebenmenschen) verhaßt ist, der bleibt so bis zu Ende."(XVII, 26) Der Mensch steht also mit vierzig Jahren als eine fest gegründete Persönlichkeit in der Gesellschaft da. Beinahe wörtlich und nach allgemeiner Auffassung übersetzt ist ferner „das Gesetz des Himmels", aber wenn es für den Menschen als unbegreiflich interpretiert wird, kann das chinesische Wort mehr das Schicksal als das sittliche Weltgesetz bedeuten. Etwas problematisch erscheint die Übersetzung der Aussage zum sechzigsten Lebensjahr. Im Japanischen liest man das Schriftzeichen für „aufgetan" als „gehorchen" und intertretiert es so, daß das Ohr dem rechten Wort nicht mehr Widerstand leistet. Der letzte Satz ist sinngemäß wiedergegeben. Mit dem Lernen, das Konfuzius von Jugend an fleißig betrieb, ist, nebenbei bemerkt, seine angeborene Neigung zum chinesischen Altertum gemeint. Er bemühte sich sein Leben lang, immer tiefer in das Erbe der Vergangenheit einzudringen, und obwohl er sich darin wie kein anderer auskannte, sprach der Meister: „Ich bin nicht geboren mit der Kenntnis (der Wahrheit); ich liebe das Altertum und bin ernst im Streben (nach ihr)."(VII,19). Bei diesem Hang zum Altertum ist also das „alte Wahre" im Sinne des alten Goethe naheliegend,[13] auch wenn

---

12 Die im folgenden wiederholte Redewendung „Der Meister sprach" gehört eigentlich zu dem ins Deutsche übersetzten Originaltext. Sie ist jedoch aus dem Zitat ausgeklammert worden, um die Aussage des Meisters deutlich abzuheben.
13 Günther Debon führt z. B. in seinem Buch *Oscar Wilde und der Taoismus* (euro-sinica 2. Bern 1986) als Motto eine Äußerung Goethes (Goethe im Gespräch mit Jos. Sebastian Grüner am 24. August 1823) an: „Neue Erfindungen können und werden geschehen,

das faustische Wort „Streben" in der deutschen Übersetzung gebraucht ist. Im chinesischen Text ist vielmehr – wie bei dem Famulus Wagner – lediglich vom Suchen nach dem Wissen die Rede. Die Naturerkenntnis spielt im Lernen bei Konfuzius keine Rolle.

Bekanntlich übersetzt Faust nach dem Osterspaziergang in seinem Studierzimmer den Anfangsvers des Johannes-Evangeliums.[14] Ebenso würde sich jeder japanische Gebildete in ruhiger Stunde gern an die allererste Gesprächsstelle des *Lun Yü* erinnern, die bei Richard Wilhelm „Glück in der Beschränkung" betitelt ist. Der Meister sprach: „Lernen und fortwährend üben: Ist das denn nicht auch befriedigend? Freunde haben, die aus fernen Gegenden kommen: Ist das nicht auch fröhlich? Wenn die Menschen einen nicht erkennen, doch nicht murren: Ist das nicht auch edel?" (I,1)

Im Gegensatz zum faustischen Drang kommt hier das entsagungsvolle Lebensgefühl von Konfuzius zum Ausdruck, der nur zeitweilig gegen Ende seines Lebens in Amt und Würde war und ansonsten sich auf die Wanderschaft begeben mußte, um sein politisches Ideal zu verwirklichen. So steht für das Wort „befriedigend" in der deutschen Übersetzung ein chinesisches Schriftzeichen, das im Japanischen als „erfreulich" gedeutet wird, und zwar deshalb „erfreulich", weil man durch das wiederholte Üben seine Fortschritte im Lernen selbst feststellen kann. Mit den „Freunden" sind dann Jünger gemeint, mit denen der Meister sich – auf das gleiche Lernen zielend – freundschaftlich unterhalten kann. Wenn einer in seinen Bemühungen um die Tugend von der Welt verkannt wird und doch nicht murrt, gilt er immer noch als ein tugendhafter Mann. Das ist der eigentliche Sinn des Wortes „edel", wenn es auch im chinesischen Text in substantivierter Form „der Edle" gebraucht ist. An einer anderen Gesprächsstelle sprach der Meister ebenfalls: „Nicht kümmere ich mich, daß die Menschen mich nicht kennen. Ich kümmere mich, daß ich die Menschen nicht kenne." (I,16)

---

allein es kann nichts Neues ausgedacht werden, was auf den sittlichen Menschen Bezug hat." (S. 7)

14 Vgl. Naoji Kimura: Fausts Verwandlung in japanischer Sprache. In: Übersetzen, verstehen, Brücken bauen. Geisteswissenschaftliches und literarisches Übersetzen im internationalen Kulturaustausch. Göttinger Beiträge zur Internationalen Übersetzungsforschung. 8.2. Hrsg. von Armin Paul Frank, Kurt-Jürgen Maaß, Fritz Paul u. Horst Turk. Berlin 1993. S. 587–593.

So ist also die ethische Haltung des Meisters gegenüber seinen Jüngern grundlegend für den Konfuzianismus.

3. Die Morallehre im Mittelpunkt

Die konfuzianische Ethik besteht vor allem darin, die höchste Tugend der auf der natürlichen Zuneigung zueinander beruhenden Menschlichkeit, die sich in einem einzigen Schriftzeichen, *Jin*,[15] annähernd mit dem Herderschen Begriff der Humanität umschreiben ließe, in die Tat umzusetzen. So wird einerseits davor gewarnt, daß der Schein trügt. Der Meister sprach: „Glatte Worte und einschmeichelnde Mienen sind selten vereint mit Sittlichkeit." (I,3) Das Wort „Sittlichkeit" scheint mir jedoch den vollen Bedeutungsgehalt des Schriftzeichens *Jin* nicht adäquat zum Ausdruck zu bringen, da es meiner Ansicht nach bloß ein Formbegriff ohne bestimmte Einzeltugenden ist. Angesichts der lakonischen Formulierung mit sieben Schriftzeichen würde ich eine wörtliche Übersetzung nach dem chinesischen stilistischen Duktus wagen: Wer kluge Worte im Munde führt und ein schönes Gesicht macht, dem eignet wenig Tugend.

Andererseits ist eine tägliche Selbstprüfung in Bezug auf die eigene Tat vonnöten, so daß Konfuzius einem seiner besten Jünger vollkommen recht gab, als Meister Dsong sprach: „Ich prüfe täglich dreifach mein Selbst: Ob ich, für andere sinnend, es etwa nicht aus innerstem Herzen getan; ob ich, mit Freunden verkehrend, etwa meinem Worte nicht treu war; ob ich meine Lehren etwa nicht geübt habe." (I,4) Die ersten zwei Sätze beziehen sich begrifflich auf die Einzeltugenden *Chu*[16] (innere Aufrichtigkeit) sowie *Shin*[17] (äußere Zuverläßigkeit), und der letzte Satz lautet wörtlich: ob ich nicht mitgeteilt habe, was ich nicht erlernte. Es ist eine Gretchen-Frage, die sich jeder Lehrer stellten müßte.

---

15 Das Wort wird auf chinesisch *ren* ausgesprochen und bedeutet ‚Wohlwollen', ‚Herzensgüte', ‚Gutherzigkeit', ‚Humanität'. Vgl. Das Neue Chinesisch-Deutsche Wörterbuch. Hrsg. Deutsche Abteilung der Fremdsprachenhochschule Beijing. Beijing 1985. S. 681.
16 Auf chinesisch *zhong*.
17 Auf chinesisch *xin*.

Wenngleich auf das Lernen so viel Gewicht gelegt wird, weist Konfuzius seine Jünger auf die Unzulänglichkeit des passiven Lernens hin und rät ihnen zum aktiven Denken. Der Meister sprach: „Lernen und nicht denken ist nichtig. Denken und nicht lernen ist ermüdend." (II,15) In dieser Übersetzung erscheint das Wortpaar „nichtig" und „ermüdend" sehr mißverständlich. Die zwei chinesischen Schriftzeichen bedeuten eigentlich ‚dunkel' und ‚gefährlich', so daß man die Gesprächsstelle so paraphrasieren kann: Wenn man nur lernt und nicht selbst darüber nachdenkt, ist das erworbene Wissen verschwommen. Wenn man aber nur denkt und die Ergebnisse nicht durch erneutes Lernen überprüft, kann man in gefährlicher Weise dogmatisch werden. Auf jeden Fall ist mir zumindest das deutsche Übersetzungswort „ermüdend" unerklärlich.

Auf das Denken folgt natürlich das Tun, wie auch Goethe in *Wilhelm Meisters Wanderjahren* gesagt hat: „Denken und Tun, Tun und Denken, das ist die Summe aller Weisheit, von jeher anerkannt, von jeher geübt, nicht eingesehen von einem jeden."[18] Aber beides wird bei Konfuzius immer durch das Wort vermittelt, das es plausibel macht. Als ein Jünger ihn nach dem Wesen des tugendhaften Mannes fragte, sprach deshalb der Meister ganz im Gegensatz zu Laotse, der in paradoxer Weise vom Nicht-Handeln sprach: „Erst handeln und dann mit seinen Worten sich danach richten." (II,13) Gemeint ist: erst tun, was man mit den Worten sagen will, und diese nach dem Tun ausrichten. Im Anschluß daran sprach der Meister dann auch: „Die Alten sparten ihre Worte; denn sie schämten sich, mit ihrem Betragen hinter ihren Worten zurückzubleiben." (IV,22) und ferner: „Der Edle liebt es, langsam im Wort und rasch im Tun zu sein." (IV,24) Die Wortkargheit oder gar die Schweigsamkeit ist also ein bezeichnender Charakterzug des tugendhaften Mannes, der als „der Edle" übersetzt wird. Richard Wilhelm bemerkt dazu: „Nur der vornehme Charakter (gündsi, im Text mit: „der Edle" übersetzt) kann wirklich Menschen beherrschen."[19]

Konfuzius verstand sich in erster Linie als Lehrer der Morallehre und sprach: „Das Alte üben und das Neue kennen: dann kann man als Lehrer gelten." (II,11) Das Schriftzeichen für „üben" bedeutet merkwürdigerweise

---

18 Goethes Werke. Hamburger Ausgabe. Bd. 8. S. 263.
19 Wilhelm, „Einführung" S. 23.

„erwärmen" und meint entweder „besuchen" oder „sich auskennen". Tradition und Fortschritt stehen auf diese Weise bei ihm nicht im Widerspruch, sondern treffen theoretisch zusammen. Die Quelle von Konfuzius' Wissen bestand aber vor allem in der Tradition. Der Meister sprach: „Beschreiben und nicht machen, treu sein und das Altertum lieben: darin wage ich mich mit unserem alten Pong zu vergleichen." (VII,1) An dieser Stelle wird ein anderes Schriftzeichen für das Altertum gebraucht als im vorangegangenen Zitat, aber es bezeichnet ebenfalls das Alte, nach dem ernsthaft und fleißig gesucht wird. Als guter Lehrer sprach der Meister denn auch zu seinem Jünger: „Yu, soll ich dich das Wissen lehren? Was man weiß, als Wissen gelten lassen, was man nicht weiß, als Nichtwissen gelten lassen: das ist Wissen." (II,17)

Die deutsche Übersetzung ist gut formuliert und erinnert an die sokratische Weisheit. Hinsichtlich Konfuzius' Lehre ist sie jedoch nicht angemessen genug: „Der Meister lehrte vier Gegenstände: die Kunst, den Wandel, die Gewissenhaftigkeit, die Treue." (VII,24) Denn für die Kunst steht das Schriftzeichen, das die klassische Literatur bzw. deren Lektüre bedeutet, und für den Wandel das Schriftzeichen im Sinne von tun oder Tat. Zudem entsprechen die als „Gewissenhaftigkeit" und „Treue" wiedergegebenen Schriftzeichen den oben angeführten Einzeltugenden von Aufrichtigkeit und Zuverläßigkeit. Nach Richard Wilhelm ist die Gewissenhaftigkeit (*dschung*), die das Grundgesetz des vornehmen Charakters, also des Edlen, darstellt, „ein Begriff, den wir mit dem Kantschen Begriff der autonomen Sittlichkeit gleichsetzen dürfen, wenn auch zugegeben werden muß, daß die Form des Ausdrucks einen gewissen Anachronismus enthält."[20] Aber ein solcher Vergleich ist wohl verfehlt, weil die metaphysischen oder erkenntnistheoretischen Voraussetzungen für den jeweiligen Begriff in Ost und West grundverschieden sind.

Mit dem Gebrauch des Übersetzungswortes „Wandel" ist dabei noch etwas Merkwürdiges festzustellen. Im Buch VII befindet sich eine Äußerung Konfuzius' angeblich über seine Lieblingslektüre. Der Meister sprach: „Wenn mir noch einige Jahre vergönnt wären, daß ich das Buch des Wandels fertig studieren könnte, so möchte ich wohl wenigstens grobe Verfehlungen zu vermeiden imstande sein." (VII,16) Dazu bringt Richard Wilhelm

---

20 Wilhelm, „Einführung" S. 23.

eine ausführliche Anmerkung, die als ein Beispiel einer mißverständlichen Akzentverschiebung der Gesprächsstelle im ganzen zitiert werden soll:

> Das „Buch des Wandels" I Ging ist wohl dasjenige chinesische Buch, das die ältesten Bestandteile enthält. Es ist eigentlich ein Buch der Wahrsagung. Die der Wahrsagung zugrunde liegenden Prinzipien beziehen sich auf die Einrichtung der Natur, den Zusammenhang und die Entwicklung der Angelegenheiten des Menschenlebens und das Verhältnis von Mensch und Welt. Es ist überaus schwer verständlich, und die Chinesen finden jede Wahrheit hineingeheimnißt. Kungs esoterische Lehren beruhen hauptsächlich auf seinen Prinzipien. Er hat es in seinem Alter so oft gelesen, daß der Einband dreimal erneuert werden mußte.[21]

Der chinesische Urtext ist jedoch gerade hier umstritten, und in japanischen Fachkreisen gilt es als nachgewiesen, daß das Buch *I Ging* zu Lebzeiten Konfuzius' noch nicht existierte, so daß man das Schriftzeichen für *I Ging* in einem anderen Sinne von „ebenfalls" interpretiert. Philologisch hätte der Übersetzer zumindest auf diese Umstände hinweisen sollen. Stattdessen gibt er die gleiche Gesprächsstelle in seiner Einführung anders wieder: „Wenn mir noch ein paar Jahre vergönnt wären, um das Studium des heiligen Buches der Wandlungen zu vollenden, so wollte ich es wohl dahin bringen, von großen Fehlern frei zu sein."[22] Es könnte mit dieser Überschätzung von *I Ging* zusammenhängen, daß Richard Wilhelm auch das für heilig gehaltene Buch ins Deutsche übersetzte.[23]

Ebenso verhält es sich mit der höchsten Tugend im Konfuzianismus. Im oben angeführten Zitat (I,3) war das chinesische Schriftzeichen *Jin*

---

21 Kungfutse. Gespräche (*Lun Yü*). Wilhelm, „Einführung" S. 85.
22 Wilhelm, „Einführung" S. 14.
23 Vgl. I Ging. Text und Materialien. Übersetzt von Richard Wilhelm. Diederichs' gelbe Reihe 1: China. Sonderausg. München 1990. Zu seiner Übersetzung von *I Ging* bemerkt Richard Wilhelm („Aus der Einleitung zur Erstausgabe." S. 15–22; hier S. 21 f.) wie folgt: „Lau Nai Sun erklärte den Text auf chinesisch, und ich machte mir Notizen. Dann übersetzte ich den Text für mich ins Deutsche. Darauf übersetzte ich ohne Buch meinen deutschen Text ins Chinesische zurück, und Lau Nai Süan verglich, ob ich in allen Punkten das Richtige getroffen. Dann wurde der deutsche Text noch stilistisch gefeilt und in seinen Einzelheiten besprochen. Ich habe ihn dann noch drei- bis viermal umgearbeitet und die wichtigsten Erklärungen beigefügt. So wuchs die Übersetzung heran." In ähnlicher Weise muß er auch bei der Übersetzung von *Lun Yü* vorgegangen sein.

mit „Sittlichkeit" wiedergeben. In der Vorbemerkung zum Buch IV heißt es mit Recht:

> Gewöhnlich wird das Wort (*Jen*) übersetzt mit „Menschlichkeit", „Humanität", „Wohlwollen", „Vollkommenheit". Es sind das alles Übersetzungen, die möglich sind nach vorausgegangener Definition. „Menschlichkeit" hat aber eine etwas andre Klangfarbe, ebenso „Humanität"; deshalb haben wir, um einen möglichst umfassenden Begriff zu geben, den Ausdruck „sittlich", „Sittlichkeit" gewählt.

Es stimmt schon, wird aber nicht durchgehend eingehalten. In dem Ausspruch von Meister Yu, der immerhin an zweiter Stelle von Buch I steht, heißt das Schlußwort: „Pietät und Gehorsam: das sind die Wurzeln des Menschentums." Der Schlüsselbegriff des Konfuzianismus *Jin* oder *Jen* wird hier eben nicht mit „Sittlichkeit", sondern mit dem ursprünglicheren Menschentum übersetzt. Einmal wird das Wort „Menschenliebe" dafür gebraucht. Der Meister sprach: „Ein Mensch ohne Menschenliebe, was hilft dem die Form? Ein Mensch ohne Menschenliebe, was hilft dem die Musik?" (III,3) An dieser Stelle ist mit der Form eine Tugend der zeremoniellen Höflichkeit gemeint, wie die Musik eine Tugend darstellt, die den Menschen innerlich ordnet. Ein andermal steht für *Jin* der Ausdruck „gute Menschen". Der Meister sprach: „Gute Menschen machen die Schönheit eines Platzes aus. Wer die Wahl hat und nicht unter guten Menschen wohnen bleibt, wie kann der wirklich weise (genannt) werden?" (IV,1)

In den nachfolgenden zwei Gesprächsstellen kommt der Sittliche im gleichen Sinne vor, während das Wort „Sittlichkeit" dann doch wie so oft gebraucht wird. Der Meister sprach: „Wenn der Wille auf die Sittlichkeit gerichtet ist, so gibt es kein Böses." (IV,4) Es liegt nahe, daß das Adjektiv „sittlich" in manchen Fällen deshalb vorzugsweise gebraucht worden ist, weil daraus verschiedene Substantive abgeleitet werden können, wie an den beiden angeführten Stellen. Der Meister sprach: „Nur der Sittliche kann lieben und hassen." (IV,3) sowie „Ich habe noch niemand gesehen, der das Sittliche liebt und das Unsittliche haßt. Wer das Sittliche liebt, dem geht nichts darüber. Wer das Unsittliche haßt, dessen Sittlichkeit ist so stark, daß nichts Unsittliches seiner Person sich nahen kann …" (IV,6) Dennoch steht in der darauf folgenden Stelle das Wort „Mensch" für „Sittlichkeit". Der Meister sprach: „Die Überschreitungen eines jeden Menschen entsprechen seiner Wesensart. Dadurch daß man seine Überschreitungen sieht, kann man einen Menschen erkennen." (IV, 7) Ein einziges Mal wird das Wort „sittlich" kenntlich mit „fromm" ersetzt. Der Meister sprach: „Der Wissende freut sich am Wasser, der Fromme (‚Sittliche') freut sich am Gebirge. Der Wissende ist bewegt, der Fromme ist ruhig; der Wissende hat viele Freuden, der Fromme hat langes Leben." (VI, 21) Hierdurch tritt aber eine Unstimmigkeit im Übersetzungswort für den zentralen Tugendbegriff ein. Wo feste sittliche Begriffe gebraucht werden, müßten sie als Terminologie einheitlich übersetzt werden. Dem ist wohl nur durch eine Begriffsbestimmung vorzubeugen, die eventuell vom üblichen Wortgebrauch im Deutschen beträchtlich abweichen kann.

4. Tugendsystem des Konfuzianismus

Wie in der ritterlichen Tugendlehre im deutschen Mittelalter gibt es auch bei Konfuzius eine Wertskala von Einzeltugenden, die sich von der natürlichen Pietät über den Gehorsam bis zur höchsten Tugend der Menschlichkeit erstrecken. So sprach in seinem Geiste Meister Yu:

> Daß jemand, der als Mensch pietätvoll und gehorsam ist, doch es liebt, seinen Oberen zu widerstreben, ist selten. Daß jemand, der es nicht liebt, seinen Oberen zu widerstreben, Aufruhr macht, ist noch nie dagewesen. Der Edle pflegt die Wurzel; steht die Wurzel fest, so wächst der Weg. Pietät und Gehorsam: das sind die Wurzeln des Menschentums. (I,2)

Im chinesischen Urtext stehen für die Pietät zwei verschiedene Schriftzeichen: das eine bezeichnet diejenige gegenüber den Eltern, und das andere diejenige gegenüber den Brüdern oder den Älteren. Beides zusammen würde dem lateinischen Wort *pietas* entsprechen wie *virtus* dem konfuzianischen Tugendbegriff. Die geordnete Familie bildet sowohl im alten China als auch im alten Rom die Grundlage der staatlichen Ordnung. Mit dem „Edlen" in der deutschen Übersetzung ist, wie oben, der tugendhafte Mann gemeint. Dieser bemüht sich um die Wurzel im metaphorischen Sinne, d. h. um die Prinzipien, und wo diese feststehen, läßt sich der Weg nach vorwärts anbahnen. Die Pietät, aus der erst Gehorsam entsteht, erweist sich somit als grundlegend für die höchste Tugend der Menschlichkeit. Es fällt auf, daß die deutsche Übersetzung ganz am Anfang das Wort „Menschentum" dafür verwendet, um es dann durch verschiedene Ausdrücke, insbesondere durch „Sittlichkeit", zu ersetzen. So geht Konfuzius' Wissenschaftslehre über die sittliche Familienlehre allmählich zur moralischen Staatsphilosophie über. Sein ganzes Denken und Tun ist ja schließlich darauf gerichtet. Mit dem Hinweis auf die fünf Beziehungen, die das sittliche Verhalten der Menschen zueinander regelt, nämlich Beziehungen zwischen Vater und Sohn, Mann und Frau, älterem und jüngerem Bruder, Fürst und Beamten, Freund und Freund, faßt Richard Wilhelm das konfuzianische Tugendsystem zusammen: „Dementsprechend ist für die Ordnung des Zusammenlebens der Menschen in der Welt notwendig, daß zuerst die Familien in Ordnung kommen, auf Grund davon die Territorialstaaten und auf Grund davon endlich das Reich."[24] Die allererste Voraussetzung dafür ist selbstverständlich, daß man sein Inneres in Ordnung bringt.

Höher als die höchste Tugend der Menschlichkeit steht bei Konfuzius der moralische Begriff, der mit dem Schriftzeichen für Heiligkeit ausgedrückt wird. Ihm gegenüber zeigt sich der Meister ganz bescheiden und sprach: „Was Genialität und Sittlichkeit anlangt: wie könnte ich wagen (darauf Anspruch zu machen); nur daß ich ohne Überdruß danach strebe und andre lehre, ohne müde zu werden: das mag wohl vielleicht gesagt werden." (VII,33) An dieser Stelle irritiert, daß statt der wörtlichen Übersetzung „Heiligkeit" das Übersetzungswort „Genialität" gebraucht wird, obwohl es nicht parataktisch der Sittlichkeit zugeordnet sein kann, geschweige denn sich als eine höhere Stufe vergleichen läßt. So wird kurz vorher wörtlich zwischen dem Heiligen, dem Tugendhaften, dem Guten und dem Beständigen mit einer deutlichen Rangordnung unterschieden, und der Meister sprach: „Einen Gottmenschen zu sehen, ist mir nicht vergönnt; wenn es mir vergönnt wäre, einen Edlen zu sehen, dann wäre es schon gut. Einen guten Menschen zu sehen, ist mir nicht vergönnt; wenn es mir vergönnt wäre, einen Beharrlichen zu sehen, wäre es schon gut ..." (VII,25) Mit dem Beständigen ist wohl ein Mann gemeint, der auf seinen Prinzipien beharrt und in seiner Gesinnung niemals wankt. Aber einen „heiligen Mann" im chinesischen Sinne mit dem ausgesprochen christlichen Wort „Gottmensch" wiederzugeben, ist sicherlich anfechtbar. Zweideutig ist es auch deshalb, als der Meister sprach: „Ich murre nicht wider Gott und grolle nicht den

---

24 Wilhelm, „Einführung" S. 25.

Menschen. Ich forsche hier unten, aber ich dringe durch nach oben. Wer mich kennt, das ist Gott." (XIV,37)

Merkwürdigerweise zitiert Richard Wilhelm diese Gesprächsstelle in seiner Einleitung mit dem Wort „Himmel" statt „Gott"[25], das wortgetreu und unmißverständlich ist, und erläutert darüber hinaus die anderen Sätze umständlicher. Der Meister sprach: „Ich murre nicht wider den Himmel und grolle den Menschen nicht; ich strebe nach Erkenntnis hier unten, doch dringe ich empor zu dem, was droben ist. Einer ist's, der mich kennt, der Himmel." Die deutsche Übersetzung macht erkenntnismäßig eine Unterscheidung zwischen Erde und Himmel und läßt einen faustischen Erkenntnisdrang anklingen. Aber nach japanischer Auffassung denkt Konfuzius nicht daran, sondern ist nur um seine sittliche Bildung und den unerkennbaren Willen des Himmels besorgt. Im übrigen ist der Gegensatz zum Tugendhaften der Gemeine im Wortgebrauch Konfuzius'. Der Meister sprach: „Der Edle ist ruhig und gelassen, der Gemeine ist immer in Sorgen und Aufregung." (VII,36) „Der Gemeine", der wörtlich „ein kleiner Mann" heißt, wird dann gleichzeitig mit der Frau genannt. Der Meister sprach: „Mit Weibern und Knechten ist doch am schwersten auszukommen! Tritt man ihnen nahe, so werden sie unbescheiden. Hält man sich fern, so werden sie unzufrieden." (XVII, 25) An dieser Stelle ist aber der „Gemeine" als „Knecht" übersetzt, und das Adjektiv „unzufrieden" steht für das chinesische Wort „gram sein". Im konfuzianischen Tugendsystem hat die Frau kaum etwas zu sagen, wie die Frau nach der Lehre des Paulus in der christlichen Kirche zu schweigen hatte.

Die Einzelbeobachtungen zu der deutschen Übersetzung von *Lun Yü* seien damit abgeschlossen. Alle Vorwürfe gegen die Übersetzer und alle Mängel der Übersetzungen, wie sie in der Einleitung des von Hans Joachim Störig herausgegebenen Bandes *Das Problem des Übersetzens* zusammengestellt sind, sind auch mir vertraut. Meine kritischen Bemerkungen sollten

---

25 Vgl. Wilhelm, „Einführung" S. 26: „Daß er mit Vorliebe statt des Ausdrucks Gott den Ausdruck ‚tien' (Himmel) anwendet, hat seinen Grund darin, daß in jener Zeit der Ausdruck Gott oder höchster Herrscher in ziemlich weitgehendem Maß mißbraucht worden war."

nur darauf hinweisen, wie schwierig es für einen deutschen Übersetzer ist, ein so klassisches Werk wie *Lun Yü* ins Deutsche zu übertragen. Alle Übersetzungsschwierigkeiten sind auf den Umstand der Unübersetzbarkeit jeder Sprache zurückzuführen, den der junge Herder folgendermaßen formuliert hatte: „Eine Sprache vor allen Übersetzungen, ist wie eine Jungfrau, die sich noch mit keinem fremden Manne vermischet, um aus zweierlei Blut Frucht zu gebären: zu der Zeit ist sie noch rein, und im Stande der Unschuld, ein treues Bild von dem Charakter ihres Volks. Sie sei voll Armut, Eigensinn und Unregelmäßigkeit: wie sie ist, ist sie Original- und Nationalsprache."[26]

Auf der einen Seite muß man deshalb zugeben, daß die chinesische Sprache nicht einmal in das genaue Äquivalent des noch schriftlich verwandten Japanischen übersetzt werden kann. Auf der anderen Seite spielt das klassische Chinesisch eine entsprechende Rolle für die japanischen Gebildeten wie das Latein für die Europäer. Wenn Schopenhauer sagt:

> Der Mensch, welcher *kein Latein* versteht, gleicht Einem, der sich in einer schönen Gegend bei nebligem Wetter befindet: sein Horizont ist äußerst beschränkt: nur das Nächste sieht er deutlich, wenige Schritte darüber hinaus verliert es sich ins Unbestimmte. Der Horizont des Lateiners hingegen geht sehr weit, durch die neueren Jahrhunderte, das Mittelalter, das Altertum. – Griechisch oder gar noch Sanskrit, erweitern freilich den Horizont noch um ein Beträchtliches,[27]

so läßt sich das gleiche sagen nicht nur für die Japaner, sondern auch für die Europäer.

Die Kenntnis des Chinesischen wird ihren Horizont wesentlich erweitern, um z. B. den jetzt für die Wirtschaft so wichtigen Neokonfuzianismus verstehen zu lernen. Weil es aber eine unzumutbare Herausforderung ist, daß alle daran interessierten Deutschen klassisches Chinesisch oder modernes Japanisch erlernen, übernehmen die Übersetzer eine mühevolle, fast entmutigende Aufgabe, es ihnen nach besten Kräften zu übermitteln. Mit Recht hat Goethe gesagt: „Was man auch von der Unzulänglichkeit des

---

26 Johann Gottfried Herder: Über die neuere deutsche Literatur. Fragmente I. In: Johann Gottfried Herder. Hanser Ausgabe. Werke 1. Hrsg. von Wolfgang Pross. München 1984. S. 63–210; hier S. 199.
27 Arthur Schopenhauer, „Ueber Sprache und Worte". In: Das Problem des Übersetzens. Hrsg. von Störig. S. 101–107; hier S. 106.

Übersetzens sagen mag, so ist und bleibt es doch eines der wichtigsten und würdigsten Geschäfte in dem allgemeinen Weltverkehr."[28] Daß dadurch ein allgemein-geistiger ‚Handel' zwischen Ost und West zustande gekommen ist, zeigen hier wie dort die umfangreichen Bibliographien.[29] Die literarische Übersetzung im weitesten Sinne, d. h. einschließlich aller Disziplinen der Geisteswissenschaften ist zweifellos für die Völkerverständigung von entscheidender Bedeutung. Was noch nottut, wäre wohl, Übersetzungsprobleme auf dem Gebiet der Sozialwissenschaften ebenfalls international und interdisziplinär zu untersuchen.

28 Goethes Werke. Hamburger Ausgabe Bd. 12. „German Romance" S. 351–353; hier S. 353.
29 Vgl. Wolfgang Bauer / Shen-Chang Hwang, (Hrsg.), Deutschlands Einfluß auf die moderne chinesische Geistesgeschichte. Eine Bibliographie chinesischsprachiger Werke. Münchener Ostasiatische Studien Bd. 24. Wiesbaden 1982. Yi Choong Sup. Übersetzungen der deutschen Literatur in Korea. Eine Bibliographie 1900–1987. Taegu 1990. List of Foreign Literary Works done into Japanese. Comp. & ed. by the National Diet Library. Tokyo 1959.

3. Kapitel: Meister Eckhart in japanischer Übersetzung*

I. Christliche Begriffe in japanischer Sprache

Deutsche Mystik, vor allem Meister Eckhart, ist schon vor dem Zweiten Weltkrieg von den zenbuddhistisch beeinflußten japanischen Philosophen entdeckt worden. So erwähnte z. B. Kitaro Nishida, der bedeutendste Philosoph Japans, bereits 1911 wiederholt Meister Eckhart in seinem epochemachenden Erstlingsbuch *Studien über das Gute*. Es war denn auch in Kyoto, daß sich ihm nachfolgend ein Kreis der japanischen Eckhart-Forscher um den Philosophen Keiji Nishitani heranbildete.[1] Das Interesse an deutscher Mystik war hier allerdings zunächst mehr philosophisch ausgerichtet als in den katholischen Kreisen, die sich damit ebenso wie mit der *Imitatio Christi* von Thomas a Kempis frühzeitig beschäftigten. Als 1938 das berüchtigte Propagandabuch *Der Mythus des 20. Jahrhunderts* mit dem Nebentitel „Eine Wertung der seelisch-geistigen Gestaltenkämpfe unserer Zeit" in japanischer Übersetzung erschien,

---

* Beim 1. Abschnitt handelt es sich um ein Referat, das am 23.10.1997 auf der 25. Österreichischen Linguistentagung in Innsbruck gehalten wurde, und beim 2. Abschnitt um eine erweiterte Fassung des Referats, das auf dem Bayreuther Symposium „Ostasienrezeption in der Nachkriegszeit" vom 1.–4. September 2003 vorgetragen und am 23. April 2004 im Japanologischen Institut der Universität Frankfurt wiederholt wurde. Eine für den Dokumentationsband des Symposiums vorgesehene Kurzfassung ist noch im Druck.
1 Vgl. Nishida Kitaro: Über das Gute. Eine Philosphie der Reinen Erfahrung. Übersetzt und eingeleitet von Peter Pörtner (Japanische Bibliothek im Inselverlag). Näheres vgl. Shizuteru Ueda: Die Gottesgeburt in der Seele und der Durchbruch zur Gottheit. Die mystische Anthropologie Meister Eckharts und ihre Konfrontation mit der Mystik des Zen-Buddhismus. Gütersloher Verlagshaus Gerd Mohn. Gütersloh 1965. Darin: „Meister Eckhart in Japan. Eine Einführung" von Ernst Benz, S. 11–20. Vgl. auch Ryosuke Ohashi: Japan im interkulturellen Dialog. Iudicium Verlag. München 1999. Darin: „Philosophie als Auto-Bio-Graphie. Beispiel: Die Philosophie der Kyoto-Schule", S. 177–188.

nahm Alfred Rosenberg jedoch den deutschen Mystiker faktisch für den Nationalsozialismus in Anspruch, indem er die folgenden Worte Meister Eckharts als Motto zitierte: „Diese Rede ist niemand gesagt, denn der sie schon sein nennt als eigenes Leben, oder sie wenigstens besitzt als eine Sehnsucht seines Herzens."[2] Bei diesem Zitat ohne Quellenangabe handelt es sich um das Schlußwort einer von Franz Jostes veröffentlichten fraglichen Predigt, die in der Übersetzung von Friedrich Schulze-Maizier etwas anders lautet: „Diese Rede ist niemandem gesagt, denn der sie schon inne hat mit Leben oder sie besitzt als Vermögen seines Herzens."[3] Die Differenzen zwischen „mit Leben innehaben" und „als eigenes Leben sein nennen" sowie „Vermögen seines Herzens" und „eine Sehnsucht seines Herzens" sind wohl nicht als geringfügig zu erachten.

Im Jahre 1943 versuchte dann Karlfried Graf Dürckheim mit seiner unmittelbar in Japan veröffentlichten Schrift *Meister Eckhart*, den deutschen Mystiker als ein gutes Beispiel deutscher Geisteshaltung und Frömmigkeit den japanischen Gebildeten näher zu bringen. Am Ende seines Buchs führte Dürckheim, der mit seinen ebenfalls gleich in japanischer Übersetzung erschienenen Büchern *Deutscher Geist, Geist der neuen Weltordnung* sowie *Leben und Kultur* vor dem Lesepublikum in Japan aufgetreten war, als Primär- und Sekundärliteratur an: Fr. Pfeiffer, Meister Eckhart (Mittelhochdeutsch) 1857; H. Büttner, Meister Eckeharts Schriften und Predigten, Jena 1912; J. Bernhart, Deutsche Mystiker, Bd. III, München 1920; Schulze-Maizier, Meister Eckeharts deutsche Predigten und Traktate, Leipzig 1938. Aber sein Buch enthält relativ wenig Zitate aus den Originalschriften Meister Eckharts, und die vom Kontext losgelösten Zitate ohne Quellenangabe sind schwer nachzuprüfen. Sind doch seine Ausführungen durch die Berufung auf das Motto bei Rosenberg in eine gefährliche Nähe zur nationalsozialistischen Weltanschauung gerückt, wenn es auch im Abschnitt 2 des zweiten Kapitels

---

2   Alfred Rosenberg: Der Mythus des 20. Jahrhunderts. 125.–128. Auflage. München 1938, Titelseite. Näheres vgl. Naoji Kimura: Zur Rezeption ‚heroischer' deutscher Literatur in Japan 1933–1945. In: Gerhard Krebs / Bernd Martin (Hrsg.): Formierung und Fall der Achse Berlin – Tokyo. München 1994, S. 129–151.

3   Meister Eckharts deutsche Predigten und Traktate. Ausgewählt, übertragen und eingeleitet von Friedrich Schulze-Maizier. Leipzig 1927, S. 339.

unauffällig zitiert wurde. Außerdem gibt er im Anhang die sämtlichen verurteilten Sentenzen Meister Eckharts wieder und hebt durch seine Erläuterungen der Eckhartschen Lehre besonders die Bedeutung der Artikel 1–3, 7–8, 9–13, 16–17, 20–22 sowie Nachtrag 1 hervor. Während Dürckheim auf diese Weise den Gegensatz von deutsch-Eckhartischer Wahrheit und römisch-kirchlicher Macht unterstrich und die Verwandtschaft der deutschen Mystik mit dem Zen-Buddhismus kopfschüttelnd andeutete, hat das wissenschaftliche Zen-Buch von Heinrich Dumoulin SJ nach dem Krieg den Weg zum Verständnis für Meister Eckhart aus christlicher Sicht geebnet.[4] Aber sowohl deutsche Mystik als auch der Zen-Buddhismus müssen gegenseitig durch die Übersetzung vermittelt werden, und viele semantische Probleme entstehen gerade deshalb, weil die deutsche und die japanische Sprache jeweils durch eine jahrhundertelange religiöse Tradition vorgeprägt sind. Bestimmte christliche Grundbegriffe bei Meister Eckhart lassen sich eigentlich nicht in das buddhistisch-konfuzianisch geprägte Sino-Japanische übersetzen, müssen aber trotzdem mit dem mehr oder weniger herkömmlichen Wortschatz übertragen werden, um überhaupt vom japanischen Lesepublikum verstanden zu werden. Deshalb sollen diese Sprachschwierigkeiten anhand einiger Beispiele von mittelhochdeutschen Texten demonstriert werden, die bekanntlich selbst ins Neuhochdeutsche nicht immer angemessen übersetzt werden können. Dazu kommt: „Es ist immer wieder geschehen, daß die Übersetzer ihre Weltanschauung in die Texte hineininterpretiert haben, oder die Schönheit der Übertragung für wichtiger angesehen haben als die sachgerechte, schlichte Wiedergabe der Gedankengänge."[5]

Als Musterbeispiel für eine kritische Betrachtung der japanischen Eckhart-Übersetzung wird der Traktat *Von abegescheidenheit* herangezogen, zumal er textkritisch nun gesichert zu sein scheint. Josef Quint nahm den Text in seine 1955 erschienene Hanser-Ausgabe der deutschen Predigten und Traktate noch nicht auf. Aber im 2. Band der Meister Eckhart-Ausgabe des Deutschen Klassiker Verlags ist der mittelhochdeutsche

---

4 Vgl. Heinrich Dumoulin: Zen. Geschichte und Gestalt. Bern 1959.
5 Eckhart. Tauler. Seuse. Ein Textbuch aus der altdeutschen Mystik. Hrsg. von Hermann Kunisch. Hamburg 1958. S. 9.

Text mit der neuhochdeutschen Übersetzung von ihm enthalten. Nach dem Herausgeber Niklaus Largier ist trotz allem „die tiefe gedankliche und sprachliche Nähe des Textes zu den echten Texten Eckharts unbestreitbar."[6] In japanischer Sprache liegen denn auch inzwischen fünf Übersetzungen vor: Shinsaku Aihara (1949), Shizuteru Ueda (1983), Kaneyoshi Ueda (1989), Teruhisa Tajima (1990), Yukio Kawasaki (1991). Von bahnbrechender Bedeutung ist allerdings die Übersetzung des zuerst genannten Shinsaku Aihara, der 1949 fünf deutsche Traktate, acht Predigten und drei Legenden hauptsächlich auf Grund der Pfeifferschen Meister Eckhart-Ausgabe[7] zum erstenmal ins Japanische übertragen hat. Es liegt nahe, daß Aihara sprachlich mit großen Anfangsschwierigkeiten konfrontiert war. Wenn auch im folgenden seine Übersetzung stellenweise kritisch betrachtet wird, darf ihr Verdienst im großen und ganzen nicht geschmälert werden.

Was für Sprachschwierigkeiten die mittelhochdeutschen Texte Meister Eckharts selbst den deutschen Übersetzern bereiten, zeigen Josef Quints ausführliche Bemerkungen zu seiner Übersetzung in der Hanser-Ausgabe. Angesichts so mancher Übersetzungsfehler sagte Hermann Kunisch in seinem Textbuch zur altdeutschen Mystik ausdrücklich: „Von den Übersetzungen ist einzig brauchbar die von Josef Quint."[8] Aber diese stand dem ersten Eckhart-Übersetzer Aihara noch nicht zur Verfügung, der bei seiner Übersetzungsarbeit die mittelhochdeutschen Texte von Franz Pfeiffer und Philipp Strauch ständig mit den Übersetzungen von Hermann Büttner und Schulze-Maizier verglichen hat. Die späteren japanischen Übersetzer konnten außer Josef Quint noch die deutsche Übersetzung eines Dietmar Mieth[9] sowie englische oder französische Übersetzungen berücksichtigen. Daß der Übersetzung

---

6 Meister Eckhart. Werke II. Predigten, Traktate, lateinische Werke. Bibliothek deutscher Klassiker 92. Frankfurt am Main 1993, S. 803.
7 Vgl. seine Originaltexte: Deutsche Mystiker des 14. Jahrhunderts. Band 2. Hrsg. von Franz Pfeiffer. 2. Neudruck der Ausgabe Leipzig 1857. Aalen 1991. S. 483–493.
8 H. Kunisch: Eckhart. Tauler. Seuse. S. 34.
9 Vgl. Zeugnisse mystischer Welterfahrung. Meister Eckhart. Herausgegeben, eingeleitet und zum Teil übersetzt von Dietmar Mieth. Olten 1983, S. 81–98. Vgl. ferner Dietmar Mieth: Meister Eckhart. Mystik und Lebenskunst. Patmos Verlag. Düsseldorf 2004.

Aiharas in syntaktischer Hinsicht viele Fehler unterlaufen sein können, ist also nicht zu sehr zu bemängeln. Kritisches Augenmerk ist vielmehr darauf zu richten, wie er sich als erster um die semantisch möglichst richtige Wiedergabe einzelner Wörter in den Texten Eckharts bemüht hat. Bei seinen Nachfolgern ist dementsprechend zu beobachten, wie seine Übersetzungswörter von ihnen übernommen oder verbessert worden sind. Dabei ist wohl zu beherzigen, was Josef Quint zu den von ihm im einzelnen kritisierten Übersetzungen von Büttner, Lehmann und Schulze-Maizier bemerkt hat: „Jedenfalls ist es kein Verdienst, einen vorgefundenen treffenden und ansprechenden Ausdruck durch einen zwar eigenen, aber weniger geglückten und befriedigenden zu ersetzen."[10]

Im Traktat *Von abegescheidenheit* ist übrigens von der *unio mystica* keine Rede, so daß auch nicht vom Seelengrund gesprochen wird. In semantischer Hinsicht liegt hier jedoch ein fundamentales Problem vor, das bei der Übersetzung ins Japanische nicht übersehen werden darf. Es bezieht sich auf den Bedeutungswandel eines deutschen Wortes, dessen einzelne Bedeutungen im Japanischen notwendigerweise zerlegt und mit verschiedenen Wörtern umschrieben werden müssen. Das Wort *grunt*, das ursprünglich den Boden meint, bedeutet in der uneigentlichen Rede den Seelengrund, weil die *unio mystica* dort stattfindet, und erhält ferner die Bedeutung der Ursache, weil die mystische Vereinigung durch Gott verursacht wird.[11] Dieser seelische Vorgang kann im Deutschen synthetisch mit einem Wort ausgedrückt werden. Dafür hat man aber bei der japanischen Übersetzung drei verschiedene Wörter im eigentlichen und übertragenen Sinne zu verwenden. Durch dieses analytische Verfahren geht der Zusammenhang der inneren Ereignisse im sprachlichen Ausdruck verloren. Da das auf der Eigenart der japanischen Sprache beruht, muß man es bei der Übersetzung mittelhochdeutscher Texte in Kauf nehmen.

Was nach diesen Vorbemerkungen zunächst in Frage kommt, ist die Wiedergabe des Wortes *abegescheidenheit* in japanischer Sprache.

---

10 Meister Eckehart. Deutsche Predigten und Traktate. Herausgegeben und übersetzt von Josef Quint. München 1955, S. 535.
11 Näheres vgl. Hermann Kunisch: Das Wort „Grund" in der Sprache der deutschen Mystik des 14. und 15. Jahrhunderts. Osnabrück 1929. Vgl. auch Hermann Kunisch: Unio Mystica als außerordentliche Form christlicher Existenz. Via Mundi Heft 12. München 1983.

Um es im Sinne Eckharts unmißverständlich zum Ausdruck zu bringen, mußte der erste Übersetzer Aihara ein völlig neues Wort *rizai* prägen. Es besteht aus zwei chinesischen Schriftzeichen und besagt in wörtlicher Bezeichnung „getrennt sein". Das neugeprägte Wort wird auch bei *daz abegescheiden herze* und *abegescheidenlich* variiert gebraucht. Offentsichtlich hat er das zenbuddhistisch geprägte Wort *gedatsu* vermeiden wollen, das in etwa „sich befreien und entziehen" bedeutet. Der zweite Übersetzer, Shizuteru Ueda, hat im Rahmen einer großen Monographie über Eckharts Leben und die Entstehung seiner Gedanken u. a. auch den gleichen Traktat ins Japanische übersetzt. Hier hat er im Anschluß an den Wortgebrauch des bedeutenden Eckhart-Forschers Keiji Nishitani das Übersetzungswort *ridatsu* für *abegescheidenheit* gebraucht. Das erstere Schriftzeichen ist gleich wie *ri* im eben angeführten *rizai* (= getrennt sein) bei Aihara, aber das letztere Schriftzeichen entspricht dem *datsu* im *gedatsu* (= sich befreien und entziehen) im Zen-Buddhismus. Damit erhält das japanische Übersetzungswort, das als solches im japanischen Wortschatz vorhanden ist und in der Tat von Aihara einmal für ein *luter uzgan* in der Übersetzung *Von waren gehorsami* in den „Reden der Unterweisung" verwendet wurde, einen zwar mit dem Zen verwandten, aber speziell religiösen Bedeutungsgehalt von etwa „sich trennen und entziehen" und vermag den aktiven inneren Vorgang zum Ausdruck zu bringen. So haben auch die späteren drei Übersetzer dieses gewissermaßen neugeprägte Wort als treffenden und ansprechenden Ausdruck ohne weiteres übernommen.

Im Gegensatz zu Aihara hatte Shizuteru Ueda bei seiner Übersetzungsarbeit den Vorteil, alle Forschungsergebnisse der deutschen Eckhart-Philologie auszuwerten. Aber wie alle anderen Übersetzer verwendet er für *minne* bzw. *minnen* das japanische Wort für Liebe oder lieben und kann es nicht von Liebe in *ze liebe, allen zuovellen liebes* oder *wan liebe bringet leit unde leit bringet liebe* unterscheiden. Die geistiggöttliche Minne wird ja bis zur Lutherzeit im strengen Sinne noch von der sinnlich-irdischen Liebe unterschieden.[12] Das an sich eindeutige

---

12 Vgl. Meister Eckhart. Vom Wunder der Seele. Eine Auswahl aus den Traktaten und Predigten. Eingeleitet, neu durchgesehen und herausgegeben von Friedrich Alfred

Wort *demuot* (*demüeticheit*) hat in der japanischen Übersetzung drei Möglichkeiten: *kenyoku, kenson, kenkyo*. Obwohl das erste Wort von Aihara bevorzugt wird und das zweite nur einmal bei ihm vorkommt, gebrauchen alle anderen das letzte Wort. Für *barmeherzikeit* (*barmherzicheit*) mußten dann Aihara und andere das japanische Wort *jihi* benutzen, wenngleich es einen deutlichen buddhistischen Beiklang hat. Dieses buddhistisch gefärbte Wort wird einzig von Tajima vermieden und ist mit einem anderen weich klingenden Wort *awaremi* wiedergegeben. Das schwerfällige japanische Wort *kuno* für *leit* wird gleichfalls bei Tajima mit dem leichteren Ausdruck *kurushimi* ersetzt. Auch für *gnade* hätte eine solche feine Differenzierung mit *oncho* und *megumi* stattfinden können. Aber das sino-japanische Wort *oncho* für *gratia* ist schon lange ein feststehender Ausdruck im theologischen Schrifttum in Japan geworden, obwohl die katholische Kirche dafür nach der liturgischen Reform offiziell ein anderes Wort *onkei* einführen wollte.[13]

Der echt christliche Ausdruck *unser frouwe* für Maria bereitete den ersten zwei japanischen Übersetzern noch gewisse Schwierigkeiten. So verwendete Aihara ein ungewöhnliches Schriftzeichen für die Frau und gab gleich danach in Klammern eine Anmerkung: „d. i. Maria, die Christus gebar", und Shizuteru Ueda fügte dem gleichen Schriftzeichen „die heilige Mutter Maria" hinzu. Die nachfolgenden drei Übersetzer haben dann *unser vrouwe* mit der heiligen Mutter Maria ersetzt, wie es Shizuteru Ueda zwischendurch vornahm. Stilistisch war es gut so. Ähnlich verhält es sich mit dem *geist*. Wenn dem Wort das Adjektiv *heilig* beigegeben ist, läßt es sich als christlicher Terminus mit *seirei* leicht wiedergeben. Aber wenn das Wort *geist* allein steht, gibt es zwei Übersetzungsmöglichkeiten im Japanischen, nämlich *seishin* und *rei*. Obwohl die erstere bei den Eckhart-Übersetzungen meist gebraucht wird, nähert sich die letztere im Sinne des individuellen Geistes mehr dem Wort *sele*, dessen japanisches Schriftzeichen *tamashii* lautet. In der Zusammensetzung

---

Schmid Noerr. Neuausgabe mit einer Einleitung von Johanna Lanczkowski. Reclam UB. Stuttgart 1986. Nachwort S. 77.

13 Näheres vgl. Naoji Kimura: Jenseits von Weimar. Goethes Weg zum Fernen Osten. Bern 1997. II. Teil, 3. Kap. „Das Christentum als sprachliches Problem in Japan", S. 266–285.

„Geistseele" heißt es dann *reikon*, so daß dieser Ausdruck neben *tamashii* wie bei Aihara auch für die *sele* verwendbar wird.

Shizuteru Ueda verwendete für *vernunft* wie Aihara, Kaneyoshi Ueda und Kawasaki das Übersetzungswort *risei*, das im japanischen Wortschatz im Unterschied zu *gosei* (= Verstand) allgemein gebräuchlich ist. So wird auch die Wendung *alle vernünftige(n) liute* und *geiste* (*menschen*) entsprechend übertragen. Davon weicht aber der vierte Übersetzer Tajima ab und gebraucht das Wort *chisei*, das normalerweise das intellektuelle Vermögen des Menschen überhaupt bedeutet. In der Wiedergabe der Anrede im Plural folgen sowohl Tajima als auch Kawasaki der Übersetzung von Josef Quint: „alle Verständigen". Der dritte Übersetzer Kaneyoshi Ueda weist darauf hin, daß *vernünfticheit* bei Eckhart häufiger als *vernunft* vorkommt, und übersetzt das erstere Wort grundsätzlich im Sinne von *intellectus* als *chisei* und gelegentlich auch das letztere je nach dem Kontext mit dem gleichen Wort.

Das Wort *bilde* bietet ebenfalls in japanischer Sprache zwei Übersetzungsmöglichkeiten: *keisho* und *zou*. Das erstere ist der Fall in der Übersetzung Aiharas für *ein unvernünftig bilde* oder *etwaz vernünftiges ane bilde* und das letztere für *min gegenwürtigez bilde, dem liplichen bilde Kristi* oder *allen ingezogenen bilden*. Shizuteru Ueda gibt dem Schriftzeichen die Lesarten *sugata* (= Gestalt) oder *katachi* (= Form) bei, um den Sinn des Wortes deutlicher hervortreten zu lassen. Außerdem fassen Shizuteru Ueda und Kaneyoshi Ueda *dem bilde, als er* (= *der mensche*) *in Gote was* als das Urbild des Menschen auf und übersetzen es als *genzou*. Bei *ein unvernünftig bilde* und *etwaz vernünftiges ane bilde* geht Kaneyoshi Ueda so weit, daß er die beiden Ausdrücke folgendermaßen umschreibt: eine Vorstellung, in der die intellektuelle Schau möglich ist, und etwas bildlos Intellektuelles. Auch gibt er die Lesart *sugata* mit dem eigentlichen Schriftzeichen wieder. Tajima bleibt ebenso entweder bei *sugata* oder *zou*. Aber Kawasaki übersetzt wieder dahingehend: eine gewisse, mit der intellektuellen Schau verbundene Vision oder etwas von der Vision entferntes Intellektuelles. Er zitiert dabei in der Anmerkung Quints Übersetzung: „eine erkenntnismäßige Bildvorstellung oder etwas bildlos Erkenntnismäßiges"[14] und versucht seine eigene Übersetzung zu begründen. Es geht hier um eine

---

14 Meister Eckhart. Werke II. S. 449.

philologisch umstrittene und schwer verständliche Stelle im Traktat, die man jedoch auf jeden Fall irgendwie übersetzen muß.

Am schwierigsten im Japanischen wiederzugeben ist das mittelhochdeutsche Wort *wesen*. Als Termini in der japanischen Philosophie sind drei Übersetzungsmöglichkeiten vorhanden: *sonzai, yu, honshitsu*. Josef Quint übersetzt es zwar durchgehend als „Sein" bzw. „das Sein", erläutert aber in den Bemerkungen zu seiner Übersetzung begriffliche Unterschiede von *esse* im lateinischen Wortgebrauch:

> Unter „Sein" ist durchgängig das scholastisch-lateinische *esse*, bzw. die *essentia*, d. h. das „wahre" und „wesenhafte" Sein, der spezifische Seinsgehalt von Mensch und Dingen gemeint, nicht die *existentia*, das bloße „Dasein". Da, wo der mhd. Ausdruck *wesen* diese bloße *existentia* meint, habe ich ihn durch „Dasein" übersetzt.[15]

Während Kaneyoshi Ueda entsprechend dem Verfahren Quints das Übersetzungswort *sonzai* einheitlich verwendet hat, machen die anderen Übersetzer auch von den anderen zwei Termini *yu* und *honshitsu* vielfach Gebrauch. Dabei steht *yu* meist im Gegensatz zum *mu* (= Nichts), und das japanische *honshitsu* kann das Wesen im deutsch-lateinishen Sinne meinen. Anders als in der philosophischen Terminologie im deutschen Sprachraum erweist sich das einzige Wort *sonzai* zu verschwommen, um den Bedeutungsgehalt von *esse, essentia* und *existentia* in einem bestimmten Kontext voneinander zu unterscheiden.[16] Hat es doch eine solche Ontologie in der ethisch ausgerichteten japanischen bzw. fernöstlichen Philosophie noch nie gegeben.[17]

---

15 Josef Quint, a. a. O., S. 538.
16 Das sino-japanische Wort „sonzai", das gemeinhin für das deutsche „Sein" verwendet wird, erklärt der japanische Denker Watsuji Tetsuro (1889–1960) folgendermaßen: „Die ursprüngliche Bedeutung von ‚son' ist ‚Selbsterhaltung eines Subjektes' […] Die ursprüngliche Bedeutung von ‚zai' ist ‚Existieren eines Subjektes an einem Ort'." Zitiert in Watsuji Tetsuro: Fudo – Wind und Erde. Übersetzt und eingeleitet von Dora Fischer-Barnicol und Okochi Ryogi, Darmstadt 1997. Einleitung der Übersetzer, S. XI. Dagegen ist das Sein in der christlichen Ontologie objektbezogen.
17 Vgl. Lydia Brüll: Die japanische Philosophie. Eine Einleitung. 2. Aufl. Wissenschaftliche Buchgesellschaft. Darmstadt 1993; Peter Pörtner / Jens Heise: Die Philosophie Japans. Von den Anfängen bis zur Gegenwart. Alfred Kröner Verlag. Stuttgart 1995; Gregor Paul: Philosophie in Japan. Von den Anfängen bis zur Heian-Zeit. Eine kritische Untersuchung. Iudicium Verlag. München 1993.

Den Satz *swenne der vrie geist stat in rehter abegescheidenheit, so twinget er got ze sinem wesene* übersetzt Quint beispielsweise fast wörtlich: „Wann immer der freie Geist in rechter Abgeschiedenheit steht, so zwingt er Gott zu seinem Sein."[18] Das Sein in diesem Satz ist bei Aihara als *honshitsu*, bei Shizuteru Ueda als *sonzai*, bei Kaneyoshi Ueda als *sonzai*, bei Tajima als *yu* mit der Lesart *u* und bei Kawasaki als *zaisho* (= wo der freie Geist ist) übertragen. Ob hier mit *wesene essentia* im objektiven oder *existentia* im subjektiven Sinne gemeint ist, dürfte schwer zu entscheiden sein.[19] Kawasaki scheint es mit Rücksicht auf das Possessivpronomen *sinem* als bloßes Dasein aufgefaßt zu haben. Immerhin steht *honshitsu* bei Aihara im üblichen Sinne von heute und ist sicherlich nicht angemessen. Dann bleibt das allgemein gehaltene Übersetzungswort *sonzai* übrig, und die Interpretation wird dann dem Leser überlassen. Auf der anderen Seite gibt Quint anschließend *gotes eigenschaft* als „Gottes eigenes Sein" wieder, und alle anderen Übersetzer außer Aihara übertragen es als *sonzai*. Wenn Aihara es wiederum als *honshitsu* übersetzt, trifft dieses japanische Wort anscheinend auf das wesenhafte Sein Gottes zu, das der menschliche Geist annehmen soll. Bei der Stelle *alle krefte der sele loufent nach der krone und enwirt doch aleine dem wesene* lautet das Wesen in der Übersetzung Quints gleich, das dann von allen Übersetzern als *honshitsu* wiedergegeben wird. Nur Kawasaki ergänzt es mit dem Zusatz „wesentliche Kraft" in Klammern.

Ansonsten gibt es eine Reihe abstrakte Wortbildungen bei Meister Eckhart, mit denen die japanischen Übersetzer sprachlich fertig zu werden versuchen müssen: *einicheit, luterkeit, glicheit, einvalticheit, unwandelbærkeit, gotheit, innerkeit, enpfenclicheit, einförmicheit, menscheit*. Die einfachste Methode für die Wiedergabe solcher Wörter im Japanischen besteht darin, den einzelnen Wortbestandteilen sinngemäße Schriftzeichen zu erteilen. Für die Suffixe -keit bzw. -heit gibt

---

18 Meister Eckhart. Werke II. S. 440.
19 Das Wort Subjekt wird im sino-japanischen Wort ferner auf zweierlei Weise wiedergegeben: „Von der Existenzphilosophie her wäre *shukan* als *essentia* und *shutai* als *existentia* aufzufassen." Anmerkung der Übersetzer zum Vorwort bei Watsuji Tetsuro a. a. O., S. 4. Gottes objektives Sein als *actus purus* kommt im japanischen Denken überhaupt nicht vor.

es schon eine bestimmte Schreibweise mit einem Schriftzeichen. Derartige abstrakte Wendungen sind zwar geeignet, straffe Satzgefüge zu bilden. Aber durch künstliche Neubildungen entstehen im Japanischen manchmal recht steife Wörter, deren Bedeutung man nur aus den zusammengesetzten Schriftzeichen erraten kann. Dann ist es besser, so weit es möglich ist, sie von Anfang an zu paraphrasieren, wie z. B. Einheit, Gleichheit, oder Einförmigkeit. Bei *menscheit* stehen der japanischen Übersetzung im Sinne der menschlichen Natur zweierlei Ausdrücke zur Verfügung: *ningensei* und *jinsei*. Das erstere ist gebräuchlicher, bedeutet aber meist die Menschlichkeit. In diesem Fall ist also die letztere ungewöhnliche Wortbildung parallel zu *shinsei* (= Gottheit) besser zu verwenden. Stilistische Probleme bei der Übersetzung kommen auf diese Weise im Zusammenhang mit der Paraphrase sino-japanischer Zusammensetzungen auf.

Als Aiharas erste Übersetzung des Traktats *Von abegescheidenheit* 1985 in eine wissenschaftliche Taschenbuchreihe Aufnahme fand, wurde seine alte Schreibweise nach den neuen Richtlinien im Schulunterricht etwas modernisiert. Die Übersetzung von Tajima, die in der quasi japanischen Reclams Universal-Bibliothek, Iwanami-Bücherei, erschien, war von vornherein für moderne Leser leicht leserlich gehalten. Dagegen sind die Übersetzungen von Kaneyoshi Ueda und Yukio Kawasaki eigentlich als philologische Abhandlungen mittels übersetzter Texte und genauer Anmerkungen anzusehen, zumal sie erst nach der umfangreichen Monographie Shizuteru Uedas mit den Übersetzungen einzelner Texte publiziert wurden. Besonders bringt die Eckhart-Ausgabe von Kawasaki zu den bloß 182 Seiten umfassenden, wiederholt übersetzten Übersetzungstexten einen ausführlichen Anmerkungsteil von 82 Seiten, eine 42 Seiten starke Einführung und eine detaillierte Bibliographie. Dazu kommt noch ein Verzeichnis japanischer Übersetzungsterminologie mit den entsprechenden mittelhochdeutschen Wörtern. Danach stellt sich heraus, daß Kawasaki z. B. für das Wort *bild* von Fall zu Fall sechs verschiedene japanische Übersetzungswörter verwendet hat. Dementsprechend mußte er die Ausdrücke *sich erbilden, nach etwas sich erbilden, erbilden, inbilden, ingebildet der güete, entbilden, überbilden* verschiedentlich übersetzen. Völlig neue Wörter mußten dann aus dem japanischen Wortschatz für etwa folgende Ausdrücke geprägt werden:

enpfenclicheit, eigenschaft, invluz, ledic, niht, abescheiden, luterlich, gotes herz, geedelt, wesen da, verzücket, angesiht, entwenen, wigen, richtuom, unminne, vernihten usw.

Es versteht sich von selbst, daß viele andere Übersetzungswörter, die an und für sich im Japanischen gebräuchlich sind, im Kontext der deutschen Mystik spezifische Bedeutungen und Nuancen erhalten. Selbst für die deutschsprachigen Fachleute wird das Verständnis der Texte, wie Josef Quint betont, dadurch erschwert, daß

> Eckehart als scholastischer Mystiker und Magister der Universität Paris eine Reihe von Termini verwendet, die im lateinischen Wortschatz der Scholastik vorgeprägt wurden und in ihm einen bestimmten Begriffsinhalt besaßen, die aber durch die Übersetzung, bzw. Umprägung ins Mittelhochdeutsche sowie durch die spezifisch mystische Verwendung Eckeharts eine wiederum spezifisch mystische Färbung und Bedeutungsnuancierung erhielten.[20]

Wenn aber ihre genaue Äquivalenz nicht einmal im neuhochdeutschen Wortschatz zu finden ist, ist es fast ausgeschlossen, sie mit einer grundverschiedenen Sprache wie dem Japanischen wortgetreu wiederzugeben. Eine zu philologische Genauigkeit droht an Leserlichkeit zu verlieren und literarisch ungenießbar zu werden. In der japanischen Eckhart-Übersetzung wird es also im Grunde genommen nur darauf ankommen, dem japanischen Lesepublikum seine Texte annähernd verständlich zu machen.

2. Zum Hintergrund der Zen-Rezeption in Europa

Das Zen scheint seit geraumer Zeit für viele, die nach einer neuen Spiritualität suchen, ein Zauberwort geworden zu sein. Wird es doch manchmal als Wesenskern fernöstlicher, insbesondere japanischer Kultur hingestellt und ernsthaft im Westen praktiziert. Eine gewisse geistige Affinität ist dabei mit Sicherheit festzustellen. Aber schon in Goethes Roman erwies sich die Wahlverwandtschaft trotz allem als trügerisch. Auch bei der Zen-Rezeption im Westen muß man nach dem zeitgeschichtlichen Hintergrund fragen.

---

20 Josef Quint, a. a. O., S. 537 f.

Ein katholischer Theologe, der 1968 mit der Übung des Zen bei Pater Enomiya-Lasalle begann, schreibt in seiner Meister Eckhart-Übersetzung ins moderne Deutsch:

> Es gibt Japaner, die nach Deutschland kommen, um Deutsch und Mittelhochdeutsch zu lernen, nur damit sie Eckhart lesen können. Seine Aussagen haben eine große inhaltliche Nähe zu der Lehre des Zen von der Buddha-Natur, die den Menschen voll ergreifen soll. Das Zen spricht nicht von Gott, weil es keinen Namen weiß.[21]

Es ist allerdings sehr fraglich, ob diese Japaner auch Latein lernen wollen, um die theologischen Traktate Meister Eckharts in lateinischer Sprache lesen zu können, ohne die doch seine deutschen Predigten nach neueren Forschungen nicht entstanden wären.[22] Nicht umsonst heißt er Meister Eckhart, d. i. Magister in der Scholastik. Es ist aber gleichfalls fraglich, ob die deutschen Zen-Anhänger das Alt-Sinojapanische lernen wollen, um etwa die Hauptschrift *Shobogenzo* des bedeutendsten Zen-Meisters Dogen (1200–1253) lesen zu können. Sie ist sprachlich ebenso schwer zu verstehen wie das Mittelhochdeutsche eines Wolfram von Eschenbach.

In Europa scheint vielmehr die Zen-Übung allein den Meister zu machen, auch wenn man sich nicht zumindest mit dem japanischen Buddhismus in geschichtlicher Entwicklung beschäftigt hat. Man glaubt eine Verwandtschaft zwischen Meister Eckhart und dem Zen feststellen zu können, übersieht dabei so leicht, daß Meister Eckhart nur einen Aspekt der deutschen Mystik im Mittelalter, und diese wiederum nur einen Teil der abendländischen Mystik darstellt.[23] Wie viel muß man darüber hinaus studieren und wissen, um das Christentum als solches gründlich kennenzulernen? Genauso sollte man wissen, daß das sogenannte Zen in der japanischen Geistesgeschichte nur eine buddhistische Schule unter vielen anderen darstellt, die entweder in der Heian-Zeit (794–1185) oder

---

21 Meister Eckhart: Gottesgeburt. Mystische Predigen. Herausgegeben, übersetzt und kommentiert von Günter Stachel. Kösel-Verlag, München 1999. S. 15.
22 Vgl. Loris Sturlese: Meister Eckhart. Ein Porträt. Eichstätter Hochschulreden 90. Pustet Verlag, Regensburg 1993.
23 Vgl. Bernd McGinn / John Meyendorff / Jean Leclercq (Hrsg.): Geschichte der christlichen Spiritualität. 3 Bde. Echter Verlag, Würzburg 1993–1997.

in der Kamakura-Zeit (1185–1333) im Rahmen des aus China und Korea tradierten Mahayana-Buddhismus entstanden sind. Da diese an sich fremde Religion sich im Verlauf der Geschichte stark mit der einheimischen Naturfrömmigkeit vermischt hat, müßte man dann auch den Shintoismus zu seinem besseren Verständnis heranziehen.[24] Das Motto einer Regensburger religionswissenschaftlichen Ringvorlesung lautete: „Wer nur eine Religion kennt, kennt keine." (Friedrich Max Müller)

a) Entnazifizierung des „östlichen" Zen

Was bedeutet überhaupt „eine große inhaltliche Nähe" zwischen Zen und deutscher Mystik im obigen Zitat? Meines Erachtens weist das Zen wohl in der Art und Weise der geistlichen Exerzitien eine gewisse Nähe zu Meister Eckhart auf, zumal es ursprünglich im Sanskrit *dhyana* „Meditation" bedeutete. Seine sogenannte Buddha-Natur-Lehre hat aber inhaltlich mit dem Christentum nichts zu tun. Weil das Zen im Grunde nichts Inhaltliches mit der christlichen Theologie gemeinsam hat, konnte ein deutscher Jesuit wie Enomiya-Lassalle es ohne weiteres als eine Art Spiritualübung seit Ignatius von Loyola betreiben. Nur mit einem theologischen Vorbehalt schrieb er denn auch seine populären Zen-Bücher, wie seinerzeit sein älterer Konfrater Heinrich Dumoulin ein fachwissenschaftliches Buch.[25]

Es wäre auf jeden Fall total verfehlt, die ganze japanische Kultur in Geschichte und Gegenwart wie so oft einzig mit dem Prinzip des Zen erklären zu wollen, obwohl der Anlaß dazu häufig von japanischer Seite suggeriert worden sein könnte. Es wäre ebenso absurd, wie wenn man die ganze deutsche oder europäische Kultur mit dem einzigen Prinzip des Neuplatonismus, Hellenismus, Hebraismus, Katholizismus, Protestantismus, Humanismus oder gar Atheismus erklären wollte. In Japan

---

24 Vgl. Ernst Lokowandt: Shinto. Eine Einführung. Iudicium Verlag, München 2001.
25 Vg. H.M. Enomiya-Lassalle: Zen-Weg zur Erleuchtung. Hilfe zum Verständnis. Einführung in die Meditation. Verlag Herder, Wien 1960; derselbe: Zen-Meditation für Christen. Zweite Aufl. der Sonderausgabe. O. W. Barth Verlag. München 1995. Vgl. auch Heinrich Dumoulin: Zen. Geschichte und Gestalt. Sammlung Dalp Bd. 87. Francke Verlag. Bern 1959; Josef Sudbrack: Mystik. Sinnsuche und die Erfahrung des Absoluten. Wissenschaftliche Buchgesellschaft. Darmstadt 2002.

unterscheidet man im deutschen Protestantismus nicht einmal zwischen Lutheranern und Calvinisten, und im japanischen Protestantismus existiert die lutherische Kirche nur als eine kleine Sekte.

Da aber ein solches Mißverständnis sehr oft stattfindet, muß man nach den historischen und sachlichen Gründen dafür fragen. Rudolf Otto gilt zwar als der erste deutsche Religionswissenschaftler, der persönlich japanische Zen-Klöster besuchte und mit japanischen Zen-Meistern religionsphilosophische Gespräche führte.[26] Darüber hinaus soll aber auf zwei verschwiegene Tatsachen in den dreißiger Jahren des vorigen Jahrhunderts hingewiesen werden, in denen Deutschland und Japan nicht nur militärisch, sondern auch geistig, ja ideologisch verbündet waren. Als Alfred Rosenbergs Propagandabuch *Der Mythus des 20. Jahrhunderts* im Jahre 1938 als eine heilige Schrift des Nationalsozialismus in japanischer Übersetzung erschien, war ein Zitat aus Meister Eckhart als Motto angeführt. Damit wurde der bis dahin wenig bekannte deutsche Mystiker für die japanischen Gebildeten einer der bedeutendsten Deutschen neben Luther und Goethe. Es war dann ein Graf von Dürckheim, der, wie unten näher ausgeführt wird, Meister Eckhart mit dem gerade durch die Bücher Daisetz Suzukis[27] in Deutschland allgemein bekannt gewordenen japanischen Zen in Verbindung gebracht hat.

---

26 Vgl. Ernst Benz: Meister Eckhart in Japan. In: Shizuteru Ueda, Die Gottesgeburt in der Seele und der Durchbruch zur Gottheit. Die mystische Anthropologie Meister Eckharts und ihre Konfrontation mit der Mystik des Zen-Buddhismus. Gütersloher Verlagshaus Gerd Mohn, Gütersloh 1965. Einführung S. 16 f.

27 Vgl. die Werke von Daisetz Teitaro Suzuki in deutscher Übersetzung: Die große Befreiung. Einführung in den Zen-Buddhismus. Deutsch von Heinrich Zimmer. Zürich 1939; Zen und die Kultur Japans. Übertragen und eingeleitet von Otto Fischer. Deutsche Verlags-Anstalt, Stuttgart / Berlin 1941 (Gekürzte Ausgabe in ro ro ro enzyklopädie 66. Hamburg 1958); Der Weg zur Erleuchtung. Die Übung des Koan als Mittel, Satori zu verwirklichen oder Erleuchtung zu erlangen. Übersetzung von Fritz Kraus. Holle Verlag. Baden-Baden o. J. (englisch 1949–51); Leben aus Zen. Deutsch von Ursula von Mangoldt. 1955. Vgl. dazu Aizawa Keiichi: Das „Faszinosum" des ästhetischen Nationalismus. Ähnlichkeiten zwischen Deutschland und Japan durch kulturelle Rezeption? In: Walter Gebhard (Hg.), Ostasienrezeption im Schatten der Weltkriege. Universalismus und Nationalismus. Iudicium Verlag, München 2003, S. 33–56, hier 4. Rückkehr zur Nationalkultur S. 45 f.

Auf der anderen Seite erwähnt der Verfasser Karlfried Graf Dürckheim (1896–1988) im Schlußkapitel „Zen für den Westen – Westlicher Zen" seines Buches *Zen und wir*[28] aus Anlaß eines Gesprächs mit einem japanischen Zen-Meister seine japanische Veröffentlichung über Meister Eckhart, ohne bibliographische Einzelheiten wie sonst bei seinen Büchern in deutscher Sprache anzugeben. Es handelt sich dabei sicherlich um sein 1943 in japanischer Übersetzung erschienenes Buch *Meister Eckhart* (Anhang 3). Im Jahre 1941 hatte er bereits ein Buch über den deutschen Geist im nationalsozialistischen Sinne publiziert (Anhang 1). Im Jahre 1944 veröffentlichte er außerdem noch ein Buch über das Wesen der europäischen Kultur ebenfalls in japanischer Übersetzung (Anhang 2).

Weil aber die deutschen Originaltexte dieser Übersetzungen nicht vorhanden sind, muß man mühsam versuchen, sie in einer Rückübersetzung aus dem Japanischen ins Deutsche wiederzugeben, um zu erkennen, wie sich Dürckheim damals über die westliche und östliche Kultur geäußert hat. Denn in dem Buch *Zen und wir* fragt der Verfasser zuerst: „Was geht Zen uns Abendländer an?", vergleicht dann ständig Ost und West und nimmt schließlich im Unterschied zum östlichen Zen ein westliches Zen für die Abendländer in Anspruch. Worauf diese angeblich abendländische, in Wirklichkeit entnazifizierende Umorientierung beruht, ist im Hinblick auf die einstige NS-Ideologie des deutschen Zen-Meisters genau zu untersuchen. Meiner Ansicht nach besteht hier im Namen des Zen eine trügerische, zumindest eine prekäre Wahlverwandtschaft zwischen Ost und West.

In einer ergebungsvollen Biographie über den in Japan naturalisierten Jesuitenpater Hugo M. Enomiya-Lassalle wird nun auf eine allgemeine Situation der Zen-Rezeption in den 60er Jahren des 20. Jahrhunderts hingewiesen:

> Zen in Deutschland war zu dieser Zeit mit dem Namen von Karlfried Graf Dürckheim verbunden. Der Professor für Psychologie hatte sich schon früh für Mystik interessiert. Als Kulturattaché Hitler-Deutschlands war er während des Krieges nach Japan gekommen und hatte dort das Zen kennengelernt. In Rütte, einem abgelegenen Dorf des Schwarzwalds, hatte er seit 1951

---

28 Otto Wilhelm Barth-Verlag. Weilheim. Obb. 1961. S. 130. Neuausgabe O. W. Barth Verlag. München 1992. S. 138.

ein Zentrum für Menschen eingerichtet, die nach seelischer und geistiger Orientierung suchten. Seine Initiatische Therapie bietet als Wege dazu neben „leiborientierter Therapie" vor allem die Zen-Praxis an.[29]

Zuvor war davon die Rede, daß der bekannte Kirchenhistoriker Johannes Lotz SJ sich als Zensor mit einem Zen-Buch von Lassalle beschäftigt und in der Zen-Erfahrung für Christen überhaupt kein Problem gesehen hatte. Er kannte die Zen-Bücher Dürckheims, nahm aber anscheinend keinen Anstoß daran, daß dieser in der Kriegszeit Kulturattaché Hitler-Deutschlands in Japan war. Diese Tatsache war denn auch in der Lassalle-Biographie nur flüchtig erwähnt. Karlfried Graf Dürckheim-Montmartin (1896–1988), so hieß er offiziell, war tatsächlich seit 1933 Professor der Psychologie in Kiel und hielt sich in den Jahren 1937–45 in Japan auf. Es entzieht sich leider meiner Kenntnis, wie er sich ohne diplomatische Laufbahn zu einem Kulturattaché emporarbeiten konnte. Nach einer Internet-Biographie soll er von 1934 bis 1937 außenpolitischer Mitarbeiter, vor allem in England, gewesen sein. Kulturpolitisch tätig waren damals in der deutschen Botschaft Tokyo neben ihm Hermann Schäfer[30] und Reinhold Schulze.[31]

---

29 Ursula Baatz: Hugo M. Enomiya-Lassalle. Ein Leben zwischen den Welten. Biographie. Benziger Verlag, Zürich / Düsseldorf 1998, S. 297 f. Vgl. Ursula Baatz: Zen-Buddhismus im Westen. Samurai-Zen oder Graswurzel-Zen? In: Manfred Hutter (Hrsg.): Buddhisten und Hindus im deutschsprachigen Raum. Akten des Zweiten Grazer Religionswissenschaftlichen Symposiums (2.–3. März 2000). Peter Lang Verlag, Frankfurt am Main 2001, S. 159–171.
30 Vgl. Hermann Schäfer: Deutsche Dichter der Gegenwart. Ihr Leben und ihre Werke. Mit 138 Abbildungen. Verlag Tokyo Kaiseikan 1944. Vgl. Naoji Kimura: Die japanische Goetheforschung im Schatten der völkischen Literaturwissenschaft. In: Akten des X. Internationalen Germanistenkongresses Wien 2000 „Zeitenwende – Die Germanistik auf dem Weg vom 20. ins 21. Jahrhundert". Herausgegeben von Peter Wiesinger unter Mitarbeit von Hans Derkits. Band 11. Peter Lang Verlag, Bern 2003. S. 271–277; hier S. 274 f.
31 Vgl. Reinhold Schulze (Hrsg.): NS-Anthologie „Wir kämpfen" mit japanischer Übersetzung. Tokyo 1942. Näheres vgl. Naoji Kimura: Gerhard Schumanns Sonett „Der 30. Januar 1933" – Das Jahr der politischen Täuschungen. In: Das Gedichtete behauptet sein Recht. Festschrift für Walter Gebhard. Hrsg. von Klaus H. Kiefer, Armin Schäfer und Hans-Walter Schmidt-Hannisa. Peter Lang Verlag, Frankfurt am Main 2001. S. 397–407, hier 397 f.

Ohne Hinweis darauf wird Dürckheim jedoch in der 2001 publizierten Studienausgabe der Brockhaus-Enzyklopädie ausschließlich im Hinblick auf seine seit 1949 mit seiner späteren Ehefrau Maria Hippius gemeinsam ausgeübte psychotherapeutische Tätigkeit hervorgehoben: „Dürckheim entwickelte eine existenzialpsychologische, christlich-mystische und zenbuddhistische Elemente einschließende Lehre und (‚initiatische') Therapie." Im Unterschied zu Eugen Herrigel (1884–55), der, obgleich er in den Jahren 1929 bis 1948 ordentlicher Professor für systematische Philosophie in Erlangen war, faktisch nur durch das Buch *Zen in der Kunst des Bogenschießens* bekannt ist,[32] erwies sich Dürckheim schriftstellerisch als sehr produktiv. Im Brockhaus sind als seine Werke angeführt: Japan und die Kultur der Stille (1950); Hara, die Erdmitte des Menschen (1956); Zen und wir (1961); Der Alltag als Übung (1962); Wunderbare Katze u. a. Zen-Texte (1964); Vom doppelten Ursprung des Menschen (1975); Meditieren – wozu und wie (1976); Übung des Leibes auf dem inneren Weg (1978); Von der Erfahrung der Transzendenz (1984).

Von diesen Werken erschien posthum jene Maria Hippius zugeeignete Neuausgabe von *Zen und wir*. Darin sind noch folgende Werke Dürckheims ohne Jahresangabe genannt: Erlebnis und Wandlung. Grundfragen der Selbstfindung; Der Weg, die Wahrheit, das Leben. Gespräche über das Sein mit Alphonse Goettmann; Im Zeichen der großen Erfahrung. Studien zu einer metaphysischen Anthropologie; Der Ruf nach dem Meister. Die Bedeutung geistiger Führung auf dem Weg zum Selbst; Durchbruch zum Wesen; Mächtigkeit, Rang und Stufe des Menschen. Als Grundposition, die alle diese Werke durchzieht, gilt der zusammenfassende Kurztext im Umschlag:

> Das zentrale Anliegen des Zen ist die Neugeburt des Menschen aus der Erfahrung des Seins. Was diese Erfahrung bedeutet, das lehrt Zen auf eine Weise, die nicht nur für den Osten gültig ist, sondern auch für uns. Zen, im Alltag praktiziert, führt uns in die Wahrheit des Lebens.

---

32 Otto Wilhelm Barth Verlag, München 1951. Limilierte Jubiläumsausgabe bei O.W. Barth Verlag 1999. Vgl. auch Eugen Herrigel: Der Zen-Weg. Aufzeichnungen aus dem Nachlaß in Verbindung mit Gusty L. Herrigel. Herausgegeben von Hermann Tausend. Otto Wilhelm Barth Verlag, München 1958. Viele andere Notizen wurden von Herrigel selbst vernichtet.

Im Vorwort seines in späteren Jahren erschienenen Buches *Meditieren – wozu und wie* (1976) verallgemeinerte er seine Auffassung des Zen noch weiter: „Dieses Buch kreist auf schmalem Pfad um eine einzige Frage: die Frage nach dem Zugang zu jener Erfahrung überweltlichen, göttlichen Seins, die aller lebendigen Religiosität zugrunde liegt und ohne die das Leben jeder Religion stirbt."

Es sei zunächst dahingestellt, ob eine theistisch-ontologische Auffassung des Zen bei Dürckheim bzw. im Westen sachlich zu Recht besteht oder nicht, da man umgekehrt eine analoge Frage nach einer östlichen Auffassung der deutschen Mystik stellen kann. Die Rezeption einer fremden Kultur beruht vielfach auf einem schöpferischen Mißverständnis, um die eigene Kultur bewußt oder unbewußt irgendwie zu bereichern. Verwunderlich ist nur, daß man kaum daran interessiert zu sein scheint, was der Autor als Kulturattaché Hitler-Deutschlands in Japan während der Kriegszeit geschrieben hat.[33] Denn es waren in der Kriegszeit mehrere Bücher von Graf Dürckheim in japanischer Übersetzung verbreitet: *Sekai Shinchitsujo no Seishin* (Das Wesen der Neuordnung der Welt), Risosha Verlag, Tokyo 1940; *Seikatsu to Bunka* (Leben und Kultur), Risosha Verlag, Tokyo 1941 sowie die oben genannten drei Bücher *Doitsu Seishin* (Deutscher Geist), ARS Verlag, Tokyo 1941; *Maisuteru Ekkuharuto. Doitsuteki Shinko no Honshitsu* (Meister Eckhart. Das Wesen des deutschen Glaubens), Risosha Verlag, Tokyo 1943; *Yoroppa Bunka no Shinzui. Chikyutetsugakuteki Kosatsu* (Das Wesen der europäischen Kultur. Globalphilosophische Betrachtungen), Rokumeikan Verlag, Tokyo 1944.

Diese Bücher wurden alle vom jungen Germanisten Hashimoto Fumio ins Japanische übersetzt, der nach dem Krieg als namhafter Forscher der deutschen Grammatik hervortrat. Die deutschen Originaltexte lassen sich wohl nicht mehr ermitteln. Vermutlich wurden sie nicht gedruckt, sondern von den maschinengeschriebenen Manuskripten

---

33 Auf der Spur ist allerdings Victor Trimondi / Victoria Trimondi: Hitler, Buddha, Krishna. Eine unheilige Allianz vom Dritten Reich bis heute. Ueberreuter Verlag, Wien 2002, in dem u. a. Daisetz T. Suzuki, Eugen Herrigel und Karlfried Dürckheim genannt werden. Die eigentlichen Autoren Herbert Röttgen und seine Ehefrau visieren vor allem den tibetanischen Buddhismus an, der wohl mit dem Hinduismus verwandt, aber vom japanischen Zen-Buddhismus grundverschieden ist.

direkt ins Japanische übertragen. In deutscher Sprache liegt jedoch eine Buchpublikation vor: Neues Deutschland. Deutscher Geist. Eine Sammlung von Aufsätzen von Graf Karlfried von Dürckheim-Montmartin. Herausgegeben vom Japanisch-Deutschen Kulturinstitut Niigata. Sansyusya Verlagsbuchhandlung / Tokio 1942. Der 170 Seiten umfassende Sammelband beinhaltet zehn programmatische Aufsätze (Anhang 4).

In der ersten Hälfte des Vorworts wird über die Publikationsform berichtet:

> Die hier vereinigten Aufsätze erschienen zuerst in japanischen Zeitschriften, übersetzt von Professor Fumio Hashimoto, dann im Verlage Risosha in zwei Sammelveröffentlichungen: „Volkstum und Weltanschauung" (1. Aufl. 1940; 3. Aufl. 1941), „Leben und Kultur" (1. Aufl. 1941). Die hier erscheinende Fassung weicht nur in Einzelheiten von den Manuskripten ab, die der Übersetzung zugrunde lagen.

Die zweite Hälfte des Vorworts gibt einen scheinbar landeskundlichen Zweck des Buches an:

> Dem Wunsche des Japanisch-Deutschen Kulturinstitutes Niigata, diese Aufsätze in deutscher Sprache zu veröffentlichen, bin ich gern gefolgt. Möge diese kleine Sammlung dazu dienen, die Arbeit derer zu erleichtern, die sich durch die Erlernung der deutschen Sprache einen unmittelbaren Zugang zu Deutschlands Wesen und Gestalt erarbeitet haben.

Von den anderen drei Büchern in japanischer Übersetzung lassen sich immerhin diejenigen über das Wesen des deutschen Geistes sowie über das Wesen der europäischen Kultur anhand der in dieser Sammlung enthaltenen Aufsätze sprachlich einigermaßen wiedergeben. Nicht zu finden ist Dürckheims Originaltext über Meister Eckhart in deutscher Sprache.

b) Deutscher Geist und japanischer Geist

Im Nationalsozialismus war bekanntlich alles gleichgeschaltet, also auch die nationalsozialistische Weltanschauung, die ebenfalls im Japan der dreißiger Jahre von deutscher und japanischer Seite propagandistisch vertreten wurde. Als die eben genannten beiden Bücher von Dürckheim zu Anfang der vierziger Jahre in japanischer Sprache publiziert wurden, waren Hitlers *Mein Kampf* sowie Alfred Rosenbergs *Der Mythus des*

20. Jahrhunderts bereits in japanischer Übersetzung erschienen. Deshalb könnte man sich ungefähr vorstellen, was darin als deutscher Geist im einzelnen ausgeführt worden war, und worin die Führungsrolle des deutschen Geistes für die Neuordnung der Welt bestand. Kennzeichnend genug erschien das Buch über den deutschen Geist im Rahmen der sog. Nazi-Schriftenreihe, die eine große Anzahl von Titeln aus dem gesamten menschlichen Leben enthielt. Aufschlußreich ist die Zielsetzung der NS-Reihe, die vom japanischen Herausgeber Kojima Takehiko unter Berufung auf General Oshima Hiroshi, den japanischen Botschafter in Berlin seit Februar 1941, wie ein politisches Manifest verkündet wurde:

> Die Entwicklung des tennoistischen Welterneuerungskrieges, die im Japanisch-Chinesischen Krieg seinen Anfang nahm, hat durch den entgegenkommenden Weltkrieg das ganze Europa zu einem Block der deutsch-italienischen Achse verwandelt. Diese welthistorische Wende hat gerade die Bildung der anglo-amerikanischen Demokratiefront angeregt, und diese ist dabei, eine Blockade gegen Japan von seiten Indiens, der Südsee, Australiens und Kanadas zu bilden.
> Wodurch hat Nazi-Deutschland einen so überwältigenden Sieg davongetragen? Es ist dies eben, was der Führer Hitler mittels der Japan-Deutschland-Italien-Achse durch Errichtung des germanischen Lebensraumes hat verwirklichen können. Darüber hinaus hat die Abtrennung der englischen Kolonien den Anschein, sich zu einem länger andauernden Weltkrieg zu entwickeln. Das neu aufblühende Deutschland studiert das japanische Staatswesen, eignet sich den japanischen Geist an und will dadurch im verfallenden alten Europa eine neue Welt gründen. Deutschland kennenzulernen, bedeutet also, Japan kennenzulernen. Japan zu kennen heißt umgekehrt, Deutschland zu verstehen.
> Die vorliegende Schriftenreihe hat es sich zum Ziel gesetzt, das Wesen von Nazi-Deutschland zu beleuchten, um diese enge japanisch-deutsche welthistorische Beziehung zu erkennen und zu verstärken. Sie will zu gleicher Zeit eine klare Antwort darauf geben, was Japan heute dringend zu tun nötig hat.

In diesen Worten wird das Verhältnis von Japan und Deutschland insofern auf den Kopf gestellt, als man sich eine gewisse führende Rolle Japans in der polarisierten Lage der Weltpolitik von damals anmaßt. Im Vorwort seines japanischen Buches weist Dürckheim vielmehr darauf hin, daß es zwischen dem japanischen und deutschen Geist nicht nur Gemeinsamkeiten, sondern auch Unterschiede gibt, und daß auf japanischer Seite gerade für diese ein ausreichendes Verständnis fehle und deshalb das Deutschlandverständnis der Japaner oft einseitig sei. Um dem abzuhelfen, habe er den Entschluß gefaßt, das beauftragte Buch niederzuschreiben, obwohl er mit dem Studium der auf japanischem Geist beruhenden japanischen Kultur sehr beschäftigt sei. Während die geistige Verwandtschaft eine Grundlage für die Freundschaft der beiden Völker bilde, ergebe sich aus dem vertieften Verständnis der Unterschiede eine höhere Einheit, die nichts anderes darstelle als die Neuordnung der Welt, die das Ziel des Kampfes beider Völker sei. So heißt es in der vom Japanischen ins Deutsche zurückübersetzten Einleitung ausdrücklich:

> Man glaubt, die Verbindung von militärischem Ethos, Naturwissenschaft, Technik sowie Organisation sei der geheime Schlüssel dafür, daß Deutschland in diesem Weltkrieg den Sieg davongetragen hat und von nun an die Hegemonie in Europa gewinnen wird. Aber dem deutschen Volk, das heute in Europa führend ist, geht es nicht nur um den militärischen Sieg des eigenen Volkes, sondern auch um die Gewinnung des Weltfriedens. Mit anderen Worten: es geht ihm darum, die Ordnung der Welt neu zu gründen und ein festes System zur Hervorbringung freier selbständiger Völker zu schaffen. Um ein solches Ideal zu verwirklichen, genügt es nicht allein mit Militär, Organisation und Technik. Diese drei sind wohl wirksame Mittel auf dem Weg zum Aufbau einer neuen Welt, gelten aber nicht als moralische Kraft, die ein Volk zu einem inneren Führer qualifiziert. Deshalb sind diese Elemente nur als eine Seite der germanischen Eigenart anzusehen, und nicht als Kern der deutschen Seele, d. h. ihres Geistes. Was ist dann dieser Geist? Was für Wesenszüge hat der deutsche Geist?

Wenn man aus sprachlichen Gründen von hier aus Dürckheims Aufsatz „Wesenszüge des deutschen Geistes" vergleichend heranzieht, so ist deutscher Geist wie der japanische Geist tief in Blut und Boden des Volkes verwurzelt und kann letztendlich nicht begrifflich erfaßt werden. So heißt es eingangs programmatisch:

> In der Natur, im Charakter, im Wesen eines Volkes sind, so wie im Boden und in der geographischen Lage, Stärken und Schwächen enthalten. Auch die Geschichte des Volkes zeigt Zeiten der Kleinheit und Grösse. Im Lauf der Zeiten jedoch bildet sich allmählich heraus, was ein Volk mit Bezug auf sich selbst mit Stolz seinen Geist nennt. Als seinen Geist bezeichnet ein Volk nur das, was es innerlich stark macht. Das ist jene Kraft, die erwachsen aus

seinem Blut, seinem Boden und seiner Geschichte sein Grösstes – als Mensch und Leistung – erzeugte.[34]

Wenn Dürckheim vom deutschen Geist spricht, hat er also nach den nationalsozialistischen Richtlinien grundsätzlich nur die positive Seite von dessen Stärken und Größe aus der Geschichte vor Augen.

Man kann freilich den deutschen Geist nicht in seinem Wesen, sondern allenfalls in seinen Wirkungen, d. h. in seinen glänzenden Leistungen oder sichtbaren Wesenszügen erkennen und wertschätzen. Erfahrungsgemäß bestehen zwar große Unterschiede zwischen dem dargestellten Volksgeist und den einzelnen Gliedern des betreffenden Volkes, aber es ist doch sinnvoll davon zu sprechen, weil er als Ideal angesehen werden kann. Der Volksgeist stellt keine Illusion dar, sondern ist etwas, das realisiert werden soll, sowohl im japanischen als auch im deutschen Geist. Deshalb muß er als Ideal von dem aposteriorischen Volkscharakter unterschieden werden, der rassisch und geschichtlich realiter zum Vorschein kommt. Danach leuchte, wie Dürckheim in der deutschen Fassung schreibt, die Vielfältigkeit des deutschen Geistes klar auf, wenn man die dreifache Richtung erkenne, in der sich der Deutsche bewährt habe: in der rationalen, der musischen und der politischen Gestaltung. Der deutsche Geist beruhe somit auf der Kraft des Verstandes, der Tiefe des Gefühls und der Härte des Willens im deutschen Menschen.

Es kommt in der NS-Ideologie vor allen Dingen auf die Vereinigung aller dieser positiven Volkseigenschaften an, die damals durch Vereinzelungen in der europäischen Kultur lahmgelegt worden sein sollen. Daher wird eine radikale Erneuerung auf allen Bereichen des Lebens und der Gesellschaft beschworen, wobei die stolz erwähnte „Nation der Dichter und Denker" wie in der volkhaften Dichtung auf ein mythisch aufgefaßtes, urwüchsiges Bauernvolk zurückgeführt wird:

> Auch das nationalsozialistische Deutschland ist nicht zuletzt zu verstehen als die Revolution aller Kräfte, die tiefere Einheit bedeuten. Es stand in ihr die Einheit des Menschen mit seinem Boden, seinem Gott und seiner Gemeinschaft auf gegen die Kräfte der Trennung, die das 19. Jahrhundert

---

34 Graf Karlfried von Dürckheim-Montmartin: Neues Deutschland. Deutscher Geist. Tokyo 1942, S. 33.

beherrschten. Deutsche Jugend auch war es, die als erste die Mauern der Großstadt durchbrach und wieder hinauszog in die Natur, um deutschem Wesen gemäss den Geist, der Erde nah, zu erneuern. Und man darf überhaupt nie vergessen – und unsere Zeit industrieller Entwicklung verleitet oftmals dazu – dass die Deutschen ein Bauernvolk sind, und dass die bäurische Einsheit von Mensch und Natur das deutsche Wesen bleibend bestimmt.[35]

Dennoch werden zwei höchst intellektuelle und gebildete Deutsche, die eigentlich mit dem Bauerntum nichts zu tun hatten, als Repräsentanten des deutschen Volkes genannt: Meister Eckhart aus ritterlichem Geschlecht und Goethe aus bürgerlicher Herkunft. Ohne auf die deutsche Mystik des Mittelalters näher einzugehen, heißt es da über den schwer verständlichen Mystiker, der übrigens in der japanischen Fassung viermal erwähnt wird: „der Mann, den die Deutschen selbst als ihren ursprünglichsten Gotteskünder empfinden, Meister Eckehart, hat die Einsheit von Gott und Mensch im tiefsten Grunde gelehrt."[36] Kaum ein japanischer Leser hätte aber recht verstanden, um was für einen Gott es sich dabei handelte, wenn der Mensch mit ihm eins wird, und wie dieses Einswerden mit dem christlichen – wird doch das Wort Gott ohne bestimmten Artikel verwendet – oder germanischen Gott im tiefsten Grunde der Seele vor sich gehen würde.

Naheliegend ist natürlich das innere Verhältnis des Deutschen zum germanischen Gott, zumal nachher hinsichtlich der Individualität erwähnt wird, Rosenberg habe es einmal als das Geheimnis der germanisch-nordischen Seele bezeichnet, daß der germanische Mensch gerade in der Einzigartigkeit seines Wesens etwas eigenartig Unsterbliches erlebe. Im Verlauf der Ausführungen wird Meister Eckhart denn auch mit offenkundiger Verdrehung von der Entäußerung für Gott zur Sachlichkeit bzw. Gemeinschaftlichkeit ohne Quellenangabe zitiert:

> Wenn Meister Eckehart sagt: „Du sollst Dein Ich vernichten, um Dein Selbst zu gewinnen", so äussert er damit eine typisch deutsche Einstellung, die das individuelle Selbst bejaht, jedoch weiss, dass seine Entfaltung und sein Wert von der Preisgabe des kleinen Ichs abhängig ist. Diese Preisgabe des Ichs bedeutet im deutschen Geist aber nie Auslöschen der Person, sondern Hingabe an Sache oder Gemeinschaft.[37]

35 Ebd., S. 37 f.
36 Ebd., S. 38.
37 Ebd., S. 46 f.

Auf diese Weise wird schließlich von den Deutschen die Opferbereitschaft für den faschistisch-totalitären Staat als Volksgemeinschaft verlangt. Bei den Japanern war es die Todesbereitschaft für den Kaiser.

Im Unterschied zu Meister Eckhart ist es in Japan ein Leichtes, über Goethe zu reden. Es kann zwar die Deutschen seltsam anmuten, daß der deutsche Dichter von den japanischen Gebildeten nicht nur als Kronzeuge für eine Art menschlicher Weisheit, sondern auch manchmal wegen seiner angeblich östlichen Denkformen gern gelesen wird. Aber wie bei dem umgedeuteten christlichen Mystiker gibt es für die Nationalsozialisten einen anderen Grund, Goethe für sich in Anspruch zu nehmen: „Nicht aber, weil Goethes Haltung zur Welt östlichem Wesen entspricht, empfinden wir ihn als unseren grössten Dichter, sondern weil wir gerade in ihm in vollkommener Weise jene Einheit von Mensch und Welt wiederfinden, die unser Wesen bestimmt."[38] Goethe wurde zu jener Zeit nicht so sehr als Weltbürger, sondern vielmehr als der typische Deutsche für die nationalsozialistische Weltanschauung vereinnahmt.[39]

Als ein Beispiel für das innige Verhältnis des Deutschen zur Natur wurde am Ende des 1. Kapitels in der japanischen Fassung ausgerechnet Goethes Gedicht „Wandrers Nachtlied" angeführt. Das ist aber eines der beliebtesten Gedichte Goethes in Japan. In der deutschen Fassung wird dagegen das ontische Werden im deutschen Wesen hervorgehoben: „Das ‚Stirb und Werde' aller lebendigen Natur ist das Grundgefühl echt deutscher Menschen."[40] Aber auch das ist ein Lieblingsvers aller japanischen Goethefreunde mit dem ethischen Übergewicht des Sterbens. Die Grundgedanken im 5. Kapitel „Leyer und Schwert" über die unzertrennliche Verbindung von soldatischer Kraft mit musischer Tiefe bei den Deutschen stimmen in beiden Fassungen

---

38 Ebd., S. 38.
39 Vgl. beispielsweise Adolf Bartels: Goethe der Deutsche. Verlag Moritz Diesterweg. Frankfurt am Main 1932; Goethe an uns. Ewige Gedanken des großen Deutschen. Eingeleitet durch eine Rede Baldur von Schirachs. Zentralverlag der NSDAP. Franz Eher Nachf. G.m.b.H. Berlin 1942.
40 K. Dürckheim: Neues Deutschland. Deutscher Geist. S. 44. Bedenklich erscheint, daß auch Josef Quint Meister Eckhart mit diesem lakonischen Vers Goethes interpretiert. Vgl. Meister Eckehart. Deutsche Predigten und Traktate. Herausgegeben und übersetzt von Josef Quint. Carl Hanser Verlag. München 1955. Einleitung S. 28, 32, 48.

überein, die größten der deutschen Soldaten seien selbst Jünger der Musen gewesen von Walther von der Vogelweide, Wolfram von Eschenbach, Ulrich von Hutten über Friedrich den Großen, Prinz Louis Ferdinand, Gneisenau, Moltke bis hin zu Adolf Hiltler, dem Führer. Da aber der soldatische Charakter des Deutschen mehr ein männliches Prinzip darstellt, mußte der Autor dem japanischen Lesepublikum zuliebe im Anschluß daran noch ein Kapitel „Das Ewig-Weibliche" hinzufügen, das sich mit dem weiblichen Prinzip der ewigen Mutter-Natur für Blut und Boden beschäftigt.

So erfülle nach der Ansicht Dürckheims das nationalsozialistische Deutschland auch die alte Forderung des deutschen Geistes zur Einheit, zur Einheit der Menschen im Volk und zur Einheit der Kräfte im Menschen. Das Fazit solcher Überlegungen gipfelt in der Zusammenfassung sowohl der japanischen als auch der deutschen Fassung mit den folgenden, im Grunde übereinstimmenden Worten:

> Wie der heilige Glaube an Deutschland heute nicht nur die Herzen vereint, sondern sich endlich auch mit der eisernen Kraft zur Wirklichkeitsgestaltung verbindet, die irrationalen Kräfte der Einsheit also gestaltungsmächtig verbunden sind mit den Kräften rational planenden Willens, so vereinigt das Führerprinzip heute die urdeutsche Betonung des Einzelnen mit dem deutschen Drang zur Gemeinschaft. Führer und Gefolgschaft sind eins! Beides bedeutet Hingabe des Ichs an das Ganze, allem zuvor also: Glied sein.[41]

Wenn zum Schluß noch freundlich angenommen wird, daß der deutsche und der japanische Geist tiefer noch als durch den Einklang der gemeinsamen durch den Zusammenklang der zwar verschiedenen, aber sich glücklich ergänzenden Wesenszüge befruchtet werden, so zeigt sich zumindest eine gute Aussicht auf eine geistige Verständigung in Ost und West, auch wenn vom Zen noch keine Rede war.

---

41 Ebd., S. 49. Vgl. die im Grunde gleiche Gedankenführung in *Zen und wir*: „Wo der Mensch noch fest als Glied im gewachsenen Ganzen einer Gemeinschaft lebt, die ihn wirklich trägt, sein Dasein mit Sinn erfüllt und ihn menschlich birgt, tritt sein Lebensanspruch als individuelles Wesen noch nicht in Erscheinung. Dieser ist aufgehoben im Lebensanspruch des Ganzen. Wenn dieses über die persönlichen Anliegen des Einzelnen hinweggeht, so bedeutet dies nicht die Verneinung des Existentiellen; denn durch die Teilhabe des Einzelnen am Ganzen lebt das Ganze als Subjekt im Einzelnen." (S. 35)

c) NS-Kritik am westlichen Geist

In dem japanischen Buch Dürckheims über den deutschen Geist war zwischen Stärken und Schwächen in Natur und Charakter eines Volkes unterschieden, und der Volksgeist wurde von den geschichtlichen Leistungen der Stärken abgeleitet. Der Volkscharakter kann dagegen durch äußere schlechte Einflüsse und uneingeschränkte Wucherung eigener Schwächen gefährdet werden, dem es dann entgegenzuarbeiten gilt. In dem Aufsatz „Deutscher Geist und westlicher Geist" wird diese Gefährdung rhetorisch in Form einer einseitigen japanischen Kritik am europäischen Geist überhaupt etwa folgendermaßen zusammengefaßt: „Während die technisch-wissenschaftliche Kraft des europäischen Menschen für Japan einst den Inbegriff allen Fortschritts bedeutete, machten sich mit der Zeit immer deutlicher jene mit ihm verbundenen, traditionsauflösenden und Gemeinschaft zerstörenden Kräfte bemerkbar, und begannen als Intellektualismus, Individualismus und Materialismus, als Marxismus und Kommunismus das geistige, soziale und politische Leben Japans zu verseuchen."[42]

Überhaupt sind alle aus dem Rationalismus resultierenden, hier genannten negativen Ismen vom Nationalsozialismus weltanschaulich bekämpft worden. Dabei stellte er ihnen im Namen der Mystik einen erdhaften, gesunden Irrationalismus gegenüber. Der westliche Geist erweist sich somit als zweideutig und kann nicht nur im allgemeinen den europäischen, sondern auch den französischen oder anglo-amerikanischen Geist im Unterschied zum deutschen Geist bedeuten, wenn auch im Zuge dieser Gedankenführung rhetorisch weiter gefragt wird: „Soll es immer so bleiben, dass das zivilisatorische, nicht aber das kulturelle Element den japanischen Begriff von Europa ausschlaggebend bestimmt?"[43] Der japanische Begriff von Europa soll also in erster Linie den Intellektualismus als Verfallserscheinung des gesunden Rationalismus beinhalten.

Daß die Japaner einen derartigen Begriff von Europa gehabt hätten, ist allerdings eine Unterstellung von Dürckheim, der hier zwischen den

---

42 Ebd., S. 16.
43 Ebd., S. 17.

Gebildeten und den breiten Schichten des Volkes nicht unterscheidet. Die gebildeten Japaner kannten sich damals schon durch zahlreiche literarische Übersetzungen in der europäischen Kultur gut aus. Aufgrund der Schwarz-Weiß-Malerei für das ungebildete Volk in Japan wird dennoch zugunsten der Notwendigkeit eines Irrationalismus im nationalsozialistischen Verständnis ein Kurzschluß aus der westlichen Zivilisation gezogen: „Die natürliche, naturverbundene Weltanschauung, in der der Mensch mit Selbstverständlichkeit als Glied seiner Gemeinschaften und in Ehrfurcht vor den überlieferten Werten und der Tradition seiner Ahnen lebt, hatte sich zu einer naturfernen, gemeinschaftsfeindlichen, rein verstandesmässigen Welt- und Lebensansicht verdünnt."[44]

Kritische Hervorhebung der Naturferne und Gemeinschaftsfeindlichkeit in der europäischen Geisteshaltung im ausgehenden 19. Jahrhundert impliziert selbstverständlich eine Kritik am Leben der Großstadt, und das Plädoyer für überlieferte Werte sowie Tradition deutet eine antimodernistische Einstellung gegenüber Kunst und Literatur in der Jahrhundertwende an, was wieder der NS-Ideologie entspricht. In dieser Weise wird zuletzt der Individualismus kritisiert, so daß ein faschistisch-totalitärer Staat im Sinne des Nationalsozialismus notwendig erscheint: „Und so triumphierte in Europa in der Tat vorübergehend die Welt der Technik und Naturwissenschaft über die Welt der geheiligten Tradition, die Welt der Zivilisation über die Welt der europäischen Kultur. Und das bedeutete zugleich den Triumph des Einzelnen und seiner privaten Ansprüche über die berechtigten Ansprüche der Gemeinschaft. Diese Verselbständigung des Individuums, die man als Individualismus bezeichnet, bildet ein zweites Kennzeichen des europäischen Geistes in den Augen des Ostens."[45]

Im Gegensatz zum Individuum ist die Individualität eine auszeichnende Eigentümlichkeit aller lebenden Wesen, wie denn auch Goethes Vers „Geprägte Form, die lebend sich entwickelt"[46] in dem Gedicht

---

44 Ebd., S. 21.
45 Ebd., S. 21
46 Goethes Werke. Hamburger Ausgabe. Bd. 1, S. 359. Vgl. das Zitat z. B. bei Walther Linden: Goethe und die deutsche Gegenwart. Deutsches Verlagshaus Bong & Co. Berlin 1932, S. 53.

„Urworte. Orphisch" in den dreißiger Jahren gern zitiert wurde. Daher meint Dürckheim, gerade das Menschentum, das Individualität wahrhaft zu erleben und zu verehren vermag, rühre an ein Geheimnis des Lebens, und behauptet folgendes, indem er statt von Europa nun vom Abendland spricht:

> Mehr als alle anderen Rassen der Erde hat der Mensch des Abendlandes dieses Geheimnis empfunden, als Einsamkeit und Reichtum, als Sehnsucht und Gottesnähe, und hat in diesem Geheimnis die tiefe Kraft des Schöpferischen verehrt und erlebt. Vor allem der germanische Mensch ist immer wieder von diesem Geheimnis ergriffen worden, er aber ohne jemals völlig die Bande zu vergessen, die den Einzelnen mit seinem Geschlecht, seiner Sippe, seinem Volke verbinden.[47]

Die guten Eigenschaften des europäischen Geistes können jedoch überbetont oder überentwickelt werden. So entartet eine Vorherrschaft des Intellektuellen zu einer sogenannten Kopfkultur, d. h. zum Intellektualismus, und das entfesselte Individuum führt zum Individualismus bzw. zum individualistischen Liberalismus. Es ist aber nach der Meinung Dürckheims im Grunde nur Westeuropa, das dieser Entartung weitgehend zum Opfer gefallen ist:

> Wie der Verstand im 19. Jahrhundert sich aus der Ganzheit der seelisch-geistigen Funktionen löste, so der Mensch mehr und mehr aus dem Gefüge seiner Gemeinschaft. Im Bund mit dem isolierten Verstand entwickelte er oft jenes Wesen, das der edelsten Kennzeichen des Menschlichen entbehrt: gläubige Gebundenheit und Verantwortlichkeit im Rahmen der Gemeinschaft.[48]

Zwei Eigentümlichkeiten jenes alten Europa, das Japan kennengelernt hat, Intellektualismus und Individualismus, sollen aber nicht ursprüngliche Wesenszüge, sondern Entartungsformen des europäischen Geistes gewesen sein.

Neben den beiden echten Grundzügen des europäischen Menschen, Intellekt und Individualität, gibt es zwei andere in entgegengesetzter Richtung: zum einen die den Verstand ergänzende Kraft zum Geheimnis, die Liebe zum Irrationalen, und zum anderen die Kraft zur Gemeinschaft,

---

47 K. Dürckheim: Neues Deutschland. Deutscher Geist. S. 22.
48 Ebd., S. 23.

die Innigkeit europäischen, insbesondere deutschen Gemeinschaftslebens, das wohl in Japan wenig bekannt sei. Zur Verherrlichung de facto des deutschen Irrationalismus wird deshalb in volkhaft übertriebener Weise gesagt:

> Daher steht gerade beim guten Europäer neben der Fähigkeit zum erklärenden Erkennen jene andere, die nicht dem Verstande entspringt, sondern dem Instinkt, und die vielleicht nicht die Gesetze der Natur, aber mit dem Herzen die Sprache der Götter versteht. Diese Kraft aber wächst dem Einzelnen zu, nicht aus ihm selbst, sondern aus der Seele seines Volkes.[49]

Die raunende Sprache der Götter, die man in geistiger Verblendung zu verstehen glaubt, sollte sich wenig später als unmenschliche Sprache der Dämonen herausstellen. Es gibt ja nicht nur gute, sondern auch böse Geister, die als Teufel bezeichnet werden.

Es wird ferner gesagt, Europas Geist umfasse mehr als westliche Zivilisation und stehe selbst im Kampf seiner völkischen Kulturen gegen das Übermächtigwerden einer antivölkischen rationalistisch-individualistischen Zivilisation. Die Grundeigenschaften des europäischen Menschen würden vielmehr in den Kulturen der europäischen Völker sichtbar. Aber wenn das Wort „völkisch" statt des üblichen „national" fällt, steht das andere nahverwandte Wort „nationalsozialistisch" gleich da: „Während also der Westen Europas und die ihm geistig eng verbundenen Vereinigten Staaten von Nordamerika, der Rationalisierung und Mechanisierung von Leben und Arbeit, sowie der Individualisierung des Menschen immer mehr Raum gaben, brachen in Deutschland immer wieder, zuletzt in der nationalsozialistischen Revolution, die Kräfte des Gemütes und der Gemeinschaft gegen diese gefährliche Doppelentwickelung durch."[50] Als ein gutes Beispiel dafür wird das deutsche „Gemüt" in seiner gestaltenden Kraft unterstrichen, das weder ins Französische noch ins Englische übersetzt werden könne. Dieses spezifisch deutsche Wort wird übrigens unabhängig von der NS-Ideologie heute noch gern gebraucht, um im Ausland die Grundeigenschaft der Deutschen zu erklären.

---

49 Ebd., S. 24. Vgl. eine kritische Abrechnung mit einer solchen Literaturauffassung bei Walter Muschg: Die Zerstörung der deutschen Literatur. LIST-Bücher 156. Paul List Verlag. München o. J. (1958)
50 Ebd., S. 27.

Gegenüber den sogenannten lebenswidrigen Entartungsformen des europäischen Geistes bestehe nach Dürckheim die Eigenart deutschen Wesens, wie sie besonders in Musik und Philosophie aufbreche, darin, daß „die grossen Revolutionen des Herzens nicht im Gestaltlosen zerfliessen, sondern hinführen zu haltbaren Neuformungen des Lebens"[51]. In der Ästhetik bzw. Literaturwissenschaft wurde damals auf den aus Goethes Morphologie stammenden Begriff „Gestalt"[52] viel Wert gelegt, und aus dem Gestaltprinzip konnte man in der Tat auf die klassische Form in Kunst und Dichtung verweisen. Es bleibt aber nicht auf dem Bereich der Kunst und Literatur beschränkt, sondern wird auf die Gestaltung des menschlichen Lebens überhaupt übertragen:

> Und so ist es auch heute jene Einheit von Soldatentum und Dichtertum, von staatsbildender Kraft und völkischer Lebendigkeit, von technischem Können und lebendigem Glauben, auf die der Deutsche baut, wenn er an Deutschlands und Europas Zukunft denkt, eine Einheit, die seit jeher zum Wesen des Deutschtums gehört und die sich dem Deutschen unsrer Tage wie niemals Deutschen zuvor im nationalsozialistischen Deutschland verkörpert.[53]

Im Hinblick darauf, daß der europäische Mensch im Westen eine Zeitlang ein Opfer der Gefahr geworden sei, durch ihren Erkenntnis- und Tatendrang sich der Natur zu entfremden, wird von der Tragik Europas gesprochen. Denn der Mensch sei nicht nur Einzelwesen, sondern sei und bleibe immer zugleich auch Glied höherer Lebensganzheiten, vor allem seiner Familie und seines Volkes. Vergesse er dies, so lösten sich diese Ganzheiten selber auf und es entschwinde ihm der Mutterboden, auf dem auch er im Sinne der Schöpfung allein gedeihen könne. Wo die Gemeinschaften zerfielen, entarte der Mensch. Es war aber ebenso tragisch, daß man im nationalsozialistischen Deutschland der Gefahr,

---

51 Ebd., S. 29.
52 Vgl. K. Lothar Wolf und Wilhelm Troll: Goethes Morphologischer Auftrag. Die Gestalt 1. Max Niemeyer Verlag. Halle (Saale) 1942.
53 K. Dürckheim: Neues Deutschland. Deutscher Geist, S. 29. Über die „Gestalt"-Wissenschaft des George-Kreises vgl. Ryozo Maeda: Geistesgeschichte als Strategie – Japanische Germanistik 1925–1965. In: Akten des X. Internationalen Germanistenkongresses Wien 2000 „Zeitenwende – Die Germanistik auf dem Weg vom 20. ins 21. Jahrhundert". Herausgegeben von Peter Wiesinger unter Mitarbeit von Hans Derkits. Band 11. Peter Lang Verlag. Bern 2003. S. 265–270; hier S. 267.

durch eine weltanschauliche Übertreibung wieder ins andere Extrem umzuschlagen, zum Opfer gefallen ist.

Hierbei spielte der Antisemitismus anscheinend noch keine allzu große Rolle, weil immer nur von Europa oder vom Westen die Rede war. In dem japanischen Buch über den deutschen Geist wurde das Wort „jüdisch" zwar einmal im Sinne von „undeutsch" kritisch verwendet. Aber der übliche Vorwurf gegen einen Internationalismus eines intellektuellen Judentums wurde weder in der deutschen Fassung noch in dem Aufsatz „Deutscher Geist und westlicher Geist" vorgebracht, wenngleich der Marxismus bzw. Kommunismus einmal erwähnt wurde. An anderer Stelle ist sicherlich für die nichtarischen Japaner schonend gesagt worden: „Aus dem Bekenntnis zur Wesensart unseres Volkstums folgt notwendig Wille und Pflicht, die Grundlagen dieser Eigenart, die rassische Substanz des deutschen Volkes zu erhalten und gegen jede Gefährdung zu schützen. Darin liegt keine Herabsetzung anderer Rassen, sondern lediglich die Überzeugung, dass dies die erste Voraussetzung zur Erhaltung der völkischen Kraft und damit der gesamten nationalen Existenz und Zukunft ist."[54]

d) Meister Eckhart zum vermeintlichen besseren Verständnis des deutschen Geistes

Vor dem Hintergrund einer derartigen Gedankenführung verfaßte Dürckheim im Jahre 1943 sein Eckhart-Buch. Meister Eckhart galt ihm dabei, wie es im Vorwort heißt, als der größte religiöse Mensch Deutschlands und erschien deshalb als der nächste Weg für die Japaner, den deutschen Geist besser zu verstehen, zumal sie wie die Deutschen im gleichermaßen tiefen Glauben lebten. Er ging wohl davon aus, daß sie eventuell jenes aus einer Predigt Meister Eckharts entnommene Motto bei Alfred Rosenberg in japanischer Übersetzung gelesen hatten: „Diese Rede ist niemand gesagt, denn der sie schon sein nennt als eigenes Leben, oder sie wenigstens besitzt als eine Sehnsucht seines Herzens."[55]

---

54 K. Dürckheim: Volkstum und Weltanschauung. In: derselbe, Neues Deutschland. Deutscher Geist. S. 7 f.
55 Alfred Rosenberg: Der Mythus des 20. Jahrhunderts. 125.–128. Auflage. München 1938, Titelseite.

Im vierten Kapitel des oben erörterten Buches über den deutschen Geist war Meister Eckhart tatsächlich als eklatantes Beispiel für die von Rosenberg charakterisierte verinnerlichte Religiosität des germanischen Menschen herangezogen. Hier war schon im Zusammenhang mit der geistigen Vereinigung mit Gott von „Seelengrund" oder „Seelenfünklein" die Rede. Der Ausdruck *unio mystica* dürfte deshalb vermieden worden sein, weil er zu christlich-theologisch klingt. Eckhart wurde doch nicht als Prediger des Dominikanerordens, sondern als Verkörperung des deutschen Geistes neben Luther, Hölderlin, Winckelmann und Goethe gefeiert. Es versteht sich von selbst, daß zuletzt Hitler als der größte Führer des deutschen Volkes und als ein Mensch von welthistorischer Bedeutung hingestellt wurde.

In der Einleitung wird so die Aktualität Eckharts für die Gegenwart hervorgehoben, indem der Autor ihn als einen leuchtenden Gipfel auf dem geistigen Boden der Deutschen bezeichnet. Er ist vor allem ein Deutscher. Deshalb ist nur derjenige, der wie er auf deutschem Boden aufgewachsen ist und sich aus der Tiefe des deutschen Charakters und Lebens emporgearbeitet hat, in der Lage, auf den Gipfel seiner geistigen Meisterschaft zu steigen. In dieser Höhe empfindet man, daß der Boden seine echte Kraft zutiefst aus einer einzigen Urquelle schöpft und einem einzigen Gesetz gehorcht. Wer auf diese Höhe gestiegen ist, trifft sich auf dem gleichen Boden wieder, woher er auch ausgereist sein mag. Die Menschen stehen aber immer noch unter der Vorherrschaft der Maschine, da ihr Geist vorwiegend dem Wunsch verhaftet ist, durch die Unterwerfung unter die Naturkraft lediglich materiell-äußere Bedingungen des Lebens zu verbessern. Mit einem Wort ging es ihnen ausschließlich um die Zivilisation, obwohl das Wort hier merkwürdigerweise nicht verwendet wurde.[56]

---

56 Auch in *Zen und wir* wird Rationalismus für ein gewichtiges Hindernis zur inneren Freiheit gehalten: „Die bis in die tiefsten Geheimnisse der Natur vordringenden Erkenntnisse der Naturwissenschaft, die im wahren Sinne des Wortes himmelstürmenden Leistungen der Technik, die alles durchdringende Fähigkeit zur Organisation und alles das, worauf der westliche Mensch stolz ist, hat die Bewußtseinsform, die all dem zu Grunde liegt, die rationale, in einem Ausmaße zur einzig gültigen werden lassen, daß alles, was ihrer Sicht nicht zugänglich ist, verstellt ist." (S. 27)

Demgegenüber protestierten die Menschen der Innerlichkeit, indem sie sich als Wissenschaftler und Künstler um Gründung des inneren Reiches als den eigentlichen Raum des Geistes bemühen. Ihre Bemühungen faktisch um die Kultur galten schon als notwendige Ergänzungen zum Maschinenzeitalter der Zivilisation. Sie waren jedoch häufig weltfremd und wurden in ihrem tiefen Anliegen, die Wahrheit zu erkennen und der Schönheit zu dienen, nicht genug wahrgenommen oder ernst genommen. Deshalb wurde ihre leise Stimme für die Innerlichkeit durch das lautstarke Geschrei nach dem Aufbau der Gesellschaft fast weggeblasen. In ihren Augen sahen die weltzugewandten Menschen der Tat wohl wie reine Materialisten aus. Aber sie mußten sich mit ihrer Innerlichkeit nur kraftlos aus der Welt zurückziehen. So entwickelte sich die Gegensätzlichkeit beider Lager schließlich zu einer Feindschaft, die für die Menschheit eine große Gefahr mit sich brachte. Sowohl materialistische Realisten als auch geistige Idealisten handelten letzten Endes lebensfeindlich.

Aus der hier in groben Zügen wiedergegebenen geistesgeschtlichen Situation des 19. Jahrhunderts, in der nach Dürckheims Meinung die Einheit des Lebens gespalten wurde, ergibt sich die aktuelle Bedeutung Meister Eckharts für die Gegenwart von selbst. Denn es liegt nahe, ihn als ein historisches Musterbeispiel für die Überwindung solcher Gegensätzlichkeiten hinzustellen. Nach dem Krieg spricht Dürckheim allerdings in Deutschland stattdessen fast nur vom Zen. Dagegen heißt es in einem philologisch einwandfreien Buch über die deutsche Mystik andeutungsvoll: „Immer neue Weltanschauungen haben ihn [= Meister Eckhart] als Zeugen für ihre Meinungen in Anspruch genommen und ihn damit aus dem Grunde gelöst, in den er hineingehört: die christlich-scholastische Philosophie und Theologie des Mittelalters."[57]

Vor der Inanspruchnahme Meister Eckharts für die nationalsozialistische Weltanschauung wird dementsprechend mit spekulativen Jargons versucht, eine sogenannte globale Philosophie, wie sie in dem selbständi-

---

57 Hermann Kunisch (Hrsg.): Eckhart, Tauler, Seuse. Ein Textbuch aus der altdeutschen Mystik. Rowohlts deutsche Enzyklopädie. Bd. 31. Hamburg 1958, S. 29. Vgl. ferner Adolf Lasson: Meister Eckhart, Der Mystiker. Zur Geschichte der Religiösen Spekulation in Deutschland. Nachdruck der Auflage Stb-p. Nobely von 1868 ohne Kürzungen. Fourier Verlag. Wiesbaden 2003.

gen Buch (Anhang 2) ausführlich behandelt wird, zur Überwindung von Ost und West für das japanische Lesepublikum zu entwickeln. Da das menschliche Dasein als eine religiöse Existenz zwischen Himmel und Erde dargestellt wird, kann man leicht aus dem nichtchristlichen Standpunkt einer fernöstlichen Tradition in die NS-Ideologie hineinfallen. Ohne Originaltext hat es aber wenig Sinn, im einzelnen kritisch darauf eingehen zu wollen. Es kommt mir nur auf das Fazit an, das aus scheinbar modernen globalphilosophischen Überlegungen heraus für den mittelalterlichen Mystiker gezogen wird. Zum Schluß der Einleitung wird der Zweck seiner nachfolgenden Ausführungen gleichsam wie im Gespräch mit einem Zen-Meister unumwunden ausgesprochen:

> Es war Meister Eckhart, der sich mit diesem sich verschärfenden Gegensatz (von Tat und Innerlichkeit) auseinandergesetzt hat. Ist es doch ein Lebensbetrug, sich vor dem Salto mortale zu fürchten. Die Weisheit Eckharts war aus der Freiheit, den Betrug zu überwinden und über den Absturz hinwegzukommen, geboren. Das Wesen des Menschen ist Gott. Aber Gott ist von den Richtlinien der Welt aus gesehen ein Nichts. Auf der anderen Seite ist das Wesen des Menschen die Erde. Aber die Erde ist von den Richtlinien Gottes aus gesehen ein Nichts. Der Mensch steht in dieser Gegensätzlichkeit, was gerade Meister Eckharts Problem ausmacht.

Im Anschluß an dieses Zitat kommt das im Anhang 3 detailliert angegebene Kapitel über die Lehre Eckharts, in dem zuerst die Frage aufgeworfen wird, wie sich Meister Eckhart bzw. deutsche Mystik und Zen zueinander verhalten. In dem ins Japanische übersetzten Aufsatz „Volkstum und Weltanschauung" hatte Dürckheim bereits kulturvergleichend über die japanische und die deutsche Weltanschauung geschrieben:

> Zahlreiche Parallelen liessen sich mit Bezug auf den allmählich fortschreitenden Klärungsprozess ihrer Weltanschauungen zwischen Japan und Deutschland aufweisen. Und hier wie dort lebt heute in ihrem völkischen Geist ihr unvergleichbares Wesen im Gefüge derjenigen Züge, die sich im Lebenskampf der Jahrtausende, im Kampf um Sein oder Nichtsein gegen die Natur und andere Völker, gegen die Schwächen des eigenen Charakters sowie gegen das eindringende Fremde durchgesetzt haben. Besonders im Kampf gegen das Fremde vollzog sich ihre fortschreitende Klärung.[58]

---

58 K. Dürckheim: Neues Deutschland. Deutscher Geist. S. 2f.

Trotz tiefer Bereicherungen bedeute jedoch das Christentum im Grunde ebenso wenig für die deutsche Weltanschauung wie der Buddhismus für die japanische. Das Zen wurde also als etwas Wesensfremdes in der japanischen Weltanschauung angesehen, wenngleich der Buddhismus als solcher in der japanischen Geschichte wohl ab und zu realpolitisch, aber nie religiös in Zweifel gezogen worden war. Es ist auch auffallend, daß das Zen in seinem Aufsatz nicht ausdrücklich genannt wurde.

In dem Eckhart-Buch ist die Erörterung des Zen mit dieser völkischen Grundeinstellung prinzipiell erledigt. Aber immerhin war zu Beginn des Hauptteils ein Abschnitt „Eckhart und Zen" eingebaut, so daß es unentbehrlich erscheint, den ganzen Text in deutscher Rückübersetzung näher zu betrachten. Zuerst wird versucht, auf die Frage nach einer scheinbaren Affinität deutscher und japanischer Religiosität rhetorisch zu antworten:

> Wenn danach gefragt wird, wie sich Meister Eckhart bzw. deutsche Mystik und Zen zueinander verhalten, so neige ich zu der Ansicht, es gebe zwischen den beiden manche Gemeinsamkeiten. Gehe ich aber näher darauf ein, worin eigentlich die Gemeinsamkeiten bestünden, so finde ich sie kaum. Soll ich sie überhaupt negieren, so zögere ich mit derartigen Äußerungen. Habe ich doch das Gefühl, was beides meint, könnte im Grunde auf das Gleiche hinauslaufen.

Damals scheint Dürckheim also nur eine vage Vorstellung vom Zen gehabt zu haben. Es gilt deshalb, die vorgebrachte rhetorische Antwort zu präzisieren. So heißt es weiter:

> Was ist denn beidem gemeinsam? Eventuell kann es so sein, daß den beiden eine solche kristallklare Atmosphäre eignet wie am Gipfel des hohen Berges oder im Herbsthimmel am heiteren Morgen. Auf jeden Fall ist unser Herz frei und unbefangen. Wir stehen fest und übertreffen das Weltall und befinden uns doch mitten im Weltall. Die Welt liegt vor uns so klar, daß es uns vorkommt, als ob wir in den Abgrund der Welt hineinschauen könnten. Dies ist Eckhart, dies ist Zen. Aber man könnte fragen, „Was siehst du dort eigentlich?" Darauf ist zu antworten, was die beiden sehen, ist schon sehr verschieden. Die Landschaft, die sich vor dem Zen ausbreitet, unterscheidet sich von der Landschaft Eckharts. Das trifft zu, insofern wir sie sehen und mit Worten beschreiben wollen. Aber wenn die beiden sich der sprachlichen Äußerung enthalten und vor dem, was sie sehen, ihre Augen zuschließen und von dem, was sie hören, ein bedeutendes Schweigen einhalten, flüstert dieses

Schweigen uns zu, ob nicht das, was Eckhart sieht, und was das Zen sieht, letztlich doch gleich ist.

Hier bemerkt Dürckheim mit der Manier des sogenannten Koan im Zen: „Das stimmt, aber das kann auch nicht stimmen. Wer wagt auf diese Frage zu antworten?" und schreibt zum Schluß des Abschnitts fast nebenbei: „Ich habe den Auftrag erhalten, etwas über Eckhart zu schreiben. Eckhart hat den Verfasser gewiß schon lange beschäftigt, aber ich weiß nicht, was er sagt. Ich weiß nur, daß seine Aussage recht hat. Es ist gleich wie ich weiß, daß die Lehre des Zen zu Recht steht." Damit geht Dürckheim zum Abschnitt 2 „Zum Verständnis Eckharts" über. Hier wird vor allem zwischen Lektüre und Verständnis unterschieden, um darauf aufmerksam zu machen, daß ein Wissen über Eckhart und ein Leben nach seinem Geist nicht unbedingt dasselbe sind. Damit betont er, daß er von Eckhart nichts weiß, obgleich er über ihn schreibt. Damit geht er allen philologischen und theologischen Problemen der Eckhart-Forschung aus dem Weg und rechtfertigt seine nachfolgenden Ausführungen mit der Argumentation, Eckhart sei keine Angelegenheit des spekulativen Denkens, sondern eine Lebenserfahrung, worauf Alfred Rosenberg mit seinem Motto schon hingewiesen hätte.

Im Abschnitt 3 „Der Versuch" wird ein Wort Meister Eckharts erstmals zitiert, und zwar aus dem Traktat „Von der Abgeschiedenheit", dessen Echtheit damals noch nicht feststand. Aber losgelöst von dem ursprünglichen Text: „Und was Christus und Unsere Frau je von äußeren Dingen redeten, das taten sie durch den äußeren Menschen, und doch stand der innere Mensch in unbeweglicher Abgeschiedenheit,"[59] lautet

---

59 Meister Eckhart: Vom Wunder der Seele. Eine Auswahl aus den Traktaten und Predigten. Herausgegeben von Friedrich Alfred Schmid Noerr. Mit einer Einleitung von Johanna Lanczkowski. Reclam UB Nr. 7319. Stuttgart 1989. S. 26. Genauso ohne Bezugnahme auf die biblische Bedeutung von „*passio*" in *Zen und wir*: „Die große Antriebsfeder, die den Menschen niemals zur Ruhe kommen läßt, ewig in Atem hält und vorantreibt, ist das Leiden. ‚Merket wohl alle nachdenklichen Gemüter, das schnellste Roß, das Euch zur Vollkommenheit trägt, ist Leiden.' (Meister Ekkehart)" (S. 19 ohne Quellenangabe) Es handelt sich dabei um eine Stelle aus dem Traktat „Von der Abgeschiedenheit": „Nun merket auf, ihr vernünftigen Geister alle: Das schnellste Tier, das euch zur Vollkommenheit trägt, das ist das Leid; denn niemand genießt mehr ewige Seligkeit, als wer mit Christus in der tiefsten Bitternis steht."(Reclam, S. 27)

das verallgemeinernde japanische Zitat in der Rückübersetzung: „Es gibt Fälle, in denen der innere Mensch von der Tätigkeit ganz befreit unbeweglich ist, während der äußere Mensch in reger Tätigkeit steht." Das anschließende Gleichnis für die innere Unbeweglichkeit wird gleich danach herangezogen. Es heißt in der einschlägigen neuhochdeutschen Übersetzung im Anschluß an die vorangegangenen Sätze:

> Eine Tür geht in einer Angel auf und zu. Nun vergleiche ich das äußere Brett an der Tür dem äußeren Menschen und die Angel vergleiche ich dem inneren Menschen. Wenn nun die Tür auf- und zugeht, so bewegt sich das äußere Brett hin und her; und doch bleibt die Angel in steter Unbeweglichkeit und wird nicht im geringsten verändert. In gleicher Weise ist es auch hier.

Ansonsten wird eine Stelle über eine gänzliche Hingabe, die alle Tugenden übertrifft, wieder ohne Quellenangabe zitiert. Da aber die Hingabe ein Werk, eine vollendete Tätigkeit ist, scheint sie ebenfalls im Widerspruch zu stehen mit der inneren Unbeweglichkeit im äußeren Tun. Die Lösung dieser Widersprüchlichkeit soll nur in einem jederzeit todesbereiten Herzen zu finden sein. Dafür wird der japanischen Übersetzung der deutsche Originaltext „Ein Herz, das nichts für sich will" angeführt. Um ihn zu erklären, werden noch die Ausdrücke „der Geübte", „das ledige Gemüt" sowie „Unbewegliche Abgeschiedenheit" in deutscher Sprache angeführt, wobei das Wort „ledig" mit dem Terminus des Zen *gedatsu* wiedergegeben wird. Dementsprechend wird „Abgeschiedenheit" auf *mu* (= Nichts) bezogen, und es wird gesagt, der Abgrund dieses Nichts sei Gottheit, die jedoch nicht mit Gott identisch sei. Die im Grunde bezweifelte sogenannte Mystik Meister Eckharts wird schließlich mit den neuplatonisch-mystischen Ausführungen am Ende der bekannten Predigt „Von der Armut im Geiste" (*Beati pauperes spiritu, quia ipsorum est regnum coelorum*) demonstriert:

> Als ich aus Gott floß, da sprachen alle Dinge: Gott ist. Dies aber kann mich nicht selig machen, denn hierbei erkenne ich mich als Kreatur. In dem Durchbrechen aber, wo ich ledig stehe meines eigenen Willens und des Willen Gottes und aller seiner Werke und Gottes selber, da bin ich über allen Kreaturen und bin weder „Gott" noch Kreatur, bin vielmehr, was ich war und was ich bleiben werde jetzt und immerfort. Da empfange ich einen Aufschwung, der mich bringen soll über alle Engel. In diesem Aufschwung empfange ich so

großen Aufschwung, daß Gott mir nicht genug sein kann mit allem dem, was er als „Gott" ist, und mit allen seinen Werken; denn mir wird in diesem Durchbrechen zuteil, daß ich und Gott eins sind. Da bin ich, was ich war, und da nehme ich weder ab noch zu, denn ich bin da eine unbewegliche Ursache, die alle Dinge bewegt. Allhier findet Gott keine Stätte (mehr) in dem Menschen, denn der Mensch erringt mit *dieser* Armut, was er ewig gewesen ist und immerfort bleiben wird.[60]

Der Grund, warum ein so langer Passus zitiert worden ist, ist m.E. dreierlei. Erstens schließt sich daran der fortgelassene Satz an, der eine verdrehte Bezugnahme des deutschen Geistes nahelegt: „Allhier ist Gott eins mit dem Geiste, und das ist die eigentlichste Armut, die man finden kann." Der Geist des deutschen Volkes könnte dadurch im Sinne der mittelalterlichen Mystik als ganz irrational begründet werden. Zweitens handelt es sich bei diesem Zitat faktisch um einen der achtundzwanzig durch die Bulle von 1328 verurteilten Sätze: Satz 22 „Der Vater zeugt mich als seinen Sohn und als denselben Sohn. Was immer Gott wirkt, das ist Eines; darum zeugt er mich als seinen Sohn ohne allen Unterschied."[61]

In der Tat erscheint es provokativ von Meister Eckhart und damit häretisch genug, nicht allein Christus, sondern auch den guten oder edlen Menschen, sogar sich selbst als einen eingeborenen Sohn Gottes zu bezeichnen. Die Formulierung „ich bin da eine unbewegliche Ursache, die alle Dinge bewegt" erweist sich außerdem als die Definition Gottes im aristotelischen Sinne. Drittens kann der Zusatz Eckharts, der abschließend noch zitiert wird, Dürckheims Auffassung seiner Lehre als Lebenserfahrung bekräftigen: „Wer diese Rede nicht versteht, der bekümmere sein Herz nicht damit. Denn solange der Mensch dieser Wahrheit nicht gleicht, solange wird er diese Rede nicht verstehen. Denn es ist eine unverhüllte Wahrheit, die da gekommen ist aus dem Herzen Gottes unmittelbar."

So wird also das Etikett einer christlichen Mystik Meister Eckhart aus folgenden Gründen abgesprochen, es sei für den umfassenden Mystiker

---

60 Meister Eckehart. Deutsche Predigten und Traktate. Herausgegeben und übersetzt von Josef Quint. Carl Hanser Verlag. München 1955. S. 308 f.
61 Ebd., S. 453.

mit tiefer Erfahrung zu eng. Eine Einheit von Gott und Mensch könne in einer auf der Lebenserfahrung beruhenden Mystik nicht erst durch den Menschen hervorgebracht, sondern durch eine spontane Erleuchtung wie *satori* – wieder mit einem Terminus des Zen – erzielt werden. Eine ähnliche religiöse Erfahrung wie bei Eckhart sei sowohl im Brahmanismus als auch im Taoismus oder Buddhismus zu finden. Um Eckhart verstehen zu können, müsse man vor allem davon ausgehen, den christlichen Begriff von Gott zu verwerfen. Ein solches Eckhart-Buch braucht deshalb nicht mehr im einzelnen erörtert zu werden, weil der trotz allem tief christliche Mystiker des Mittelalters ständig von dem antikirchlichen Standpunkt eines NS-Ideologen aus interpretiert wird.

Das Schlußwort des Eckhart-Buchs lautet nach den Ausführungen über die Verurteilung der achtundzwanzig Sätze in meiner Rückübersetzung:

> Daher ist es nicht bekannt, wie Eckhart starb und wo sein Grab liegt. Wurde doch die Kirche Siegerin, und dieser Sieg reicht bis heute. Denn die größte Verantwortung dafür, daß dem deutschen Volk bis heute keine solche lebendige Religion gegeben ist, wie sie aus der Verschmelzung vom großen Erbe des Christentums und von der germanischen Seele entsteht, besteht einzig in dem Sieg der römisch-kirchlichen Macht über die Eckhartische deutsche Wahrheit.

Diese übertriebene Betonung des Deutschtums aus reformatorischem Pathos war damals im Zeitgeist verankert.

Bei alledem müßte man zugeben, daß Graf Dürckheim auf seine Weise mit Meister Eckhart vertraut war, sicherlich mehr als mit dem japanischen Zen. Dennoch mußte seine Auffassung des mit Meister Eckhart in Zusammenhang gebrachten Zen nach dem Krieg unmerklich entnazifiziert werden, ohne an ihrem religiösen Kern viel geändert zu werden. Dafür mußte das „östliche" Zen Japans als eine angebliche Ontologie verwestlicht und die traditionelle westliche Mystik Meister Eckharts psychologisiert bzw. psychotherapeutisch nutzbar gemacht werden. Dies dürfte das eigentliche Anliegen des einstigen Psychologie-Professors Karlfried Dürckheim in seinem neuen programmatischen Buch *Zen und wir* gewesen sein.

Im Grunde genommen hat Graf Dürckheim die christliche Mystik Meister Eckharts im irrational-mystifizierenden Sinne weiter interpretiert.

Diese seine eigenen Gedanken hat er in der Kriegszeit den Japanern im Namen Meister Eckharts propagiert und nach dem Krieg den ahnungslosen Buddhisten in Europa als Zen präsentiert. Dann stellt sich heraus, daß sein so intensiver Einsatz für die NS-Ideologie in Japan nur ein kulturpolitischer Opportunismus und sein Engagement für das Zen in Deutschland dessen Fortführung in Tarnkappe war. Denn wenn er alle seine Argumentation zuletzt auf „die Erfahrung des Seins, das jenseits aller Begriffe und Bilder ist, die wir bewußt ‚haben' können"[62] zurückführt, kann man nicht mehr vernünftig miteinander diskutieren.

Dafür weist er zwar wieder auf eine Aussage Meister Eckharts hin: „Das Leben kann niemals vollendet werden, es werde denn in seine offenbare Ursache gebracht, in der Leben Sein ist, das die Seele empfängt, wenn sie bis in den Grund stirbt, auf daß wir leben in jenem Leben, in dem das Leben Sein ist." (Meister Ekkehart)[63] Um diese Erfahrung gehe es letzten Endes. Aber in Meister Eckharts Predigt 9 *„In occisione gladii mortui sunt"* (2 Hebr. 11,37) heißt es in der Übersetzung Josef Quints:

> Das kann niemals wahres Erkennen sein, das etwas nicht in seiner offenbaren Ursache erkennt. So auch kann das Leben niemals vollendet werden, es werde denn in seine offenbare Ursache gebracht, in der das Leben ein Sein ist, das die Seele empfängt, wenn sie bis in den Grund stirbt, auf daß wir leben in jenem Leben, in dem das Leben ein Sein ist.[64]

Der Gebrauch vom bestimmten oder unbestimmten Artikel ist in der Ontologie nicht geringzuschätzen. Bei einer solchen philologischen Ungenauigkeit der Zitate ist auch für ein richtiges Verständnis des Zen wirklich Vorsicht geboten, das sowieso nur spärlich aus dem japanischen Schrifttum zitiert wird.

---

62 K. Dürckheim: Zen und wir. S. 56.
63 Ebd. Quellenangabe von Meister Eckhart ist da, aber Zitat ohne Seitenangabe bei Quint.
64 Meister Eckehart. Deutsche Predigten und Traktate., S. 193.

Anhang

1. *Deutscher Geist (1941)*
Einleitung:
   1. Geist als Einheit
   2. Geist als Ganzheit der Fähigkeiten
   3. Geist und der reale Mensch
   4. Volksgeist und Volkscharakter
Vorbemerkungen
1. Kapitel: Mensch und Natur
   1. Naturwissenschaft und Technik
   2. Verhältnis des Menschen zur Natur
2. Kapitel: Introversion und Tätigkeit
   1. Gegensätzlichkeit und Konflikt der beiden Tendenzen
   2. Introversion
   3. Tätigkeit und Leistung
3. Kapitel: Besinnliche Neigung und das Gesunde
   1. Besinnliche Neigung
   2. Die Gesundheit
   3. Grenzenlosigkeit und Gesetz
4. Kapitel: Individuum und Gemeinschaft
   1. Individualität
   2. Einheit
   3. Individuum und Gemeinschaft im deutschen Geist
5. Kapitel: Leier und Schwert
6. Kapitel: Das Ewig-Weibliche
7. Kapitel: Volk und Reich
   1. Wesen und Verwirklichung
   2. Bewegung und Organisation

2. *Das Wesen der europäischen Kultur. Globalphilosophische Betrachtungen (1944)*
Vorbemerkung: Aufgaben des vorliegenden Buches
   A Zur gegenseitigen Verständigung
   B Notwendigkeit einer globalphilosophischen Betrachtung
   C Aufgaben – Methode – Überblick
I. Einleitung:
   A Das Wesen der europäischen Kultur
   B Antwort auf die drei grundlegenden Erfahrungen des Menschen
II. Kunst als Widerspiegelung des europäischen Geistes
   A Wesenszüge der europäischen Kunst

1. Idee einer selbständig abgeschlossenen Arbeit
2. Streben nach vollkommenen Bildern
3. Freude am Reichtum der Erscheinungen
4. Der gestaltende Wille
B Symbolische Bedeutung der Kunst
 1. Musik und Malerei – die Welt als Ausgangspunkt und Ziel
 2. Skulptur und Dichtung – Zentrale Stellung des Menschen
 3. Tanz – die Bewegung, die sich räumlich erweitern will
 4. Architektur – Behauptung des Daseins und Welt in der Welt
C Zusammenfassung
III. Europas technischer Geist und rassische Eigenart
A Grundeinstellung im Kampf mit der Gewalt des realen Lebens
 1. Sehnsucht nach Erlösung
 2. Kampf um die Hegemonie
B Gestalten der technischen Leistung
 1. Europa und Technik
 2. Leistung in Amerika, Rußland und Japan
 3. Europa und Amerikanismus
C Europäische Technik und der Mensch
 1. Ordnungsform der Welt sowie Wesensform des Menschen
   a. Atmosphäre des Ganzen und die Grundeinstellung
   (1) Dynamik
   (2) Klare Ordnung
   (3) Profaner Charakter
   (4) Wärme
   b. Welt der Technik sowie Antrieb zu ihrer Entwicklung
   c. Technologie und ihre menschlichen Voraussetzungen
   d. Maschine
 2. Europas rassische Eigenart
   a. Entfaltung des Wesens sowie Form des Bestehens
   b. Wesenszüge der Germanen
   (1) Der Mensch des Winters – der Mensch des Sommers
   (2) Subjekt – Objekt
   (3) Dynamik
   (4) Der Wille, eine Leistung hervorzubringen
   (5) Bewußtsein der Einheit
   (6) Bezug zur Erde (der {west}fälische Charakter)
   c. Mittelmeer-Charakter und slawischer Charakter
D Zusammenfassung

IV. Der Mensch zwischen der Entfaltung der Mannigfaltigkeit sowie der Einheit
V. Europäische Kultur als Kultur der vitalen Entfaltung
  A Persönlichkeit
    1. Persönlichkeit als Individualität
    2. Persönlichkeit als Mitte des Willens
    3. Persönlichkeit als geistiges Sein
    4. Ehre und Freiheit
  B Erde und Arbeit
    1. Die Welt
      a. Bejahung des realen Lebens
      b. Welt als Antagonist des Menschen
      c. Eigentümliche Bedeutung der Welt
    2. Die Fähigkeit, auf die Welt zu wirken
      a. Beherrschung der Wirklichkeit
      b. Erkenntnis und Anschauung
    3. Die Welt des objektiven Geistes
      a. Was ist der objektive Geist?
      b. Gestalten des objektiven Geistes
      c. Verständnis und Schöpfung
    4. Kultur des objektiven Geistes
      a. Kunst
      b. Wissenschaft
      c. Arbeit und Ordnung
  C Geist als Kraft der großen Einheit
    1. Einheit der Gegensätze
    2. Einheit der Gemeinschaft
    3. Einheit der Grundlage
VI. Europäische Kultur und das eine Leben der Erde
  A Globalphilosophische Betrachtung
  B Deutscher Geist und Geist der europäischen Kultur
    1. Überwindung der Polarität
      a. Schöpferische Regelung
      b. Dynamik
    2. Gemeinschaft
    3. Das Land der Mystik Deutschland
    4. Deutscher Geist als geistiger Führer Europas

3. *Meister Eckhart. Das Wesen des deutschen Glaubens (1943)*
 I. Einleitung: Meister Eckhart und die Gegenwart
 II. Die Lehre Eckharts
  1. Eckhart und Zen
  2. Das Verständnis Eckharts
  3. Der Versuch
  4. Das Etikett der „Mystik" als Hindernis zum Verständnis
  5. Anschauung von der Einheit
  6. Erkenntnis des eigentlichen Seins und Erfahrung der Erlösung
  7. Ruhe, Armut, Abgeschiedenheit
  8. Gott
  9. Eckharts „Stimmung"
  10. Das „Eine" als Fülle und Erhabenheit
  11. Göttliches Leben
  12. Innerlichkeit und Tat
  13. Gerechtigkeit und Leid
  14. Beweglichkeit bei Eckhart
  15. Zusammenfassung als Zusammenfassung und Nicht-Zusammenfassung
  16. Zum Schluß
 III. Leben und Taten Eckharts: Kampf mit der Kirche
 IV. Meister Eckharts Thesen, die am 27. Februar 1329 durch Papst Johannes XXII. verurteilt wurden.
 Deutsches Schrifttum über Meister Eckhart

4. *Aufsatzsammlung in deutscher Sprache (1942):*
 Volkstum und Weltanschauung
 Deutscher Geist und westlicher Geist
  I. Die japanische Vorstellung vom europäischen Geist
  II. Der europäische Geist
  III. Europa und seine völkischen Kulturen
 Wesenszüge des deutschen Geistes
 Der Herzgrund der deutschen Technik
 Kultur und Kulturpolitik im nationalsozialistischen Sinn
 Autorität und Freiheit
 Die Idee als Wert und Wirklichkeit
 Freiheit und Autorität im Rahmen entgegengesetzter Weltanschauungen
  1. Freiheit und Autorität im Rahmen der individualistischen Weltanschauung
  2. Freiheit und Autorität im Rahmen der nationalistischen Weltanschauung

II. Die psychologischen Voraussetzungen von Freiheit und Autorität
Der Mensch als Einzelwesen
1. Leibwesen
2. Ichwesen
3. Individualität
B. Der Mensch als Gemeinschaftswesen
1. Seelische Wirklichkeit überindividueller Ganzheit
2. Familie als seelische Wirklichkeit
3. Das Volk als seelische Wirklichkeit
4. Die Freiheit der Persönlichkeit
5. Führertum
III. Erziehung zu Freiheit und Autorität im nationalistischen Sinne
Schönheit und Volk. Ein Beitrag zur Lebensphilosophie des Schönen
Wissenschaft und Staat
Das nationalsozialistische Bild des Menschen
1. Lebendige Wirklichkeit
2. Geschichtliche Kraft
3. Der gläubige Kämpfer
4. Metaphysischer Ausblick
Die völkischen Grundlagen zwischenvölkischen Verstehens
1. Zwischenvölkisches Verstehen politisch fruchtlos?
2. Fehlformen zwischenvölkischen Verstehens
3. Echtes zwischenvölkisches Verstehen

4. Kapitel: Heines *Romantische Schule* in japanischer Übersetzung*

1. Die erste philologisch fundierte Heine-Biographie

Als eines der bekanntesten Werke von Heinrich Heine gilt in Japan ohne Zweifel *Die Romantische Schule* neben seiner anderen Schrift *Zur Geschichte der Religion und Philosophie in Deutschland*. Während diese 1933 von Yu Kurihara und Yozo Takaki ins Japanische übersetzt wurde und seit 1951 in der neuen Übersetzung von Tsutomu Itoh in die Iwanami-Bücherei, die sozusagen japanische Reclam-Universalbibliothek, Aufnahme fand, ist Heines *Romantische Schule* in vier japanischen Übersetzungen verbreitet. Es handelt sich dabei um die erste Übersetzung von Shoji Ishinaka aus dem Jahre 1934, die zweite von Hajime Yamashita von 1946, die dritte von Shoho Yamazaki von 1965 und die vierte von Hidesada Kuyama von 1994. Diese zuletzt genannte Übersetzung ist zusammen mit der erneuten Übersetzung der Schrift *Zur Geschichte der Religion und Philosophie in Deutschland* von Yoshifumi Mori in der fünfbändigen Werkausgabe von Heines Prosa enthalten, die Hiroshi Kiba in den Jahren 1989–1995 herausgegeben hat.[1] Kuyama legte seiner

---

* Eine um Abschnitt 3 erweiterte Fassung des Beitrags zu: Zhang Yushu (Hrsg.), Heine gehört auch uns. Tagungsband des Internationalen Heine Symposiums '97. Beijing 1998. S. 372–383.

1 Die von den neuen Übersetzungen seiner Mitarbeiter zusammengestellte Ausgabe von Kiba Hiroshi enthält folgende Werke Heines:
Band 1 Englische Fragmente; Französische Zustände
Band 2 Über Polen; Ideen. Das Buch Le Grand; Reise von München nach Genua; Die Stadt Lucca
Band 3 Ludwig Börne, Eine Denkschrift; Geständnisse; Memoiren
Band 4 Zur Geschichte der Religion und Philosophie in Deutschland; Die Romantische Schule
Band 5 Die Romantik; Einleitung zu: Kahldorf über den Adel; Verschiedenartige Geschichtsauffassung; Cervantes' Don Quixote; Ludwig Marcus; Briefe über Deutschland; Aufzeichnungen

Übersetzung unter Berücksichtigung der Düsseldorfer Heine-Ausgabe die Winkler-Ausgabe zugrunde, während die anderen Übersetzer ältere Ausgaben wie die von E. Elster oder O. Walzel benutzten.

Im Rahmen dieses Kapitels geht es freilich nicht so sehr um sprachliche Probleme, sondern vielmehr darum, was für Ziele die Übersetzer jeweils vor Augen gehabt haben, soweit man es aus ihren Vor- bzw. Nachworten nachvollziehen kann. Es war aber Kenji Takahashi, der 1931 eine wissenschaftlich fundierte umfangreiche Heine-Biographie veröffentlichte[2] und darin vielfach *Die Romantische Schule* erwähnte. Insofern sollen auch seine Zitate in japanischer Übersetzung als Indiz für die frühe Rezeption dieses Heineschen Werkes in Japan betrachtet werden. Kenji Takahashi wandte sich jedoch bald darauf von Heinrich Heine ab und setzte sich für die kulturelle Zusammenarbeit mit dem nationalsozialistischen Deutschland führend ein.[3] Heutzutage ist er als Übersetzer von Goethe, Hermann Hesse und Kästner bekannt. Aber dem ging eine intensive Beschäftigung mit Heine sowohl als Liebeslyriker wie auch als Sozialkritiker voraus. Ihn trifft wohl die kritische Bemerkung nicht, die Tsutomu Itoh im Hinblick auf Seiu Hashimotos frühes Heine-Buch gemacht hat: „Aber er kann die schönen lyrischen Herzensergüsse und die kühnsten politischen und sozialkritischen Gedankenäußerungen des Dichters nicht in ein harmonisches Heine-Bild vereinigen, da er den kämpfenden Humanismus als den Grundzug von Heinrich Heine nicht recht begreift."[4]

Wie philologisch Kenji Takahashis Heine-Biographie ausgearbeitet war, sieht man an der von ihm benutzten Fachliteratur, deren Stellenwert in der Forschung jedem Heine-Kenner einleuchtend sein dürfte. Als

---

2 Als die ausführlichste Heine-Biographie, die in der Meiji-Ära (1868–1912) erschienen ist, wird Seiu Hashimotos Buch *Der Dichter Heine* von 1903 angesehen. Vgl. den von Kenzo Suzuki zusammengestellten Katalog der Heinrich Heine-Ausstellung, Tokyo 1997.

3 Vgl. Taeko Matsushita: Rezeption der Literatur des Dritten Reichs im Rahmen der kulturspezifischen und kulturpolitischen Bedingungen Japans 1933–1945. Saarbrücken / Fort Lauderdale 1989.

4 Tsutomu Itoh: Die Lorelei in Japan (1882–1908). In: Journal of the Nakanihon Automotive Junior College. Nr. 6, 1974, S. 23–43; hier S. 37.

Primärliteratur dienten ihm ausschließlich *Heinrich Heines Sämtliche Werke*, hrsg. von Ernst Elster. Meyers Klassiker-Ausgaben. 1887–90, 7 Bde. Die revidierte Ausgabe von 1924 stand ihm nur noch bis zum 4. Band zur Verfügung. Als Gesamtausgabe wurde noch empfohlen: *Heines Werke* in 10 Bänden. Unter Mitwirkung von Fränkel, Krähe, Leitzmann, Neuburger u. Petersen hrsg. von Oskar Walzel (Insel Verlag 1910/15), zumal ihnen 1920 ein Registerband von Neuburger hinzugefügt wurde. Herangezogen wurden auch *Heines Briefe*, ausgewählt u. eingeleitet von H. Bieber, 1914. Als Sekundärliteratur, der Kenji Takahashi viel verdankt, gibt er jeweils mit einer kurzen Erläuterung u. a. nachstehend genannte Werke an. Urs Belart: Gehalt und Aufbau von H. Heines Gedichtsammlungen. Bern 1925. H. H. Houben: Gespräche mit Heine. Frankfurt a.M. 1926. Hartweg Jess: H. Heine. Reclam 1924. Oskar Klein-Hattingen: Das Liebesleben Hölderlins, Lenaus, Heines. Berlin 1901. Alfred Meissner: Über Heine. 1884. Camilla Selden: Les Derniers Jours de Heinrich Heine. Paris 1884. Kurt Sternberg: Heines geistige Gestalt und Welt. 1929. Adolf Strodtmann: H. Heines Leben und Werke. Zweite Auflage. Berlin 1873/74. 2 Bde. Hermann Wendel: H. Heine. Ein Lebens- und Zeitbild. Neue Ausgabe. 1926. M.J. Wolff: H. Heine. München 1922. In englischer Sprache wird besonders Matthew Arnold: *Essays in Criticism* hervorgehoben. Bezeichnete doch der englische Kritiker Heine als „a brilliant, a most effective soldier in the Liberation War of Humanity".[5] Auch folgende Literaturgeschichten erwiesen sich für Kenji Takahashi als sehr wertvoll. Emil Ermatinger: Die deutsche Lyrik seit Herder. 1925. 3 Bde. Fr. Kummer sowie R. M. Meyer: Geschichte der deutschen Literatur im 19. und 20. Jahrhundert. Ph. Witkop: Die deutschen Lyriker von Luther bis Nietzsche. 1921. 2 Bde.

Abgesehen von den Gedichterläuterungen und soziologischen Erklärungen im Zusammenhang mit dem Saint-Simonismus, scheint Kenji Takahashi sich insbesondere nach Kurt Sternberg gerichtet zu haben, der das Gesamtwerk Heines als dialektische Entfaltung von Romantik und Rationalismus zu deuten versuchte. So schreibt er, die Ausführungen

---

5 Ebd. S. 30.

über den „fremden Gast" im 1. Kapitel des 1. Teils vorwegnehmend, im Vorwort etwa folgendermaßen:

> Es gibt nur wenige Menschen, die sich so schwer begreifen lassen wie Heine. Kaum hat er sich als ein zarter Lyriker mit blumenreichem Stil gezeigt, so erscheint er als ein scharf ironischer Sozialkritiker. Einmal wird er als „echter deutscher Dichter" gepriesen, so wird er ein andermal als „französischer Söldling" gerügt. Er rühmte sich, „ein braver Soldat im Befreiungskriege der Menschheit" zu sein, und wollte seinen Sarg nicht mit dem Lorbeer, sondern mit dem Schwert geschmückt sehen. Er zitterte aber vor dem Gedanken an die Herrschaft durch das Volk und sagte, er werde sich sofort die Hände waschen, wenn das Volk ihm die Hand schütteln sollte. Er war eben ein künstlerischer Aristokrat, der mit dem Adel gern umzugehen verstand. Während er sich gegen Gott auflehnte und die Kirche denunzierte, verachtete er die Frauen ohne Religion wie Blumen ohne Duft. Er machte es sich zur Aufgabe, die wirklichkeitsfremde Romantik zugrunde zu richten, war aber stolz darauf, das „letzte freie Waldlied der Romantik" gesungen zu haben.

Mit einem solchen Heine-Bild konnte Kenji Takahashi nicht umhin, der allgemeinen Kritik zuzustimmen, Heine sei ein Talent ohne Charakter. Aber gerade aus dieser Widersprüchlichkeit im Wesen Heines bringt er auch viel Verständnis für Heines literaturkritische Darstellung der Geschichte der neueren schönen Literatur in Deutschland auf. Anläßlich der episodenhaften Begegnung Heines mit Goethe kommt er zum erstenmal auf Heines *Romantische Schule* zu sprechen und zitiert die zwei Stellen, die Goethe m. E. frühzeitig ungewollt zum Olympier emporstilisiert haben. Zunächst heißt es:

> Ich war nahe dran, ihn griechisch anzureden; da ich aber merke, daß er Deutsch verstand, so erzählte ich ihm auf deutsch: daß die Pflaumen auf dem Wege zwischen Jena und Weimar sehr gut schmeckten. Ich hatte in so manchen langen Winternächten darüber nachgedacht, wieviel Erhabenes und Tiefsinniges ich dem Goethe sagen würde, wenn ich ihn mal sähe. Und als ich ihn endlich sah, sagte ich ihm, daß die sächsischen Pflaumen sehr gut schmeckten.[6]

---

6   Heinrich Heine: Die romantische Schule. Kritische Ausgabe. Hrsg. von Helga Weidmann. Reclams Universal-Bibliothek Nr. 9831, Stuttgart 1976, S. 58.

Um Goethes angeblich imponierenden Eindruck auf Heine zu veranschaulichen, wird dann dessen andere Aussage in vielfachen Kürzungen nachgeholt:

> Seine äußere Erscheinung war ebenso bedeutsam wie das Wort, das in seinen Schriften lebte; auch seine Gestalt war harmonisch, klar, freudig, edel gemessen [...] Dieser würdevolle Leib war nie gekrümmt von christlicher Wurmdemut; die Züge dieses Antlitzes waren nie verzerrt von christlicher Zerknirschung [...] Seine Augen waren ruhig wie die eines Gottes [...] Goethes Auge blieb in seinem hohen Alter ebenso göttlich wie in seiner Jugend. Die Zeit hat auch sein Haupt zwar mit Schnee bedecken, aber nicht beugen können [...] wenn er die Hand ausstreckte, so war es, als ob er mit dem Finger den Sternen am Himmel den Weg vorschreiben könne, den sie wandeln sollten. Um seinen Mund will man einen kalten Zug von Egoismus bemerkt haben; aber auch dieser Zug ist den ewigen Göttern eigen, und gar dem Vater der Götter, dem großen Jupiter, mit welchem ich Goethe schon oben verglichen.[7]

Dadurch, daß Goethe in dieser Weise mit einem Götterbild der Antike verglichen wurde, wurde *de facto* der Weg zur Begriffsbildung einer Klassik als Gegensatz zur Romantik geebnet, obwohl noch nicht ausdrücklich davon die Rede war. Es war wohl kein Zufall, daß um diese Zeit das richtungsweisende Werk Fritz Strichs *Deutsche Klassik und Romantik* ins Japanische übersetzt wurde. Im Jahre 1942 erschien auch Hermann A. Korffs Buch *Humanismus und Romantik* in japanischer Übersetzung. Von seinem *Geist der Goethezeit* kam 1944 nur der 1. Band heraus, der den Sturm und Drang behandelte. Kenji Takahashi versäumt freilich nicht, Heines Kritik an dem göttergleichen Egoismus des klassischen Goethe im Anschluß an das obige Zitat anzuführen: „Das war widerwärtig, Goethe hatte Angst vor jedem selbstständigen Originalschriftsteller und lob und pries alle unbedeutende Kleingeister; ja er trieb dieses so weit, daß es endlich für ein Brevet der Mittelmäßigkeit galt, von Goethe gelobt worden zu sein."[8] Martin Walsers spätere Goethe-Kritik in seinem Werk *In Goethes Händen* hatte hier schon ihr Vorbild. Heine meinte zwar, nichts sei törichter als die Geringschätzung Goethes zugunsten Schillers. Aber zitiert werden ohne Hinweis darauf seine Worte: „die

---

7 Vgl. H. Heine, a. a. O., S. 57 f.
8 H. Heine, a. a. O., S. 41.

Goetheschen Dichtungen bringen nicht die Tat hervor wie die Schillerschen [...] die Goetheschen schönen Worte sind kinderlos."[9] Es ist eigentlich verwunderlich, daß Goethe in den dreißiger Jahren nicht durch seine Humanität, sondern gerade durch seinen Tat-Gedanken im *Faust* gewürdigt wurde.[10]

Nach der Auffassung Kenji Takahashis beruht der Grundgedanke der *Romantischen Schule* auf dem Saint-Simonismus: „Sie [= die romantische Schule in Deutschland] war nichts anders als die Wiedererweckung der Poesie des Mittelalters." Wie Heine ausführt, befreite Lessing Deutschland von der Knechtschaft an den Geist, und Goethe stellte das Gleichgewicht von Leib und Seele wieder her. Aber „Goethe hat damals eine sehr zweideutige Rolle gespielt". Während Schiller „für die großen Ideen der Revolution" schrieb, hätte Goethe die Romantiker erst abgelehnt, als sie ihm persönlich verdrießlich wurden. Ansonsten gibt Kenji Takahashi die Ansicht Heines über die Gestalt des *Faust* als Verkörperung des Saint-Simonismus wieder und unterstreicht die Bedeutung des *West-östlichen Divans*, indem er nach dem Zitat: „Es ist ein Selam, den der Okzident dem Oriente geschickt hat" die folgende Stelle paraphrasierend übersetzt:

> Dieser Selam aber bedeutet, daß der Okzident seines frierend mageren Spiritualismus überdrüssig geworden und an der gesunden Körperwelt des Orients sich wieder erlaben möchte. Goethe, nachdem er im *Faust* sein Mißbehagen an dem abstrakt Geistigen und sein Verlangen nach reellen Genüssen ausgesprochen, warf sich gleichsam mit dem Geiste selbst in die Arme des Sensualismus, indem er den *West-östlichen Divan* schrieb.[11]

---

9 H. Heine, a. a. O., S. 47.
10 Vgl. Günther Mahal: Der tausendjährige Faust. Rezeption als Anmaßung. In: Literatur und Leser, hrsg. von Günter Grimm, Stuttgart 1975. S. 181–195.
11 H. Heine, a. a. O., S. 56.

2. Ambivalente Wirkungen von Heines literaturkritischem Hauptwerk

Nachdem Heines *Romantische Schule* auf diese Weise im Rahmen einer umfangreichen Biographie dem japanischen Lesepublikum vorgestellt worden war, erschien 1934 die vollständige Übersetzung von Shoji Ishinaka. Textgrundlage war die Reclam-Ausgabe von Lachmann, und die Anmerkungen wurden hauptsächlich den von Elster besorgten Meyers Klassiker-Ausgaben entnommen. Aufschlußreich ist das Vorwort des Übersetzers, der die Originalschrift wie fast immer mit einer kurzen Entstehungsgeschichte einleitet. Im Anschluß daran schreibt er folgendermaßen:

> Heine stellt die deutsche Romantik als Wiedererweckung der mittelalterlichen Literatur fest. Und im Namen der geistigen Freiheit und des Protestantismus setzt der Kampf gegen die Romantik ein, indem ihre Verquickung mit dem Katholizismus bloßgestellt wird und Heines Vorgänger sowie zeitgenössische Literaten ungeniert aufs Korn genommen werden. Wegen der Verwegenheit und Schärfe einer quasi anonymen Kritik rief Heine vielfach den Haß gegen sich selbst hervor. Der Dichter hätte aber der Wahrheit auch noch mit Selbstgefährdung dienen müssen. Hier ist von einer literarischen Zeit die Rede, die, angefangen mit Goethe, dem großen Meister der deutschen Literatur, mit wichtigen Ereignissen im Umkreis der Romantik erfüllt ist. Von großer Bedeutung ist, daß Heine sie selbst erlebt hat. Noch mehr als einzelne Ereignisse interessiert uns Heines inneres Verhältnis zur Romantik. Er sprach gewiß häßlich genug von der Romantik, war aber im Inneren voller Liebe zu ihr und konnte auf die Dauer nicht aus dem Zauberberg der Romantik herauskommen. Er gesteht es denn auch des öfteren ein und führt es auf die Zerrissenheit seiner Zeit zurück. Die Tragik dieses beträchtlichen Selbstwiderspruchs tritt auch in dieser Schrift häufig zutage.

Der Übersetzer macht hier darauf aufmerksam, daß Heines Angriff in der Hauptsache auf die Spätromantik gerichtet war, und man sollte dem Umstand Rechnung tragen, daß in jener Zeit der Niederschrift der *Romantischen Schule* noch die Eindrücke lebendig waren, die Heine in München von den Intrigen und Feindschaften des Ultramontanismus bekommen hatte. Wenn die wissenschaftliche Genauigkeit Heines sich vorzüglich in der Schrift *Zur Geschichte der Religion und Philosophie in*

Deutschland zeige, so seien des Dichters Intuition und Kenntnisse in der *Romantischen Schule* aufs glücklichste vereinigt, wie denn Hartweg Jess die beiden Schriften für den Höhepunkt von Heines Gesamtschrifttum hielt und darin den Gipfel von Heines saint-simonistischer Synthese sowie innerer Lebensentwicklung erblickte. Diese Schrift sei in der Tat von aller akademischen Pedanterie frei und hebe überall das Wesen der Dinge mit plastischer Klarheit ab. Der Übersetzer beruft sich dabei auf Mehring, wie es auch Kenji Takahashi an einigen Stellen getan hat. Im übrigen wurde Franz Mehrings *Heine-Biographie* 1936 von T. Hijikata und M. Asahiro ins Japanische übersetzt.

Der erste Übersetzer der *Romantischen Schule*, Shoji Ishinaka, engagierte sich jedoch als Anhänger der sogenannten Japanischen Romantischen Schule bald darauf bei der heroischen deutschen Dichtung und schrieb im Jahre 1939 als erster ein Buch über die deutsche Kriegsdichtung. Nach Tsutomu Itoh galt Heine seit Ende des 19. Jahrhunderts „mehr als zwanzig Jahre lange in Japan als ein empfindsamer Dichter. Der revolutionäre und demokratische Grundzug des genialen deutschen Poeten wurde erst nach dem Ersten Weltkrieg von den marxistischen Dichtern und Publizisten wieder entdeckt, als die sozialistische proletarische Arbeiterbewegung sich mächtig zu entfalten anfing".[12] Durch den Abschluß des Antikominternpakts von 1937 sowie durch das Zustandekommen des japanisch-deutschen Kulturabkommens von 1938 wurde aber die Heine-Rezeption in Japan überhaupt bis zum Kriegsende unterbrochen. Einige Forscher haben sich allerdings auch während ihrer inneren Emigration mit Heine weiterhin beschäftigt. Davon legt die Tatsache Zeugnis ab, daß bereits im Dezember 1946 die zweite japanische Übersetzung der *Romantischen Schule* erschien. Der Übersetzer Hajime Yamashita, der heute als Autor einiger Bücher über pazifistische und jüdische Schriftsteller in der deutschen Gegenwartsliteratur bekannt ist, gab ihr den Nebentitel „Genealogie des neuzeitlichen Geistes und Aufgabe der Literatur" bei und als Text *Heine's Werke* in neun Teilen, hrsg. von Hermann Friedeman und Raimund Pissin zugrunde gelegt. Daß er auch Meyers Klassiker-Ausgaben von Elster benutzte, bezieht sich wohl auf den Anmerkungsteil.

12 T. Itoh, a. a. O., S. 35.

Im Nachwort hebt der Übersetzer zunächst hervor, daß Heine einer der europäischen Dichter ist, die am frühesten ins Japanische übertragen wurden. Um den Dichter zu charakterisieren, zitiert er dann Georg Brandes, dessen Werk *Hauptströmungen der Literatur des 19. Jahrhunderts* 1930 von Shosho Chino übersetzt worden war: „Heine ist nach seiner Abstammung Orientale, nach Geburt und Erziehung Deutscher, durch den großen Teil der Bildung Franzose und im Geiste, ausgenommen Goethe, Kosmopolit mit stärkerer Prägung als alle anderen Deutschen." Zur Entstehung der *Romantischen Schule* werden dann drei Faktoren namhaft gemacht. Erstens Heines Exil nach Paris, das die Fühlungnahme mit der französischen Romantik sowie dem Salon-Dandysmus des französischen Kulturkreises und den Umgang mit Karl Marx bedeutet. Zweitens das Ende der Goethezeit und drittens die Heraufkunft des rationalistischen Realismus im geistesgeschichtlichen Sinne. Aus dieser Umgebung der Alternative habe Heine eine literarische Abrechnung vorgenommen, um der deutschen Romantik die Vorhänge zuzuziehen.

Nach Hajime Yamashita stellte Heines Generation um 1830 die reifende Periode der demokratischen Revolution in Deutschland dar, die im Jahre 1848 Realität wurde. Nach dem Untergang Napoleons wurden die Kritik am Absolutismus und Adel sowie eine liberale Weltansicht gefeiert, das Proletariat fing an zu wachsen und die alternde Romantik war im Begriff unterzugehen. Die Führung war noch keiner Seite anvertraut, und in dem phantastischen Schwebezustand war eine feste Grundlage nirgends zu finden. Sowohl Heines Generation als auch das Exil nach Paris prägten sein Wesen. Er war repräsentativer Lyriker der Romantik von damals und zu gleicher Zeit Vorkämpfer einer neuen Zeit. Zudem war er auch Jude. Was durch seine Darstellung verständlich wird, ist Widerspruch zwischen dem romantischen Geistesinhalt und der rational-politischen Form bzw. Methode. So erwies sich Heines Wesen als Zwiespalt schlechthin. Zwiespalt ist nun Skepsis und eine Erscheinung der journalistischen Kritik, die ohne Gegenstand nichts aussagen kann. In diesem Sinne war seine *Romantische Schule* nicht so sehr eine literaturgeschichtliche Arbeit, mit der Romantik historisch-kritisch abzurechnen, als vielmehr eine persönlich-polemische Abrechnung mit ihr und eine Selbstkritik mit dem Ton des nervösen Gelächters. Merkwürdigerweise zitiert Yamashita hier Goethes Gedicht „Der neue Kopernikus",[13] um diese Umstände zu demonstrieren: „Wenn ichs recht betrachten will / Und es ernst gewahre, / Steht vielleicht das alles still – / Und ich selber fahre." Es ist die letzte Strophe eines Gedichts, das Goethe 1814 während der Fahrt an den Rhein gedichtet hat. Da sitzt der alte Dichter in der Kutsche bequem wie in einem artigen Häuschen und sieht die Wälder, Felder und Berge vorbeigehen. Die anschließende vorletzte Strophe lautet: „Doch so gänzlich still und stumm / Rennt es mir vorüber, / Meistens grad und oft auch krumm, / Und so ist mirs lieber."

Es ist kaum anzunehmen, daß der Kontext den Lesern bekannt war, in dem über die kopernikanische Wende in der literarischen Welt nachgedacht wird. Aber der Übersetzer bemerkt dazu nur, für Heine sei Goethe das Sein und das Problem gewesen. Folglich sei Heines Angriff gegen die Romantik nicht so sehr ein politischer Kampf als vielmehr in Wirklichkeit ein Zeugnis seiner romantischen Eigenart gewesen. Man könne nicht begreifen, wann er ernsthaft redet und wann er scherzt, und was er liebt und haßt. Das bekräftigt Yamashita durch die Ausführungen des russischen Philosophen Shestov, der damals von den japanischen Intellektuellen gern gelesen wurde. Heine zeigt sich also in seiner Haltung unerschrocken, herausfordernd und unverschämt. Seine kritische Einstellung gegen jede Autorität, seine rücksichtslose Scharfzüngigkeit wurde von der zeitgenössischen Jugend mit Applaus begrüßt und gepriesen. Darüber ärgerten sich die Konservativen mit herkömmlichen guten Sitten, viele Deutsche, die die Ordnung lieben. Die heiligen Gefühle der reifen Erwachsenen wurden von ihm verletzt. Heine ist durch Jugendlichkeit gekennzeichnet, weil es ihm an Reife fehlt. Aber er ist ein guter ehrlicher Mensch. Er kann sich nur nicht von der Legitimität seiner Aufrichtigkeit überzeugen. Daher erwies sich der innere Zwiespalt als die Grenze der Aufrichtigkeit, die ihm übrig blieb. Sein Hohngelächter gegenüber allen Gegenständen kam letzten Endes auf ihn selbst zurück. Wenn er sagt, er hätte die Seele satt, so ist es kein politischer Materialismus, sondern nichts anderes als das Leiden seines gespaltenen Geistes. Durch den Verlauf dieses Pessimismus und Nihilismus werde man an Büchner in dessen Werk *Dantons Tod* erinnert.

---

13 Goethes Werke. Artemis-Gedenkausgabe, Bd. 1, S. 495 f.

Mit einer solchen Argumentation meint der zweite Übersetzer der *Romantischen Schule*, die Basis für das Verständnis Heines wachse auch in Japan allmählich heran. Er fragt sich zwar, ob ein Mißverständnis Heines in Japan noch zu überwinden ist, oder meint, es könnte schon überwunden worden sein. Aber er hofft, daß die *Romantische Schule* noch viel Ansprechendes für die japanische Jugend besitze, zumal sie wesentlicher Ausdruck Heines als des „desertierten Romantikers" mit allen Zügen des 19. Jahrhunderts sei. Yamashita hat sich auf jeden Fall unmittelbar nach dem Zweiten Weltkrieg mit seiner auf schlechtem Papier gedruckten Übersetzung an das japanische Lesepublikum gewandt und sich um eine Rehabilitierung Heines in Japan bemüht. Was in den folgenden Jahrzehnten daraus geworden ist, gehört zur rezeptionsgeschichtlichen Untersuchung. Beachtenswert ist die Tatsache, daß ein Jahr darauf, 1947, die alte Übersetzung von Shoji Ishinaka mit dem gleichen Vorwort aus dem Jahr 1934 neu aufgelegt wurde, als ob dazwischen nichts geschehen wäre. Bekanntlich sagte Richard Alewyn im Goethejahr 1949, zwischen uns und Weimar liege Buchenwald, und Helmut Plessner wies in seinem Buch *Die verspätete Nation* auf die politisch negativen Nachwirkungen der deutschen Romantik hin. Es entzieht sich meiner Kenntnis, ob Ishinaka es auf das 150. Geburtsjahr Heines abgesehen hat. Offensichtlich hatte er noch keine Ahnung davon, daß Fritz Strich 1947 in der Jüdischen Vereinigung Zürich zur Feier von Heines 150. Geburtstag einen Vortrag über „Goethe und Heine" hielt, in dem ebenfalls in politischer Unbekümmertheit vom klein geschriebenen dritten Reich zwischen Goethe und Heine gesprochen wird.[14]

Anscheinend ohne solche Reflexionen erschien 1965 die dritte Übersetzung der *Romantischen Schule* von Shoho Yamazaki; sie lag im Jahre 1984 in vierter Auflage vor. Im Unterschied zu den früheren Übersetzungen wurde als Textgrundlage benutzt: Heinrich Heine. Gesammelte Werke, herausgegeben von Wolfgang Harich. Aufbau Verlag. Berlin 1955. Für die Anmerkungen wurde auch die Elster-Ausgabe herangezogen. Bemerkenswerterweise wurden auch die Anmerkungen zum 2. Band der von Hans Mayer herausgegebenen *Meisterwerke deutscher Literatur-*

---

14 Fritz Strich: Der Dichter und die Zeit. Bern 1947, darin „Goethe und Heine". S. 185–225; hier S. 225.

kritik. Von Heine bis Mehring ausgewertet. Shoho Yamazaki, der später auch Thomas Manns Goethe-Aufsätze, Goethes *Dichtung und Wahrheit* sowie *Wilhelm Meisters Lehrjahre* übersetzt hat, erläutert Heines Werk im Nachwort folgendermaßen:

Heine gilt als der letzte Repräsentant für die Einheit von Schriftsteller und Kritiker in der deutschen Literatur. Wahrlich, diese *Romantische Schule* legt Zeugnis davon ab und glänzt mit ihrer Fülle von geistreichen und tiefgründigen Ansichten in der gesamten deutschen Literaturgeschichte. Es gibt in der Tat kaum eine andere Literaturkritik von annähernd vergleichbarer Vortrefflichkeit. Das weite Gesichtsfeld des Kritikers Heine läßt ja die *Romantische Schule* über eine bloße Literaturkritik hinaus zu einer Kulturkritik und Gesellschaftskritik werden. Was besonders darin bewundernswert erscheint, ist seine Goethedeutung. Wenngleich diese im großen und ganzen die Negation Goethes beinhaltet, deutet gerade der Umstand, daß er eine so schöne Goethedeutung schreiben konnte, auf seine liebevolle Hingabe an Goethe. Seine Goethe-Negation konnte, wie er wiederholt sagt, keine gänzliche Negation Goethes sein. Daß er Goethe verneinte und Goethe als etwas zu Überwindendes betrachtete, bezog sich auf jene künstlerische Unfruchtbarkeit, die er Goethesche „Kunstperiode" nannte. Er war mit Goethes Kunst nicht zufrieden, weil diese Kunst ihm wie die Plastik der Antike, die den Garten schmückt, nicht mit der Welt des Lebens und der Tat verknüpft zu sein schien. Er wünschte sich zwar eine „Tat-Periode", die über die Kunstperiode hinausgeht. Der Weg dazu war aber nicht immer geradlinig. Heine schwankte bis zu seinem Tode stets zwischen der Kunst- und Tat-Periode.

Mit Heines Verhältnis zur Romantik hat es eine ähnliche Bewandtnis. Seine *Romantische Schule* ist gewiß ein Buch des tiefgreifenden Einspruchs gegen die deutsche Romantik. Aber er lehnte nie das Romantische in der Literatur ab. Vielmehr waren seine Werke bis zu seinem Tode durchaus dem Romantischen verhaftet. Auch betrachtete er die Romantik im Ausland, wie z. B. in Frankreich, England und Rußland, mit viel Zuneigung, da sie ihm mit der bürgerlichen Emanzipation im jeweiligen Land gleichen Schritt zu halten schien. Er erblickte in der deutschen Romantik den Kernpunkt seiner literarisch-politischen Feinde. Dieser war deshalb nicht die Romantik überhaupt, sondern die negative Art und Weise der deutschen Romantik, die es ihm anzugreifen galt. Sie bestand vor allem in dem rückschrittlich-mittelalterlichen Katholizismus, der anders als in der Romantik des Auslandes gegen die bürgerliche Emanzipation ausgerichtet war. Er erkannte klar, daß diese deutsche Ausprägung der Romantik nicht allein eine literarische Erscheinung darstellte, sondern in der deutschen Kultur als solcher verwurzelt war und das Blut Deutschlands langsam-träge aussaugte. Daher spricht er oft in der *Romantischen Schule* davon, daß das deutsche Gespensterwesen, das das christliche Mittelalter symbolisiert, immer noch am Leben ist, und sieht eben darin den Ursprung der deutschen Misere.

Es versteht sich von selbst, daß eine derartige Vorstellung von der deutschen Romantik seit Jahren durch die Schrift Heines unter den japanischen Gebildeten verbreitet ist, da die zwei älteren Übersetzungen schon lange vergriffen sind. Wenn man Heines *Romantische Schule* mühsam ins Japanische übersetzt hat, wird man natürlich die Vorzüge der Schrift hervorheben, damit die Übersetzung im Buchhandel gut verkauft wird. Der Übersetzer wird wohl darauf hinweisen, daß es sich dabei um herausragende Literaturkritik handelt, aber nicht ausdrücklich darauf, daß sie literaturwissenschaftlich sehr problematisch ist, obwohl die unkritischen Leser sie vielfach für eine Literaturgeschichte der Goethezeit halten. Sie könnte sich als Gegengift gegen den Goethekult heilsam auswirken. Es besteht aber die berechtigte Befürchtung, daß sie bis heute das rechte Verständnis der deutschen Romantik für die japanischen Gebildeten verhindert hat und sogar unter den japanischen Germanisten den Zugang zur deutschen Literatur des Mittelalters blockiert hat. Denn in der japanischen Romantikforschung blieb Eichendorffs literaturgeschichtliche Stellungnahme zu Heine lange unbekannt, und Rudolf Haym oder Ricarda Huch als Alternative sind nicht so beachtet wie Heines populäres Buch. Auch ist in der japanischen Mediävistik außer dem höfischen Epos und Minnesang kaum etwas von der geistlichen Dichtung im deutschen Mittelalter erschlossen. Das ist meiner Meinung nach auch auf die ambivalente Wirkung der Heineschen *Romantischen Schule* in Japan zurückzuführen.

3. Rezeptionsgeschichtlicher Hintergrund

Die Tendenz japanischer Heine-Forscher, ihren Lieblingsdichter immer wieder gegen Goethe auszuspielen, geht auf die Anfänge der Rezeption deutscher Literatur in der Meiji-Zeit (1868–1912) zurück. Die ersten Werke Goethes, die frühzeitig ins Japanische übersetzt wurden, waren bekanntlich *Reineke Fuchs* von 1884 sowie seine Gedichte „Mignon" und „Heidenröslein", die Mori Ogai 1889 in einer sprachschöpferischen Leistung veröffentlichte. Während das erstere Werk noch aus der englischen Übersetzung in der Volksrechte-Bewegung politisch instrumentalisiert wurde, haben die beiden Gedichte sprachlich richtungsweisende Anregungen für die japanische Lyrik gegeben.[15] Fast gleichzeitig war es ebenso mit der japanischen Übersetzung von Heines Werken bestellt. Will man die Heine-Rezeption in Japan in groben Zügen charakterisieren, so zeigt sie sich noch drastischer als bei Goethe zwiespältig entsprechend den zwiefachen Gesichtern Heines als Liebes- und Revolutionsdichter.

Heine als Liebesdichter wird vor allem durch seine beiden Lieder „Lorelei" und „Auf den Flügeln des Gesanges" repräsentiert. Nach einer eingehenden Untersuchung war Heines Gedicht „Die Lorelei" bereits seit den Jahren 1882–1884 mehrmals ins Japanische übersetzt und in der Silcherschen Komposition gern gesungen.[16] Als Mori Ogai in der gleichen Anthologie *Omokage*, in der Mignons Italienlied erschien, Heines Gedicht „Du schönes Fischermädchen" (Die Heimkehr Nr. 8) ins Japanische übersetzte, ging es ihm zunächst einmal nur darum, an konkreten Beispielen die europäische Lyrik, vor allem neuere deutsche Gedichte den japanischen Gebildetenkreisen vorzustellen. So schrieb er 1891 in seiner literaturkritischen Zeitschrift *Shigarami-Soshi* einen kleinen Artikel über Goethe und Heine.

Auf der anderen Seite war im März 1890 in einer anderen Zeitschrift ein Aufsatz „Der Umgang zwischen Goethe und Heine" erschienen, dessen Autor mit dem Pseudonym Dr. Klein (wahrscheinlich eine

---

15 Näheres vgl. Keiichiro Kobori: Goethe im Lichte der Mori Ogwaischen (sic!) Übersetzungskunst. In: Japanisches Goethe-Jahrbuch, Bd. 20. Tokyo 1978, S. 53–68.
16 Vgl. Tsutomu Itoh: Die Lorelei in Japan (1882–1908). In: Journal of the Nakanihon Automotive Junior College. Nr. 6, 1974, S. 23–43.

Übersetzung des *shosei* = meine Wenigkeit) Mori Ogais Kontrahent Ishibashi Ningetsu gewesen sein soll. Zu Anfang des Artikels zitierte der angebliche Dr. Klein Heines Brief an Goethe vom 1. Oktober 1824, der später in Verbindung mit der bekannten Schilderung der Begegnung in der *Romantischen Schule* Goethes etwas negatives Bild wie gegenüber Schubert bei den japanischen Gebildeten prägen sollte:

> Ew. Exellenz bitte ich, mir das Glück zu gewähren einige Minuten vor Ihnen zu stehen. Ich will gar nicht beschwerlich fallen, will nur Ihre Hand küssen und wieder fort gehen. Ich heiße H. Heine, bin Rheinländer, verweile seit kurzem in Göttingen, und lebte vorher einige Jahre in Berlin, wo ich mit mehreren Ihrer alten Bekannten und Verehrern (dem seligen Wolf, Varnhagens etc) umging, und Sie täglich mehr lieben lernte. Ich bin auch ein Poet, und war so frey Ihnen vor 3 Jahren meine „Gedichte" und vor anderthalb Jahren meine „Tragödien nebst einem lyrischen Intermezzo" (Ratkliff und Almansor) zuzusenden. Außerdem bin ich auch krank, machte deßhalb vor 3 Wochen eine Gesundheitsreise nach dem Harze, und auf dem Brocken ergriff mich das Verlangen zur Verehrung Göthes nach Weimar zu pilgern. Im wahren Sinne des Wortes bin ich nun hergepilgert, nemlich zu Fuße und in verwitterten Kleidern, und erwarte die Gewährung meiner Bitte, und verharre mit Begeistrung und Ergebenheit H. Heine.

Als Mori Ogai 1897 in seinen literarischen Aufzeichnungen *Kanchoro Guki* den stattgefundenen Besuch Heines bei Goethe erwähnte, zitierte er wohl absichtlich aus Heines Brief an Moses Moser vom 1. Juli 1825 die folgende Stelle mit einer anschließenden Gegenüberstellung der beiden Charaktere, um seinen eigenen Vorbehalt gegen den Weimarer Dichterfürsten anzudeuten:

> Daß ich Dir von Göthe nichts geschrieben und wie ich ihn in Weimar gesprochen, und wie er mir recht viel Freundliches und Herablassendes gesagt, daran hast Du nichts verloren. Er ist nur noch das Gebäude worinn einst herrliches geblüht, und nur das wars was mich an ihm interessirte. Er hat ein wehmüthiges Gefühl in mir erregt, und er ist mir lieber geworden seit ich ihn bemitleide. Im Grunde aber sind Ich und Göthe zwey Naturen die sich in ihrer Heterogenität abstoßen müssen.

Im Laufe der Ausführungen wurde immerhin auch von dem Dr. Klein genannten Autor hervorgehoben: „Heine beabsichtigte, durch seine schriftstellerische Tätigkeit sein Vaterland zu erneuern. Es ist lobenswert, daß er trotz der Verfolgungen deutscher Regierungen und der Feindschaft vieler reaktionärer Literaten jedes Jahr kühn und furchtlos viele gute Schriften publizierte."[17] Obwohl der vermutete Autor Ishibashi Ningetsu sich bald darauf von der Literaturkritik zurückzog, wurde eine derartige Heine-Auffassung durch einen demokratischen Publizisten Ryoun Taoka weitergeführt. Unter Benutzung von William Sharps Buch *Life of Heinrich Heine* (1888) wies er in den beiden 1894 und 1896 geschriebenen Essays auf Heinrich Heine als einen tapferen Vorkämpfer für die Verwirklichung des Humanismus hin. Außerdem behauptete 1895 ein weniger bekannter Autor Tenrai Akashi in einer christlich liberalen Zeitschrift, Heine habe sich bemüht, mit der Hegelschen pantheistischen Philosophie das Volk von der bestehenden gesellschaftlichen Institution und Religion zu befreien. Er muß dabei Heines Werk *Zur Geschichte der Religion und Philosophie in Deutschland* gründlich studiert haben. Diese drei Artikel blieben jedoch in der machtpolitischen Zeitströmung fast wirkungslos.

Infolgedessen stand der Liebesdichter Heinrich Heine im Vorkriegsjapan deutlich im Vordergrund. So übersetzte Ota Gyokumyo schon in den Jahren 1897–1900 in verschiedenen Zeitschriften 49 Gedichte Heines ins Japanische, unter denen aber keine sozialkritischen oder politischen Gedichte enthalten waren. Es handelte sich dabei meist um diejenigen aus den Frühwerken des Dichters: „Junge Leiden", „Lyrisches Intermezzo", „Die Heimkehr" und „Neuer Frühling". Darauf folgte im November 1901 die von Onoe Saishu übersetzte Anthologie von „Heines Gedichten", die mehrere Auflagen erlebte und auf die durch den ersten *Werther*-Übersetzer und den späteren Nationalisten Takayama Chogyu (1871–1902) angeregte romantische Strömung um den Dichterkreis von Yosano Tekkan (1873-1935) lange einen literarischen Einfluß ausübte. Höchst beachtenswert ist im übrigen, daß nach Tsutomu Itoh im Juni 1900 ein Essayband von Takashima Hagoromo mit einem kleinen Artikel „Changhengê und die Lorelei" erschienen war. Der Autor soll darin behauptet haben, daß der chinesische Poet Po Chüyi wegen seiner Verserzählung *Changhengê* in China sehr beliebt sei,[18] und daß „Die Lorelei"

---

17 Zitat bei Tsutomu Itoh, S. 25.
18 Vgl. Leilian Zhao: Gesellschaftskritik in Heines Lutezia. Unter besonderer Berücksichtigung der chinesischen Heine-Rezeption. Europäische Hochschulschriften Reihe 1 Deutsche Sprache und Literatur Bd. 1883. Peter Lang Verlag. Frankfurt am Main 2004.

gleichermaßen von den Deutschen gern gesungen werde. Mit Recht resümiert Wolfgang Nitz, indem er auf die Ähnlichkeiten mit dem damals gängigen Heine-Bild eines Hermann Kluge hinweist:

> Onoes Übersetzung wurde in Japan ein großer Erfolg und sollte das japanische Heine-Bild bis zum Aufkommen der linken Literaturbewegung in den zwanziger Jahren prägen. Wenn es auch nicht zutrifft, daß Onoe die kritischen Aspekte in Heines Werk völlig übersah, wie Inoue schreibt, in seiner Heine-Biographie im Schlußteil des Bandes geht er darauf ein, so traten doch diese Aspekte bei der Auswahl der Gedichte und der Übersetzung in einem schönen fließenden japanischen Stil durch den konservativen Onoe in einem Maße zurück, daß durch diese überaus erfolgreiche Anthologie das Heine-Bild in Japan auf Jahrzehnte als das eines Dichters sentimentaler Liebe geprägt werden sollte.[19]

Schließlich erschien 1919 eine vor dem Zweiten Weltkrieg maßgebende Gedichtsammlung Heines von Ikuta Shungetsu in japanischer Übersetzung. Daneben gab es noch Heine-Anthologien von Satoshi Matsuyama, Kei Moriyama, Toshihiko Katayama und Hidenobu Imanaka, bis nach dem Zweiten Weltkrieg eine ganze Reihe von Heine-Gedichtsammlungen in verschiedener Auswahl erschienen sind. Auffälligerweise übertrugen die gleichen Übersetzer früher oder später Goethes Gedichte ins Japanische.[20] Eine seit 1916 erscheinende Heine-Werkausgabe blieb mit wenigen Bänden unvollendet, und erst in den Jahren 1947–48 erschien eine 14bändige Werkausgabe von Heine in japanischer Übersetzung. Bis etwa 1960 wurden einzeln seine folgenden literarischen Werke mehrmals übersetzt: *Reisebilder, Die Harzreise, Die Nordsee, Englische Fragmente, Italienische Reise, Das Buch der Lieder, Atta Troll, Neue Gedichte, Zeitgedichte, Deutschland ein Wintermärchen, Der Romanzero*.[21]

In der Zwischenzeit erschien 1937 eine von Yozo Kochu zusammengestellte Aufsatz-Sammlung *Heine-Studien*, deren Impressum aber das Jahr 1933 als Publikationsdatum angibt. Enthalten waren darin der Reihe

---

19 Wolfgang Nitz: Die Heinrich-Heine-Rezeption in Japan. In: Zhang Yushu (Hrsg.), Heine gehört auch uns. Beijing 1998. S. 394–406; hier S. 399.
20 Beliebt und weitverbreitet ist seit 1938 eine Heine-Anthologie in der Übersetzung von Katayama Toshihiko, dem späteren Romain Rolland-Übersetzer.
21 Vgl. Okada Asao / Okada Tamako: Panorama der deutschen Literatur. Tokyo 1969. S. 326 f.

nach die japanischen Beiträge von Yozo Kochu: Heines Anschauung von Religion, Politik und Gesellschaft, Fusao Hayashi: Heine als Künstler, Kei Moriyama: Heine als Revolutionsdichter, Shigenobu Funaki: Heine und die Romantik, Tomoyuki Ishihama: Heine und Marx, Hiroshi Kawaguchi: Heine-Biographie, sowie N. Bucharins Aufsatz „Heine und der Kommunismus" aus *Moskauer Rundschau* (4.6.1931) und O. Bihas Aufsatz „Heine und der Marxismus" aus *Rote Fahne* (21.2.1931) in japanischer Übersetzung. Außer dieser offensichtlichen Vereinnahmung Heinrich Heines durch die linke Literaturbewegung in Japan ist hervorzuheben, daß Fusao Hayashi im zweiten Kapitel seines Aufsatzes einen frühen Bericht über die Heine-Rezeption in Japan abstattete. Die meisten Zitate, die Wolfgang Nitz für seine Ausführungen über Chogyu Takayama, Mori Ogai und Shungetsu Ikuta aus S. Inoues Forschungsbericht heranzog,[22] dürften ursprünglich von dort her stammen.

Die hier angedeutete Wende in der japanischen Heine-Rezeption markierte Shigeharu Nakano (1902–1978), der als Germanistikstudent an der Kaiserlichen Universität zu Tokyo im Jahre 1927 eine Diplomarbeit über Heinrich Heine geschrieben hatte. Nicht als Germanist, sondern als Schriftsteller veröffentlichte er u. a.: *Fragmente über Heinrich Heine* (1927), *Heine-Biographie, ein Lesebuch für das Leben* (1936), *Heine und ich* (1956), *Die Brücke Heine* (1956).

> Nakano ist bisher wohl der größte, einflußreichste japanische Schriftsteller, der als Student Germanistik studiert hat. Er wendete sich aber von der akademischen Germanistik ab und setzte sich als Theoretiker für proletarische Literatur in der aktuellen literarischen Welt durch. Unter polizeilicher Unterdrückung suchte er immer zählebig nach seinen schriftstellerischen Möglichkeiten. Seine selbstbiographischen Erzählungen sind besonders hoch zu bewerten.[23]

Dabei wird seine Heine-Biographie als „Widerstandsbuch gegen die Zeittendenz" bezeichnet. Da er 1931 der Untergrundbewegung der Kommunistischen Partei beigetreten war, wurde er 1932 verhaftet und blieb zwei Jahre

---

22 Vgl. Shozo Inoue: Heine in Japan. In: Doitsu Bungaku 14 (1955).
23 Yoshio Koshina (Hrsg.): Deutsche Sprache und Literatur in Japan. Ein geschichtlicher Rückblick. Ausstellungskatalog zum IVG-Kongreß in Tokyo. Tokyo 1990, S. 93 f.

im Gefängnis bis zu einem politsch erzwungenen Gesinnungswechsel. Nach Fusao Hayashi soll er im Gefängnis die Gesamtausgabe von Heine wiederholt gelesen haben. In seinen *Fragmenten* hatte er beispielsweise geschrieben:

> Um Heine gründlich kennenzulernen, muß man zumindest um folgende Dinge Bescheid wissen: 1. allgemeine deutsche Geschichte nach dem dreißigjährigen Krieg, 2. besonders Zustände in der Rheingegend, 3. die Industrielle Revolution in England und ihre Einflüsse auf Frankreich sowie Deutschland, 4. die Französische Revolution sowie Revolutionen bzw. Revolte in Deutschland und Österreich, 5. Probleme des Judentums, 6. allgemeine Strömungen in der deutschen Literatur. Heines bitter geschnittenes Profil kommt erst aus solchen Recherchen prägnant hervor.

Ansonsten ist in der japanischen Heine-Forschung der Germanist Shigenobu Funaki (1893–1975) zu nennen, der am 2. Juni 1933 einen Protestbrief des „Freiheitsbundes der Kunst und Wissenschaft Japans" gegen die Bücherverbrennung der Nationalsozialisten verfaßt hat. Zu der Zeit, wo viele japanische Germanisten, darunter namhafte Goetheforscher, in der Literatur des Dritten Reiches eine echte volkhafte Dichtung zu erblicken suchten, setzte er sich dagegen, indem er 1936 sein Buch *Goethe, Heine und Moderne Literatur* schrieb.

> Funaki studierte an der Kaiserlichen Universität Tokyo Germanistik. Als sowohl in Japan wie auch in Deutschland der Faschismus zunehmend die Macht ergriff, beteiligte er sich 1933 an der Gründung des ‚Freiheitsbundes der Kunst und Wissenschaft Japans' und war selbst dessen Erster Sekretär. Um diese Zeit begann er seine Arbeiten über Heinrich Heine zu veröffentlichen, was natürlich damals im politischen Sinne gefährlich war, und erwies sich damit konsequent als liberaler Antifaschist. Sein letztes großes Werk *Der Dichter Heine. Leben und Werk* wurde mit dem Preis der Japanischen Kunstakademie ausgezeichnet. Er war überhaupt der erste Gelehrte, der für die wissenschaftliche Heine-Forschung in Japan den Grund bereitet hat.[24]

Als sein Nachfolger gilt ohne Zweifel Shozo Inoue, zu dessen Buch *Heinrich Heine* 1952 Shigeharu Nakano eine Rezension geschrieben hat.[25] Im Jahre 1977 erschien im Asahi Verlag, Tokyo, eine Festschrift *Heine und seine Zeit*

---

24 Ebd., S. 94 f.
25 Vgl. Heinrich Heines sämtliche Gedichte, 5 Bde., übersetzt von Shozo Inoue. Tokyo 1972/73.

anläßlich seiner Emeritierung im März 1976, deren Inhaltsverzeichnis das ganze Spektrum der japanischen Heine-Forschung nach dem Zweiten Weltkrieg widerspiegelt:

Shozo Inoue: Heine für mich. Ein Versuch über die „Wünnebergiade"
Hajime Yamashita: Das Judentum bei Heinrich Heine. Betrachtungen zum „Rabbi von Bacherach"
Etsuji Miyano: Heines Beiträge für H. Püttmanns „Album. Originalpoesien"
Narihiko Ito: Rosa Luxemburg und Heinrich Heine. Ein Heine-Bild in der deutschen Arbeiterbewegung
Masami Katsuma: Heinrich Heine und Reiun Takuma
Yoshinobu Doi: Dichtung und Politik bei Heine
Akira Matsushita: Über die denkerischen Tendenzen des frühen Heine. Unter besonderer Berücksichtigung der „Briefe aus Berlin"
Masao Ichijo: Heine in München
Yoko Nagura: Heine und die Burschenschaft, oder die sozialen und politischen Gedanken in seiner Jugendzeit
Kingo Kimoto: Heine in späteren Jahren
Jiro Kawamura: Heine und Platen
Hiroshi Yagi: Zur Bedeutung des Epischen bei Heinrich Heine
Toshio Igarashi: Heines Gespräch ohne Partner
Mutsumi Hayashi: Heinrich Heines politische Lyrik in der Traditionslinie der deutschen Romantik. Ein Versuch über seine „Zeitgedichte" von 1843–1844
Kenji Sugiura: Die Romantik-Kritik bei Heinrich Heine
Hans Kaufmann: Heinrich Heines literaturgeschichtliche Stellung
Hiroshi Kiba: „Die Harzreise" Zur Struktur der Satire
Kiyoko Tachikawa: Heines „Englische Fragmente"
Yukihiko Usami: Über Heines „Französische Zustände"
Masataka Kachi: Heines „Deutschland. Ein Wintermärchen"
Minoru Nakai: „Die Götter im Exil"

Die Festschrift enthielt im Anhang neben den Lebensdaten und einer Publikationsliste von Shozo Inoue sowie einem kurzgefaßten Lebenslauf Heinrich Heines von Shoji Imoto eine Heine-Bibliographie in Japan 1945–1976, die Kazuko Suzuki und Tsutomu Shinagawa zusammengestellt haben. Eine weitere Bibliographie „Heinrich Heine in Japan" befindet sich in den Heften 57/58 der Zeitschrift *Doitsu-Bungaku* (= Die deutsche Literatur) für den Zeitraum 1926–1945 sowie 1946–1975, und Masayuki Mitsuno schrieb dann einen zusammenfassenden Forschungsbericht „Umriß einer Geschichte der Heine-Rezeption in Japan" im Heine-Jahrbuch 18. Jg., Düsseldorf 1979. Während man in den Nachkriegsjahren vorwiegend nach der Weimarer Säkularausgabe ideologisch ausgerichtet war, gab es im Laufe der Zeit auch japanische Heine-Forscher, die nach der von Manfred Windfuhr herausgegebenen, historisch-kritischen Gesamtausgabe der Werke oder nach der kommentierten Hanser-Ausgabe (1968–1976) von Klaus Briegleb philologisch gearbeitet haben.

Innerhalb der japanischen Heine-Forschung selbst ist es vor allem Hiroshi Kiba, der sich um eine Revision des ideologischen Heine-Bildes in Japan bemüht. In seinem Kommentar zu der oben genannten Werkausgabe setzt er sich mit der früheren marxistisch ausgerichteten Heine-Forschung auseinander und versucht im Gegensatz zu der Klassentheorie, die in Heinrich Heine ausschließlich einen Vorkämpfer für den Klassenkampf des Proletariats zu sehen geneigt ist, das Judentum bei dem deutschen Dichter jüdischer Herkunft in den Vordergrund seiner Heine-Auffassung zu stellen. Um ein neues Heine-Bild zu entwerfen, wollte er literaturwissenschaftlich weit ausholen und stellte zuerst eine fünfbändige Prosawerk-Ausgabe Heines in japanischer Sprache zusammen. Bei der Werkauswahl ging er von den folgenden Grundsätzen aus: 1) Werke, die bereits übersetzt vorliegen und deren japanische Ausgaben relativ leicht zu bekommen sind, werden eliminiert, 2) aber auch dann werden die repräsentativen Werke als unentbehrlich aufgenommen, und 3) die noch nicht ins Japanische übersetzten oder kaum übersetzten Werke von Bedeutung sollen möglichst zahlreich aufgenommen werden. Der hierdurch in Japan unbekannt gebliebene Aspekt besteht nach Kiba kurzum darin, daß derjenige, dem es mißlang, sich in die deutsche bürgerliche Gesellschaft zu assimilieren, an der Peripherie dieser Kultur einen heftigen und kreativen Kulturkonflikt hervorgebracht hat. Um diese Probleme zu erörtern, publiziert er seit Jahren ein Heine-Buch nach dem anderen in japanischer Sprache.

5. Kapitel: Die nationalsozialistische Lyrik in japanischer Übersetzung*

Mit dem Datum vom 25.2.1941 erschien in japanischer Übersetzung eine Anthologie deutscher Gedichte, die bündig *Auslese nationalsozialistischer Lyrik* genannt war, und aus der im Titelbild der Kopf des Bamberger Reiters die Leser mit bekannter Gelassenheit anblickte. Der Herausgeber Kotaro Jimbo war ein namhafter Germanist und gehörte der sogenannten Japanischen Romantischen Schule an, die in den dreißiger Jahren Trägerin einer rechtsradikalen literarischen Bewegung in Japan war.[1] Herausgebracht wurde der Sammelband denn auch von dem Verlag, dessen Inhaber der Gründer jener Literaturbewegung war. Der Verlag hieß in japanisierter Sprachform Gloria Society, was wohl zusammen mit der deutschen Bezeichnung Romantik auf eine trügerische Modernität in der literarischen Erneuerung zurückging. Einen Kommentar schrieb ein nach dem Krieg als Freudforscher, Goethe-Übersetzer und Literaturtheoretiker bekannt gewordener Germanist Yoshitaka Takahashi, während Kotaro Jimbo später als Übersetzer u. a. von Eckermanns *Gespräche mit Goethe* auftrat.

Am Ende seines Kommentars nennt Yoshitaka Takahashi fast nebenbei zwei wichtige Anthologien, um die Quelle der ausgewählten Gedichte anzudeuten: das von der deutschen Regierung zusammengestellte *Neue Literatur-Jahrbuch* (1934) und den von Herbert Böhme herausgegebenen Sammelband *Rufe in das Reich* (1933), der die heldische Dichtung von Langemarck in Flandern, also vom Beginn des Ersten Weltkrieges bis zu jener Zeit umfaßte.[2] Dieser 1907 in Frankfurt an der Oder geborene

---

* Eine in drei Abschnitte gegliederte Fassung des Beitrags zu: Julia Bertschik / Elisabeth Emter / Johannes Graf (Hrsg.), Produktivität des Gegensätzlichen. Festschrift für Horst Denkler. Tübingen 2000. S. 149–160.
1 Näheres vgl. Naoji Kimura: Die Internationalität der sog. Japanischen Romantischen Schule. In: Unerledigte Geschichten. Der literarische Umgang mit Nationalität und Internationalität. Hrsg. von Gesa von Essen / Horst Turk. Göttingen 2000, S. 362–377.
2 Auskünfte über die im folgenden zu behandelnden Dichter sind meist einzuholen bei Franz Lennartz: Die Dichter unserer Zeit. Kröners Taschenausgabe Band 151. Stuttgart

Herausgeber gehörte seit 1935 der Reichsleitung der NSDAP (Dichtung und Kulturamt) und dem Kulturkreis der SA an und galt als einer der sogenannten „Lyriker der braunen Front" wie Heinrich Anacker, Hans Baumann, Baldur von Schirach, Gerhard Schumann, Eberhard Wolfgang Möller oder Herybert Menzel. Yoshitaka Takahashi erwähnt einmal Langenbuchers literarhistorische Ansicht. Es ist deshalb mit Sicherheit anzunehmen, daß er dessen einschlägige Fachliteratur über die NS-Dichtung benutzt hat.[3] Langenbucher war Leiter des Lektorats der Reichsstelle zur Förderung des deutschen Schrifttums. Auch Walther Lindens *Geschichte der deutschen Literatur* (Leipzig 1937) war damals unter den japanischen Germanisten verbreitet. Yoshitaka Takahashi selbst verfaßte in japanischer Sprache ein einziges Buch, das ausdrücklich als *Nazi-Literatur* betitelt war und in dem mit zweideutigem Vorbehalt die nationalsozialistische Literatur ausführlich beschrieben war.

I. Richtlinien der Auswahl von nationalsozialistischen Gedichten

Aus dem Vorwort der Anthologie geht hervor, daß Kotaro Jimbo bei seiner Auswahl der Gedichte die hervorstechende zeitgenössische Tendenz in der deutschen Literatur ins Auge gefaßt hatte. Er betonte vor allem, daß die Entfaltung der NS-Lyrik in Deutschland mit der Entwicklung der von Adolf Hitler geführten NSDAP Hand in Hand vor sich gegangen sei. Er ging allerdings bis auf den Ersten Weltkrieg zurück und machte auf die Notwendigkeit ihrer Entstehung aufmerksam, ohne die Mehrsträngigkeit der literarischen Erscheinungen im deutschsprachigen Raum angemessen zu berücksichtigen.[4]

1938. Vgl. ferner Hans Sarkowicz / Alf Mentzer: Literatur in Nazi-Deutschland. Ein biografisches Lexikon. Erweiterte Neuausgabe. Europa Verlag. Hamburg / Wien 2002.

3 Vgl. Hellmuth Langenbucher: Volkhafte Dichtung der Zeit. Berlin 1933, 2. erweiterte Aufl. 1935, 3. Aufl., völlige Neufassung 1937, 4. unveränderte Aufl. 1937.

4 Über die japanische Germanistik im allgemeinen vgl. den Ausstellungskatalog zum IVG-Kongreß in Tokyo, Deutsche Sprache und Literatur in Japan. Ein geschichtlicher Rückblick. Tokyo 1990. Vgl. auch Naoji Kimura: Zur Rezeption ‚heroischer' deutscher

Nach dem Ersten Weltkrieg sei eine Anzahl von Geistesströmungen in den europäischen Ländern entstanden. So sei es in Deutschland der Expressionismus gewesen, der alle Dichter geistig beherrscht habe. In dieser Epoche habe der Expressionismus sich einerseits mit dem marxistischen Rationalismus gekreuzt und andererseits mit der oberflächlichen Neuen Sachlichkeit eine prosaische Zeit ohne poetischen Geist hervorgebracht. Äußerlich gesehen, sei die NS-Lyrik, die auf dem Faschismus beruhe, als Nachfolgeerscheinung der Neuen Sachlichkeit anzusehen. Aber sie habe mit Dietrich Eckarts Gedicht *Deutschland, erwache* ihren Anfang genommen, der dann durch die auf den Schlachtfeldern des Krieges erklungenen Stimmen des deutschen Volkes sowie durch die Rufe der gefallenen namenlosen Soldaten fortgeführt worden sei.

Nach Jimbos Meinung nahm die NS-Literatur bzw. NS-Lyrik infolge der von der NSDAP begründeten politischen Einheit Deutschlands die führende Stellung ein. Dementsprechend setzte eine literaturwissenschaftliche Forschung ein, um ihre dichterischen Vorboten und Gestalter festzustellen, ihre literarischen Vorzüge zu charakterisieren und ihren völkischen Wert einzuschätzen. Hervorgehoben werden dabei vor allen Dingen die Gegensätze von Internationalismus und völkischem Nationalismus sowie von materialistischem Rationalismus und heldenhaftem Staatswesen. Aus dem letzteren ergäbe sich der Geist des Nationalsozialismus, mit dessen Maßstab man dann die Qualität eines Dichters oder eines dichterischen Werkes auslegen könnte. Jimbo erläuterte diesen Vorgang des näheren positiv als den Übergang von der trivialen Dekadenz zur kräftigen Gesundheit, von der internationalen Einheitlichkeit zur regionalen Selbständigkeit, ferner von der künstlerischen Obskurität zur stilistischen Schlichtheit und versprach sich eine glänzende Zukunft für diese neue Dichtung. Er vermied zwar, einen direkten Vergleich zur zeitgenössischen japanischen Literatur anzustellen, hob aber im Geiste der Japanischen Romantischen Schule hervor, nationalsozialistische Dichter, die sich mit dem volkhaften Geist um eine neue Lyrik bemühten, hätten alles Obsolete, nämlich das Nihilistische, das Materialistische, den

Literatur in Japan 1933–1945. In: Gerhard Krebs / Bernd Martin (Hrsg.): Formierung und Fall der Achse Berlin–Tokyo. München 1994. S. 129–151.

Individualismus, die Dekadenz, die Weltflucht usw. verworfen. Freilich war damit angedeutet, daß es Grundzüge der modernen Literatur seit der Jahrhundertwende waren, mit der sich auch die japanischen Germanisten bis vor dem Krieg neben der deutschen Klassik und Romantik fleißig beschäftigt hatten. In Wirklichkeit bedeutete die nationalsozialistische Literatur jedoch einen bewußten Anschluß an die sogenannte Heimatkunstbewegung im 19. Jahrhundert:

„Nachdem sich in den 20er Jahren der konservative ‚Aufstand der Landschaft' gegen Berlin politisch radikalisierte und das Korrektiv einer ‚kritischen Provinzliteratur' (Marieluise Fleißer, Oskar Maria Graf, Lion Feuchtwanger, Carl Zuckmayer) provoziert hatte, münden die Ausläufer der Heimatkunstbewegung in die ‚Blut-und-Boden'-Programmatik nationalsozialistischer Literatur."[5]

Schlimm und bedenklich erscheint in diesem Zusammenhang, daß man in der Literaturkritik schon lange vor der volkhaften Dichtung mit den angeblich von Goethe stammenden Begriffen von „gesund" und „krank" gearbeitet hatte.[6] Abgesehen von der stilistischen Anwendung auf das Klassische und das Romantische ist die Gesundheit des Leibes zweifellos gut und die Krankheit schlecht. Wird der Gegensatz metaphorisch auf den menschlichen Geist überhaupt oder auf die Kunst übertragen, so ist das Kranke in der Literatur ohne weiteres zu verurteilen, wie es am Beispiel einer völkischen Kritik an Thomas Mann auf bösartige Weise deutlich wird: „Wer möchte behaupten, aus den Büchern von Thomas Mann, um nur bei diesem zu bleiben, die bestenfalls nur künstlerischer Ausdruck erotischer, morbider, spielerischer Phantasien kranker, schwacher und nicht vollbeschäftigter Menschen sind, wer möchte behaupten, aus diesen Büchern Kraft, Antrieb, Erbauung, Lebensfreude und den Willen zu neuem Anfang, zu neuem Schaffen geschöpft zu haben?"[7]

---

5 Walther Killy: Literatur Lexikon. Begriffe, Realien, Methoden. München 1992. Bd. 13, S. 388. Vgl. Walter Muschg: Die Zerstörung der deutschen Literatur. List-Bücher 156. München o. J.

6 Vgl. Naoji Kimura: Goethes Alterspoetik. In: Goethe-Jahrbuch, 114. Band. Weimar 1997. S. 185–197; hier S. 195. Vgl. auch Goethes Gedicht „Der Chinese in Rom". In: Goethes Werke. Hamburger Ausgabe, Bd. 1, S. 206.

7 Hermann Schäfer: Deutsche Dichter der Gegenwart. Ihr Leben und ihre Werke. Tokyo 1944. S. 28.

Damals glaubte man dagegen z. B. aus Hans Grimms Roman *Volk ohne Raum* gesunden Geist für das deutsche Volk schöpfen zu können. Aber nach dem Zweiten Weltkrieg liest niemand mehr diesen als „eine deutsche Odyssee" gepriesenen Roman.

Der Herausgeber der Anthologie war nicht nur Germanist, sondern hatte auch als Dichter einen Namen. Deshalb äußerte er sich über die bloß politisch ausgerichteten Anfänge der nationalsozialistischen Lyrik etwas kritisch. Aber er meinte, sie hätte sich mit der staatlichen Stabilisierung Deutschlands von den politischen Ausrufen allmählich zur künstlerischen Reife entwickelt. Es würde bald die Zeit kommen, in der sie zu einer dem deutschen Geist eigentümlichen gedanklichen Tiefe gelange. Mit dieser Erwartung stellte er Gedichte der nationalsozialistischen Lyrik aus den Gedichtbänden einzelner Dichter, Anthologien oder literarischen Zeitschriften zusammen, ohne die politische Dichtung allein in den Mittelpunkt zu stellen. Mit der Übersetzung ins Japanische beauftragte er Germanisten der jüngeren Generation wie Hideo Fujikawa, Yoshitaka Takahashi, Masanari Nojima, Keiichi Kondo, Masaru Takita sowie Shinnosuke Yamada und sah sich ihre Übersetzungstexte stilistisch verbessernd an. Selbstverständlich wurde die japanische Germanistik dadurch nicht gleichgeschaltet, die sich auch weiterhin mit anderen Dichtern oder Themen beschäftigte. Vorübergehend ausgeschaltet war nur die Erforschung der literarischen Moderne, deren Vertreter Thomas Mann sich wohl mit Selbstironie in folgender Weise gekennzeichnet hatte: „Die Chronisten und Erläuterer der Dekadenz, die Liebhaber des Pathologischen und des Todes, die Ästheten mit der Tendenz zum Abgrund".[8] Die Beschäftigung mit dieser modernen Literatur wurde nach dem Krieg von den japanischen Germanisten um so eifriger nachgeholt.

Bei der genannten Anthologie handelte es sich, soweit man bisher ermitteln konnte, um die einzige Sammlung ausgesprochen nationalsozialistischer Gedichte, die von japanischer Seite herausgegeben wurde.[9] Eine

---

8   Zitiert bei H. Schäfer, S. 7.
9   Das von Yoshiaki Sasasawa übersetzte Buch: Blumenkranz des Volkes. Eine Auswahl deutscher Gedichte, Tokyo 1943. Dieser Band, der teilweise nationalsozialistische Gedichte enthält, konnte erst nachträglich eingesehen werden. Reinhold Schulze und Ichie Sato (Hrsg.): Kampfgedichte der deutschen Jugend, Tokyo 1942 wurde von deutscher Seite herausgegeben.

andere Anthologie mit Übersetzungen wurde im Auftrag der Deutschen Botschaft in Tokyo zusammengestellt, wie denn auch Hermann Schäfer als Botschaftsangestellter 1944 sein Buch *Deutsche Dichter der Gegenwart. Ihr Leben und ihre Werke* in deutscher Sprache und in japanischer Übersetzung veröffentlichte. In diesem Informationswerk, dessen Motto lautete: „Nur diejenigen Kunstwerke haben Anspruch auf Dauer, in denen die Nation sich wiederfindet. Wilhelm Raabe", sind ironischerweise viele Dichter und Werktitel angegeben, die heute zum großen Teil vergessen sind. Es gibt auch Auskünfte darüber, welche Werke ins Japanische übersetzt wurden, wenngleich sie heute vom japanischen Lesepublikum gar nicht mehr gelesen werden. In seinen Ausführungen setzte Hermann Schäfer zeitbedinge Großstadt-Literaten herab, denen die wahre Quelle echten dichterischen Schaffens, das Verwurzeltsein im Mutterboden des Volkes verschlossen bliebe. Sie glänzten ebenso grell auf, wie sie schnell vergessen würden. Aber gerade das Gegenteil von dem, was er am Anfang seiner Einführung geschrieben hatte, trat nach ein paar Jahren ein:

> Wer heute auf das deutsche Schrifttum früherer Zeitabschnitte zurückblickt, der wird finden, daß nur der tief in seinem Volke wurzelnde Dichter das Volksschicksal ausspricht, daß nur er und niemals der wurzellose ‚Literat' es vermag, Künder, Seher und geistiger Bahnbrecher seiner Zeit zu sein. Denn was aus einem solchen Zeitabschnitt als Wert und Werk in einen anderen hineinragt, sind nicht die Erlebnisschilderungen zeitbedingter ‚Literaten', sondern die in einem Raum von Ehrfurcht geschaffenen Werke der Dichter, in denen das Wesen dieser Zeit zum Bilde, das Bestandene Bestand und die Würde und Schönheit des Lebens Gestalt wurde.[10]

Die Dichter der NS-Lyrik wuchsen nicht, wie vorausgesagt, über ihre Zeit hinaus und dienten nicht durch ihre Werke ihrem Volke weiter bis in die fernsten Generationen. Zu beachten ist jedoch, daß nicht alle in die japanische Anthologie der NS-Lyrik aufgenommenen Dichter als solche bezeichnet werden können, hielt man doch in Japan die nationalsozialistische Literatur zunächst einmal für einen literaturgeschichtlichen Epochenbegriff und zählte alle namhaften deutschsprachigen Schriftsteller und Lyriker wie Hans Carossa oder Stefan George dazu, sofern sie nicht ins Exil gingen. Der Begriff

---

10 H. Schäfer a. a. O., S. 3.

der „Inneren Emigration" war bestimmt noch nicht bekannt.[11] Da die Japaner nach Hitlers kritischen Bemerkungen nicht zu den Ariern gehörten, teilten sie auch nicht die antisemitische Ansicht Hermann Schäfers im Hinblick auf das Nachkriegseuropa von Versailles:

> Auf allen Lebensgebieten waren während dieser Jahre in Europa hauptsächlich zwei zerstörende Kräfte am Werk, die sich die totale Ausbeutung und Vernichtung Deutschlands als wichtigstes Ziel gesetzt hatten und auch jetzt noch haben; diese waren und sind die internationale Macht des Goldes und der internationale Bolschewismus, die beide jüdisch durchsetzt sind und zum überwiegenden Teil von Juden selbst geführt werden.[12]

Nach Hermann Schäfer ist diese unbedeutende Zeit Europas die große Machtzeit des Judentums und des von ihm geprägten Marxismus. Er meinte ferner, in den Werken dieser Zivilisationsliteraten oder Chronisten der Dekadenz sei der jüdisch-marxistische Geist der Zergliederung, Zerstörung und Zerstückelung vorherrschend: „Was bedeuten heute noch die Namen wie Thomas Mann, Lion Feuchtwanger, Franz Werfel, die Gebrüder Zweig usf., die während dieser Jahre so zeitbedingte Triumphe feiern konnten?"[13]

Merkwürdigerweise wurde darauf hingewiesen, daß nicht nur in Deutschland, sondern auch in vielen anderen europäischen Völkern die Erinnerung an diese Vertreter nur noch in Form eines schimpflichen Behagens an einem schimpflichen Leben bestünde. Auf diese Weise wurde die literarische Moderne in Deutschland, umso mehr in Europa, in den dreißiger Jahren von der Literaturbetrachtung ausgeschlossen, und faktisch wurden nur noch die Heimat- und die Kriegsdichtung von Paul Ernst, Hermann Stehr, Emil Strauß, Rudolf G. Binding, Wilhelm Schäfer, Hans Grimm, E.G. Kolbenheyer, Friedrich Griese, Hans Friedrich Blunck u.a.m. hochgeschätzt. So soll im folgenden, da es keinen Anhaltspunkt in der deutschen Originalsprache gibt, versucht werden, die von Kotaro Jimbo zusammengestellten und von den sechs jungen Germanisten ins Japanische übersetzten Gedichte anhand des

---

11 Über die Schwierigkeit, die geistige Situation im raffiniert totalitären NS-Staat richtig zu beurteilen, vgl. z.B. die Einführung von Gunter Groll (Hrsg.): De Profundis. Deutsche Lyrik in dieser Zeit. Eine Anthologie aus zwölf Jahren. München 1946.
12 H. Schäfer a.a.O., S. 4.
13 H. Schäfer a.a.O., S. 5.

japanischen Übersetzungstextes zu identifizieren. Bei den nicht kursiv gedruckten, sondern in einfache Anführungszeichen gesetzten Überschriften handelt es sich um die wörtliche Rückübersetzung japanischer Gedichttitel, die aus dem Deutschen übertragen wurden. Die Bestandsaufnahme erfolgt dabei in der Reihenfolge aufgenommener Dichter und ihrer Gedichte.

2. Versuch einer Bestandsaufnahme einzelner Gedichte

Zuerst und am zahlreichsten ist Friedrich Schnack vertreten, dessen Werke *Sebastian im Wald, Das Leben der Schmetterlinge* und *Der gefrorene Engel* bald darauf ebenfalls ins Japanische übersetzt wurden. Seine Gedichte enthalten noch lauter Themen der Naturlyrik, die gar nicht in die Parteidichtung des Nationalsozialismus, sondern allenfalls in die erdgebundene Heimatkunstbewegung einbezogen werden könnten: *Heimat*: „Hier kocht der Wein, hier winkt ein gutes Haus", „Der Zugvogel", „Das vergehende Jahr", „Das Sumpf-Herzblatt", „Der Jüngling, das einstige Ich", „Eine Nacht in Afrika", „Das Wunder", „Der Nachtvogel", „Das aufkeimende Licht", „Mein Kind", „Im schwedischen Graben".

Bei Heinrich Frank, von dem außer dem Gedicht *Waisenkind* nichts Näheres bekannt ist, kommt schon das Thema des Vaterlands mit dem Todesmotiv vor: „Dem Vaterland", „Ein altes und ein neues Grab", „Dem gefallenen Freund".

Will Vesper, der einflußreiche Literaturfunktionär des Dritten Reiches, schlägt das Thema des Führers an. Er war durch die japanische Übersetzung seiner Ausgabe *Hölderlins Leben in seinen Briefen und Gedichten* bekannt. Auch sein Roman *Das harte Geschlecht* wurde übersetzt: „Der Spruch", „Dank dem Führer".

Bei Paul Anton Keller handelt es sich wohl um die Gedichte des 1907 in Radkersburg geborenen österreichischen Schriftstellers. Das Vaterland heißt nun ausdrücklich Deutschland:

„An die Stille", „Gedenken", „Das Bauernhaus", *Ruf aus der Ostmark*: „Du auch, o Deutschland, forderst gewaltig", „Wer weint in der Nacht?".

Martin Simon ist nicht zu ermitteln. Die nationalsozialistische Blut- und Boden-Ideologie kommt in seinen Gedichten deutlich zum Ausdruck: „Dem Führer", „Der Weg", „Der Befehl", „Das Feld am Morgen".

Hermann Claudius wurde zwar von den Nationalsozialisten geschätzt und vereinnahmt, aber an seinen Gedichten ist nichts Politisches zu bemerken: „Der Regentag", „Äpfel im Herbst", „Scherzo", „Bei einer Kerze", „Vorfrühling".

Franz Tumlers ästhetische Verstrickung in die NS-Ideologie könnte im dritten Gedicht leise anklingen: „Erinnerung", „Das Licht fällt", „Siehe, es dunkelt".

Beim Rumäniendeutschen Heinrich Zillich, dessen Werk im Nationalsozialismus positiv aufgenommen wurde, sind keine ideologischen Spuren in dem einzigen Gedicht zu finden: „Der sanfte Herbst".

Friedrich Bischoff, der die Anthologien *Schlesischer Psalter* (1936) und *Das Füllhorn* (1939) herausgab, erweist sich in dem hier aufgenommenen Gedichtzyklus *Auf der Suche nach dem Frühling* als reiner Naturlyriker: „Am Bergfluß", „Auf der Suche nach dem Frühling", „Der Südwind", „Die Schneeschmelze", „Frühling im Gebirge".

Ferdinand Oppenberg ist vor allem durch das folgende Gedicht bekannt, das das Thema Deutschland erneut in den Vordergrund stellt: *Deutschland du*.

Vom antisemitischen Journalisten Dietrich Eckart genügte anscheinend allein das bekannte Kampflied: *Deutschland, erwache!*: „Sturm, Sturm, Sturm! Läutet die Glocken von Turm zu Turm!"

Karl Brögers 1915 im *Simplizissimus* erschienenes Gedicht scheint heute ohne die ursprüngliche zweite Strophe verbreitet zu sein:[14] *Bekenntnis*: „Immer schon haben wir eine Liebe zu dir gekannt".

Josef Weinheber trat 1931 der NSDAP bei und wurde im Jahre 1941 mit dem großen Dichterpreis der Stadt Wien ausgezeichnet. Der repräsentative Autor des NS-Regimes kommt aber an dieser Stelle nicht in Erscheinung: *Drei Gedichte*: (*Capriccio, Notturno, Scherzo*), „Bücher", „Das Bett", „Von Jahr zu Jahr", „Der Bauer", „Aus dem Geist des Liedes", „Ankündigung".

---

14 Vgl. Ludwig Reiners: Der ewige Brunnen. Ein Volksbuch deutscher Dichtung, 2. Aufl., München 1959, S. 459.

Es ist schleierhaft, warum Max Kommerell mit diesem Gedicht als Dichter der NS-Lyrik vorgestellt wurde: *Einem Kind zu einer Puppe*: „Wiege, Kind, das wunderbare".

Der Dichter des böhmischen Waldes Johannes Linke, dem in der Anthologie viel Platz eingeräumt wird, scheint in Japan als typisch deutsch empfunden worden zu sein: „Deutschland", „Das Lied der Getreuen", „Abend im Gebirge", „Unsere Fahne ist das Leid", „Sonnenwende", „Der Wald".

Erwin Guido Kolbenheyer stand in Japan durch die Übersetzungen seiner Werke *Monsalvasch* sowie *Amor Dei* in hohem Ansehen, so daß wohl nur ein kurzes Gedicht präsentiert zu werden brauchte: „Zueignung".

Gertrud von le Fort ist in Japan eigentlich erst nach dem Krieg durch die Übersetzungen ihrer Erzählungen bekannt geworden: *Der wandernde Sänger*.

Gerhard Baron ist durch die vier Gedichte aus Oberschlesien vertreten: *Altes Hochzeitslied, Legende der Ernte, Lobpreis der Nacht, Hl. Anna auf den Wolken*.

Richard Billinger zeigt sich bloß als Dichter des bäuerlichen Lebens: „Heimkehr", „Vor dem Schlafengehen".

Thilo Scherer ist nicht zu identifizieren: „Dank an das Erntefest", „Ehepaar im Obstgarten".

Von Hanns Johst, dem führenden Dramatiker seiner Zeit, lagen die beiden Werke *Schlageter* und *Der junge Mensch* in japanischer Übersetzung vor: *Schlageter*, „Unzählige tote Sterne fallen", *Der Mensch*: „Es rauscht der Schlaf".

Gerhard Schumann wurde von Yoshitaka Takahashi als der vielversprechendste junge Dichter hervorgehoben und dementsprechend mit seinem Hauptthema „Reich" und Einsatz für das Reich vorgestellt: *Die Reinheit des Reichs*: „Nun aber steht ein Haufe von Entschlossenen"; *Dennoch*: „Wir haben lang den Rausch des Siegs vergessen", „Dem Kämpfer", „Ehrfurcht".

Hans Baumann erscheint hier als Naturlyriker und Lyriker der braunen Front zugleich: *Abschied*: „Vergangen ist der Sommerglanz"; „Nun die Fahne".

Eduard Reinacher ist als der Dichter des Totentanzes dokumentiert: *Der Mann im Mond*.

Hjalmar Kutzleb zeigt sich in seiner volkskundlichen Erziehungstendenz: „Kind und Brunnen".

Der aus Südtirol stammende Josef Georg Oberkofler ist repräsentativ für die österreichische Blut-und-Boden-Literatur: „Der Bauer im Berg", „Arbeiter im Gebirge", „Zurück aus der Wiese im Hochgebirge".

Georg Britting konnte vermutlich durch ein Gedicht mit dem Bezug zu Langemarck in die Anthologie der NS-Lyrik aufgenommen werden: „Windlicht", „Unter der Hasel", „Das Veilchen", „Jugendliche Freiwillige".

Fritz Diettrich, der für kurze Zeit Hitlers politischer Verführung erlag, ist mit einem zweideutigen Heldengedicht vertreten: *Herakles*.

Bodo Schütt, dessen Gedichte die Opfer- und Kampfbereitschaft für das Vaterland besingen, ist nicht zu identifizieren: „Meinen Söhnen", „Gefühle der Zeit": „Vor dem Kampf", „Gesungen in Polen", „Ruhe an der Mosel", „Marsch".

Wolfram Brockmeier, der Künder der nationalen Volksidee, war vom ewigen Deutschland überzeugt: *Wir glauben*: „Deutschland, heilige Mutter, wenn uns dein Atem streift".

Hans-Jürgen Nierentz, ein ausgesprochener Vertreter der jungen deutschen Dichtung, forderte die Deutschen zu einer wahren Volksgemeinschaft auf: *Am Tag des Volleinsatzes*: „Wer von Schuld beladen steht".

In Eberhard Wolfgang Möllers Chören kommt die nationalsozialistische Feierdichtung zum Ausdruck: „Chor der Propheten", „Chor der Engel". (*Aus den Briefen der Gefallenen*)

Von dem 1890 geborenen Dichter Julian Will ist ein Lied der Sehnsucht nach Deutschland überliefert: „Fern von der Heimat gesungen": „Fern vom Land der Ahnen / gehn wir durch die Welt".

Vom erdgebundenen Dichter Otto Wolgemüt ist auch nichts zu ermitteln: „Der alte Eisenberg", „Junge Gesellen".

Peter Rosegger ist mit kulturkritischen Äußerungen vertreten: „Fragmente".

Georg von der Vring, der sich während des Dritten Reichs in die innere Emigration zurückgezogen haben soll, wird hier als Naturlyriker herangezogen: „Das Lied vom März", „Die schwarze Nacht".

Der Dramaturg Rudolf Bach scheint in der Jugend ebenfalls naturlyrische Gedichte geschrieben zu haben: „Frühherbst".

Hartmut von Cube ist nicht zu identifizieren: *Holunder in der Abenddämmerung.*

Heinz Steguweit zeigt in seiner fröhlich-kindlichen Art doch noch ein nationales Gemeinschaftsgefühl: „Daumenfamilie".

Martin von Katte-Zollkow, der nicht zu identifizieren ist, steht wohl für das trotz allem friedliche Alltagsleben: „Kinder".

Friedrich Georg Jünger könnte mit seinem älteren Bruder Ernst Jünger verwechselt worden sein, der als Kriegsdichter galt: „Lobgesang auf den Fluß".

Dorothea Hoffmann-Leber ist nicht zu identifizieren: „Das Brot".

Rudolf G. Binding war bekannt durch die japanische Übersetzung seiner Novellensammlung *Opfergang,* die *Opfergang, Unsterblichkeit, Angelucia, Waffenbrüder* enthielt, sowie durch die Kriegsanekdote *Wir fordern Reims zur Übergabe auf* in japanischer Übersetzung: „Grabschrift eines Mannes", *Einsamkeit:* „Mit dir zu wandern, ewiger Wanderer, Wind".

Heinrich Anacker kehrte nach einer Phase mit Naturlyrik wieder zur Lyrik der braunen Front zurück: „Den deutschen Arbeitern", *Die Magie der Viererreihe.*

Herybert Menzel setzt die Lyriker der braunen Front fort: *Lied der Kameraden:* „Wenn wir unter Fahnen stehen", „Kommt zusammen!", „Fahnenträger".

Baldur von Schirach war als Reichsjugendführer bekannt genug. Rainer Schlösser, der Reichsdramaturg war, sagte einmal über ihn:

> Sein Glaube wurzelt im Grunde seines Wesens, das fromm aus Ehrfurcht, rein aus seelischem Zwang und tapfer aus geborener Natur ist. Zur Echtheit der Gesinnung gesellt sich in seinen Gedichten die Beherrschung der Form. Die rhythmische Vielseitigkeit spricht ebenso an, wie die Ausgeglichenheit der Sprache. Beides zeugt von überragender künstlerischer Befähigung, um so mehr, als die formal reiche Gestaltung das mitreißende Ungestüm jugendlicher Entschlossenheit nirgends abschwächt.[15]

An einen Arbeiter: „Ich fasse deine harte Hand", *Unsere Fahne flattert uns voran.*

---

15 Zitiert bei H. Schäfer S. 297 f.

Herbert Böhme verherrlicht in der Anthologie wieder einmal Adolf Hitler: „Der Führer", *Morgenrot, Deutschland*!

Rainer Schlösser scheint auch einmal Gedichte geschrieben zu haben: „Der heitere Herbst", „Lied vom Oktober".

Von Ludwig Tügel, der Einzelgänger in der NSDAP war, wurden Tagebucheintragungen ohne politischen Inhalt herangezogen: „Aus einem Tagebuch".

Eberhard Meckel war einer der Autoren, „die den Nationalsozialismus im ganzen positiv beurteilten und nur Hitler mit elitärer Verachtung begegneten":[16] „Hoffnung für das Kind".

Hans Schomaker, der nicht näher bekannt ist, gedenkt noch der im Ersten Weltkrieg für das Vaterland Gefallenen: „Flandern".

Konrad Henlein, der politische Führer des Sudetendeutschtums, ist nicht durch ein Gedicht, sondern durch einen Prosatext *Der Ruf* zum Schluß der ganzen Anthologie vertreten.

3. Thematische Inhaltsanalyse der Anthologie

Überblickt man diese Gedichte thematisch, so lassen sie sich in zwei Gruppen gliedern: die Naturlyrik, die die Themen Heimat, Jahres- und Tageszeiten einschließt, und die politische Dichtung mit den Themen Vaterland, Reich, Führer, Schicksal und Tod. Von den Werken dieser Wegbereiter, Seher und Sänger der Volkwerdung der Deutschen und des Dritten Reiches sagt Hermann Schäfer in der Tat:

> [...] daß sie nicht nur die nüchternen und eisernen Kräfte aufzeigen, die durch Kampf und Willen zur Gründung des Neuen Reiches führten und seine Grundlage bleiben sollen, sondern daß sich in ihrem Inhalt auch eine Stille, ein Friede, eine Betrachtung, eine Sammlung und eine Einkehr in die eigene Brust auffinden läßt, die ebenfalls tief beglückend ist.[17]

---

[16] Walther Killy: Literatur Lexikon. Autoren und Werke deutscher Sprache. München 1990. Bd. 8, S. 45.
[17] H. Schäfer a. a. O., S. 7 f.

An der Auswahl der NS-Lyrik durch Kotaro Jimbo ist bemerkenswert, daß eine Vielzahl solcher Gedichte, die nicht unmittelbar mit der politischen Dichtung zu tun haben, darin Aufnahme gefunden hat. Dagegen findet sich kein Gedicht mit dem Thema aus dem Stadtleben.

Wie oben erwähnt, befindet sich am Ende der Anthologie ein Überblick über die nationalsozialistische Literatur von Yoshitaka Takahashi, der in den dreißiger Jahren in Deutschland studiert hatte und so mit dem Gegenstand sehr vertraut war. Er unterscheidet bei der Betrachtung des Nationalsozialismus zwischen dem politischen und dem literarischen Aspekt. Beim ersteren weist er auf die Idee der Gemeinschaft im deutschen Volk hin, die sich ausdrückt u. a. im „Dritten Reich" von Moeller van den Bruck, im „Neuen Reich" des späten Stefan George, in der von 1927 von Hofmannsthal prophezeiten „Konservativen Rovolution" und schließlich im politischen Kampfziel Adolf Hitlers, „Erhebung Deutschlands". Beim letzteren stellen „Blut und Boden" die elementaren Bedingungen dar, die das Dasein des Volkes bestimmen, und dazu kommen noch poetische Auslegung und Gestaltung der Stimme des Schicksals, das in seiner Geschichte vernehmbar wird. Hieraus erklären sich die in der NS-Literatur vorherrschenden Themen. Es geht dabei um den Arbeitsdienst, das Problem des Lebensraumes, das Kolonialproblem, das hauptsächlich nach Afrika gerichtete Interesse am Osten im weitesten Sinne des Wortes, den Aufschwung des bäuerlichen Geistes, die Verurteilung des Großstadtlebens, die tiefgreifende soziale Erneuerung, die neue Lebensordnung des deutschen Volkes, nicht zuletzt um die Probleme des Rassismus. Die NS-Literatur, die sich in Abgrenzung zur bürgerlichen Dekadenzliteratur eines Thomas Mann und gegen den jüdischen Intellektualismus bildete, gliedert sich somit in die volkhafte Dichtung, die Kriegsdichtung und die Heimatdichtung.

Als Vorgänger der NS-Literatur wird insbesondere der von Schopenhauer beeinflußte Dichter Dietrich Eckart hervorgehoben, den Hitler zum Schluß seines Werkes *Mein Kampf* als einen Mann gepriesen hat, der „als der Besten einer sein Leben dem Erwachen seines, unseres Volkes gewidmet hat im Dichten und im Denken und am Ende in der Tat". Er trat 1919 der NSDAP bei und wurde der erste Schriftleiter des *Völkischen Beobachters*. Dagegen ging der bedeutende Erzähler Paul Ernst vom Naturalismus und der Sozialdemokratie aus und sah im Hochmittelalter deutscher Kaiser das ideale Zeitalter. Zur Sprache kommen dann der in Budapest geborene Erwin Guido Kolbenheyer und Hans Grimm, der lange Jahre in Afrika lebte. Ihre Romane *Paracelsus* sowie *Volk ohne Raum* wurden frühzeitig ins Japanische übersetzt. Im Anschluß an sie werden auch Wilhelm Schäfer, Hermann Stehr, Hans Carossa und Rudolf G. Binding kurz besprochen, wobei bei ihnen die deutsche Religiosität betont wird.

Neben dieser volkhaften Dichtung ist es nach Yoshitaka Takahashi letzten Endes der Erste Weltkrieg, der die Dichter verschiedenster Provenienz zum Dritten Reich zusammengeführt hat. In der Lyrik sei dies besonders offensichtlich, und genannt werden Dichter wie Dehmel, Lienhard, Börries von Münchhausen, Löns, Fock, Thoma, Vesper, Blunck, Stehr, Ernst, Eckart, George, Binding, Hermann Claudius, Schröder, Albrecht Schaeffer. Etwas näher erläutert werden Heinrich Lersch, Gerrit Engelke, Karl Bröger und Walter Flex, von dem ein Satz stellvertretend zitiert wird, um die durch Kriegserlebnisse hervorgerufene Todesmystik zu demonstrieren: „Ich fühle, daß auch dieser Zustand Gottes Wille ist [...]" Die Ideale von „Vaterland" oder „Reich", die schon Hermann Löns oder Rudolf Huch vor dem Weltkrieg aufgestellt hatten, wurden in dieser Kriegsdichtung Wirklichkeit, die von den Deutschen schonungslos eine „stählerne Romantik" forderte. In diesem Zusammenhang werden Binding, Carossa, Ernst Jünger, Franz Schauwecker, Erich Edwin Dwinger, Josef Magnus Wehner, Karl Benno von Mechow, Werner Beumelburg, Hans Zöberlein und Ulrich Sander genannt. Besonderer Wert wird den im Jahre 1928 von Philipp Witkop herausgegebenen *Kriegsbriefen gefallener Studenten* beigemessen, die in der Übersetzung von Kenji Takahashi auch in Japan gern gelesen wurden.

Entsprechend dieser neuen Tendenz in der Literatur hat sich auch die sogenannte Heimatdichtung gewandelt. Sie entwickelte sich, wie bei Agnes Miegel oder Ina Seidel, zu einem Mythos der erdgebundenen Mütterlichkeit. Kommentiert werden außer den bereits genannten Lyrikern Hans Friedrich Blunck, Friedrich Griese, Ernst Wiechert, Josef Ponten, Ernst Bertram, Friedrich Schnack, Ludwig Friedrich Barthel, Johannes Linke, Emil Strauß und Peter Dörfler. Von ihnen werden Karl Heinrich Waggerl, Josef Weinheber und Heinrich Zillich unterschieden, die aus der österreichischen Donaumonarchie stammten. Im Mittelpunkt aller dieser Dichtungen steht für Yoshitaka Takahashi das Zentralthema „Das deutsche Reich" bzw. „Die völkische Einheit Deutschlands". Als dessen repräsentative Werke werden Otto Gmelins Romane *Das neue Reich* sowie *Das Angesicht des Kaisers*, Werner Beumelburgs Romane *Mont Royal* sowie *Kaiser und Herzog* und Hans Künkels Roman *Schicksal und Liebe des Niclas von Cues* angesehen.

Nach den Ausführungen über verschiedene Versuche, den leidvollen Werdegang des Nationalsozialismus literarisch zu gestalten, um im Anschluß daran über die erfolgreichere Gattung des Dramas einschließlich des Hörspiels zu referieren, geht Yoshitaka Takahashi zuletzt auf die NS-Lyrik ein. Hervorgehoben werden nach Dietrich Eckart als dem bedeutendsten Vorkämpfer die Dichter Horst Wessel, Georg Stammler, Rudolf Paulsen, Heinrich Anacker, Baldur von Schirach, Ludwig Friedrich Barthel und Herbert Böhme. Als der geschätzteste Lyriker gilt der junge Gerhard Schumann, in dem der schwäbisch-meditative Geist seit Schiller, Mörike und Hölderlin sich mit dem kriegerischen Willen des Soldaten verbindet. Bei den Dichtern Karl Josef Keller, Hans-Jürgen Nierentz oder Ferdinand Oppenberg wird darauf aufmerksam gemacht, daß Fabrikarbeiter und Bauern, die vor einer Generation eher miteinander verfeindet waren, nunmehr eine gemeinsame Feier begehen wollten. Ansonsten werden genannt: Hans Baumann, Kurt Heynicke, Wolfgang Jünemann, Leopold von Schenkendorf, Wolfgang Schwarz, Horst Wesenberg, Herybert Menzel, Fritz Zorn, Wolfram Klupka, Hans Friedrich Blunck, Franz Lütke, Wolfram Brockmeier, Karl Bröger, Hermann Claudius, Christoph Wiebrecht, Gerrit Engelke, Alfons Petzold. Der ganze Kommentar wird geschlossen mit dem Hinweis auf den Wahlspruch Hanns Johsts, der wahre Dichter sei völkisch und gehöre mit Herz und Leib, mit allen Aussagen zum heiligen Körper der Nation.

Angesichts der von Yoshitaka Takahashi genannten Dichter fällt die Differenz auf, die zwischen ihnen und den von Kotaro Jimbo in seine Anthologie aufgenommenen Dichtern offensichtlich besteht. Es ist wohl darauf zurückzuführen, daß die Zeit des diktatorischen Nazi-Regimes nur von 1933 bis 1945 dauerte, während die Epoche der sogenannten nationalsozialistischen Literatur mit ihrer langen Vorgeschichte sich als viel länger erweist. Es kommt darauf an, wie man literaturgeschichtlich diese Vorgeschichte der NS-Literatur bzw. NS-Lyrik auffaßt. In ein und derselben Anthologie ging der Herausgeber in seinem Vorwort von einem weit aufgefaßten Epochenbegriff aus, obgleich er diesen eigentlich verschwieg. Dagegen vertrat der Kommentator am Buchende eine engere Auffassung der nationalsozialistischen Literatur und ging gar nicht darauf ein, die aufgenommenen, im strengen Sinne nicht unbedingt als nationalsozialistisch zu bezeichnenden Dichter oder Gedichte zu erläutern. Darin zeigt sich andeutungsweise die ambivalente Einstellung, die die japanischen Germanisten als Liebhaber der deutschen Dichtung auf sich nehmen mußten. In der kürzesten Epoche der deutschen Literaturgeschichte überschneiden sich doch drei Generationen: die ältere, deren Anfänge noch um die Jahrhundertwende lagen und die den Ersten Weltkrieg erlebt hat, die jüngere, die nach einer kurzen Schaffenszeit vielfach im Zweiten Weltkrieg gefallen ist, und die jüngste, die sich nach der Heimkehr vor die Aufgabe gestellt sah, mit der eigenen Vergangenheit zumindest literarisch fertig zu werden. Diese Vergangenheit war ein Alptraum nicht nur für deutsche Schriftsteller, sondern auch für japanische Germanisten. In einem bald nach dem Krieg erschienenen Sammelband deutscher Gedichte kommen die Namen der oben angeführten Dichter bis auf wenige Ausnahmen daher kaum noch vor.[18]

---

18 Vgl. z. B. Bernt von Heiseler (Hrsg.): Lebendiges Gedicht. Gütersloh 1952.

6. Kapitel: Gerhard Schumanns Sonett „Der 30. Januar 1933"

Das Jahr der politischen Täuschungen*

Und als sie nun Kolonnen um Kolonnen
Den Schwur im Blick an ihm vorüberzogen,
Lebende Mauern, welche niemals trogen,
Da dachte er, wie einstens es begonnen,

Als die Visionen seinem Herz entflogen
Wie Adler. – Und nun kann es nie mehr enden.
Das Meer darf ewig seine Wogen senden.
Deutschland das Meer und Männer seine Wogen. –

Da mußte er den Blick nach Innen wenden.
Denn ob den Männern sah er alle Toten,
Die einst ihr Herz um diesen Traum verlohten,

Mit stumm zum Gruße aufgehobenen Händen.
Dahinter aller Zukunft junge Orden.
Man sagt, daß seine Augen feucht geworden.

1. Die Hitlerjugend in dichterischer Darstellung

Das Sonett ist im deutschen Originaltext und in japanischer Übersetzung mit einem kurzen Kommentar in einer Anthologie enthalten, die im Jahre 1942 vom Repräsentanten der Hitlerjugend in Japan, Reinhold Schulze, herausgegeben wurde[1]. Der japanische Buchtitel hieß „Nationalsozialistische

---

* Eine erweiterte Fassung des Beitrags zu: Klaus H. Kiefer / Armin Schäfer / Hans-Walter Schmidt-Hannisa (Hrsg.): Das Gedichtete behauptet sein Recht. Festschrift für Walter Gebhard. Peter Lang Verlag. Frankfurt am Main 2001, S. 397–407.
1 Gerhard Schumann: Der 30. Januar 1933. In: Nationalsozialistische Jugendgedichte-Sammlung: Wir kämpfen, hg. Von Reinhold Schulze. Tokyo 1942, S. 73. Im gleichen

Jugendgedichte-Sammlung: Wir kämpfen", und das kurze Vorwort des Herausgebers war mit dem Geburtstag des japanischen Kaisers, dem 29. April gleichen Jahres, datiert. Da dieses Datum damals als heilig gehalten wurde, muß es der Anthologie offensichtlich eine weihevolle Bedeutung gegeben haben.

Es war dieser Ausgabe eine von dem japanischen Germanisten Kotaro Jimbo zusammengestellte Anthologie der nationalsozialistischen Lyrik vorangegangen[2]. Während diese dichterisch anspruchsvoller und umfangreicher war, zielte jene zweifellos darauf, sich bewußt an die japanische Jugend zu wenden, ihr den Werdegang der Hitlerjugend mit dichterischen Worten zu zeigen und die deutsch-japanische Wahlverwandtschaft im kämpferischen Geist hervorzuheben.[3] Der japanische Kommentator Shinichiro Kozuka wurde als Schüler von Eduard Spranger vorgestellt, der in den Jahren 1937/38 Gastwissenschaftler in Japan war, und der Übersetzer Ichiei Sato als namhafter Lyriker herausgestellt. Aber die deutsche Quelle war nirgends angegeben. Die japanische Ausgabe erschien in einer

    Jahr schrieb Reinhold Schulze noch ein kulturpolitisches Geleitwort zu einer japanischen Übersetzung des Faust-Puppenspiels:

        Das Puppenspiel von Dr. Faust ist durch die Jahrhunderte immer wieder über die Bühnen der deutschen Puppentheater gegangen. Im Sinne der christlich-kirchlichen Weltanschauung des Mittelalters diente das abenteuerliche Leben Dr. Faust's als warnendes Beispiel für Bürger und Bauern. Spätere Zeiten haben das Faust-Motiv mit anderen Augen gesehen, bis Goethe, von diesem Spiel in seiner Jugendzeit tief beeindruckt, *seinen* Faust schuf als gewaltigstes Werk der deutschen Literatur. Herr Dr. Nan-e hat als bekannter Fachmann auf dem Gebiet des Puppentheaters dieses alte deutsche Spiel nunmehr auch dem japanischen Publikum durch eine Übersetzung zugänglich gemacht. Möge es mit dazu beitragen, das Wissen um die deutsche Kultur in Japan zu verbreiten und damit zugleich einer größeren Zukunftsaufgabe dienen.

    Ansonsten veröffentlichte Reinhold Schulze in der sogenannten NS-Reihe ein Buch über die Geschichte der Hitlerjugend, das von Kenji Takahashi ins Japanische übersetzt wurde.

2 Näheres vgl. Naoji Kimura: Die nationalsozialistische Lyrik in japanischer Übersetzung. In: Julia Bertschik / Elisabeth Emter / Johannes Graf (Hrsg.): Produktivität des Gegensätzlichen. Studien zur Literatur des 19. und 20. Jahrhunderts. Festschrift für Horst Denkler. Tübingen 2000. S. 149–160.

3 Vgl. Bernd Martin: Verhängnisvolle Wahlverwandtschaft. Deutsche Einflüsse auf die Entstehung des modernen Japan. In: Deutschland in Europa. Gedenkschrift für Andreas Hillgruber. Berlin 1970. S. 97–116.

Auflage von 5000 Exemplaren, nachdem 1000 Exemplare intern von der Deutschen Botschaft in Tokyo hergestellt und unter den Interessenten ausgeteilt worden waren. Hatte doch eine Delegation der Hitlerjugend Japan zweimal besucht und wegen ihrer Diszipliniertheit allgemeine Bewunderung hervorgerufen. Sehr begreiflich ist, daß Gerhard Schumann sich schon früh der Jugendbewegung angeschlossen hatte[4]. Vom inneren Verhältnis der damaligen Jugend zum Kriegserlebnis legt eine zeitgenössische Aussage Zeugnis ab:

> In bezug auf den echten und tiefen ästhetischen Erlebnisgehalt der gegenwärtigen Jugend kann man die Beobachtung machen, daß das Geschehen des jetzigen Krieges hierin ganz besonders und spezifisch dem Jugendalter angehörende Wirkungen auslöst. Es ist kein Zweifel, wenn man die aus den Kriegsereignissen erwachsende Lyrik Jugendlicher verfolgt, daß die jugendliche Seele infolge des Kriegsgeschehens differenziert, vergeistigt und innerlich geadelt bei aller Härte erscheint, wie es die reiferen Männer in dieser Form nach dem Weltkrieg, jetzt aber kaum mehr so erleben mögen.[5]

In der genannten Anthologie stammte eine Anzahl Gedichte von unbekannten Hitlerjungen. Unter sie wurden hie und da einzelne Gedichte von mehr oder weniger namhaften Dichtern von damals eingefügt, um den geschichtlichen Verlauf bis zur nationalsozialistischen Bewegung zu demonstrieren. Bevor man das Sonett Gerhard Schumanns näher betrachtet, ist es deshalb angebracht, sich einen Überblick über die sämtlichen 23 Gedichte zu verschaffen. Auf diese Weise kann man den Stellenwert des Schumannschen Sonetts beurteilen. Im Inhaltsverzeichnis sind die japanischen Überschriften der Gedichte ohne Dichternamen so zusammengestellt, daß sie schon Stichworte zur deutschen Geschichte nach dem Ersten Weltkrieg hergeben. Die Anthologie enthält somit nachstehend genannte Gedichte:

---

4   Über die Problematik der Jugendbewegung vgl. Thomas Koebner, Rolf-Peter Janz und Frank Trommler (Hrsg.): „Mit uns zieht die neue Zeit". Der Mythos Jugend. edition suhrkamp NF 229. Frankfurt am Main 1985. Näheres speziell über die Lage der deutschen Studenten vgl. Gerda Stuchlik: Goethe im Braunhemd. Universität Frankfurt 1933–1945. Frankfurt am Main 1984.
5   Waldemar Oelrich: Die Bedeutung der geisteswissenschaftlichen Psychologie Eduard Sprangers für die Wehrmachtpsychologie. In: Hans Wenke (Hrsg.), Geistige Gestalten und Probleme. Festschrift für Eduard Spranger. Leipzig 1942. S. 187–215; hier S. 213.

Im Schützengraben (Walter Flex)
Heimkehr 1918 (Unbekannter Soldat)
Als Deutschland stürzte ... (Hans-Jürgen Nierenz)
Deutschland erwache! (Dietrich Eckart)
Mythus (Unbekannter Hitlerjunge)
Wir sind des Wunders übervoll (Unbekannter Hitlerjunge)
Lied (Unbekannter Hitlerjunge)
Durch Taten (Baldur von Schirach)
Kampf (Unbekannter Hitlerjunge)
Abend am Berg (Unbekannter Hitlerjunge)
Fahne (Unbekannter Hitlerjunge)
Lied (Unbekannter Hitlerjunge)
Der Tote (Baldur von Schirach)
Da ihr noch spielet ... (Baldur von Schirach)
Ruf der Hitlerjugend (Unbekannter Hitlerjunge)
Deutschlands Mütter (Unbekannter Hitlerjunge)
Vor Dir, mein Führer (Unbekannter Hitlerjunge)
Dem Führer (Wilhelm Kohlhaas)
Der 30. Januar 1933 (Gerhard Schumann)
Marsch im Westen 1939 (Wolfgang Jünemann)
Die Kompanie (Wolfgang Jünemann)
Vor uns im Osten ... (Herbert Sailer)
Zuversicht (Herbert Sailer)

In dieser Zusammenstellung nimmt also das Gedicht Schumanns eine entscheidende Stellung ein, die eine deutsche Wende in den dreißiger Jahren markiert. Auf diese Gegenwart wird die Vergangenheit nach der Niederlage im Ersten Weltkrieg mit Schmerz bezogen, und die erfüllte Gegenwart weist in visionärer Weise auf die Zukunft hin, die den niedergeschlagenen Deutschen wieder den kriegerischen Sieg sowohl im Westen als auch im Osten bringen wird. Die Anthologie war zwar eine reine Kriegsdichtung, spiegelte aber die ganze Lebensstimmung der nationalsozialistischen Bewegung wider und brachte eine psychologisch-geistige Versuchung für das deutsche Volk, auf einen politischen Führer gleichsam wie auf einen religiösen Erlöser zu hoffen, zum Vorschein. In der deutschen Romantik war schon der religiöse Wunsch nach dem im mittelalterlichen Chiliasmus verankerten tausendjährigen Reich heraufbeschworen worden, der dann vom Nationalsozialismus bewußt ins Politische gewendet wurde[6].

Aber dazwischen lag als eine geistesgeschichtliche Überleitung die Säkularisierung der christlichen Religion ins Poetische im 18. Jahrhundert, so daß die Literatur als Dichtung zu einer ästhetischen Religion zu werden drohte. Der Dichter galt nunmehr als eine Art Prophet, entpuppte sich aber später meist als ein falscher Prophet, da er doch eben kein Gesalbter Gottes war. Bedenklich erscheint in diesem Zusammenhang Max Kommerells Buch *Der Dichter als Führer in der deutschen Klassik* (1928), das 1942 in zweiter Auflage erschien. Denn aus dem Dichter als Führer sollte bald ein verhängnisvoller Diktator wie Hitler werden. Stefan George hatte auch in seinem Gedicht *Dem Andenken des Grafen Bernhard Uxkull* ein ideales Bild des Volksführers, der das neue Reich wieder ins Leben rufen würde, in gefährlicher Weise entworfen. Schuld daran ist allerdings die Zweideutigkeit des deutschen Wortes „Führer" in hohem Maße. Der Buchtitel *Führung und Geleit* bei Hans Carossa ist sprachlich eindeutig, aber die Ausdrucksweise „den Führer geleiten" könnte etwas sehr Prekäres bedeuten. So hatte man seinerzeit die letzten Zeilen eines Liedes aus Goethes *Wilhelm Meisters Wanderjahren* in dem Sinne verstanden und entsprechend mißbraucht:

> Eilet, eilet, einzuwandern
> In das feste Vaterland.
> Heil dir Führer! Heil dir Band! [7]

Das eigentliche Anliegen Max Kommerells bestand darin, seinen jungen Zeitgenossen den ethisch-ästhetischen, insofern humanistischen Geist Goethes wieder näher zu bringen. Seine Schrift *Jugend ohne Goethe* (1931), in der er sich mit der Jugendbewegung auseinandersetzt, schließt er mit folgenden Worten:

> Wer der Meinung ist, Goethe und die aus ihm sich nährende Pflege von Bildungswerten sei eine Angelegenheit der Sittenverfeinerung, die man jetzt – angesichts so ungeheurer Gefahren und Zusammenstürze – zu verleugnen

---

6 Näheres vgl. beispielsweise Friedrich Heer: Der Glaube des Adolf Hitler. Anatomie einer politischen Religiosität. München 1968.
7 Goethes Werke. Hamburger Ausgabe. Bd. 8, S. 413.

habe ... wer meint, daß niemand hinderlicher sei als Goethe dabei, daß der Deutsche sich wieder in die blutstarke und blutgierige blonde Bestie zurückverwandle, der sei erinnert: Bildung als Gipfel der Menschlichen einzubüßen reichen einige Minuten der Zerstörung hin, die einmal verscherzte wiederzuerwerben bedarf es der Jahrhunderte.[8]

Diese Aussage gibt allerdings über ihren Hintergrund, über die gesellschaftliche Situation vor der Goethe-Säkularfeier von 1932 viel Aufschluß. Die erstaunliche Bemerkung, daß die Bildungspflege nach Goethe ausgerechnet im Deutschland der Weimarer Republik, deren erster Reichspräsident Friedrich Ebert den Geist Weimars gegen den Geist Potsdams ausgespielt hatte, zu verleugnen gewesen sei, macht einmal verständlich, warum ein Jahr darauf das Sonett Gerhard Schumanns geschrieben werden konnte. Im Vergleich mit dem Sturm und Drang im 18. Jahrhundert, der in seiner Jugendlichkeit echt deutsche Züge trug, weist Kommerell auf den wesentlichen Unterschied hin, indem er eingangs schreibt:

Damals war die Jugend bestimmt durch das Vorhandensein eines Führers, heute ist sie es durch den Schrei nach ihm. Erst unsere Jugendbewegung hat mit dem Namen zugleich das rührend Hilflose, notwendig Untergehende – hat die Form und den Ausgang des Kinderkreuzzugs.[9]

Wie hier hellsichtig prophezeit, ging schließlich aus der Jugendbewegung die Hitlerjugend hervor. Zum anderen kann man aus dem Ausdruck „blutstarke und blutgierige blonde Bestie" auf die politische Inanspruchnahme Nietzsches für den Nationalsozialismus schließen, der ohne die sozialdarwinistisch gewendete Lebensphilosophie der Jahrhundertwende nicht zu denken ist, auch wenn es Nietzsche ursprünglich nicht *so* gemeint hatte.

---

8   Max Kommerell: Jugend ohne Goethe. Frankfurt am Main 1931. S. 36 f. Statt Goethe gewannen Kleist und Hölderlin immer mehr an Bedeutung. Vgl. Karl Robert Mandelkow (Hrsg.): Goethe im Urteil seiner Kritiker. Dokumente zur Wirkungsgeschichte Goethes in Deutschland. Teil IV 1918–1932. C.H. Beck. München 1984. Einleitung S. XXIII f.
9   Ebd. S. 8.

2. Der nationalsozialistische Lyriker Gerhard Schumann

Gerhard Schumann kam in der Tat aus der politisch engagierten Jugendbewegung, von der im Goethe-Jahr 1932 ohne nähere Begründung behauptet wurde, der das gesetzhafte Wirken für die Gemeinschaft lehrende Goethe finde seinen Widerhall in der deutschen Jugendbewegung.[10] Wie er als Dichter auftrat, wurde er sofort als „ein junger nationalsozialistischer Lyriker" und als „ein wesentlicher Sprecher der jungen Mannschaft" bezeichnet, zumal er vom Kampferleben seiner Zeit erfüllt gewesen sei[11]. Ab 1930 studierte er denn auch Germanistik in Tübingen und wurde dort NS-Studenten- und SA-Führer. Kurz vor der Machtübernahme erschien sein erster Gedichtband *Ein Weg führt ins Ganze* (1933), der den Sonettenzyklus „Die Lieder vom Reich" enthielt. Als diese 1935, ergänzt um eine Reihe von Gedichten, als ein Bändchen erschienen, war jedoch das obige Gedicht merkwürdigerweise nicht enthalten. In der kleinen Anthologie fanden sich nach den Anfangsversen „Wer sich dem Reich verschrieb" (1934) insgesamt 26 Gedichte, und zwar unter den Überschriften „Durchbruch", „Not und Sieg" und „Dennoch!". Zum zweiten Gedichtband *Fahne und Stern* (1934), der 1935 mit dem Schwäbischen Dichterpreis ausgezeichnet wurde, schrieb *Völkischer Beobachter*: „Hier ist nicht nur eine große Hoffnung, hier ist bereits Erfüllung. Einer, der die Idee des Führers in sich trägt, zielklar und unverrückt, der unsere Sprache spricht, den wir verstehen; der das, was unausgesprochen in Millionen der Besten lebt, schöpferisch prägt und formt und faßt: ein Dichter der Nation!"[12]

Als Gerhard Schumann ferner für den schmalen Gedichtband *Wir aber sind das Korn* (1936) von Goebbels mit dem Nationalen Buchpreis 1935/36 ausgezeichnet wurde, feierte ihn der namhafte Literaturwissenschaftler Hermann Pongs mit folgenden Worten:

---

10 Walther Linden: Goethe und die deutsche Gegenwart. Berlin 1932, S. 63.
11 Vgl. Franz Lennartz: Die Dichter unserer Zeit. 275 Einzeldarstellungen zur deutschen Dichtung der Gegenwart. Kröners Taschenausgabe Band 151. Stuttgart 1938, S. 261.
12 Abgedruckt in der Buchanzeige. Vgl. Gerhard Schumann: Die Lieder vom Reich. Die kleine Bücherei. Albert Langen / Georg Müller. München 1936.

Unter den jungen nationalen Dichtern hebt sich der Schwabe Gerhard Schumann als der begabteste, männlichste, zugleich als der nüchternste und wortkargste heraus. Die religiöse Erschütterung spürt man in der harten, dichten Fügung der Verse nach, in der gedrängten Kraft der Bilder.[13]

Insofern der junge Dichter vielfach an der herkömmlichen Gedichtform des Sonetts festhält wie übrigens Josef Weinheber, ist er wohl nüchtern und wortkarg zu nennen. Auch läßt er sich als männlich charakterisieren, da er den letzten Sinn des Daseins im Kampf um das Reich sieht. Aber in religiöser Hinsicht erweist er sich als sehr problematisch, bestand doch seine angebliche Religiosität wie bei den japanischen Nationalisten von damals in Selbstaufgabe und Eingliederung in die Volksgemeinschaft. Der Unterschied lag jedoch zwischen der absoluten Ergebenheit in den Willen des Führers einerseits und der traditionsgebundenen Kaiserverehrung andererseits.

Was die Bildlichkeit anbelangt, so kommen in dem oben angeführten Gedicht Bilder wie Kolonne, Mauer, Adler, Meer sowie Woge vor. Davon ist z. B. das Bild der Kolonne in einem anderen Sonett „Auferstehung" aus dem gleichen Jahr wieder zu finden:

> Ein Marsch dröhnt auf, unendliche Kolonnen,
> Ein Volk marschiert, das sich sein Schicksal sucht.
> O wie ein Glanz von nie gekannten Sonnen
>
> Auf unsre Fahnen stürzt! Die dunkle Wucht
> Des einen Willens – Sehnsucht, Leid und Tat
> Glüht sie zusammen – und sie schöpft den Staat.

Was für einen Eindruck man in jener Zeit von der jugendlichen Kolonne bekam, wird in einem Artikel der Zeitung *Zeit* vom August 1992 durch Marion Gräfin Dönhoff berichtet, die am 30. Januar 1933 den Entschluß, statt in Frankfurt am Main in Basel zu studieren, gefaßt haben soll:

> Plötzlich hörte ich jenes Geräusch, das man damals zu allen Tages- und Nachtzeiten in den Straßen vernahm ... rums, rums, rums ... , den Marschtritt genagelter Stiefel auf dem Asphalt. [...] Der ferne Marschtritt kam immer näher, wurde immer lauter, schien ganz unausweichlich, hypnotisierend.

---

13 Ebenda. Vgl. ferner Hermann Pongs: Krieg als Volksschicksal im deutschen Schrifttum. Ein Beitrag zur Literaturgeschichte der Gegenwart. Stuttgart 1934.

[…] Schließlich war die Kolonne auf meiner Höhe, eine Hundertschaft der Braunen zog an mir vorüber: steinerne Gesichter, zu allem entschlossen.

In dem Augenblick empfand die Berichterstatterin, diese Stiefel würden alles, was sie geliebt und geachtet hatte, zertreten. So verhielt es sich in Wirklichkeit mit den Kolonnen, die Gerhard Schumann in dichterischer Verklärung besang. Sie gehörten zu den Grunderlebnissen von damals, worauf von einem Literaturkritiker hingewiesen wird: „Die zentralen Erlebnisse, von denen zu sprechen sich diese Partei-Dichter gedrängt fühlen, denn sonst wäre der Umfang ihrer lyrischen Produktion unerklärlich, sind: Kameradschaft, Marschkolonne, Kampf, Heldentod, Sieg, der Führer und die Rettung Deutschlands."[14]

Die „dunkle Wucht des einen Willens" in dem Sonett „Auferstehung" bezieht sich so auf die vorangegangene Zeile in der ersten Strophe: „Ein Wille ruft". Die Männer arbeiten in den Fabriken der Großstadt, während die Frauen ihre Arbeit auf dem Feld verrichten, und das deutsche Volk fühlt sich zielbewußt zum einzigen Wollen, einen neuen Staat zu schaffen, berufen. Daß hier reimbedingt das Wort „Staat" statt „Reich" gebraucht wird, ist allerdings etwas bedenklich. Denn Staat und Nation sind genau so zweideutig wie die lateinischen Wörter *regnum* und *imperium*, die man bei der japanischen Übersetzung nicht voneinander unterscheiden kann.[15] Das deutsche Wort Reich stammt aber ursprünglich von *regnum* und setzt eigentlich die Staatsauffassung seit dem christlichen Mittelalter voraus. Wenn das Deutsche Reich von Bismarck und Wilhelm II. mehr protestantisch als katholisch war und durch die demokratisch-sozialistische Weimarer Republik ersetzt wurde, so fragt sich, was für eine Staatsidee den Nazis bei ihrem Streben, ein neues Reich, eben das Dritte Reich ins Leben zu rufen, vorschwebte. Ohne Zweifel waren sie gegen die Demokratie in der Weimarer Republik sowie gegen alle literarisch-künstlerische Moderne und versuchten mit trügerischen Mitteln,

---

14 Franz Schonauer: Deutsche Literatur im Dritten Reich. Versuch einer Darstellung in polemisch-didaktischer Absicht. Olten und Freiburg im Breisgau 1961, S. 110 f.

15 Näheres vgl. Naoji Kimura: Goethes Begriff der deutschen Nation. In: Sabine Doering, Waltraud Maierhofer, Peter Philipp Riedl (Hrsg.), Resonanzen. Festschrift für Hans Joachim Kreutzer. Würzburg 2000. S. 141–151.

ein „heiliges deutsches Reich germanischer Art" (Alfred Rosenberg) zu gründen.[16] Dafür brauchten sie heroldische Sänger der nationalsozialistischen Bewegung, die sich selbst als Künder und Kämpfer für Volk und Reich verstanden.[17]

Obwohl Gerhard Schumann in seinen Gedichten oft von Gott spricht und ein paarmal auch den heiligen Gral erwähnt, ist er im Grunde nicht christlich, sondern nationalistisch im Sinne des Nationalsozialismus eingestellt. Er ist denn auch fast todessüchtig einsatz- und opferbereit für das nur kriegerisch zu erringende Reich und benimmt sich nicht wie ein Gralsritter der sogenannten konservativen Revolution, sondern vielmehr im Geiste der Nibelungen, wie es in dem bereits angeführten Mottogedicht (1934) heißt:

Wer sich dem Reich verschrieb,
Ist ein Gezeichneter.
Auf seiner Stirn entbrennt
Ein jäh durchzuckend Mal.

In dem Gedicht „Deutschland" (1930) hatte also der Dichter mit diesem eher germanischen als christlichen Bewußtsein seine Landsleute gefragt: „Hat denn der Gott dein vergessen? / Oder verrietest du dich?" In dem daran anschließenden Sonettenzyklus „Die Lieder vom Reich" (1930) lautet der Schlußvers der Reihe nach folgendermaßen: „Verlor mich selbst und fand das Volk, das Reich" (I), „Und über uns im Licht der Dom, das Reich" (II), „So wuchs aus Blut und Erde neu das Reich" (III), „Sie glüht aus Vielen Volk,

---

16 Zitiert bei Klaus Schreiner: Führertum, Rasse, Reich. Wissenschaft von der Geschichte nach der nationalsozialistischen Machtergreifung. In: Peter Lundgreen (Hrsg.), Wissenschaft im Dritten Reich. Edition suhrkamp NF 306. Frankfurt am Main 1985, S. 192. Vgl. viel Anschauungsmaterial in: Gestalt und Wandel des Reiches. Ein Bilderatlas zur deutschen Geschichte. Hrsg. von Hans Hagemeyer unter Mitwirkung von Karl Alexander von Müller und Eberhard Lutze. Berlin 1944.
17 Vgl. beispielsweise Paul Fechter: Geschichte der deutschen Literatur. Von den Anfängen bis zur Gegenwart. Th. Knaur Nachf. Verlag. Berlin 1941. Die Autoren dieser Parteidichtung stellten sich allerdings als pseudo-dichterisch heraus, wie es bei Franz Schonauer heißt: „Das literarische Resultat ihrer Bemühungen ist gleich Null; was zur Darstellung kommt, sind Aneinanderreihungen von Stimmungsschablonen und markigen Worten, die den Eindruck einer tiefen, heroischen Gesinnung vermitteln sollen." (S. 109)

aus Volk das Reich" (IV), „Der Flammenstunde harrend, die sie meinten" (V), „Den Führer! Knechte uns! Herr mache uns frei!" (VI), „Die Sonne wuchs. Und mit ihr wuchs das Reich" (VII).

Wie in diesen Zeilen unterstrichen, wuchs das neue Reich aus Blut und Mutter Erde, wobei der Einzelne scheinbar in das Ganze des Volkes aufging, um das Reich als einen Dom der Brüderschaft aus dem Volk entstehen zu lassen. Aber genau besehen erweist es sich als ein politischer Raum, in dem Herr und Knechte sich gegenüberstehen und der einzige Führer das ganze Volk zu befreien hat. Im siebten Sonett der „Lieder vom Reich" wird der Führer geradezu wie ein Moses in der Wüste und auf dem Sinai hingestellt. Er ist zwar eine säkularisierte Erlösergestalt, scheint aber nicht den gekreuzigten Sohn Gottes darzustellen, weil er sonst zu schwach und schmählich erscheinen würde. Angesichts des auserwählten Führers haben sich die Millionen ihm schweigend zu beugen:

> Doch als er aufstund fuhr der Feuerschein
> Des Auserwählten um sein Haupt. Und niedersteigend
> Trug er die Fackel in die Nacht hinein.

Der Führer als Erlöser im neuen Reich wird ansonsten in einigen Gedichten Gerhard Schumanns mit verschiedenen religiösen Motiven untermauert, eine Mythologie, die sich allerdings im Laufe der Jahre als Lug und Trug herausstellen sollte. Ob der Dichter sich am 30. Januar 1933 täuschen ließ oder getäuscht wurde, ist im Nachhinein eine müßige Frage. Eigentlich wurde fast ein ganzes Volk in den dreißiger Jahren durch einen falschen Propheten irregeführt. So schrieb Hermann Schäfer, ein Botschaftsbeamter in Tokyo, 1944 ein propagandistisches Buch *Deutsche Dichter der Gegenwart. Ihr Leben und ihre Werke* und hob in der Einführung neben dem Rheinhessen Rudolf G. Binding und dem Niederdeutschen Hans Grimm besonders den Schwaben Gerhard Schumann als Vertreter der jüngeren Schriftstellergeneration hervor. Da dieser noch jung war, wies Hermann Schäfer darauf hin, in Gerhard Schumanns dichterischem Schaffen verbinde sich mit der hohen Zucht der Sprache eines Stefan George und der Geradheit weltanschaulicher Haltung eines Paul Ernst die heiße Leidenschaft des nationalsozialistischen Kämpfers. Sie bestand nach Paul Ernst in engem Verschmolzensein des Religiösen mit dem Völkischen. Wie aus obigen Zitaten hervorgeht, ist dieser naturmystische Zusammenhang bei Gerhard Schumann deutlich bemerkbar. Ohne das religiöse Element hätte das Völkische allein nicht so viel dichterischen Anklang gefunden wie überhaupt in der nationalsozialistischen Lyrik, die ebenfalls die Themen aus Natur, Liebe und Heimat aufgriff.

Hermann Schäfer führt im Laufe seiner Ausführungen Gerhard Schumanns Sonettenkranz „Einer im Jahrtausend" I bis XIV an, um dessen tiefes Begreifen und Erleben des neuen Reiches sowie seines Gründers zu demonstrieren. In dem Sonettenkranz, dessen Titel schon das berüchtigte Tausendjährige Reich andeutet, lautet die erste Strophe des zweiten Sonetts:

> Und Einer im Jahrtausend ist gesandt,
> Der steht ob all den hurtigen Geschicken
> Hoch wie ein klarer Stern. Die ihn erblickten
> Mit reinem Herzen, sind an ihn gebannt.

Es handelt sich hierbei nicht mehr um eine anfängliche religiöse Erschütterung, sondern um die stärkste, an den Wahnsinn grenzende religiöse Überzeugung. Trotzdem würdigte Hermann Schäfer zusammenfassend das Verdienst des Dichters: „Schumann geht es um das Edelste und Stärkste im Volke, es geht ihm um die Garde, die den letzten Sturm besteht. Er will den heldischen Kampf und die das eigensüchtige Selbst überwindende Liebe zum Ganzen."[18] Darüber hinaus bemerkt Hermann Schäfer zu Gerhard Schumanns erstem Schauspiel *Entscheidung* (1938), bei aller Berücksichtigung des Geschehens der Nachkriegsjahre gehe es ihm in diesem Stück um den großen Kampf der Gegenwart überhaupt, um die gewaltige Auseinandersetzung zwischen der berufenen und verbrecherischen, zwischen der nationalsozialistischen und kommunistischen Revolution. Da bald darauf von der Vernichtung einer verbrecherischen, kommunistischen Revolution die Rede ist, ergibt sich logischerweise der Schluß, wozu der Nationalsozialismus vermeintlich berufen worden war.

Es entzieht sich meiner Kenntnis, wie Gerhard Schumann nach dem Zusammenbruch des Dritten Reiches zu seinem dichterischen Schaffen

---

18 Hermann Schäfer: Deutsche Dichter der Gegenwart. Tokyo 1944, S. 34. Als benutzte Sekundärliteratur gibt er an: F. Koch, Geschichte deutscher Dichtung. 3. Aufl., Hamburg 1940; H. Langenbucher, Volkhafte Dichtung der Zeit. 5. Aufl., Berlin 1940; F. Lennartz, Die Dichter unserer Zeit. 3. Aufl., Stuttgart 1940; W. Linden, Geschichte der deutschen Literatur. 2. Aufl., Leipzig 1940.

Stellung genommen hat. Sein Glaube an das als höchstes Ideal aufgefaßte Reich war nichtig und seine Bewunderung des messianisch verklärten Führers hatte sich als trügerisch erwiesen. Er hatte sich aber wie kaum ein anderer erfolgreich dafür eingesetzt, die nationalsozialistische Ideologie lyrisch umzusetzen. Wie soll man nach so schwerwiegenden Täuschungen als Mensch und Dichter weiter existieren? In einem Literaturlexikon findet sich die Angabe: „Nach Kriegsgefangenschaft leitete Schumann seit 1949 den von ihm mitbegründeten ‚Europäischen Buchklub'. 1962 gründete er den Hohenstaufen Verlag, um u. a. ehemaligen NS-Autoren Publikationsmöglichkeiten zu schaffen."[19] Die Publikationsmöglichkeiten müssen also dazu gedient haben, daß ehemalige NS-Autoren sich entweder zu rechtfertigen suchten oder ihre persönliche Vergangenheit irgendwie bewältigen wollten. Darüber zu urteilen, geschweige denn sie zu verurteilen, geziemt einem Auslandsgermanisten nicht. Aber es gehört sich wohl, daß er zumindest darüber berichtet, was damals im Zusammenhang damit im verbündeten Japan geschehen war.

3. Zur angeblichen Goethe-Nähe Gerhard Schumanns

Wenn aber ein deutscher Lektor im Japan der dreißiger Jahre, Erwin Jahn, der später Leiter des Japanisch-Deutschen Kulturinstituts Tokyo wurde, einen Aufsatz über Gerhard Schumann im Japanischen Goethe-Jahrbuch veröffentlicht hat, so erscheint es symptomatisch für eine geschickte Inanspruchnahme Goethes für den Nationalsozialismus. Erwin Jahn wies in der Tat zunächst auf den Warnruf Max Mommerells in dessen Schrift *Jugend ohne Goethe* hin und suchte schließlich Gerhard Schumanns' Nähe zu Goethe nachzuweisen. Kaum zehn Jahre nach Kommerells ernsthafter Besorgnis meinte er sogar, durch die auf Jahrhunderte eingestellte Umwandlung Deutschlands seit 1933 sei die Fragestellung, ob die deutsche Jugend ein inneres Verhältnis zu Goethe habe, überflüssig geworden. Ja, über die Beziehung deutscher Jugend zu dem deutschen Dichter Goethe

---

19 Walther Killy (Hrsg.): Literaturlexikon. Autoren und Werke deutscher Sprache. Gütersloh / München 1991. Bd. 10, S. 430.

könne keine Sorge mehr aufkommen. Unter den japanischen Germanistenkreisen war es sicherlich bekannt, daß Baldur von Schirach, dem die Führung der Hitlerjugend anvertraut wurde, von Goethe sehr angetan war.[20] Deshalb muß sich dieser Zuspruch Erwin Jahns für sie sehr irreführend ausgewirkt haben. Dabei handelte es sich jedoch um „die einheitliche, zu klaren Zielen geleitete, zur Hingabe und Mitarbeit bereite Jugend des Führers" und um Goethe „als den deutschen, die germanische Rassenseele verkündenden Dichter".[21]

Das Verhältnis der kerndeutsch gewordenen deutschen Jugend von damals zu Goethe war nach Erwin Jahn ein Geben und Nehmen. Während in der Goethezeit die Macht gegenüber dem Geist versagte, hätte die deutsche Jugend auf den Schlachtfeldern den Größen der deutschen Dichtung, Musik und Philosophie der Goethezeit die Bedingungen erkämpft, die ihnen gebührten. Damit sind drei Stichworte nationalsozialistischer Machtpolitik angesprochen: „das Volk, nach dessen Widerhall sie sich vergeblich sehnen mußten, das Reich, an dessen Wiederaufbau sie schier verzweifelten, und ein neues Europa, das sie nun zum zweiten Male und nachhaltiger geistig formen werden". Wie realpolitisch dieser Europa-Gedanke des Nationalsozialismus in den dreißiger Jahren auch gemeint sein mochte, sollte er für das japanische Lesepublikum angeblich im Namen Goethes erstrebt werden.[22]

Was die deutsche Jugend gegenüber diesem Geben von Goethe empfangen würde, dafür wird Alfred Rosenberg stellvertretend herangezogen, dessen Werk *Der Mythus des 20. Jahrhunderts* 1938 ins Japanische übersetzt worden war. Nach Erwin Jahn war es „Goethe, der unendlich Reiche

---

20 Vgl. Goethe an uns. Ewige Gedanken des großen Deutschen. Eingeleitet durch eine Rede Baldur von Schirachs. Zentralverlag der NSDAP. Franz Eher Nachf. G.m.b.H. Berlin 1942.
21 Erwin Jahn: „Stirb und werde" in den Gedichten Gerhard Schumanns. In: Japanisches Goethe-Jahrbuch Bd. 9. Tokyo 1940, S. 31–50; hier S. 36. Seine Aussage entsprach genau dem Standpunkt Walther Lindens, der Goethes Bedeutung für die damalige Gegenwart besonders in dessen kämpferischem Deutschtum und faustischem Streben erblickte.
22 Vgl. „Hitlers Traum vom ‚Großen Europa'" in dem Katalogsbuch: Idee Europa. Entwürfe zum „Ewigen Frieden". Ordnungen und Utopien für die Gestaltung Europas von der pax romana zur Europäischen Union. Ausstellung des Deutschen Historischen Museums, Berlin 2003, S. 270–275.

und der Bewahrer der deutsch-germanischen Anlage", auf den Rosenberg hinwies, und gerade diese Goethenähe sollte am Beispiel des „vielleicht tiefsten unter den heutigen Dichtern" gezeigt werden. Aber Erwin Jahn kommt auf die zentralen Themen „Volk, Reich und ein deutsches Europa" in der Dichtung Gerhard Schumanns nicht viel zu sprechen, sondern geht bald zum allgemeineren Thema von Leben und Tod über, indem er die Beziehung deutscher Jugend zu Goethe folgendermaßen in trügerischer Weise herstellt:

> Die Jugend unserer Zeit ist darüber belehrt, das Leben selbst als höchstes Gut zu achten, dieses irdische volks- und reichsverbundene Dasein so sorgsam zu behandeln, daß kein Tropfen davon verloren geht. Sie hat aber auch gelernt, dem Tode ins Angesicht zu schauen und ihr Blut hinzugeben, „wenns nottut'. Dem Leben ist sie, ist dem Tod vertraut. Diese Doppelschau, diesen Doppelwillen, diese Vereinigung von Lebenserfüllung und Todesbereitschaft aber, ohne die man nur ein trüber Gast hier auf dieser Erde ist, findet sie nirgend so stark und unbedingt vorgelebt und ausgesprochen wie bei Goethe.

An dieser Stelle werden die politischen Motive „Volk" und „Reich", die doch in der nationalsozialistischen Lyrik eine so entscheidende Rolle spielen, auf Kosten der Bezugnahme auf die allgemein menschlichen Motive „Leben und Tod" unterschlagen. Von dem heiklen Thema eines neuen Europas ist keine Rede mehr. Überhaupt gilt das Gedicht „Selige Sehnsucht" aus dem *West-östlichen Divan* als eine der am meisten mißbrauchten Dichtungen Goethes, da man die schöne Redewendung „Stirb und werde!" so oft vom Kontext losgelöst zitiert[23] und denjenigen, der nichts davon versteht, einfach als „ein trüber Gast auf der dunklen Erde" abtut. In der ersten Strophe spricht aber der Dichter von der Menge, die gleich verhöhnt, mit Geringschätzung, und bei Gegenüberstellung von Lebendigem und Flammentod gibt es keine Vorstellung von Bluttropfen und -vergießen

---

23 Sie wird sogar bei der Interpretation deutscher Mystik im Mittelalter verwendet. Vgl. Meister Eckehart. Deutsche Predigten und Traktate. Herausgegeben und übersetzt von Josef Quint. München 1955. Einleitung, S. 28, 32, 48. Über den historischen Stellenwert der deutschen Mystik vgl. eine zeitgenössische Arbeit bei Herbert Grundmann: Die geschichtlichen Grundlagen der deutschen Mystik. In: Deutsche Vierteljahrsschrift für Literaturwissenschaft und Geistesgeschichte. 12, Jahrg. 1934. Heft 3. S. 400–429.

auf physischer Ebene, sondern ein religiöses Streben in die höhere Sphäre. Dennoch wird davon ein Doppelwille zum Leben und Sterben abgeleitet, der die Jugend zum Kämpfen treibt. Nicht nur die deutsche Jugend, sondern auch die japanische ließ sich in der Kriegszeit oft durch dieses einzige schlecht interpretierte Zitat aus Goethe verführen. Der Trugschluß bestand darin, daß die deutsche Jugend vor allem für den Führer sterben mußte, ohne sein tausendjähriges Reich auf der Erde verwirklichen zu können.

Für Erwin Jahn stellt das Germanentum die Voraussetzung jeder echten Religion, jeder großen Dichtung, jeder bewegenden Musik, jeder wirkenden Philosophie in Deutschland dar. Deshalb findet er eines der Geheimnisse von der erhabenen Größe Goethes und zugleich ein Merkmal seiner „germanischen Prägung" in dem ständigen Kampf und dem immer wieder gewonnenen Ausgleich der Gefühle von Leben und Tod. Dabei beruft er sich beim Lebensgefühl auf Hermann August Korffs Bücher *Die Lebensidee Goethes* (1925) sowie *Faustischer Glaube* (1938), die beide ins Japanische übersetzt worden waren, und bei der Todesnähe auf Franz Kochs Buch *Goethes Stellung zu Tod und Unsterblichkeit*.[24] Ihm geht es allerdings in erster Linie nicht um Goethes Anschauung vom Leben oder Tod, sondern um Gefühle, obgleich er über den Dichter des *Divans* wie über den *Faust*-Dichter schreibt:

> Da wurden die abschließenden Gedanken über Gott und Natur, Unzerstörbarkeit und Wandlung der Entelechie, Sterben und Neuwerden ausgesprochen, die Goethe endgültig zu dem Dichter des Lebens und des Todes machen, indem sie Leben und Tod nicht mehr als unversöhnlich trennen.

Es ist aufgrund eines derart nationalsozialistisch strapazierten Goethebildes, daß Gerhard Schumann nunmehr seitenlang als ein junger Dichter erläutert wird, der von den Gedichten des späten Goethe irgendwie beeinflußt worden sein könnte: „Das Erstaunliche besteht, daß etwa hundert Jahre nach Goethes Tode ein junger Dichter zu sprechen begonnen hat, der über ‚Tod und Leben' Worte findet, die den mit Goethes Enthüllungen über das ‚Stirb und werde' vertrauten Zuhörer packen und nicht wieder loslassen." Der mit Goethes *Divan* vertraute Leser würde eher an den Dichter der Liebe denken. Aber es kommt Erwin Jahn m. E. letztlich

---

24 Schriften der Goethegesellschaft Band 45, Weimar 1932.

darauf an, wie in seinem Schlußwort ausgesprochen, Gerhard Schumann als einen mit jenem prekären Führer-Lied in *Wilhelm Meisters Wanderjahren* inspirierten Dichter hinzustellen:

> Goethe würde diese aus der „Pädagogischen Provinz" hervorgegangene Jugend freudig begrüßen. Diese Jugend ist an sich schon eine Jugend mit Goethe, sie wird auch die Verbindung mit dem Meister, dem großen „Hüter und Bewahrer unserer Anlage", nicht abreißen lassen.

Danach erweise sich die deutsch-germanische Anlage als das, was Goethe angeblich mit seinen pädagogischen Gedanken hüten und bewahren wollte, und in diesem Sinne ist wohl Gerhard Schumann, wie oben zitiert, von Hermann Pongs als „der begabteste, männlichste, zugleich der nüchternste, wortkargste" unter den jungen nationalen Dichtern bezeichnet worden. So betont Erwin Jahn denn auch, es sei im Grunde unentwirrbar und nicht allzu wichtig, ob Schumann bei Goethe Förderung gefunden habe oder ob es die gleiche germanisch-deutsche „Anlage" sei, die hier Verwandtschaft schuf. Der junge Dichter könnte zwar als ein Deutscher eine gewisse innere Gemeinsamkeit mit Goethes Lebens- und Todesgefühl gehabt haben. Aber zwischen den beiden Dichtern besteht zweifellos nichts Gemeinsames mehr, wenn von Erwin Jahn im Anschluß daran gesagt wird:

> Unerklärbar ist ja auch, daß der neunzehnjährige Gerhard Schumann 1930 „Lieder vom Reich" dichtete, deren Glockenklang den seitdem immer höher strebenden Dom des Reiches auszufüllen vermag. Diese Gedichte sind ins Leben gerissen durch die Wucht des Führers und den reinen Sinn der um ihn gescharten Jugend, gewiß.

Im Unterschied zu den von Erwin Jahn so genannten Ich-Gedichten werden diese politischen Gedichte als „Wir-Gedichte" bezeichnet, von denen es heißt: „Die Gedichte des Wir feiern das Reich und seinen Führer, lodern in Liebe zu Deutschland, rufen zu Aufbruch und Kampf." Dazu gehörten selbstverständlich ebenfalls Gedichte unbekannter Hitlerjungen, die neben den Gedichten einiger bekannter NS-Dichter in der kriegerischen Anthologie von Reinhold Schulze zusammengestellt waren. Es stellt sich im Nachhinein als wahre Tragik heraus, daß die deutsche Jugend sich am 30. Januar 1933 politisch so schwer getäuscht hat. Von der Ich-Lyrik Gerhard Schumanns, die sich auf Landschaft, Liebe und sogar auf die letzten Dinge bezieht, schrieb Erwin Jahn, sie habe sich nur aus der „privaten"

Gebundenheit in die kosmische Sphäre hinüberentwickelt, und bemerkte dazu, das sei nichts grundsätzlich Neues, es finde sich schon in der Dichtung der Goethezeit, bei Hölderlin vor allem wie auch in der Alterslyrik Goethes selbst. Aber das wäre literaturwissenschaftlich eine fatale interpretatorische Täuschung gewesen.

7. Kapitel: Die Entsagung für den totalitären Staat. Goethes Staatsidee im Japan der dreißiger Jahre*

Eine echte Goethe-Verehrung erreicht in Japan bei der Säkularfeier 1932 ihren Höhepunkt, worüber bereits vielfach berichtet worden ist.[1] In der japanischen Goethe-Rezeption macht aber das Jahr 1938, wie überhaupt im Kulturaustausch zwischen Deutschland und Japan, eine gewichtige Zäsur aus. In diesem Jahr wurde bekanntlich das „Abkommen über die kulturelle Zusammenarbeit zwischen dem Deutschen Reich und Japan" geschlossen.[2] Es kam im Schatten des 1936 abgeschlossenen Antikominternpaktes zustande, der nicht nur gegen die japanischen Marxisten gerichtet war, sondern auch zur Verbreitung der nationalsozialistischen Ideologie in Japan helfen sollte. Dabei fingen gewisse japanische Goetheforscher an, Goethe dafür zu instrumentalisieren, indem sie sich der völkischen Literaturwissenschaft in Deutschland anschlossen und ohne viel Reflexionen deren NS-Goethedeutung heranzogen. Es war vor allem der Autor Tomino Yoshikuni, der zuerst 1941 ein Buch über die „Pädagogische Provinz" veröffentlichte und diesem 1942 ein noch mehr für die NS-Goethedeutung engagiertes Buch mit dem Titel *Der Entsager Goethe* folgen ließ. Beide Bücher haben in der japanischen Goethe-Forschung keine Bedeutung, müssen aber als Zeugnisse politischer Goethe-Rezeption in den dreißiger Jahren auf ihren ideologischen und propagandistischen Gehalt hin überprüft werden.

---

*   Eine in vier Abschnitte gegliederte Fassung des Beitrags zu: Walter Gebhard (Hrsg.), Ostasienrezeption im Schatten der Weltkriege. Universalismus und Nationalismus. Iudicium Verlag. München 2003, S. 81–94.

1   Vgl. z. B. Manfred Osten: War Goethe ein Japaner? Der japanische Goethe-Forscher Tadashi Kogawa eröffnet ein Goethe-Museum in Tokyo. Frankfurter Allgemeine Zeitung. 21.10.1987. Nr. 244 / Seite 37.

2   Näheres vgl. Taeko Matsushita: Rezeption der Literatur des Dritten Reichs im Rahmen der kulturspezifischen und kulturpolitischen Bedingungen Japans 1933–1945. Saarbrücken / Fort Lauderdale 1989.

I. Goethe in der nationalsozialistischen Ideologie

Für deutsche Germanisten wäre es interessant und aufschlußreich zu erfahren, welche Sekundärliteratur in deutscher Sprache der japanische Autor seinen Goethebüchern zugrunde gelegt hatte. Tomino Yoshikuni gibt im Voraus als benutzte Literatur für das erstere Buch in unvollständiger Weise an: W. Rein, Goethe als Pädagoge; Oldenberg, Grundlinien der Pädagogik Goethes; A. Langguth, Goethe als Pädagog; ders., Goethe als pädagogischer Schriftsteller; E. Temming, Goethes Bildungsideal; R. Eucken, Goethe-Jahrbuch; Muthesius, Goethe ein Kinderfreund; W. Münch, Goethe in der Schule; C. Stein, Die Bedeutung der Pädagogik Goethes für die Gegenwart. Während hier ausschließlich Goethes Pädagogik berücksichtigt wird, geht Tomino in seinem zweiten Buch auf das nationalsozialistische Schrifttum näher ein: Alfred Rosenberg, Der Mythus des 20. Jahrhunderts; August Raabe, Goethes Sendung im Dritten Reich; Walter Linden, Goethe und die deutsche Gegenwart; H. S. Chamberlain, Goethe; Erich Franz, Goethe als religiöser Denker.

Schon aus seinen fehlerhaften bibliographischen Angaben geht hervor, daß Tomino kein Germanist, geschweige denn ein Goetheforscher gewesen ist. Er war von Haus aus Pädagoge, der sich in der Tradition seit dem von J. H. Pestalozzi beeinflußten schweizerischen Sozialpädagogen Philipp Emanuel von Fellenberg bemüht hat, auch in Japan ähnliche Schulungs- und Erziehungsanstalten zu gründen. Da diese nach Karl Jungmann wahrscheinlich Vorbild der „Pädagogischen Provinz" in Goethes *Wilhelm Meisters Wanderjahre* waren, interessierte sich der japanische Pädagoge unter Goethes Werken besonders für die *Wanderjahre* sowie *Faust II*, darin jedoch fast nur für die „Pädagogische Provinz" und den vorletzten Schluß des *Faust*. Es gab zwar in Deutschland eine ältere Tradition der sozialistischen Interpretation von Goethes *Wanderjahren*, die noch durch Gustav Landauer oder Gustav Radbruch vertreten worden war, und bei der Gründung der Weimarer Republik berief sich Friedrich Ebert u. a. auf den zweiten Teil des *Faust*, dessen fünfter Akt später durch die DDR ebenfalls für eine sozialistische Utopie in Anspruch genommen werden sollte.[3] Aber im

---

3 Vgl. Karl Robert Mandelkow: Goethe in Deutschland. Rezeptionsgeschichte eines Klassikers. Band II 1919–1982, München 1989. Hier S. 9.

Japan der dreißiger Jahre geschah etwas Merkwürdiges: Die beiden Werke Goethes wurden, gerade um den marxistischen Sozialismus zu widerlegen, stark religiös interpretiert und so für eine theokratische Staatsidee Japans in den dreißiger Jahren nutzbar gemacht.

Zum Beginn konnte sich Tomino auf mehrere Goethe-Interpretationen deutscher Autoren stützen, die er in der Einleitung zu seinem zweiten Goethebuch mehr oder weniger ausführlich erörterte. Es handelte sich dabei im Zeitraum vor der NS-Goethedeutung zunächst um Autoren wie André Gide, Ricarda Huch, Emil Ermatinger, Karl Viëtor, Konrad Burdach oder Carl Muth. Nach einem längeren Zitat aus einer sogenannten *Frankfurter Sieburger Zeitung* ging dann Tomino zur Erwähnung der eigentlichen NS-Ideologen über wie Walther Linden, August Raabe und Alfred Rosenberg. Die zuerst genannten Autoren sollen für Tomino dazu dienen, Vorkenntnisse über Goethe bereitzustellen, soweit sie nämlich zu besserem Verständnis der neuen NS-Goethedeutung nützlich erschienen. Ausgangspunkt ist deshalb als erstes Zeugnis Walther Lindens Schrift *Goethe und die deutsche Gegenwart*. Sie entstand ursprünglich anläßlich der Säkularfeier von Goethe, also ein Jahr vor Hitlers Machtübernahme, beinhaltete aber bereits eine repräsentative NS-Goethedeutung, zumal Linden zu den frühzeitig dem Nationalsozialismus zugewandten Literaturkritikern gehörte.

Linden widersprach sowohl der sozialistischen Interpretation als auch der werkinterpretatorischen Deutung eines Gundolf und legte eine neue Auffassung vom späten Goethe, insbesondere von *Wilhelm Meisters Wanderjahre* sowie von *Faust II* vor. Als nämlich im 19. Jahrhundert das Zeitalter der Technik und Maschine anbrach und die ästhetisch-individualistische Kultur des 18. Jahrhunderts zu zerstören begann, habe Goethe die neue Zeitströmung mit genialer Intuition als Zahnrad der Geschichte erkannt. Er sei jedoch weder erschrocken, noch wollte er Zuflucht nehmen. Es komme ihm nicht auf die Form, sondern auf den religiösen Gehalt des Menschen an. Er habe nicht nur die Notwendigkeit des Übergangs zur Technik, Arbeitsteilung und Maschine erkannt, sondern auch als ihre furchtbaren Folgen die Zerstörung der Seele durchschaut, die dann eintreten würde, wenn ein diesem neuen Zeitalter entsprechender neuer Mensch nicht geschaffen werden sollte. Mensch und Maschine, Seele und Technik, wie soll sich der Mensch zu diesem Dilemma verhalten?

Goethe habe seinen Altersroman geschrieben, um diese aktuelle Aufgabe zu bewältigen, und denn auch in diesem Werk ein lösendes Wort für die neu heraufgekommene Welt der Arbeit gegeben. Nach Walther Linden war es der Gemeinschaftsgeist der Arbeit bei den Handwerkern, und dieses Ideal der tätigen Gemeinschaft sei auch im zweiten Teil des *Faust* in der gleichen Art ausgesprochen. Die Grundidee dieser Gemeinschaft sei jedoch einer aus Goethes tiefen Erlebnissen zustande gekommenen religiösen Überzeugung, nämlich der Ehrfurcht verhaftet.

Walther Linden kam freilich noch nicht auf Blut und Boden zu sprechen. Aber nach Tomino gilt er mit dieser Ansicht als ein Hauptvertreter der NS-Ideologie. Der japanische Pädagoge ist auch insofern und umso mehr mit Walther Linden einverstanden und findet dessen Goethe-Auffassung vor allem in der „Pädagogischen Provinz" bestätigt, als der deutsche Literarhistoriker damals unter den japanischen Germanisten als richtungsweisend angesehen war.[4] Die darin dargestellte ideale Gesellschaft soll von denen aufgebaut werden, die eigens dafür erzogen worden sind, und zwar nach einem gemeinschaftlichen, opferwilligen Geist im Dienste am Ganzen. Die Mitglieder dieser Gemeinschaft entfalten ihre Fähigkeiten naturgemäß durch die Arbeit für das Ganze, die ihnen nicht aufgezwungen wird, sondern vielmehr durch die eigene Initiative ergriffen wird und zur Ehre gereicht. Es gebe wohl Verschiedenheiten der Berufe, aber keinen Unterschied von oben und unten, so daß kein materieller Grund zur Bildung der Klassenunterschiede besteht. Es ist der Gemeinschaftssinn, der die Grundlage bildet, darin besteht eben der tragende religiöse Geist der Ehrfurcht. In diesem Sinne erweist sich die „Pädagogische Provinz" modellhaft als ein totalitärer Staat, der politisch beliebig eingesetzt werden kann. Mit einer solchen Argumentation nimmt Tomino bewundernd an, daß die von Goethe erträumte „Pädagogische Provinz" als pädagogisches Staatswesen im Nationalsozialismus der Gegenwart zum Vorschein komme und Goethes Erziehungsidee zur religiösen Ehrfurcht im gegenwärtigen Deutschland sich zur Erziehung für Vaterlandsliebe, Opferbereitschaft

---

4 Walther Lindens Buch: Aufgaben einer nationalen Literaturwissenschaft, München 1933, lag im Jahr 1943 mit Heinz Kindermann: Klopstocks Entdeckung der Nation, Danzig 1935 zusammen in japanischer Übersetzung vor.

und Dienst am Ganzen weiterentwickelt habe. Und so gibt er Walther Linden weitgehend Recht und stimmt mit diesem überein, daß er den deutschen Dichterfürsten als den klassischen Pfeiler der nationalsozialistischen Gesellschaft herbeigeholt hat.

Das zweite Zeugnis einer NS-Goethedeutung ist für Tomino August Raabes kleine Schrift *Goethes Sendung im Dritten Reich*. August Raabe hält Hiltler darin für Goethes Nachfolger, oder Goethe für Hitlers Vorgänger. Tomino kann sich des gleichen Eindrucks nicht erwehren, wenn er Goethes „Pädagogische Provinz" mit Hitlers Erziehungsstaat, Goethes Geist im Sinne der „Forderung des Tages" mit dem nationalsozialistischen Geist vergleicht. Er meint sogar, die Goetheforschung aus diesem Gesichtswinkel trage nicht wenig zu besserem Verständnis des Nationalsozialismus bei, und gibt August Raabes Ausführungen über die rätselvolle Verschlingung wesensgleicher Ideen und gegensätzlicher Anschauungen in groben Zügen wieder. Nach dem Hinweis auf die Verschiedenheit der Zeiten lautet Tominos Originaltext in deutscher Sprache wie folgt:

> Der Stolz, ein „Mensch" zu sein, genügt dem heutigen Deutschen nicht. Zu groß war die Sinnlosigkeit der Vernichtung, die im Weltkrieg und danach die ganze Menschheit in ihren Strudel zog. Tiefste Enttäuschung, schwere Verbitterung hat sich des Deutschen bemächtigt ... Und was erlebte man im Nachkriegsdeutschland? Wo war da ein Erlebnis, das „Ehrfurcht" geweckt hätte? Wer noch nicht in den Sumpf des Elends und der Verkommenheit sinken wollte, konnte nur ein Gefühl kennen: Selbstbehauptung! Kampf gegen den Untergang! Urwüchsige Formen körperlicher und seelischer Einstellung wurden lebendig in jedem noch unverdorbenen Menschen, und immer lauter schallte der Ruf nach dem Retter in der Not.[5]

In diesem Zitat wurde mit Rücksicht auf die Japaner ein Satz gestrichen: „ein Zweifel an aller allgemeinen Menschenwürde, seitdem gelbe und schwarze Bestien auf Europas uraltem Kulturboden sich am Blute abendländischer Menschen berauschten." Im Anschluß an das obige Zitat wurde zwar noch wiedergegeben: „Aus dieser Zeitstimmung ist Hitlers Erziehungsprogramm zu verstehen. Nicht mehr der ‚Mensch' an sich ist dessen Ziel. Das klassische Bildungsideal sinkt dahin. An seine Stelle tritt die

---

5 August Raabe: Goethes Sendung im Dritten Reich. Bonn 1934. S. 12.

Erziehung zu Selbstbesinnung, Selbstbewußtsein, Deutschtum." Die Kritik am Bildungsideal der deutschen Klassik, die sich in den siebziger Jahren im Zuge der Studentenunruhen wiederholen sollte, scheint hier immerhin von historischer Bedeutung zu sein. Aber weitere rassentheoretische Bemerkungen über den jüdischen Geist, der für den Zusammenbruch des Abendlandes verantwortlich sei, werden behutsam übergangen. Von der Behauptung, die Wiederherstellung Deutschlands werde Voraussetzung zur Rettung Europas von der zersetzenden Macht unarischen Wesens, wird ebenfalls keine Notiz gemacht.

Statt dessen bemerkt Tomino dazu: Wenn man sich deutsche Zustände nach dem Ersten Weltkrieg vorstellt und ferner daran denkt, daß die nationalsozialistische Bewegung infolge dieser Misere hervorgerufen worden ist, findet man Raabes Wort gar nicht übertrieben. Weil es eine Tatsache war, brachte die in Verzweiflung niedergeschlagene deutsche Nation Hitler eine entschiedene Unterstützung entgegen und war bereit, für ihn sich selbst zu opfern. Unter Berufung auf Goethes entsprechende Idee der Ehrfurcht zitierte er dann aus Raabes Schrift wörtlich:

> Goethe fordert, die Jugend zur Ehrfurcht, Hitler, sie zur Opferbereitschaft zu erziehen. Die Begründung ihrer Forderung ist bei beiden dieselbe: Ehrfurcht bzw. Opferbereitschaft ist die Kraft, die den Menschen erst zum Menschen gemacht hat, ist die Quelle aller Kultur.[6]

Es fragt sich, ob es sich bei dieser Gleichmacherei um einen bewußten Mißbrauch Goethes handelte oder ob es auf ein verhängnisvolles Mißverständnis Goethes zurückzuführen war. Auf japanischer Seite ist zumindest eher das letztere anzunehmen.

---

6 Ebd. S. 9.

2. Die Goethe-Auffassung in *Der Mythus des 20. Jahrhunderts*

Das dritte Zeugnis gibt Alfred Rosenbergs Buch *Der Mythus des 20. Jahrhunderts*, dessen erstes Buch „Das Ringen der Werte" sich im 3. Kapitel „Mystik und Tat" näher mit Goethe beschäftigt, weil er angeblich eine Seelenverwandtschaft mit Meister Eckhart habe. Nach Rosenbergs Auffassung besteht das Wesen des menschlichen Daseins in der Wechselwirkung von Sinn und Tat. Das Erstere bedeutet Distanzierung von der Wirklichkeit, die Ausdehnung der Seele in die Unendlichkeit, und das Letztere eine schöpferische Tätigkeit in der Wirklichkeit. Als Goethe, in die Zeitströmung des Sturm und Drangs verwickelt, sich bis in die Unendlichkeit ausdehnen wollte und schließlich zugrunde zu gehen drohte, verhalf ihm das Schicksal, nach Weimar überzusiedeln, was seine Rettung wurde, und er fand dort die Welt der Tat. So erreichte Goethe schließlich eine Welt der Entsagung, die Rosenberg nicht hoch genug wertschätzen kann. Rosenbergs Goethe-Zitate werden dann von Tomino in japanischer Übersetzung ohne Quellenangabe zusammengestellt:

> Sich selbst kann man eigentlich nur in der Tätigkeit beobachten und erlauschen.[7]
>
> Der Mensch kennt nur sich selbst, insofern er die Welt kennt, die er nur in sich und sich nur in ihr gewahr wird. („Bedeutende Fördernis durch ein einziges geistreiches Wort". Goethes Werke. Hamburger Ausgabe, Bd. 13, S. 38)
>
> Seelenleiden, in die wir durch Unglück oder eigene Fehler geraten, sie zu heilen vermag der Verstand nichts, die Vernunft wenig, die Zeit viel, entschlossene Tätigkeit hingegen alles. (*Wilhelm Meisters Wanderjahre*. HA Bd 8., S. 281)
>
> Wer Bedingung früh erfährt, gelangt bequem zur Freiheit. (Artemis-Gedenk-Ausgabe. Bd. 2, S. 186)
>
> Wie kann man sich selbst kennen lernen? Durch Betrachten niemals, wohl aber durch Handeln. Versuche, deine Pflicht zu tun, und du weißt gleich, was an dir ist. Was aber ist deine Pflicht? Die Forderung des Tages. (*Maximen und Reflexionen*. HA Bd. 12. Nr. 1087 f., S. 517 f.)

---

7   Alfred Rosenberg: Der Mythus des 20. Jahrhunderts. Eine Wertung der seelisch-geistigen Gestaltenkämpfe unserer Zeit. Hoheneichen Verlag. 125.–128. Aufl. München 1938. S. 259. Bis auf dieses unidentifizierbare Zitat sind die anderen Zitate im folgenden nach der Hamburger Goetheausgabe wiedergegeben.

> Es ist immer sein (des Menschen) Unglück, wenn er veranlaßt wird, nach etwas zu streben, mit dem er sich durch eine regelmäßige Selbsttätigkeit nicht verbinden kann. (*Wilhelm Meisters Lehrjahre*. VI. Buch. HA Bd. 7, S. 407)

Tomino hebt besonders das folgende von Rosenberg zitierte Wort Goethes hervor: „Der geringste Mensch kann komplett sein, wenn er sich innerhalb der Grenzen seiner Fähigkeiten und Fertigkeiten bewegt." (*Maximen und Reflexionen*. HA Bd. 12. Nr. 1239, S. 532) Laotses Spruch „Ruhe ist höher als Regung. Schwaches zwingt Starkes. Weiches zwingt Starres" konnte Rosenberg denn auch nicht genug loben.

Zusammenfassend betont Tomino, daß in der NS-Goethedeutung nicht der junge Goethe, sondern der reife Goethe der Spätzeit im Vordergrund steht, wie bei Linden, Raabe, Rosenberg oder übrigens auch bei Jonas Cohn, der ein Buch *Wilhelm Meisters Bedeutung für die Gegenwart* schrieb. Bei allen gilt Goethes Lebensanschauung über die Entsagung sehr hoch. Sie ist allerdings keine passive Haltung, sondern im Gegenteil eine sehr aktive Haltung. Tomino zitiert jedoch zum Abschluß seiner Einführung eine Stelle aus Rosenberg:

> Ein Goethe hat keine Typen gezüchtet, vielmehr bedeutete er eine allgemeine Bereicherung des gesamten Daseins. Manches seiner Worte hat verborgene seelische Quellen zum Sprudeln gebracht, die sonst vielleicht nicht durchgebrochen wären. Und dies auf allen Gebieten des Lebens. Goethe stellte im Faust das Wesen von uns dar, das Ewige, welches nach jedem Umguß unserer Seele in der neuen Form wohnt. Er ist dadurch der Hüter und Bewahrer unserer Anlage geworden, wie unser Volk keinen zweiten besitzt. Wenn die Zeiten erbitterter Kämpfe einst vorüber sein werden, wird Goethe auch wieder nach außen bemerkbar zu wirken beginnen. In den kommenden Jahrzehnten jedoch wird er zurücktreten, weil ihm die Gewalt einer typenbildenden Idee verhaßt war und er sowohl im Leben wie im Dichten keine Diktatur eines Gedankens anerkennen wollte, ohne welche jedoch ein Volk nie ein Volk bleibt und nie einen echten Staat schaffen wird.[8]

Tomino stellt zwar fest, daß hier sowohl Goethes Wesen als auch die NS-Ideologie deutlich zum Ausdruck gebracht sind, fühlt sich aber zu einer kritischen Überprüfung aufgefordert. Tut sich doch an dieser Stelle offenbar eine unergründliche Kluft zwischen Goethe und dem Nationalsozialismus

---

8 Ebd. S. 514 f.

auf. Aber Alfred Rosenberg, dessen Werk *Der Mythus des 20. Jahrhunderts* im Jahre 1938 vollständig ins Japanische übersetzt wurde, muß gesondert behandelt werden, da er unabhängig von Goethe einen großen Einfluß auf das Japan der dreißiger Jahre ausgeübt hat.[9] Auch bestand Tominos Anliegen darin, Goethes Idee der Entsagung in Verbindung mit der Ehrfurcht für das japanische Staatswesen anwendbar zu machen. Er berief sich dabei viel mehr auf August Raabe als auf Rosenberg. Jener erklärte allerdings im Vorwort, er bezwecke nicht etwa, Goethe für den Nationalsozialismus in Anspruch zu nehmen. Er wolle aber versuchen, Klarheit darüber zu gewinnen, was ein Genius wie Goethe seiner Zeit zu sagen hat. Seine provisorische Aufgabe hat er in der Weise aufgefaßt, daß er „die inneren Beziehungen zwischen der Weltanschauung Goethes und derjenigen Adolf Hitlers, wie sie in dessen Werk *Mein Kampf* vertreten ist, aufzuweisen versuchte"[10].

Nach August Raabe gibt es einige ursprünglichste Gesinnungselemente, die als eigentlich-deutsch Goethes Lebensauffassung und Weltanschauung begründen und dadurch den Nationalsozialismus als eine gleichfalls eigentlich-deutsche Geistesbewegung verwandt erscheinen lassen. Wie er sie in Goethes Idee der Ehrfurcht und Hitlers Erziehungsprinzip zur Opferbereitschaft entdeckte, so fand Tomino in Goethes Begriff der Entsagung ein Bindeglied zwischen religiöser Ehrfurcht und patriotischer Opferbereitschaft. Erst auf diese Weise ist im Japan der dreißiger Jahre die ehrfurchtsvolle und opferwillige Entsagung für den totalitären Staat möglich geworden. Es soll dahingestellt sein, welchen Stellenwert Tominos beide Bücher in der japanischen Goetheforschung gehabt und welche Wirkungen sie auf das damalige Lesepublikum ausgeübt haben. Sie stellten auf jeden Fall ein merkwürdiges Unikum in der japanischen Goethe-Rezeption dar, wenngleich er vieles von den anderen Goethe-Forschern abgeschrieben haben muß.

Was die sogenannten ‚Dreie' in der „Pädagogischen Provinz" auf Wilhelms Frage nach der Bedeutung gewisser Begrüßungsformen antworten,

---

9 Vgl. Naoji Kimura: Zur Rezeption „heroischer" deutscher Literatur in Japan 1933–1945. In: Gerhard Krebs / Bernd Martin (Hrsg.), Formierung und Fall der Achse Berlin – Tokyo. München 1994.
10 A. Raabe. S. 5.

bezieht sich auf die Ehrfurcht, die die Natur keinem Menschen bei der Geburt mitgegeben hat. Sie ist also keine natürliche Anlage, sondern muß nachträglich durch die Erziehung erworben werden. Sie ist eine dreifache Ehrfurcht und wird näher erläutert als eine vor dem, was über uns ist, eine zweite vor dem, was unter uns ist, und eine dritte vor dem, was uns gleich ist. Aus diesen drei Ehrfurchten entspringt zuletzt die oberste Ehrfurcht, die Ehrfurcht vor sich selbst. Die Frage ist natürlich, was für eine Erziehung dem Erwerb derartiger Ehrfurcht zugrunde gelegt wird. Im Dritten Reich beruhte sie auf Hitlers Erziehungsgrundsätzen, die August Raabe eingehend beschrieb, und in denen er eine weitgehende Übereinstimmung mit Goethes Äußerungen festgestellt haben wollte. In Japan beruhte sie auf dem berüchtigten japanischen Geist, der aus Traditionalismus, Nationalismus und Militarismus zusammengesetzt war. Dafür bildete sich in der Kriegszeit auf literarischer Ebene die sogenannte „Japanische Romantische Schule", in der Goethe jedoch politisch wenig vereinnahmt wurde, sondern ursprünglich mit seiner ästhetisch-ethischen Haltung vielmehr gegen den Marxismus ausgespielt worden war.[11]

Um den japanischen Geist und den deutschen Geist anhand Goethescher Lebens- und Weltanschauung zu vermitteln, weist Tomino im Laufe seiner Ausführungen über die „Pädagogische Provinz" sehr oft auf die NS-Goethedeutung hin. In seinem ersten Buch, das aus einer kurzen Einleitung, der Übersetzung der „Pädagogischen Provinz", dem Kommentar dazu sowie einer Reihe Goethescher Sprüche besteht, geht es noch vorwiegend darum, auf diese inneren Zusammenhänge aufmerksam zu machen. Sein Interesse scheint damals bloß darauf gerichtet gewesen zu sein, daß die Erziehung in der „Pädagogischen Provinz" nicht nur die religiöse, musikalische und künstlerische Erziehung umfaßt, sondern auch die Erziehung zur Arbeit, zum Erlebnis bzw. Leben, zur Ausbildung der individuellen Naturanlage und zur Erweckung von Selbstbesinnung, Liebe sowie Dienst, kurzum eine ideale Erziehung. Zudem wirkte sie sich seit Hermann Lietz in der sogenannten ‚Reformpädagogik' anregend für Landerziehungsheime aus. Wenn diese pädagogische Tradition des Dorflebens

---

11 Näheres vgl. Naoji Kimura: Die Internationalität der sog. Japanischen Romantischen Schule. In: Gesa von Essen / Horst Turk (Hrsg.), Unerledigte Geschichten. Der literarische Umgang mit Nationalität und Internationalität. Göttingen 1999. S. 362–377.

durch Hitlers Erziehungsprogramm weitergeführt und stark gefördert wird, ist der Nationalsozialismus für den japanischen Pädagogen, der an einer Bewegung der 3 H, d. h. Head, Hand and Heart, mitwirkte, nur beizustimmen. Von allem anderen hatte er entweder keine Ahnung oder sah darüber hinweg, weil er wie viele Japaner über die Kriegsereignisse in Deutschland nur schlecht informiert war. Sie waren bis zum Kriegsende nicht einmal über die Greueltaten der eigenen Armee informiert.

Aus meist gut gemeinten Mißverständnissen heraus versucht Tomino also in der Einleitung bzw. im Kommentar im Anschluß an die Übersetzung der „Pädagogischen Provinz" in Zwischenbemerkungen deren Zusammenhänge mit dem Nationalsozialismus nacheinander zu erklären. Beispielsweise findet er in der folgenden Stelle das Verhältnis des Einzelnen zum Ganzen bestimmt und folgert daraus die Notwendigkeit der individuellen Opferbereitschaft für einen Staat als das organische Ganze:

> Was uns aber zu strengen Forderungen, zu entschiedenen Gesetzen am meisten berechtigt, ist: daß gerade das Genie, das angeborne Talent sie am ersten begreift, ihnen den willigsten Gehorsam leistet. Nur das Halbvermögen wünschte gern seine beschränkte Besonderheit an die Stelle des unbedingten Ganzen zu setzen und seine falschen Griffe, unter Vorwand einer unbezwinglichen Originalität und Selbständigkeit, zu beschönigen. Das lassen wir aber nicht gelten, sondern hüten unsere Schüler vor allen Mißtritten, wodurch ein großer Teil des Lebens, ja manchmal das ganze Leben verwirrt und zerpflückt wird.[12]

Zitiert wird dann die vorangegangene Stelle: „die wunderbare Strenge, mit welcher sowohl Anfänger als Fortschreitende behandelt wurden; es schien, als wenn keiner aus eigner Macht und Gewalt etwas leistete, sondern als wenn ein geheimer Geist sie alle durch und durch belebte, nach einem einzigen großen Ziele hinleitend."[13] Es liegt nahe, daß aus dem „geheimen Geist" verallgemeinernd ein religiöser Geist abgeleitet wird, der der dreifachen Ehrfurcht zugrunde liegt. Da die Vorstellung von „oben", „unten" und „neben" auch der Konstellation Himmel, Erde und Mensch in der altchinesischen Philosophie entspricht, versteht sich von selbst, daß die Ehrfurcht vor dem, was über uns ist, auf staatlicher Ebene fast der Kaiserverehrung gleichkommt. Das wird aber nirgends ausdrücklich gesagt.

---

12 Goethes Werke. Hamburger Ausgabe. Bd. 8, S. 250.
13 Goethes Werke. Hamburger Ausgabe. Bd. 8, S. 249.

3. Die Bedeutung der „Pädagogischen Provinz" für die NS-Goethedeutung

Im Kommentar wird die Überleitung vom zweiten Teil des *Faust* zum *Wilhelm Meister*-Roman wie üblich hergestellt: Während Faust mit der Vision einer idealen Gesellschaft in der Zukunft gestorben ist, bildet sich Wilhelm zu einem Bürger mit dem Auftrag, das von Faust erträumte Ideal zu verwirklichen. In diesem Sinne ist der *Wilhelm Meister* als ein Kommentar zum *Faust* anzusehen. Der Staat, den Faust erstreben wollte, soll allerdings ein Staat der Arbeiter gewesen sein, die vom religiösen Geist im *Wilhelm Meister* vereinigt sind. Die Bürger dieses Staates fühlten sich dazu verpflichtet, sich als die tüchtigsten Bauelemente des Ganzen auszubilden. Damit ist sicherlich jene Stelle im Gespräch mit Montan angedeutet, die die Zeit der Einseitigkeiten betont: „Übe dich zum tüchtigen Violinisten und sei versichert, der Kapellmeister wird dir deinen Platz im Orchester mit Gunst anweisen."[14]

Auf die politische Ebene übertragen, würde sich das Orchester als ein Gleichnis für den totalitären Staat erweisen. Dann müßte man eigentlich fragen, ob der Kapellmeister rechtmäßig ist und richtig dirigiert. Montan-Goethe fügte aber nur im allgemein-menschlichen Sinne hinzu: „Mache ein Organ aus dir und erwarte, was für eine Stelle dir die Menschheit im allgemeinen Leben wohlmeinend zugestehen werde", und brach das Gespräch einmal damit ab. So konnte man daraus ohne weiteres Goethes angeblich faschistische Staatsidee weiterbilden und mit der NS-Ideologie in Verbindung setzen. Dabei wird die völkische Weltanschauung mit Stichworten wie Blutsgemeinschaft, Lebensgemeinschaft und Schicksalsgemeinschaft gekennzeichnet, in der der Einzelne nur ein Glied des Ganzen ist und sich darin zu opfern hat.

Goethes Bildungsidee in *Wilhelm Meisters Lehrjahre* entwickelte sich in *Wilhelm Meisters Wanderjahre* tatsächlich zu einer sozialen Bildungsidee, was dem gesellschaftlichen Wandel vom 18. Jahrhundert zum 19. Jahrhundert entsprach. Seine Gesellschaftslehre bewegte sich aber noch durchaus im Rahmen der aufgeklärten Monarchie und gab mit

---

14 Goethes Werke. Hamburger Ausgabe. Bd. 8, S. 37.

seinem Wortgebrauch von den führenden Dreien in der „Pädagogischen Provinz" oder von dem durch Lenardo und wenige andere geführten sogenannten „Band" Anlaß zu einem verhängnisvollen Mißbrauch. Denn Odoard brachte seinen Leuten, die im alten Europa bleiben wollten, ein zutrauliches Lied bei, dessen erste und letzte dritte Strophe mit den Versen enden: „Heil dem Führer! Heil dem Band!" und „Heil dir Führer! Heil dir Band!"[15] Diese Verse wären wieder ohne Kontext sehr mißverständlich und könnten wie der Dichter im Max Kommerellschen Sinne für das Führerprinzip leicht mißbraucht werden. Darüber hinaus spricht Odoard wiederholt von den strengen Künsten im Unterschied zu den freien Künsten und begründet es mit der Aussage: „Ein einziges Glied, das in einer großen Kette bricht, vernichtet das Ganze."[16] Diese Worte können ebenfalls im faschistischen Sinne auf eine Staatsidee übertragen werden.

Tomino vermutete, daß der Geist des Führertums, wie er in *Wilhelm Meisters Wanderjahre* dargestellt ist, im nationalsozialistischen Deutschland fortgeführt werde. Aber er täuschte sich schwer, indem er meinte, mit „den Entsagenden" im Untertitel des Romans wären die Mitglieder des Bandes bezeichnet, die bereit sind, sich einfach für das Leben des politischen Ganzen hinzugeben. Goethes Lebensanschauung sei eben auf die Erziehung solcher ganzheitlicher Menschen gerichtet. Diese Würde der Persönlichkeit, diese Ehrfurcht vor dem ganzen Menschen sei das einzige Mittel, die Jugend von dem modischen Übel des Marxismus zu befreien. So wird aus dem Motto des Oheims „Besitz und Gemeingut"[17] der leitende Erziehungsgedanke im Nationalsozialismus: Gemeinnutz vor Privatinteresse sowie Dienst am Ganzen seien im Keime schon bei Goethe zu finden. Er sei aber auch noch in Goethes Idee der Wanderschaft neben seinen Grundgedanken von Arbeit und Entsagung enthalten. Auf diese Weise trat sie in der neuen Bewegung des von Karl Fischer ins Leben gerufenen Wandervogels erneut auf und spielte dann auch eine grundlegende Rolle in der Bewegung der Hitlerjugend. Diese Zusammenhänge betrachtete

---

15 Goethes Werke. Hamburger Ausgabe. Bd. 8, S. 413.
16 Goethes Werke. Hamburger Ausgabe. Bd. 8, S. 412. Vgl. Beschädigtes Erbe. Beiträge zur Klassikerrezeption in finsterer Zeit. Schriften des Arbeitskreises selbständiger Kultur-Institute Bd. 1. Hrsg. von Horst Claussen und Norbert Oellers. Bonn 1984.
17 Goethes Werke. Hamburger Ausgabe. Bd. 8, S. 68.

Tomino im Grunde aus politischer Unbefangenheit lediglich unter pädagogischem Gesichtspunkt und schrieb abschließend:

> In der Tat gibt es unter den Entsagenden keine Wertunterschiede in der Arbeit als solcher. Ihre Arbeit ist gewiß mannigfaltig, daraus ergibt sich aber kein Klassengegensatz. Sie leisten nur mit verschiedener Arbeit ihren Beitrag zum Ganzen. Es besteht keine Machtherrschaft durch den Einzelnen oder die Gemeinschaft. Dennoch wird eine Ausschweifung, die das Ganze zerstören würde, entschieden zurückgewiesen. Dort herrscht die strenge Ordnung wie in der Handwerkerzunft. Die Oberen werden mit dem Neutrum „das Band" bezeichnet, weil es das Einzelne wie auch das Ganze bedeutet. Da hat Goethe ein wunderbares Spiel bereitgestellt. Der Wille des Ganzen wird alsbald zum Willen des Führers, der nur in Abhängigkeit vom Ganzen existieren kann. Was dieses Ganze belebt, ist gerade die Gesinnung der religiösen Ehrfurcht. Dies wird lange bis zum nationalsozialistischen Führertum tradiert. Die Hausfrömmigkeit des Handwerkers, die mit Joseph dem Zweiten begann, endet also mit der Entwicklung zur Weltfrömmigkeit.

Hier kann man nicht umhin zu sagen wie Gretchen: „Das ist alles recht schön und gut; / Ungefähr sagt das der Pfarrer auch, / Nur mit ein bißchen andern Worten." (V. 3459 ff.) Der unbestechliche Goetheforscher wäre nicht so leicht in den Trugschluß eines dilettantischen Pädagogen verfallen. Aber die japanische Germanistik war noch zu abhängig von der deutschen Germanistik, und diese war damals durch die völkische Literaturwissenschaft gleichgeschaltet. Tomino konnte sich zudem je einmal auf Eduard Spranger und Ernst Hoffmann berufen, die in der humanistisch ausgerichteten deutschen Pädagogik führend waren. Von besonderer Bedeutung war für Tomino, daß Goethes Konzept der „Pädagogischen Provinz" in einer Reihe von ländlichen Erziehungsanstalten noch im 20. Jahrhundert wirksam zu sein schien. So nannte er als Beispiele zahlreiche Lehranstalten im damaligen Deutschland. Diese Art Landerziehungsheime dürften heutzutage in Vergessenheit geraten sein. Aber sie entstanden alle vor den dreißiger Jahren im Zuge der Jugendbewegung[18] und waren anscheinend

---

18 Vgl. Ulrich Herrmann: Die Jugendkulturbewegung. Der Kampf um die höhere Schule. In: Thomas Koebner, Rolf-Peter Janz und Frank Trommler (Hrsg.), „Mit uns zieht die neue Zeit". Der Mythos Jugend. edition suhrkamp 1229. Frankfurt a.M. 1985. S. 224–244.

von großer Tragweite bis zur nationalsozialistischen Jugenderziehung, die sich dann auch im Japan der dreißiger Jahre auswirkte. In der Kriegszeit wurde ja die japanische Grundschule nach deutschem Muster zur Volksschule umbenannt.

4. Das mißbrauchte Führertum in den *Wanderjahren*

In seinem zweiten Buch *Der Entsager Goethe* setzte sich Tomino stärker für den japanischen Nationalismus ein, indem er seine inzwischen erworbenen Kenntnisse um Goethes Staatsidee verwertete. Er meinte, Goethe hätte sich im Verlauf der persönlichen Vollendung zur Vollendung der ganzen Menschheit entwickelt. Aber sein Trugschluß lag darin, daß der Mensch auf sein Individuum verzichten müsse, um im organischen Ganzen des Staates aufzugehen. So konnte er im Namen der Entsagung die Selbstlosigkeit, ja die Opferbereitschaft für einen totalitären Staat in Anspruch nehmen. Die Voraussetzung war die religiöse Ehrfurcht vor dem, was über uns ist, und dies konnte in einem nichtchristlichen Land wie Japan nur der damals wie ein Gott verehrte Kaiser sein, während der falsche Prophet Hitler seinerzeit in Deutschland wie ein Erlöser gefeiert wurde.[19] Wie Theodor Haecker in seinen *Tag- und Nachtbüchern* genau beobachtete, war der Nationalsozialismus in dieser Hinsicht nichts anderes als Apostasie, die von ihm „die deutsche Herrgott-Religion" genannt wird.[20]

Nach der schon erwähnten, deutlich nationalsozialistisch orientierten Einleitung gliedert sich Tominos Buch in fünf Kapitel: 1. Leben und Meisterwerke, 2. Suchen und Entsagen, 3. Das einzelne Ich und das Ganze, 4. Der ideale Staat, 5. Die Pädagogische Provinz. In den ersten zwei Kapiteln gibt es viele Wiederholungen, weil manches aus den Ausführungen des ersten Buches übernommen wird. Merkwürdigerweise zitiert er aus der nicht jedem zugänglichen ersten Fassung der *Wanderjahre* die folgenden

---

19 Vgl. z. B. im Diktat der Volksschule „Jesus und Hitler", in: Walter Hofer (Hrsg.), Der Nationalsozialismus Dokumente 1933–1945. Fischer Bücherei. Frankfurt am Main 1957. S. 128.
20 Theodor Haecker: Tag- und Nachtbücher. Hegner-Bücherei. Olten 1948. S. 47.

Mottoverse,[21] um überhaupt die Notwendigkeit der Zugehörigkeit zur Gemeinschaft der Entsagenden zu unterstreichen:

> Prüft das Geschick dich, weiß es wohl warum:
> Es wünschte dich enthaltsam! Folge stumm.

Daß die Entsagung bei Goethe keine untätige Resignation, sondern vielmehr eine Voraussetzung für die wirksame Tätigkeit bedeutet, wird ferner mit den Versen belegt:

> Noch ist es Tag, da rühre sich der Mann,
> Die Nacht tritt ein, wo niemand wirken kann.

Da in dem Zusammenhang ein Wort Eduard Sprangers, der ja in den Jahren 1937/38 als Gastwissenschaftler nach Japan entsandt war, angeführt wird, dürften diese Zitate auf ihn zurückgehen. So ist es auch mit den weiteren Versen, die hinsichtlich der Unvermeidlichkeit der Entsagung im menschlichen Leben auf einen Schicksalsglauben Goethes hinweisen:

> Was machst du an der Welt, sie ist schon gemacht,
> Der Herr der Schöpfung hat alles bedacht.
> Dein Los ist gefallen, verfolge die Weise,
> Der Weg ist begonnen, vollende die Reise:
> Denn Sorgen und Kummer verändern es nicht,
> Sie schleudern dich ewig aus gleichem Gewicht.

Sehr problematisch und verführerisch erscheint aber, daß im 3. Kapitel zwei neue Aspekte herangezogen werden, um die Selbstlosigkeit des Einzelnen für das Ganze hervorzuheben. Einerseits werden der innere Zwiespalt Fausts und dessen Lösung mit dem religiösen Konflikt des Hl. Paulus im *Römerbrief* verglichen. Andererseits wird Goethes Naturforschung, besonders seine Morphologie eingehend behandelt. Aber Goethes biologische Erkenntnisse sollen eigentlich nur dazu dienen, das Verhältnis der Einzelnen zum organischen Staatsganzen im faschistischen Sinne zu begründen. Aus dem Satz „Das Tier wird durch Umstände zu Umständen gebildet"[22] wird z. B. in Bezug auf den Menschen als zeitliches und einmaliges Wesen gefolgert, daß er darüber hinaus durch Geschichte für

---

21 Abgedruckt in: Reclams UB Nr. 7827.
22 Goethes Werke. Hamburger Ausgabe. Bd. 13, S. 177.

Geschichte gebildet werde, und das wird so gedeutet, daß wir als an die Gemeinschaft gebundene Einzelwesen unsere Lebensumwelt durch die Tradition fortbilden müßten. Das Leben des Einzelwesens ist kurz, aber indem es an der geschichtlichen Fortbildung der Nation teilnimmt, kann es seine eigene Begrenzung überwinden und seinem Dasein Dauer verleihen. Wenn dies allerdings nicht freiwillig durch die Einzelnen geschieht, oder wenn der Staat sich der Druckmittel zu ihrer Bezwingung bedient, kann ein solcher Organismus nicht als gesund bezeichnet werden. So heißt es wörtlich:

> Was unter der Nation eine solche Gesinnung erweckt, ist nichts anderes als die Liebe zum Staat und Vaterland. Es versteht sich von selbst, daß diese Liebe in erster Linie aus der Neigung zum Boden als räumlicher Ausdehnung und als unser Leben ernährendem Grundstück herstammt. Dazu kommt aber noch Respekt vor der geschichtlichen Tat, die unsere Vorfahren auf diesem Boden mit ihrem Blut und Schweiß geleistet haben. Ferner war es einzig das höchste Wesen, das sie zu dieser geschichtlichen schöpferischen Tat angeregt hat und dem sie denn auch ihr Blut und ihren Schweiß hingegeben haben. Ein Staat, in dem das Verhältnis zum unveränderlichen Wesen als dem Zentrum unserer geschichtlichen Taten aufrecht erhalten wird und unsere geschichtlichen Taten auf der religiösen Ehrfurcht vor diesem höchsten Wesen beruhen, ein solcher Staat stellt wahrlich die höchste Form des Staates dar.

Zum Schluß ist noch darauf hinzuweisen, daß Tomino auch mit Goethes Lehre vom Typus arbeitete, um eine japanische Staatsform zu charakterisieren, zumal Goethe einen idealen Staat nur als einen Typus bzw. Idee hinstellte. Die Staatsidee erscheint dann je nach der Koordinate von waagerechter Naturumgebung und senkrechtem Geschichtsablauf verschiedentlich. Nach Tominos Ansicht kommt die japanische Staatsform in der geschichtlichen Wirklichkeit der Staatsidee Goethes am nächsten, weil sich in ihrer Mitte der Ehrwürdigste als Zentrum der schöpferischen geschichtlichen Taten der Nation befindet. Aus heutiger Sicht grenzt eine solche Goethedeutung fast an den Wahnsinn, aber man darf nicht vergessen, daß sie eine der verhängnisvollen Nachwirkungen der NS-Goethedeutung in Japan gewesen ist. Bedenkt man, daß die Goethe-Begeisterung in Japan damals ihren Höhepunkt erreicht hat, so erscheint die japanische Goethe-Rezeption auf einmal sehr fragwürdig und zeigt sich zumindest für das 21. Jahrhundert revisionsbedürftig.

Bertolt Brecht soll 1929 in einem Gespräch mit Herbert Jhering über Klassiker gesagt haben: „Die Wahrheit ist: sie sind im Krieg gestorben. Sie gehören unter unsere Kriegsopfer. Wenn es wahr ist, daß Soldaten, die in den Krieg zogen, den *Faust* im Tornister hatten – die aus dem Krieg zurückkehrten, hatten ihn nicht mehr."[23] So mußte Goethe in Japan nach dem Zweiten Weltkrieg ein ähnliches Schicksal erleben, auch wenn *Faust* heute noch dem japanischen Lesepublikum in verschiedenen Übersetzungen angeboten wird. Sollte *Faust* aber fast das einzige Werk Goethes sein, das von der akademischen Jugend in Japan gelesen wird, so ist es m.E. kein gutes Zeichen für Goethe. Da muß man trotz allem Nietzsche recht geben, der über die Faust-Idee unumwunden gesagt hat: „Eine kleine Näherin wird verführt und unglücklich gemacht; ein großer Gelehrter aller vier Fakultäten ist der Übeltäter. Das kann doch nicht mit rechten Dingen zugegangen sein?"[24] Es geht nicht, Goethe für irgendeine Ideologie zu vereinnahmen, auch wenn er zu jeder Zeit aktualisiert werden muß, da ihm, wie paradoxerweise Alfred Rosenberg mit Recht durchschaute, eine typenbildende Idee verhaßt war.

---

23 Karl Robert Mandelkow (Hrsg.): Goethe im Urteil seiner Kritiker. Wirkung der Literatur. Band 5. IV. Verlag C. H. Beck. München 1984. S. 94.
24 Karl Robert Mandelkow (Hrsg.): Goethe im Urteil seiner Kritiker. Wirkung der Literatur. Band 5. III. Verlag C. H. Beck. München 1979. S. 28.

Der dritte Teil:
Literarische Existenzen in der wiederholten Jahrhundertwende

I. Kapitel: Goethes Begriff der deutschen Nation*

Noch am Ende des 20. Jahrhunderts wird darauf hingewiesen, daß der Bedeutungsgehalt des Wortes „Nation" im europäischen Kontext nicht unbedingt eindeutig ist, wie es nachdrücklich heißt: „Wörter wie ‚Nation‘, ‚Kultur‘, ‚Wissenschaft‘ scheinen in einer anderen Sprache durchaus ihre Entsprechungen zu finden. Tatsächlich aber bedeuten zum Beispiel ‚Nation‘ (Deutsch), ‚nation‘ (Englisch), ‚nation‘ (Französisch) durchaus Unterschiedliches."[1] Das ist symptomatisch dafür, daß Nation ein vager Begriff ist, auch wenn heute wie selbstverständlich von den Vereinten Nationen die Rede ist. Es fragt sich auch, ob die Vereinigten Staaten von Amerika eine wirkliche Äquivalenz für United States of America darstellen. Denn das deutsche Wort „Staat" setzt geschichtlich wie in dem Wort „Territorialstaat" die Ständegesellschaft der Monarchie seit dem Mittelalter voraus, während die amerikanischen „States" von Anfang an auf der Demokratie beruhen. Um Goethes Begriff der deutschen Nation zu verstehen, müßte man also in der deutschen Geschichte weit ausholen.

Im *Urfaust* singt der lustige Frosch in Auerbachs Keller in Leipzig: „Das liebe heil'ge Röm'sche Reich, / Wie hält's nur noch zusammen?", und darauf schimpft Brander blasiert: „Pfui, ein garstig Lied, ein politisch Lied, ein leidig Lied! Dankt Gott, daß euch das heilige Römische Reich nichts angeht."[2] Die Szene impliziert schon andeutungsvoll die

---

* Eine erweiterte Fassung des Beitrags zu: Resonanzen. Festschrift für Hans Joachim Kreutzer. Hrsg. von Sabine Doering, Waltraud Maierhofer und Peter Philipp Riedl. Königshausen & Neumann. Würzburg 2000. S. 141–151.
1 Vgl. INST-Mitteilung: Kulturwissenschaften und Europa oder die Realität der Virtualität. Sprache, Vielsprachigkeit, Bilder, Numerik. Internet:www.adis.at/arlt/institut.
  Vgl. ferner Verena Holler: Zankapfel österreichische Literatur. Kontroversen um einen Begriff. In: Studien des Instituts für die Kultur der deutschsprachigen Länder, Sophia-Universität. Nr. 16, Tokyo 1998, hier S. 36.
2 Goethes Werke. Hamburger Ausgabe, Bd. 3, S. 379. Vgl. Hans Tümmler: Goethe als Staatsmann. Göttingen 1976, S. 95 ff. Zehn Jahre nach der Wiedervereinigung

Frage nach Goethes Begriff der deutschen Nation. Ist doch hier nicht mehr ausdrücklich vom Heiligen Römischen Reich deutscher Nation die Rede. Wenn das Heilige Römische Reich zumindest noch ein Politikum darstellt, so bleibt vorerst unklar, wie es sich mit „deutscher Nation" verhält. Wie problematisch diese Bezeichnung war, deutet die Tatsache an, daß man im Verlauf der deutschen Geschichte versucht hat, sie mit dem „preußischen Reich deutscher Nation" (Treitschke), dem „heiligen evangelischen Reich deutscher Nation" (Adolf Stoecker) und schließlich mit dem „heiligen deutschen Reich germanischer Art" (Alfred Rosenberg) zu ersetzen.³ Immerhin steht fest, daß für Goethe Deutschland bis 1806 realiter das Heilige Römische Reich deutscher Nation bedeutete, zumal er in der freien Reichsstadt Frankfurt am Main geboren und dort aufgewachsen war. Das Reich bestand dabei außer der standesmäßig gegliederten Bevölkerung aus Kirche und Staat. Anläßlich der Kritik an d' Holbachs *Système de la nature* sagt Goethe in *Dichtung und Wahrheit*: „Daß hierbei wohl manches vorkommen müßte, was dem gemeinen Menschen als schädlich, der Geistlichkeit als gefährlich, dem Staat als unzuläßlich erscheinen möchte, daran hatten wir keinen Zweifel."⁴ Es ist an dieser Stelle anzunehmen, daß das Wort „Staat" bewußt im Unterschied zur Nation gebraucht worden ist. Das Problem der deutschen Nation läßt sich bei Goethe wohl unter vier Aspekten betrachten:

1) die Begegnung mit Frankreich in der Sturm- und Drang-Zeit,
2) das Interesse am Nationaltheater in *Wilhelm Meisters Lehrjahren*,
3) das morphologische Denken in den Jahren der Befreiungskriege,
4) das Konzept der Weltliteratur im Alter.

Deutschlands beschäftigt sich kritisch mit dem gleichen Thema Wolfgang Rothe: Der politische Goethe. Dichter und Staatsdiener im deutschen Spätabsolutismus. Sammlung Vandenhoeck. Göttingen 1998.

3 Vgl. Peter Lundgreen (Hrsg.): Wissenschaft im Dritten Reich. Edition suhrkamp. Neue Folge Band 306. Frankfurt a.M. 1985, S. 190 u. 192. Einschlägige Fachliteratur beim Artikel „Nation" im neuen Goethe-Handbuch, hrsg. von Bernd Witte et. al. Bd. 4/2, Stuttgart/Weimar 1998.
4 Goethes Werke. Hamburger Ausgabe, Bd. 9, S. 491. Vgl. Heinrich Ritter von Srbik: Goethe und das Reich. Leipzig 1940.

In Goethes Wortgebrauch werden dabei Volk, Nation und Menschheit deutlich voneinander unterschieden, wie Wilhelm Mommsen durch eine subtile Wortuntersuchung nachgewiesen hat.[5] Außerdem ist zu beachten, daß diese politischen Grundworte wie auch das Reich einst in ganz anderem Sinne verwandt wurden als etwa nach 1871 oder nach 1933. Im Gegensatz zum Staat erweist sich die Nation nicht so sehr als politischer denn als kultureller Begriff, wie das Wort in *Dichtung und Wahrheit* recht häufig vorkommt: z. B. „Shakespeare ist von den Deutschen mehr als von allen anderen Nationen, ja vielleicht mehr als von seiner eignen erkannt."[6] An einer anderen Stelle weist es im Sinne der Kulturnation einen geschichtlichen Bezug auf: „Es entsteht ein eigenes allgemeines Behagen, wenn man einer Nation ihre Geschichte auf eine geistreiche Weise wieder zur Erinnerung bringt."[7] Dazu kommt noch Goethes Wortgebrauch von „deutsch" als Beiwort zu Nation in Frage, das im mannigfaltigen Kontext verwendet wird. Von seinen überaus zahlreichen Äußerungen zu deutscher Sprache und Literatur sowie Deutschland und den Deutschen sollen aber nur solche herangezogen werden, die sich unmittelbar auf die deutsche Nation beziehen. Nicht zufällig verwendet er diesen Ausdruck selten; „Aber auch der deutschen Nation darf es nicht zum Vorwurfe gereichen, daß ihre geographische Lage sie eng zusammenhält, indem ihre politische sie zerstückelt."[8] Die deutsche Nation kann allerdings faktisch mit den Deutschen identifiziert werden: „Wir Deutsche hatten den Vorteil, daß mehrere bedeutende Werke fremder Nationen auf eine leichte und heitere Weise zuerst herübergebracht wurden."[9]

Bei den Gesprächs-Berichten ist größte Vorsicht geboten. Gerade im Hinblick auf Goethes politische Äußerungen hebt Wilhelm Mommsen wie kaum ein anderer Goetheforscher die Problematik hervor: „Mehrfach zeigt sich bei Luden und Falk, aber auch bei Eckermann, schon aus dem von uns besonders untersuchten Gebrauch politischer Grundworte wie Volk und Nation, daß wenigstens die Formulierung nicht

---

5 Vgl. Wilhelm Mommsen: Die politischen Anschauungen Goethes. Stuttgart 1948, S. 225 ff.
6 Goethes Werke. Hamburger Ausgabe, Bd. 9, S. 492.
7 Goethes Werke. Hamburger Ausgabe, Bd. 10, S. 117.
8 Literarischer Sansculottismus. Goethes Werke. Hamburger Ausgabe, Bd. 12, S. 241.
9 Goethes Werke. Hamburger Ausgabe, Bd. 9, S. 493.

von Goethe herrühren kann."[10] Als Beispiel dafür führt er ferner an: „‚Deutsches Volk' findet sich häufiger in den Gesprächen, aber gerade bei Gesprächspartnern wie Falk und Luden, die der Einheitsbewegung nahestanden. Das häufige Vorkommen des Wortes ist ein Zeichen dafür, daß mindestens die Formulierungen vom Gesprächspartner stammen."[11] Goethe gebraucht nämlich das Wort „Volk" mit einem unbestimmten Artikel: „Nur insofern ein Volk eigene Literatur hat, kann es urteilen und versteht die vergangene wie die gleichzeitige Welt", oder meist im Plural, wie die folgende Stelle musterhaft zeigt: „Die hebräische Dichtkunst ... die Volkspoesie ... die ältesten Urkunden als Poesie gaben das Zeugnis, daß die Dichtkunst überhaupt eine Welt- und Völkergabe sei."[12]

Dagegen heißt es in der Tat in dem bekannten Gespräch mit Luden: „Auch liegt mir Deutschland warm am Herzen. Ich habe oft einen bittern Schmerz empfunden bei dem Gedanken an das deutsche Volk, das so achtbar im einzelnen und so miserabel im ganzen ist."[13] Auch bei Eckermann wird einmal unter dem 2. April 1829 das Wort „Volk" gebraucht, wo eigentlich „Nation" stehen müßte: „Aber so viel ist gewiß, daß außer dem Angeborenen der Rasse sowohl Boden und Klima als Nahrung und Beschäftigung einwirkt, um den Charakter eines Volkes zu vollenden." In Goethes eigenem Wortgebrauch grenzt das Volk manchmal fast an den Pöbel, wie es beispielsweise in der Walpurgisnacht des *Faust I* heißt: „Wer mag auf Nationen trauen, / Man habe noch so viel für sie getan; / Denn bei dem Volk, wie bei den Frauen, / Steht immerfort die Jugend oben an." (V. 4076 ff.) Von dem Begriff „deutscher Nation" wird deshalb im folgenden bei den verschiedenen Gesprächen mit Goethe grundsätzlich kein Gebrauch gemacht.

---

10 W. Mommsen, a. a. O., S. 15 f.
11 W. Mommsen, a.a. O., S. 227.
12 Goethes Werke. Artemis-Gedenkausgabe, Bd. 14, S. 782: Urteilsworte französischer Kritiker, sowie Hamburger Ausgabe, Bd. 9, S. 408.
13 Goethes Werke. Artemis-Gedenkausgabe, Bd. 22, S. 713.

1. Begegnung mit Frankreich

Das deutsche Erlebnis Goethes in Straßburg ist durch die Flugschrift *Von deutscher Art und Kunst* mit den Namen Herder und Möser zusammen deutlich genug bezeugt, wenngleich seine Auffassung vom gotischen Straßburger Münster als deutscher Baukunst kunsthistorisch nicht ganz richtig war. Es kommt hier darauf an, daß er trotz seiner kindlichen Vorliebe für das Französische sich seines deutschen Wesens bewußt wurde: „Leider sollte ich dort gerade das Umgekehrte von meinen Hoffnungen erfahren, und von dieser Sprache, diesen Sitten eher ab- als ihnen zugewendet werden."¹⁴ Es geht offensichtlich nicht um politisch-nationale, sondern um geistige Gegensätze, wie sie vor allem in der Naturauffassung zutage treten: „So waren wir denn an der Grenze von Frankreich alles französischen Wesens auf einmal bar und ledig."¹⁵ Mit dem französischen Wesen sind dabei vornehmlich französische Lebensweise, Dichtung, Kritik und Philosophie gemeint. Was Goethe damals als Gegensatz dazu vorschwebte, waren ursprüngliche Natur und Shakespeare, also gar nicht nationaldeutsche Begriffe gedacht, wiewohl er „immer mehr auf die Deutschheit des sechzehnten Jahrhunderts gewiesen wurde"¹⁶.

Er gedenkt deshalb verständnisvoll der Elsässer, die noch an alter Verfassung, Sitte, Sprache und Tracht hängen. Im Grunde ist es einzig die französische Sprache, die nicht nur die Deutschen, sondern auch die Italiener und die Engländer als Fremde von sich zurückweist. Die Folge war: „Wir fassen daher den umgekehrten Entschluß, die französische Sprache gänzlich abzulehnen und uns mehr als bisher mit Gewalt und Ernst der Muttersprache zu widmen."¹⁷ Aber von französischer Seite könnte man immer noch die Maxime geltend machen, „daß eine in sich abgeschlossene, in Sitten und Religion herkömmlich übereinstimmende Nation vor aller fremden Einwirkung, vor aller Neuerung sich wohl zu hüten habe"¹⁸. Trotz allem konnte man nach Goethes eigenem Ermessen Paris wirklich als den Mittelpunkt der gebildeten Welt ansehen. Wie das

---

14 Goethes Werke. Hamburger Ausgabe, Bd. 9, S. 479.
15 Goethes Werke. Hamburger Ausgabe, Bd. 9, S. 492.
16 Goethes Werke. Hamburger Ausgabe, Bd. 9, S. 480.
17 Goethes Werke. Hamburger Ausgabe, Bd. 9, S. 481.
18 Goethes Werke. Hamburger Ausgabe, Bd. 9, S. 81.

Alter des Menschen auf jeder Stufe den Kreis seines durchlaufenen Lebens bezeichnet, so ist es letzten Endes auch mit den Nationen. „Ihr Lob und Tadel muß durchaus ihren Zuständen gemäß bleiben"[19].

Den damaligen Staatsverhältnissen entsprechend spricht Goethe im Hinblick auf Deutschland lediglich von einer „Reichsverfassung". Er gab zwar zu, daß sie aus lauter gesetzlichen Mißbräuchen bestehe, wie er sie später in Wetzlar erlebte, hielt sie aber dennoch für besser als die französische gegenwärtige Verfassung, die sich in lauter gesetzlosen Mißbräuchen verwirre. Eingedenk der Französischen Revolution meinte er sogar, daß „eine gänzliche Veränderung der Dinge schon in schwarzen Aussichten öffentlich prophezeit werde"[20]. Er kann freilich noch lange nicht für ein mehr oder weniger demokratisches Staatswesen im Sinne der französischen Aufklärung plädieren. Gegen die modischen Theater- und Romandichter, die am liebsten ihre Bösewichter unter Ministern und Amtsleuten aufsuchten, sagt er gelassen: „Töricht! da kein Publikum eine exekutive Gewalt hat, und in dem zerstückten Deutschland die öffentliche Meinung niemanden nutzte oder schadete."[21] Er blickt vielmehr auf den nach französischer Kultur strebenden König Friedrich, um den sich Deutschland, Europa, ja die Welt wie um den Polarstern zu drehen schien, und ist stolz darauf, daß das preußische Exerzitium und sogar der preußische Stock in der französischen Armee eingeführt werden sollte. In diesem Deutschland galt im Gegensatz zum altklugen und vornehmen Frankreich etwa eines Voltaire eine deutsche Natur- und Wahrheitsliebe als „beste Führerin im Leben und Lernen"[22]. Wenn Diderot, mit dem sich Goethe verwandt fühlt, in manchem von den Franzosen getadelt wird, so wird er als „ein wahrer Deutscher"[23] bezeichnet.

In *Dichtung und Wahrheit* findet sich einmal eine Erwähnung der Nation als solcher: „Auch gelang es ihm (= Voltaire), die Geister zu

---

19 Goethes Werke. Artemis-Gedenkausgabe: Urteilsworte französischer Kritiker. Bd. 14, S. 782.
20 Goethes Werke. Hamburger Ausgabe, Bd. 9, S. 482. Vgl. Franz Krennbauer: Goethe und der Staat. Die Staatsidee des Unpolitischen. Wien 1949; Arnold Bergstraesser: Staat und Dichtung. Freiburg i.B. 1967.
21 Goethes Werke. Hamburger Ausgabe, Bd. 9, S. 535.
22 Goethes Werke. Hamburger Ausgabe, Bd. 9, S. 485.
23 Goethes Werke. Hamburger Ausgabe, Bd. 9, S. 487.

unterjochen; die Nation fiel ihm zu."²⁴ Darunter ist zweifellos die französische Nation zu verstehen. Da es im Anschluß daran heißt: „Vergebens entwickelten seine Gegner mäßige Talente und einen ungeheuren Haß; nichts gereichte zu seinem Schaden", erweist sich die Nation als die Gebildetenschicht in Frankreich. Das ungebildete Volk kommt im Rahmen der Ausführungen über französische Sprache und Literatur gar nicht in Frage. So wird gleich darauf von „nationalfranzösischen, herzerhebenden Gegenständen" gesprochen, die ein Patriot auf dem längst erstarrten Theater dargestellt hatte. Gelegentlich des ersten wahren Lebensgehalts für die deutsche Literatur heißt es dann auch verallgemeinernd: „Jede Nationaldichtung muß schal sein oder schal werden, die nicht auf dem Menschlich-Ersten ruht, auf den Ereignissen der Völker und ihrer Hirten, wenn beide für *einen* Mann stehn [...]. In diesem Sinne muß jede Nation, wenn sie für irgend etwas gelten will, eine Epopöe besitzen."²⁵ Weil aber dazu nicht gerade die Form des epischen Gedichts nötig ist, wird Lessings Theaterstück *Minna von Barnhelm* als ein Werk „von vollkommenem norddeutschem Nationalgehalt"²⁶ angesehen.

Angeregt wurde eine solche Literatur letztlich durch Friedrich den Großen, der von Bildung und Kultur in Frankreich viel gehalten hatte: „Schon früher war durch die französische Kolonie, nachher durch die Vorliebe des Königs für die Bildung dieser Nation und für ihre Finanzanstalten eine Masse französischer Kultur nach Preußen gekommen."²⁷ Zur deutschen Nation gehört also wesentlich die Bildung bzw. die Kultur, und ein Autor verdient erst dann klassisch genannt zu werden, wenn er vom Nationalgeist durchdrungen ein Nationalepos zu schaffen vermag. In Goethes Aufsatz *Literarischer Sansculottismus* findet sich ein wichtiger Hinweis darauf: „Wann und wo entsteht ein klassischer Nationaldichter? Wenn er in der Geschichte seiner Nation große Begebenheiten und ihre Folgen in einer glücklichen und bedeutenden Einheit vorfindet [...]."²⁸ Es liegt nahe, daß dem deutschen Dichter das antike Griechenland ein

---

24 Goethes Werke. Hamburger Ausgabe, Bd. 9, S. 486.
25 Goethes Werke. Hamburger Ausgabe, Bd. 9, S. 279.
26 Goethes Werke. Hamburger Ausgabe, Bd. 9, S. 281.
27 Goethes Werke. Hamburger Ausgabe, Bd. 9, S. 280.
28 Goethes Werke. Hamburger Ausgabe, Bd. 12, S. 240.

besonderes Vorbild bleibt, wie er es als eines der bedeutendsten Erlebnisse der Italienreise hervorhebt; „Wie die begünstigte griechische Nation verfahren um die höchste Kunst im eignen Nationalkreise zu entwickeln, hatte ich bis auf einen gewissen Grad einzusehen gelernt."[29]

2. Interesse am Nationaltheater

Was Wilhelm Meisters Jugendtraum, Schöpfer eines künftigen Nationaltheaters zu sein, anbelangt, so bemerkt Erich Trunz zur besonderen Bedeutung des Wortes „Nationaltheater" im 18. Jahrhundert, daß der damalige Gebrauch des Wortes „Nation" zu bedenken sei, ohne näher darauf einzugehen. „Was man ersehnte, war ein Theater, welches alle Kreise des Volkes erfaßte und dabei nicht vom Geschmack der Geldgeber, sondern von dem der künstlerisch Einsichtigen bestimmt würde."[30] Insofern ein so konzipiertes Theater, wenn nicht alle, aber doch zumindest gebildete Kreise im Volk voraussetzt, können diese gebildeten Kreise nach obiger Feststellung mit dem Wort „Nation" zusammengefaßt werden, so daß die Bezeichnung „Nationaltheater" zu Recht stehen dürfte. Aus der späteren Zeit stammt eine andere praxisorientierte, volksnahe Bezeichnung: „Nur auf ein Repertorium, welches ältere Stücke enthält, kann sich eine Nationalbühne gründen."[31]

Im Mittelalter predigte man von der Kanzel herab für das Volk, und in der Neuzeit übernahmen die Universitäten die Rolle einer Belehrung für die akademische Jugend. Im erziehungsfreudigen Zeitalter der Aufklärung wollte man nun in Anlehnung an die Theatertradition in Athen von der Bühne aus ethisch auf die Nation einwirken. Der Gedanke liegt Schillers Jugendschrift *Die Schaubühne als moralische Anstalt betrachtet* eindeutig zugrunde. Es war im Jahre 1791 nach der Rückkehr Goethes aus Italien, als auch in Weimar eine stehende Bühne eröffnet und Goethe mit der Theaterleitung beauftragt wurde. Es ging dabei im Grunde um ein neues Kulturprogramm: Erziehung des Volkes durch Kunst. Daraus

---

29 Goethes Werke. Hamburger Ausgabe: Schicksal der Handschrift. Bd. 13, S. 102.
30 Goethes Werke. Hamburger Ausgabe, Bd. 7, S. 629.
31 Goethes Werke. Artemis-Gedenkausgabe: Über das deutsche Theater. Bd. 14, S. 105.

ergibt sich der normative Charakter von Wilhelm Meisters Aussage: „Es ist eine falsche Nachgiebigkeit gegen die Menge, wenn man ihnen die Empfindungen erregt, die sie haben *wollen*, und nicht die, die sie haben *sollen*."[32] Diese seine idealistisch-ästhetische Forderung würde darauf hinauslaufen, die Menge, d. h. das Volk wie bei Schiller mittels des Theaters zur Nation zu bilden. Sie kann allerdings nur durch die Zeit erfüllt werden: „Wie die militärisch-physische Kraft einer Nation aus ihrer inneren Einheit sich entwickelt, so muß auch die sittlich-ästhetische aus einer ähnlichen Übereinstimmung nach und nach hervorgehen."[33]

So stellt sich im Roman bald heraus, daß die Idee eines Nationaltheaters sich nicht so leicht realisieren läßt, wie Wilhelm in seiner Unerfahrenheit erträumte. Anfänglich dachte auch die Schauspielerin Aurelie genau so optimistisch wie er:

> O! ich war auch einmal in diesem glücklichen Zustande, als ich mit dem höchsten Begriff von mir selbst und meiner Nation die Bühne betrat. Was waren die Deutschen nicht in meiner Einbildung, was konnten sie nicht sein! Zu dieser Nation sprach ich, über die mich ein kleines Gerüst erhob […] ich glaubte eine vollkommene Harmonie zu fühlen und jederzeit die Edelsten und Besten der Nation vor mir zu sehen.[34]

Aber die Wirklichkeit der deutschen Nation war zu ihrem Leidwesen anders. Wilhelm gegenüber beklagt sich Aurelie, daß die Theaterfreunde es für ihre Pflicht halten, die Empfindungen, die sie in ihnen rege gemacht, auch persönlich mit ihnen zu teilen. Ihre bittere Enttäuschung spiegelt sicherlich Goethes eigene Erfahrungen wider. Sonst würde sie nicht hinzufügen: „So werden Sie mir verzeihen, wenn ich mir einbildete, mit meiner Nation ziemlich bekannt zu sein."

Von hier aus werden auch die vielzitierten Verse in den *Xenien* über den deutschen Nationalcharakter verständlich: „Zur Nation euch zu bilden, ihr hoffet es, Deutsche, vergebens; / Bildet, ihr könnt es, dafür freier zu Menschen euch aus."[35] Wie es in Schillers *Briefen über die ästhetische Erziehung des Menschen* ausgeführt wird, hätten die Deutschen in

---

32 Goethes Werke. Hamburger Ausgabe, Bd. 7, S. 314.
33 Jubiläums Ausgabe: Le Tasse von Duval. Bd. 38, S. 97.
34 Goethes Werke. Hamburger Ausgabe, Bd. 7, S. 258.
35 Goethe Xenien. insel taschenbuch 875, Frankfurt a.M. 1986, S. 27.

der politischen Situation des 18. Jahrhunderts sich allenfalls ästhetisch frei ausbilden können. Bei der Niederschrift seiner Autobiographie hatte Goethe sowohl die deutsche Nation als auch seine menschlich-literarische Bildung vor Augen: „Schon lange Jahre genießt der Verfasser das Glück, daß die Nation an seinen Arbeiten nicht nur freundlich Theil nimmt, sondern daß auch mancher Leser [...] die stufenweise Entwicklung seiner geistigen Bildung zu entdecken bemüht ist."[36] Auf diese Weise hängt Goethes Begriff der deutschen Nation gewissermaßen mit seiner eigenen Bildung zusammen. Was eine deutsche Bildung eigentlich sei, ist etwa aus einer Bemerkung Goethes in der Einleitung zu Thomas Carlyles *Leben Schillers* zu schließen: „Wir nach allen Seiten hin wohlgesinnte, nach allgemeinster Bildung strebende Deutsche."[37] Dort bezeichnet Goethe ebenfalls ethisch-ästhetische Bestrebungen als „einen besondern Charakterzug der Deutschen". Die deutsche Bildung im Sinne Goethes ist eben universell und allgemeinbildend ausgerichtet.

Aufschlußreich ist übrigens Herders Idee einer Deutschen Akademie zur *„tätigen Philosophie* der Nationalbildung und Glückseligkeit."[38] In seinem Aufsatz „Idee zum ersten patriotischen Institut für den Allgemeingeist Deutschlands" (Herbst 1787) spricht er doch von „dem Einen großen Endzweck, der National-Wohlfahrt" menschlicher Bemühungen und erläutert diese wie folgt:

> Da Einheit und Mannigfaltigkeit die Vollkommenheiten sind, die alle daurenden Werke der Natur und ihrer Nachahmerin, der Kunst, bezeichnen: so ist es wohl unzweifelhaft, daß auch die höchste, schwerste und nützlichste Kunst der Menschen, die Einrichtung einer Nation zur allgemeinen Wohlfahrt, nach diesen Eigenschaften streben müsse und unvermerkt strebe.[39]

Eigentlich war das Nationaltheater dafür gedacht. Aber weil es versagt hat, plädiert er nun für eine Deutsche Akademie im Unterschied zu einer wissenschaftlichen Sozietät: „da aber, nach dem Zustande Deutschlands ein allgemeines National-Theater in den Wirkungen die man von ihm gehofft

---

36 W. A. I. Abt. 41,1, S. 97.
37 W. A. I. Abt. 42, 1, S. 193.
38 Johann Gottfried Herder. Werke in zehn Bänden. Deutscher Klassiker Verlag. Frankfurt am Main. Bd. 9/2, S. 574.
39 Ebd., S. 565.

hat, beinahe unmöglich ist: so muß ohne Zweifel *eine philosophische Geschichte* ersetzen, was der Dichtkunst abgeht."[40] Der Ausgangspunkt bei Herder ist also ebenfalls das Ideal eines Nationaltheaters zur Bildung aller Deutschen zu einer Nation.

3. Morphologisches Denken

Goethe bezieht die Nation aber auch in sein morphologisches Denken ein. So heißt es in seiner Erläuterung seines Gedichts *Urworte. Orphisch* im Anschluß an die Ausführungen über den Daimon:

> Zufällig ist es jedoch nicht, daß einer aus dieser oder jener Nation, Stamm oder Familie sein Herkommen ableite; denn die auf der Erde verbreiteten Nationen sind, so wie ihre mannigfaltigen Verzweigungen, als Individuen anzusehen, und die Tyche kann nur bei Vermischung und Durchkreuzung eingreifen.[41]

Die Nation kann also wie ein Individuum in ihrem Kern durch Generationen hindurch nicht zersplittert noch zerstückelt werden. Goethe hat wohl recht mit seiner Ansicht, europäische Nationen, in andere Weltteile versetzt, legten ihren Charakter nicht ab, und nach mehreren hundert Jahren werde in Nordamerika der Engländer, der Franzose, der Deutsche gar wohl zu erkennen sein. So sagt er denn auch in der Schrift *Winckelmann und sein Jahrhundert*: „Man wirft den Engländern vor, daß sie ihren Teekessel überall mitführen und sogar bis auf den Ätna hinaufschleppen; aber hat nicht jede Nation ihren Teekessel, worin sie, selbst auf Reisen, ihre von Hause mitgebrachten getrockneten Kräuterbündel aufbraut?"[42]

---

40 Ebd., S. 573. Vgl. Kay Goodman: Autobiographie und deutsche Nation. Goethe und Herder. In: Wolfgang Wittkowski (Hrsg.), Goethe im Kontext: Kunst und Humanität, Naturwissenschaft und Politik von der Aufklärung bis zur Restauration. Max Niemeyer Verlag. Tübingen 1984. S. 260–279.
41 Goethes Werke. Hamburger Ausgabe. Bd. 1, S. 404.
42 Goethes Werke. Hamburger Ausgabe. Bd. 12, S. 125.

Die Nation hat deshalb einen entsprechenden Charakter, eben den englischen, französischen oder deutschen Nationalcharakter. Im *Westöstlichen Divan* kommt diese Wortbildung faktisch vor: „Mag auch ein Land noch so oft von Feinden erobert sein [...], (erhält) sich doch ein gewisser Kern der Nation immer in seinem Charakter."[43] Freilich kann der jeweilige Nationalcharakter so poliert sein, daß er kaum erkennbar ist:

> Charakter polierter Nationen! werft die Münze in den Tiegel, wenn ihr ihren Gehalt wissen wollt; unter dem Gepräge findet ihr ihn in Ewigkeit nicht. So bald eine Nation poliert ist, so bald hat sie konventionelle Wege, zu denken, zu handeln, zu empfinden; so bald hört sie auf, Charakter zu haben.[44]

Es kommt daher, daß Goethe sich gegen die Aufhebung der deutschen Mundarten ausspricht;

> Die Deutschen sollten ihre verschiedenen Zungen durcheinandermischen, um zu einer wahren Volkseinheit zu gelangen. Wahrlich die seltsamste Sprachmengerei! zu Verderbnis des guten sondernden Geschmackes nicht allein, sondern auch zum innerlichsten Zerstören des eigentlichen Charakters der Nation; denn was soll aus ihr werden, wenn man das Bedeutende der einzelnen Stämme ausgleichen und neutralisieren will?[45]

In einer anderen Notiz ist wie bei Herder von der Eigenheit einer Nation die Rede: „Eine jede Nation hat eine von dem allgemeinen Eigentümlichen der Menschheit abweichende besondere Eigenheit."[46] Diese Eigenheit spezifiziert sich dann in mannigfaltige Eigentümlichkeiten; „Jede Nation hat Eigentümlichkeiten, wodurch sie von den andern unterschieden wird, und diese sind es auch, wodurch die Nationen sich unter einander getrennt, sich angezogen oder abgestoßen fühlen."[47] Es handelt sich dabei um Äußerlichkeiten und Innerlichkeiten, die unterschiedliche Wirkungen hervorbringen. Die ersteren kommen der anderen Nation meist auffallend widerwärtig vor. Die letzteren

---

43 Goethes Werke. Hamburger Ausgabe, Bd. 2, S. 134.
44 Jubiläums-Ausgabe: Charakteristik der vornehmsten europäischen Nationen. Rezension in die Frankfurter gelehrten Anzeigen. Bd. 36, S. 70.
45 Goethes Werke. Artemis-Gedenkausgabe: Nachtrag zum Pfingstmontag. Bd. 14, S. 490.
46 W.A. I. Abt. 40, S. 186. Theater und Schauspielkunst.
47 Jubiläums Ausgabe: Ferneres über Weltliteratur. Bd. 38, S. 204.

hingegen werden nicht gekannt noch erkannt. Ja, Goethe behauptet: „Nicht von Fremden, sogar nicht von der Nation selbst, sondern es wirkt die innere Natur einer ganzen Nation, wie die des einzelnen Menschen, unbewußt." Es sind aber die einzelnen Menschen, die diese Eigentümlichkeiten einer Nation wieder zum Bewußtsein bringen: „Es ist ein entschieden anmutiges Gefühl, von dem man wohl tut sich nicht klares Bewußtsein zu geben, wenn sich eine Nation in den Eigentümlichkeiten ihrer Glieder bespiegelt."[48] Daher kommt es denn auch, daß „man eine jede Nation, sodann aber auch die bedeutenden Arbeiten eines jeden Individuums derselben aus und an ihnen selbst zu erkennen […] habe"[49]. Ansonsten ist im Tagebuch vom 15. März 1808 notiert: „Deutsche gehen nicht zu Grunde, wie die Juden, weil es lauter Individuen sind."[50] Im Grunde genommen erweisen sich die Nationen in der Sicht Goethes als unsterblich, ob sie gleich aus der Kindheit über die mittleren Jahre hinüber steigen und sich zuletzt wieder nach der Bequemlichkeit ihrer ersten Tage sehnen: „Da nun die Nationen unsterblich sind, so hängt es von ihnen ab, immer wieder von vorn anzufangen."[51] So könnte es schließlich auch mit der deutschen Nation der Fall sein.

In der Zeit der *Xenien* sprach sich Goethe häufig gegen die Französische Revolution aus. Ein Xenion lautet scheinbar ohne Bezugnahme auf die Nation: „Was das Luthertum war, ist jetzt das Franztum in diesen / Letzten Tagen, es drängt ruhige Bildung zurück."[52] Bei diesen Versen ist Goethes Autorschaft dadurch gesichert, daß er sie mit geringfügigen Änderungen in den Zyklus „Herbst" aufnahm. Ruhige Bildung bezieht sich unverkennbar auf die deutsche Nation, die sich auf ästhetisch-kultureller Ebene nur evolutionsmäßig entwickeln kann. So könnte man sie mit jenem inneren Deutschland im deutschen Reich gleichsetzen, das sich vom äußeren, unter Umständen durch die Revolutionen zustande zu bringenden Deutschland unterscheidet: „Deutschland? Aber wo liegt

---

48 Goethes Werke. Artemis-Gedenkausgabe: Tag- und Jahreshefte 1817. Bd. 11, S. 893.
49 W. A. I. Abt. 41,2, S. 178. Oeuvres dramatiques de Goethe.
50 W. A. III. Abt. 3, S. 323.
51 W. A. I. Abt. 49,1, S. 182. Rezension: Die schönsten Ornamente und merkwürdigsten Gemählde aus Pompej, Herculanum und Stabiä […].
52 Goethe Xenien. insel taschenbuch 875, Frankfurt a.M. 1986, S. 27. Das folgende Xenion „Das deutsche Reich" ebenda.

es? Ich weiß das Land nicht zu finden; / Wo das gelehrte beginnt, hört das politische auf."

Während das politische Deutschland, das im Zuge des Vormärz allmählich auftrat, zu einem anderen Kapitel gehört, erinnert das gelehrte Deutschland an Klopstocks *Gelehrtenrepublik*. Hatte doch das Wort „Gelehrter" im 18. Jahrhundert noch ungefähr die Bedeutung von „Teilnehmer am literarischen Leben, Schriftsteller".[53] Erscheint diese Republik der „Gelehrten" doch zu beschränkt oder zu hoch für die Begriffsbestimmung einer Nation, so kann man zunächst mit der ersten Stufe literarischer Entwicklung ansetzen, von der es im *Divan* heißt: „Naive Kunst ist bei jeder Nation die erste, sie liegt allen folgenden zum Grunde."[54] Dann könnte man zu einer Briefstelle bei Goethe übergehen, wo es heißt: „mich auf diesem Wege (des Drucks) mit dem denkenden Theil meiner Nation zu unterhalten, der doch auch nicht klein ist."[55] Man darf wohl annehmen, daß mit diesem denkenden Teil annähernd die gesamte deutsche Nation gemeint ist. Zuletzt kann sie jedoch wie gegenüber Schiller in einen merkwürdigen erschlafften Zustand geraten: „Der Fall kommt öfter vor, als man denkt, daß eine Nation Saft und Kraft aus einem Werke aussaugt und in ihr eigenes inneres Leben dergestalt aufnimmt, daß sie daran keine weitere Freude haben, sich daraus keine Nahrung weiter zueignen kann."[56]

4. Konzept der Weltliteratur

Zu der Zeit, als Goethe aus Anlaß des Briefwechsels mit Thomas Carlyle über die Weltliteratur nachzudenken anfing, erscheint die Nation im Zusammenhang mit der Nationaldichtung als Korrelat für jenen Begriff. In dieser Hinsicht zeigt sie sich mehr der Tyche verhaftet als auf ihrem Daimon verharrend. Deshalb heißt es: „Wie der einzelne Mensch so auch die Nation ruht auf

---

53 Erich Trunz, in: Goethes Werke. Hamburger Ausgabe, Bd. 9, S. 813.
54 Goethes Werke. Hamburger Ausgabe, Bd. 2, S. 128.
55 An J. F. Reichardt, 29.7.1792. W.A. IV. Abt. 9, S. 324.
56 An Thomas Carlyle, 15.6.1828.

dem Altvorhandenen, Ausländischen oft mehr als auf dem Eigenen, Ererbten und Selbstgeleisteten."[57] Aber wenn es darum geht, die fremde Nation in ihrem Kern zu erkennen und zu verstehen, muß man, wie es in dem Aufsatz *German Romance* heißt, „das eigentümliche Bestreben der Nation", „die Besonderheiten einer jeden", „die Eigenheiten einer Nation" kennenlernen. Wenn ferner von „allen Nationen" gesprochen wird, liegt es nahe, zugleich an die Weltliteratur zu denken. In der Einleitung zu Thomas Carlyles *Leben Schillers* weist Goethe zum Beginn darauf hin:

> Es ist schon einige Zeit von einer allgemeinen Weltliteratur die Rede, und zwar nicht mit Unrecht: denn die sämmtlichen Nationen [...] hatten zu bemerken, daß sie manches Fremdes gewahr worden, in sich aufgenommen, bisher unbekannte geistige Bedürfnisse hie und da empfunden.[58]

Bis Nationen einander anerkennen, dazu bedarf es natürlich immer der Zeit, und „wenn es geschieht, geschieht es durch beiderseitige Talente, die einander eher als der große Haufe gewahr werden"[59].

An anderer Stelle kommt Goethe ebenfalls auf „eine europäische, ja eine allgemeine Weltliteratur" zu sprechen. Hier muß man allerdings beachten, daß Goethe zuerst von einer europäischen Literatur sprechen und sie dann zu einer allgemeinen Weltliteratur erweitert wissen wollte. In dem Schema zu *Kunst und Alterthum* VI. Bandes drittes Stück heißt es ausdrücklich: „Europäische, d. h. Welt-Literatur".[60] Aus den Schemata zur Weltliteratur, die als Vorarbeiten und Bruchstücke in der Weimarer Ausgabe gedruckt sind, geht denn auch hervor, daß Goethe vorerst nur an Deutsche, Franzosen, Engländer, Schottländer und Italiener gedacht hat. Deutsche sind dabei stichwortartig folgendermaßen charakterisiert: „Ihr Wissen und Bestreben. Sie arbeiten für sich. Ohne Bezug aufs Ausland. Sie haben sich auf einen hohen Punkt der Kenntniß und Bildung erhoben."[61] Da die Literatur einen wesentlichen Teil der Nation ausmacht, könnte man Deutsche ohne weiteres mit deutscher Nation gleichsetzen.

---

57 Goethes Werke. Artemis-Gedenkausgabe, Bd. 14, S. 782. Urteilsworte französischer Kritiker.
58 W.A. I. Abt. 42,1, S. 186.
59 An Ch. L. F. Schultz, 28.11.1821.
60 W.A. I. Abt. 42,2, S. 500. Vorarbeiten und Bruchstücke.
61 Ebenda.

Dann würden sich diese europäischen Nationen zueinander auch in der Literatur wie folgt verhalten: „Jede Nation hat Eigentümlichkeiten, wodurch sie von den andern unterschieden wird, und diese sind es auch wodurch die Nationen sich unter einander getrennt, sich angezogen oder abgestoßen fühlen."[62] Wie wichtig diese Eigentümlichkeiten der Nationen für die Weltliteratur sind, wird in dem folgenden Satz etwas modifiziert ausgesprochen:

> Daraus nur kann endlich nur die allgemeine Weltliteratur entspringen, daß die Nationen die Verhältnisse aller gegen alle kennen lernen und so wird es nicht fehlen daß jede in der andern etwas Annehmliches und etwas Widerwärtiges, etwas Nachahmenswertes und etwas zu Meidendes antreffen wird.[63]

In Goethes Wahrnehmung der Weltliteratur stehen einzelne Nationen, also auch Literaturen in Europa nebeneinander. Deshalb dringt er auf gegenseitigen geistigen Handelsverkehr, d. h. auf literarische Kommunikation. So lautet sein hoffnungsvolles Wort: „daß bei der gegenwärtigen, höchst bewegten Epoche und durchaus erleichterter Communication eine Weltliteratur baldigst zu hoffen sei",[64] und er erwähnt z. B. die schottische Literatur immer nur als eine fremde bzw. auswärtige Literatur, die es gilt gründlich kennenzulernen. Was er dagegen „nationelle Dichtkunst" nennt, bezieht sich auf serbische, illyrische, neugriechische, litauische, niederösterreichische oder böhmische Poesie, lauter Dichtung in Mundarten.[65] Hiervon ausgehend erscheint der bekannte Wortlaut aus Eckermanns *Gesprächen mit Goethe* nicht ganz übereinstimmend mit Goethes Wortgebrauch: „Nationalliteratur will jetzt nicht viel sagen: die Epoche der Weltliteratur ist an der Zeit, und jeder muß dazu wirken, diese Epoche zu beschleunigen." (31. Januar 1827) Solange der Ausdruck „Nationalliteratur" in authentischen Goethetexten nicht belegt werden kann, soll man sich im Diskurs über die Weltliteratur nicht mehr auf dieses Zitat berufen. Überhaupt ist Goethes Konzept der Weltliteratur nur mit Vorbehalt zu behandeln, notierte er doch selbst in einer Handschrift: „Wenn nun aber eine solche Weltliteratur, wie bey der sich immer vermehrenden

---

62 W.A. I. Abt. 42,2, S. 502.
63 W.A. I. Abt. 42,2, S. 505.
64 W.A. I. Abt. 41,2, S. 299. Bezüge nach außen.
65 Vgl. W.A. I. Abt. 41.2, S. 308 ff.

Schnelligkeit des Verkehrs unausbleiblich, sich nächstens bildet, so dürfen wir nur nicht mehr und nichts anders von ihr erwarten als was sie leisten kann und leistet."[66]

Zusammenfassend läßt sich sagen, daß Goethes Begriff der deutschen Nation in erster Linie das gebildete geistige Deutschland im 18. Jahrhundert meint, so daß die deutsche Nation primär in den Ausführungen über Kunst und Literatur genannt wird. In den Schilderungen politischer Ereignisse wird das Wort „Nation" kaum verwendet wie z. B. in der autobiographischen Schrift *Campagne in Frankreich*. Als ein Begriff, der in Goethes Morphologie verwurzelt ist, kann das Wort „deutsch" als Beiwort zur Nation mit den Kategorien von Spezifikationstrieb und Drang zum Weltbürgertum weiterhin erklärt werden,[67] während die Nation als solche einerseits vom bildungsbedürftigen Volk und andererseits von der allgemeinen Eigentümlichkeit der Menschheit abzugrenzen ist. Das ist jedoch eine mehr oder weniger formale Begriffsbestimmung. Goethe sagt zwar, jede Nation habe Eigenheiten wie ihre Sprache und ihre Münzsorten, wodurch sie von den andern unterschieden werde. Es würde aber zu weit führen, den Begriff der deutschen Nation mit seinen vielfältigen Elementen noch inhaltlich näher bestimmen zu wollen.

---

66 W.A. I. Abt. 42,2, S. 502.
67 Vgl. Das Stichwort „deutsch / Deutschland" in: Goethe-Handbuch, hrsg. von Alfred Zastrau. Stuttgart 1955 ff.

2. Kapitel: Goethes Alterspoetik*

Wenn man alt wird, denkt man fast unwillkürlich daran, sein materielles oder geistiges Erbe für seine Nachkommen oder für die Nachwelt in vorteilhafter bzw. authentischer Weise zu hinterlassen. So schreibt Goethe z. B. im beschwerlichen strengen Winter des Jahres 1823 zur Sicherung seines literarischen Nachlasses:

> Das Hauptsächlichste vorerst aber wird sein, die bereits schematisch von der Zeit an, wo die ausführlichern Bekenntnisse aufhören, bis auf den heutigen Tag niedergeschriebene Chronik im ganzen näher zu bearbeiten und im einzelnen epochenweise dergestalt auszuführen, daß mir selbst, wenn mir die Arbeit fortzusetzen vergönnt ist, oder auch einem Dritten, der sie nach mir unternähme, in die Hände gearbeitet sei.[1]

Zu jener Zeit hatte Goethes Sekretär Kräuter Korrespondenz und Manuskripte nach Archivgrundsätzen geordnet, und eben im Juni des Jahres 1823 kam Johann Peter Eckermann den alten Goethe in Weimar besuchen. Der Dichter begann sofort, diesen jungen Hannoveraner in täglichen Gesprächen als Sprachrohr für seine mannigfaltigen literarischen Ansichten zu verwenden. Es war dann dem greisen Goethe sehr gelegen, daß seit 1824 eine herzliche Korrespondenz mit dem schottischen Übersetzer und Schriftsteller Thomas Carlyle einsetzte.[2] Wenn auch dieser Briefwechstel erst im Jahre 1887 veröffentlicht wurde, gab Goethe im Jahre 1828 seinen Briefwechsel mit Schiller selbst heraus. Da das Werk dem König von Bayern Ludwig I. gewidmet war, war es auch urheberrechtlich, wenn

---

* Eine erweiterte Fassung des Aufsatzes in: Goethe-Jahrbuch. 114. Band der Gesamtfolge. Weimar 1997, S. 185–197.
1 Artemis-Gedenkausgabe, Bd. 14, Schriften zur Literatur, S. 329. Goethe-Zitate nach der Hamburger Ausgabe (= HA) oder nach der Artemis-Gedenkausgabe (=AA), sofern die Texte in HA fehlen. Vgl. ferner Goethe, Archiv des Dichters und Schriftstellers. WA I. Abt. Bd. 41/II, S. 27. Mit der Chronik waren selbstverständlich *Tag- und Jahreshefte* gemeint. Vgl. Georg Wackerl: Goethes Tag- und Jahres-Hefte. Berlin 1970.
2 Vgl. Goethes Briefwechsel mit Thomas Carlyle. Übersetzt von Georg Hecht. Dachau 1913.

nicht privilegiert wie seine *Ausgabe letzter Hand,* so doch gesichert. Im Jahre 1827 hatte Goethe in seinem literarischen Hausorgan *Über Kunst und Alterthum* zielbewußt alte Manuskripte, u. a. „Ueber epische und dramatische Dichtung von Goethe und Schiller" mit einigen Briefen von damals zum Druck gegeben. Schließlich bestimmte Goethe seinen bedeutenden Briefwechsel mit Zelter noch kurz vor seinem Tode zur Herausgabe.

Ansonsten dienten seine Bemühungen, die zwei Hefte *Zur Naturwissenschaft überhaupt* und *Zur Morphologie* in den Jahren 1817–24 herauszugeben, ebenfalls zur Sicherung seines geistigen Erbes. In diesen Heften sind gelegentlich manche philosophisch oder literarisch bedeutsame Sprüche wie „Urworte. Orphisch" enthalten, die später zum großen Teil in die *Maximen und Reflexionen* aufgenommen wurden. Fast testamentarisch ordnete er zuletzt im Winter 1830/31 an:

> Meine Nachlaßenschaft ist so kompliziert, so mannigfaltig, so bedeutsam, nicht bloß für meine Nachkommen, sondern auch für das ganze geistige Weimar, ja für ganz Deutschland, daß ich nicht Vorsicht und Umsicht genug anwenden kann, um jenen Vormündern die Verantwortlichkeit zu erleichtern und zu verhüten, daß durch eine rücksichtslose Anwendung der gewöhnlichen Regeln und gesetzlichen Bestimmungen großes Unheil angerichtet werde. Meine Manuskripte, meine Briefschaften, meine Sammlungen jeder Art sind der genauesten Fürsorge wert. Nicht leicht wird jemals so vieles und so vielerlei an Besitztum interessantester Art bei einem einzigen Individuum zusammenkommen. Der Zufall, die gute Gesinnung meiner Mitlebenden, mein langes Leben haben mich ungewöhnlich begünstigt. Seit 60 Jahren habe ich jährlich wenigstens 100 Dukaten auf Ankauf von Merkwürdigkeiten gewendet, noch weit mehr habe ich geschenkt bekommen. Es wäre schade, wenn dies alles auseinandergestreut würde. Ich habe nicht nach Laune oder Willkür, sondern jedesmal mit Plan und Absicht zu meiner eigenen folgerechten Bildung gesammelt und an jedem Stück etwas gelernt. In diesem Sinne möchte ich diese meine Sammlungen gern konserviert sehen.[3]

---

3 Goethe am 19. November 1830. Akten des Kanzler von Müller: Goethes letztwillige Verfügungen betr. 1830, 1831, 1832. Zitiert bei Helmut Holtzhauer, in: Die Goethe-Institute für deutsche Literatur. Zusammengestellt von der Arbeitsgruppe der NFG. Weimar 1959, S. 19.

1. Gattungspoetik beim späten Goethe

Der Ausdruck „Poetik" als Bezeichnung der Lehre von der Dichtung ist ein veraltetes Wort.[4] Heutzutage spricht man lieber von Dichtungstheorie oder Literaturtheorie.[5] Denn Poetik handelt traditionell von Lyrik, Epos und Drama. Goethe ist sich dessen durchaus bewußt und hält es für unzulässig, daß man zu den drei Dichtarten: der lyrischen, epischen und dramatischen, noch die didaktische hinzufüge. Jene drei Dichtarten sind offensichtlich der Form nach unterschieden. Deshalb sollte diese vom Inhalt und von der Wirkabsicht bestimmte Dichtart, das Lehrgedicht, „in einer wahren Ästhetik"[6] zwischen Dicht- und Redekunst, also zwischen Poetik und Rhetorik, angesiedelt werden. Freilich kann man im trotz allem humanitären Zeitalter von heute immer noch Tragödien schreiben, und Gedichte hat es zu allen Zeiten überall gegeben und wird es immer geben. Aber heutzutage schreibt niemand mehr ein Epos. Als Lyriker brauchte Goethe von Jugend an keine Aufklärungspoetik mehr, zumindest keine normative Lehre für das dichterische Schaffen, wie er sie noch in seiner anakreontischen Zeit in Leipzig bei Gottsched oder Gellert flüchtig kennenlernte. In *Dichtung und Wahrheit* nennt er unter anderem Gottscheds *Kritische Dichtkunst*, Horazens *Dichtkunst* oder Breitingers *Kritische Dichtkunst* als diejenigen Werke, die er zur Hand nahm.[7] Aber er sang als ein Sohn der Muse, „wie der Vogel singt, der in den Zweigen wohnt",[8] wie es in der Ballade *Der Sänger* nachträglich heißt, und in dem Jugendgedicht *Kenner und Künstler* läßt er den Skulpteur – wie Faust beim Anblick des Zeichens des Makrokosmos – ausrufen:

> Wo ist der Urquell der Natur,
> Daraus ich schöpfend
> Himmel fühl' und Leben
> In die Fingerspitzen empor,

---

4 Vgl. Emil Staiger: Grundbegriffe der Poetik. Zürich 1946.
5 Über den Begriff der Literaturtheorie vgl. die Einleitung von Horst Turk in: Klassiker der Literaturtheorie: von Boileau bis Barthes, hrsg. von Horst Turk. München 1979, S. 7–9.
6 Artemis-Gedenkausgabe, Bd. 14, S. 370.
7 Vgl. Hamburger Ausgabe, Bd. 9, S. 262.
8 Hamburger Ausgabe, Bd. 7, S. 130.

> Daß ich mit Göttersinn
> und Menschenhand
> Vermög' zu bilden,
> Was bei meinem Weib
> ich animalisch kann und muß?[9]

Als er in den späteren Jahren zu besserem Verständnis des *West-östlichen Divans* seine „Noten und Abhandlungen" schreiben zu müssen glaubte, machte er auch zuerst die Bemerkung: „Ich habe die Schriften meiner ersten Jahre ohne Vorwort in die Welt gesandt, ohne auch nur im mindesten anzudeuten, wie es damit gemeint sei."[10] Aber als Dramatiker wie als Romanschriftsteller bemühte sich Goethe im Mannesalter bewußt um eine Poetik als Richtschnur für sein eigenes Schaffen, und deswegen theoretisierte er auch über die Dichtung im Briefwechsel mit Schiller am meisten. Mit Genugtuung schrieb er in dem Aufsatz „Einwirkung der neueren Philosophie": „Unsere Gespräche waren durchaus produktiv oder theoretisch, gewöhnlich beides zugleich."[11] Sprach er im Blick auf andere gelegentlich vom forcierten Talent[12], so geriet er selbst bei der literarischen Produktion oft ins Stocken. Denn er war von der poetischen Stimmung abhängig. Dann verlor er sich in ästhetische Spekulationen; „wie denn alles Theoretisieren auf Mangel oder Stockung von Produktionskraft hindeutet."[13]

Daher gibt es unzählige Zeugnisse literaturtheoretischer Bemühungen in seinen Aufsätzen, Briefen oder Gesprächen. Aber „nirgendwo entwickelt Goethe eine systematische Dichtungstheorie"[14], wenngleich er sich in der allgemeinen Kunsttheorie besonders nach der Italienreise für eine Ästhetik im Sinne der „Weimarer Kunstfreunde" systematisch einsetzte und zum Schluß der „Einleitung in die Propyläen" auch noch Theorie und Kritik der Dichtkunst in Aussicht stellte.[15] Er wußte aus eigener Erfahrung, wie schwierig ein solches Unternehmen war:

---

9 Hamburger Ausgabe, Bd. 1, S. 61 f.
10 Hamburger Ausgabe, Bd. 2, S. 126.
11 Hamburger Ausgabe, Bd. 13, S. 28.
12 Vgl. das Schema „Epoche der forcirten Talente", WA I. Abt. Bd. 42/2, S. 442 f.
13 Hamburger Ausgabe, Bd. 9, S. 539.
14 Erich Trunz im Nachwort zur Hamburger Ausgabe, Bd. 12, S. 684.
15 Vgl. Hamburger Ausgabe, Bd. 12, S. 55.

Für die Dichtkunst an und für sich hatte man keinen Grundsatz finden können; sie war zu geistig und flüchtig. Die Malerei, eine Kunst, die man mit den Augen festhalten, der man mit den äußeren Sinnen Schritt vor Schritt nachgehen konnte, schien zu solchem Ende günstiger; Engländer und Franzosen hatten schon über die bildende Kunst theoretisiert, und man glaubte nun durch ein Gleichnis von daher die Poesie zu begründen. Jene stellte Bilder vor die Augen, diese vor die Phantasie; die poetischen Bilder also waren das erste, was in Betrachtung gezogen wurde.[16]

Das horazische Prinzip *ut pictura poesis* war damals das Losungswort,[17] bis es 1766 durch Lessings epochemachende Schrift *Laokoon: oder Über die Grenzen der Mahlerey und Poesie* endgültig beseitigt wurde. Damit sind aber noch lange nicht alle poetologischen Probleme für Goethe gelöst. Im Alter brauchte er vor allem als Literaturkritiker Maßstäbe für literarische Werturteile.[18]

Will man deshalb mit selbstauferlegter Beschränkung von „Goethes Alterspoetik" sprechen, so muß zunächst dreierlei vorausgesezt werden:

1) Vom späten oder alten Goethe ist üblicherweise erst nach dem Tode Schillers die Rede. Deshalb hat man bei dem vorgegebenen Thema grundsätzlich von seinen literaturtheoretischen Äußerungen nach 1805 auszugehen, wobei *Dichtung und Wahrheit* oder *Italienische Reise* hinsichtlich seines Kommentars zu den Jugendwerken als Alterswerke geltend gemacht werden.[19]

2) Goethes Literaturtheorie im weitesten Sinne des Wortes, mag sie auch Dichtungstheorie, Poetik, Poetologie oder sonstwie anders heißen, beruht der Reihe nach auf seiner Kunstauffassung, Naturanschuung und schließlich religiösen Weltanschauung, wie sie am Ende des

---

16 Hamburger Ausgabe, Bd. 9, S. 262.
17 Vgl. Hans Christoph Buch: Ut Pictura Poesis. Die Beschreibungsliteratur und ihre Kritiker von Lessing bis Lukács. München 1972.
18 Vgl. Ernst Robert Curtius: Goethe als Kritiker. In: Goethe im 20. Jahrhundert. Hrsg. von Hans Mayer. Hamburg 1967, S. 338–359. Vgl. auch Karin Haenelt: Studien zu Goethes literarischer Kritik. Ihre Voraussetzungen und Möglichkeiten. Frankfurt a.M. 1985.
19 Im Hinblick auf die klassische und frühromantische Problemstellung zwischen 1795 und 1800 vgl. z. B. Hans-Dietrich Dahnke: Zeitverständnis und Literaturtheorie. Goethes Stellung zu den theoretischen Bemühungen Schillers und Friedrich Schlegels um eine Poesie der Moderne. In: Goethe-Jahrbuch Bd. 95 (1978), S. 65–84.

8. Buches des 2. Teils von *Dichtung und Wahrheit* dargestellt ist. Insofern geht es um die Ästhetik des späten Goethe als solche,[20] auch wenn das Augenmerk scheinbar nur auf seine Alterspoetik gerichtet wird.

3) Wie in seiner Kunsttheorie nimmt Goethe frühere Ansichten über die Literatur aus der Sturm und Drang-Zeit, dem Weimarer Jahrzehnt, der nachitalienischen Zeit und der hochklassischen Zeit im Gedankenaustausch mit Schiller im Alter nicht zurück noch widerruft er sie, sondern sie sind immer latent vorhanden und wirksam. Insbesondere kommen seine Kunst- und Literaturauffassung aus der Jugendzeit in den Gesprächen mit Eckermann wieder zum Vorschein.

Wichtig erscheint aus dieser Perspektive Goethes kleiner Aufsatz „Nachlese zu Aristoteles' Poetik", obwohl man im Anschluß an seine gemeinsam mit Schiller angestellten gattungspoetischen Überlegungen mit dem Problem der Epopöe als neuzeitlicher Form des Epos anfangen müßte. Dabei stellt sich aber heraus, daß es sich um die Anfänge einer neuen Romanpoetik nach der Barockromantheorie handelt.[21] Vorausgegangen ist zudem beim späten Goethe die Beschäftigung mit lyrischen Fragen im *West-östlichen Divan*. Deshalb sollen vor den Romanproblemen zuerst die Lyrik und dann Aristoteles' Poetik behandelt werden, in der es doch um die Wesensbestimmung der Tragödie geht. Goethes Alterswerk *Faust* wird ausdrücklich „Tragödie" genannt und sein anderes Spätwerk *Die Wahlverwandtschaften* kann mit Kurt May als tragischer Roman bezeichnet werden.[22]

---

20 Vgl. Victor Lange: Bilder, Ideen, Begriffe: Goethe-Studien, Würzburg 1991. In dem darin enthaltenen Aufsatz „Literatur und bildende Kunst. Aspekte von Goethes Ästhetik" ist die wichtigste Fachliteratur angeführt.
21 Vgl. Deutsche Romantheorien. Beiträge zu einer historischen Poetik des Romans in Deutschland. Hrsg. und eingel. von Reinhold Grimm. Frankfurt a.M. / Bonn 1968. Über Neuanfänge durch den *Werther*-Roman vgl. Martin Sommerfeld: Romantheorie und Romantypus der deutschen Aufklärung. In: DVjs. 4 (1926). Sonderausgabe, Darmstadt 1965.
22 Vgl. Kurt May: Goethes „Wahlverwandtschaften" als tragischer Roman. In: K.M., Form und Bedeutung. Stuttgart 1957, S. 107–115. Vgl. auch Beda Allemann: Goethes *Wahlverwandtschaften* als Transzendentalroman. In: Studien zur Goethezeit. Hrsg. von Hans-Joachim Mähl und Eberhard Mannack. Heidelberg 1981, S. 9–32; hier S. 26.

Wenn man Varnhagen von Enses Mitteilung Glauben schenken kann, so soll Goethe einmal dem General von Rühle gegenüber Gretchen und Ottilie auf gleicher Ebene genannt haben: „Ich heidnisch? Nun, ich habe doch Gretchen hinrichten und Ottilien verhungern lassen, ist denn das den Leuten nicht christlich genug?"[23] Wenn gerade diese beiden Werke einmal auf der Bestenliste des Südwestfunks standen, so ist der späte Goethe im Bewußtsein des heutigen Lesepublikums gegenwärtig, nicht so sehr durch seine Jugendwerke *Götz* und *Werther* oder durch seine klassischen Dramen *Iphigenie* und *Tasso*, auch wenn sie in moderner Inszenierung häufig aufgeführt werden, aber auch nicht mehr durch seinen Bildungsroman *Wilhelm Meisters Lehrjahre*. Seit den Jahren der „Unruhe um einen Klassiker"[24] spricht man anscheinend nicht mehr gern von Bildung als einer natürlichen Entwicklung des Menschen zu einer harmonischen Persönlichkeit.

Es wurde zumindest frühzeitig darauf aufmerksam gemacht, daß Goethes Atersroman *Wilhelm Meisters Wanderjahre* auf die polyhistorisch-perspektivische Romanform eines Hermann Broch gewirkt hat.[25] Man müßte schon deswegen die intensive Beschäftigung des späten Goethe mit Laurence Sterne berücksichtigen, ohne sich auf die ganze Romangeschichte bzw. Romantheorie in Deutschland einlassen zu wollen. Bemerkenswerterweise hatte Goethe in seinen *Wilhelm Meisters Lehrjahren* das Theater zu einem der Hauptthemen gemacht und anläßlich des Shakespeare-Erlebnisses des Protagonisten im dritten Buch sowie im Kunstgespräch des fünften Buches poetologische Probleme erörtert.[26] Dabei erwies sich Shakespeare für Goethe in seiner Eigenart als ein Dichter zwischen den Alten und den Neuesten. So soll zuletzt sein bedeutender Aufsatz „Shakespeare und kein Ende" als Fazit seiner dichtungstheoretischen Bemühungen herangezogen werden. 50 Jahre nach

---

23 Vgl. Hamburger Ausgabe, Bd. 6, S. 641.
24 Karl Robert Mandelkow: West-östliche Goethe-Bilder. Zur Klassikrezeption im geteilten Deutschland. In: aus politik und zeitgeschichte. Beilage zur wochenzeitung das parlament. B 11/82, 20. März 1982, S. 3–16; hier S. 14.
25 Vgl. Heidi Gidion: Zur Darstellungsweise von Goethes „Wilhelm Meisters Wanderjahre". Göttingen 1969; hier S. 139. Vgl. ferner Hartmut Steinecke: Hermann Broch und der polyhistorische Roman. Studien zur Theorie und Technik eines Romantypus der Moderne. Bonn 1968; hier S. 37.

dem Tode Goethes hielt zwar Emil du Bois-Reymond seine berüchtigte Rektoratsrede „Goethe und kein Ende". Es könnte mir wirklich nichts mehr zu sagen übrig geblieben sein. Aber zu meiner Ermutigung bemerkt Goethe selbst dazu: „Doch ist das die Eigenschaft des Geistes, daß er den Geist ewig anregt."[27]

Goethes Alterspoetik zeigt sich also von vornherein – im Gegensatz von Antike und seiner Zeit – als eine Art Querelle des Anciens et des Modernes. Ein Musterbeispiel dafür ist sein Aufsatz „Antik und Modern", der aber mehr zu den Schriften zur Kunst gehört als zur Literaturtheorie, wenngleich am Anfang und am Ende der Ausführungen auch das letztere Thema erwähnt wird. Darüber gibt es aber eine umfangreiche Fachliteratur deutscher oder deutschsprachiger Germanisten, beispielsweise Peter Szondis *Poetik und Geschichtsphilosophie*.[28] Ein Auslandsgermanist muß schon aus sprachlichen Gründen versuchen, dem komplizierten ästhetisch-philosophischen Diskurs aus dem Weg zu gehen und notgedrungen einen traditionellen philologischen Weg einzuschlagen. Beabsichtigt ist eine textimmanente Betrachtungsweise, bei der Goethes angedeutete Modernität anhand bestimmter Stichwörter herausgearbeitet werden soll, ohne Goethes Aussagen über andere Schriftsteller sowie verschiedene europäische Literaturen mit ihren Originalwerken zu vergleichen oder sie in den literaturgeschichtlichen Kontext einzuordnen. Herangezogene Texte sind vor allen Dingen die sechsbändige Ausgabe von Goethes Organ *Ueber Kunst und Alterthum* sowie die von Goethe in den Jahren 1798–1800 herausgegebene periodische Schrift *Propyläen*, drei Bände, soweit sie auf den engen Zusammenhang von Natur- und Kunstauffassung beim späten Goethe hindeutet. Im großen und ganzen

---

26 Vgl. Willi Flemming: Epik und Dramatik. Versuch ihrer Wesensdeutung. München 1955.
27 Hamburger Ausgabe, Bd. 12, S. 287.
28 Vgl. Peter Szondi: Poetik und Geschichtsphilosophie I. Antike und Moderne in der Ästhetik der Goethezeit. Hegels Lehre von der Dichtung. Hrsg. von Senta Metz u. Hans-Hagen Hildebrandt. 5. Aufl. Frankfurt a.M. 1991; Klassik und Moderne. Die Weimarer Klassik als historisches Ereignis und Herausforderung im kulturgeschichtlichen Prozeß. Hrsg. von Karl Richter und Jörg Schönert. Stuttgart 1983. Darin Walter Gebhard: Im Streit um die Klassik. Anmerkungen zur didaktischen Diskussion über die Antiquiertheit klassischer Literatur, S. 482–503.

darf man wohl annehmen, daß seine Dichtungstheorie gleichsam als angewandte Kunsttheorie und seine Kunsttheorie wiederum als eine um eine Dimension erweiterte Fortführung seiner Naturforschung angesehen werden kann.[29]

In der Tat findet sich in dem Aufsatz „Über Laokoon", der in dem ersten Band der *Propyläen* unmittelbar nach der bekannten Einleitung erscheint, eine aufschlußreiche Bemerkung darüber. Zu Beginn wird parallel zu Natur und Kunst nach dem scholastischen Grundsatz *agere sequitur esse* festgestellt: „Ein echtes Kunstwerk bleibt, wie ein Naturwerk, für unsern Verstand immer unendlich: es wird angeschaut, empfunden; es wirkt, es kann aber nicht eigentlich erkannt, viel weniger sein Wesen, sein Verdienst mit Worten ausgesprochen werden."[30] Es wird dann anläßlich der Laokoon-Gruppe von der Notwendigkeit einer ganzheitlichen Kunstauffassung gesprochen wie logischerweise auch bei der Naturauffassung: „Wenn man von einem trefflichen Kunstwerke sprechen will, so ist es fast nötig, von der ganzen Kunst zu reden, denn es enthält sie ganz, und jeder kann, soviel in seinen Kräften steht, auch das Allgemeine aus einem solchen besondern Fall entwickeln."[31] Die Kunst ist für Goethe in ihrem Wesen und Wirken ebenso schwer zu erkennen wie die Natur. Deshalb werden beide sehr oft, wie z. B. in der Einleitung in die *Propyläen*, in einem Atemzug genannt: „Der Jüngling, wenn Natur und Kunst ihn anziehen, glaubt mit einem lebhaften Streben bald in das innerste Heiligtum zu dringen."[32]

Der Grund, warum dieser Jüngling sich nach langem Umherwandeln noch immer in den Vorhöfen befinden muß, besteht jedoch teilweise

---

29 Vgl. Wilfried Secker: „Wiederholte Spiegelungen". Die klassische Kunstauffassung Goethes und Wilhelm von Humboldts. Frankfurt am Main 1985. Neuerdings wird von einer Naturästhetik gesprochen, deren Begriff jedoch eine Personifizierung der Natur voraussetzt und sich von der traditionellen Kunstästhetik weitgehend zu unterscheiden scheint. Vgl. Günter Peters: Das Schauspiel der Natur. Goethes Elegien „Die Metamorphose der Pflanzen" und „Euphrosyne" im Kontext einer Naturästhetik der szenischen Anschauung. In: Poetica. 22. Band, 1990, S. 46–83. Vgl. auch Gernot Böhme: Für eine ökologische Naturästhetik. Edition Suhrkamp 1556. Frankfurt am Main 1989.
30 Hamburger Ausgabe, Bd. 12, S. 56.
31 Ebd.
32 Hamburger Ausgabe, Bd. 12, S. 38.

in der Zweideutigkeit von Natur: „Gerade das, was ungebildeten Menschen am Kunstwerk als Natur auffällt, das ist nicht Natur (von außen), sondern der Mensch (Natur von innen)."[33] Eindeutig wird der Terminus Natur, wenn adverbiale Bestimmung „von außen" und „von innen" explizit beigegeben wird: „Überall trat Natur und Kunst nur durch Leben in Berührung, und so blieb das Resultat von allem meinen Sinnen und Trachten jener alte Vorsatz, die innere und äußere Natur zu erforschen, und in liebevoller Nachahmung sie eben selbst walten zu lassen."[34] In Goethes Wortgebrauch kann das Wort „Natur" übrigens auch ein organisches Ganze bedeuten: „Organische Natur: ins Kleinste lebendig; Kunst: ins Kleinste empfunden."[35] In seinem frühesten Aufsatz „Zum Shakespeares-Tag" schreibt der junge Dichter in diesem Sinne: „Und ich rufe: Natur! Natur! Nichts so Natur als Shakespeares Menschen."[36] Damals befand er sich noch in dem Zustand, „Kunstwerke wie Naturerzeugnisse auf sich wirken zu lassen"[37]. Noch an der berühmten Stelle in der *Italienischen Reise* proklamiert er, die hohen Kunstwerke in Rom seien zugleich als die höchsten Naturwerke von Menschen hervorgebracht worden, und zieht die engste Parallele von beiden: „Wie in dem Organismus der Natur, so tut sich auch in der Kunst innerhalb der genausten Schranke die Vollkommenheit der Lebensäußerung kund."[38]

Während Goethe in der Jugend und in der italienischen Zeit von der Wesenseinheit der Natur und der Kunst angetan war, ist es für den späten Autor charakteristisch, daß er geneigt ist, den Unterschied von Natur- und Kunstwerk zu betonen. Erst später lernte er, wie Herder, das Werk bloß als Kunstprodukt anzusehen. So wird in der „Pädagogischen Provinz" der *Wanderjahre* darauf hingewiesen, das Genie begreife, „daß Kunst eben darum Kunst heiße, weil sie nicht Natur ist"[39]. In der „Einleitung in die Propyläen" vertritt er fast die gleiche Auffassung: „Die Natur ist

---

33 Hamburger Ausgabe, Bd. 12, *Maximen und Reflexionen* Nr. 797. S. 478.
34 Hamburger Ausgabe, Bd. 9, S. 540.
35 Hamburger Ausgabe, Bd. 12, *Maximen und Reflexionen* Nr. 732. S. 468.
36 Hamburger Ausgabe, Bd. 12, S. 226.
37 Hamburger Ausgabe, Bd. 9, S. 429.
38 Hamburger Ausgabe, Bd. 11, S. 456.
39 Hamburger Ausgabe, Bd. 8, S. 250.

von der Kunst durch eine ungeheure Kluft getrennt, welche das Genie selbst, ohne äußere Hülfsmittel, zu überschreiten nicht vermag."[40] Wenn Künstler des 20. Jahrhunderts, wie z. B. Paul Klee, einen Anhaltspunkt in seiner Kunsttheorie finden, so muß dieser in einer solchen Kunstanschauung liegen.[41] Dennoch deutet eine Maxime Goethes die Naturnähe der Kunst immer noch an: „Kunst: eine andere Natur, auch geheimnisvoll, aber verständlicher; denn sie entspringt aus dem Verstande."[42] „Eine andere Natur" bedeutet freilich die zweite Natur, und daran anknüpfen zu wollen, wäre ein Rückfall in die Organismus-Ästhetik im deutschen 18. Jahrhundert.

Wenn Kunst und Natur für Goethe trotz allem miteinander wesensverwandt sind, müßten sie folgerichtig nach den gleichen erkenntnistheoretischen Prinzipien betrachtet werden. Da er sich in der Naturforschung sowohl für die Morphologie als auch für die Chromatik um eine wissenschaftliche Methode bemühte, könnte man daraus *mutatis mutandis* auf seine kunstwissenschaftliche Methode schließen, die sich dann weiter auf die Analyse seiner Dichtungstheorie anwenden ließe. Vom Verstand als Erkenntnisorgan für die Kunst, die nach der soeben zitierten Maxime aus dem Verstande entsprungen sein soll, war ebenfalls in seinem *Laokoon*-Aufsatz die Rede. In der Wissenschaftstheorie Goethes hebt sich jedoch die Vernunft in ihrer kognitiven Fähigkeit funktional vom Verstand ab, wie es in den *Maximen und Reflexionen* heißt: „Die Vernunft ist auf das Werdende, der Verstand auf das Gewordene angewiesen; jene bekümmert sich nicht: wozu? Dieser fragt nicht: woher? – Sie erfreut sich am Entwickeln; er wünscht alles festzuhalten, damit er es nutzen könne."[43] Die Vernunft ist genetisch-synthetisch, der Verstand dagegen teleologisch-analytisch ausgerichtet. Auch ist die Vernunft nach der symbolischen

---

40 Hamburger Ausgabe, Bd. 12, S. 42. Gerade diese Kluft zwischen Natur und Kunst läßt den Spielraum zu, in dem der Künstler der Moderne schöpferisch werden kann. Vgl. Hans Blumenberg: Wirklichkeitsbegriff und Möglichkeit des Romans. In: Nachahmung und Illusion. Hrsg. von H. R. Jauß. 2. Aufl. München 1969, S. 9–27.
41 Vgl. Paul Klee: Kunst-Lehre. Aufsätze, Vorträge, Rezensionen und Beiträge zur bildnerischen Formenlehre. Ausgewählt und herausgegeben von Günther Regel. Leipzig 1989.
42 Hamburger Ausgabe, Bd. 12, *Maximen und Reflexionen* Nr. 722. S. 467.
43 Hamburger Ausgabe, Bd. 12, *Maximen und Reflexionen* Nr. 538. S. 438.

Sinndeutung im doppelschichtigen Farbenkreis mit der Phantasie, der Verstand mit der Sinnlichkeit verwandt. Ferner sind der Phantasie sowie der Vernunft die Eigenschaften „unnöthig, schön, edel", dem Verstand sowie der Sinnlichkeit die Eigenschaften „gut, nützlich, gemein" zugeteilt, wobei das Wort „schön" in der Mitte zwischen Phantasie und Vernunft, das Wort „nützlich" sich in der Mitte zwischen Verstand und Sinnlichkeit befindet. Es ist daher naheliegend, daß man nicht so sehr auf den Verstand als vielmehr auf die Vernunft angewiesen ist, um das Wesen der „schönen" Kunst zu erkennen und diese Erkenntnisse mit Worten auszusprechen, wie es bei Goethes Erläuterung Laokoons der Fall war. In der Kunstgeschichte als etwas historisch Gewordenem müßte man freilich verstandesmäßig vorgehen; Goethe selbst bediente sich mit Heinrich Meyer einer empirischen Methode.[44]

2. Die drei Dichtarten als literarisches Urphänomen

Nach diesen grundsätzlichen Überlegungen sollte man, wie eingangs gesagt, auf die *Noten und Abhandlungen zu besserem Verständnis des Westöstlichen Divans* zu sprechen kommen. Der *Divan* ist aber seit Konrad Burdach wieder ein eigenes Thema in der Goethe-Forschung, ja man möchte fast sagen, eine Wissenschaft für sich, und man kann nur schwer eine Alterspoetik Goethes daraus ableiten. Denn es handelt sich bei der persischen Dicht- und Redekunst, die Goethe beschäftigte, vorwiegend um die Lyrik, so daß er annahm: „Wenn früher oder später das Drama hätte durchbrechen und ein Dichter dieser Art sich hervortun können, hätte der ganze Gang der Literatur eine andere Wendung genommen."[45] Überhaupt schätzte er diese für ihn fremde Literatur einzig unter dem Aspekt des Lyrischen: „Wenn man bedenkt, was ihnen abging, daß sie kein Theater, keine bildende Kunst hatten, ihr dichterisches Talent aber nicht geringer war als irgendeins von jeher, so wird man, ihrer eigensten

---

44 Vgl. Max Heckers Einführung zu *Goethes Briefwechsel mit Heinrich Meyer*. Schriften der Goethe-Gesellschaft, 32. Bd. Weimar 1917.
45 Hamburger Ausgabe, Bd. 2, S. 162.

Welt befreundet, sie immer mehr bewundern müssen."⁴⁶ Auch verweist „das Vorwaltende des oberen Leitenden",⁴⁷ das Goethe für den höchsten Charakter orientalischer Dichtkunst hielt und mit dem deutschen Wort „Geist" bezeichnete, mehr auf seine Genieästhetik in der Jugend als auf seine Alterspoetik, die grundsätzlich auf Gattungsfragen und Gegenstandsprobleme ausgerichtet ist.

Von grundlegender Bedeutung ist dennoch die terminologische Unterscheidung zwischen Form, Stoff und Gehalt, die Goethe für alle Gattungen vornahm. Im folgenden Zitat kommt zwar die sogenannte innere Form aus der Geniezeit faktisch wieder auf, erscheint aber wie schon in dem Jugendaufsatz *Von deutscher Baukunst (1772)* als eine fast gegenständliche ideelle Form, also keiner Willkür anheimgegeben: „Den Stoff sieht jedermann vor sich, den Gehalt findet nur der, der etwas dazu zu tun hat, und die Form ist ein Geheimnis den meisten."⁴⁸ Die geheime Form wird vom inneren Gehalt genau unterschieden, der im Gegensatz zum beliebigen Stoff nichts anderes ist als „Gehalt des eigenen Lebens".⁴⁹ Hier zeigt sich besonders die personalistische Einstellung des alten Goethe gegenüber der Dichtung:

> Die Besonnenheit des Dichters bezieht sich eigentlich auf die Form, den Stoff gibt ihm die Welt nur allzu freigebig, der Gehalt entspringt freiwillig aus der Fülle seines Innern; bewußtlos begegnen beide einander, und zuletzt weiß man nicht, wem eigentlich der Reichtum angehöre. / Aber die Form, ob sie schon vorzüglich im Genie liegt, will erkannt, will bedacht sein, und hier wird Besonnenheit gefordert, daß Form, Stoff und Gehalt sich zueinander schicken, sich ineinander fügen, sich einander durchdringen.⁵⁰

Mit einem Wort läßt sich der Gehalt als der von der Idealität des Dichters durchdrungene Stoff definieren.

Es ist deshalb irreführend, wenn Goethe gelegentlich nur Form und Stoff gegenüberstellt: „Die Form will so gut verdauet sein als der Stoff; ja sie verdaut sich viel schwerer."⁵¹ Dagegen beachtete Herder nach der

---

46 Hamburger Ausgabe, Bd. 2, S. 165.
47 Ebd.
48 Hamburger Ausgabe, Bd. 12, *Maximen und Reflexionen* Nr. 754. S. 471.
49 Hamburger Ausgabe, „Noch ein Wort für junge Dichter" Bd. 12, S. 361.
50 Hamburger Ausgabe, Bd. 2, S. 178.
51 Hamburger Ausgabe, Bd. 12, *Maximen und Reflexionen* Nr. 753. S. 471.

Charakterisierung Goethes bloß Gehalt und Form.[52] Walter Benjamin, für den der Begriff des Gehalts in seinem Essay über *Die Wahlverwandtschaften* so wichtig geworden ist, würde sagen: Am schwierigsten läßt sich der Gehalt verdauen. Ja, Goethe selbst geht so weit, daß er unter Umständen die Prosa der Poesie mit Rhythmus und Reim vorzieht:

> Das eigentlich tief und gründlich Wirksame, das wahrhaft Ausbildende und Fördernde ist dasjenige, was vom Dichter übrig bleibt, wenn er in Prose übersetzt wird. Dann bleibt der reine vollkommene Gehalt, den uns ein blendendes Äußere oft, wenn er fehlt, vorzuspiegeln weiß, und, wenn er gegenwärtig ist, verdeckt.[53]

In der Rezension über Simrocks Übersetzung des *Nibelungenliedes* äußert sich Goethe etwas kritischer: „Wir haben ganz nulle Gedichte wegen lobenswürdiger Rhythmik preisen hören. Nach unsrer oft geäußerten Meinung deshalb behaupten wir, daß jedes bedeutende Dichtwerk, besonders auch das epische, auch einmal in Prosa übersetzt werden müsse."[54] Somit ist er der Meinung, daß ein solcher Versuch auch für das *Nibelungenlied* heilsam sein wird, damit der Gehalt in ganzer Kraft vor die Seele träte. Sogar im *Divan* vertritt er diesen Standpunkt und meint: „Hätte man die Nibelungen gleich in tüchtige Prosa gesetzt und sie zu einem Volksbuche gestempelt, so wäre viel gewonnen worden, und der seltsame, ernste, düstere, grauerliche Rittersinn hätte uns mit seiner vollkommenen Kraft angesprochen."[55]

Ansonsten kann man Goethes Dichtungstheorie methodisch in die drei Bereiche des Subjekts, des Objekts sowie der Poesie gliedern und den ersten Bereich mit den Stichwörtern „Natur", „Talent", „Genie" und „Geist", den zweiten mit den Begriffen „Wirklichkeit", „Idee", „Gegenstand" und „Stoff" und zuletzt den dritten mit „Form", „Behandlung", „Darstellung" und „das Ganze" noch detaillierter analysieren.[56] Und wenn man darüber hinaus den Bereich des Subjekts schematisch der

---

52 Vgl. Hamburger Ausgabe, *Dichtung und Wahrheit*. 2. Teil, 10. Buch. Bd. 9, S. 429.
53 Hamburger Ausgabe, Bd. 9, S. 493.
54 Hamburger Ausgabe, Bd. 12, S. 350.
55 Hamburger Ausgabe, Bd. 2, S. 255.
56 Vgl. Naoji Kimura: Goethes Wortgebrauch zur Dichtungstheorie im Briefwechsel mit Schiller und in den Gesprächen mit Eckermann, München 1965.

Jugend, den Bereich des Objekts dem Mannesalter und den Bereich der Poesie dem Alter zuordnet, kommt das Formproblem primär für Goethes Alterspoetik in Frage. Die Form bezieht sich dabei nicht nur auf die innere und äußere Form, sondern vor allem auf die Behandlung als Art und Weise der Begegnung von Subjekt und Objekt und ist sogar noch schwerer zu begreifen als der Gehalt. Um aber den Lesern seiner Gedichte das Verständnis der Form zu erleichtern, führt Goethe immerhin im *Divan* alphabetisch verschiedene Dichtarten an: Allegorie, Ballade, Cantate, Drama, Elegie, Epigramm, Epistel, Epopöe, Erzählung, Fabel, Heroide, Idylle, Lehrgedicht, Ode, Parodie, Roman, Romanze, Satire und reduziert sie alle auf drei echte „Naturformen der Poesie", nämlich „die klar erzählende, die enthusiastisch aufgeregte und die persönlich handelnde: Epos, Lyrik und Drama."[57] Beachtenswert ist seine schon wirkungsästhetische Betrachtungsweise; diese drei Dichtweisen könnten nämlich zusammen oder abgesondert wirken. Als einstiger Jünger Herders plädiert er denn auch für die Volkspoesie im Sinne der Weltliteratur[58]: „In dem kleinsten Gedicht findet man sie oft beisammen, und sie bringen eben durch diese Vereinigung im engsten Raume das herrlichste Gebild hervor, wie wir an den schätzenswertesten Balladen aller Völker deutlich gewahr werden."[59]

Im Zusammenhang damit sprach er in der 1821 veröffentlichten Erläuterung „Ballade, Betrachtung und Auslegung" geradezu von einer Poetik, ohne sie im einzelnen auszuführen:

> Übrigens ließe sich an einer Auswahl solcher Gedichte die ganze Poetik gar wohl vortragen, weil hier die Elemente noch nicht getrennt, sondern wie in einem lebendigen Ur-Ei zusammen sind, das nur bebrütet werden darf, um als herrlichstes Phänomen auf Goldflügeln in die Lüfte zu steigen.[60]

Die Ausführung einer solchen Poetik wurde sozusagen in dem Aufsatz „Über epische und dramatische Dichtung" von Goethe und Schiller nachgeholt, der wohl 1797 entstanden war, aber erst 1827 im sechsten

---

57 Hamburger Ausgabe, Bd. 2, S. 187.
58 Vgl. Hamburger Ausgabe. *Dichtung und Wahrheit*. 2. Teil, 10. Buch. Bd. 9, S. 408 f.
59 Hamburger Ausgabe, Bd. 2, S. 187.
60 Hamburger Ausgabe, Bd. 1, S. 400.

Band von *Kunst und Altertum* als einleitender Beitrag gedruckt wurde. Denn im Balladenaufsatz hat Goethe das Verhältnis des Dramatischen und Epischen zueinander einfach mit dem Gegensatz der zum Ende hineilenden Form einerseits und der es weit hinausschiebenden Form andererseits in unauffälliger Weise angedeutet. Von der Lyrik als einer der „drei Grundarten der Poesie" schrieb Goethe nur so viel: „Der Refrain, das Wiederkehren ebendesselben Schlußklanges, gibt dieser Dichtart den entschieden lyrischen Charakter."[61]

Als Lyriker pflegte er über bestimmte Anlässe zu seinen Gedichten zu schweigen, um die Poesie nicht zur Prose herabzuziehen. Aber durch Dr. Kannegießers einfühlsame Erklärung seines Gedichts *Harzreise im Winter* veranlaßt, hat er einmal deutlich sein lyrisches Prinzip, wieder im nächsten Heft von *Kunst und Altertum* nachholend, ausgesprochen:

> Was von meinen Arbeiten durchaus und so auch von den kleineren Gedichten gilt, ist, daß sie alle, durch mehr oder minder bedeutende Gelegenheit aufgeregt, im unmittelbaren Anschauen irgendeines Gegenstandes verfaßt worden, deshalb sie sich nicht gleichen, darin jedoch übereinkommen, daß bei besondern äußern, oft gewöhnlichen Umständen ein Allgemeines, Inneres, Höheres dem Dichter vorschwebte.[62]

Dieses ist mit einem anderen Wort Goethes etwas Ideelles, das dem Reellen bzw. dem Wirklichen gegenübergestellt wird, wie er ferner selbst bemerkte, „daß man sich bei Auslegung von Dichtern immer zwischen dem Wirklichen und Ideellen zu halten habe"[63]. Goethe gebrauchte das Wort „ideell" freilich nicht im platonischen Sinne, rückt es vielmehr in die Bedeutungsnähe von „phantastisch", was an seine Erkenntnistheorie von Vernunft und Phantasie erinnert. Im Hinblick auf den erstiegenen Gipfel des Brockens, von dem in der letzten Strophe der *Harzreise im Winter* mit schlichten Worten gesprochen wird, heißt es: „Ein wichtiger, völlig ideell, ja phantastisch erscheinender Punkt, über dessen Realität der Dichter schon manchen Zweifel erleben mußte."[64] Das Begriffspaar

---

61 Ebd.
62 Hamburger Ausgabe, Bd. 1, S. 393.
63 Hamburger Ausgabe, Bd. 1, S. 397.
64 Hamburger Ausgabe, Bd. 1, S. 398.

von ideell und reell entspricht bei Goethe auch dem von ideal und real wie in seinem noch zu behandelnden Shakespeare-Aufsatz.

Was das Drama anbelangt, so stellte Goethe im Anschluß an seine Balladenauffassung im *Divan* fest, daß im älteren griechischen Trauerspiel gleichfalls alle drei epischen, lyrischen und dramatischen Elemente verbunden waren und erst in einer gewissen Zeitfolge sich sonderten: „Solange der Chor die Hauptperson spielt, zeigt sich Lyrik obenan; wie der Chor mehr Zuschauer wird, treten die andern hervor, und zuletzt, wo die Handlung sich persönlich und häuslich zusammenzieht, findet man den Chor unbequem und lästig."[65] Am französischen Trauerspiel beobachtete er, die Exposition sei episch, die Mitte dramatisch, und meinte, man könne den fünften Akt, der leidenschaftlich und enthusiastisch ausläuft, lyrisch nennen. Dagegen ist das Homerische Heldengedicht seiner Ansicht nach rein episch:

> Der Rhapsode waltet immer vor, was sich ereignet, erzählt er; niemand darf den Mund auftun, dem er nicht vorher das Wort verliehen, dessen Rede und Antwort er nicht angekündigt. Abgebrochene Wechselreden, die schönste Zierde des Dramas, sind nicht zulässig.[66]

Angesichts dieser literarischen Erscheinungen, wo die epischen, lyrischen sowie dramatischen Elemente sich umschlingen und die Dichtarten wie die Urpflanze sich bis ins Unendliche vermannigfaltigen, zieht Goethe zum Vergleich das naturhistorische Bestreben heran, den Bezug der äußeren Kennzeichen von Mineralien und Pflanzen zu ihren inneren Bestandteilen herauszufinden, um so dem Forschergeist einigermaßen eine naturgemäße Ordnung darzustellen. So schlug er vor, wie im symbolischen Farbenkreis, die drei Hauptelemente in einem Kreis zusammenzustellen und Beispiele zu sammeln, die sich nach der einen oder nach der anderen Seite hinneigen, bis die Vereinigung von allen dreien erscheint. Das sind bloß theoretische Überlegungen des späten Goethe aufgrund der Analogie von Kunst und Natur, um der mannigfaltigen dichterischen Formen Herr zu werden. Aber er hofft, wie Wilhelm von Humboldt mittels der Sprache als Vehikel, auf diesem Wege der Literaturbetrachtung zu auf-

---

65 Hamburger Ausgabe, Bd. 2, S. 188.
66 Ebd.

schlußreichen Ansichten sowohl der Dichtarten als auch des Charakters der Nationen und ihres Geschmacks in einer Zeitfolge zu gelangen. Das von Goethe in der betreffenden Stelle des *Divans* zweimal gebrauchte Wort „Zeitfolge" hängt wohl mit seinem zu gleicher Zeit entstandenen geschichtsphilosophischen Aufsatz „Geistesepochen" zusammen.

3. Umdeutung des aristotelischen Katharsis-Begriffs

Hatte Goethe im *Divan* das griechische Trauerspiel nebenbei unter dem Aspekt des rein Formalen betrachtet, so richtete er in dem Aufsatz „Nachlese zu Aristoteles' Poetik" sein Augenmerk hauptsächlich auf den Begriff der Katharsis. Was hier zunächst auffällt, ist die faktische Umschreibung der Poetik in die „Theorie der Dichtkunst", die allein schon im sprachlichen Ausdruck modern aussieht. Es geht ihm zwar um eine Stelle in der Tragödiendefinition des Aristoteles, über deren Bedeutung sich die Ausleger nicht verständigen konnten.[67] Aber seine Absicht besteht gar nicht darin, die betreffende Stelle im griechischen Text richtig zu übersetzen, sondern durch eine angebliche Übersetzung seine eigene Auffassung der Tragödie zu vertreten. Es kommt ihm vor allem auf Einführung des Begriffs von Ausgleichung und Aussöhnung in der Handlung an, nicht auf die konventionelle Reinigung, die sich auf das Gemüt des Zuschauers bezieht. Gerade deshalb weicht seine Übersetzung entschieden von der üblichen ab: „Die Tragödie ist die Nachahmung einer bedeutenden und abgeschlossenen Handlung, die eine gewisse Ausdehnung hat und in anmutiger Sprache vorgetragen wird, und zwar von abgesonderten Gestalten, deren jede ihre eigne Rolle spielt, und nicht erzählungsweise von einem einzelnen; nach einem Verlauf aber von Mitleid und Furcht mit Ausgleichung solcher Leidenschaften ihr Geschäft abschließt."[68]

---

67 Vgl. Die Aristotelische Katharsis. Dokumente ihrer Deutung im 19. und 20. Jahrhundert. Mit einer Einleitung herausgegeben von Matthias Luserke. Olms Studien Band 30. Georg Olms Verlag. Hildesheim/Zürich/New York 1991.
68 Hamburger Ausgabe, Bd. 12, S. 342 f.

Mitleid und Furcht erregende Handlungen und Ereignisse als das Tragische im herkömmlichen Sinne kommen also in dieser Übersetzung gar nicht zum Ausdruck. Statt dessen ist nur von einer bedeutenden und abgeschlossenen Handlung die Rede, die in jedem Drama vorhanden sein müsse. Wodurch denn Mitleid und Furcht überhaupt hervorgerufen werden, ist undeutlich belassen, obwohl er im Kommentar zur eigenen Übersetzung immerhin von „Mitleid und Furcht erregenden Mitteln" spricht. Nach Goethes Ansicht spielte die Wirkung, die eine Tragödie auf den Zuschauer machen würde, in der Poetik des Aristoteles keine Rolle. Vielmehr war diese auf den Gegenstand, also auf die Konstruktion der Tragödie bezogen, „insofern der Dichter sie als Objekt aufstellend, etwas würdig Anziehendes, Schau- und Hörbares abgeschlossen hervorzubringen denkt"[69]. Danach müßte eine Tragödie so konstruiert sein, daß sie, wenn in ihrem Verlauf Mitleid und Furcht erregende Mittel eingesetzt worden sind, zuletzt mit Ausgleichung, mit Versöhnung solcher Leidenschaften abgeschlossen wird. Goethe unterstreicht nachdrücklich, Aristoteles verstehe unter Katharsis diese aussöhnende Abrundung, „welche eigentlich von allem Drama, ja sogar von allen poetischen Werken gefordert wird".[70]

Indem die Katharsis, des unmittelbaren Wirkungselements beraubt, zum Konstruktionsprinzip uminterpretiert wird, droht die Tragödie also ihren spezifischen tragischen Effekt einzubüßen. Kanzler von Müller hielt unter dem 2. Juli 1830 ein Gespräch mit Goethe fest: „Tragisch nenne ich eine Situation, aus der kein Ausgang war, keine Komposition gedenkbar ist."[71] Bei Eckermann ist das Thema unter dem 28. März 1827 viel ausführlicher aus dem Gesichtspunkt der Notwendigkeit individuellen Charakters behandelt. Bei Gelegenheit eines Meinungsaustausches mit Zelter zwischen dem 13. und 25. Januar 1830 bezog Goethe diesen Gedankengang ebenfalls auf seinen „tragischen" Roman und teilte seinem Berliner Freund mit, er sei in seinen *Wahlverwandtschaften* die innige, wahre Katharsis so rein und vollkommen als möglich abzuschließen bemüht gewesen. Dagegen

---

69 Hamburger Ausgabe, Bd. 12, S. 345.
70 Hamburger Ausgabe, Bd. 12, S. 343. Vgl. Mathias Mayer, „Opfer waltender Gerechtigkeit" – Goethes „Paria"-Trilogie. Mit einem Exkurs zu Thomas Mann. In: Jahrbuch der deutschen Schiller-Gesellschaft XXXIX/1995, S. 146–161; hier S. 150.
71 Artemis-Gedenkausgabe, *Goethes Gespräche*. Bd. 23, S. 715.

erscheint eine Gesprächsstelle bei Eckermann am 21. Juli 1827 als etwas zweifelhaft, weil die gewöhnliche Auffassung von Katharsis ihr zugrunde zu liegen scheint. Wie die verallgemeinernde Anwendung des Katharsis-Begriffs nicht nur auf die Tragödie, sondern auch auf alle poetischen Werke Goethes Absicht der bewußten Umdeutung verrät, verliert die Katharsis hier wie dort den Bezug zum eigentlich Tragischen immer mehr: „Genug, eine Söhnung, eine Lösung ist zum Abschluß unerläßlich, wenn die Tragödie ein vollkommenes Dichtwerk sein soll."[72] Unwillkürlich muß Goethe dabei zugestehen, daß eine solche Lösung, durch einen günstigen Ausgang bewirkt, sich wie die Rückkehr der Alceste schon einer „Mittelgattung" nähert. Mit der Mittelgattung wird der Übergang zum Lustspiel eingeleitet, in dem meist die Heirat alle Verlegenheiten im Leben entwirrt und zu einem lösenden Abschluß führt. Das Fazit der Goetheschen Überlegungen lautet: „Darin liegt der halb scherz-, halb ernsthafte Unterschied zwischen Trauer- und Lustspiel aristotelischer Ästhetik."[73]

Dementsprechend findet Goethe keine höhere Katharsis als im *Ödipus von Kolonus*. Er begründet sie mit dem Hinweis darauf, daß dieser halbschuldige Verbrecher „doch zuletzt noch aussöhnend ausgesöhnt und zum Verwandten der Götter, als segnender Schutzgeist eines Landes eines eignen Opferdienstes wert, erhoben wird."[74] Goethe hält Ödipus deshalb für halbschuldig, weil er von der Maxime des Aristoteles ausgeht, daß „man den Helden der Tragödie weder ganz schuldig noch ganz schuldfrei darstellen müsse"[75]. Im ersten Falle wäre die Katharsis bloß stoffartig, und im zweiten Falle sei sie nicht möglich. Denn dem Schicksal oder dem menschlich Einwirkenden fiele die Schuld einer allzu schweren Ungerechtigkeit zur Last. Nach der Erweiterung des Katharsis-Begriffs auf alle poetischen Werke hatte Goethe 1824 bereits in der *Paria-Trilogie* eine aussöhnende

---

72 Hamburger Ausgabe, Bd. 12, S. 343.
73 Ebd. Aus diesen Überlegungen heraus könnte Goethe seine *Faust*-Tragödie in dem an Wilhelm von Humboldt gerichteten Brief vom 17. März 1832 als „diese sehr ernsten Scherze" bezeichnet haben.
74 Hamburger Ausgabe, Bd. 12, S. 344.
75 Ebd. Auf der anderen Seite wird in der Rezension Goethes über Manzonis Trauerspiel auf die alte Forderung des Theoristen hingewiesen, daß „ein tragischer Held nicht vollkommen, nicht fehlerfrei sein müsse". (Artemis-Gedenkausgabe, Bd. 14, S. 823)

Abrundung erprobt. In seinem Kommentar über dieses auf der indischen Legende beruhende Gedicht „Die drei Paria" weist er im Gegensatz zu der französischen Tragödie, die dieses mehr als tragisch-grausame Motiv von der energischen Seite genommen hat, auf ein Höheres hin, „von wo ganz allein befriedigende Versöhnung zu hoffen ist"[76]. Man findet hier einen *Paria*, der seine Lage nicht für rettungslos hält. Er verlangt nämlich vom Gott der Götter „eine Vermittlung, die denn freilich auf eine seltsame Weise herbeigeführt wird"[77]. Nebenbei bemerkt, sagt auch der Direktor im „Vorspiel auf dem Theater" des *Faust I* in seiner groben Redeweise, aber doch zutreffend: „Ich weiß, wie man den Geist des Volks versöhnt." (V. 43)

Wenn man bisher die Katharsis-Stelle in der aristotelischen Poetik von der Wirkung her interpretierte, so war das auf die in der *Politik* ausgesprochene Bemerkung Aristoteles' zurückzuführen, Musik könnte zu sittlichen Zwecken bei der Erziehung benutzt werden. Obwohl Goethe nicht leugnet, daß hier von einem analogen Fall die Rede ist, betont er, daß die Musik so wenig als irgend eine Kunst auf Moralität zu wirken vermöge.[78] Er sagt sogar, es sei immer falsch, wenn man solche Leistungen von ihr verlange. Das können nur Philosophie und Religion, und was die Künste vermögen und wirken, ist allenfalls eine Milderung roher Sitten. Im Gegenteil wird von ihm vielmehr darauf hingewiesen, daß „Tragödien und tragische Romane den Geist keineswegs beschwichtigen, sondern das Gemüt und das, was wir das Herz nennen, in Unruhe versetzen und einem vagen, unbestimmten Zustande entgegenführen"[79]. Nach Goethes neuem poetologischen Prinzip der Ausgleichung von Mitleid und Furcht erfüllt der Dichter seine Pflicht, indem er einen Knoten bedeutend geknüpft und würdig gelöst hat. Dann wird Analoges in dem Geiste des Zuschauers vorgehen. Aber Goethe fügt ironisch hinzu: „die Verwicklung wird ihn verwirren, die Auflösung aufklären, er aber um nichts gebessert nach Hause gehen."[80] Dieser Standpunkt gegenüber der moralischen Wirkung der Dichtung entspricht genau der bekannten Aussage in *Dichtung und*

---

76 Artemis-Gedenkausgabe, Bd. 14, S. 854.
77 Ebd.
78 Vgl. Hamburger Ausgabe, Bd. 12, S. 344.
79 Hamburger Ausgabe, Bd. 12, S. 345.
80 Ebd.

Wahrheit über die wahre Poesie als „ein weltliches Evangelium".[81] In dem Aufsatz „Über das Lehrgedicht" heißt es sozusagen didaktischer: „Alle Poesie soll belehrend sein, aber unmerklich; sie soll den Menschen aufmerksam machen, wovon sich zu belehren wert wäre; er muß die Lehre selbst daraus ziehen, wie aus dem Leben."[82] Denn, wie Diderot noch verlangte, „moralische Zwecke vom Künstler fordern, heißt ihm sein Handwerk verderben"[83]. Die Reihenfolge der Dichtungszwecke bei Goethe ist *delectare et prodesse* und nicht umgekehrt wie in der Aufklärungspoetik.

Wie sehr Goethe die aristotelische Poetik für seine eigene Dichtungstheorie ernst nahm, geht aus einer Briefstelle hervor. Im Brief vom 23.–29. März 1827 schreibt Goethe an Zelter, daß der Natur und dem Aristoteles sein besonderes Augenmerk gelten würde, wenn ihm noch jugendlichere Kräfte zu Gebote stünden, und fährt fort: „Es ist über alle Begriffe, was dieser Mann erblickte, sah, schaute, bemerkte, beobachtete." Der Wortgebrauch von verschiedenen Verben im Sinnbezirk des Sehens ist gleich wie bei Goethes Naturforschung. Es besteht kein Zweifel daran, daß er mannigfaltige Naturerscheinungen, poetologische Bemerkungen des Aristoteles und zuletzt auch literarische Phänomene überhaupt auf fast gleicher Ebene ins Auge faßt und sie deshalb mit derselben Methode und unter demselben Gesichtspunkt betrachtet. Davon legt eine Maxime Zeugnis ab, die an seinen methodischen Aufsatz „Der Versuch als Vermittler von Objekt und Subjekt" erinnert.[84] Goethe nannte den Aufsatz ursprünglich „Kautelen (Bedingungen, Vorsichtsmaßnahmen) des Beobachters" und wollte vor den übereilten Hypothesen in der Theoriebildung für Farberscheinungen warnen. Ebenso wirft er Aristoteles gewisse Übereilungen bei der Beobachtung literarischer Phänomene vor.

Für einen Dichter wie Goethe, der das Theater aus eigener Erfahrung in- und auswendig kennt, geben „des Aristoteles Fragmente des Traktats über

---

81 Hamburger Ausgabe, Bd. 9, S. 580.
82 Artemis-Gedenkausgabe, Bd. 14, S. 370.
83 Hamburger Ausgabe, Bd. 9, S. 539.
84 Vgl. Hamburger Ausgabe, Bd. 12, *Maximen und Reflexionen* Nr. 550, S. 440. Über Goethes Warnung vor Übereilungen vgl. Ekkehart Krippendorff (Hrsg.): Goethes Anschauen der Welt. Schriften und Maximen zur wissenschaftlichen Methode. Frankfurt a. M. / Leipzig 1994, S. 33 ff.

Dichtkunst", d. i. die aristotelische Poetik, manchmal einen wundersamen Anblick. So denkt er einerseits bescheiden, daß „man sich vor allen Dingen mit der philosophischen Denkart des Mannes bekannt machen müßte, um zu begreifen, wie er diese Kunsterscheinung angesehen habe"[85]. Andererseits muß er angesichts des verwirrenden Studiums über Aristoteles dazu kritisch Stellung nehmen, „wie die moderne Poetik das Alleräußerlichste seiner Lehre nur zu ihrem Verderben anwendet und angewendet hat".[86] Seine Kritik richtet sich in erster Linie auf die „drei Einheiten des Aristoteles", deren verwirrende Erfahrungen in der Jugendzeit er in *Dichtung und Wahrheit* irritiert beschrieben hat. Nach der Lektüre von Corneilles „Abhandlung über die drei Einheiten" mußte er sich nämlich mit der theoretischen Salbaderei des vorigen Jahrhunderts so lange quälen, bis er den ganzen Plunder von sich warf und das französische Schauspiel von Racine, Molière sowie Corneille um so gründlicher studierte. Als er sein eigenes Werk *Götz von Berlichingen* niederschrieb, erkannte er allerdings, daß er, „bei dem Versuch, auf die Einheit der Zeit und des Orts Verzicht zu tun, auch der höheren Einheit, die um desto mehr gefordert wird, Eintrag getan hatte".[87] Im Alter bemerkte er dazu einsichtsvoll: „Gegen die drei Einheiten ist nichts zu sagen, wenn das Sujet sehr einfach ist; gelegentlich aber werden dreimal drei Einheiten, glücklich verschlungen, eine sehr angenehme Wirkung tun."[88] Noch einsichtsvoller erscheint seine ruhige Bemerkung in dem Aufsatz „Phaethon, Tragödie des Euripides", in dem auf die Notwendigkeit aufmerksam gemacht wird, daß das Dargestellte in einer gewissen Zeit unmöglich geschehen kann und doch geschieht: „Auf dieser Fiktion des Dichters und der Zustimmung des Hörers und Schauers ruht die oft angefochtene und immer wiederkehrende dramatische Zeit- und Ortseinheit der Alten und Neuern."[89]

---

85 Hamburger Ausgabe, Bd. 12, *Maximen und Reflexionen* Nr. 922. S. 495 f.
86 Ebd.
87 Hamburger Ausgabe, *Dichtung und Wahrheit*. 3. Teil, 13. Buch, Bd. 9, S. 571.
88 Hamburger Ausgabe, Bd. 12, *Maximen und Reflexionen* Nr. 923. S. 496.
89 Hamburger Ausgabe, Bd. 12, S. 313.

4. Paradigmenwechsel zu Laurence Sterne

Aus diesen Ausführungen geht hervor, daß Goethe es bewußt vermeidet, auf den tragischen Konflikt in der griechischen Tragödie einzugehen. Entschärft er doch mit seinem Begriff der „aussöhnenden Abrundung" für die aristotelische Katharsis das Wesen der griechischen Tragödie. In dem Aufsatz „Die tragischen Tetralogien der Griechen" besteht er darauf, indem er die tragische Trilogie als Übergang zum vierten munteren Stück ansieht:

> Es kann nicht geleugnet werden, daß man sich die Tetralogien der Alten sonst nur gedacht als eine dreifache Steigerung desselben Gegenstandes, wo im ersten Stück die Exposition, die Anlage, der Hauptmoment des Ganzen vollkommen geleistet wäre, im zweiten darauf sich schreckliche Folgen ins Ungeheure steigerten, im dritten aber, bei nochmaliger Steigerung, dennoch auf eine gewisse Weise irgendeine Versöhnung herangeführt würde.[90]

Er sagte denn auch unumwunden zu Kanzler von Müller unter dem 6. Juni 1824: „Alles Tragische beruht auf einem unausgleichbaren Gegensatz. Sowie Ausgleichung eintritt oder möglich wird, schwindet das Tragische."[91] Deshalb mußte er von der „Mittelgattung" sprechen. Von daher kann man begreifen, warum er seine Tragödie *Faust* mit einer Erlösung wie in einem Mysterienspiel enden ließ und seinen tragischen Roman *Die Wahlverwandtschaften* wie in einer Heiligenlegende mit der Erwartung einer himmlischen Auferstehung abschloß. An Zelter schreibt er unter dem 31. Oktober 1831 geradezu, er sei nicht zum tragischen Dichter geboren, da seine Natur konziliant sei. Daher könne der rein tragische Fall ihn nicht interessieren, welcher eigentlich von Haus aus unversöhnlich sein müsse. Schiller gegenüber hatte er sich am 9. Dezember 1797 noch zögernd geäußert.

Was Goethe anzog, scheint also nicht so sehr das Tragische in der griechischen Trilogie als vielmehr das Satyrstück im Anschluß daran gewesen zu sein, wie er denn in der Jugendzeit zahlreiche Farcen und Satiren geschrieben hatte. Wie die Lustige Person im „Vorspiel auf dem Theater" im *Faust I* meinte Goethe, daß auch die griechischen Dichter es mit einer

---

90 Artemis-Gedenkausgabe, Bd. 14, S. 683.
91 Näheres vgl. Peter Szondi: Versuch über das Tragische. Frankfurt am Main 1961, worin Goethe im Rahmen der Philosophie des Tragischen behandelt wird.

leichtsinnigen Gesellschaft zu tun hatten und lieber ihr Innerstes aufgaben, als es sich ganz allein und umsonst sauer werden zu lassen. Am Beispiel von Schillers *Wallenstein* hob er ferner hervor, daß auch Schiller „der Empfindungsweise neuerer Tage gemäß"[92] das lustige, heitere Satyrstück, das *Lager*, vorausgebracht habe. Aus einer solchen Umkehrung des Verhältnisses von Tragödie und Satyrstück in den neueren Zeiten erscheint es sehr bezeichnend, daß Goethe im ersten Heft des sechsten Bandes von *Kunst und Altertum* unmittelbar auf den inhaltsschweren Aufsatz „Nachlese zu Aristoteles' Poetik" einen kurzen Aufsatz „Lorenz Sterne" folgen ließ. Es mutet an, als ob er dadurch stillschweigend einen Paradigmenwechsel herbeiführen wollte, insofern er sich hier von der objektiven Konstruktion der Tragödie abwendet und sich dem menschlichen Subjekt mit seiner Wirkung zuwendet. Während der junge Goethe von der aristotelischen Lehre der drei Einheiten eher verwirrt war, unterstreicht der alte Goethe in diesem Aufsatz den großen Einfluß des englischen Dichters Laurence Sterne auf seine literarische wie auch humane Bildung. Wie der Herr im „Prolog im Himmel" warnt er davor, „diejenigen aus dem Auge zu verlieren, die uns auf den rechten Weg geleitet haben", und macht auf Laurence Sterne als einen Mann aufmerksam, der „die große Epoche reinerer Menschenkenntnis, edler Duldung, zarter Liebe in der zweiten Hälfte des vorigen Jahrhunderts zuerst angeregt und verbreitet hat"[93].

Um die Bedeutung Sternes für die zeitgenössische deutsche Literatur überhaupt hervorzuheben, wird sonst an anderer Stelle gesagt: „Auch jetzt im Augenblick sollte jeder Gebildete Sternes Werke wieder zur Hand nehmen, damit auch das neunzehnte Jahrhundert erführe, was wir ihm schuldig sind, und einsähe, was wir ihm schuldig werden können."[94] Dieser Mann, dem er so viel verdankt, wird mit drei Stichworten charakterisiert: Irrtümer, Wahrheiten und Eigenheiten des Menschen. Gewisse menschliche Phänomene sind „irrtümlich nach außen, wahrhaft nach innen und psychologisch höchst wichtig"[95] und konstituieren in diesem Sinne recht eigentlich das Individuum. Mit seiner naturwissenschaftlichen

---

92 Artemis-Gedenkausgabe, Bd. 14, S. 685.
93 Hamburger Ausgabe, Bd. 12, S. 345 f.
94 Hamburger Ausgabe, Bd. 12, *Maximen und Reflexionen* Nr. 956. S. 500.
95 Hamburger Ausgabe, Bd. 12, S. 346.

Terminologie drückt sich Goethe auch so aus: „Das Allgemeine wird dadurch spezifiziert." Da er Yorick-Sternes Redewendung „ruling passion" zitiert, die tätig sich äußernde menschliche Eigenheiten bedeutet, denkt er offensichtlich nicht zuerst an den Roman *Tristram Shandy*, sondern an die subjektive Reisebeschreibung *A Sentimental Journey*, die er gründlich studiert hat. Was er an Lorenz Sterne besonders schätzt, ist, daß dieser das Menschliche im Menschen auf das zarteste entdeckt hat.[96] Diese mit der Gewohnheit verwandten Eigenheiten sind für ihn nichts anderes als der *Daimon* in dem Gedicht *Urworte, Orphisch*.

Es geht dem alten Goethe letztlich darum, dieses allgemein Menschliche zur Darstellung zu bringen. Denn, wie er sagt, „wir wissen von keiner Welt als im Bezug auf den Menschen; wir wollen keine Kunst, als die ein Abdruck dieses Bezugs ist"[97]. Man kann das Wort „Kunst" ohne weiteres mit Poesie, Dichtung oder Literatur ersetzen. Es handelt sich dabei noch um das Was, das zum Bereich des Objekt gehört. In der Poetik muß man sich aber vor allen Dingen mit dem Wie beschäftigen, das zum Bereich der Form gehört. Wenn gesagt wird: „Yorick Sterne war der schönste Geist, der je gewirkt hat; wer ihn liest, fühlt sich sogleich frei und schön; sein Humor ist unnachahmlich, und nicht jeder Humor befreit die Seele",[98] ist das Wort „frei" bzw. „befreien" auffallend. Eventuell würde die „Befreiung der Seele" in etwa der Katharsis im herkömmlichen Sinne der Reinigung des Gemüts von Mitleid und Furcht entsprechen. Wovon zu befreien ist und wie die Befreiung bewerkstelligt wird, das ist die Frage nach der Art und Weise der Behandlung.

Gesagt wird unter vielen Bemerkungen „Aus Makariens Archiv" in *Wilhelm Meisters Wanderjahren* nur, daß Sterne selber eine freie Seele war: „Eine freie Seele wie die seine kommt in Gefahr, frech zu werden, wenn nicht ein edles Wohlwollen das sittliche Gleichgewicht herstellt."[99] Dieses sittliche Gleichgewicht einzuhalten, gelang ihm wohl einmalig durch den „schnellen Wechsel von Ernst und Scherz, von Anteil und Gleichgültigkeit,

---

96 Über den literaturgeschichtlichen Hintergrund vgl. Peter Michelsen: Laurence Sterne und der deutsche Roman des 18. Jahrhunderts. Göttingen 1962.
97 Hamburger Ausgabe, Bd. 12, *Maximen und Reflexionen* Nr. 725. S. 467.
98 Hamburger Ausgabe, Bd. 12, *Maximen und Reflexionen* Nr. 955. S. 500.
99 Hamburger Ausgabe, Bd. 8, S. 484.

von Leid und Freude".[100] Und doch bemerkt Goethe dazu: „So sehr uns der Anblick einer freien Seele dieser Art ergetzt, ebenso sehr werden wir gerade in diesem Fall erinnert, daß wir von allem dem, wenigstens von dem meisten, was uns entzückt, nichts in uns aufnehmen dürfen."[101] Es kommt seiner Ansicht nach daher, daß Laurence Sterne in nichts ein Muster und in allem ein Andeuter und Erwecker ist. Hier fällt auf, daß Goethe in dem Aufsatz „Noch ein Wort für junge Dichter" sich selbst mit ähnlichen Zügen wie bei „Lorenz Sterne" charakterisiert hat. Zwar Meister von niemand, so getraute er sich doch den Deutschen überhaupt, besonders den jungen Dichtern gegenüber ihren Befreier zu nennen. Denn sie sind an ihm gewahr worden, „daß, wie der Mensch von innen heraus leben, der Künstler von innen heraus wirken müsse, indem er, gebärde er sich wie er will, immer nur sein Individuum zutage fördern wird"[102]. Außerdem ermunterte er die jungen Dichter unter dem Vorbehalt, daß es eine große Anmaßung sei, sich frei zu erklären, folgendermaßen: „Ihr habt jetzt eigentlich keine Norm, und die müßt ihr euch selbst geben."[103]

Bei der Interpretation der aristotelischen Poetik bemühte sich Goethe um einen Objektbezug und suchte nach einem konstituierenden Aufbauprinzip der griechischen Tragödie. Aber nach der intensiven Beschäftigung mit Laurence Sterne definierte er schon den Roman als „eine subjektive Epopöe, in welcher der Verfasser sich die Erlaubnis ausbittet, die Welt nach seiner Weise zu behandeln. Es fragt sich also nur, ob er eine Weise habe; das andere wird sich schon finden."[104] So kehrt der späte Goethe gewissermaßen zu seiner Genieästhetik der Jugend zurück[105] und weist wie die jungen Romantiker auf die schöpferische Subjektivität hin. Dabei sagt er, der junge Dichter spreche nur aus, was lebt und fortwirkt, unter welcherlei Gestalt es auch sein möge. Wie in dem Aufsatz „Noch ein Wort für junge Dichter" hervorgehoben wird, geht es ihm immer um die Wirkung, die von der Dichtung bzw. Kunst ausgeht, wenn der Künstler von innen heraus wirkt.

100 Ebd.
101 Hamburger Ausgabe, Bd. 8, S. 485.
102 Hamburger Ausgabe, Bd. 12, S. 360.
103 Hamburger Ausgabe, Bd. 12, S. 361.
104 Hamburger Ausgabe, Bd. 12, *Maximen und Reflexionen* Nr. 938. S. 498.
105 Vgl. Goethes Betrachtungen über das Wort Genie in *Dichtung und Wahrheit*, 4. Teil, 19. Buch. Bd. 10, S. 160 f.

Goethes Alterspoetik bewegt sich auf diese Weise zwischen Aristoteles und Laurence Sterne, also zwischen wirkungsästhetischer Regelmäßigkeit beim Drama und Regellosigkeit im Roman, indem sie charakteristische Züge der „Naturformen der Dichtung" herauszuarbeiten sucht.[106]

5. Die Modernität bei Shakespeare

Nach Aristoteles und Laurence Sterne muß noch Shakespeare im Rahmen der Alterspoetik Goethes betrachtet werden, dieser steht im Wandel der poetologischen Ästhetik zwischen beiden. Mit Shakespeare kommt in der traditionellen Poetik ein neuer Aspekt zu den Gattungsfragen hinzu: das Klassische und das Romantische als Dichtungsformen. Das Wort „klassisch" kommt im Briefwechsel mit Schiller nicht einmal vor. Goethe hat es im Gegensatz zu „romantisch", wenn überhaupt, erst sehr spät gebraucht. Wenn Hegel in seiner *Ästhetik* von der klassischen und romantischen Kunstform spricht, so sind damit keine Dichtungsformen, sondern Kunstformen als Epochenbegriffe gemeint.[107] Klassik bezieht sich noch während der ganzen Goethezeit als Stil-, Zeit- und Epochenbegriff auf die Antike; das Romantische bezeichnet – wie im 3. Akt von *Faust II* – die dominante Kunstform seit der Heraufkunft des Christentums. Es kann hier nicht geklärt werden, ob die Gegenüberstellung von „klassisch" und „romantisch" von Goethe selbst stammt oder von Eckermann, weil dies zunächst bei diesem allein belegt ist. In dem Aufsatz „Einwirkung der neueren Philosophie" war der Wortgebrauch anders. In theoretischer Auseinandersetzung mit Schiller hatte er die Vorzüge der griechischen „Dichtungsart"

---

106 Unter „Regellosigkeit" ist allerdings die Willkür „von beweglicher Ordnung" im Lehrgedicht „Metamorphose der Tiere" (HA 1, 203) zu verstehen. In dem bekannten Sonett über „Kunst und Natur" wird nachdrücklich darauf hingewiesen, daß „das Gesetz nur kann uns Freiheit geben" (HA 1, 245). Vgl. Robert Petsch: Goethe und die Naturformen der Dichtung. In: Dichtung und Forschung. Festschrift für Emil Ermatinger. Hrsg. von Walter Muschg und Rudolf Hunziker. Frauenfeld/Leipzig 1933, S. 45–62.

107 So im zweiten Teil von Hegels *Ästhetik*, hrsg. von Friedrich Bassenge, Berlin 1955, 2. Abschnitt, S. 418 ff. und 3. Abschnitt, S. 495 ff.

nicht allein hervorgehoben, sondern sogar ausschließlich diese „Weise" für die einzig rechte gelten lassen. Also nicht etwa Dichtwerke der Alten als solche sind nachahmenswert, sondern ihre Art und Weise des Dichtens. Deshalb sprach er zur Unterscheidung beider „Dichtungsweisen" vom „Übergewicht reeller oder ideeller Behandlung", während bei Eckermann vom objektiven und subjektiven Verfahren als Äquivalenz von naiv und sentimentalisch gesprochen wird.

Wie aber auch bei Eckermann die Ausgleichung bei der Katharsis-Deutung wieder zu Sprache kommt, kann Goethe eigentlich keine Tragödie im griechischen Sinne schreiben. Dagegen konnte jeder zeitgenössische Schriftsteller Romane à la Laurence Sterne schreiben, soweit er literarisch begabt war oder es zu sein meinte. Doch die begabten jungen Autoren von damals waren alle mehr oder weniger Romantiker, seien es Theoretiker wie Friedrich Schlegel mit seinem Roman *Lucinde* oder echte Dichter wie Novalis, Wackenroder oder Tieck. Als der junge Goethe im *Werther*-Roman das Wort „romantisch" zweimal gebrauchte, war es noch ein seltenes Wort und hatte von der Herkunft her einen Nachklang von „romanhaft" wie bei Herder.[108] Nach Schillers Tod mußte Goethe in einer solchen literarhistorischen Situation sich dichtungstheoretisch zurecht finden.

In seinem Aufsatz „Klassiker und Romantiker in Italien, sich heftig bekämpfend" geht er zwar davon aus, daß dieser Literaturstreit in Deutschland im großen und ganzen schon vorbei sei, und sieht gelassen zu, wie er in Italien ausgetragen wird. Aber das Wort „Klassiker" kommt außer in der Überschrift im Text gar nicht vor. Während vom Romantischen wiederholt die Rede ist, wird das Wort „klassisch" nur einmal gebraucht, und zwar weder als Stilbegriff noch im ursprünglichen Sinne von „musterhaft", sondern als eine bloße Umschreibung von „antik". Nach der Gegenüberstellung von „klassischer Seite" und „romantischer Partei" scheint Goethe die Sache fast zu verharmlosen, wenn er anscheinend vermittelnd schreibt:

> Und doch ließe sich dieser Widerstreit sehr leicht heben, wenn man bedenken wollte, daß jeder, der von Jugend an seine Bildung den Griechen und Römern verdankt, nie ein gewisses antikes Herkommen verleugnen, vielmehr jederzeit dankbar anerkennen wird, was er abgeschiedenen Lehrern schuldig ist, wenn er

---

[108] Herders Sämtliche Werke. Suphan-Ausgabe, Bd. 2, S. 60. Vgl. die Anmerkung dazu S. 369.

auch sein ausgebildetes Talent der lebendigen Gegenwart unaufhaltsam widmet und, ohne es zu wissen, modern endigt, wenn er antik angefangen hat.[109]

Wenn es also modern und romantisch ist, sich der lebendigen Gegenwart zuzuwenden, erweist sich Goethe unverkennbar als modern. Handeln doch alle vier Romane, die er von der Jugend bis zum Alter geschrieben hat, ausschließlich von menschlichen Verhältnissen und gesellschaftlichen Problemen des deutschen Bürgertums im 18. Jahrhundert, und das hatte auch Zukunft besonders in seinem Altersroman *Wanderjahre*, wie es Thomas Mann 1932 in dem Aufsatz „An die japanische Jugend" hervorhob. In dem genannten Aufsatz über den Literaturstreit in Italien ging es Goethe sicherlich nicht so sehr darum, im Spiegel von Italien zu zeigen, daß man in Deutschland über die ersten Schwankungen des Gegensatzes längst hinaus sei und beide Teile sich schon zu verständigen angefangen hätten, sondern vielmehr um eine Grundsatzfrage, die so ausgesprochen wird:

> Eine jede Theorie, sie sei von welcher Art sie wolle, setzt eine Unterlage voraus, irgend etwas in der Erfahrung Gegebenes, welches man sich so gut als möglich zurechtlegen möchte. Von Aristoteles bis auf Kant muß man erst wissen, was diesen außerordentlichen Menschen zu schaffen machte, ehe man nur einigermaßen begreift, warum sie sich so viel Mühe gegeben.[110]

Wenn es mit Goethes Dichtungstheorie ebenfalls eine solche Bewandtnis hat, muß man sich fragen, warum er sich sein Leben lang so sehr um die Wesensdeutung der Literatur und ihre spezifischen Aufgaben und Formen bemüht hat. „Shakespeare und kein Ende" ist doch faktisch sein dritter Aufsatz über diesen englischen Dichter. Es liegt sehr nahe, daß er sich selbst und seine eigene Dichtung im Spiegel Shakespeares deuten wollte ähnlich wie in seiner Winckelmann-Schrift.

Bekanntlich betrachtet Goethe in seinem letzten Shakespeare-Aufsatz den Dramatiker unter drei Gesichtspunkten: als Dichter überhaupt, im Vergleich mit den Alten und den Neusten und zuletzt als Theaterdichter. Der erste Aspekt bezieht sich also auf Shakespeares Dichtertum, das seiner Ansicht nach vor allem darin besteht, die Welt für die Leser durchsichtig zu machen. Shakespeare wirkt dabei durchs lebendige Wort, indem er

---

109 Artemis-Gedenkausgabe, Bd. 14, S. 802 f.
110 Artemis-Gedenkausgabe, Bd. 14, S. 805.

geschehen läßt, was sich leicht imaginieren läßt. Er spricht mit seinem geistigen Wort eben den inneren Sinn des Lesers an und ruft die Täuschung hervor, als ob sich alles vor den Augen des Leibes begebe. Diese merkwürdige Charakterisierung eines Dichters, der doch Dramen sichtbar für die Augen darzustellen hat, wird von ihm mit überzeugenden Einzelheiten begründet und ist insofern als Beispiel einer kongenialen Interpretation bewundernswürdig. Aber in poetologischer Hinsicht bietet das Kapitel kaum etwas, weil es nicht besonders auf das Wesen der Dichtung als solches eingeht. Vielmehr hat man den Eindruck, daß der späte Goethe von seinem reifen Dichtertum erzählt, wie er einst in dem Jugendaufsatz „Zum Shakespeares-Tag" sein eigenes Anliegen zum Ausdruck brachte.

Für seine Poetik bedeutsam ist vor allem das zweite Kapitel, in dem Goethe sich eines grundbegrifflichen Denkens bedient,[111] um die dichterische Eigentümlichkeit Shakespeares in dessen Zeitalter zu erklären. Bis zu „apollinisch" und „dionysisch" wird es, abgesehen von seiner Verwendung im Denken Nietzsches, seitdem in der Kunstgeschichte z. B. bei Wilhelm Worringer oder Heinrich Wölfflin, aber auch in der Literaturgeschichte bei Fritz Strich u. a. m. immer wieder verwendet. In dem Aufsatz „Einwirkung der neueren Philosophie" nennt er Schiller den Begründer einer solchen Betrachtungsweise, der mit seiner Abhandlung *Über naive und sentimentalische Dichtung* versucht hat, ihren gegensätzlichen Dichtungsweisen, jener auf den Rechten der Natur beharrend und dieser das Evangelium der Freiheit predigend, wechselsweise gleichen Rang zu verschaffen: „Er legte hierdurch den ersten Grund zur ganzen neuen Ästhetik: denn hellenisch und romantisch und was sonst noch für Synonymen mochten aufgefunden werden, lassen sich alle dorthin zurückführen, wo vom Übergewicht reeller oder ideeller Behandlung zuerst die Rede war."[112] Die Synonyme für „naiv" und „sentimentalisch" sind im zweiten Kapitel des Shakespeare-Aufsatzes einzeln angeführt: „Antik-Modern / Naiv-Sentimental / Heidnisch-Christlich / Heldenhaft-Romantisch / Real-Ideal / Notwendigkeit-Freiheit / Sollen-Wollen". Hier ist von einem Gegensatz von „klassisch" und „romantisch" als Stilbegriff gar nicht die Rede. Der Gegensatz von

---

111 Vgl. Oscar Walzel: Gehalt und Gestalt im Kunstwerk des Dichters. Berlin 1923, S. 300 ff.
112 Hamburger Ausgabe, Bd. 13, S. 29.

„romantisch" ist bei Goethe entweder „hellenisch" oder „heldenhaft", und das Wort „modern" ist fast das Synonym dafür.

Als die Romantiker auf den Plan getreten waren, verwendete er das Wort „klassisch" in dem in den *Horen* veröffentlichten Aufsatz „Literarischer Sansculottismus" ausschließlich im Sinne von „vorbildlich", so daß kein deutscher Autor, nicht einmal Goethe, sich selbst für klassisch halten würde: „Wer mit den Worten, deren er sich im Sprechen oder Schreiben bedient, bestimmte Begriffe zu verbinden für eine unerläßliche Pflicht hält, wird die Ausdrücke: klassischer Autor, klassisches Werk höchst selten gebrauchen."[113] In der *Italienischen Reise* gebraucht er das Wort nicht in solchem strengen Sinne, sondern spricht allgemein vom „klassischen Andenken" oder sogar von „jenen ewig klassischen Höhen des Erdaltertums".[114] Aber im Hinblick auf den anschauungslosen Begriff des Altertums wird schon gesagt: „Mit dem, was man klassischen Boden nennt, hat es eine andere Bewandtnis,"[115] und Sizilien, wo Goethe die schöne Idee von *Nausikaa* bekam, wird freudig als „überklassischer Boden"[116] bezeichnet. Mit der Anschauung an Ort und Stelle wird Goethe dann selbstverständlich ernsthafter:

> Mir ward bei diesem Umgang [d. i. mit den Kunstwerken in Rom] das Gefühl, der Begriff, die Anschauung dessen, was man im höchsten Sinne die Gegenwart des klassischen Bodens nennen dürfte. Ich nenne dies die sinnlich geistige Überzeugung, daß hier das Große war, ist und sein wird.[117]

Wie ernst der Bedeutungsgehalt von „klassisch" gemeint ist, geht aus dem Wortgebrauch des Verbs „sein" im letzten Satz hervor, das sich in Goethes Kunstfrömmigkeit an die alttestamentliche Gottesdefinition anlehnt.

Es muß zugegeben werden, daß das Wort „klassisch" schon lange sich in der Literaturwissenschaft als fester Terminus im Sinne von „antik" etabliert hat. Aber wie problematisch der Wortgebrauch von klassisch und romantisch als gegensätzlichen Begriffen ist, zeigt sich darin, daß sie nicht nur zur ästhetischen Charakterisierung eines Werkes, sondern

---

113 Hamburger Ausgabe, Bd. 12, S. 240.
114 Hamburger Ausgabe, Bd. 11, S. 233, 300.
115 Hamburger Ausgabe, Bd. 11, S. 122
116 Hamburger Ausgabe, Bd. 11, S. 300.
117 Hamburger Ausgabe, Bd. 11, S. 456.

auch als ethisches Werturteil benutzt werden können. Im ersten Teil des *Faust* sprach Goethe nur von der „Walpurgisnacht". Rudolf Steiner hat sie dann in Gegenüberstellung zur „Klassischen Walpurgisnacht" des zweiten Teils als die „Romantische Walpurgisnacht" bezeichnet.[118] Das dürfte auf die dargestellte Welt des Hexensabbats noch zutreffen. In dem Aufsatz „Neudeutsche religios-patriotische Kunst" wird jedoch das Romantische eindeutig negativ betrachtet, wenn der Essay auch im strengen Sinne von Heinrich Meyer stammt und angeblich nur die Kunst zum Gegenstand hat.[119] Ein besonderer Fall ist der bekannte lapidare Spruch „Klassisch ist das Gesunde, romantisch das Kranke" in den *Maximen und Reflexionen*.[120] Ohne nötigen Kontext und bei seiner überaus ambivalenten Wirkung auf die literarisch-künstlerische Nachwelt scheint er sehr überschätzt, wenn nicht mißbraucht worden zu sein, zumal der Text erst in den Nachgelassenen Werken 1836 gedruckt wurde.[121]

Zwar steht fast die gleiche Aussage im Gespräch mit Eckermann vom 2. April 1829, aber das „Gesunde" scheint bei Goethe die Einheit des Ideellen und Sinnenhaften im Symbol zu meinen und Zeitlosigkeit zu implizieren.[122] Das „Kranke" dagegen ist die allegorische Kunst mit ihrer Trennung von gegenständlichem Sein und intellektueller Bedeutung.[123] Denn ein Künstler wie Ruysdael kann fast als Dichter eine vollkommene Symbolik erreichen und belebt uns durch die „Gesundheit seines äußern

---

118 Vgl. Rudolf Steiner: Geisteswissenschaftliche Erläuterungen zu Goethe's Faust, 2 Bände. Bd. 1 Faust der strebende Mensch, Bd. 2 Das Faust-Problem. Die romantische und die klassische Walpurgisnacht. Philosophisch-anthroposophischer Verlag. Dornach, Goetheanum 1931.
119 Der literarische Aspekt des Romantischen muß allerdings vom künstlerischen unterschieden werden. Vgl. Artemis-Gedenkausgabe, Bd. 13, S. 714. Näheres vgl. Frank Büttner: Der Streit um die „Neudeutsche religiös-patriotische Kunst". In: Aurora 43 (1983), S. 55–76.
120 Hamburger Ausgabe, Bd. 12, *Maximen und Reflexionen* Nr. 863. S. 487.
121 Vgl. WA I, 42/2, S. 246.
122 So soll ein echtes Kunstwerk wie „ein gesundes Naturprodukt" aus sich selbst beurteilt werden. Vgl. Artemis-Gedenkausgabe, Bd. 14, S. 814. Näheres vgl. Gertrud Hager: „Gesund" bei Goethe. Eine Wortmonographie. Berlin 1955.
123 Über den Wortgebrauch von Symbol und Allegorie vgl. Naoji Kimura: Goethes Symbolbegriff. In: Das Gold im Wachs. Hrsg. von Elisabeth Gössmann und Günter Zobel. Festschrift für Thomas Immoos. München 1988, S. 331–348.

und innern Sinns".[124] Dagegen heißt es in Goethes Rezension von Karl Simrocks Übersetzung des *Nibelungenliedes*: „Die Motive durchaus sind grundheidnisch", und „Alles ist derb und tüchtig von Hause aus."[125] Das Wort „gesund" kommt keineswegs vor. In Goethes Wortgebrauch von „grundheidnisch" müßte man eher an das gegenteilige Christliche im Mittelalter oder an das Romantische im Gegensatz zur „heldenhaften" Antike denken. In der Schrift *Winckelmann*, und zwar in dem Abschnitt „Antikes", wird außerdem von der „gesunden Natur des Menschen" sowie vom „gesunden Sinn"[126] gesprochen, und zum Vergleich wird die „gesunde Faser" herangezogen, die dem Übel widerstrebt und bei jedem krankhaften Anfall sich eilig wiederherstellt. In dem daran anschließenden Abschnitt „Heidnisches" wird dann der Ausdruck „eine unverwüstliche Gesundheit"[127], die man in dem höchsten Augenblicke des Genusses wie in dem tiefsten der Aufopferung, ja des Untergangs gewahr wird, gleich auf den nächsten Absatz bezogen: „Dieser heidnische Sinn leuchtet aus Winckelmanns Handlungen und Schriften hervor [...]". Der Gegensatz von „gesund" ist in der Winckelmann-Schrift nicht „krank", sondern allenfalls „schwächlich", abstrakt, nicht ganz-leiblich. Es gibt keinen Grund für die Annahme, daß Goethe das *Nibelungenlied* deshalb klassisch genannt hätte, weil es „gesund" sei.

Im *Werther*-Roman wird „eine Krankheit zum Tode" thematisiert. Aber als Lotte am 4. Dezember (1771) nach dem Klavierspiel zu Werther sagte: „Sie sind sehr krank",[128] war dies mehr physisch gemeint als psychisch. In Goethes Tagebucheintragung vom 18. Mai 1810 findet sich folgende Bemerkung: „Es gibt ein Physiologisch-Pathologisches, z. E. in allen Übergängen der organischen Natur, die aus einer Stufe der Metamorphose in die andere tritt. Diese wohl zu unterscheiden vom eigentlichen morbosen Zustande."[129] Es ist eben nicht so einfach mit dem Wortgebrauch von

---

124 Hamburger Ausgabe, Bd. 12, S. 142.
125 Hamburger Ausgabe, Bd. 12, S. 348.
126 Hamburger Ausgabe, Bd. 12, S. 98 und 97.
127 Hamburger Ausgabe, Bd. 12, S. 101.
128 Hamburger Ausgabe, Bd. 6, S. 92. Vgl. Wörterbuch zu Goethes Werther von Erna Merker. Akademie-Verlag 1958, Sp. 265.
129 WA III, 4, S. 120 f.

krank, morbos oder pathologisch bei Goethe. Bei der Charakterisierung des romantisch-modernen Elements bei Shakespeare ist sein Begriffspaar auf keinen Fall „gesund" und „krank", sondern „reell" und „ideell" bzw. „real" und „ideal". Wenn er beispielsweise unter dem 19. Oktober 1829 an Zelter schreibt, „daß den Modernen ihr Ideelles nur als Sehnsucht erscheint", kritisiert er nur den Mangel am Reellen als Lebensgehalt bei den Romantikern, die auf die Phantasie oder auf das Phantastische so viel Wert legen. Bei Heinrich von Kleist war es allerdings anders. Anläßlich der Besprechung von Ludwig Tiecks *Dramaturgischen Blättern* schreibt Goethe: „Seine Pietät gegen Kleist zeigt sich höchst liebenswürdig. Mir erregte dieser Dichter, bei dem reinsten Vorsatz einer aufrichtigen Teilnahme, immer Schauder und Abscheu, wie ein von der Natur schön intentionierter Körper, der von einer unheilbaren Krankheit ergriffen wäre."[130] Kleist war nicht gut beraten, als er einem so pathologisch empfindlichen Dichter das erste Heft seines Journals *Phöbus* mit dem Fragment der *Penthesilea* schickte.

Der späte Goethe bezieht sich im zweiten Kapitel des Aufsatzes „Shakespeare und kein Ende" vornehmlich auf die Begriffspaare von Sollen und Wollen bzw. Notwendigkeit und Freiheit.[131] Sie spielen sich dabei ausschließlich innerhalb der gegenwärtigen Welt ab, die kaum an die Sehnsucht grenzt. Shakespeare wird deshalb erachtet, „nicht sowohl zu den Dichtern der neuern Welt, welche man die romantischen genannt hat, sondern vielmehr zu jenen der naiven Gattung zu gehören"[132]. Aus einer anderen Perspektive erweist er sich aber als „ein entschieden moderner Dichter, von den Alten durch eine ungeheure Kluft getrennt, nicht etwa der äußern Form nach [...] sondern dem innersten, tiefsten Sinne nach."[133] Diese Kluft beruht auf der unterschiedlichen Einstellung zum Sollen und Wollen bei den Alten und den Neueren. Der Gegensatz geht letzten Endes aus dem Mißverhältnis zwischen Sollen und Wollen, sodann aber zwischen

---

130 Artemis-Gedenkausgabe, Bd. 14, S. 129. Vgl. ferner Goethes Abneigung gegen Buschings *Armer Heinrich* in: Hamburger Ausgabe, Tag- und Jahreshefte 1813, Bd. 10, S. 511.
131 Näheres vgl. Werner Keller: Wollen und Sollen: Der Tragiker Goethe und seine Wandlungen. In: Literatur in der Gesellschaft. Hrsg. von Frank-Rutger Hausmann, Ludwig Jäger und Bernd Witte. Tübingen 1990, S. 97–116.
132 Hamburger Ausgabe, Bd. 12, S. 291.
133 Ebd.

Sollen und Vollbringen sowie Wollen und Vollbringen hervor, wobei Sollen offensichtlich zum Objektiven und Wollen zum Subjektiven gehören. Mit dieser Kreuzung von menschlichen Grundverhältnissen wird der Abstand Shakespeares von den Alten und seine Modernität, also seine Nähe zu den Neueren, begründet. An und für sich war die griechische Tragödie durch das Sollen groß und stark, und das neuere Drama mußte durch das subjektive Wollen notwendig schwach und klein werden. Aber es ist nach Goethes Auffassung Shakespeare als dem neueren Tragiker in einzigartiger Weise gelungen, das Alte und Neue zu verbinden. Das Sollen kommt bei Shakespeare nicht mehr vom Schicksal, sondern ist im individuellen Charakter verankert, so daß es mit dem Wollen im Menschen verknüpft ist: „Wollen und Sollen suchen sich durchaus in seinen Stücken ins Gleichgewicht zu setzen; beide bekämpfen sich mit Gewalt, doch immer so, daß das Wollen im Nachteile bleibt."[134] Diese Einsicht liegt den folgenden Versen im *Prolog zur Eröffnung des Berliner Theaters im Mai 1821* zugrunde: „Vom tragisch Reinen stellen wir euch dar / Des düstern Wollens traurige Gefahr; / Der kräftige Mann, voll Trieb und willevoll, / Er kennt sich nicht, er weiß nicht, was er soll [...]"[135]

Shakespeares Modernität[136] liegt darin, daß sich Hamlets Wollen z. B. als unzulänglich herausstellt. Denn „ein Wollen, das über die Kräfte eines Individuums hinausgeht, ist modern"[137]. Auf der anderen Seite nähert er sich der Antike, indem er dieses unzulängliche Wollen nicht unmittelbar durch den Charakter, sondern durch äußere Veranlassung anstelle des Schicksals entspringen läßt und das Notwendige sittlich macht. Eine Notwendigkeit, die das Schicksal unerbittlich mit sich bringt und mehr oder weniger völlig alle innere Freiheit ausschließt, verträgt sich nicht mehr mit den Gesinnungen der neueren Menschen. Unter diesem Gesichtspunkt erweist sich die Erscheinung des Erdgeistes im ersten Teil des *Faust* als Anlaß dazu, den grübelnden Gelehrten Faust zur Tat zu treiben und ihn schuldbeladen zugrunde zu richten. Auch der charakterschwache Eduard in den *Wahlverwandtschaften* brauchte auf seinem Landbesitz eine äußere

---

134   Hamburger Ausgabe, Bd. 12, S. 293.
135   WA I, 13/1, S. 116. Prolog zur Eröffnung des Berliner Theaters.
136   Über verschiedene Aspekte der Modernität vgl. Uwe Japp: Literatur und Modernität. Frankfurt am Main 1987.
137   Hamburger Ausgabe, Bd. 12, S. 294.

Veranlassung durch die Ankunft Ottiliens, um in seinem falschen Bemühen um eine Nachahmung zugrunde zu gehen.[138]

Im übrigen stellt Goethe der Romantik, die „nicht zu schelten noch zu verwerfen sein mag"[139], niemals eine Klassik gegenüber, sondern er betont nur, man sollte suchen, jenen großen, unvereinbar scheinenden Gegensatz zu vereinen. Wenn Shakespeare, den man dabei zum Vorbild nehmen soll, ein entschieden moderner, von den Alten durch eine ungeheure Kluft getrennter Dichter genannt wird, so ist Goethe selbst sicherlich ein solcher Dichter gewesen, da er doch lauter moderne Romane geschrieben hat. Seine sogenannten klassischen Dramen einschließlich der *Faust*-Tragödie sind nicht antik, sondern durchaus modern,[140] sofern der Charakter des Helden sein inneres Schicksal ausmacht. Wie paradox es auch klingen mag, Goethe ist seiner eigenen Alterspoetik gemäß weder klassisch noch romantisch und gilt vielmehr nur im literaturwissenschaftlich-modernen Sinne als klassisch-romantischer Dichter.[141]

Zum Schluß soll noch Shakespeare als Theaterdichter gestreift werden, nachdem sein Dichtertum synthetisch aufgefaßt und seine Dichtungsweise analysiert worden sind. Shakespeare kann man in der Geschichte der Poesie unbedingt verehren, und es ist gut so. Aber in der Geschichte des Theaters war er vielen ungünstigen Bedingungen unterworfen. Als Voraussetzungen dafür zählt Goethe ebenso wie lyrische Formen im *Divan* nahverwandte Dichtungsarten auf: Epos, Dialog, Drama, Theaterstück, wobei das Drama gilt als „Gespräch in Handlungen, wenn es auch nur vor der Einbildungskraft geführt würde".[142] Shakespeares Werke sind in diesem Sinne am

---

138 Vgl. Eduards letztes Wort am Ende des Romans (HA Bd. 6, S. 489 f.).
139 Hamburger Ausgabe, Bd. 12, S. 294.
140 Vgl. Werner Keller: Der klassische Goethe und sein nicht-klassischer Faust. In: Goethe Jahrbuch Bd. 95 (1978), S. 9 28.
141 Über diese Problematik vgl. Wilhelm Voßkamp: Klassik als Epoche. Zur Typologie und Funktion der Weimarer Klassik. In: Epochenschwelle und Epochenbewußtsein. Hrsg. von Reinhart Herzog und Reinhart Koselleck. München 1987, S. 493–514. Vgl. ferner Dieter Borchmeyer: Weimarer Klassik. Portrait einer Epoche. Weinheim 1994.
142 Hamburger Ausgabe, Bd. 12, S. 296. Über den Unterschied von Epos und Drama vgl. eine Bemerkung Goethes: „das Epische sollte rezitiert, das Lyrische gesungen und getanzt und das Dramatische persönlich mimisch vorgetragen werden." (AA Bd. 14, S. 341)

meisten dramatisch, und die theatralischen Forderungen erscheinen ihm nichtig. Wie er als Dichter überhaupt unsern inneren Sinn anspricht, so regt er als Theaterdichter die Einbildungskraft an und erleichtert ihre Operation dadurch, „daß er alles unter der Theaterform vorbringt". Denn, wie es weiter heißt, „mit den ‚Brettern, die die Welt bedeuten', sind wir bekannter als mit der Welt selbst". Zudem ist nichts so theatralisch, als „was für die Augen zugleich symbolisch ist".[143]

Shakespeares großes Talent ist das eines „Epitomators" [= Zusammenfasser],[144] wie der Dichter überhaupt als Epitomator der Natur anzusehen ist. Nur war die Bühne von damals kein würdiger Raum für sein Genie und seine ganze Verfahrungsart. So war er durch diese Bühnenenge zu eigener Begrenzung veranlaßt. Auch wenn er schon vorhandene Stücke redigiert und zusammenschneidet, ist er wieder mehr Dichter überhaupt als Theaterdichter, das heißt, „wir erfahren die Wahrheit des Lebens und wissen nicht wie"[145]. Als Theaterdichter überließ er dem Zuschauer, sich auf der öden Bühne nach Belieben Paradies und Paläste zu imaginieren. Aber als Dichter überhaupt gesellte er sich zum Weltgeist: „Er durchdringt die Welt wie jener; beiden ist nichts verborgen."[146] Mit dieser Charakterisierung Shakespeares kann man sich wohl des Gefühls nicht enthalten, daß Goethe sich ebenso zum Weltgeist gesellt habe. Spiegelt doch auch seine literarische Welt in allen Hauptgattungen der Poetik den ganzen Kosmos wider. In den *Zahmen Xenien* sagt Goethe selbstironisch: „Wir sind vielleicht zu antik gewesen, / Nun wollen wir es moderner lesen."[147] Vielleicht haben auch wir ihn für zu klassisch gehalten. Nun wollen wir ihn romantisch interpretieren, um ihn wieder moderner zu machen.

---

143 Ebd.
144 Hamburger Ausgabe, Bd. 12, S. 297.
145 Hamburger Ausgabe, Bd. 12, S. 289.
146 Ebd.
147 Artemis-Gedenkausgabe, Bd. 1, S. 612.

3. Kapitel: Die Anfänge der Goethe-Philologie in Wien*

Im Editorial des „Lesezirkels" der Wiener Zeitung vom März 1996 (Kulturmagazin Nr. 5) wird die Frage aufgeworfen: „Was aber ist ein Denkmal?" Zu diesem Rahmenthema, das ohne Zweifel mit dem Gedächtnis-Diskurs in den letzten Jahren zusammenhängt,[1] steht tonangebend der Beitrag von Peter Ernst und Paul Roessler: *Das Pathos der Denkmäler. Zur Phänomenologie des Erinnerungszeichens*, und zwar mit einem suggestiven Foto „Goethe am Ring, schneebeladen". Die beiden Autoren fragen herausfordernd: „Einmal ehrlich: Denken Sie an Johann Wolfgang von Goethe, wenn Sie in Wien den Ring zwischen Oper und Bellaria entlanggehen oder -fahren?" Darauf kann ich natürlich als japanischer Goetheforscher mit einem entschiedenen „Oh ja" antworten und habe dabei von den Anfängen der Goethephilologie in Wien auszugehen, um die weitere Frage zu beantworten: „Warum sollte man gerade am Opernring an Goethe denken?"

1. Vorgeschichte der Goethe-Philologie

Bekanntlich liegt die bedeutendste Leistung der Goetheforschung in der sogenannten Weimarer oder Sophien-Ausgabe von Goethes Werken einschließlich der Tagebücher und Briefe, die von 1887 bis 1919 erschienen ist. Es gibt aber eine lange Vorgeschichte bis dahin. Zunächst war Fürst Metternich gegen die Gründung einer Goethegesellschaft in Weimar, die man bald nach dem Tode Goethes ins Leben rufen wollte, auch wenn er als Curator der Akademie der bildenden Künste in Wien am 12. Februar 1812

---

* Eine ergänzte Fassung des am 27. Oktober 1997 im Institut für Germanistik an der Universität Wien gehaltenen Vortrags, in: Studien des Instituts für die Kultur der deutschsprachigen Länder. Nr. 16. Sophia-Universität. Tokyo 1998, S. 46–64.
1 Vgl. Aleida Assmann: Arbeit am nationalen Gedächtnis. Eine kurze Geschichte der deutschen Bildungsidee. Edition Pandora Bd. 14. Frankfurt / New York / Paris 1993.

den Weimarer Dichter zum Ehrenmitglied derselben proklamiert hatte.[2] „Metternich hatte keinerlei Verständnis für Goethe, dem er nur stöhnend und widerwärtig einmal einen Orden verschafft hatte."[3] Für Metternich hatte Kunst immer etwas Revolutionäres an sich und er war dagegen sehr empfindlich. Als 1841 Goethes Enkel, Wolfgang und Walther, den Nachlaß des Großvaters verkaufen wollten, wurde der Wunsch rege, den Nachlaß als ein Goethe-Nationaldenkmal zu erwerben. Ludwig I. von Bayern und Friedrich Wilhelm IV. von Preußen gingen dem Vorschlag eifrig nach. Metternich meinte aber, die Sache sei „delikat zu behandeln", weil man befürchte, „dem Andenken eines Mannes zu große Ehre zu erweisen, der ersichtlich seines religiösen Bekenntnisses nicht ohne Anstoß gewesen"[4]. Immerhin hatte Goethe 1825 ein Sonderprivilegium für die *Ausgabe letzter Hand* seiner Werke nicht nur von jedem einzelnen Mitgliedstaat des deutschen Bundes, sondern auch von dem Österreich Metternichs bekommen. Die politische Lage änderte sich aber nach 1848 gewaltig, und 1885 konnte endlich die Goethe-Gesellschaft in Weimar gegründet werden, um auf Grund des Testaments von Walther vorwiegend Goethes schriftlichen Nachlaß herauszugeben.

In der Goetheforschung selbst stellt, wie Hans Titze in seiner Greifswalder Arbeit von 1916 aufgezeigt hat,[5] die philosophische Periode im Zuge der *Faust*-Deutung, die von dem romantischen Naturphilosophen Schelling und den Rechtshegelianern wie Karl Rosenkranz usw. angestellt wurde, die

---

2   Vgl. P. v. Radics: Goethe, das Haus Habsburg und Oesterreich. Wien 1891. S. 69. Vgl. ferner Werner M. Bauer: Goethe und Österreich. In: Studien des Instituts für die Kultur der deutschsprachigen Länder. Nr. 18. 250 Jahre Johann Wolfgang von Goethe. Symposium Goethe – Wirkung und Gegenwart. Sophia-Universität, Tokyo 2000, S. 145–155.
3   Wolfgang Goetz: Fünfzig Jahre Goethe-Gesellschaft. Schriften der Goethe-Gesellschaft 49. Band. Weimar 1936, S. 3.
4   Ebd., S. 8. Vgl. ferner Wolfgang Leppmann: Goethe und die Deutschen. Erweiterte Neufassung, Bern und München 1982, S. 63 ff.
5   Hans Titze: Die philosophische Periode der deutschen Faustforschung (1817–1839) nebst kurzen Überblicken über die philologische und die philosophisch-ästhetische Periode zur Beleuchtung der Gesamtentwicklung der deutschen Faustphilologie bis zur Gegenwart. Ein Beitrag zur Entwicklung der deutschen Faustphilologie. Greifswald 1916. Mit einer Vorbemerkung zur Reprintausgabe von Hans Henning. Leipzig 1973.

erste Phase dar. Speziell für den zweiten Teil des *Faust* gibt es eine Wiener Dissertation (1930) von Norbert Krejcik: Goethes *Helena* und *Faust II* in Kritik und Forschung der Deutschen 1826–1850. Die sich daran anschließende Kommentierung einzelner Werke von Goethe gilt als Ansätze zur Goethe-Philologie überhaupt. Bis Ende des 19. Jahrhunderts gab es darüber hinaus zahlreiche Erläuterungsschriften und Kommentare zu Goethes Leben und Werken, die im Schulunterricht und im Bildungsbürgertum weite Verwendung gefunden haben. Einzelheiten über diese Goethekommentatoren kann man z. B. in Heinz Kindermanns Werk *Das Goethebild des XX. Jahrhunderts* (1952) nachlesen. Berüchtigtes Beispiel hierfür ist Heinrich Düntzer. „Professor Düntzer's Erläuterungen zu den Klassikern" umfassen neben Goethes Hauptromanen und -dramen 17 Lyrikbändchen und haben trotz allem vielfach das erste Grundwissen über Goethes Leben und Werk vermittelt. Auch Heinrich Viehoffs zweibändiger Kommentar *Goethe's Gedichte, erläutert und auf ihre Veranlassungen, Quellen und Vorbilder zurückgeführt* (1869) beruhte im Prinzip wahrscheinlich auf einer Aussage, die Goethe 1820 anläßlich der von Dr. Karl Ludwig Kannegießer veröffentlichten „Einladungsschrift" über sein Gedicht *Harzreise im Winter* gemacht hatte:

> Weil nun aber demjenigen, der eine Erklärung meiner Gedichte unternimmt, jene eigentlichen, im Gedicht nur angedeuteten Anlässe nicht bekannt sein können, so wird er den innern, faßlichern Sinn vorwalten lassen; ich habe auch hiezu, um die Poesie nicht zur Prosa herabzuziehen, wenn mir dergleichen zur Kenntnis gekommen, gewöhnlich geschwiegen.[6]

Darauf hin bemühten sich manche Kommentatoren um Aufklärung angedeuteter äußerer Anlässe, um so den inneren Sinn eines Gedichts besser verstehen zu können.

Der Literarhistoriker Hermann Hettner charakterisierte Viehoff als „Philolog und nichts als Philolog"[7] und kritisierte dessen Schwächen,

---

6 Goethes Werke. Hamburger Ausgabe, Bd. 1, S. 393. Der biographische Hintergrund wurde doch schließlich in Goethes quasi drittem Teil seiner Autobiographie *Campagne in Frankreich* gelüftet. Vgl. Goethes Werke. Hamburger Ausgabe, Bd. 10, S. 327 f.

7 Zitiert bei Karl Robert Mandelkow: Goethe in Deutschland. Rezeptionsgeschichte eines Klassikers. Bd. I. 1773–1918. München 1980, S. 157.

nachdem er dessen Vorzüge ironisch hervorgehoben hatte: „Dieser philologische Tick bannt Herrn Viehoff überall nur an das biographische Interesse und läßt ihn nirgends zu einer eigentlich künstlerischen, ästhetischen Auffassung gelangen." Spricht dieses starke Interesse an Goethes Biographie für ein allgemeines Charakteristikum der Goethe-Philologie, so besteht ihr anderes Anliegen in der textkritischen, insofern echt philologischen Beschäftigung mit Goethes Werken. Beide Richtungen waren in der von dem preußischen Juristen Gustav von Loeper initiierten, ersten wissenschaftlichen Goetheausgabe vertreten, die in den Jahren 1868–79 im Verlag von Gustav Hempel in Berlin erschien. Es war aber eigentlich Michael Bernays, der durch seine bahnbrechende Schrift *Über Kritik und Geschichte des Goetheschen Textes* von 1866 die Goethe-Philologie im engeren Sinne begründete.

Der Anlaß dazu war Goethes zweite Fassung des *Werther*-Romans von 1787. Bei der Umarbeitung hatte er nämlich von der 1774 gedruckten ersten Fassung kein Exemplar mehr in der Hand und mußte notgedrungen seiner Umarbeitung ein Exemplar des Raubdrucks vom Berliner Buchhändler Christian Friedrich Himburg zugrunde legen, der für norddeutsche Leser Goethes z.T. süddeutsche Sprachformen verändert hatte.[8] Dieses Exemplar war deshalb voller Druckfehler und Entstellungen, so daß der Autor selbst der ersten Druckfassung nicht mehr ganz sicher war. Auf diese Weise kam die zweite Fassung des *Werther*-Romans in einem textkritisch problematischen Zustand heraus und wurde trotzdem als von Goethe autorisierter Text weiter verbreitet. Es wurde im Laufe der Jahrzehnte allgemein darüber geklagt, daß „der Text unserer klassischen Dichterwerke sich in einem verwahrlosten Zustande befinde, in dem er nicht länger verharren dürfe".[9] Joachim Meyer hatte zwar schon für eine kritische Bearbeitung des Schillerschen Textes vorgearbeitet. Aber nach Bernays wurde die Notwendigkeit, daß auch Goethes Werke, wenigstens für einen bedeutsamen Teil derselben, in unverletzter, ursprünglicher Reinheit erscheinen müßten, bislang nicht erkannt und nicht geahnt. Deswegen hat sich Bernays zur Aufgabe

---

8 Vgl. Goethes Werke. Hamburger Ausgabe, Anm. zu Himburg. Bd. 10, S. 621.
9 Michael Bernays: Über Kritik und Geschichte des Goetheschen Textes. Berlin 1866, S. 1.

gemacht, „den Text der Werke Goethes nach jener strengen Methode zu untersuchen und zu bearbeiten, welche den Schriftwerken des classischen und unseres eigenen Alterthums schon längst zu Gute gekommen ist".[10]

Düntzer, Viehoff, von Loeper und einige andere, unter ihnen vor allem der Herausgeber von *Goethes Gesprächen,* Woldemar von Biedermann, der an der Hempelschen Goetheausgabe mitgearbeitet hatte, waren in ihrer Wirkung nicht schulbildend. Düntzer war Bibliothekar in Köln, Viehoff Schulmeister in Trier, von Loeper Archivverwalter in Berlin, v. Biedermann hoher sächsischer Staatsbeamter in Dresden. Bernays erfreute sich der Unterstützung des Leipziger Verlegers Salomon Hirzel und konnte trotz der jüdischen Herkunft immerhin Professor in München werden.[11] Ludwig Geiger, der die erste Reihe des Goethe-Jahrbuchs von 1880 bis 1913 herausgab, mußte ein privater Gelehrter bleiben. Dagegen erwies sich Wilhelm Scherers Lehrtätigkeit in Berlin durch seinen Schüler und Nachfolger Erich Schmidt als schulbildend und einflußreich für die Entwicklung der positivistischen Goetheforschung. Im Jahre 1868 veröffentlichte der in Schönborn, Niederösterreich, geborene Germanist zunächst sein Werk *Zur Geschichte der deutschen Sprache* und wurde zur gleichen Zeit Professor der Germanistik an der Universität Wien. 1872 wurde er nach Straßburg zur neugegründeten Universität berufen und publizierte 1874 in einem Sammelband *Vorträge und Aufsätze zur Geschichte des geistigen Lebens in Deutschland und Österreich.*[12] Scherer war dann ab 1877 Lehrstuhlinhaber in Berlin. Hier schrieb er nicht nur sein bekanntes Hauptwerk *Geschichte der deutschen Literatur* (1883), in dem Goethe gründlich behandelt war, sondern verfaßte auch stark essayistische Arbeiten zur Goethe-Philologie *Aus Goethes Frühzeit. Bruchstücke eines Commentares zum jungen Goethe* (1879) und *Aufsätze über Goethe* (1886).[13]

---

10 Ebd., S. 8.
11 Vgl. Wilfried Barner: Jüdische Goethe-Verehrung vor 1933. In: Stéphane Moses / Albrecht Schöne (Hrsg.): Juden in der deutschen Literatur. Suhrkamp Taschenbuch 2063, Frankfurt am Main 1986, S. 136.
12 Vgl. Richard Weißenfels: Der junge Goethe. Zum Besten des Straßburger Goethe-Denkmals. Freiburg / Leipzig / Tübingen 1899.
13 Vgl. Wilhelm Scherer: Poetik. Mit einer Einleitung und Materialien zur Rezeptionsanalyse. Hrsg. von Gunter Reiss. Tübingen 1977. Einleitung: Germanistik im Kaiserreich. Wilhelm Scherers *Poetik* als wissenschaftsgeschichtliches Dokument. Vgl. ferner

2. Die Wiener Schule in Berlin

In dem zuletzt genannten Sammelband ist Scherers programmatischer Aufsatz *Goethe-Philologie* enthalten, der 1877, also gerade in der Übergangszeit von Straßburg nach Berlin, in der Zeitschrift *Im neuen Reich* erschien, und in dem der Verfasser die methodische Grundlegung einer neuen Spezialwissenschaft gegeben hat.[14] Wie bei Bernays war es Scherers Intention,

> in Anlehnung an exakte Methoden der Naturwissenschaften der philologischen Beschäftigung mit einem „modernen" Autor wie Goethe jene Stringenz zu verleihen, die bisher nur die antiken Autoren und die herausragenden Werke der mittelalterlichen Literatur in den Rang wissenschaftsfähiger Gegenstände erhoben hatte.[15]

In der Tat formulierte Scherer sein Prinzip dahingehend, die elementaren philologischen Tätigkeiten seien Herausgeben und Erklären, und würdigte grundsätzlich alle seine Vorgänger in den gleichen Bemühungen um die Texte Goethes. Obwohl er relativ früh Wien verlassen hatte, wurde er anscheinend in Berlin doch noch als Vertreter der Wiener Schule angesehen. Dafür spricht die 1892 erschienene Streitschrift des Tübinger Gymnasialprofessors Friedrich Braitmaier *Göthekult und Göthephilologie*. Die Streitschrift will „ein öffentlicher Protest des nationalen Bewusstseins gegen zwei verkehrte Richtungen unserer neuesten Litteraturgeschichte sein, die sich kurz als Göthekult und Göthephilologie bezeichnen lassen"[16], und polemisiert gegen drei Vertreter der sog. „Göthe-Mythologie": a) Herr v. Biedermann gegen Lessing, b) H. Grimm gegen Schiller und c) Die Wiener

---

Wolfgang Höppner: Universitätsgermanistik und zeitgenössische Literatur. Wilhelm Scherers Berliner Jahre 1877–1886. In: Peter Wruck (Hrsg.): Literarisches Leben in Berlin 1871–1933. Berlin 1987. Band 1, S. 157–203. Über Scherers wissenschaftsgeschichtliche Stellung vgl. Peter Wiesinger – Daniel Steinbach: 150 Jahre Germanistik in Wien. Ausseruniversitäre Frühgermanistik und Universitätsgermanistik. Edition Praesens. Wien 2001; hier S. 42–45.

14 Karl Robert Mandelkow (Hrsg.): Goethe im Urteil seiner Kritiker. Dokumente zur Wirkungsgeschichte Goethes in Deutschland. Teil III 1870–1918. München 1979. S. 78–90.
15 Ebd., S. 498.
16 Friedrich Braitmaier: Göthekult und Göthephilologie. Tübingen 1892. Vorwort.

Schule (mit W. Scherer und E. Schmidt). Die Goethephilologie wird dabei von Braitmaier wie folgt charakterisiert:

> Die andere (Richtung) von den rohesten Vorstellungen über künstlerisches Schaffen ausgehend macht Göthes Dichtung zu einem Versuchsfeld eines auf dem Gebiet der antiken Literatur abgehausten philologischen Alexandrinismus, degradiert den grossen Dichter zu einem armseligen Flickschneider und drückt das künstlerische Schaffen auf das Niveau ihres eigenen impotenten unwissenschaftlichen Treibens herab.[17]

Braitmaier spricht im Hinblick auf die frühen Goetheverehrer von einer „stillen Göthegemeinde". Im Laufe der Zeit hat sie in Herman Grimm einen geistreichen und in Gustav von Loeper einen fachgelehrten Sprecher gefunden. In ihrem Goethekult sind sie allerdings extrem einseitig.

> Da kam die neugegründete Göthephilologie mit allen Mitteln der wissenschaftlichen Routine, noch mehr mit denen der Schulmacherei hinzu. Die trockene Philologie verbündete sich mit dem geistreichen Feuilleton. W. Scherer heiratete H. Grimm. Scherer-Grimm zeugte E. Schmidt und die zahlreiche Schar zünftiger Goethephilologen.[18]

Aber gerade diese Einseitigkeit hatte Scherer in seinem genannten Aufsatz kritisiert:

> Es liegt in dem Charakter der Deutschen, daß sie leicht in Extreme verfallen, daß eine neue Richtung sie ganz beherrscht und ihnen gleichsam das Gedächtnis benimmt für das, was sie vor kurzem noch verehrt und geliebt. [...] Diese Vergeßlichkeit, angewendet auf die Ideale des vorigen Jahrhunderts, führt direkt in die Barbarei.[19]

Das war Scherers Stellungnahme zu Gervinus, der von den Deutschen gefordert hatte, aus der Epoche des literarischen Ruhms in die Epoche des politischen Ruhms hineinzukommen. Fast aus pädagogischem Pflichtbewußtsein bemerkte Scherer noch dazu:

> Wenn die klassische Philologie mehr und mehr aufhört, zur ästhetischen Erziehung der Nation mitzuwirken, vielleicht ist das Vorbild der deutschen Philologie imstande, ihren erlahmenden Eifer von neuem zu beleben. Hat erst Goethe den

---

17 Ebd., Vorwort.
18 Ebd., S. 4.
19 K. R. Mandelkow: Goethe im Urteil seiner Kritiker. Teil III, S. 82.

Thron bestiegen und herrscht er über die Geister der Jugend, so werden die Weisen und Dichter Athens sich von selbst ihm gesellen.[20]

Hier wird auf Schillers *Briefe über die ästhetische Erziehung des Menschen* angespielt, und im voraus war Lessings Wort aus dem Jahr 1755 zitiert: „Die Ehre des deutschen Namens beruht auf der Ehre der deutschen Geister." Sicherlich wollte Scherer Herman Grimms Forderung nach einer der Dante- oder Shakespeare-Forschung ebenbürtigen Wissenschaft für Goethe entsprechen. Aber der Vorwurf Braitmaiers, der Goethekult suche, um Goethe zu erhöhen, die anderen Dichtergrößen neben ihm, besonders Lessing und Schiller, herabzusetzen, trifft zumindest auf Scherer wohl nicht zu.

Hauptvertreter der Goethe-Philologie wurde vielmehr Erich Schmidt, der 1877 Professor in Straßburg und seit 1880 Professor in Wien war, bis er als erster Direktor des Goethearchivs nach Weimar berufen wurde. Dort wurde ihm ein großes Glück zuteil, als er zu Neujahr 1887 in Dresden bei den Nachkommen des Hoffräuleins Luise von Göchhausen die Abschrift des *Urfaust* entdeckte. Noch im gleichen Jahr wurde die Abschrift mit seinem ausführlichen Bericht veröffentlicht. Und im selben Jahr wurde er als Nachfolger des 1886 gestorbenen Scherer nach Berlin berufen. Daraus entwickelte sich ein wissenschaftliches Spezialgebiet, das im Unterschied zur sonstigen Goetheforschung als Faust-Philologie bezeichnet wurde. So schrieb E. Schmidt 1891 einen Aufsatz über *Aufgaben und Wege der Faustphilologie*, und 1901 gab ein anderer Schüler Scherers, der Wiener Professor Jacob Minor, ein zweibändiges Werk *Goethes Faust. Entstehungsgeschichte und Erklärung* heraus, das ausdrücklich den Philologen des XX. Jahrhunderts gewidmet war. Ein dritter Schüler von Scherer, August Sauer, äußerte dann in seiner *Rede zur Enthüllung des Goethe-Denkmals in Franzensbad am 9. September 1906*:

> Wir Deutschen in Böhmen haben zwar Goethe nicht aus unserer Mitte hervorgebracht, was man uns von gewisser Seite höhnisch zum Vorwurf machen möchte. Die Bedingungen für einen solchen Aufschwung waren bei uns nicht vorhanden. Allzuweit zurückgeblieben war die Entwicklung dieses Landes, als daß die Erneuerung der deutschen Kultur von dieser Stelle hätte ausgehen können.[21]

---

20 Ebd., S. 83.
21 K. R. Mandelkow: Goethe im Urteil seiner Kritiker. Teil III, S. 354.

Der Grazer und spätere Prager Literarhistoriker, der sich in den Jahren 1902–1904 durch die Herausgabe der zweibändigen Briefsammlung *Goethe und Österreich* besonders verdient gemacht hat, gilt mit seiner Rektoratsrede *Literaturgeschichte und Volkskunde* als Begründer der stammesgeschichtlichen Literaturbetrachtung noch vor Josef Nadler. J. Minor und A. Sauer hatten ansonsten 1880 in Wien eine Aufsatzsammlung *Studien zur Goethe-Philologie* herausgegeben. Richard M. Meyer, der 1894 eine der erfolgreichsten Goethe-Biographien verfaßte und für den Initiator der Wiener Moderne, Hermann Bahr, einflußreich wurde, war auch ein Scherer-Schüler.

Was die Goethe-Philologie in der Lehr- und Lernpraxis war, ist in dem Buch von Minor / Sauer bezeugt, das zwei im Seminar von Wilhelm Scherer entstandene Aufsätze enthält und dem Wiener Germanistikprofessor Richard Heinzel gewidmet ist. Im Vorwort weisen die Verfasser darauf hin, daß die Vergleichung der beiden ersten Redaktionen von *Götz* deshalb den breitesten Raum in der Mitte ihrer Studien einnehme, weil die zweite Fassung den aus der Krise hervorgegangenen jungen Goethe am deutlichsten zeige. Dabei scheuen sie den Vorwurf nicht, hier in der Genauigkeit zu weit gegangen zu sein. Sie betonen vielmehr ausdrücklich:

> Eine nahe bevorstehende Epoche deutscher Philologie wird aus der Vergleichung umgearbeiteter Texte noch grösseren Nutzen zu ziehen wissen [...] denn hier werden nicht nur aus dem, was der Dichter gesetzt, sondern auch aus dem, was er vermieden hat, philologische Schlüsse gezogen.[22]

Die Vergleichung geschieht also nicht willkürlich von Stelle zu Stelle, sondern methodisch nach Prinzipien. Sie gewährt nicht nur die Einsicht in verschiedene Epochen der Entwicklung eines und desselben Dichters, sondern auch die Beobachtungsgabe wird vielfach geschärft, wie Lessing in den *Literaturbriefen* eine derartige Vergleichung als Einführung in die feinsten Regeln der Kunst gepriesen hat. Goethe selbst schrieb in dem Aufsatz *Literarischer Sansculottismus*, daß „ein verständiger, fleißiger Literator durch Vergleichung der sämtlichen Ausgaben unsres Wielands [...] allein aus den stufenweisen Korrekturen dieses unermüdet zum Bessern

---

22 J. Minor und A. Sauer: Studien zur Goethe-Philologie. Wien 1880, S. VII.

arbeitenden Schriftstellers die ganze Lehre des Geschmacks würde entwickeln können."[23]

Es läßt sich zwar nicht leugnen, daß diese philologische Methode mit gewissem Recht heute noch praktiziert wird. Aber problematisch ist doch ihre Voraussetzung, daß Goethes künstlerische Entwicklung überall mit seiner persönlichen gleichen Schritt halte. Denn dadurch droht ein Biographismus einzutreten, der in positivistischer Weise jedes Dichtwerk durch ein entsprechendes Lebenserlebnis des Dichters untermauern will. So bekennt Eduard Castle, der in den Jahren 1893/94 von Jacob Minor in die Goetheforschung nach den Anschauungen Wilhelm Scherers eingeführt wurde: „Aber schon bereitete sich bei uns Jüngeren nach dem Beispiel unserer Lehrer Minor und Heinzel die Abkehr von der Selbstgenügsamkeit des Positivismus, den verblüffenden Zerlegungskünsteleien, dem verwirrenden Hypothesenbau vor."[24] Damals richtete man einerseits sein Augenmerk allmählich auf stoffgeschichtliche Probleme und wurde andererseits durch das Hauptwerk von Georg Brandes zur Erforschung geistiger Strömungen und zu einer vergleichenden Literaturgeschichte angeregt. Dieses Werk wurde, nebenbei bemerkt, erst 1930 durch Chino Shosho ins Japanische übersetzt und gab der japanischen Germanistik Anregungen für eine andere Auffassung der deutschen Literaturgeschichte als einer nationalen Literaturbewegung seit dem Sturm und Drang.

3. Die beiden Außenseiter in Krakau und Wien

Aber in der Vorgeschichte der Goethe-Philologie ist noch eine andere Richtung zu berücksichtigen. Es handelt sich dabei zuerst um den Augustiner-Geistlichen Franz Thomas Bratranek, dessen Bildnis in der alten Aula der Universität Krakau noch heute zu sehen ist. Dann kommt Karl Julius Schröer als der Gründer des Wiener Goethe-Vereins in Frage. Schon zu Lebzeiten Goethes hatte Joseph Stanislaus Zauper, böhmischer Chorherr und Professor am Gymnasium der Benediktiner in Pilsen, zwei Bücher über

---

23 Goethes Werke. Hamburger Ausgabe. Bd. 12, S. 242 f.
24 Vgl. Eduard Castle: In Goethes Geist. Wien und Leipzig 1926. Zum Geleite, S. IX.

den Dichter verfaßt und in den *Maximen und Reflexionen* dessen frühzeitige Anerkennung gefunden: „Professor Zaupers Deutsche Poetik aus Goethe, sowie der Nachtrag zu derselben, Wien 1822, darf dem Dichter wohl einen angenehmen Eindruck machen; es ist ihm, als wenn er an Spiegeln vorbeiginge und sich im günstigen Lichte dargestellt erblickte."[25] Der aus Mähren stammende Bratranek ist mir vor allem als Herausgeber von zwei sehr wertvollen Briefsammlungen bekannt: *Briefwechsel zwischen Goethe und Kaspar Graf von Sternberg (1820–1832)* sowie *Goethe's Naturwissenschaftliche Correspondenz. (1812–1832)*. Der mährische Goetheverehrer übernahm 1851 nach Karl Weinhold den Lehrstuhl für Germanistik an der Jagiellonen-Universität in Krakau. Er hatte in Brünn sowie Wien studiert und hatte die Doktorwürde an der Wiener Universität erlangt.[26] In Wien unterhielt er einen regen Kontakt mit Ottilie von Goethe und ihren Söhnen. So kam Bratranek lange vor der Weimarer Ausgabe dazu, im Auftrag der Goetheschen Familie die erstere Sammlung und die letztere Sammlung in zwei Bänden fast vollständig herauszugeben. In dem bibliographisch ausführlichen Buch von Heinz Kindermann *Das Goethebild des XX. Jahrhunderts* kann man nachlesen, daß Bratranek ebenfalls Briefberichte „Besuch in Weimar. Goethes 80. Geburtstag" von Eduard Odyniec, der den polnischen Dichter Mickiewicz nach Weimar begleitet hatte, ins Deutsche übertrug.[27] Ferner wird von Karl Robert Mandelkow im Hinblick auf die Rezeptionsgeschichte Goethes in Deutschland die hervorragende Leistung Bratraneks in Gegenüberstellung zu Ernst Haeckel wie folgt unterstrichen:

1874 hatte Franz Thomas Bratranek Goethes naturwissenschaftliche Korrespondenz in einer zweibändigen Sammlung vorgelegt, die eindrucksvoll die vielverzweigten fachlichen Kontakte Goethes dokumentierte und dem Vorurteil

---

25 Goethes Werke. Hamburger Ausgabe. Bd. 12, S. 405.
26 Näheres vgl. Olga Dobijanka-Witczakowa: Die Geschichte des Lehrstuhls für Germanistik an der Jagiellonen-Universität. In: Zur Geschichte der Germanistik, Anglistik und Skandinavistik in Polen. St. Ingbert 1995; hier S. 79 f. Vgl. ferner dieselbe: T. F. Bratranek über die polnische Literatur. Ein Beitrag zu den *Polnica* in der Wiener Presse um die Mitte des 19. Jahrhunderts. In: Zeszyty Naukowe Uniwersytetu Jagiellońskiego. DLXXXII Prace Historyczne Z. 68. 1980. S. 57–68.
27 Vgl. Heinz Kindermann: Das Goethebild des XX. Jahrhunderts. Wien / Stuttgart 1952. S. 140.

entgegenwirkte, Goethe habe sich nur in Nebenstunden und als müßiger Dilettant mit wissenschaftlicher Forschung beschäftigt. Die Eröffnung des Goetheschen Nachlasses erbrachte gerade für den Naturwissenschaftler reiche Ausbeute, die die Basis einer gründlichen Auseinandersetzung mit diesem Felde seiner Tätigkeit beträchtlich erweiterte.[28]

Goethes Briefwechsel mit Sternberg erschien 1866 bezeichnenderweise in Wien bei k. k. Hof- und Universitätsbuchhändler Wilhelm Braumüller, und Goethes naturwissenschaftliche Korrespondenz wurde 1874 aus seinem handschriftlichen Nachlaß bei F. A. Brockhaus in Leipzig herausgegeben, der auch die ersten zwei Bände von Eckermanns *Gespräche mit Goethe* gedruckt hatte. Dabei waren sowohl die Vorrede beim ersteren als auch die Vorbemerkungen beim letzteren mit Krakau datiert. Somit erweist sich Bratranek als zur Rezeptionsgeschichte Goethes in Polen, Österreich und Deutschland zugehörig, und es läßt sich eigentlich fragen, wohin man ihn wissenschaftsgeschichtlich plazieren soll. Aber man dürfte ihn wohl als einen bedeutenden Vorläufer zu den Anfängen der Goethephilologie in Wien betrachten, weil seine erste Publikation in einer Wiener Universitätsbuchhandlung erschien. Es sei nur darauf hingewiesen, „daß die Forschungen zum Naturwissenschaftler Goethe sich in diesem Zeitraum zumeist in arbeitsteiliger Isolation von der auf das dichterische Werk konzentrierten Goethe-Philologie vollzogen"[29].

Aber auch ohne zünftige Goethe-Philologie war ein gewisser Goethekult in den gebildeten Gesellschaftskreisen möglich. Während die ehemaligen Wiener Professoren Wilhelm Scherer und Erich Schmidt in Berlin die Goetheforschung immer mehr zu einer philologischen Disziplin entfalteten, verbreitete sich in Wien eine andersartige Goetheverehrung unter den Gebildeten. Am 4. Januar 1878 fand im wissenschaftlichen Club (Eschenbachgasse) ein populärwissenschaftlicher Vortrag von Karl Julius Schröer über „Goethe und Marianne Willemer" statt. Bei dem anschließenden Bankett wurde beschlossen, den Wiener Goethe-Verein zu gründen, und am 5. Mai 1878 fand die erste Vollversammlung des Vereins statt. Es war sieben Jahre vor der Gründung der Goethe-Gesellschaft in

---

28 K. R. Mandelkow: Goethe im Urteil seiner Kritiker. Teil III, S. LVI f.
29 Ebd., LVII.

Weimar. Bezeichnenderweise wurde der Unterrichtsminister Karl v. Stremayr zum Vorsitzenden, Schröer zu einem der zwei Stellvertreter gewählt. Der Ausschuß beschloß auch, ein Monatsblatt mit dem Titel *Chronik des Wiener Goethe-Vereins* herauszugeben, dessen Nr. 1 tatsächlich am 17. Oktober 1886 herauskam und das über Eduard Castle von Robert Mühlher, Graz, unter dem veränderten Titel *Jahrbuch* herausgegeben und jetzt von Herbert Zeman in Wien fortgeführt wird. Die Chronik sollte außer den Berichten über Vereinsangelegenheiten und Erscheinungen der Goethe-Literatur enthalten: Goethe-Notizen aller Art sowie Berichte über Goethe-Denkmal-Angelegenheiten.

Der aus Ungarn gebürtige Schröer war Germanistikprofessor an der Technischen Hochschule Wien und beschäftigte sich damals mit der Kommentierung einiger Dramenbände von Goethe in der *Kürschner'schen Deutschen Nationalliteratur*. Angesichts des Schiller-Denkmals in Wien, das sich 1876 seiner Vollendung nahte, war er der Meinung, wer in der Verehrung für Goethe hinter Schiller zurückbliebe, verstünde auch Schiller schlecht. Er war davon überzeugt, daß die Dichtkunst, wie die Kunst überhaupt, keine nebensächliche Beigabe, sondern vielmehr der mächtigste Hebel in der Entwicklung der Menschheit sei. Sie gehörte für ihn auch als ein Bestandteil zum nationalen Leben. Als der Berliner Physiologe Emil DuBois-Reymond 1882 in seiner Rektoratsrede *Goethe und kein Ende* den Naturwissenschaftler Goethe der Geringschätzung empfahl, trat ihm der Wiener Ästhetiker und nachmalige Burgtheaterdirektor Alfred v. Berger mit einer Kampfschrift *Goethes Faust und die Grenzen des Naturerkennens* entgegen. Schröer widersprach ihm stillschweigend dadurch, daß er Goethes naturwissenschaftliche Schriften im Rahmen der *Kürschner'schen Deutschen Nationalliteratur* durch seinen begabten Schüler Rudolf Steiner kommentieren ließ.

Als Sohn des Tobias Gottfried Schröer, der in Preßburg ein deutsches Lyzeum leitete, hing Schröers Schicksal mit dem der Deutschen in Österreich-Ungarn eng zusammen. Als er im Jahre 1846 von den deutschen Universitäten zurückgekehrt war, übernahm er denn auch die Leitung des Seminariums für deutsche Literaturgeschichte und Sprache, das sein Vater an dem evangelischen Lyzeum gegründet hatte. Durch seinen Literaturunterricht sollte letztlich das Interesse der Schuljugend von der eingefrorenen lateinischen oder magyarischen Wissenschaft auf ein lebensvolleres, jugendlicher Begeisterung würdigeres Gebiet gelenkt werden. So stellte er im Vorwort seines literaturgeschichtlichen Lehr- und Lesebuchs mit Genugtuung fest:

> Es wurde endlich in so manchem deutschen Herzen das nationale Bewußtsein, das bei den Deutschen unseres Vaterlandes fast schon erstorben schien, erweckt und so wenigstens im Kleinen angedeutet, was die Aufgabe der Deutschen in allen nicht deutschen Provinzen Österreichs im Großen sein müßte.[30]

Obwohl er dann Professor in Budapest wurde, konnte er sich mit einer solchen Gesinnung nicht wohl fühlen. Er übersiedelte nach Wien, wo er später Professor für deutsche Sprache und Literatur wurde.

Über seine Begegnung mit diesem Literarhistoriker, die ein Jahr nach der Gründung des Wiener Goethe-Vereins erfolgte, berichtet Rudolf Steiner:

> Er las im ersten Jahre meines Hochschulstudiums über „Deutsche Literatur seit Goethe" und über „Schillers Leben und Werke". Schon von seiner ersten Vorlesung an war ich gefesselt [...] Die Wärme seiner Behandlungsart, die begeisternde Art, wie er innerhalb der Vorlesungen aus den Dichtern vorlas, führten auf eine verinnerlichte Weise in die Dichtung ein.[31]

Schröer war so an Goethes Geistesart orientiert, daß er von der Strömung für Herbart, die Rudolf Steiner frühzeitig mitgemacht hatte, nichts wissen wollte. Damals hatte Schröer bereits den ersten Teil seiner *Faust*-Ausgabe veröffentlicht und arbeitete an der Ausgabe und Einleitung des zweiten Teils des *Faust*. Er wurde freilich von den Bekennern der herrschend gewordenen literarhistorischen Methoden wegen seiner Schriften angefeindet. Schrieb er doch, ebenso wie später einer seiner Nachfolger im Wiener Goethe-Verein, Eduard Castle, „nicht so wie etwa die Mitglieder der Scherer-Schule, die wie ein Naturforscher die literarischen Erscheinungen behandelten"[32]. Wissenschaftlich war er vielmehr Gervinus, Koberstein, Jacob Grimm und Wackernagel verpflichtet. Das vorhin erwähnte Vorwort schloß er in der Tat mit den Worten nicht eines Nationalisten, sondern eines Humanisten:

---

30 Karl Julius Schröer: Geschichte der deutschen Literatur. Ein Lehr- und Lesebuch für Schule und Haus. Pest 1853. S. 5.
31 Rudolf Steiner: Mein Lebensgang. Mit einem Nachwort von Marie Steiner. Dornach/Schweiz 1925, S. 34.
32 Ebd., S. 61.

„Man wird weder einen Protestanten, noch einen Catholiken, weder conservativen noch subversiven Schwärmer hören und einen für deutsche Nationalität Begeisterten nur in so fern als durch dieselbe die Humanität gewann und das Menschengeschlecht verherrlicht wurde!"[33]

4. Übernationales Humanitätsideal im Namen Goethes

Die Hauptaufgabe, die sich der Wiener Goethe-Verein stellte, bestand darin, ein Goethe-Denkmal für Wien zu errichten. Obwohl Österreich infolge des Krieges von 1866 aus dem Kleindeutschland unter der preußischen Hegemonie ausgeschieden war, betonte Schröer immer wieder die große Bedeutung Goethes und Schillers für das deutsche Volk und über die Grenzen des deutschen Volkstums hinaus. Goethe-Vorträge dafür hielten in den ersten Jahren nicht nur Schröer, sondern auch Michael Bernays aus München, Jacob Minor, Ludwig Geiger als Herausgeber des vorerwähnten Goethe-Jahrbuchs, Oskar Walzel als junger Wiener Dozent, am häufigsten Erich Schmidt, der aktives Ausschußmitglied des Wiener Goethe-Vereins war. Durch Scherers Empfehlung zum Direktor des Goethe-Archivs in Weimar berufen, wurde er im Dezember 1885 zum Ehrenmitglied des Wiener Goethe-Vereins ernannt. Die enge Beziehung zu Weimar wurde von nun an durch seine und seines Nachfolgers Bernhard Suphan regelmäßigen Mitteilungen über die Goethe-Gesellschaft aufrecht erhalten. In Wien hielt Erich Schmidt noch populärwissenschaftliche Vorträge über „Goethe in Sesenheim", *Clavigo*, „Goethe und die Frau von Stein" und „Aus der Wertherzeit". Einmal wurde auch sein wissenschaftliches Werk *Richardson, Rousseau und Goethe. Ein Beitrag zur Geschichte des Romans im 18. Jahrhundert* (1875) für Mitglieder verteilt, die einen höheren Mitgliedsbeitrag leisteten. Schließlich war er von 1906 bis zu seinem Tode im Jahre 1913 Präsident der Goethe-Gesellschaft in Weimar.

Die sozusagen gesamtdeutsche Einstellung des Vereins gegenüber Goethe war in der ersten ausführlichen Berichterstattung „Von der Goethe-Gesellschaft in Weimar" deutlich ausgesprochen:

---

33 K. J. Schröer, a. a. O., S. 7.

> Als Deutschland noch zerklüftet, machtlos, ohne Mittelpunkt war, erhob sich das kleine Weimar zur Hauptstadt seines geistigen Lebens. Weimars Grösse beruht auf der grossen Zeit, da Wieland, Goethe, Herder, Schiller dort wandelten […] Von dort ging aus, was wir nun als höchste Güter unseres Schriftenthums hochhalten, deren Weltbedeutung alle gebildeten Völker erkennen, so dass man in gewissem Sinne wohl sagen darf: Deutschlands Grösse ist untrennbar von der Grösse von Weimar.[34]

Als Scherer in seinem programmatischen Aufsatz dem Lessing-Zitat: „Die Ehre des deutschen Namens beruht auf der Ehre der deutschen Geister" das zeitgenössische Wort: „Die Ehre des deutschen Namens beruht auf der nationalen Einheit" gegenüberstellte, versäumte er nicht, ironisch hinzuzufügen: „Auch dieses ist erfüllt worden und wird vielleicht noch mehr erfüllt werden."[35] Weimar als Mittelpunkt des geistigen Lebens zwischen Wien und Berlin, diese Konstellation erscheint jedoch aus der Perspektive von Weimar etwas anders, heißt es doch in der Bekanntmachung des Vorstands der Goethe-Gesellschaft im Jahre 1885: „Ein großes nationales Reich weiß den größten seiner Dichter in seinem vollen Werte zu schätzen. Die Begründung und Erhaltung der politischen Größe unseres Volkes geht Hand in Hand mit der Pflege und Förderung seiner idealen Güter."[36] Man fragt sich, wie es motiviert war, ein Wiener Goethe-Denkmal mit großzügigen Spenden der Mitglieder errichten zu wollen, obgleich Goethe nie in Wien gewesen war. Damals gab es schon Goethe-Standbilder in Frankfurt (1844), in Weimar (1857), in München (1869), in Berlin (1880), sowie die Goethe-Büste in Karlsbad (1883), jeweils aus einem triftigen Grund. Bei Wien könnte man allenfalls daran denken, daß Goethe 1782 im 33. Lebensjahr durch Kaiser Joseph II. geadelt wurde. Wohl eingedenk dessen besuchte Se. Majestät der Kaiser Franz Joseph I. im März 1890 die Ausstellung der Entwürfe zu einem Wiener Goethe-Denkmal im Künstlerhaus und spendete später eine große Summe.

---

34 Chronik des Wiener Goethe-Vereins. 1–10 (1887–1897). Kraus Reprint, S. I, 4. Vgl. Eduard Castle: Deutsche Größe. Vom erwachenden Nationalgefühl. In: Im Geist Goethes. Wien und Leipzig 1926. S. 1–39. Näheres vgl. Renate Krippel: Institutionsgeschichte des Wiener Goethe-Vereins. Wiener Dissertation 1999.
35 K. R. Mandelkow: Goethe im Urteil seiner Kritiker. Teil III, S. 82.
36 Ebd., S. 128.

Das geplante Goethe-Denkmal in Wien sollte ursprünglich an der Ringstraße (damals Franzensring, jetzt Dr. Karl-Lueger-Ring) zwischen Burgtheater und Universität errichtet werden, damit die Universalität von Goethes Geist und seine Beziehung zur Dichtkunst dadurch veranschaulicht würden. Dieses Anliegen wurde im Leitartikel der *Chronik des Wiener Goethe-Vereins* 6. Jg. / Nr. 10 (1891) verkündet:

> So erhebend die Errichtung eines Schiller-Denkmals in Wien war und ist, so fordert es doch ein gleiches Denkmal für Goethe, wenn es nicht der Missdeutung ausgesetzt sein soll, als wisse man in Wien nur die Jugendthaten Schillers zu ehren, *vor* seiner Bekanntschaft mit Goethe, indem doch die Freundschaft und das Zusammenwirken beider den Höhepunkt unserer Culturepoche bildet.

Ein Jahr später erweiterte Schröer in einem Vortrag den darin ausgesprochenen Gesichtspunkt der Universalität auf die übernationale Humanität hin: „Der Gedanke [ein Goethe-Denkmal zu errichten] erhebt uns über alle Parteien, über alle Leidenschaften und *Verblendungen der Leidenschaft*. Er hebt uns hinweg aus diesem Zeitalter der – Nationalitäten, in ein demselben vorausgegangenes, in ein Zeitalter der Humanität!"[37]

Trotz dieses guten Willens erweist sich jedoch Schröer unverkennbar als konservativer Literarhistoriker. Denn er sagt anschließend: „In unsern Tagen unterliegt es doch keinem Zweifel mehr, dass der Aufschwung Deutschlands in unserer Epoche mit Goethe seinen Abschluss findet." Als die Genehmigung des gewählten Platzes 1894 auf Hindernisse stieß, trat er von der Redaktion der *Chronik* und der Vize-Präsidentenschaft des Goethe-Vereins zurück. Er war der Ansicht, daß die Anschauungen der großen Denker Deutschlands auch im Geschmack seinen Wiener Zeitgenossen Richtschnur sein könnten. Da sie aber vergessen schienen, mußte er sogar aus dem Verein selbst austreten. Was ihm dabei als Goethe-Bild vorschwebte, war das klassisch schöne Bildnis, wie es Tischbein in „Goethe in der Campagna" darstellte. Er wollte aber den noch jugendlich frischen Dichter stehend dargestellt sehen. Es war am 15. Dezember 1900, als die von Edmund Hellmer entworfene sitzende Goethe-Statue an der Ecke des Opernrings direkt gegenüber dem Schiller-Denkmal unter Anwesenheit des

---

37 Chronik des Wiener Goethe-Vereins. S. VI, 5.

Kaisers enthüllt wurde. Schröer starb einen Tag darauf, nachdem er 1895 zum Ehrenmitglied des Wiener Goethe-Vereins ernannt worden war. Es war übrigens sehr freundlich von Schröer, daß er einmal einen Artikel über „Goethe und Schiller in Japan" mit den folgenden Worten geschlossen hatte: „Die Japaner sind ein altes Culturvolk, ihre hohe Achtung vor deutscher Bildung und ihr Streben, sich diese Bildung anzueignen, könnte manchem jungen Volke unserer Zeit zum lehrreichen Vorbild dienen."[38] Er hatte dabei wohl keine Ahnung davon, daß die von ihm kommentierte *Faust*-Ausgabe seinerzeit unter den japanischen Gebildeten benutzt wurde.

Schröers Goethebild ist mit einem Wort das Bild des klassischen Goethe. Er möchte nur nicht dem Verdacht eines deutschen Nationalismus verfallen. Ob Mozart in Salzburg, ob Beethoven in Bonn geboren ist, sie schufen beide deutsche Musik, ob Grillparzer ein Wiener, ob Goethe ein Frankfurter ist, beide Namen wird sich die deutsche Literatur nicht nehmen lassen. Bei den Denkmälern Schillers und Beethovens in Wien ist es niemand eingefallen, sich dadurch irgendwie irriteren zu lassen, daß sie in Bonn und Marbach geboren sind. Mit dieser Argumentation weist er die banausische Ansicht zurück, daß Deutsch-Österreicher nur solche Deutsche verehren dürften, die Deutsch-Österreicher sind. Er wagt sogar zu sagen, selbst in Frankreich schweige die nationale Gereiztheit vor Goethes Namen. Jeder Büchermarkt bringe französische Schriften über Goethe, der Verehrung voll. Sein Bekenntnis lautet bei seinem Einsatz für ein Goethe-Denkmal in Wien: „Goethes weithin sichtbare, hochragende Gestalt ist uns gleichsam ein Symbol deutscher Bildung, die uns Deutschen in Österreich unsere Bedeutung gibt für unser österreichisches Gesammtvaterland; ist sie ja doch die einzige Culturquelle für uns, ein Hochstrahlbrunnen, aus dem alle Völker des Reichs Belehrung und Erquickung schöpfen."[39] Wenn er die in Goethe verkörperte deutsche Bildung auch für Wien als die einzige Kulturquelle in Anspruch nimmt, kann es etwas übertrieben erscheinen. Aber eine Generation später in der Jahrhundertwende sollte seine Aussage faktisch von den Vertretern der literarischen Moderne in Wien bekräftigt werden: Hermann Bahr, Hugo von Hofmannsthal und Karl Kraus.[40]

38 Chronik des Wiener Goethe-Vereins. S. III, 28.
39 Chronik des Wiener Goethe-Vereins. S. I, 50.
40 Vgl. Naoji Kimura: Goethe und die Wiener Moderne. In: Japanisches Goethe-Jahrbuch, 40. Band. Tokyo 1998, S. 179–194.

4. Kapitel: Goethe und die Wiener Moderne*

I. Die Goethe-Philologie in Verruf

Jede historische Epoche hat ihre Vorgeschichte, wie immer sie auch heißen mag. So hat auch die Wiener Moderne meiner Meinung nach einen Aspekt ihrer komplexen Vorgeschichte in den Anfängen der Goethe-Philologie, wie sie in Wien entstanden war. Unter der Moderne als Epochenbegriff in der deutschen Literaturgeschichte verstehe ich formal die Literatur der Jahrhundertwende und unterscheide die von Gotthart Wunberg definierte Wiener Moderne (1890–1910) nach den verschiedenen politisch-soziokulturellen Bedingungen von der durch Jürgen Schutte und Peter Sprengel abgesteckten Berliner Moderne (1885–1914). Zudem wäre auch noch die Literatur der Münchner oder Prager Moderne zu berücksichtigen.[1]

Als Auslandsgermanist, der von den deutschen, österreichischen und schweizerischen Forschungsergebnissen viel zu lernen hat, gehe ich dabei im Hinblick auf die Wiener Moderne grundsätzlich von der Feststellung eines Hermann Broch aus, der in seiner 1971 ins Japanische übersetzten Studie *Hofmannsthal und seine Zeit* die Wesensart einer Periode vornehmlich an ihrer architektonischen Fassade ablas: „die ist für die zweite Hälfte des 19. Jahrhunderts, also für die Periode, in die Hofmannsthals Geburt fällt, wohl eine der erbämlichsten der Weltgeschichte."[2] Es sei die Periode des Eklektizismus gewesen, die des falschen Barocks, der falschen Renaissance, der falschen Gotik. Ferner heißt es: „Wo immer damals der abendländische Mensch den Lebensstil bestimmte, da wurde dieser zu bürgerlicher Einengung und zugleich zum bürgerlichen Pomp, zu einer Solidität, die ebensowohl Stickigkeit wie Sicherheit bedeutete. Wenn je

---

* Eine ergänzte Fassung des am 20. November 1997 an der Universität Graz gehaltenen Vortrags, in: Japanisches Goethe-Jahrbuch, 40. Band. Tokyo 1998, S. 179–194.
1 Vgl. jeweils Reclams Universal-Bibliothek Nr. 7742, 8359, 8557.
2 Hermann Broch: Schriften zur Literatur 1 Kritik. Kommentierte Werkausgabe Band 9/1. Hrsg. von Paul Michael Lützeler. Frankfurt am Main 1975, S. 111.

Armut durch Reichtum überdeckt wurde, hier geschah es." Angesichts dieser Hinweise kann man nicht umhin, an die Wiener Ringstraße zu denken, die in der zweiten Hälfte des 19. Jahrhunderts von den Prachtbauten historischen Baustils umgeben wurde.

Dabei erweist sich die japanische Übersetzung insofern als problematisch, als das Adjektiv „falsch" zu Barock, Renaissance und Gotik in sprachlicher Anlehnung an den Klassizismus wie Barockismus wiedergegeben, das Substantiv „Pomp" mit dem Beiwort „leer" bzw. „eitel" versehen und das Wort „Solidität" als „Solidarität" mißverstanden wurde. Außerdem wurden Armut als Armut an Gehalt und Reichtum als Reichtum an Außen interpretierend übersetzt. So dürfte die ganze Übersetzung bei kritischer Sprachbetrachtung weitergehen. Es ist aber hier nicht der Ort, auf die Übersetzungsfragen einzugehen. Für die Einzelheiten über den geschichtlichen Überblick bei Hermann Broch steht das bedeutende Werk Carl E. Shorskes *Fin-de-siècle Vienna. Politics and Culture* schon seit 1983 dem japanischen Lesepublikum in guter Übersetzung zur Verfügung. Da das Interesse der japanischen Gebildeten an Fin-de-siècle seit Jahren sehr groß ist, wurden übrigens auch William M. Johnstons *The Austrian Mind. A Intellectual and Social Historiy 1848–1938* im Jahre 1986, Claudio Magris' *Der habsburgische Mythos in der österreichischen Literatur* im Jahre 1990, sowie *Die Belle Epoque* von Willy Haas im Jahre 1985 ins Japanische übersetzt. Anläßlich einer Kunstausstellung mit Klimt und Egon Schiele fand im Jahre 1990 an der Sophia-Universität, Tokyo, ein Symposium über die Wiener Kultur der Jahrhundertwende statt, dessen Dokumentationsband von mir als dem Organisator herausgegeben worden ist.

Wenn die Zeit Hofmannsthals in dieser Weise „eine der erbärmlichsten der Weltgeschichte" dargestellt hat, so muß auf der anderen Seite der geistige Versuch der jüngeren Generation, dagegen zu protestieren und sie durch eine innere Revolution zu überwinden, für die zweite Hälfte des 19. Jahrhunderts kennzeichnend gewesen sein. Hermann Broch formuliert den Sachverhalt wie folgt: „Es geht um Verleugnung hinter ‚Dekoration'." Zur Überwindung der Zeitkrise gibt es aber auch eine von Hofmannsthal so genannte konservative Revolution, die meist von dem Bildungsbürgertum der älteren Generation getragen wird. Diese bestand m. E. vorwiegend in den Bemühungen um eine

Goethe-Philologie in den akademischen Kreisen, als Wilhelm Scherer sie allmählich an der Universität Wien heranbildete. Er ging allerdings bald über Straßburg nach Berlin, und sein bedeutendster Straßburger Schüler Erich Schmidt, der in Graz geboren sein soll, wurde von Wien über Weimar nach Berlin als Nachfolger Scherers berufen, wo er dann sogar eine sogenannte Faust-Philologie ins Leben rief. Dadurch wurde Wien paradoxerweise als geistig-künstlerischer Raum zumindest für eine unbefangene, lebendige Goethe-Rezeption frei, wie ich unten näher zu begründen versuchen werde.

Eigentlich stand die Goethe-Philologie in den literarischen Kreisen schon lange in Verruf. Nach dem Wiener Goetheforscher Jacob Minor kam die Bezeichnung „die Schiller-Goethe-Philologie" zum erstenmal in Gutzkows *Unterhaltungen am häuslichen Herd* (III. Band 1861, S. 314 f.) im abschätzigen Sinne vor:

> Schon öfter erwähnten wir eine neue Wissenschaft, die unsere Schulen und Akademien beglückt, die kritisch-ästhetische Textbehandlung unserer Classiker. Besonders sind es Schiller und Goethe, die an die Stelle des bereits ziemlich ausgebeuteten Homer und des Horaz getreten sind. Die Ermittlung des richtigen Buchstabens in den Schriften Goethes und Schillers beschäftigt neue Bentleys und Lachmanns, die Ermittlung der richtigen Gedanken zeugt neue Wolfs und Heynes.[3]

Wie Heinrich Heine in seiner *Romantischen Schule* Goethes *Faust* die „Weltbibel der Deutschen" genannt hatte, wurde nach Goethes Tode darüber so viel gegrübelt, daß Gutzkow vor allem über die *Faust*-Kommentatoren spottete:

> Liest man die Deutungen, die unsere literaturgeschichtliche Philologie schon in vielen voluminösen Werken von Faust vorgebracht hat, so kann man sich oft von einem dringenden Verlangen beseelt fühlen, nur noch allein die Worte des Dichters selbst zu vernehmen und sie in der ganzen Natürlichkeit, ja unbestimmten Vieldeutigkeit auf sich wirken zu lassen, die gerade ihre anregendste Schönheit ist und ohne Zweifel den Stimmungen eines wahren Dichtwerkes auch am meisten entspricht.

---

3   Zitiert in: Chronik des Wiener Goethe-Vereins. 1–10 (1887–1897) Kraus-Reprint, S.IX,28.

Das war genau der Standpunkt, den später der italienische Literaturkritiker Benedetto Croce vertreten[4] und der Initiator der Wiener Moderne Hermann Bahr in seinen Fußstapfen verfechten sollte.

Nach Friedrich Braitmaier, der in seiner Streitschrift *Göthekult und Göthephilologie* u. a. die Wiener Schule in Berlin aufs Korn nahm, verbündete sich ihre trockene Goethe-Philologie mit dem geistreichen Goethekult eines Herman Grimm: „W. Scherer heiratete H. Grimm. Scherer-Grimm zeugte E. Schmidt und die zahlreiche Schar zünftiger Goethephilologen."[5] Wissenschaftsgeschichtlich muß allerdings die Bedeutung Wilhelm Scherers objektiv im historischen Kontext gewürdigt werden. In Bezug auf die Germanistik in Wien unterscheidet Peter Wiesinger zwischen der außeruniversitären Frühgermanistik von 1815 bis 1850 und der Universitätsgermanistik von 1845/50 bis 1872 und führt über den Vertreter des verschrieenen Positivismus aus:

> Da Scherer in politischer Hinsicht „großdeutsch" eingestellt war und es angesichts der österreichischen Konsolidierung diesbezüglich auch zu Kontroversen mit dem Ministerium kam, verschlechterte sich Scherers Position zusehends. So kam ihm 1872 der Ruf an die nach der Gründung des Deutschen Reiches neueingerichtete Universität Straßburg sehr gelegen, wozu sein 1871 für Ottokar Lorenz' „Geschichte des Elsaß" verfaßter Beitrag über die Geschichte der elsäsischen Literatur die Voraussetzung geschaffen hatte. Von Straßburg, wo er bis 1877 blieb, und dann von Berlin aus, wo er bis zu seinem plötzlichen Tod 1886 wirkte, entfaltete Scherer eine überreiche, fruchtbare Forschungs- und Lehrtätigkeit als einer der letzten Germanisten, die in vollkommener Weise das Gesamtfach mit Sprachwissenschaft sowie älterer und neuerer Literaturwissenschaft beherrschten.[6]

Damals hatte noch kein japanischer Germanist an der Königlichen Friedrich-Wilhelms-Universität zu Berlin studiert. Außerdem wurde die deutsche

---

4 Vgl. Benedetto Croce: Goethe. Studien zu seinem Werk. Vorwort und Übertragung aus dem Italienischen von Werner Ross. Düsseldorf 1949.
5 Friedrich Braitmaier: Göthekult und Göthephilologie. Eine Streitschrift. Tübingen 1892, S. 4.
6 Peter Wiesinger/Daniel Steinbach: 150 Jahre Germanistik in Wien. Edition Praesens. Wien 2001, S. 44 f. Über die wissenschaftsgeschichtliche Bedeutung der Scherer-Schule vgl. Wilhelm Scherer: Poetik. Mit einer Einleitung und Materialien zur Rezeptionsanalyse. Hrsg. von Gunter Reiss. Tübingen 1977.

Literaturgeschichte von Scherer fast anachronistisch erst nach dem Zweiten Weltkrieg ins Japanische übersetzt. Deshalb ist sein unmittelbarer Einfluß auf die japanische Germanistik kaum bemerkbar. Aber Erich Schmidt mit seiner Faust-Philologie spielte schon für die spätere Generation eine große Rolle, zumal seine Ausgabe des *Urfaust* auch in den japanischen Fachkreisen viel Aufsehen erregt hatte.

2. Eine konservative Goethe-Verehrung in Wien

Aber auch ohne Goethe-Philologie war ein gewisser Goethekult in den gebildeten Gesellschaftskreisen möglich. Während die ehemaligen Wiener Professoren W. Scherer und E. Schmidt in Berlin die Goetheforschung immer mehr zu einer philologischen Disziplin entfalteten, verbreitete sich in Wien eine andersartige Goetheverehrung unter den Gebildeten der älteren Generation. Hervorzuheben ist besonders Karl Julius Schröer, Initiator des 1878 gegründeten Wiener Goethe-Vereins. Der aus Ungarn gebürtige Schröer war Germanistikprofessor an der Technischen Hochschule Wien und beschäftigte sich zu jener Zeit mit der Kommentierung einiger Dramenbände von Goethe in der *Kürschner'schen Deutschen Nationalliteratur*. Sein begabter Schüler Rudolf Steiner bemerkte zu seiner wissenschaftlichen Stellung in Wien folgendes:

> Ich wusste schon damals, wie Schröer von den Bekennern der herrschend gewordenen literarhistorischen Methoden wegen seiner Schriften, namentlich wegen seiner „Geschichte der deutschen Dichtung im neunzehnten Jahrhundert" angefeindet wurde. Er schrieb nicht so wie etwa die Mitglieder der Scherer-Schule, die wie ein Naturforscher die literarischen Erscheinungen behandelten. Er trug gewisse Empfindungen und Ideen über die literarischen Erscheinungen in sich und sprach diese rein menschlich aus, ohne viel das Auge im Zeitpunkt des Schreibens auf die „Quellen" zu lenken.[7]

Vorausgegangen waren Schröers Bemühungen um die literarische Bildung der Schuljugend in Pest. So gab er z. B. *Geschichte der deutschen Literatur*.

---

7 Vgl. Rudolf Steiner: Mein Lebensgang. Mit einem Nachwort von Marie Steiner. Dornach/Schweiz 1925, S. 61.

Ein Lehr- und Lesebuch für Schule und Haus (Pest 1853) heraus. Um ihm dafür zu danken, publizierte ein gewisser Robert Zilchert sogar Jahrzehnte später eine Gedenkschrift: „Den Manen weiland Tobias Gottfried Schröers (Chr. Oeser) und weiland Karl Julius Schröers in dankbarem Gedenken geweiht" *Goethe* „Wehe der Nachkommenschaft, die Dich verkennt!" Ein Bekenntnis (Gießen / Leipzig 1932). Durch diese Widmung stellt sich übrigens heraus, daß es sich bei Chr. Oesers *Briefen über die Hauptgegenstände der Aesthetik*, die Adalbert Svoboda 1888 in neuer Auflage herausgab, um das Werk von Schröers Vater handelte.

Rudolf Steiner selbst wurde auf Schröers Empfehlung hin 1884 von Joseph Kürschner eingeladen, innerhalb der von ihm veranstalteten „Deutschen Nationalliteratur" Goethes naturwissenschaftliche Schriften mit Einleitungen und fortlaufenden Erläuterungen herauszugeben. Schröer versah denn auch den ersten der von ihm besorgten Bände mit einem einführenden Vorwort. Er setzte darin auseinander, wie Goethe als Dichter und Denker innerhalb des neuzeitlichen Geisteslebens stehe. Es versteht sich von selbst, daß er in der Weltanschauung, die das auf Goethe folgende Zeitalter gebracht hatte, einen Abfall von der durch Goethe erreichten geistigen Höhe sah.

Als sein geschätzter und geliebter Schüler bald darauf im Salon einer mondänen Dichterin öfter zu verkehren begann, mußte er rigoros von diesem Abschied nehmen. Steiner beschrieb seine schmerzliche Betroffenheit und hielt angesichts des Generationswechsels in Wien einen tiefgreifenden Gegensatz nicht nur in der Goetheauffassung, sondern auch im Lebensgefühl fest:

> Schröer konnte in leidenschaftliche Erregung kommen, wenn er eine Versündigung gegen die als Schönheit wirkende Harmonie in der Kunst wahrnahm. Er wandte sich von delle Grazie ab, als er diese Versündigung nach seiner Auffassung bemerken musste. Und er betrachtete bei mir die Bewunderung, die ich für die Dichterin behielt, als einen Abfall von ihm und von Goethe zugleich.[8]

Steiner mußte nach einigen Jahren Wien verlassen, da er aufgrund seiner wissenschaftlichen Leistungen mit der Edition der naturwissenschaftlichen Schriften in der Weimarer Sophienausgabe beauftragt wurde:

---

8 Ebd., S. 83.

In diese Zeit (1888) fällt meine erste Reise nach Deutschland. Sie ist veranlasst worden durch die Einladung zur Mitarbeiterschaft an der Weimarer Goethe-Ausgabe, die im Auftrage der Grossherzogin Sophie von Sachsen durch das Goethe-Archiv besorgt wurde. Einige Jahre vorher war Goethes Enkel, Walther von Goethe, gestorben; er hatte Goethes handschriftlichen Nachlass der Grossherzogin als Erbe übermacht. Diese hatte damit das Goethe-Archiv begründet und im Verein mit einer Anzahl von Goethe-Kennern, an deren Spitze Herman Grimm, Gustav von Loeper und Wilhelm Scherer standen, beschlossen, eine Goethe-Ausgabe zu veranstalten, in der das von Goethe Bekannte mit dem noch unveröffentlichten Nachlass vereinigt werden sollte.[9]

Seine Pionierarbeit in der *Kürschner'schen Deutschen Nationalliteratur* gehört zweifellos zu den Anfängen der Goethe-Philologie in Wien. Aber ohne einfacher Goethephilologe zu bleiben, entwickelte er sich schließlich zu einem Theosophen und Anthroposophen goethischen Gepräges, was mir jedoch wiederum für die Wiener Moderne spricht. Steiners Einfluß ist in Japan so groß, daß fast alle seine Werke einschließlich seiner Kommentare zu Goethes naturwissenschaftlichen Schriften ins Japanische übersetzt worden sind.

Das Hauptziel, das sich der Wiener Goethe-Verein setzte, bestand darin, ein Goethe-Denkmal für Wien zu errichten. Es war ein seelisches Bedürfnis des bürgerlichen Zeitalters, das geistige Vorbild in monumentaler Größe sichtbar anzuschauen. Um dieses Ziel in absehbarer Zeit erreichen zu können, wies Schröer immer wieder auf die Bedeutung Goethes und Schillers für das deutsche Volk und über die Grenzen des deutschen Volkstums hinaus hin. Er ging dabei von der Annahme aus, die Popularität Schillers sei bei dem deutschen Volke immer noch die größere. Dementsprechend nahte sich das Schiller-Denkmal vor der Wiener Akademie der bildenden Künste damals schon seiner Vollendung. Es ist typisch für die Zeitströmung nach dem Scheitern der März-Revolution 1848, daß Schiller immer als deutscher Nationaldichter in den Vordergrund gestellt wurde. Alle kulturellen Veranstaltungen des Vereins zielten deshalb darauf aus, das Verständnis für Goethe zu vertiefen und so eine Schiller ebenbürtige Verehrung für Goethe zu erwecken. Da

---

9 Ebd., S. 101.

aber die Idee des Zusammenwirkens beider als Höhepunkt deutscher Kultur schon im Weimarer Denkmal von Ernst Rietschel ausgesprochen war, scheute man sich den schönen Gedanken der Dioskuren zu wiederholen. Statt dessen sollte Goethes Universalität, wie Schiller sie als der erste erkannt hatte, sichtbar gemacht werden. So sollte diese Bedeutung Goethes ursprünglich durch sein Standbild neben der Universität ausgesprochen werden. Seine Beziehung zur Dichtkunst hätte hinreichend angedeutet werden können durch das Burgtheater, das schräg dem Denkmal gegenüber stehen würde. Mit der Betonung von Goethes Universalität sollte wahrscheinlich der Verdacht einer nationalistischen Bewegung wie beim Schiller-Denkmal vermieden werden.

Als der Standort des geplanten Goethe-Denkmals 1894 für die Ecke des Opernrings entschieden wurde, zog sich Schröer von dem ganzen Projekt zurück und bedauerte die seiner Gesinnung entgegengesetzte Kunstentwicklung in Wien:

> Wir wissen wol, dass die stürmische Jugend, die immer Neues will, vielfach anderen Zielen zustrebt, als unsere Ideale, z. B.: in der Kunst dem sogenannten Naturalismus. Darüber vergisst die Welt, was das Auftreten Goethes bedeutet. Ruhig lässt man den üblichen Ausspruch gelten, dass die Werke unserer Klassiker für die Ewigkeit sind: indem doch der Fortschrittsdrang der Jugend sie nicht verhindert, Goethes und Schillers *noch unerreichte Werke veraltet* zu finden![10]

Mit dieser konservativen Ansicht hätte er vermutlich wenig Verständnis für die bald heraufkommende literarische Moderne in Wien aufgebracht, wenngleich Hermann Bahr ebenso den Berliner Naturalismus zu überwinden suchte. Denn wie Gotthart Wunberg hervorhob, wollten die Jung-Wiener zuerst als Realisten und Naturalisten beginnen.[11]

Nebenbei bemerkt: Die *Chronik des Wiener Goethe-Vereins* brachte im 4. Jg. / Nr. 5 vom 18. Mai 1889 nach dem Auslandsbericht der

---

10 Chronik des Wiener Goethe-Vereins. S. VIII, 22.
11 Vgl. Die literarische Moderne. Dokumente zum Selbstverständnis der Literatur um die Jahrhundertwende. Ausgewählt und mit einem Nachwort hrsg. von Gotthart Wunberg. Frankfurt a.M. 1981. Vorwort, S. 13. Vgl. auch Deutsche Dichter der Moderne. Ihr Leben und Werk. Hrsg. von Benno von Wiese. 2. Aufl. Berlin 1969. Vorwort des Herausgebers, S. 7.

Allgemeinen Zeitung einen interessanten Artikel „Goethe und Schiller in Japan", in Japan erscheine eine Monatsschrift *Von West nach Ost* in deutscher Sprache. Das bereits erschienene Heft enthalte außer dem Vorwort „Was wir wollen" eine Abhandlung von Dr. med. Rintaro Mori über das japanische Haus vom ethnographischen und hygienischen Standpunkt aus und eine andere von Dr. Kitao über die Spectralanalyse. Sodann soll eine Anzahl von Preisaufgaben, Übersetzungen berühmter Stücke aus der japanischen Literatur ins Deutsche für strebsame japanische Studenten ausgeschrieben worden sein. Der Mediziner Rintaro Mori mit dem Dichternamen Mori Ogai war sprachlich sehr begabt und begann nach seinem vierjährigen Deutschlandaufenthalt tatsächlich im Jahre 1889 viele zeitgenössische Werke der deutschen Literatur ins Japanische zu übersetzen. Darunter befanden sich auch Werke der literarischen Moderne in Wien. Es handelte sich dabei um die Werke wie Schnitzlers *Dämmerseelen, Der Tod des Junggesellen, Die Frau mit dem Dolche, Der tapfere Cassian, Weihnachtseinkäufe, Liebelei*; Hofmannsthals *Der Tor und der Tod, Ödipus und die Sphinx*; Peter Altenbergs *See-Ufer; Zwölf*; Hermann Bahrs *Die tiefe Nacht*. Wie damals in Japan die Wiener Musik als deutsche Musik schlechthin galt, macht man bis heute keinen wesentlichen Unterschied zwischen deutscher und österreichischer Literatur. Für japanische Germanisten gehören Schriftsteller wie Hugo von Hofmannsthal, Hermann Broch oder Robert Musil nicht nur der deutschen, sondern auch der europäischen Literatur, ja der Weltliteratur an, und keinem von ihnen fällt es ein, sie in die eng begrenzte österreichische Literaturgeschichte einzuordnen. Faszinierend und attraktiv für sie ist gerade, daß die Wiener Moderne im Zeitalter des Nationalismus so international eingestellt war.

Was die Bezeichnung Wiener Moderne anbelangt, so müßte man zuerst nach der Bedeutung von „modern" überhaupt fragen. Denn Goethe gebrauchte das Wort schon oft beinahe im Sinne von „romantisch" im Hinblick auf die jungen Dichter und Künstler um die Jahrhundertwende am Ende des 18. Jahrhunderts. Die deutsche Literatur von damals hatte das klassische oder klassizistische Weimar von Goethe und Schiller gleichsam als einen stillen Mittelpunkt, um den die jungen Romantiker in Jena, Heidelberg und Berlin herumkreisten. Nach dem Tode Schillers schielte Heinrich Heine aus Paris eifersüchtig herüber nach Weimar und Goethe hielt durch verschiedene Vermittlungen Umschau nach Wien, um das ernste Repertoire des Weimarer Hoftheaters mit Wiener Operetten zu bereichern.[12] Obgleich er in der Kunstanschauung mehr klassizistisch als klassisch einzuordnen war und sich mit seinen Preisaufgaben in den *Propyläen* für die jungen, romantisch gesinnten Künstler fast als steif erwies, war er doch in der Dichtungstheorie genau so modern eingestellt wie die Romantiker. Sind doch alle vier Romane Goethes zeit- und gesellschaftsbezogen, so daß man sie wohl mit Recht als sehr modern charakterisieren könnte.[13] Wenn er auch in der *Iphigenie* den antiken Stoff behandelte, fiel das angeblich klassische Werk nicht tragisch im griechischen Sinne aus, sondern entsprechend dem modernen Lebensgefühl „verteufelt human". Es war eben im deutschen Geist und nicht in der griechischen Natur verwurzelt.[14]

Nach Gotthart Wunberg wurde der Begriff „Moderne" von Eugen Wolff geprägt.[15] Es war auch Johannes Schlaf, der diesem nahestehend und auf der Suche nach einem modernen Deutschtum gerade in Goethe zunächst einmal die zeitgemäße Modernität entdeckte. In seinem Beitrag zu einer Festschrift von 1899 lehnte er die Romantiker strikt ab, weil sie mit ihrer Hinwendung zu Gotik und Mittelalter einen schwerwiegenden politischen und sozialen Fehler begangen hätten. Dagegen weist er darauf hin, daß zur Ausbildung des modernen Deutschtums wieder niemand so vorbildlich sein könne wie Goethe, und schreibt:

> Und zwar fangen wir an zu gewahren, wie ungeachtet alles antiken, rokokohaften und geheimrätlichen Zopfes, gerade seine späteren Werke, seine beiden großen Romane, vor allem die *Wahlverwandtschaften*, die *Iphigenie* und der *Tasso* dieses modernen Deutschtums überreich sind, das in diesen Werken als eine intime Verbindung der neuzeitigen monistischen Weltanschauung mit allen Geistes- und Gemütsgewalten der deutschen Volksseele darstellt.[16]

---

12 Vgl. Josef Nadler: Goethe und Österreich. Wien 1965.
13 Näheres vgl. Naoji Kimura: Goethes Alterspoetik. In: Goethe Jahrbuch. Bd. 114. Weimar 1997. S. 185–197.
14 Vgl. Fritz Strich: Natur und Geist der deutschen Dichtung. In: Dichtung und Zivilisation. München 1928, S. 1–24.
15 G. Wunberg a. a. O., S. 30.
16 Karl Robert Mandelkow (Hrsg.): Goethe im Urteil seiner Kritiker. Teil III, München 1979, S. 312.

Was mit der neuzeitigen monistischen Weltanschauung gemeint ist, wird aus diesem Text nicht eindeutig klar. Aber man könnte darunter jene vitalistisch-biologische Weltauffassung verstehen, die Ernst Haeckel bzw. Wilhelm Bölsche unter Berufung auf Goethes Morphologie in ihrer darwinistisch ausgerichteten Popularphilosophie propagiert haben oder auch die europäische Lebensphilosophie im allgemeinen, besonders aber bei Nietzsche.[17] Auf jeden Fall kommt es hier auf einen Paradigmenwechsel in der Goethe-Auffassung an, der sich dann auf die literarische Produktion fruchtbar auswirkte.

Es ist aber merkwürdig und seltsam, daß je eifriger die Goethe-Philologie unter den Germanisten gepflegt wurde, desto weniger die Literaten und Literaturkritiker damit einverstanden, ja zufrieden waren. So schreibt wie Gutzkow seinerzeit z. B. Rudolf Huch in seinem zuerst Ende 1899 erschienenen Büchlein *Mehr Goethe*:

> Geredet wird in der deutschen Litteratur allerdings sehr viel mehr als genug über Goethe und sein Werk. Aber das ist die schlechte Komödie, die schale Ironie, die sich in der Geschichte der Künste so gut findet wie in der der großen Welt, daß von einem wirklichen Einflusse Goethes auf die Litteratur unserer Zeit nichts, aber auch gar nichts zu spüren ist.[18]

Daß Rudolf Huch des 150. Geburtstages von Goethe mit dem Bewußtsein der Moderne gedenkt, geht aus seinem Hinweis darauf hervor: „Es giebt kaum eine Frage der Kunst oder Wissenschaft, sie sei auch noch so ‚modern', in die nicht vornehmlich, unüberhörbar das Wort Goethes schallt."[19] Aber eben nur theoretisch lasse sich sein Wort nicht überhören. In der Praxis hätten unsere bald glanzlosen, bald fieberleuchtenden Augen und das große, helle Goetheauge nichts mit einander gemein. Rudolf Huchs Goethebild beruhte dabei im Gegensatz zur gelehrten Goethe-Philologie in Berlin auf einer inneren Einheit von Natur und Vernunft, nämlich der Natur in ihrer Reinheit und ihrem Reichtum einerseits und der bis jetzt erreichten höchsten Vernunft andererseits.

---

17 Vgl. Wendelin Schmidt-Dengler: „Ein der Natur mißlungener Künstler". Zur Nietzsche-Rezeption im Wien der Jahrhundertwende. In: Akten der IVG Basel 1980. Bd. 3, S. 285–301.
18 Rudolf Huch: Mehr Goethe. München und Leipzig 1904. S. 10.
19 Ebd., S. 10.

3. Hermann Bahrs Goethebild

An dem in Weimar entstandenen philologischen Goethebild vermißt ebenfalls der zwischen Berlin und Wien bewanderte Literaturkritiker Hermann Bahr diesen Faktor der urwüchsigen Lebensweisheit. Er ist sich dessen durchaus bewußt, wieviel der Deutsche dem Goethe-Philologen verdankt. Trotzdem bemerkt er dazu, daß der Goethe, den der gebildete Deutsche bisher besaß, ihm verloren ging: „Der Goethe, der jetzt erschien, stimmte mit dem überlieferten Goethebild nicht und ließ sich auch auf die Werke Goethes, auf diejenigen gerade, die dem gebildeten Deutschen als die wichtigsten galten, nicht mehr stimmen."[20] Angesichts des neuen Goethebildes überfällt ihn also ein ambivalentes Gefühl: Staunen und Verwunderung. Er merkt, daß mit dem der Großherzogin Sophie von Sachsen vermachten Nachlaß Goethes ein neuer Beruf begann, eine neue akademische Laufbahn sich auftat, ja sogar eine neue Menschenart begann: „Wie man bisher Philosoph, Arzt oder Jurist geworden war, wurde man jetzt Goethephilolog, es ließ sich auf Goethe fortan eine Existenz gründen."[21] Diese jungen Germanisten,

> sie lasen Goethe, darin bestand ihr Leben: es hat etwas Heroisches und es hat etwas Mönchisches, und es hat auch etwas Monomanisches zugleich. Einen eigenen Menschenschlag ergab es. Ehrfurcht gebietet sein alles hingebender Selbstverzicht, Kundrys „Dienen, dienen!" so rein erfüllend, höchster Bewunderung wert, zugleich aber fast unheimlich und ebenso wieder leise, ganz leise doch auch ein bißchen komisch. Ein fast erhabenes, rührendes, leicht ans Lächerliche streifendes Geschöpf mit faustischen Zügen, aber auch einigen vom Famulus, gewissermaßen.[22]

Dies ist doch eine Karikatur des unliterarischen Menschen, der sich eifrig mit der großen Literatur beschäftigt, zumindest ein Gegenteil vom goethischen sprudelnd schöpferischen Leben.

---

20 Hermann Bahr: Goethebild. In: Sendung des Künstlers. Leipzig 1923, S. 25. Merkwürdigerweise ist dieser Sammelband im Verzeichnis seiner Hauptwerke nicht angeführt. Vgl. Stiasny-Bücherei: Hermann Bahr. Sinn hinter der Komödie. Graz und Wien 1965.
21 H. Bahr a. a. O., S. 23.
22 H. Bahr a. a. O., S. 23.

Hermann Bahr ist der Meinung, daß Goethe fast immer verkannt worden sei: „Der wirkliche Goethe verlosch, sein Andenken glomm nur noch insgeheim in einem Berliner Kreise, von der Rahel her auf Herman Grimm zu, dann in ein paar vereinsamten Österreichern: Grillparzer, Feuchtersleben, Stifter und ihren dünnen Stecklingen."[23] Hermann Bahr fürchtet offensichtlich, daß das philologische Goethebild das lebendige Bild des Dichters verdecken würde wie die Dekoration die dahinter liegende Wirklichkeit, und kritisiert an den Deutschen, daß sie sich im Grunde nur für das, was Goethe lebte, interessieren und nicht für das, was er schrieb. Das Leben geht bei den Goethephilologen vor dem Werk, was denn auch von Benedetto Croce kritisiert wurde. Hermann Bahr selbst fing mit der Lektüre von Otto Erich Hartlebens *Goethebrevier*[24] und Richard M. Meyers Goethe-Biographie an, bis es ihm einigermaßen gelang, die Jugend in Wien mit seinem Anti-Biographismus für Goethe zu gewinnen:

> In ihrem Schatten begann auch ich, der damals das Vertrauen der Jugend in Österreich hatte, in der von mir 1894 begründeten Wiener Wochenschrift *Die Zeit* unablässig auf Goethe zu dringen und unsere jungen Leute zu Goethe zu drängen, für die dann, für Dichter wie Maler, ein Jahrzehnt lang bei uns Goethe die bestimmende Lebensmacht wurde.[25]

Auch wenn die künstlerisch-literarische Jugend in Österreich zunächst mehr durch Goethes Existenz als durch seine Werke angeregt worden ist, liegt es nahe, die literarische Moderne in Wien unter diesem Aspekt der Goethe-Rezeption zu betrachten. Dazu müßte man neben der Denkmalpflege des Wiener Goethe-Vereins die lebendigen Impulse, wie sie aus der Wochenschrift *Die Zeit* hervorgingen, im einzelnen verfolgen,

---

23 H. Bahr a. a. O., S. 30. Vgl. besonders Rahel-Bibliothek. Rahel Varnhagen. Gesammelte Werke. Hrsg. von Konrad Feilchenfeldt, Uwe Schweikert und Rahel E. Steiner. 10 Bde. Matthes & Seitz Verlag. München 1983.
24 Vgl. Goethe-Brevier. Goethes Leben in seinen Gedichten, herausgegeben von Otto Erich Hartleben. München 1894.
25 H. Bahr a. a. O., S. 33. Vgl. Moriz Enzinger: Goethe und das alte Oesterreich. In: Innsbrucker Universitäts-Almanach auf das Goethe-Jahr 1949, S. 5–51; Manfred Osten: Goethe und Österreich. In: Japanisches Goethe-Jahrbuch, 30. Band. Tokyo 1988. Vgl. ferner Hermann Bahr: Österreichischer Genius. Grillparzer – Stifter – Feuchtersleben. Bellaria-Bücherei Band 9. Wien o. J.

z. B. anhand der Goethe-Essays von Hermann Bahr.[26] Daß er frühzeitig mit Goethe vertraut war, zeigen zahlreiche Goethe-Zitate in seinen Theaterkritiken um 1900 herum.[27]

Was an dem literaturkritisch entworfenen Goethebild Hermann Bahrs auffällt, ist der wiederholte Hinweis auf Goethes Nähe zum Barock, das in Bahrs literarisch-künstlerischem Denken eine grundlegende Rolle spielt. Um dem verehrten Benedetto Croce ein wenig zu widersprechen, der meinte, Goethes Werk sei von seinem Leben verschlungen worden, betont Hermann Bahr das unersättliche Bildungsbedürfnis Goethes, indem er Zeichen, Symbole und Bilder als Ausdruck der Idee hervorhebt:

> Von allem Leben, seinem eigenen wie dem der anderen, nah und fern, in Gegenwart und Vergangenheit, galt ihm überhaupt nur, was davon Klang oder Bild ward. Eben darum ist er ja, neben Napoleon, der letzte barocke Mensch, als welcher ja niemals aus sich her, sondern schon von vornherein gleich auf sein Bild hin lebt.[28]

Problematisch erscheint allerdings, daß dabei die stammesgeschichtliche Literaturbetrachtung wie bei August Sauer nun mit Bezugnahme auf Josef Nadler zutage tritt. Zuvor hieß es noch, Goethe habe eher einem Symbol geglichen, in dem die Geistesgeschichte der sämtlichen deutschen Stämme mit grandioser Verkürzung epitomiert gewesen wäre. Jetzt wird ausdrücklich gesagt: „Goethes Leben ist das höchste Symbol fränkischer Stammesart."[29]

Es stellt sich auch heraus, daß das Wort „barock" in seinem Bedeutungsgehalt irgendwie das Katholische einbezieht: „Selbst wenn man den Schluß des zweiten *Faust* bloß für eine schöne Dekoration hält [...] so kann man doch das Ergebnis der *Wanderjahre* kaum, um dem verdächtigen Wort ‚katholisch' auszuweichen, anders nennen als barock."[30] Die Stationen Goethes bis dahin sieht Hermann Bahr in der Reihenfolge etwa

---

26 Vgl. Hermann Bahr: Um Goethe. Wien 1917.
27 Vgl. Hermann Bahr: Premièren. Winter 1900 bis Sommer 1901. München 1902. Vgl. ferner derselbe: Kritik der Gegenwart, Augsburg 1922.
28 H. Bahr: Goethebild, S. 42 f.
29 Ebd. S. 48.
30 Ebd. S. 60.

Die Mitschuldigen, Werther, Iphigenie, Die Natürliche Tochter, Pandora und *Faust* und faßt sie zusammen als Rokoko, Revolution, Überwindung beider durch einen seiner selbst nicht ganz sicheren Klassizismus. Dieser Klassizismus öffnet sich aber nach Hermann Bahr in ein neues Barock, in ein heimliches Barock, dessen Züge schon die Gotik hat. Das bedeutet nichts anderes, als daß Goethes Werk die ganze abendländische Tradition in sich umfaßt:

> So wächst Goethes Werk zum Sinnbild jener ungeheuren Spannung empor, die der abendländische Geist braucht, um die Kraft zu seinem Schicksal, zu seinem geschichtlichen Amt, zur fortwährenden Bewältigung, Erneuerung und Gestaltung des griechisch-römisch-christlichen Erbes aufzubringen.[31]

Ein solches zukunftsträchtiges Goethebild, das mit der romantischen Hinwendung zum Mittelalter wenig zu tun hat und auf ein Denkmal nicht angewiesen ist, könnte man nicht einfach im Gegensatz zum philologischen Positivismus eine geistesgeschichtliche Betrachtung nennen, sondern darin wie bei Johannes Schlaf einen dynamischen Auftakt zur literarischen Moderne in Wien erblicken. Es geht doch bei der Modernität Goethes wie beim Shakespeare-Bild Herders grundsätzlich darum, in jedem Zeitalter das alte Wahre zu erneuern und es immer wieder in neuer Form zu vergegenwärtigen. Wie modern mutet z. B. der Jugendaufsatz des jungen Goethe „Von deutscher Baukunst" (1772) an, der doch für seine Kunstauffassung richtungsweisend geblieben ist. Davon legt sein allerletzter Aufsatz „Noch ein Wort für junge Dichter" Zeugnis ab, in dem der alte Goethe sich selbst als den „Befreier"[32] der jungen Dichter bezeichnet.

---

31 Ebd, S. 60.
32 Goethes Werke. Hamburger Ausgabe. Bd. 12, S. 360.

4. Die Vermittlerrolle von Hofmannsthal und Karl Kraus

Soweit ich weiß, gibt es eine einzige japanische Arbeit über Hermann Bahrs Goethe-Auffassung.[33] Dagegen ist sehr viel über die beiden Goetheverehrer und Goethekenner, Hugo von Hofmannsthal und Karl Kraus, von seiten der japanischen Germanisten gearbeitet worden. Seit Jahren ist eine vierbändige Hofmannsthal-Ausgabe in japanischer Sprache vorhanden und dazu noch eine ausführliche Bibliographie der japanischen Hofmannsthal-Forschung. Von dem Wiener Dichter stammen bekanntlich einige wichtige Aufsätze über Goethe. Es sind in chronologischer Reihenfolge „Die Briefe des jungen Goethe" (1904), „Unterhaltungen über den *Tasso* von Goethe" (1906), „Wilhelm Meister in der Urform" (1911), „Goethes *West-östlicher Divan*" (1913) und „Goethes Opern und Singspiele" (1923). Die entscheidende Bedeutung Goethes für ihn ist in seinem *Buch der Freunde* (1922) bezeugt. Eine Stelle der Eintragungen lautet: „Goethe kann als Grundlage der Bildung eine ganze Kultur ersetzen."[34] Eine andere darauf folgende lautet: „Wir haben keine neuere Literatur. Wir haben Goethe und Ansätze." Nicht nur die genannten Aufsätze, sondern auch solche Aussprüche im *Buch der Freunde* und zahlreiche Goethe-Zitate in seinen Werken zeigen, wie intensiv und dauernd er sich mit Goethe beschäftigt hat. Das wird denn auch von Hermann Broch bestätigt:

> Auf Goethe und nicht auf Schiller (den *richtigeren* Nationaldichter) war von Jugend an Hofmannsthals Blick gerichtet […] nur vom Goetheischen Beispiel konnte er eine Lösungsmöglichkeit für seine eigene Grundantinomie – Bekenntnisdichtung bei gleichzeitiger Ich-Verschweigung – erhoffen.[35]

---

33 Vgl. Shingo Kamino: Zwei Proteus. Zur Goetheauffassung Hermann Bahrs. In: Japanisches Goethe-Jahrbuch, 37. Band. Tokyo 1995, S. 257–275. Vgl. ferner Donald G. Daviau: Understanding Hermann Bahr. Röhrig Universitätsverlag. St. Ingbert 2002.
34 Hugo von Hofmannsthal: Buch der Freunde. Tagebuch-Aufzeichnungen. Mit einem Geleitwort zur zweiten Ausgabe von Rudolf Alexander Schröder. Insel-Verlag. Wiesbaden 1949. S. 71.
35 Hermann Broch a. a. O., S. 327.

Es entzieht sich leider meiner Kenntnis, ob Hofmannsthal das klassische Goethebild eines Schröer überhaupt zur Kenntnis genommen hat, und bejahendenfalls, wie er zur Goetheverehrung im Kreis des Wiener Goethe-Vereins Stellung genommen hat. Im *Buch der Freunde* steht eine Bemerkung: „Von Goethes Sprüchen in Prosa geht heute vielleicht mehr Lehrkraft aus als von sämtlichen deutschen Universitäten."[36] Mit den deutschen Universitäten sind unverkennbar jene „Ausschreitungen der damaligen Waschzettelphilologie" gemeint, die Johannes Schlaf für die Abneigung der Jüngeren gegen Goethe zu einem guten Teil verantwortlich gemacht hat. Die Wiener Moderne ist ja nicht in den Seminarräumen der Universität,[37] sondern im Wiener Kaffeehaus entstanden. In Hofmannsthals Essay *Das Gespräch über Gedichte* (1903) zeigt sich deutlich genug eine Sehnsucht nach Erneuerung des Lebens, die wie bei der Tochter Pandora im *Prometheus-Fragment* Goethes fast zur Todessehnsucht umschlagen kann:

> Willst du versuchen dir vorzustellen, wie das Opfer entstanden ist? [...] Ich meine das Schlachtopfer, das hingeopferte Blut und Leben eines Rindes, eines Widders, einer Taube. Wie konnte man denken, dadurch die erzürnten Götter zu begütigen? Es bedarf einer wunderbaren Sinnlichkeit um dies zu denken, einer bewölkten lebenstrunkenen orphischen Sinnlichkeit.[38]

Karl Kraus ist unter den japanischen Gebildeten viel weniger bekannt als Hofmannsthal, obwohl es bereits eine siebenbändige japanische Werkausgabe gibt. Daß er aber in der *Fackel* wiederholt die journalistische Vermarktung Goethes und die falsche Berufung auf Goethe gegeißelt hat, hängt mit seiner Kritik an der Korruption des modernen Geistes durch die Phrasen des Journalismus zusammen und ruft schon in den japanischen Fachkreisen, die sich speziell mit der Literatur der

---

36 Hofmannsthal: Buch der Freunde, S. 82. Vgl. Grete Schaeder: Hugo von Hofmannsthal und Goethe. Hameln 1947, S. 10.
37 Es war Wilhelm Scherer, der als erster seine Wiener Übungen im Unterschied zur Vorlesung „Seminare" nannte. Vgl. Peter Wiesinger / Daniel Steinbach: 150 Jahre Germanistik in Wien. Außeruniversitäre Frühgermanistik und Universitätsgermanistik. Edition Praesens. Wien 2001, S. 44.
38 Hugo von Hofmannsthal: Gesammelte Werke in Einzelausgaben. Prosa II. Frankfurt am Main 1951, S. 103.

Jahrhundertwende beschäftigen, reges Interesse hervor.[39] Seine Kritik an der Sprache Heines: „Ohne Heine kein Feuilleton. Das ist die Franzosenkrankheit, die er uns eingeschleppt hat" sowie seine Auseinandersetzungen mit den „jungen Pragern" wie Franz Werfel und seine Anteilnahme für die „alten Weimaraner" erweitern auch den Gesichtskreis der japanischen Kraus-Forscher auf die Goethezeit hin. Bei ihm kann man ebenfalls das Problem der jüdischen Assimilation seit Moses Mendelssohn ins Auge fassen,[40] das sowohl bei Lessing als auch bei Goethe eine überaus große Rolle spielt.

Während Karl Kraus als Österreicher jüdischer Herkunft so heftig den jüdischen Journalismus kritisierte, ließ sich Hofmannsthal auf solche Fragen niemals ein und deutete immer stärker auf seine Verbundenheit mit der abendländischen Tradition. Hermann Broch war nicht nur mit Hofmannsthal, sondern auch mit Karl Kraus sehr vertraut, getraute sich aber nicht, sich offen über Karl Kraus auszusprechen. Meinte er doch, es verlange eine Auseinandersetzung mit den schwersten metaphysischen Fragen der Satire, des Humors, der Kunst überhaupt. Die Zusammenstellung sprachkritischer Essays und Glossen aus der *Fackel* liegt zwar in einem Sammelband vor.[41] Aber wie kann ein Auslandsgermanist schon aus sprachlichen Gründen mit der Diktion von Karl Kraus selbst fertig werden? Seine Parodie *Goetheaffen* z. B. mit so vielen Anspielungen ist sowohl sprachlich als auch sachlich schwer verständlich:

> Den drängt es faustisch ohne viele Faxen, / denn er ist bei den Müttern aufgewachsen. / Was er nicht fühlt, er wird es sich erjagen, / und magisch-kophtisch–orphisch sich ergehn, /im Nachgefühl zum Augenblicke sagen: / Verweile doch, man wird ja doch da sehn![42]

---

39 Vgl. Yasumitsu Kinoshita: Das Goethesche bei Karl Kraus. In: Japanisches Goethe-Jahrbuch, 39. Band. Tokyo 1997, S. 61–84.
40 Vgl. Heinz Knobloch: Herr Moses in Berlin. Auf den Spuren eines Menschenfreundes. 2. Aufl. Berlin 1980. Vgl. ferner Schalom Ben-Chorin und Verena Lenzen (Hrsg.): Jüdische Theologie im 20. Jahrhundert. Ein Lesebuch. München 1988; Andreas Nachma / Julius H. Schoeps / Hermann Simon (Hrsg.): Juden in Berlin. Henschel Verlag 2001.
41 Vgl. Karl Kraus: Die Sprache. Wien 1937.
42 Karl Robert Mandelkow (Hrsg.): Goethe im Urteil seiner Kritiker. Teil IV, München 1984, S. 31.

Auch wenn jemand im Stande sein sollte, diese Verse ins Japanische zu übersetzen, würde kaum ein Leser die Übersetzung verstehen. Es ist merkwürdig. Auch Theodor Haecker parodierte so gern, als er noch dem Brenner-Kreis in Innsbruck angehörte. Als er sich aber innerlich bekehrte, hat er aufgehört zu parodieren. Seine Kritik war nicht mehr so geistreich und temperamentvoll wie beim Wiener Kulturhistoriker und Literaturkritiker Friedrich Heer, war aber tief ernst und religiös, wie z. B. sein Vergil-Buch bezeugt.[43]

Was außer der Goetheverehrung Karl Kraus und Hofmannsthal gemeinsam war, ist das Problem der Sprache. Über den berühmten Satz im Brief des Lord Chandos „Es ist mir völlig die Fähigkeit abhanden gekommen, über irgendetwas zusammenhängend zu denken oder zu sprechen" schreibt Walther Killy: „So war damit ein keineswegs nur subjektiver Sachverhalt ausgesprochen. [...] Diesen Fragen entging kein Autor von Bedeutung, und es charakterisierte die Geringeren, daß sie sich ihnen nicht stellten."[44] So war es in der Tat bei allen bedeutenden Schriftstellern, und ich meine, daß dieses Problem grundlegend und charakteristisch für die literarische Moderne in Wien war. Diese war zweifellos die Literatur der Jugend, aber weder so aufklärerisch wie der Sturm und Drang, noch so politisch oder sozialkritisch wie das junge Deutschland, sondern metaphysisch und ästhetisch zugleich, woraus eine typisch österreichische Sprachmystik von Ferdinand Ebner über Martin Buber bis zu Wittgenstein entstand. Zur Sprache von Karl Kraus bemerkt sein Förderer Ludwig von Ficker:

> Seine Gedankenwelt [...] empfängt [...] ihre eigentliche Leucht- und Überzeugungskraft so sehr vom Geist der Sprache, der sie sich täglich neu entbindet, daß sie ebenso unübertragbar erscheint wie sein Stil, der den innersten Lebensnerv dieser Sprache in einer Weise bloßlegt, daß (wie Goethe sagt) jedem Wort der Ursprung nachklingt, wo es sich herbedingt.[45]

---

43 Vgl. Friedrich Heer: Europäische Geistesgeschichte. W. Kohlhammer Verlag. Stuttgart 1953; Theodor Haecker: Vergil. Vater des Abendlands. Verlag Jakob Hegner. Leipzig 1931.
44 Die deutsche Literatur. Texte und Zeugnisse. Bd.VII. Hrsg. von Walther Killy. München 1988, S. IX f.
45 Ludwig von Ficker: Denkzettel und Danksagungen. München 1967, S. 15.

Hier scheint der metaphysische Ursprung der Sprache nichts mehr zu tun zu haben mit der Goethe-Philologie, wie sie wirklich mit faustischem Drang, aber im Stil des Famulus Wagner an den Universitäten betrieben worden ist, sondern reicht eher in die *Älteste Urkunde des Menschengeschlechts* bei Herder, nämlich in den alttestamentlichen Sprachgeist zurück, von dem im Grunde genommen auch Walter Benjamin ausging. Wie weit die Theologie des Wortes, also die Sprachmystik des neutestamentlichen Logos in der Literatur der Jahrhundertwende vertreten gewesen ist, wäre noch zu untersuchen. Auf jeden Fall öffnet sich dadurch die Wiener Moderne über Goethe hinaus in die übernationale europäische Geistesgeschichte, und im nachhinein könnte man sagen, es sei ein Glück für die literarische Moderne in Wien gewesen, daß die akademische Goethe-Philologie sich letzten Endes nicht in Wien, sondern in Berlin etablierte.

5. Kapitel: Goethe und die japanische Mentalität*

Das Thema dieses Kapitels ist dreigliedrig: es besteht aus den Fragen nach Goethe, Japanisch und Mentalität. Wer Goethe eigentlich gewesen ist, weiß man mehr oder weniger in den Gebildetenkreisen von Ost und West, also auch in Japan. Im großen und ganzen kann man ihn als menschlich, liberal, humanistisch und universal bezeichnen. Daher kommt denn auch die Bezugnahme auf die japanische Mentalität in dem im Oktober 1999 in Tokyo veranstalteten internationalen Goethe-Symposium mit den beiden Generalthemen „Goethes Weltbürgertum" sowie „Goethe und die Nationalkulturen". Unter Mentalität versteht man nach dem englischen Wort *mentality* die Denk- und Verhaltensweise eines Menschen bzw. einer Menschengruppe. Auf den internationalen Mentalitätsdiskurs kann im Rahmen dieses Beitrags nicht eingegangen werden. Es soll denn auch nach einem Vorurteil Unsinn sein, „von der Mentalität *des* Japaners zu reden".[1] So geht es im folgenden grundsätzlich darum, wie die Japaner über den deutschen Dichter des 18. Jahrhunderts denken, und wie sie sich ihm gegenüber verhalten. Zu befragen ist insbesondere die spezifisch japanische Haltung Goethe gegenüber, und zwar in welcher Hinsicht sie zu ihm positiv eingestellt sind. Die negative Haltung ist seit den Tagen eines Ludwig Börne, Heinrich Heine oder Wolfgang Menzel überall fast gleich: ablehnend aus religiöser, ethischer und nicht zuletzt politischer Motivation, weil man literarisch nichts gegen ihn sagen könnte. Sie kann jedoch hinsichtlich der betreffenden Fragestellung außer acht gelassen werden, es sei denn, daß sie anders motiviert ist wie beim kritischen Kulturvergleich.

---

* Eine erweiterte Fassung des Beitrags zu: 250 Jahre Johann Wolfgang von Goethe. Symposium „Goethe – Wirkung und Gegenwart". Studien des Instituts für die Kultur der deutschsprachigen Länder. Nr. 18. Sophia-Universität. Tokyo 2000, S. 171–185.
1 Thomas Ohm: Asiens Nein und Ja zum westlichen Christentum. Kösel-Verlag. München 1960, S. 15. Vgl. zur allgemeinen Forschungslage Peter Dinzelbacher (Hrsg.): Europäische Mentalitätsgeschichte. Stuttgart 1993.

Bei den eben genannten drei Teilfragen ist formal von entscheidender Bedeutung, was eigentlich mit „japanisch" gemeint ist, während die Mentalität begrifflich inhaltsbezogen ist. Dabei kann wohl ein renommierter Japaner insofern als Repräsentant der japanischen Mentalität stehen, als er Goethekenner und einflußreicher Autor ist wie z. B. der Literaturkritiker Kamei Katsuichiro. Ist doch seine Denk- und Verhaltensweise durch seine zahlreichen Essaybände recht bekannt. Darüber hinaus verfaßte er selbst eine 6bändige japanische Geistesgeschichte. Sonst verfällt man leicht in die methodische Aporie, ganz allgemein von den Japanern zu sprechen und ohne schriftliche Zeugnisse ihre angebliche Mentalität als typisch japanisch hinzustellen. Es gibt in Japan allerdings viele andere Goethekenner oder Goetheforscher, deren Goethebilder als aufschlußreiche Beispiele für die japanische Mentalität herangezogen werden könnten. Aber sie sind so zahlreich und verschiedenartig, daß es mir wiederum schwerfällt, eine richtige Auswahl im begrenzten Zeitraum zu treffen. Der Versuch würde schließlich darauf hinaus laufen, eine japanische Geistesgeschichte der neueren Zeit im Spiegel der Goethe-Rezeption in Japan zu schreiben. Ich habe dies zwar als meine Lebensaufgabe vor, fürchte aber aus technischen Gründen, in diesem Beitrag fast nur meine eigenen Betrachtungen über das Verhältnis der japanischen Gebildeten zu Goethe anzustellen.[2] Es geht dabei in erster Linie um folgende, in großen Zügen gemeinsame Charakteristika wie 1) künstlerisches Dasein, 2) humane Religiosität, 3) dialektisches Denken, 4) Neigung zum Ausgleich 5) Weltimmanenz und 6) Bildungsfreudigkeit. Dazu soll noch thesenhaft 7) die Goethe-Rezeption in Japan als ein japanischer Versuch der Assimilation an die europäische Kultur interpretiert werden.

---

2   Näheres vgl. Naoji Kimura: Jenseits von Weimar. Goethes Weg zum Fernen Osten. Peter Lang Verlag. Bern 1997.

I. Künstlerisches Dasein

Bei aller methodischen Schwierigkeit erscheint mir Kamei Katsuichiro (1907–1966) vorzüglich dazu geeignet, in Bezug auf Goethe diese japanische Mentalität zu demonstrieren.[3] Denn er hinterließ wie kaum ein anderer Intellektueller in Japan so viele schriftliche Zeugnisse über seine Goethe-Erlebnisse, die nun im 6. Band seiner umfangreichen Gesamtausgabe zusammengestellt sind. Es sind namentlich die Werke: *Die Menschenerziehung. Ein Versuch zu Goethe, Über den Glauben, Die Wandlungen meines Geistes, Ein Zeitgenosse der modernen Geschichte, Meine Lebensanschauung*, in denen Goethe seit Kameis politischem Gesinnungswechsel vom aktiven Marxismus zu einer ästhetisch-religiösen Lebenshaltung eine tiefgreifende Rolle gespielt hat. Unter den Miszellen im Anhang finden sich auch einige autobiographische Skizzen über seine innere Begegnung zu Goethe, die sich alle als bekenntnishaft erweisen. Die Gestalt des Romanhelden in *Die Leiden des jungen Werther* bewunderte er seinerzeit deshalb, weil Werther bis zum Tode an seiner Liebe festhielt, dagegen er selbst wie Judas seine innerste Überzeugung verriet und doch noch sein jugendliches Scheitern überleben wollte. Aber nicht zu vergessen ist, daß Goethe selbst trotz seiner Anfänge im Sturm und Drang immer die Lebenskunst dem persönlichen Scheitern oder dem politischen Märtyrertod vorzog und in schwierigen Lebenssituationen zum literarischen Schaffen und Reisen seine Zuflucht nahm. So liebte Kamei ebenfalls die japanischen Dichter der alten und neueren Zeit wie Saigyo (1118–1190), Bashō (1644–1694) oder Shimazaki Toson (1872–1943), die sich auf die Wanderschaft begaben, um durch das Dichten am Leben bleiben zu können.[4] In einem solchen künstlerischen Dasein ist schon die grundlegende Wahlverwandtschaft zwischen Goethe und Kamei, und somit den Japanern überhaupt zu suchen. Diese

---

3   Näheres vgl. auch Iwao Tanaka: Katsuichiro Kamei und Goethe. Ein Fall der Goethe-Rezeption in Japan. In: Japanisches Goethe-Jahrbuch 40. Band. Tokyo 1998. S. 129–144.
4   Vgl. Keiko Hartwieg-Hiratsuka: Saigyo-Rezeption. Das von Saigyo verkörperte Eremiten-Ideal in der japanischen Literaturgeschichte. Europäische Hochschulschriften. Frankfurt a.M. 1984.

literarische Affinität erwies sich allerdings nicht so gefährlich wie die vermeintliche nationale bzw. politische Wahlverwandtschaft.[5]

Vor dem Engagement für den Marxismus in seiner Studentenzeit hatte Kamei in der Kindheit das protestantische Christentum kennengelernt, ohne die Taufe zu empfangen, und beim Deutschunterricht auf der Oberschule bereits einige Texte von Goethe gelesen. Als er sich von der Politik abwandte und über Eckermanns *Gespräche mit Goethe* wieder zum deutschen Dichter fand, kam es ihm vor allen Dingen darauf an, nach seinem inneren Scheitern eine geistige Wiedergeburt wie Goethe auf der Italienreise zu erleben. Das bedeutet prinzipiell, daß Kamei dessen Motto „Gedenke zu leben!" in *Wilhelm Meisters Lehrjahre* sowie das andere weniger bekannte Motto „Gedenke zu wandern!" in *Wilhelm Meisters Wanderjahre* theoretisch wie praktisch nachvollziehen wollte. Wie sein Lieblingsautor Shimazaki Toson, der nach dem Selbstmord seines Freundes Kitamura Tokoku (1868–1894) um so entschiedener den Willen zum Leben gefaßt hatte,[6] ging er in der Tat oft auf die Wanderschaft und besuchte die Tempel in der naturschönen und kunstreichen Gegend um die älteste Kaiserstadt Nara. Auf diese Weise ist im Laufe der Jahre aus dem einstigen Marxisten ein buddhistischer Ästhet geworden, was sich besonders im Alter an vielen japanischen Intellektuellen, die sich in der Jugend intensiv mit der westlichen Bildung abgegeben haben, beobachten läßt. Ein Beispiel dafür ist der Kulturphilosoph Watsuji Tetsuro (1889–1960), der unten noch herangezogen werden soll.

Im übrigen sang Motoori Norinaga (1730–1801), ein bedeutender Altphilologe im 18. Jahrhundert, in einem Waka-Gedicht wie folgt, um die japanische Mentalität zum Ausdruck zu bringen:

---

5   Vgl. Bernd Martin: Japans Weg in die Moderne und das deutsche Vorbild: Historische Gemeinsamkeiten zweier „verspäteter Nationen" (1860–1960). In: Bernd Martin (Hrsg.), Japans Weg in die Moderne. Ein Sonderweg nach deutschem Vorbild? Campus Verlag. Frankfurt / New York 1987, S. 17–44.
6   Über den literarhistorischen Zusammenhang vgl. Wolfgang Schamoni: Kitamura Tokoku. Die frühen Jahre. Von der „Politik" zur „Literatur". Franz Steiner Verlag. Stuttgart 1983.

Gesegnete Inseln Japans!	Shikishima no
Sollten Fremde deinen Yamato-Geist	yamato kokoro wo
Zu erforschen suchen, sprich:	hito towaba,
Des Morgens sonnenhelle Luft riechend	asahi ni niou
Blüht die Kirschblüte, wild und schön!	yamazakura bana

Und Nitobe Inazo (1862–1933), der 1899 ein bekanntes Buch über das Lebensideal der Samurai „Bushido – Die Seele Japans" schrieb, zitierte dieses Gedicht mit der folgenden Bemerkung: „Ja, die Sakura (Kirschblüte) ist seit Jahrhunderten der Liebling unseres Volkes und das Wahrzeichen unseres Charakters gewesen. Man beachte die Ausdrücke, die der Dichter gebrauchte: die wilde Kirschblüte, welche die Morgensonne riecht."[7] Nitobes Hinweis bezieht sich darauf, daß der Yamato-Geist keine zahme, zarte Pflanze ist, sondern auf japanischem Boden in freier Natur gewachsen ist. Aber seine Herkunft ist nicht der einzige Anspruch, den er für die Liebe des japanischen Volkes erhebt. Die Feinheit und Anmut seiner Schönheit spricht bis heute zum ästhetischen Gefühl der Japaner mehr, als jede andere Blume es jemals könnte. Die Schönheit der Kirschblüte ist einfach und scheidet mit dem Rufe der Natur willig aus dem Leben. Das entspricht letzten Endes dem Lebensgefühl der Samurai, die auf dem Höhepunkt des Lebens jederzeit zum Sterben bereit sein mußten wie diese Blume, die so süß und so schnell vergeht, vom Wind leicht verweht und einen Hauch von Duft verbreitend.

Mit dieser symbolischen Bedeutung der Kirchblüte sind die Japaner mehr oder weniger vertraut. In China kann man im Frühling die rosarote Pfirsichblüte bewundern, und in Korea gilt wohl die weiße Birnblüte als die schöne Frühlingsblüte. Gemeinsam in Ost und West scheint mir die gelbe Forsythie zu sein. Aber ohne Zweifel ist die Kirschblüte in Japan am schönsten. Denn sie ist in den Städten in vielen Alleen und in den Dörfern auf den Hügeln oder Wäldern in voller Blüte anzuschauen. Die amerikanische Ethnologin Ruth Benedict hat vor Jahrzehnten ein ausgezeichnetes Japanbuch mit dem Titel „The Chrysanthemum and the Sword. 4 Patterns of Japanese Culture" (1946) geschrieben. Bekanntlich ist das Chrysanthemum das unanstastbare Wappen des japanischen Kaiserhauses, und das

---

7 Inazo Nitobe: Die innere Kraft der Samurai. Mit einer Einleitung von Rinaldo Massi und einem Essay von Julius Evola. Ansata-Verlag. Interlaken 1985, S. 174.

Schwert gilt als das Symbol des Samurai-Standes, der wie das Rittertum im europäischen Mittelalter jahrhundertelang die Führungsschicht der japanischen Gesellschaft gebildet hat. Es versteht sich von selbst, daß die geistig-ethische Haltung der Samurai die Mentalität der Japaner zutiefst geprägt hat. Sie wird traditionsgemäß als „Yamato damashii", d. h. als die Seele Japans bezeichnet, klingt aber schon etwas veraltet, weil sie im Hintergrund des japanischen Nationalismus gestanden hat.

2. Humane Religiosität

Goethes *Faust* wird in einem der populärsten Essays von Kamei „Über die Vergänglichkeit der Liebe" oft erwähnt, so daß mittels der Lektüre von Kameis Schriften eine indirekte andauernde Beeinflussung der japanischen Jugend durch Goethe annehmbar ist. Wenn auch in entscheidender Weise, so stellt Goethe für Kamei jedoch nur einen seiner geistigen Meister dar, die ihn im Leben begleitet haben, und mit denen er sich ständig auseinandergesetzt hat. So ging er im eben genannten Essay von dem Vortrag von Paul Valérys *Discours en l'honneur de Goethe* aus, dessen japanische Übersetzung im Jahre 1935 erschienen war, und endete mit dem Bekenntnis zum japanischen Religionsstifter Shinran (1173–1262), dem er wie auch der andere Goethe-Verehrer Kurata Hyakuzo (1891–1943) mit dessen Drama *Der Mönch und seine Schüler* endgültig huldigt. In den dazwischen liegenden Ausführungen zitiert er neben biblischen Stellen viel mehr als Goethe andere Autoren wie Pascal, Tolstoi oder die japanischen Denker Uchimura Kanzo sowie Kurata Hyakuzo. Kamei benimmt sich in religiösen Dingen wie Goethe selbst als „Hypsistarier", d. h. Anhänger einer Sekte derjenigen, „welche, zwischen Heiden, Juden und Christen geklemmt, sich erklärten, das Beste, Vollkommenste, was zu ihrer Kenntnis käme, zu schätzen, zu bewundern, zu verehren und, insofern es also mit der Gottheit im nahen Verhältnis stehen müsse, anzubeten."[8] Sehnsucht nach dem Leben, Erlebnis der inneren Wiedergeburt

---

8 An Sulpiz Boisserée, 22. 3. 1831. Über den theologischen Hintergrund im Kulturprotestantismus vgl. Peter Hofmann: Goethes Theologie. Ferdinand Schöningh. Paderborn 2001, S. 37.

und Erlösungsbedürftigkeit in der Schönheit verbinden sich ohne weiteres mit dieser synkretistisch-humanen Religiosität bei Goethe. Nicht umsonst ist Kamei dem protestantischen Denker Uchimura Kanzo (1861–1930) zugetan, der wohl den rigoristischen Christen Dante dem einst geschätzten Goethe vorzog, aber wie dieser gegen alle Kirchlichkeit eingestellt war. Jeder nicht dezidiert antireligiöse Japaner würde gern das allgemein menschliche Glaubensbekenntnis, wie es in Goethes Epenfragment *Die Geheimnisse* ausgesprochen ist, unterschreiben.

Damit ist allerdings eine wohl nicht christliche, aber synkretistisch-religiöse Haltung japanischer Gebildeten von heute gemeint. Sie sind im allgemeinen sehr aufgeklärt und gegenüber allen Geistesströmungen aus Europa sowie Amerika aufgeschlossen.[9] Im Familienkreis sind sie aber oft sehr konservativ, da sie an alte religiöse Sitten und Bräuche gebunden sind. In der Tiefe ihres religiösen Bewußtseins ist beispielsweise ein althergebrachter Geisterglaube verwurzelt. Zugrunde liegt ihm eine uralte Vorstellung der japanischen Volksreligion, die bekanntlich im Verlauf der Jahrhunderte durch eine Vermengung von Buddhismus und Shintoismus entstanden ist. Es handelte sich dabei um den *goryo shinko* genannten, volkstümlichen Glauben, daß die Seelen der unglücklich Verstorbenen oder gar durch fremde Hand Getöteten so lange sich als böse Geister zwischen Diesseits und Jenseits herumtreiben, bis sie von ihrem Leiden bzw. Gram erlöst werden. Man fürchtete sich freilich vor ihrem Fluch, der den Lebenden viel Unheil bringen könnte.

Dieser Glaube beruhte wiederum auf einer lange herrschenden Vorstellung der japanischen Volksreligion, daß die Seele das wertvollste Sein des Menschen darstellt und deshalb auch unsterblich ist. Solange die Seele an einem Menschen oder an einem Ding behaftet ist, erweist sich der Mensch oder das Ding als lebendig bzw. wirksam und wird wertgeschätzt. Aber wenn die Seele sich von ihm trennt, wird der Mensch oder das Ding wertlos und stirbt ab. Nach dem von dieser Seelenauffassung abgeleiteten und weiterentwickelten Ahnenglauben *sorei shinko* verliert der im vollendeten Lebensjahr glücklich gestorbene Mensch nach 50 Jahren von seinen irdischen Überresten losgelöst seine Individualität und geht in

---

9 Vgl. Thomas Ohm: Kulturen, Religionen und Missionen in Japan. Augsburg 1929.

den überindividuellen Ahnengeist auf. Auch wenn der Körper zugrunde ging, ist die Seele unsterblich und setzt das Leben in dem danach geborenen Kind fort. Der japanische Volksglaube *goryo shinko* ist also eine eigentümliche Ahnenverehrung mit der dualistischen Vorstellung einer Seelenwanderung.

Aber in der Wirklichkeit stirbt der Mensch nicht immer auf glückliche Weise. Es gibt Todesfälle in früher Jugend, durch einen unvorhergesehenen Unfall, im Kriegsdienst oder auch durch den Selbstmord. In solchen Fällen geht der Körper allein unerwartet verloren, während der Mensch eigentlich im Einklang von Seele und Körper sein bestimmtes Lebensjahr erreicht und glücklich stirbt. So wurde die Seele, die plötzlich ihres Körpers verlustig ging, als ohne Halt in der Luft schwebend erachtet. Die schwebende Seele des Gestorbenen sucht dann nach einem seelenlosen Körper, um darein hineinzuschlüpfen, oder versucht unter Umständen, aus einem lebenden Menschen dessen Seele zu vertreiben und von seinem Körper Besitz zu ergreifen. So fürchteten sich die Japaner vor den Seelen der unglücklich Verstorbenen und haben diese körperlosen Seelen seit der Heian-Zeit im Mittelalter als *mononoke* oder *yurei* bezeichnet. Der Name „Prinzessin Mononoke" ist neuerdings in Deutschland durch einen japanischen Animationsfilm bekannt geworden. Die Bezeichnung *yurei* entspricht ungefähr den Gespenstern und weist in die Richtung der Geistergeschichten, wie sie in den Erzählungen *Kaidan* von Lafcadio Hearn (1850–1904) vorliegen.[10]

3. Dialektisches Denken

Die Hauptmotive bei Kamei kreisen, wie bei vielen gebildeten Japanern, um Natur, Kunst, Liebe und Schuld sowie Leben und Tod. Selbstverständlich stellen sie alle bis auf das Schuldproblem das Hauptanliegen Goethes dar. Während diese Motive beim deutschen Dichter auf der abendländischen Kulturtradition beruhen, sind sie freilich bei den vorwiegend nichtchristlichen

---

10 Vgl. Das Japanbuch. Eine Auswahl aus den Werken von Lafcadio Hearn. Literarische Anstalt Rütten & Loening. Frankfurt a. M. 1921.

Japanern von anderer Herkunft. Schematisch vereinfacht, könnte man ihre Naturanschauung im Grunde auf den Shintoismus, ihre Kunstanschauung auf den Buddhismus, ihre Lebensanschauung auf den Konfuzianismus zurückführen, wenngleich diese drei religiösen Elemente meist in einer ethisch-ästhetischen Haltung verschmolzen sind. Nicht zu übersehen ist dabei der Einfluß des Taoismus mit seiner Dialektik von *Yin und Yang* auf die japanische Kunstanschauung, ja auf die Lebensauffassung der Japaner überhaupt.[11] Auch der Haiku-Dichter Basho war literarisch von der taoistischen Lebenshaltung inspiriert. In Japan hat sich gewiß aus dem Tao, das mit dem Schriftzeichen für „Weg" ausgedrückt wird, eine andersartige, auf der Vorstellung des Lebensweges beruhende Kunstauffassung in allen Bereichen der Künste entwickelt. Da aber die ursprüngliche dialektische Denkweise ebenfalls bei Goethe von fundamentaler Bedeutung ist, soll zunächst darauf eingegangen werden, um die weitere geheime Affinität zwischen Goethe und den Japanern als ein „offenbares Geheimnis" aufzuzeigen.

Goethes morphologische Begriffe für die Dialektik in der Natur sind bekanntlich Polarität und Steigerung, und ihr dichterischer Ausdruck ist das Gedicht „Gingo biloba", das nicht nur in Japan, sondern auch in Korea und China sehr beliebt ist. Theoretisch sind sie in den *Maximen und Reflexionen* folgendermaßen umschrieben:

> Grundeigenschaft der lebendigen Einheit: sich zu trennen, sich zu vereinen, sich ins Allgemeine zu ergehen, im Besondern zu verharren, sich zu verwandeln, sich zu spezifizieren und, wie das Lebendige unter tausend Bedingungen sich dartun mag, hervorzutreten und zu verschwinden, zu solideszieren und zu schmelzen, zu erstarren und zu fließen, sich auszudehnen und sich zusammenzuziehen.[12]

Und in einer Aufzeichnung zeigt Goethe, wie mannigfaltig die Polarität sowohl im Materiellen als auch im Geistigen hervortritt:

> Dualität der Erscheinungen als Gegensatz: Wir und die Gegenstände, / Licht und Finsternis, Leib und Seele, / Zwei Seelen, / Geist und Materie, / Gott

---

11 Vgl. J. C. Cooper: Was ist Taoismus? Der Weg des Tao – eine Einführung in die uralte Weisheitslehre Chinas. Bern 1993; Raymond Smullyan: Das Tao ist Stille. Frankfurt a.M. 1994; Martin Palmer: Taoismus. Braunschweig 1994.
12 Goethes Werke. Hamburger Ausgabe. Bd. 12, S. 367.

und die Welt, / Gedanke und Ausdehnung, / Ideales und Reales, / Sinnlichkeit und Vernunft, / Phantasie und Verstand, / Sein und Sehnsucht, / Zwei Körperhälften, / Rechts und Links, / Atemholen. / Physische Erfahrung: Magnet.[13]

Im Sinne von *Yin und Yang* kann man das Weibliche und das Männliche, das Nachgiebige und das Starke, Erde und Himmel u. a. m. hinzufügen. Bedenkt man, daß in der chinesischen Philosophie taoistischer Prägung diese kosmologischen Begriffe ihren gemeinsamen Ursprung in einem Absoluten haben, so liegt ihre Verwandtschaft mit Goethes Begriffen von Polarität und Steigerung auf der Hand.

Dies trifft besonders im Hinblick auf die Polarität insofern zu, als jenes pantheistische Fragment „Die Natur" Georg Christoph Toblers aus dem *Tiefurter Journal 1783* trotz allem als Goethes Hymnus anerkannt wird. Aber bei Steigerung, die schon auf eine Meta-Physik im wörtlichen Sinne deutet, ergeben sich zwischen Goethes naturphilosophischem Denken und japanischer Denkweise mehr Unterschiede als Gemeinsamkeiten. Denn in seiner Erläuterung zu dem aphoristischen Aufsatz „Die Natur" bezeichnet Goethe die Stufe damaliger Einsicht als „einen Komparativ" und macht seine eigene Naturanschauung nach der Italienreise faktisch als einen „erreichten Superativ" geltend. So sagt er verständnisvoll über die materielle Seite der Natur mit ihren mannigfaltigen polaren Erscheinungen:

> Die Erfüllung aber, die ihm [= Spiel der Welterscheinungen] fehlt, ist die zwei großen Triebfäder aller Natur: der Begriff von Polarität und von Steigerung, jene der Materie, insofern wir sie materiell, diese ihr dagegen, insofern wir sie geistig denken, angehörig; jene ist in immerwährendem Anziehen und Abstoßen, diese in immerstrebendem Aufsteigen.[14]

Für viele Japaner wäre es jedoch kaum nachvollziehbar, wenn er fortfährt zu erläutern: „Weil aber die Materie nie ohne Geist, der Geist nie ohne Materie existiert und wirksam sein kann, so vermag auch die Materie sich zu steigern, so wie sichs der Geist nicht nehmen läßt, anzuziehen und abzustoßen." Fehlt

---

13 Goethes Werke. Hamburger Ausgabe. Bd. 13, S. 561.
14 Goethes Werke. Hamburger Ausgabe. Bd. 13, S. 48.

doch im japanischen Denken die ganze Tradition des Neuplatonismus, der Goethes Naturanschauung mit seiner Auffassung von Steigerung zugrunde liegt. Kitaro Nishida (1870–1945), Begründer der modernen japanischen Philosophie, zitiert zwar Goethe mehrmals in seiner grundlegenden Erstlingsarbeit über das Gute, will aber weiter im Geiste des Zen-Buddhismus die westliche Philosophie mit ostasiatischen Denkansätzen vertiefen.[15]

4. Neigung zum Ausgleich

Wie polare Gegensätze bei Goethe sich zu einer höheren Einheit steigern, schließt sein dialektisches Denken die beiden Pole nicht im Sinne von „Entweder-oder" gegenseitig aus, sondern läßt sie vielmehr in der Art und Weise von „Sowohl-als-auch" zu ihrem relativen Recht kommen. Diese Denkweise wirkt sich bei ihm auch als eine Lebenshaltung aus. So konnte er als Dichter die Ausschließlichkeit in der griechischen Tragödie nicht vertragen. Nach seiner Ansicht spricht Aristoteles in seiner *Poetik* nicht von der Wirkung, sondern von der Konstruktion der Tragödie und versteht unter *Katharsis* eine „aussöhnende Abrundung, welche eigentlich von allem Drama, ja sogar von allen poetischen Werken gefordert wird."[16] Mit der Meinung, daß die Tragödie mit Ausgleichung, mit Versöhnung solcher Leidenschaften wie Mitleid und Furcht zuletzt auf dem Theater ihre Arbeit abschließen müsse, kommt Goethe der japanischen Neigung zum Ausgleich sehr entgegen. Über Watsuji Tetsuos kulturphilosophisches Werk *Fudo*, das vom menschlichen Zwischensein aus den Zusammenhang von Klima und Kultur erörtert, wird beispielsweise in der Einleitung der Übersetzer in Gegenüberstellung zum abendländischen Logozentrismus wie folgt bemerkt:

---

15 Vgl. Nishida Kitaro: Über das Gute. Eine Philosophie der Reinen Erfahrung. Einleitung und Übersetzung von Peter Pörtner. Japanische Bibliothek im Insel Verlag. Frankfurt am Main 1989; Kitaro Nishida: Logik des Ortes. Der Anfang der modernen Philosophie in Japan. Übersetzt und herausgegeben von Rolf Elberfeld. Wissenschaftliche Buchgesellschaft. Darmstadt 1999.
16 Goethes Werke. Hamburger Ausgabe. Bd. 12, S. 343.

Dies ist eine zutreffende Beschreibung der Denksituation des modernen Japan, einer Denksituation, die aus europäischer Sicht voller Widersprüche ist. Sie mag chaotisch anmuten, aber sie ist schöpferisch, denn sie läßt Spannungen und Widersprüche nebeneinander bestehen und versucht, sie auszuhalten, ohne sofort nach Lösungen im Sinne eines ‚Entweder-Oder' zu suchen.[17]

An einer anderen Stelle wird die theoretische Schwäche Watsujis merkwürdigerweise auf die Intuition mit Goethe-Bezug zurückgeführt: „Watsujis Freunde nannten ihn einen Menschen, der, wie Goethe, zur unmittelbaren Schau einer Idee fähig war und erst in einem zweiten Schritt sich um die Formulierung einer Theorie bemühte."[18]

Nicht nur in der Denkweise, sondern auch in der menschlichen Lebenshaltung war Goethe wie die Japaner dazu geneigt, unausweichlichen Situationen aus dem Weg zu gehen. So schrieb er unter dem 31. Oktober 1831 an Zelter: „Ich bin nicht zum tragischen Dichter geboren, da meine Natur konziliant ist; daher kann der rein tragische Fall mich nicht interessieren, welcher eigentlich von Haus aus unversöhnlich sein muß." Zu Kanzler von Müller sagte er denn auch am 6. Juni 1824, alles Tragische beruhe auf einem unausgleichbaren Gegensatz. Deshalb erschrak er, wie er unter dem 9. Dezember 1797 an Schiller schrieb, bloß vor dem Unternehmen, eine Tragödie zu schreiben, und war beinahe davon überzeugt, er könnte sich durch den bloßen Versuch zerstören. Demnach wäre es ihm unmöglich gewesen, eine Gestalt wie Michael Kohlhaas zu konzipieren. Es war ihm daher durchaus konsequent, daß er aus dem Faust-Stoff, der den Helden schonungslos in die Hölle stürzen ließ, keine Tragödie im eigentlichen Sinne entwerfen konnte, sondern im ersten Teil Gretchen von oben retten ließ und im zweiten Teil dem ketzerischen Faust trotz allem wie im christlichen Mysterienspiel die Aufnahme in den Himmel zuteil werden ließ. Nicht die verzweifelte Gottsuche des Gelehrten Faust, sondern sein stürmisches Streben in

---

17 Watsuji Tetsuro: Fudo – Wind und Erde. Übersetzt und eingeleitet von Dora Fischer-Barnicol und Okochi Ryogi. Darmstadt 1992. S. XIX. Vgl. Masao Maruyama: Denken in Japan. Herausgegeben und übersetzt von Wolfgang Schamoni und Wolfgang Seifert. edition suhrkamp NF Bd. 398. Frankfurt am Main 1988.
18 Watsuji, S. XIII.

Wissenschaft, Liebe und Tat mit einer angeblich religiösen Erlösung ist es, was Goethes Faustdichtung bei den japanischen Gebildeten so beliebt gemacht hat.

5. Weltimmanenz

Es fragt sich allerdings, ob es nicht ein fatales Mißverständnis auf seiten der Japaner ist, sich wegen einer scheinbaren Affinität zu der dialetktischen Denkweise des deutschen Dichters Goethe hingezogen zu fühlen, oder ob die abendländische Geisteshaltung wirklich so logozentrisch ist wie allgemein angenommen wird. Gibt es doch in der abendländischen Philosophie immer sowohl den Rationalismus als auch den Irrationalismus, und Goethes nicht logische, sondern intuitive Weltanschauung beruht nachweislich gerade auf der pansophisch-kabbalistischen Tradition im 16. Jahrhundert, die mit der europäischen Aufklärung wenig zu tun hat.[19] Näher betrachtet, erweist sich jedoch Goethes Lebenshaltung als weltzugewandter, erlebnishafter und gesellschaftsbezogener, so daß die Japaner der Gegenwart leichter Zugang zu Goethe finden als zur alten taoistischen oder konfuzianischen Philosophie. Im Zuge der westlich ausgerichteten Erziehung und Allgemeinbildung haben sie sich mittlerweile bewußt oder unbewußt auch christliches Gedankengut angeeignet. Dafür ist dann ein treffender Begriff von Weltfrömmigkeit im Jahre 1941 aus Goethes Wortgebrauch weiter entwickelt worden. Das Wort, das ursprünglich der pietistischen Hausfrömmigkeit gegenübergestellt war, hat nämlich durch Eduard Spranger den nachstehend umschriebenen Bedeutungsgehalt erhalten:

> Gerade am Diesseits kann sich eine Art des Erlebens entzünden, die von eigner Glut und Innigkeit ist; wenn man die Geschichte des Protestantismus verfolgt, so wird man finden, daß in seiner modernen Entwicklung immer mehr ein Zug von Innerlichkeit hervortritt, dem nur wenig anhaftet von dem alten Trieb des „Schwing dich über die Natur!" Wir dürfen von einem neuen

---

19 Es gibt darüber eine einschlägige Fachliteratur, die hier nicht eigens angegeben werden soll. Damit ist aber nicht Rudolf Steiners theosophische oder anthroposophische Goethe-Deutung gemeint, obwohl sein Kommentar zu Goethes naturwissenschaftlichen Schriften heute noch sehr brauchbar ist.

Stil des religiösen Lebens reden, den man als weltverbundene Frömmigkeit, als Weltfrömmigkeit bezeichnen kann.[20]

Bekanntlich war Eduard Spranger ein paar Jahre zuvor als Gastwissenschaftler in Japan, und damals wurde sein Buch *Goethes Weltanschauung* ins Japanische übersetzt. Wenn man im obigen Zitat „die Geschichte des Protestantismus" mit der Literatur der Goethezeit ersetzt, die ja zum großen Teil von den protestantischen Dichtern und Philosophen hervorgebracht worden ist, so kann man sich des Eindrucks nicht erwehren, wie wenn hier gleichfalls die Lebenshaltung der gebildeten Japaner beschrieben wäre. Solange sie guten Willens sind, sind sie von Natur nicht areligiös, wollen vielmehr Humanisten im englischen Sinne sein. Dann finden sie eben in Goethe ihr Ideal von Mensch und Leben verwirklicht. Dabei gilt er trotz des Nationalsozialismus als Symbol deutscher Kultur, also Verkörperung der „Nation der Dichter und Denker". Auch die Japaner haben es am eigenen Leibe erfahren, wie leicht die Humanität durch einen überspannten Nationalismus in ihr Gegenteil umschlagen kann. Um Grillparzers Gedankengängen zu folgen, so liegt die Inhumanität heute noch überall dort auf der Lauer, wo die Humanität nicht mit Anstrengung erstrebt wird und in den kriegerischen Auseinandersetzungen der Bestialität des Menschen die Zügel schießen läßt.

Wie schon mit diesem Hinweis angedeutet, beurteilen die Japaner im allgemeinen Goethe mehr aus ethisch-subjektivem als aus ontologisch-objektivem Gesichtspunkt. Ästhetisch ist er für sie von vornherein kein Problem. Seine Welthaftigkeit, wie sie ontologisch in dem erweiterten Begriff der Weltfrömmigkeit vorliegt, wird aber auch von Kamei nicht genug nachvollzogen. Zwar sieht er ein, daß Goethes *Italienische Reise* bei aller Beschreibung persönlicher Reiseerlebnisse voll von objektiven Beobachtungen, Erkenntnissen und Wertschätzungen ist, die sich auf Land und Leute sowie Natur und Kunst beziehen. Aber seine im Geiste Goethes unternommene Reise in die Umgebung von Nara ist hauptsächlich ästhetisch-künstlerisch ausgerichtet und nicht so weltzugewandt wie bei Goethe in Italien, den Paul Valéry mit Recht als „Homme d'Univers"

---

20 Zitiert in: Jacob und Wilhelm Grimms Deutsches Wörterbuch, Bd. 28, Spalte 1575.

bezeichnete. Den hier vorliegenden Unterschied zwischen Ost und West stellte denn auch Watsuji Tetsuro angesichts der europäischen Naturauffassung sehr zutreffend fest:

> Wir sind zum Beispiel überrascht, mit welch großem naturwissenschaftlichen Interesse Goethe, der europäische Dichter schlechthin, die Natur betrachtete. In Europa wendet man sich mit seinem Verlangen nach Unendlichkeit einzig und allein an Gott, nicht an die Natur. Und auch da, wo ihr Ehre erwiesen wird, sieht man sie bestenfalls als eine Schöpfung Gottes an, als etwas, in dem Gott oder die Vernunft sich offenbaren. Im Osten hingegen wurde die Natur wegen ihrer Irrationalität nie als etwas zu Eroberndes erachtet, sondern als etwas, dem eine unendliche Tiefe innewohnt. *Basho*, der für den Osten typische Dichter, hatte nicht nur eine ästhetische, sondern auch eine ethische, ja religiöse Beziehung zur Natur, jedoch nicht das geringste intellektuelle Interesse an ihr.[21]

6. Bildungsfreudigkeit

An dieser Stelle kann man aus Goethes intellektuellem Interesse an der Natur auf einen wesentlichen Unterschied zur japanischen bzw. fernöstlichen Naturanschauung hinweisen. Denn *intellegere* bedeutet im Lateinischen „zwischen den Zeilen lesen", und das Interesse, das aus dem Lateinischen *inter esse*, d. i. „dazwischen sein" kommt, ist nicht soziologischer Art wie das „Zwischensein" bei Watsujis klimatologischem Denken, sondern vielmehr kognitiver Art. Der an der Natur interessierte Abendländer befindet sich zwischen Subjekt und Objekt, die beide logoshaft sind, und liest in dem großen Buch der von Gott geschaffenen Natur. Dadurch ist die europäische Naturanschauung deutlich vertikal ausgerichtet, auch wenn sie die horizontale Weite nicht ausschließt. Dagegen zeigt die japanische bzw. fernöstliche Naturanschauung in agnostischer Haltung nur die horizontale Richtung, indem sie sich ausschließlich an die umgebende Natur oder an die menschliche Gesellschaft wendet. Wie vorhin erwähnt, beschränkt sich Kameis Goethe-Verständnis auf die eine Seite von dessen Natur- und Kunstanschauung, die auf das engste

---

21 Watsuji a. a. O., S. 179.

miteinander verbunden sind. Daß daran auch das ethische Element nicht fehlt, kommt z. B. in Goethes bekanntem Sonett zum Audruck, das als sein Bekenntnis zum klassischen Kunst- und Lebensideal schlechthin gilt:

> Natur und Kunst, sie scheinen sich zu fliehen
> Und haben sich, eh' man es denkt, gefunden;
> Der Widerwille ist auch mir verschwunden,
> Und beide scheinen gleich mich anzuziehen.
>
> Es gilt wohl nur ein redliches Bemühen!
> Und wenn wir erst in abgemeßnen Stunden
> Mit Geist und Fleiß uns an die Kunst gebunden,
> Mag frei Natur im Herzen wieder glühen.
>
> So ist's mit aller Bildung auch beschaffen:
> Vergebens werden ungebundne Geister
> Nach der Vollendung reiner Höhe streben.
>
> Wer Großes will, muß sich zusammenraffen;
> In der Beschränkung zeigt sich erst der Meister,
> Und das Gesetz nur kann uns Freiheit geben.[22]

In diesem Sonett finden sich, abgesehen von Natur und Kunst, die schon generell besprochen worden sind, tatsächlich noch Stichworte, die die gebildeten Japaner wie Kamei Katsuichiro unbedingt anziehen: Geist, Bildung, Vollendung, Streben, Meister, Gesetz und Freiheit. Der spezifisch japanische Geist kann wie bei der sog. Japanischen Romantischen Schule in der Kriegszeit leicht zum Nationalismus ausarten. Aber eine Art Spiritualismus, wie sie im Bushido vorliegt, gehört trotz allem zur japanischen Tradition.[23] Bildung und Vollendung gehören ebenfalls unter dem Einfluß des Bildungsromans *Wilhelm Meisters Lehrjahre* zum japanischen Lebensideal, und das faustische Streben ist es, das heute noch die moderne japanische Ideologie der Arbeit ausmacht. Solange es sich nicht politisch auswirkt, sondern künstlerisch oder wissenschaftlich aktiviert wird, erweist es sich dann als ein Streben nach Meisterschaft. Ein Meister in der Kunst gilt oft gleichzeitig als Meister im

---

22 Goethes Werke. Hamburger Ausgabe. Bd. 1, S. 245.
23 Von einem bedeutenden japanischen Christen der Meiji-Zeit stammt immerhin Inazo Nitobes Buch *Bushido*.

Leben, weil beides sich vielfach zu einer ästhetisch-ethischen Haltung der Lebenskunst zusammenschließt, in der die Harmonie von Gesetz und Freiheit verwirklicht wird, wie Konfuzius in seinen Gesprächen mit den Jüngern sagte: „Mit siebzig konnte ich meines Herzens Wünschen folgen, ohne das Maß zu übertreten."[24] Zur geistigen Entwicklung bis dahin sagte er, er sei fünfzehn gewesen, und sein Wille habe sich aufs Lernen gerichtet, mit dreißig habe er fest gestanden, mit vierzig habe er keine Zweifel mehr gehabt, mit fünfzig sei ihm das Gesetz des Himmels kund gewesen, und mit sechzig wäre ein Ohr aufgetan. Es ist das Bildungsideal, das seit Jahrhunderten im Fernen Osten gegolten hat. Sato Issai (1772–1859), ein konfuzianischer Gelehrter in der Edo-Zeit, hinterließ wohl im Anschluß daran den folgenden Spruch: „Wenn man in der Jugend lernt, leistet man im Mannesalter etwas; wenn man im Mannesalter lernt, schwächt man sich im Greisenalter nicht ab; wenn man im Greisenalter lernt, stirbt man auch nach dem Tode nicht aus." Darin zeigt sich deutlich genug das faustische Bildungsstreben in altjapanischer Form.

7. Assimilation an die europäische Kultur

Zum Schluß möchte ich noch auf meine eingangs aufgestellte These, die Goethe-Rezeption in Japan stelle einen japanischen Versuch dar, sich an die europäische Kultur zu assimilieren, zurückkommen. Es geht um eine gewisse Analogie zur geistig-kulturellen Assimilation der deutschen Juden von Rahel Levin bis zu den Kölner Juden des Jahres 1932, deren Gemeinderabbiner Dr. Kober in einer Sabbat-Predigt sagte:

> Das Judentum huldigt dem Manne, dessen höchster Ruhmestitel war: „Denn ich bin ein Mensch gewesen", dem Dichter, der in seinem „Faust" jenen sittlichen Idealismus uns erschließt, der da lehrt, festen Fuß zu fassen auf realem Boden der Welt, das optimistische Glaubensbekenntnis von dem endlichen Siege des „Reiches Gottes auf Erden".[25]

---

24 Kungfutse / Gespräche (Lun Yü), verdeutscht und erläutert von Richard Wilhelm. Düsseldorf / Köln 1955, S. 42.
25 Zitiert bei Wilfried Barner: Jüdische Goethe-Verehrung vor 1933. In: Stéphane Moses / Albrecht Schöne (Hrsg.), Juden in der deutschen Literatur. Ein deutsch-israelisches Symposion. Suhrkamp taschenbuch 2063. Frankfurt a.M. 1986. S. 127–151; hier S. 144.

Es ist in der Tat dieses echte und hohe Menschentum Goethes, das seit der Meiji-Zeit die zum großen Teil nichtchristlichen Japaner anzog, zumal sie als die verspätete Nation wie die Deutschen sich in der realen Welt der Politik und Wirtschaft so schnell wie möglich zu etablieren suchten.

Die Gründe für jene jüdische Goethe-Verehrung liegen einerseits im Prinzip Liberalismus und Humanismus, deren Tendenz etwa in der deutschsprachigen Prager Literatur der Jahrhundertwende bemerkbar ist.[26] Im einzelnen handelt es sich dabei u. a. um „Goethe den Integrierenden für die nach Emanzipation und seelischer Orientierung suchende Sonderexistenz, [...] die Ausrichtung auf die anerkannte nationale Größe, die besondere Hinwendung zu Faust und zum Faustischen".[27] Andererseits ist es der deutsche Nationalismus, in dem Goethe vor allem seit Herman Grimm immer mehr zum Nationaldichter heraufstilisiert wurde, und an dem die assimilierten jüdischen Bürger um der Symbiose willen regen Anteil haben wollten. Es ist doch auffällig, daß Ludwig Geiger noch vor der Gründung der Goethe-Gesellschaft in Weimar 1880 das Goethe-Jahrbuch herauszugeben begann und es bis 1913 fortführte. Auch war Eduard von Simson der erste Präsident der Weimarer Goethe-Gesellschaft. Die Goethe-Philologie begründete als erster Michael Bernays mit seiner Textkritik des *Werther*-Romans.[28] Dann wurden die meisten Goethe-Biographien von Autoren jüdischer Herkunft wie Albert Bielschowsky, Richard M. Meyer, Eduard Engel, Friedrich Gundolf bis schließlich Richard Friedenthal geschrieben. Außerdem wurde *Grimms Deutsches Wörterbuch* von Salomon Hirzel in Verlag genommen, der auch die große Materialsammlung *Der junge Goethe* zuerst in drei Bänden herausgegeben hatte.

---

26 Vgl. Eduard Goldstücker: Die Prager deutsche Literatur als historisches Phänomen. In: Weltfreunde. Konferenz über die Prager deutsche Literatur 1965. Prag 1967, S. 21–45; hier S. 29.
27 Näheres vgl. W. Barner a. a. O.
28 Vgl. Naoji Kimura: Die Anfänge der Goethephilologie in Wien. In: Studien des Instituts für die Kultur der deutschsprachigen Länder, Nr. 16, Sophia-Universität. Tokyo 1998, S. 46–64: hier S. 49.

Die ersten japanischen Goethe-Verehrer kannten diese Zusammenhänge sicherlich nicht. Aber unbewußt sahen sie in der Goethe-Rezeption wahrscheinlich die aussichtsreiche Möglichkeit, Anschluß an die deutsche Kultur und darüber hinaus an die europäische Zivilisation zu finden. Denn Goethe galt schon lange als der größte Dichter Deutschlands und wurde außerdem von den großen Geistern Europas weitgehend hochgeschätzt. Man kann nicht genug betonen, daß es das Europa im Zeichen des allgemeinen Nationalismus im 19. Jahrhundert war, das Japan nach der Meiji-Restauration unter dem Sammelbegriff des Westens kennengelernt hat. Dieses Europa hatte die Aufklärung, die Französische Revolution, die Industrialisierung sowie den Materialismus nach dem Idealismus durchgemacht und stellte sich durch die allgemeine Säkularisierung auf allen Gebieten des Geisteslebens als sehr ambivalent heraus. So haben die Japaner denn auch das Christentum beider Konfessionen, das trotz allem neben der griechisch-römischen Antike die Grundlage der europäischen Kultur ist, meist durch negative Urteile seiner Gegner vermittelt, zur Kenntnis genommen. Auch haben sie die Antike, durch die deutsche Klassik stark beeinflußt, mehr von der griechischen als von der römischen Seite kennengelernt. Daraus ergab sich ein liberales Europabild, das der Geisteshaltung eines Goethe sehr gut entsprach. Wenn die Japaner heute noch diesen Dichter als Symbol deutscher Kultur verehren, ist es hoffentlich nicht wie bei den Kölner Juden des Jahres 1932 „das halb illusionäre, halb verzweifelte Sich-Klammern an Goethe als einen Garanten für den humanen Kern des Deutschtums".[29] Ich möchte nicht glauben, daß die japanische Goethe-Verehrung illusionär gewesen ist, ich möchte auch nicht behaupten, daß die Japaner an Goethe aus Verzweiflung festhalten. Aber zumindest bin ich, offen gestanden, im Goethejahr ein wenig Goethe-müde, wie seinerzeit deutsche Intellektuelle europamüde waren.[30]

---

29 W. Barner, S. 147.
30 Vgl. beispielsweise Graf Hermann Keyserling: Das Reisetagebuch eines Philosophen. 2 Bde. 4. Aufl. Otto Reichl Verlag. Darmstadt 1920.

6. Kapitel: Die japanische Goetheforschung im Schatten der völkischen Literaturwissenschaft*

Die japanische Germanistik wurde im Laufe der zwanziger Jahre des 20. Jahrhunderts an den japanischen Universitäten als wissenschaftliche Disziplin etabliert. Sie sollte in den dreißiger Jahren durch die NS-Kulturpolitik in Japan in Mitleidenschaft gezogen werden. Aber das Nazi-Regime dauerte nur zwölf Jahre. Bezeichnet man die deutsche Literaturwissenschaft in dieser Zeit ensprechend der sogenannten volkhaften Dichtung[1] als „völkisch", so hat die völkische Literaturwissenschaft ebenfalls nur zwölf Jahre gedauert. Da sie damals wie alle Disziplinen in der Wissenschaft gleichgeschaltet war, hatte sie in ihrer massiven Auswirkung u. a. auf die japanische Germanistik gravierende Folgen. Es scheint jedoch fast, als ob ihr in der Wissenschaftsgeschichte der Germanistik nicht viel Bedeutung eingeräumt würde. So enthält das Orientierungsbuch in der Reihe „Wege der Forschung" keine Abhandlung über die völkische Literaturwissenschaft, obwohl es im Vorwort heißt: „Unser Band versteht sich als strikt historische Dokumentation."[2] Die neue methodische Tendenz in den sechziger Jahren, den Forschungsgegenstand der Literaturwissenschaft im Gegensatz zur werkimmanenten

---

* Eine wesentlich erweiterte Fassung meines Beitrags zu: Akten des X. Internationalen Germanistenkongresses Wien 2000. „Zeitenwende – Die Germanistik auf dem Weg vom 20. ins 21. Jahrhundert. Hrsg. von Peter Wiesinger unter Mitarbeit von Hans Derktis. Band 11 Übersetzung und Literaturwissenschaft. Peter Lang Verlag, Bern 2003, S. 271–276.

1 Vgl. Hellmuth Langenbucher: Volkhafte Dichtung der Zeit. 3. Auflage. Völlige Neufassung. Berlin 1937 sowie 5. erg. und erw. Auflage, Berlin 1940. Vgl. auch derselbe: Die deutsche Gegenwartsdichtung. Eine Einführung in das volkhafte Schrifttum unserer Zeit. Berlin 1939.

2 Reinhold Grimm / Jost Hermand (Hrsg.): Methodenfragen der deutschen Literaturwissenschaft. Wege der Forschung Band CCXC. Darmstadt 1973. S. IX. Auskünfte darüber hinaus vgl. z. B. Wilfried Barner / Christoph König (Hrsg.): Zeitenwechsel. Germanistische Literaturwissenschaft vor und nach 1945. Frankfurt am Main 1996.

Interpretation des Wortkunstwerkes zu erweitern, erschien dabei als ein Rückgriff auf die zwanziger Jahre oder noch weiter zurück. Damit sind sicherlich jene zuerst von Wilhelm Voßkamp formulierte Kontinuität und Diskontinuität in der deutschen Germanistik erneut konstatiert.[3]

I. Auswirkungen der sogenannten völkischen Literaturwissenschaft

Freilich wird das Wort „völkisch" im Vorwort des methodologischen Dokumentationsbandes nicht ignoriert, indem die Herausgeber betonen, die komparatistische Betrachtung habe trotz der völkischen, trotz der Nazis auch in Deutschland eine recht lange Vorgeschichte. Nach dem sogenannten Braunen Meyer[4] von 1940 wird das Stichwort „national" wie folgt erklärt: „einer Nation, einem Staatsvolk eigentümlich; vaterländisch, Volks..., volklich, völkisch". Das Wort *völkisch* erweist sich also beim Rückschluß mit dem Wort *national* auf das engste verwandt, zumal es immer nur als ein spezifisches Beiwort zur Nation im nationalsozialistischen Sinne gebraucht worden ist. Daraus erklärt sich wohlgemerkt, daß Walther Lindens Schrift vom Jahr 1933 *Aufgaben einer nationalen Literaturwissenschaft* faktisch die völkische Literaturwissenschaft initiiert hat, und Heinz Kindermann verfaßte im Jahre 1935 eine heikle Schrift mit dem Titel *Klopstocks Entdeckung der Nation.*[5]

---

3   Vgl. Wilhelm Voßkamp: Kontinuität und Diskontinuität. Zur deutschen Literaturwissenschaft im Dritten Reich. In: Peter Lundgreen (Hrsg.), Wissenschaft im Dritten Reich. edition suhrkamp NF 306. Frankfurt am Main. S. 140–162. Bibliographische Angaben über das damalige Schrifttum finden sich bei K.A. Kutzbach: Die Literaturgeschichtsschreibung unserer Zeit (I–V). In: Thomas Cramer / Horst Wenzel (Hrsg.): Literaturwissenschaft und Literaturgeschichte. Ein Lesebuch zur Fachgeschichte der Germanistik. München 1975, S. 181–218.
4   Meyers Lexikon. 8. Aufl. In völlig neuer Bearbeitung und Bebilderung mit etwa 20.000 teils farbigen Abbildungen im Text und auf Beilagen, etwa 400 Haupt- und Nebenkarten, einem Atlasband sowie einem Registerband mit über 300.000 Nachweisen. Bd. 1–Bd. 9 und Bd. 12 (Mehr nicht erschienen). Leipzig 1936–1942.
5   Vgl. Gerhard Fricke: Die Entdeckung des Volkes in der deutschen Geistesbewegung vom Sturm und Drang bis zur Romantik. In: derselbe, Vollendung und Aufbruch. Reden und Aufsätze zur deutschen Dichtung. Berlin 1943. S. 88–110.

Die beiden Schriften müßten sich für die japanische Germanistik richtungsweisend ausgewirkt haben, als sie 1943 durch den späteren Goethe- und Freud-Übersetzer Yoshitaka Takahashi ins Japanische übersetzt und unter dem Buchtitel *Deutsche nationale Literaturwissenschaft* in der Reihe „Deutsche Dichtungstheorien" veröffentlicht wurden. Geplant waren zu gleicher Zeit die Übersetzungen von Lessings *Literaturbriefen*, Herders *Fragmenten über die neuere deutsche Literatur* sowie Friedrich Schlegels *Über das Studium der griechischen Poesie*, Otto Ludwigs *Shakespeare-Studien*, Richard Wagners *Das Kunstwerk der Zukunft*, und einem Werk eines nicht identifizierbaren A. Scheffels *Dichter und Poesie*. Die völkische Literaturwissenschaft stellte also nach der japanischen Auffassung offensichtlich nur eine jüngste Phase der poetologischen Entwicklungen in der deutschen Literaturforschung dar. Da aber die übrigen geplanten Bände anscheinend gar nicht mehr erschienen waren, sollte sie als die deutschnationale Literaturwissenschaft in Japan vorübergehend von großer Tragweite werden. Daß die Germanistik in der Tat eine deutsche Wissenschaft gewesen war, stellte sich bekanntlich erst in den siebziger Jahren heraus.[6]

Yoshitaka Takahashi, der 1941 als der einzige japanische Germanist ein ausführliches Buch über die nationalsozialistische Literatur schrieb,[7] nannte im Nachwort seiner Übersetzung mehrere wissenschaftliche Werke Heinz Kindermanns, konnte aber von Walther Linden nur auf dessen *Geschichte der deutschen Literatur von den Anfängen bis zur Gegenwart* (Leipzig 1937) hinweisen. Er charakterisierte dieses Werk zusammen mit Franz Kochs *Geschichte deutscher Dichtung* (Hamburg 1937) als eine neue Wende in der deutschen Literaturgeschichtsschreibung, ohne zu wissen, daß Walther Linden bereits 1930 eine Schrift *Aufriß*

---

6 Vgl. Germanistik – eine deutsche Wissenschaft. Beiträge von E. Lämmert / W. Killy / K. O. Condrady / P.v.Polenz. edition suhrkamp 204. Frankfurt am Main 1967.
7 Näheres vgl. Naoji Kimura: Zur Rezeption ‚heroischer' deutscher Literatur in Japan 1933–45. In: Formierung und Fall der Achse Berlin – Tokyo, hrsg. von Gerhard Krebs / Bernd Martin. Iudicium Verlag. München 1994, S. 129–151; derselbe: Die Internationalität der sog. Japanischen Romantischen Schule. In: Gesa von Essen / Horst Turk (Hrsg.): Unerledigte Geschichten. Der literarische Umgang mit Nationalität und Internationalität. Göttingen 2000, S. 141–151.

der deutschen Literaturgeschichte nach neuen Gesichtspunkten publiziert hatte. Franz Kochs *Geschichte deutscher Dichtung* wurde von Tsuneyoshi Tsuzumi, der 1940 eine umfangreiche antimodernistische deutsche Literaturgeschichte in japanischer Sprache geschrieben und Goethes *Faust* übersetzt hatte, für seine kurzgefaßte Ausgabe von 1943 benutzt. Ein anderer Germanist, Shoji Ishinaka, der 1939 ein Büchlein über die deutsche Kriegsdichtung verfaßte, fand Walther Linden etwas zu radikal für die völkische Literaturwissenschaft engagiert, schrieb aber dennoch dankbar im Nachwort, er verdanke Walter Lindens Aufsatz „Volkhafte Dichtung von Weltkrieg und Nachkriegszeit" in der Zeitschrift für Deutschkunde (1934 Heft 1) sehr viel.

Unter der völkischen Literaturwissenschaft wurde im allgemeinen eine Literaturauffassung verstanden, nach der die Dichtung inniges Verbundensein mit der Wurzel des Volkstums darstelle und die einzelnen Dichter als der gesteigerte Ausdruck der untergründig webenden und wirkenden Kräfte aus der Tiefe des Volkes und der Rasse angesehen würden. Die Dichtung war nicht mehr als ein Gebilde für sich im eigenen Raum betrachtet. Sie galt nicht so sehr als das Werk einzelner genialer Dichter, sondern als eine lebendige Hervorbringung des völkischen Lebens.[8] So hieß es in einer Anzeige über Felix Emmels Buch *Theater aus deutschem Wesen*, das als ein wichtiger Beitrag zur Grundsteinlegung des deutschen Nationaltheaters bezeichnet wird: „Sein Buch bekämpft aufs schärfste das Theater des psychologischen Scheins, das Theater des spielerischen und zerstückelnden Hirns, das Theater der durch Schaugepränge und Ohrenschmaus überbeschäftigten Sinne." Dagegen wird betont, deutsches Theater sei ihm Theater von innen her, und er wolle endlich, gläubig und wagend, mit der Kleistischen Forderung Ernst machen, „die geheimnisvolle Kraft der Herzen" auch im Theater anzurühren und sie aufzuwecken zum Dienste an dem ewigen Volke der Deutschen.

Daß diese sogenannte volkhafte Dichtung zum Teil auf einem Faust-Mythos beruhte, geht beispielsweise ebenfalls aus einer anderen Buchanzeige hervor, die doch an die Allgemeinheit des Lesepublikums appel-

---

8 Vgl. die Texte im Umschlag zu Walther Lindens Literaturgeschichte.

liert. Es handelt sich dabei um Richard H. Grützmachers Buch *Goethes Faust / Ein deutscher Mythus*. Dort wurde darauf hingewiesen, daß schon vor mehr als 130 Jahren der Philosoph Schelling Goethes *Faust* als das größte Gedicht der Deutschen und als ein wahrhaft mythologisches Gedicht charakterisiert hat, und dann hieß es:

> Dementsprechend versteht R.H. Grützmacher – zum ersten Male – Goethes Faust als deutschen Mythus und wird dadurch dem Verlangen unserer Zeit gerecht, die um das Wesen des Deutschtums und seine Verleiblichung in einem entsprechenden Mythus ringt.

Die Leser sollten begreifen, „daß diese Tragödie nicht nur tiefste Erkenntnis deutschen Wesens enthält, sondern auch zu faustischer Tat anspornt". Mit der faustischen Tat ist ausdrücklich gemeint, auf freiem Grund mit freiem Volk zu stehen. Selbstverständlich war hier der Zusammenhang mit Alfred Rosenbergs Buch *Der Mythus des 20. Jahrhunderts* angedeutet, das 1938 durch die zwei namhaften Goetheforscher Junsuke Suita und Kiyonobu Kamimura vollständig ins Japanische übersetzt und mit dem Hakenkreuz auf dem Buchdeckel als die „Bibel des Nationalsozialismus" angepriesen wurde.

Dazu kommt das Heroische als kämpferisch-kriegerischer Zug der volkhaften Dichtung zur völkischen Literaturauffassung hinzu. Eine zeitgenössische Beschreibung der deutschen Gegenwartsliteratur von damals,[9] in der, nebenbei bemerkt, die obengenannten zwei Buchanzeigen abgedruckt waren, enthielt eine Bildnisreihe folgenden Inhalts:

1. Das Erlebnis des Krieges. Edwin Erich Dwinger
2. Der Wandel der bürgerlichen Weltanschauung. Erwin Guido Kolbenheyer
3. Das Wiedererwachen des Bauerntums. Friedrich Griese
4. Die Volkwerdung des Arbeitertums. Heinrich Lersch

---

9   Erich Trunz: Deutsche Dichtung der Gegenwart. Eine Bildnisreihe. Berlin 1937. Die Ausführungen dieser Schrift sind hervorgegangen aus Vorträgen vor Ausländern und Auslandsdeutschen in Amsterdam. Wegen dieses einführenden Charakters wurde sie 1941 ins Japanische übersetzt und 1942 für den germanistischen Unterricht in Japan nachgedruckt.

5. Deutschland und die Welt. Hans Grimm
6. Von den Wegen zur Einheit der deutschen Dichtung

In erster Linie kommt es also auf das Erlebnis des Krieges an. Im Anfangsstadium soll aber unter den japanischen Germanisten eine kritische Stimme gegen den Nationalsozialismus vorgeherrscht haben, zumal die Bücherverbrennung bald bekannt wurde. Ein Indiz dafür ist die Tatsache, daß Hans Eckardt, ein Lektor in Kyushu, 1934 in einem Aufsatz schrieb: „Allzu oft wurde in Japan das Schlagwort laut: der Nationalsozialismus sei ein Zerstörer der Kultur!"[10] Denn ein tausendjähriges Reich im japanischen Verständnis mußte ein Kulturstaat sein, wie der politisch stark engagierte Goethe-Kenner Kenji Takahashi 1941 lehrte:

> Unsere aufeinanderfolgenden Kaiser, die tüchtige Krieger und ausgezeichnete Dichter zugleich waren, sind ein ausgezeichnetes Symbol für das Ideal des gebildeten Kriegers. Das heißt, unser Land ist das Land sowohl des Kriegers als auch des Dichters, nämlich „das Land der Seele der Sprache".[11]

Er war es, der noch nach dem Zweiten Weltkrieg im Nachwort zu seiner *Faust*-Übersetzung gern hinzufügte, daß deutsche Soldaten im Ersten Weltkrieg im Tornister Goethes *Faust* mitgenommen hätten. Er scheint Bert Brechts ironisches Gespräch über Klassiker mit Herbert Jhering nicht gelesen zu haben, nach dem sie das Werk bei der Heimkehr nicht mehr hatten.[12]

---

10 Vgl. Kusuo Seki: Japans Germanistik unter dem Faschismus. In: Doitsu Bungaku. Frühling 1999. Nr. 100, S. 64–76, hier S. 64.
11 Zitat ebenda S. 70.
12 Vgl. Karl Robert Mandelkow (Hrsg.): Goethe im Urteil seiner Kritiker. Wirkung der Literatur Band 5. IV. München 1984. S. 94.

2. Methodologische Bemühungen japanischer Germanisten

Die japanische Germanistik wurde, wie bereits erwähnt, erst in der Übergangsperiode von der Meiji-Zeit (1868–1912) zur Taisho-Zeit an den kaiserlichen Universitäten zu Tokyo und Kyoto als wissenschaftliche Disziplin etabliert. In Tokyo waren führende Lehrkräfte vorwiegend deutsche Professoren wie z. B. Karl Florenz, während ihr japanischer Nachwuchs wie Teiichi Fujishiro die Lehrtätigkeit in Kyoto übernahm. Nach den Vorlesungsverzeichnissen in den Jahren 1912–1926 wurden an den beiden Universitäten neben allgemeinen Einführungen in die Literatur- und Sprachgeschichte hauptsächlich Goethe, Schiller, Lessing, Kleist, Hebbel, Otto Ludwig, Grillparzer oder Gottfried Keller behandelt. Wie in der deutschen Germanistik als philologische Grundlage zunächst irgendeine Editionsarbeit geleistet werden mußte, so mußten die japanischen Germanisten damit anfangen, die schon durch die deutschen Germanisten kanonisierten klassischen Werke der deutschen Literatur ins Japanische zu übersetzen. Darüber gibt der Ausstellungskatalog aus Anlaß des 8. IVG-Kongresses in Tokyo aufschlußreiche Auskünfte.[13]

Die Forschungsgegenstände in der japanischen Germanistik sind seitdem immer mannigfaltiger geworden, so daß man sie bibliographisch schon längst nicht mehr vollständig erfassen kann. Dabei war man als Auslandsgermanist nicht nur im Hinblick auf die zu erforschenden Epochenbegriffe, Schriftsteller und ihre Werke, sondern auch hinsichtlich der Methodenlehre von der deutschen Germanistik abhängig. Die ersten Lehrmaterialien dafür bot zwar der Goetheforscher Hikoshige Okutsu 1928 in Form einer Textausgabe *Neue Wege zur Literaturforschung*, die vier deutsche Abhandlungen im Original abdruckte:

1. Literatur, Dichtung und ihre Geschichte von Werner Marholz
2. Literaturgeschichte und Geistesgeschichte von Rudolf Unger
3. Das Wesen der Dichtung von Oskar Walzel
4. Dichter und Helden von Friedrich Gundolf.

---

13 Yoshio Koshina (Hrsg.):Deutsche Sprache und Literatur in Japan. Ein geschichtlicher Rückblick. Tokyo 1990.

Von japanischer Seite kam aber eigentlich die methodische Rückbesinnung erst auf, als der bekannte Goetheforscher Kinji Kimura Ende der zwanziger Jahre aus seinem Deutschlandaufenthalt zurückkehrte und als junger Professor an der Kaiserlichen Universität Tokyo seine Lehrveranstaltungen hielt.[14] Seine während der dreißiger Jahre, vor allem 1934 publizierten Aufsätze über methodische Fragen in der Literaturwissenschaft wurden 1947 als ein Büchlein unter dem Titel *Literatur als Wissenschaft* herausgegeben. Darin sind als benutzte Literatur angegeben: O. Benda, Der gegenwärtige Stand der deutschen Literaturwissenschaft ohne Jahresangabe, J. Petersen, Die Wesensbestimmung der deutschen Romantik (1926) sowie W. Marholz, Literargeschichte und Literaturwissenschaft (1923). In der Tat verwendete er 1931 schon einmal diese *Einführung in die moderne Literaturwissenschaft* von Julius Petersen in seinem Oberseminar. Es scheint aber, daß er das von Erich Trunz aus dem Nachlaß herausgegebene Buch Petersens *Die Wissenschaft von der Dichtung. System und Methodenlehre der Literaturwissenschaft* (Berlin 1939) nicht gekannt hat. Statt dessen beschäftigte er sich mit dem damals gerade erschienenen Werk Ermatingers *Philosophie der Literaturwissenschaft* (1930) und besorgte daraus in den Jahren um Goethes Säkularfeier 1932 eine Reihe einführende Studienbücher in japanischer Übersetzung. Es handelte sich dabei um nachstehend genannte Übersetzungen seiner Schüler:

Franz Schultz, Die philosophisch-weltanschauliche Entwicklung der literarhistorischen Methode
Julius Petersen, Die literarischen Generationen
Emil Ermatinger, Das Gesetz in der Literaturwissenschaft
Josef Nadler, Das Problem der Stilgeschichte
Fritz Strich, Weltliteratur und vergleichende Literaturgeschichte

Diese fünf Bände erschienen tatsächlich, aber die folgenden geplanten vier Bände nicht mehr:

---

14 Näheres vgl. Naoji Kimura: Zur Rezeption ‚heroischer' deutscher Literatur in Japan 1933–45. In: Gerhard Krebs / Bernd Martin (Hrsg.), Formierung und Fall der Achse Berlin–Tokyo. Iudicium Verlag. München 1994.

Hermann Gumbel, Dichtung und Volkstum
Herbert Cysarz, Das Periodenprinzip in der Literaturwissenschaft
Fritz Medicus, Das Problem einer vergleichenden Geschichte der Künste
Robert Petsch, Die Analyse des Dichtwerkes

Aus unbekannten Gründen sind die übrigen vier Abhandlungen in dem Sammelband von Ermatinger in den Plan der japanischen Herausgabe nicht aufgenommen worden:

Walter Muschg, Das Dichterporträt in der Literaturgeschichte
Carl Gustav Jung, Psychologie und Dichtung
Max Wundt, Literaturwissenschaft und Weltanschauungslehre
Detmar Heinrich Sarnetzki, Literaturwissenschaft und die Dichtung und Kritik des Tages.

Anzunehmen ist, daß Walter Muschg deshalb vermieden wurde, weil er bereits 1937 Josef Nadlers Literaturgeschichte kritisiert hatte und später in einem Nachtrag „als ragendes Monument einer dem chauvinistischen Rassenwahn verfallenen Literaturwissenschaft"[15] bezeichnete und seine Rezension mit den folgenden Worten abschloß:

> Wie jede nicht von der Sache, sondern von einem Dogma ausgehende Methode kann sie [= die historisch-nationale Betrachtung der Literatur] nur noch zum politischen Mißbrauch der Dichtung führen, der heute im Namen vieler Dogmen getrieben wird.

Bei Carl Gustav Jung läßt sich vermuten, daß seine tiefenpsychologische Betrachtungsweise mit Sigmund Freuds sexualwissenschaftlicher Traumdeutung in Verbindung gebracht worden ist. Max Wundt war immerhin durch sein Buch *Goethes Wilhelm Meister und die Entwicklung des modernen Lebensideals*, Berlin und Leipzig 1913, in den japanischen

---

15 Walter Muschg: Josef Nadlers Literaturgeschichte. In: Thomas Cramer / Horst Wenzel (Hrsg.): Literaturwissenschaft und Literaturgeschichte. Ein Lesebuch zur Fachgeschichte der Germanistik. München 1975. S. 237–256; hier S. 254. Vgl. ferner: derselbe, Germanistik? In memoriam Eliza M. Butler. In: Methodenfragen der deutschen Literaturwissenschaft. S. 125–161.

Fachkreisen bekannt, während Detmar Heinrich Sarnetzki mit seiner literaturkritischen Thematik völlig unbekannt blieb.

3. Goethes kulturpolitische Bedeutung für Japan

Als die Goethe-Gesellschaft in Japan im April 1931 in Kyoto gegründet wurde, richtete der deutsche Botschafter Arthur Voretzsch an die Gründungsfeier ein Festtelegramm, das nicht in ihrem Jahrbuch dokumentiert ist. Abgedruckt ist dafür zuerst ein Telegramm aus Weimar: „Herzliches Willkommen im Reiche goethischen Geistes und goethischer Forschung der jungen Japanischen Goethegesellschaft fruchtbare Arbeit zu völkerverbindender Gemeinschaft in goethischem Sinne erhofft Goethegesellschaft Weimar", und dann ein Telegramm des Auswärtigen Amtes, Berlin: „Zur Gründungsfeier aufrichtigste Wünsche für erfolgreiche Arbeit japanisch-deutscher kultureller Verbindung im Geiste Goethes". Mit dem Stichwort goethischer Geist ist also völkerverbindende Gemeinschaft, vor allem kulturelle Verbundenheit zwischen Japan und Deutschland hervorgehoben. Der deutsche Botschafter brachte dies in seinem Geleitwort zu einer anderen selbständigen Festschrift des Japanisch-Deutschen Vereins in Tokyo deutlicher zum Ausdruck. Er betonte, daß die Goethefeier im Jahre 1932 zur Weltfeier wurde, indem der größte deutsche Dichter die Völker der Welt zur befreiten Menschlichkeit, zur kulturellen Verständigung und zur geistigen Einheit führe:

> Vieltausendfältig huldigt in diesem Jahre die Kulturwelt aller Länder Johann Wolfgang von Goethe, dem großen Dichter und Denker, dem Lebensvorbild befreiter Menschlichkeit. In Goethes Gedanken lernen die Völker einander kennen, um ihn kreisen ihre besten Geister, und festlich offenbart sich in den Ehrungen vor dem verewigten Meister sein gewaltiges Ziel: ihrer aller geistige Einheit.

Kaum ein Jahr vor der Machtergreifung Hitlers äußerte der deutsche Botschafter zum Schluß seinen redlichen Wunsch, in der Festschrift möchten ideales Streben und weisheitsvolles Tun sich in edler Form verbinden, „auf daß unser Wissen um Goethe bereichert werde und das geistige Fundament sich befestige und kristallisiere zu einem metallenen

Felsen als der Grundlage echter deutsch-japanischer Freundschaft". Für die Echtheit dieser Worte spricht die Tatsache, daß zu der vom bekannten Verlag Iwanami erschienenen Festschrift Thomas Mann einen Aufsatz „An die japanische Jugend" und Fritz Strich den anderen „Goethe und unsere Zeit" beigetragen haben. Ein dritter Beitrag von Erwin Jahn hatte „Goethe und Asien" zum Thema.[16] Goethe galt also ohne Zweifel als Repräsentant deutscher Kultur in Japan. Als das Deutsche Forschungsinstitut Kyoto im November 1934 eröffnet wurde, wurde denn auch der Goethe-Gesellschaft in Japan ein Zimmer im neuen Gebäude zur Verfügung gestellt, und im Januar 1935 verehrte der neue deutsche Botschafter von Dirksen ihr eine Goethe-Büste aus Porzellan.

Damals gab es außer diesem deutschen Institut in Kyoto den 1911 gegründeten Japanisch-Deutschen Verein in Tokyo. Da aber der Verein durch den Ersten Weltkrieg einmal abgebrochen wurde, rief Dr. Wilhelm Solf, der erste Botschafter der Weimarer Republik (1920–1928) 1926 in Berlin ein Japan-Institut ins Leben und dann 1927 das Japanisch-Deutsche Kulturinstitut in Tokyo. Leiter auf deutscher Seite waren: ab 1929 Wilhelm Gundert, 1936/37 Eduard Spranger, ab 1938 Walter Donat, ab 1941 Herbert Zachert. Eduard Spranger kam in den Herbstmonaten 1936, als im November des gleichen Jahres der Antikominternpakt abgeschlossen wurde, nach Japan und war ein Jahr lang als Gastprofessor tätig.[17] Im Jahre 1938 kam das Kulturabkommen zwischen Japan und dem Deutschen Reich zustande, und bei der Gelegenheit wurden von der deutschen Regierung über tausend Bücher der klassischen deutschen Literatur, darunter auch 143 Bände der Weimarer Goetheausgabe, der Bibliothek der Kaiserlichen Universität zu Tokyo geschenkt. Im Zuge davon wurden aber viele japanische Germanisten bzw. Goetheforscher in die Zusammenarbeit mit der NS-Kulturpolitik hineingezogen, die eine ganz andere Zielsetzung hatte, als die bei Goethes Säkularfeier einem Botschafter Voretzsch vorgeschwebt hatte.

16 Vgl. die um einen Beitrag von Walter Donat: Goethes Vermächtnis in der Gegenwart vermehrten Goethe-Studien, Japanisch-deutscher Geistesaustausch Heft 4. Japanisch-Deutsches Kulturinstitut Tokyo 1932.
17 Vgl. Eduard Spranger: Gesammelte Vorträge, Tokyo 1937, Kulturprobleme im gegenwärtigen Japan und Deutschland. 1938. Die 1. Auflage seines Buchs *Goethes Weltanschauung* wurde 1943 ins Japanische übersetzt.

Der einflußreichste und tüchtigste Germanist auf japanischer Seite war eben Kenji Takahashi, der eine Menge deutscher Literaturwerke, in der Kriegszeit vor allem heroische Literatur und nach dem Krieg Goethe, Hermann Hesse und Erich Kästner, übersetzt hat. In seiner im März 1933 erschienenen Schrift *Tendenzen der neueren deutschen Literatur* war er noch stolz auf die persönliche Bekanntschaft mit Autoren wie Alfred Döblin oder Lion Feuchtwanger. Aber er war in den während der Kriegsjahre veröffentlichten vier Büchern völlig antisemitisch eingestellt: *Deutsche Gegenwartsliteratur und ihr Hintergrund*, Tokyo 1940; *Über deutsche Gegenwartsliteratur*, Tokyo 1940; *Über deutsche Schriftsteller*, Tokyo 1941, *Kultur und Literatur*, Tokyo 1942. Dabei verschwieg er, daß er als junger Student eine dicke Biographie über Heinrich Heine geschrieben hatte. Im Februar 1939 berichtete Kenji Takahashi in der Studentenzeitung der Kaiserlichen Universität Tokyo folgendes:

> Obwohl eine einzelne Arbeitsgruppe der Studenten an der Universität Tokyo die NS-Literatur behandle, interessieren sich die allgemeinen Germanisten dafür nicht so sehr. Es wäre seines Erachtens nicht gut, wenn man aus dem Vorurteil, die NS-Literatur böte wenig Interessantes, die Augen von ihr abwenden wolle. Sie sei eine Kritik an der sinnlichen dekadenten Literatur.[18]

Dieser japanische Gegner der Moderne verehrte aber Goethe nicht wie Ernst Beutler, den er persönlich kannte, in dem Sinne: „Wo Goethe geschätzt und geehrt wird, ist die Welt in Ordnung und die Humanität gerettet." (Karl Robert Mandelkow)[19]

Als im Jahr 1940 der Dreimächtepakt zwischen Deutschland, Italien und Japan zustande kam, wurde die sog. „Taisei-Yokusankai", eine politische Organisation zur Kontrolle der Nation für das japanische Militärregime gegründet. Es war kein Zufall, daß Kenji Takahashi schließlich 1941 zum Leiter der Kulturabteilung ernannt wurde und eine enge Zusammenarbeit mit der NS-Kulturpolitik erstrebte. So schrieb denn auch zur Zehnjahrfeier der Goethe-Gesellschaft in Japan 1941 der deutsche Botschafter General Eugen Ott in ihrem Jahrbuch nicht gerade

---

18 Zitiert bei Kusuo Seki, S. 70.
19 Vgl. Wilfried Barner / Christoph König (Hrsg.): Zeitenwechsel. Germanistische Literaturwissenschaft vor und nach 1945. Frankfurt am Main 1996. S. 13.

typisch goethische Widmungsworte, indem er Japan und Deutschland nunmehr als kämpfende Nationen bezeichte:

> Ein Wort Goethes steht heute den kämpfenden Nationen Japan und Deutschland vor allem vor Augen:
> „Allen Gewalten
> Zum Trutz sich erhalten:
> Nimmer sich beugen,
> Kräftig sich zeigen,
> Rufet die Arme
> Der Götter herbei."

Im Anschluß daran richtete Reinhold Schulze, Kulturreferent der Deutschen Botschaft, Goethes bekannte Verse: „Willst Du ins Unendliche schreiten, / geh nur im Endlichen nach allen Seiten" als Gruß für die weitere Arbeit und bemerkte dazu:

> Goethe, der Mensch des innigsten Einsseins mit der Natur und dem Wirken der Kräfte einer tiefen Harmonie in ihr, hat aus dieser naturhaft schöpferischen Weise seines Erlebens und Wirkens heraus Antwort auf die Frage einer jeden Epoche. Darum wird das Sichversenken in seine Werke zu allen Zeiten fruchtbar und unendlich beglückend sein. In diesem Dasein seine Kräfte üben und über alle Höhen und Tiefen faustischer Spannungen der Seele durch die befreiende Tat herauswachsen in ein wahres freies Sein, das ist der Goethe unserer Tage.
>
> „Nur der verdient sich Freiheit wie das Leben,
> der täglich sie erobern muß."

Reinhold Schulze schrieb, im übrigen, noch zum Geleit, als Nan-e Jiros japanisches Buch *Faust und Punch. Auf der Suche nach dem Ursprung des modernen Puppenspiels* im Jahre 1942 erschien:

> Das Puppenspiel von Dr. Faust ist durch die Jahrhunderte immer wieder über die Bühnen der deutschen Puppentheater gegangen. Im Sinne der christlich-kirchlichen Weltanschauung des Mittelalters diente das abenteuerliche Leben Dr. Faust's als warnendes Beispiel für Bürger und Bauern. Spätere Zeiten haben das Faust-Motiv mit anderen Augen gesehen, bis Goethe, von diesem Spiel in seiner Jugendzeit tief beeindruckt, *seinen* Faust schuf als gewaltigstes Werk der deutschen Literatur. Herr Dr. Nan-e hat als bekannter Fachmann auf dem Gebiet des Puppentheaters dieses alte deutsche Spiel nunmehr auch dem japanischen Publikum durch eine Übersetzung zugänglich gemacht.

Möge es mit dazu beitragen, das Wissen um die deutsche Kultur in Japan zu verbreiten und damit zugleich einer größeren Zukunftsaufgabe dienen.

1943 wurde eine Auswahlbibliographie vom Japanisch-Deutschen Kulturinstitut Tokyo herausgegeben: Hermann Schäfer / Kenji Takahashi, *Großdeutschland in der japanischen Literatur. Eine Auswahl mit deutschen und japanischen Besprechungen.* Tokyo 1934. Dann kam 1944 ein Nachschlagewerk in deutscher und japanischer Sprache heraus: Hermann Schäfer: *Deutsche Dichter der Gegenwart. Ihr Leben und ihre Werke.* Tokyo 1944. Es war erst im Jahre 1978, daß Hiroshi Ikeda, ein japanischer Germanist, der damals u. a. als Lukács-Forscher bekannt war, ein Buch mit dem Titel *Faschismus und Literatur. Schriftsteller, die Hitler unterstützten* veröffentlichte und im Nachwort das Engagement bedeutender japanischer Germanisten für die Literatur des Dritten Reiches anprangerte. Diese Tatsache war freilich nach dem Zweiten Weltkrieg lange verschwiegen, obwohl nach Ikedas Angaben mindestens 80 Werke ausgesprochen nationalsozialistischer Autoren bzw. Mitläufer durch eine Anzahl namhafter Germanisten der älteren Generation ins Japanische übersetzt worden waren. Sonderbar ist es, daß die gleichen Germanisten nach dem Krieg Werke der antifaschistischen Schriftsteller oder klassische Werke der deutschen Literatur, insbesondere Goethes, ins Japanische übersetzt bzw. darüber geschrieben haben, als ob in der Zwischenzeit des japanischen Nationalismus nichts geschehen wäre. Wahrscheinlich wußten sie tatsächlich nichts von Buchenwald, was ihnen als Alibi dienen sollte.

Ihr Lehrer war in vielen Fällen der bedeutendste Goetheforscher Japans, Kinji Kimura, der in den Jahren 1933–1948 Professor der Germanistik an der Universität Tokyo war. Er selbst war ein gediegener Goethephilologe, wurde aber seit Ende der dreißiger Jahre mit seinem Schülerkreis in die NS-Kulturpolitik verwickelt, da er mit dem alliierten Deutschland kulturell zusammenarbeiten mußte.[20] NS-Kulturpolitik als solche wurde selbstverständlich durch deutsche Ideologen des

---

20 Näheres vgl. Hiroshi Oguri: Das geistige Vakuum und die Germanistik der japanischen Nachkriegszeit. In: Doitsu Bungaku. Frühling 1999. Nr. 100, S. 77–91, hier S. 89 f.

Nationalsozialismus in Japan betrieben, denen japanische Germanisten als engagierte oder opportunistische Übersetzer mit Rat und Tat zur Seite gestanden haben, angefangen mit den Übersetzungen von Hitlers *Mein Kampf* und Alfred Rosenbergs *Der Mythus des 20. Jahrhunderts*. Die obengenannte Darstellung nationalsozialistischer Literatur, die in deutscher und japanischer Sprache erschienen war, stammte auch von einem Botschaftsangestellten. Über die ganze Problematik liegen bereits eine Berliner Dissertation und ein Dokumentationsband eines Berliner Symposiums vor. Aber wie bei der Literatur des Dritten Reiches bleibt auch hier noch manches unerforscht.[21]

4. Die japanische Goetheforschung der dreißiger Jahre

Zur Hundertjahrfeier 1932 erschien, wie bereits erwähnt, der 1. Band des Japanischen Goethe-Jahrbuchs. Er umfaßte im japanischen Teil 326 Seiten und im deutschen 85 Seiten. Dazu kamen bibliographische Bemerkungen über die japanische Goethe-Literatur, die laufend fortgesetzt wurden, und ein Bericht Erwin Meyenburgs über die Goethe-Ausstellung in Japan, die er selbst mit etwa 350 Bildern und 450 Büchern aus Deutschland vorbereitet hatte. Zum Schluß schrieb er:

> Die Ausstellung soll in ihrer Gründlichkeit und objektiven Strenge die wissenschaftlich-menschlichen Beziehungen zwischen Japan und Deutschland noch enger ketten. Sie soll in Goethe, dem besten Deutschen aller Jahrhunderte, das deutsche Wesen dem Japaner recht nahe bringen, was auch nicht ohne Einfluß auf das gegenseitige politische Verständnis beider Länder bleiben möge.

---

21 Vgl. Taeko Matsushita: Rezeption der Literatur des Dritten Reichs im Rahmen der kulturspezifischen und kulturpolitischen Bedingungen Japans 1933–1945, Saarbrücken / Fort Lauderdale 1989. Vgl. dazu Franz Schonauer: Deutsche Literatur im Dritten Reich. Versuch einer Darstellung in polemisch-didaktischer Absicht. Walter-Verlag. Olten und Freiburg im Breisgau 1961; Hans Sarkowicz / Alf Mentzer: Literatur in Nazi-Deutschland. Ein biografisches Lexikon. Erweiterte Neuausgabe. Europa Verlag. Hamburg / Wien 2002; Horst Denkler: Was war und was bleibt? Zur deutschen Literatur im Dritten Reich. Neuere Aufsätze. Peter Lang Verlag. Frankfurt am Main 2004.

Goethe verkörperte auf diese Weise als der beste Deutsche das deutsche Wesen überhaupt. Darüber berichtete Meyenburg ebenfalls in der Zeitschrift der Deutsch-Japanischen Gesellschaft *Yamato* (4. Bd. 1932), die sonst noch zwei Artikel „Goetheehrung in Japan" von W. Gundert sowie „Veranstaltungen zu Ehren Goethes in Tokyo" von Klaus Pringsheim enthielt. Wie Meyenburg mit Genugtuung am Ende seines Artikels schrieb, „trug diese Ausstellung ohne Zweifel wesentlich dazu bei, die kulturellen Bande zwischen Japan und Deutschland noch enger zu knüpfen, was mit das Hauptziel ihrer Veranstalter bildete".

Die japanische Germanistik vor dem Krieg erwies sich im Grunde genommen als die Goetheforschung, zumal sie auf Goethes Säkularfeier im Jahre 1932 hingearbeitet hatte. Die bis heute umfangreichste 36bändige Goetheausgabe in japanischer Sprache wurde denn auch unter wissenschaftlicher Leitung von Kinji Kimura in den Jahren 1936–1940 vom Kaizosha-Verlag herausgebracht. Das im Jahre 1932 begonnene Japanische Goethe-Jahrbuch wurde 1942 mit dem 11. Band unterbrochen, bis es 1959 durch Morio Sagara in neuer Folge wieder herausgegeben wurde. Der Einfluß der völkischen Literaturwissenschaft machte sich im Laufe der dreißiger Jahre vor allem durch deutsche Beiträge bemerkbar, wenngleich auch einige japanische Germanisten sich frühzeitig dafür zielbewußt eingesetzt haben. Als Meyenburg seinen Bericht über die Goethe-Ausstellung in Japan mit folgenden Sätzen anfing, waren sie vielleicht noch nicht völkisch gemeint, sind sie doch eher wie bei Max Kommerell im Sinne des Dichters als Führer des deutschen Volkes gedacht:

> Noch immer ist der Dichter wie jeder rechte Künstler der beste Vertreter der eigentümlichen Kultur seines Landes. Ihm fehlt jede kleinlich-menschliche Absicht persönlicher Ziele. Er ist nur Verkünder eines sich selten offenbarenden Volksgeistes, nur Diener jener geheim treibenden Macht, die seine Kunst beseelt. Diesem wühlenden Gären und brodelnden Kochen Gestaltung und Form zu schaffen, ist seine heilige Aufgabe. Hoch über die Menschheit erhebt sie ihn.

Der Bericht über Japan in der Broschüre *Den Freunden des Goethehauses 1932. Das Welt-Echo des Goethejahres*[22] bezog sich nur auf äußere

---

22 Herausgegeben von Alfred Bergmann. Jahresgabe der Vereinigung der Freunde des Goethehauses. Eingeleitet von Hans Wahl, Weimar 1932.

Feierlichkeiten. So war es auch mit einer anderen, von der Deutschen Akademie München 1932 publizierten Broschüre *Den Freunden Goethes im Ausland*, wobei die Notiz betreffend Japan neben Cochinchina, Irak, Mandschurei, Niederländisch-Indien usw. über Tokyo hinaus Veranstaltungen in anderen japanischen Städten erfaßt hatte. Dagegen verdient Erwin Meyenburgs Artikel „Goethes Stellung im heutigen Japan" im Goethe-Heft der Zeitschrift *Forschungen und Fortschritte* (1932) insofern viel Beachtung, als er auf die Rolle des Fremdsprachenunterrichts im Japan der Vorkriegszeit und somit auch auf die Bedeutung der deutschen Sprache im Oberschul-Unterricht hinweist:

> Auf der Kotogakko wird von Goethes Werken – meist im Auszuge – mehr übersetzt als wirklich gelesen: Werther, Wilhelm Meisters Lehrjahre, Die Bekenntnisse einer schönen Seele, Die Wahlverwandtschaften, Novelle, Leonardo da Vincis Abendmahl, Gedankensprüche in Prosa und sonstige kleinere Abhandlungen; Hermann und Dorothea und ausgewählte Szenen aus Iphigenie, Tasso und Faust I mit verbindendem Prosainhalt. Von der Lyrik: Wanderers Nachtlied, Mignon, Der Harfenspieler, Erlkönig, Die wandelnde Glocke, Der Totentanz, Der Fischer, Hochzeitslied, Der Zauberlehrling. (Die Balladen auch oft nur in paraphrasierter Inhaltswiedergabe.) Dazu trifft man hier und da E. Schmidts „Faust und das 16. Jahrhundert".

Meyenburg beschrieb dann die japanische Germanistik noch vor aller Beeinflussung durch die völkische Literaturwissenschaft: „Auf der Universität arbeitet man in den Seminaren und Übungen nach der Methode der deutschen Germanistik. Vorlesungen werden ganz wie in Deutschland über die Klassiker und sogar über Mittelhochdeutsch gehalten. Dabei ist eine große Neigung zur Romantik bei dem japanischen Studenten festzustellen. Von Goethe stehen im Vordergrunde: Werther, Die Wahlverwandtschaften, Wilhelm Meisters Wanderjahre (Auswahl), Faust I und II."[23] Bis dahin wurde nur Faust I zweimal in Tokyo auf dem Theater gespielt: 1913 in der Übersetzung von Mori Ogai und 1929 in der Übersetzung und Bearbeitung von Taigo Ikeda. Beim ersteren handelte es sich um ein 5tägiges Gastspiel des Kindai-Geki-Kyokai im

---

23 Erwin Meyenburg: Goethes Stellung im heutigen Japan. In: Forschungen und Fortschritte. Goethe-Heft 1932, S. 33.

Imperial-Theater und beim letzteren um eine Aufführung des gemeinsamen Gastspiels von Bungei-za und Geijyutsu-za im Auditorium der Waseda-Universität mit vier Wiederholungen. Dazu bemerkt Meyenburg kritisch: „Berücksichtigt man, daß gewöhnlich das japanische Theater seine Stücke 25mal wiederholt oder noch mehr, so ist diese geringe Zahl der Wiederholungen bedenklich." Er hatte trotz allem recht mit seiner Meinung, man dürfe im großen und ganzen nicht allzu optimistisch eine auch nur ungefähr populäre Verbreitung von Goethes Leben, Schaffen und seiner Persönlichkeit in Japan erwarten. Denn Goethe war und ist in Japan zwar keine elitäre, aber doch eine literarisch-wissenschaftliche Angelegenheit unter den Gebildeten. Außerdem ist er nicht nur als Dichter, sondern auch als Denker und Naturwissenschaftler bis heute hoch geschätzt und beliebt.

In dem Jahr des oben erwähnten Kulturabkommens erschien im 3. Band (1938) der Viermonatsschrift der Goethe-Gesellschaft, Weimar, ein Aufsatz von Kitaro Nishida, einem der bedeutendsten Philosophen Japans, in der Übersetzung von Robert Schinzinger. Im Japanischen lautete der Aufsatz, der im 1. Band des Japanischen Goethe-Jahrbuchs publiziert worden war, einfach „Goethes Hintergrund". In der deutschen Übersetzung wurde er zu „Der metaphysische Hintergrund Goethes" umbenannt.[24] Im gleichen Heft fand sich ebenfalls ein Bericht „Goethe-Forschung in Japan" von Hellmuth Sudheimer. Als Forschungsbericht ist seine Rezension umfangreicher und gründlicher als der Artikel von Erwin Meyenburg und bespricht nach einer Würdigung der psychologisch nachvollziehenden Goetheforschung von Kinji Kimura, der kompilierenden Goethe-Biographie von Chino Shosho, den kommentierenden Faust-Studien von Binko Matsuoka sowie den philosophisch ausgerichteten Goethe-Studien von Hikoshige Okutsu u. a.m. die bereits erschienenen fünf Bände des japanischen Goethe-Jahrbuchs. Wenn man sie bis zum letzten 11. Band nach den Verfassernamen detailliert anführt, handelt es sich dabei im deutschen Teil um nachstehend genannte Aufsätz, deren Verfasser meist Lektoren in verschiedenen Städten Japans waren:

---

24 Kitaro Nishida: Der metaphysische Hintergrund Goethes. In: Viermonatsschrift der Goethe-Gesellschaft. Bd. 3 (1938), S. 135–144; Hellmut Sudheimer: Goethe-Forschung in Japan. S. 101–108.

Erwin Jahn: Heines Goetheporträt (1. Bd.)
Goethes und Georges Orient (3. Bd.)
Goethe und die griechische Lebensform (4. Bd.)
Ein Buch des Unmuts. Goethes venezianische Epigramme (6. Bd.)
Mundus vult decipi. Bemerkungen zu Goethes Lustspiel „Der Großkophta" (8. Bd.)
„Stirb und werde" in den Gedichten Gerhard Schumanns (9. Bd.)
Goethe und Heinses „Ardinghello" (10. Bd.)
Erwin Meyenburg: „Der Mann von funfzig Jahren" (1. Bd.)
Goethes „Italienische Reise" und Gerhart Hauptmanns „Griechischer Frühling" (2. Bd.)
Anna Miura: Geistige Führung in den Hauptdramen Goethes (1. Bd.)
Geistige Führung in den Hauptdramen Goethes (Fortsetzung) (2. Bd.)
Geistige Führung in den Hauptdramen Goethes (Schluß) (3. Bd.)
Die Ballade: eine künftige Königin (7. Bd.)
Johannes Müller: Die Form der Goethe'schen Prosaepik (1. Bd.)
Zur Mephisto-Gestalt in Goethes Faust (4. Bd.)
Robert Schinzinger: Über philosophische Faustdeutung (2. Bd.)
Geschichtsphilosophie im Goetheschen Zeitalter (6. Bd.)
Walter Donat: Zur Auffassung Goethes von der Wissenschaft (3. Bd.)
Umbruch des wissenschaftlichen Denkens (4. Bd.)
Friedrich M. Trautz: Schiller – Thunberg – Siebold (5. Bd.)
Goethe und der deutsche Wehrstand (8. Bd.)
Thomas A. Bäuerlein: Volkhafte Dichtung – Goethes Faust-Weltdichtung (7. Bd.)
Hermann Stehr – ein Dichter der Gott-Seele (9. Bd.)
Lothar H. Schwager: Faust und Till Eulenspiegel (2. Bd.)
Otto Hellfritsch: Über einiges Pathologische bei Goethe (3. Bd.)
Hermann Bohner: Goethe und Stefan George. Das *Li* des Ostens und elementares Volkstum (4. Bd.)
Bruno Petzold: Goethe und Mahayana Buddhismus (5. Bd.)
Eduard Spranger: „Höchstes Glück der Erdenkinder sei nur die Persönlichkeit" (6. Bd.)
Dietrich Seckel: Rudolf G. Binding (8. Bd.)
Bernhard Eversmeyer: Friedrich Griese (8. Bd.)
H. A. Korff: Das Werk der romantischen Generation (9. Bd.)

Graf K. von Dürckheim-Montmartin: Schönheit als Kraft. Ein Beitrag zur Lebensphilosophie des Schönen (10. Bd.)
Erich Seyfarth: Hans Grimm (10. Bd.)
Hans Carossa: Geleitwort (11. Bd.)
Adalbert Ebner: Wald und Ästhetik (11. Bd.)
Dietrich Seckel: Goethe und Dürer (11. Bd.)
Hans Schwalbe: Philipp Otto Runge und Goethe (11. Bd.)
Ernst und Chlothilde Putscher: Goethe und die geistliche Musik (11. Bd.)

Was Hans Carossas Geleitwort anbelangt, so war es seinem Vortrag *Wirkungen Goethes in der Gegenwart* entnommen. Er hatte den 1938 im Insel-Verlag erschienenen Vortrag freundlicherweise für den Abdruck in dem Jubiläumsband 1941 zur Verfügung gestellt. Erlaubnis und Text trafen jedoch verspätet ein, so daß die Schriftleitung des Jahrbuchs davon keinen Gebrauch machen konnte. Sie erlaubte sich deshalb, die folgende Stelle zum Geleitwort des 11. Bandes zu benutzen:

> Wie jeder Japaner den sagenumklungenen Vulkan Fuji-san sich zugeeignet fühlt als den heiligsten Berg, als das Wahrzeichen seiner Heimat, auch wenn er ihm ferne wohnt und nie seine Schluchten und Matten, nie seinen glutbergenden Schneegipfel betritt, so spüren wir deutschen Menschen die Kraft und Gegenwart Goethes auch dann, wenn wir selten ein Buch von ihm aufschlagen; doch ist es ja keinem verwehrt, in seinen Gärten, seinen Gefilden und Wäldern oder an seinen allspiegelnden Seen zu wandern, wunderbare Begegnungen zu erleben, Orakelstimmen zu hören oder in seine tiefen Bergwerke hinabzusteigen und sich so viel edles Erz zu ergraben, wie er verarbeiten kann.

Aber wie eine schöne Naturlandschaft verschiedentlich beschmutzt oder verwüstet werden kann, sollte diese von Carossa geschilderte verklärte Kulturlandschaft Deutschlands vorübergehend auch in Japan durch die volkhafte Dichtung und völkische Literaturwissenschaft umschattet werden. Nachdem bereits 1923 ein bekannter Germanist namens Maso Katayama von einem Judenunheil in Deutschland gesprochen hatte, schrieb z. B. Hideo Fujimori im 3. Band (1934) unter dem Hinweis darauf einen mit Zitaten aus Goethe, Kant, Schopenhauer, Victor Hehn, Adolf Bartels usw. prahlenden antisemitischen Aufsatz „Goethe und die Juden", in dem sogar sein früherer Lieblingsautor Thomas Mann wegen dessen Ehefrau aus der angeblich jüdischen Familie Pringsheim verworfen wurde. Goethes ambivalente Haltung gegenüber dem Judentum wird von Fujimori mit zahlreichen Zitaten belegt, aber zu dessen Gesamtverurteilung wird eine Stelle aus *Wilhelm Meisters Wanderjahren* herangezogen ohne jede Bezugnahme auf Goethes Idee der dreifachen Ehrfucht in der „Pädagogischen Provinz":

> Das israelitische Volk hat niemals viel getaugt, wie es ihm seine Anführer, Richter, Vorsteher, Propheten tausendmal vorgeworfen haben; es besitzt wenig Tugenden und die meisten Fehler anderer Völker: aber an Selbständigkeit, Festigkeit, Tapferkeit und, wenn alles das nicht mehr gilt, an Zäheit sucht es seinesgleichen. Es ist das beharrlichste Volk der Erde, es ist, wie es war, es wird sein, um den Namen Jehova durch alle Zeiten zu verherrlichen.[25]

Trotz seiner plötzlich erwachten Abneigung gegen die seit 1933 so genannte „jüdische Literatur der deutschen Sprache" mußte Fujimori sich allerdings über zwei Dinge sehr verwundern, daß nämlich der deutscheste Denker Nietzsche überaus von Heinrich Heine angetan war, und daß dann im Umkreis des Ariers Stefan George sich so viele jüdische Schriftsteller fanden, wie er sie selbst aufzählt: Hofmannsthal, Stefan Zweig, Friedrich Gundolf, Karl Wolfskehl, Friedrich Wolters (Wolfsohn), Richard Pers, Leopold Freiherr von Andrian-Werburg, Alfred von Wurmb, Ernst Kantorowicz etc. Auch muß er zugeben, daß die *Blätter für die Kunst* von George und Gundolf kulturell etwas Herausragendes seien und sich um die arischen Ideen verdient gemacht hätten. Für die deutsche Literatur berief er sich aber merkwürgerweise nicht auf Max Kommerells zweischneidiges Buch *Der Dichter als Führer in der deutschen Klassik*, Erste Auflage Berlin 1928, Zweite Auflage 1942, in dem Klopstock, Herder, Goethe, Schiller, Jean Paul und Hölderlin hervorgehoben wurden. Unter den japanischen Germanisten sind, offen gestanden, Klopstock und Jean Paul bis heute nicht populär geworden, während Hölderlin sehr beliebt ist. Über Johann Gottfried Herder arbeiten sie schon lange fleißig, obwohl sie Herders geschichtsphilosophische Werke nicht so viel übersetzt haben wie Schillers literarische

---

25 Goethes Werke. Hamburger Ausgabe. Bd. 8, S. 159 f.

und ästhetische Werke. Kleist wurde schon 1924 in dem Buch *Deutsche Literatur und ihr Nationalgedanke* von Shokichi Aoki, dem Vorgänger von Kinji Kimura, relativ ausführlich behandelt, so daß er in den japanischen Fachkreisen recht früh bekannt geworden ist.

5. Der NS-Wissenschaftsbegriff und seine Bedeutung für die Goetheforschung

Über die in Japan erschienenen deutschen Goethe-Aufsätze, die durch die völkische Literaturwissenschaft zusehends beeinflußt wurden, resümierte Sudheimer in seinem Forschungsbericht folgendermaßen. Erwin Jahn: Goethes und Georges Orient (3. Bd.): „Goethes und Georges Orient-Dichtungen ‚nicht volkhaft im engeren Sinne, aber völkisch und deutsch in jedem Sinne', Goethes Orient ist ‚milde und heiter', patriarchalisch, der Georges ist ‚wild und schwül', mythologisch." Walter Donat: Umbruch des wissenschaftlichen Denkens (4. Bd.): „Behandelt den nationalsozialistischen Wissenschaftsbegriff im Gegensatz zum ‚Intellektualismus' und sucht eine neue ‚Deutschkunde' im weitesten Sinne zu untergründen." Hermann Bohner: Goethe und Stefan George (4. Bd.):

> Goethes „Stirb und werde" entspricht der zentralen Lehre des Ostens – des Konfuzius – von der Hingabe an das Li, an das Weltgesetz des Maßes, der Formung, der Schönheit. Das Freie, Milde, Zarte am Li entspricht Goethe, der in Iphigenie dann zum Gipfel der Form emporsteigt. Bei George verkörpern sich die beiden Seiten des Li in den Gestalten des Ringers und des Harfenspielers, die sich im Traum vom jugendlichen Königtum vereinigen.[26]

---

26 Hellmuth Sudheimer und Binko Matsuoka: Goethe-Forschung in Japan. In: Goethe. Viermonatsschrift der Goethe-Gesellschaft. Bd. 3 (1938), S. 101–108; hier S. 106 f. Über den literarischen Einfluß Georges schreibt z. B. Walther Linden: „Dieser das Gesetzliche fordernde Goethe findet seinen Widerhall in der von Stefan George her erzogenen Jugend, die es nach Form und Gestalt in allem persönlichen Erleben und Wirken verlangt." In: derselbe, Goethe und die deutsche Gegenwart. Berlin 1932, S. 63.

In dem Aufsatz von Walter Donat kann man besonders einen Grund dafür finden, warum die Goethe-Studien im Japan der dreißiger Jahre in ungeahnter Weise aufgelebt waren. Denn er schrieb eingangs mit gutem Gewissen: „Wenn im gegenwärtigen Deutschland immer eindringlicher die Rede ist von einem Umbruch des gesamten wissenschaftlichen Denkens, so ist es auffällig, daß fast überall in solchen Betrachtungen der Name Goethe auftaucht."[27] Was auch die Begründung dieses Umbruchs im wissenschaftlichen Denken gewesen sein mag, Goethe ist auf jeden Fall für die japanischen Germanisten mit der nationalsozialistischen Weltanschauung in Zusammenhang gebracht worden. Donat weist wie Houston S. Chamberlain vor allem auf den Naturwissenschaftler Goethe hin, dessen organische Ganzheitslehre den Japanern wie überhaupt allen Anhängern einer biologischen Lebensphilosophie in Ost und West naheliegt. Wenn Donat einräumte, die neue deutsche Wissenschaftsauffassung lasse sich noch keineswegs mit eindeutigen Namen belegen, so wären die japanischen Goetheforscher damals bereit gewesen, zumindest den ersten Satz der von Donat beschriebenen nationalsozialistischen Wissenschaft zu akzeptieren:

> Aber sie setzt der überspitzten Intellektualität den alten deutschen und goetheschen Begriff des organischen Erkennens entgegen (Krannhals), sie will eine „militante" Wissenschaft sein (Krieck), die um Größeres kämpft als um Thesen, sie nennt sich eine völkisch-rassische Wissenschaft (Rosenberg) aus der Überzeugung, ihr Bestes aus der Volks- und Rassegemeinschaft zu schöpfen.[28]

Der Dichter Goethe wurde also nicht so sehr für Bildung, Kultur oder Humanität, sondern vor allem für die Überwindung der rationalistisch ausgerichteten Gesamtwissenschaft im 19. Jahrhundert in Anspruch genommen: „Der große Kämpfer gegen die Methoden, die dieses mechanische Weltbild konstruierten, der Denker und Forscher Goethe, wurde von den zünftigen Vertretern der Wissenschaft verkannt, die rastlosen

---

27 Walter Donat: Umbruch des wissenschaftlichen Denkens. In: Japanisches Goethe-Jahrbuch. Bd. 4. Tokyo 1936. S. 32–46, hier S. 32.
28 Ebd. S. 33. Über Krieck vgl. Gerda Stuchlik: Goethe im Braunhemd. Universität Frankfurt 1933–1945. Frankfurt am Main 1984.

Bemühungen seines Alters übersehen oder bagatellisiert."[29] Dieser Goethe, über den die Wissenschaft hinweg gegangen war, sollte nun im Namen der völkischen Literaturwissenschaft wiederhergestellt und rehabilitiert werden, auch wenn diese scheinbar neue literarische Betrachtungsweise nicht ausdrücklich genannt wird. Als Vorstöße dafür werden die Zeitkritik Nietzsches, die Diltheysche Erlebnisphilosophie, die Metaphysik Bergsons und die Vitalitätsphilosophie eines Ludwig Klages beschworen, alles Namen, die seitdem neben Goethe heute noch in den japanischen Fachkreisen hochgehalten werden. Um den Bluts- oder Schicksalszusammenhang im deutschen Volkstum zu bezeugen, werden dann die zwei Zeilen aus dem Gedicht „Urworte. Orphisch" zitiert, die seitdem immer wieder vielen Goethe-Deutungen in Japan zugrunde gelegt werden:

> Und kein Gesetz und keine Macht zerstückelt
> Geprägte Form, die lebend sich entwickelt.

Eine solche Wissenschaft, deren tragender Pfeiler ein organisches Denken ist, soll „Deutschkunde" im weitesten Sinne genannt werden. Als Beispiele für die wissenschaftliche Fragestellung, die sich in den umfassenden Kulturkreisen als „rassebedingt" nachweisen lasse, wird anschließend darauf hingewiesen, im chinesischen Kulturkreis sei der Erkenntnistrieb stets auf sozial-ethische Fragestellungen ausgerichtet gewesen, während das indische Denken wesentlich auf ein Übersein, eine schwebende religiöse Metaphysik gezielt habe. Dagegen habe das nordische Abendland mit der umfassendsten Seinsforschung eingesetzt, die in der aristotelischen Metaphysik ihren ersten Gipfelpunkt habe. Dabei soll dem nordischen Menschen das analytisch formale Denken am längsten fremd geblieben sein, aber die Ableitung des Einzelnen aus dem Ganzheitlichen von Uranfang angelegt gewesen sein. Dies alles wird weiterhin ausgeführt, um zu zeigen, daß sich die analytische Induktion als der große Einstrom semitischen Denkens in das mittelalterliche Abendland herausstellt.

Walter Donat charakterisiert im weiteren, die englische Philosophie habe stets einen Zug zum Utilitarischen, dagegen sei das französische Denken formal-abstrakt, und kommt zum Fazit:

---

29 Ebd., S. 37.

Diese dynamische Haltung [des deutschen Denkens], der doch offenbar eine mehr statische des romanischen Denkens gegenübersteht, stürzt die deutschen Erkenntnissucher immer wieder in die Übersteigerungen, sei es die Mystik eines Ekkehard oder der Romantik, die Intransigenz eines Hegel, die letzten Konsequenzen eines Radikalmaterialismus.[30]

Verführerisch und vortäuschend ist dabei, daß immer davon die Rede ist, alle echt deutsche Wissenschaft sei Gottsuche, weil es eigentlich keinen Gottesglauben ohne Moral gibt. So wurde jenes faustische Streben als Zug zum Ganzen, zur organischen Einheit hingestellt, und Faust als deutscher Gottsucher ausschließlich perfektibilistisch interpretiert, obwohl es nur ein Mythos war. Das alles ist freilich ein Mißbrauch von Herders Kulturmorphologie für die Deutschkunde-Bewegung. Aber so etwas konnte schon im Jahr 1935 im Japanischen Goethe-Jahrbuch von einem deutschen Lektor geschrieben werden, der später Leiter des Japanisch-Deutschen Kulturinstituts Tokyo wurde.

Ein anderes Problem für die japanische Goetheforschung stellte Stefan George dar. Hatte Walter Donat gefordert, von Denkern wie Nicolaus von Cues oder Paracelsus eine Linie zu Goethe zu ziehen, und „zu allen denen, die an Goethe anknüpfend eine goetheanische Weltanschauung zu exakter Durchführung zu bringen suchen",[31] so schrieb Erwin Jahn im 3. Band des Jahrbuchs einen Aufsatz „Goethes und Georges Orient", der schon Walter Donats Aufsatz „Stefan George als Wegbereiter" im *Japanisch-Deutschen Geistesaustausch*, Heft 5 erwähnt. Das Thema „Goethe und Stefan George" wurde ferner von Hermann Bohner im 4. Band mit dem Nebentitel „Das *Li* des Ostens und elementares Volkstum" angesprochen. Beim ersteren gingen vom gleichen Verfasser zwei Arbeiten voraus: außer dem obengenannten Aufsatz „Goethe und Asien" ein Aufsatz über „Stefan Georges Traum vom Morgenland", Tokyo 1933. Für Erwin Jahn steht beim Vergleich der beiden Dichter fest: „Sowohl Goethes wie Georges orientalisierende Gedichte haben keine unmittelbaren Beziehungen zu Schicksalsfragen des deutschen Volkes, weder

---

30 Ebd., S. 41.
31 Ebd., S. 43.

die einen noch die anderen können als volkhafte Dichtungen im Sinne Fechters bezeichnet werden."[32]

Deshalb lautet Erwin Jahns Fragestellung angesichts der Forderung nach der volkhaften Dichtung seit der nationalsozialistischen Revolution: „ob es sich bei den orientalisierenden Gedichten Goethes und Georges in der Tat um Irrtümer zweier wenn auch noch im Irren großer und beglückender Dichter handelt."[33] Auch bejahendenfalls ist er allerdings von der Größe Goethes überzeugt und schreibt: „Goethe ist für die nationalsozialistische Weltanschauung ein Seelenverwandter Meister Eckeharts, einer der ‚Großen des nordischen Abendlandes' (Alfred Rosenberg), er ist ‚der Deutsche' (Adolf Bartels)". Dagegen bemerkt er: „Der Expressionismus, der sich an alle Menschen richtete und schließlich für keinen Menschen mehr verständlich war, zeigt abschreckend genug, wohin die Loslösung vom Volke führen kann."[34] Um vielleicht anzudeuten, daß Stefan George letzten Endes dem deutschen Volk verhaftet blieb, zieht Erwin Jahn aus seiner vergleichenden Betrachtung das Fazit, daß die Wendung zum Osten für Goethes Leben und Dichten viel, aber für George verhältnismäßig wenig bedeutete.

Auch Hermann Bohner versucht, Goethes und Georges Verhältnis zum Volkstum vergleichend festzustellen. Dabei nimmt er einen konfuzianischen Begriff *Li* zur Richtschnur und schreibt dazu:

> Goethe's „Stirb und werde!" ist eines seiner bekanntesten und tiefsten Worte. Kung (Konfuzius), von Yen Yüan, dem ihm besonders nahestehenden Jünger gefragt, wie denn das höchste Menschliche (*nin*, chin. *jen*) (sagen wir) die gotterfüllte Menschlichkeit zu verwirklichen sei, antwortet: Sich selbst überwinden, sich selbst drangeben (Goethe's „stirb!") und sich dem *Li*, dem Maß, der Formung, den Gesetzen der Schönheit zuwenden; einen Tag dies vollbringen, sagt Kung, und alles Volk wendet sich der gotterfüllten Menschlichkeit zu (Goethe's „und werde!").[35]

---

32 Erwin Jahn: Goethes und Georges Orient. In: Japanisches Goethe-Jahrbuch. Bd. 3. Tokyo 1935. S. 1–7, hier S. 3.
33 Ebd.
34 Ebd.
35 Hermann Bohner: Goethe und Stefan George. Das Li des Ostens und elementares Volkstum. In: Japanisches Goethe-Jahrbuch. Bd. 4. Tokyo 1936. S. 47–86, hier S. 54. Vgl. Erwin Jahn: „Stirb und werde" in den Gedichten Gerhard Schumanns. In: Japanisches Goethe-Jahrbuch Bd. 9. Tokyo 1940, S. 31–50.

Aber zum Schluß bemerkt er überraschend, wer von Goethe und George spreche, von dem erwarte man insgeheim, daß er die beiden (womöglich sozusagen quantitativ) aneinander messe. Das sei nicht dasjenige, was ihm angelegen gewesen sei und zuerst angelegen sein müsse. Das Ganze würde nur wie ein komparatistischer Essay aussehen, wenn bei den Ausführungen über das Verlangen nach dem *Li* in der Gesellenbewegung die folgende Stelle gefehlt hätte:

> Adolf Hitlers „Mein Kampf" zeigt die erschütternden Einzelheiten des Lebens eines Mannes, der am eigenen Leibe die bitteren Erfahrungen dieser Gesellenbewegung durchmacht, und welcher mit jedem Tropfen seines Blutes darum ringt, *nicht* Masse, werkloser Proletarier, standortloser Flugsand im Winde, Nummer, Maschine zu werden noch andre es werden zu lassen.[36]

Daraus ergibt sich für ihn zuletzt die Einsicht, eigentümlich sehe George, besonders in „der Dichter in Zeiten der Wirren" die Gestalt des kommenden Führers voraus.

Wie aus der obigen Aufstellung hervorgeht, finden sich immer mehr Aufsätze nicht über Goethe, sondern über bekannte NS-Schriftsteller wie Friedrich Griese, Rudolf G. Binding, Hermann Stehr, Gerhard Schumann oder Hans Grimm, deren Werke durch japanische Übersetzungen den germanophilen Japanern immer vertrauter wurden. Aber auffälligerweise beschäftigen sich deutsche Beiträge in den letzten Jahrgängen nicht nur mit den Autoren der volkhaften Dichtung, sondern auch mit ausgesprochen ästhetischen oder künstlerischen Themen. Besonders sticht das bei Graf K. von Dürckheim-Montmartin: Schönheit als Kraft. Ein Beitrag zur Lebensphilosophie des Schönen (10. Band) hervor. Denn ansonsten hat sich Dürckheim als Kulturattaché an der Deutschen Botschaft Tokyo sehr für die Verbreitung der nationalsozialistischen Weltanschauung in Japan eingesetzt. In japanischer Übersetzung veröffentlichte er zumindest vier Bücher: *Deutscher Geist* (NS-Reihe) 1941, *Der Geist der neuen Weltordnung* 1942, *Meister Eckhart* 1943, *Das Wesen der europäischen Kultur* 1944. Außerdem gab er einen 170 Seiten umfassenden

---

36 H. Bohner: Goethe und Stefan George, S. 71.

Sammelband seiner NS-Aufsätze in deutscher Sprache heraus.[37] Worauf er mit seinem angeblich ästhetischen Aufsatz kulturpolitisch abgezielt hat, muß noch anhand der genauen Textanalyse im einzelnen untersucht werden. Er war auf jeden Fall ein philosophisch weit besser geschulter NS-Ideologe als manche Propagandisten, die Goethe mit fadenscheiniger Verdrehung für den Nationalsozialismus in Anspruch nehmen wollten.[38]

---

37 Vgl. Neues Deutschland. Deutscher Geist. Eine Sammlung von Aufsätzen von Graf Karlfried von Dürckheim-Montmartin. Herausgegeben vom Japanisch-Deutschen Kulturinstitut Niigata. Sansyusya Verlagsbuchhandlung. Tokio 1942.
38 Vgl. beispielsweise: Goethe an uns. Ewige Gedanken des großen Deutschen. Eingeleitet durch eine Rede Baldur von Schirachs. Sonderdruck aus „Wille und Macht" Herausgegeben von Baldur v. Schirach. Zentralverlag der NSDAP. Franz Eher Nachf. G.m.b.H. Berlin 1942.

Anhang

Verzeichnis der im japanischen Teil publizierten Beiträge im Japanischen Goethe-Jahrbuch

1. Band (1932)

Goethes Roman „Wilhelm Meisters Lehrjahre"	Sh. Aoki
Goethe als Naturforscher	K. Fujinami
Goethe und die platonische Liebe	Y. Fusauchi
Goethe und die Pflanzen	H. Hara
Goethe und die Pädagogik	T. Hiroki
Goethe und die Musik	K. Ishikura
Über Goethes Gedichte und Gedichtsammlungen	M. Katayama
Der Begriff der Weltliteratur bei Goethe	K. Kimura
Der Hintergrund des Goethe'schen Schaffens	K. Nishida
Die Bedeutung des „Divan" in Goethes Leben	H. Okutsu
Goethe und Schiller	M. Sakuma
Über den Grundbegriff der „Zwei Seelen"	Ts. Sato
Goethe und der Orient	K. Sonoda
Goethes religiöse Anschauung	J. Suita
Goethe und das Märchen	U. Tanaka
Goethe und die Kunstwissenschaft	Ts. Tsuzumi
Goethes Leben	M. Yamagishi
Über Goethes „Iphigenie"	N. Yamaoka
Über die Berührung der Goethe'schen Weltanschauung mit der Kantischen	T. Yukiyama

2. Band (1933)

Zum Einheitsproblem von Goethes Faust	H. Okutsu
Goethe und Basho	J. Suita
Der Konflikt zwischen Sollen und Wollen in den „Wahlverwandtschaften"	M. Naruse

3. Band (1934)
Über Goethes „Das Märchen"   T. Komaki
Zwei Eigenschaften des Rokoko-Goethe   T. Uchiyama
Goethe und die Juden   H. Fujimori
Zum Einheitsproblem von Goethes Faust (Schluß)   H. Okutsu
Goethe und seine Handzeichnungen   T. Yukiyama

4. Band (1935)
Goethe und Frankreich   S. Dazai
Über Goethes „Das Märchen" (Schluß)   T. Komaki
Goethes geistige Entwicklung und seine Zeit   M. Honjo
Einige naturwissenschaftliche Grundbegriffe bei Goethe   E. Kikuchi
Goethe und die Gebrüder Schlegel   Y. Tamabayashi

5. Band (1936)
„Paracelsus" von Kolbenheyer   K. Kamimura
Goethes Wort-Bild und die Idee des Faust   R. Sono
Verschiedene Wertschätzungen des „Götz"   J. Okichi
Goethes Anschauung über Schicksal und Dämonisches   Y. Fusauchi
Goethes Naturanschauung, betrachtet vom Standpunkt
  der Neuen Sachlichkeit   T. Takeda

6. Band (1937)
Goethe als naiver und sentimentalischer Dichter   K. Takahashi
Goethe als Genie, Typus und Symbol   K. Sonoda
Vorleben Fausts (Ein geistesgeschichtlicher Vergleich)   T. Kojima
Kleine Beiträge zur Goethe- und Schillerforschung   T. Muto

7. Band (1938)
Goethe und die Dramentheorie der nationalsozialistischen
  Dichter   S. Komori
Goethe als Genie, Typus und Symbol (Fortsetzung)   K. Sonoda
Goro Takahashis „Faust"-Übersetzung   S. Suzuki
Goethes „Gustgen-Briefe"   S. Oyama
Goethes naturwissenschaftliche Methode   M. Haga

8. Band (1939)
Über die „Novelle"	T. Tsuzumi
Natur und Ethik bei Goethe	M. Takeyama
Goethe und das Volk	J. Okichi
Goethe-Studien in Japan	K. Baba

9. Band (1940)
Germanische Ironie	S. Sato
Goethe in den „Vorlesungen über die deutsche Wissenschaft und Literatur" von Adam Müller	K. Sano
Maler Müller und sein Faust	N. Tamabayashi
Betrachtungen über Goethe	N. Sakata
Fritz Reuters Charakterisierungsmethode	K. Watanabe
Goethe und die Gebrüder Grimm	U. Tanaka

10. Band (1941)
Der Begriff der „Weltliteratur" bei Goethe	J. Suita
Vergleichende Betrachtungen über den Geist der deutschen und japanischen Literatur	K. Kamimura
Goethe und die Tradition der mittelalterlichen Minne	M. Sagara
Die „deutsche Bewegung" in der Geniezeit	T. Uchiyama
Die Historik der Naturerscheinungen. Ein Problem der Naturwissenschaft bei Goethe	E. Kikuchi
Osten und Westen. Einige Betrachtungen in Bezug auf Goethe, den „west-östlichen" Dichter	K. Sonoda
Über die Modernität	T. Kojima
Goethe und die Gebrüder Grimm (Fortsetzung)	U. Tanaka
„Götz von Berlichingen" als Charaktertragödie	E. Takeuchi
Goethe und Hermann Hesse	R. Akiyama
Der „yoki Hito" (echte Mensch) nach Kreisler-Hoffmann	S. Ishikawa

11. Band (1942)
Goethe – Eckermann – Schiller	R. Niizeki
Goethe und die deutsche Musik	N. Yamaoka
Zyklotym und schizothym	K. Naito
Über Johann Christian Günther	T. Tokuzawa
Gottfried Keller und das Landschaftsbild	T. Ito

7. Kapitel: Kultur im technischen Zeitalter*

Ost und West sind eigentlich ein korrelatives Begriffspaar. Deshalb könnte man Goethe nicht nur aus west-östlicher Perspektive, sondern auch vom ostasiatischen Standpunkt aus ebenfalls ost-westlich betrachten. Freilich kommt der erstere Gesichtspunkt zunächst in Frage, wenn Goethes Begriff der Weltliteratur als solcher doch noch einmal kritisch erörtert werden soll. Denn wie aus den unten noch näher zu betrachtenden „Vorarbeiten und Bruckstücken zur Weltliteratur" in der Weimarer Ausgabe eindeutig hervorgeht,[1] beruhte Goethes Idee einer „allgemeinen Weltliteratur" hauptsächlich auf der zeitgenössischen europäischen Literatur. Auch wenn er den *West-östlichen Divan* dichtete, lag dem Werk die Übersetzung von Josef v. Hammer zugrunde, die im Unterschied zum Original des persischen Dichters Hafis sprachlich schon als ein Stück deutscher Literatur anzusehen ist, insoweit sie eben in deutscher Sprache wiedergegeben war. Stellt doch jede Übersetzung nach Goethes eigener Ausage eine Umwandlung des Fremden ins Eigene dar, indem sie sich dreierlei Arten von Aneignung schlicht-prosaischer, parodistischer und identifizierender Übertragung bedient.[2] Er ist sich dessen anläßlich der Lektüre indischer Gedichte in deutscher Übersetzung durchaus bewußt und schreibt unumwunden: „Alle diese Gedichte sind uns durch Übersetzungen mitgeteilt, die sich mehr oder weniger vom Original entfernen, so daß wir nur ein allgemeines Bild ohne die begrenzte Eigentümlichkeit des Originals gewahr werden."[3]

Wenn man darüber hinaus die Wirkungen des Eigenen auf das Fremde ins Auge faßt, bezieht Goethes Idee der Weltliteratur zwei Aspekte des Nehmens und Gebens ein. So berücksichtigt Fritz Strich denn auch in seiner

---

* Eine zusammengesetzte Fassung meines Referates „Perspektivenwechsel für die Weltliteratur" auf dem ostasiatischen Germanistentreffen Seoul im August 1997 sowie des Beitrags „Weltliteratur als Weltkultur", in: Studien des Instituts für die Kultur der deutschsprachigen Länder. Nr. 17. Sophia-Universität. Tokyo 1999, S. 31–42.
1 Vgl. Goethes Werke. Weimarer Ausgabe, I. Abt. Bd. 42,2, S. 491–505.
2 Vgl. Goethes Werke. Hamburger Ausgabe. Noten und Abhandlungen zu besserem Verständnis des *West-östlichen Divans*. Bd. 2, S. 255 f.

umfassenden Darstellung über *Goethe und die Weltliteratur* einerseits als empfangene Einflüsse die befreiende Macht der englischen Literatur, die klassische Vollendung durch Italien, die formende Macht der französischen Literatur, die theatralische Sendung Spaniens, die öffnende Macht des Orients und die sozialisierende Macht Amerikas. Andererseits visiert Fritz Strich die mit dem *Werther*-Roman einsetzenden Wirkungen Goethes auf die europäische Literatur an, und zwar unter den Rubriken: Der Norden, Frankreich, Italien, England, Rußland und Polen. Es fällt allerdings auf, daß hier aus sprachlichen Gründen nur die westliche Hälfte der Welt behandelt und der Osten mit Japan, Korea und China außer acht gelassen wird, auch wenn noch von der Weltpoesie im Sinne der Volksdichtung die Rede ist. Nach dem Verfasser sah Goethe zuletzt doch ein, daß der geistig unkultivierte Zustand „nicht durch primitive Volkspoesie, sondern durch eine Literatur von höchster Kultur und Bildung gehoben werden könne".[4] Als Fritz Strich in den Jahren des Ersten Weltkrieges sein Buch zu schreiben anfing und es bald nach dem Zweiten Weltkrieg veröffentlichte, ging es ihm darum, Goethes Weltliteraturidee als dessen europäische Sendung geltend zu machen und so zur Völkerversöhnung in Europa beizutragen. Auch Heinz Kindermann legte in seinem 1952 erschienenen Buch *Das Goethebild des XX. Jahrhunderts* vorwiegend Goethes europäische Wirkungen dar, und was er zum Schluß des V. Kapitels über den nahen Osten erwähnt hat, ist sehr beschränkt.[5]

I. Perspektivenwechsel für die Weltliteratur

Über den Osten, auch über Ostasien wußten die Europäer in der Goethezeit sehr viel, wie vor allem aus dem umfangreichen Werk von Peter Kapitza: Japan in Europa. Texte und Bilddokumente zur europäischen Japankenntnis von Marco Polo bis Wilhelm von Humboldt. 2. Bde. u.

---

3   Goethes Werke. Hamburger Ausgabe. Indische und chinesische Dichtung. Bd. 12, S. 302.
4   Fritz Strich: Goethe und die Weltliteratur. Zweite, verbesserte und ergänzte Auflage. Bern 1957. S. 334.

Begleitband. München 1990 hervorgeht. Abgesehen von Marco Polo im 13. Jahrhundert, dessen Reisebeschreibung Goethe immerhin 1813 las, gelangte der deutsche Arzt Engelbert Kaempfer aus Lemgo, Westfalen, Ende des 17. Jahrhunderts über Rußland, Baku, Persien, Indien, Java und Siam schließlich bis nach Japan. Ja, er besuchte schon Grabstätten des Hafis und Saadi in dem lieblichen Schiras von Persien.[6] Sein Hauptwerk *Geschichte und Beschreibung von Japan* wurde in den Jahren 1777/79 von Christian Wilhelm Dohm herausgeben, der bald darauf Alexander von Humboldts Hauslehrer in Berlin werden sollte. Es ist mit Sicherheit anzunehmen, daß Johann Gottfried Herder beim Abfassen von *Ideen zur Philosophie der Geschichte der Menschheit* seinen Nachlaß teilweise benutzte.[7] Als Friedrich Schlegel in den Jahren 1802–1804 in Paris sich den Vorstudien seiner Schrift *Über die Sprache und Weisheit der Indier* (1808) widmete, waren Sir William Jones' (1746–1794) Sanskritstudien vorausgegangen. Wilhelm von Humboldt beschäftigte sich in der umfangreichen Einleitung von *Über die Kawi-Sprache auf der Insel Java*, 3 Bde. (1836–40) eingehend mit der Kultur der Malayischen Völkerstämme.

Dagegen verwarf Goethe trotz der Hochschätzung der *Sakuntala* von Kalidasa die indischen Altertümer wie die ägyptischen im Grunde als Kuriositäten. Gerade an Wilhelm von Humboldt hatte er unter dem 22. Oktober 1826 geschrieben: „Abgeneigt bin ich dem Indischen keineswegs, aber ich fürchte mich davor, denn es zieht meine Einbildungskraft ins Formlose und Difforme, wovor ich mich mehr als jemals zu hüten habe." Man kann sich gut vorstellen, wie ihm die vielköpfigen Götterbilder und die überladenen, verschnörkelten Tempelbauten, die die indische Phantasie hervorgebracht hatte, ein Greuel waren. Wenn die Worte, mit denen Goethe indische Götterbilder und Tempel mit Vorliebe bedenkt, „verrückt,

---

5   Die Ausführungen über den nahen Osten befinden sich bei Heinz Kindermann: Das Goethebild des 20. Jahrhunderts. 2. Aufl. Wissenschaftliche Buchgesellschaft. Darmstadt 1966. S. 700 f.
6   Vgl. Karl Maier-Lemgo: Engelbert Kaempfer (1651–1716). Erster deutscher Forschungsreisenden. Herausgegeben von der Alten Hansestadt Lemgo o. J. S. 7.
7   Vgl. Ausstellungskatalog „Sakoku – Am 25. Sept. 1690 betritt Engelbert Kaempfer das verschlossene Japan". Lemgo 1990. S. 26, wo Herder als einer der Käufer von Kaempfers Nachlaß genannt wird.

monströs, fratzenhaft, fatal, schrecklich" sind,[8] beziehen sie sich sicherlich nicht auf den philosophisch ausgerichteten, nach Ostasien tradierten Mahayana-Buddhismus, sondern auf den Hinduismus als die einheimische Religion in Indien, die sich wiederum vom Islam als der arabisch-persischen Religion unterscheidet. Auf diese indische Religion könnten zwar seine Verse zutreffen: „Nehme sie niemand zum Exempel, / Die Elefanten- und Fratzentempel! / Mit heiligen Grillen treiben sie Spott, / Man fühlt weder Natur noch Gott."[9] Aber hinsichtlich des ostasiatischen Buddhismus würde kein Kenner folgendermaßen abschätzig sagen, wie Goethe: „es ist sehr wohlgetan, sich und die Welt damit bekannt zu machen; zu sittlicher und ästhetischer Bildung aber werden sie uns wenig fruchten."[10]

Ebenso lautete Goethes Urteil über die chinesischen Altertümer, obwohl er nach Eckermanns Bericht vom 31. Januar 1827 von den alten chinesischen Romanen sehr eingenommen war. In einem vermutlich 1821 entstandenen Aufsatz hatte er gelegentlich auch ein chinesisches Drama besprochen, in dem auf die Wichtigkeit religiöser und polizeilicher Zeremonien, die einem glücklichen Stammvater zugute kommen sollen, aufmerksam gemacht wird. Im Mai 1827 dichtete Goethe „Chinesisch-deutsche Jahres- und Tageszeiten". Seine Quellen waren englische und französische Übersetzungen chinesischer Romane, sowie Chrestomathien, die auf die lateinische Übersetzung des *Schiking*, der ältesten chinesischen Lieder-Sammlung, zurückgehen. Er gefiel sich darin, einmal den „Mandarinen"[11] zu spielen, wie er einst unter dem 10. November 1813 an Knebel geschrieben hatte: „Ich hatte mir dieses wichtige Land gleichsam aufgehoben und abgesondert, um mich im Falle der Not, was auch jetzt geschehen, dahin zu flüchten." Aber die einzelnen Gedichte muten eher orientalisch an als chinesisch und erweisen sich in den Gefühlsäußerungen doch als deutsch empfunden. Sowohl in der indischen als auch in der chinesischen Dichtung kommt es Goethe prinzipiell

---

8 Vgl. Julius Zeitler (Hrsg.): Goethe-Handbuch. 3 Bde., Stuttgart 1916–18, Bd. 2, S. 251.
9 Zitiert ebenda.
10 Goethes Werke. Hamburger Ausgabe. Maximen und Reflexionen. Bd. 12, S. 505.
11 Goethes Werke. Hamburger Ausgabe. Bd. 1, S. 387. Vgl. Meredith Lee: Goethes Chinesisch-deutsche Jahres- und Tageszeiten. In: Günther Debon / Adrian Hsia (Hrsg.), Goethe und China – China und Goethe. euro-sinica 1. Bern 1985. S. 37–50.

auf die rein menschlichen Verhältnisse an. Besonders schätzt er indische Dichtungen deshalb,

> weil sie sich aus dem Konflikt mit der abstrusesten Philosophie auf einer und mit der monstrosesten Religion auf der andern Seite im glücklichsten Naturell durchhelfen und von beiden nicht mehr annehmen, als ihnen zur innern Tiefe und äußern Würde frommen mag.[12]

Er war jedoch nicht imstande, sich in ähnlicher Weise über chinesische Dichtungen zu äußern, da er weder den Konfuzianismus noch den Taoismus näher kannte, was in seiner Zeit trotz der Missionsberichte der in China wirkenden Jesuiten unumgänglich war.[13]

Im Zeitalter der Globalisierung tut es also not, Goethes Begriff vom Osten zu überprüfen und ihn entsprechend seinem Anliegen zeitgemäß zu erweitern. Für den Sohn der Reichsstadt Frankfurt am Main lagen Leipzig, Weimar oder Karlsbad im Osten, während Frankreich für ihn schon den Westen darstellte. Im *West-östlichen Divan* denkt der Dichter zunächst einmal an den Osten – wie bei seiner Flucht aus dem nordischen Germanien nach dem südlichen Italien – im Zusammenhang mit der geistigen „Hegire" aus den Napoleonischen Kriegen sowie mit der Hoffnung auf eine menschliche Verjüngung. Es ist schließlich die Welt der Tausendundeinen Nacht:

---

12 Goethes Werke. Hamburger Ausgabe. Indische und chinesische Dichtung. Bd. 12, S. 301. Vgl. Die Weisheit Asiens. Das Lesebuch aus China, Japan, Tibet, Indien und dem vorderen Orient. Ausgewählt und zusammengestellt von Michael Günther. Diederichs. München 1999. Näheres über die indische Dichtung vgl. Klaus Mylius: Geschichte der altindischen Literatur. Die 3000jährige Entwicklung der religiös-philosophischen, belletristischen und wissenschaftlichen Literatur Indiens von den Veden bis zur Etablierung des Islam. Bern / München / Wien 1988.

13 Vgl. als allgemein zugängliche Literatur z. B. Lin Yutang (Hrsg.): Die Weisheit des Laotse; Raymond Smullyan: Das Tao ist Stille. Frankfurt am Main 1997; Martin Palmer, Taoismus. Aurum Verlag. Braunschweig 1993; Kungfutse: Gespräche (Lun Yü), verdeutscht und erläutert von Richard Wilhelm. Köln-Düsseldorf 1955; Kungfutse: Schulgespräche (Gia Yü), übersetzt von Richard Wilhelm. Näheres über die chinesische Dichtung vgl. Helwig Schmidt-Glintzer: Geschichte der chinesischen Literatur. Die 3000jährige Entwicklung der poetischen, erzählenden und philosophisch-religiösen Literatur Chinas von den Anfängen bis zur Gegenwart. Bern / München / Wien 1990.

> Nord und West und Süd zersplittern,
> Throne bersten, Reiche zittern,
> Flüchte du, im reinen Osten
> Patriarchenluft zu kosten [...]¹⁴

Daß hier mit dem „reinen Osten" in zweideutiger Weise die alttestamentlich-patriarchalische Welt in Israel wie noch im *Werther*-Roman und die islamisch-heidnische Welt in Arabien und Persien unter Ausschluß des homerischen Griechentums gemeint ist, geht aus den Versen von „Talismane" hervor. Im *Werther* war das Griechentum noch durch Homer vertreten:

> Gottes ist der Orient!
> Gottes ist der Okzident!
> Nord- und südliches Gelände
> Ruht im Frieden seiner Hände.¹⁵

In der deutschen Übersetzung Luthers ist Orient das Morgenland, aus dem die drei Weisen bzw. Könige das Jesuskind anzubeten kamen, und Okzident das Abendland, das bis Novalis die europäische Christenheit bedeutete. Trotzdem ist Gott an dieser Stelle kein christlicher Gott im strengen Sinne der Trinität, sondern Deus sive natura in der pansophischen Weltanschauung Goethes, wie sie am Ende des 8. Buches von *Dichtung und Wahrheit* geschildert ist. Es ist gerade diese Vermischung von verschiedenen religiösen Vorstellungen, die den *Divan* für die europäischen Leser aller Konfessionen attraktiv und faszinierend macht. Aber wenn Orient und Okzident in japanischer Übersetzung üblicherweise als Ost und West wiedergegeben werden, da anschließend Nord und Süd vorkommen, entstehen sehr leicht Mißverständnisse, als ob Goethe zu gleicher Zeit an Indien und China gedacht hätte. Seine hier angedeutete Idee eines Schöpfergottes hat nichts zu tun mit der Gottesvorstellung in der Ballade „Der Gott und die Bajadere" oder in der „Paria-Trilogie", und in der altchinesischen Philosophie herrscht nur eine vage Vorstellung des Himmelsherrn, der die Weltordnung schuf.

---

14 Goethes Werke. Hamburger Ausgabe. West-östlicher Divan. Bd. 2, S. 7.
15 Ebd., S. 10.

Auf der anderen Seite richtete Goethe sein Augenmerk bewußt auf die neue Welt, die westlich des alten Europas lag. Die leidenschaftliche Stelle in der *Novelle*, wo Honorio nach dem Kniefall vor der Fürstin „nach Abend" schaut, wurde von Emil Staiger sogar im Sinne von Amerika gedeutet.[16] Das Amerika-Motiv durchzieht ja *Wilhelm Meisters Lehr- und Wanderjahre*. Während Lothario in Amerika unter den Fahnen der Vereinigten Staaten gekämpft und in diesem Feldzug sein ganzes Vermögen verloren hat, weist der *Wilhelm Meister*-Roman weitere Bezüge auf. Der sogenannte Oheim, dessen Vater nach Amerika ausgewandert war, ist dort geboren und später nach Deutschland zurückgewandert. Suchte er in Europa die „unschätzbare Kultur"[17], so wandert sein Neffe Lenardo von Europa nach Amerika, um von vorn anzufangen. In den *Wanderjahren* heißt es nachdrücklich: „Der lebhafte Trieb nach Amerika im Anfange des achtzehnten Jahrhunderts war groß, indem ein jeder, der sich diesseits einigermaßen unbequem befand, sich drüben in Freiheit zu setzen hoffte."[18] Wie sehr Goethe an dem Amerika-Motiv interessiert war, zeigt z. B. sein Brief vom 19. Juni 1818 an Voigt: „Ich befinde mich in einer Fülle von Schriften und Werken den Zustand der Vereinigten Staaten von Nordamerika entwickelnd." Goethe verehrte denn auch 1819 der Harvard University seine sämtlichen Werke, und Amerikaner, die den greisen Dichter in Weimar besuchten, sollen von seinen Kenntnissen über ihr Land überrascht gewesen sein.

Auch Südamerika wird in den *Wahlverwandtschaften* in Ottiliens Tagebuch leise angedeutet: „Nur der Naturforscher ist verehrungswert, der uns das Fremdeste, Seltsamste mit seiner Lokalität, mit aller Nachbarschaft jedesmal in dem eigensten Elemente zu schildern und darzustellen weiß. Wie gern möchte ich nur einmal Humboldten erzählen hören!"[19] Wenn Goethe

---

16 Vgl. Emil Staiger: Goethe „Novelle". In: Hans Mayer (Hrsg.), Goethe im XX. Jahrhundert. Spiegelungen und Deutungen. Hamburg 1967. S. 136–156; hier S. 153.
17 Goethes Werke. Hamburger Ausgabe. Bd. 8, S. 82.
18 Ebd. Es spielt hier keine Rolle, daß Amerika damals in Wirklichkeit nicht so hoffnungsvoll aussah. Vgl. Peter Boerner: Amerika, du hast es besser? Goethe's view of America in a different light. In: Adrien Finck et Gertrud Gräciano (Hrsg): Germanistik aus interkultureller Perspektive. Strasbourg 1988. S. 227–238.
19 Goethes Werke. Hamburger Ausgabe. Bd. 6, S. 417. Vgl. Gerhard Schulz: Exotik der Gefühle. Goethe und seine Deutschen. Verlag C. H. Beck. München 1998.

als der geistige Kolumbus ein Stück weiter gegen den Westen vorgedrungen wäre, hätte er das Land erreicht, das er virtuell als Zipangu (= Japan) bei Marco Polo kennengelernt haben muß. Aber in Ottiliens Tagebuch waren der eben zitierten Stelle die Worte vorausgeschickt: „Es wandelt niemand ungestraft unter Palmen, und die Gesinnungen ändern sich gewiß in einem Lande, wo Elefanten und Tiger zu Hause sind." Wie im Falle Indiens machte Goethe offensichtlich bei der in seiner Vorstellung ungeheuerlichen Welt halt. In ein so entferntes fremdes Land, wo die berüchtigten Samurai lebten, hätte er sich auch nicht in der Phantasie begeben wollen, wie er denn nicht einmal vom *Nibelungenlied* viel wissen wollte.

Um so größere Beachtung verdient Goethes Anteilnahme an dem amerikanischen Freiheitskrieg (1760–1789) im vierten Teil von *Dichtung und Wahrheit*, dessen Veröffentlichung wohl wegen der Kritik am Geburtsadel bis zu seinem Tode vorenthalten worden sein dürfte. Im 17. Buch analysiert er politische und soziale Zustände im Deutschland des 18. Jahrhunderts, erwähnt Friedrich den Großen, der das Schicksal Europas zu bestimmen schien, sowie Katharina II., die gegen die Türken siegreiche Kriege führte, und fügt drei kritische Bemerkungen hinzu: 1. „so schien es, als wenn keine Menschen aufgeopfert würden, indem diese Unchristen zu Tausenden fielen", 2. „denn die Aristokratie überhaupt hatte keine Gunst bei dem Publikum", 3. „Noch lebhafter aber war die Welt interessiert, als ein ganzes Volk sich zu befreien Miene machte." Erst dann bemerkt er verallgemeinernd: „Man wünschte den Amerikanern alles Glück, und die Namen Franklin und Washington fingen an, am politischen und kriegerischen Himmel zu glänzen und zu funkeln."[20]

Goethe nahm gewiß zu seiner eigenen Bemerkung wie folgt Stellung: „An allen diesen Ereignissen nahm ich jedoch nur insofern teil, als sie die größere Gesellschaft interessierten, ich selbst und mein engerer Kreis befaßten uns nicht mit Zeitungen und Neuigkeiten; uns war darum zu tun, den Menschen kennen zu lernen, die Menschen überhaupt ließen wir gern gewähren." Aber die erstere Hälfte des Zitats steht mit der letzteren Hälfte gar nicht im Widerspruch. Es legt vielmehr stillschweigend von Goethes wahrer Gesinnung über Politik Zeugnis ab. Noch in den zwanziger Jahren kommt er in seinen Besprechungen neuer Bücher wiederholt auf

---

20 Goethes Werke. Hamburger Ausgabe. Bd. 10, S. 114.

den Freiheitskrieg und seine weltgeschichtliche Bedeutung zu sprechen. Aus dem Jahre 1827 stammt das vielzitierte Gedicht in den *Zahmen Xenien* „Amerika, du hast es besser", in dem sich übrigens auch sein geologisches Interesse bekundet. Er war m. E. kein konventioneller Fürstendiener, wie Heinrich Heine oder Ludwig Börne ihm vorwarfen, wollte aber nicht durch ein übereiltes politisches Engagement wie Georg Forster zugrunde gehen. An Demokratie als Selbstbestimmung des Volkes lag ihm selbstverständlich deshalb nicht viel, weil das Volk damals noch nicht genügend gebildet war. Seit der Sturm und Drang-Zeit sprach er sich immer für die Befreiung des Volkes von der Despotie aus. Wenn dies nur absolut unmöglich erschien, verstellte er sich so gern wie im *Divan* als ein unpolitischer Dichter.[21]

2. Weltliteratur als europäische Literatur

Das Wort Weltliteratur ist immerhin seit geraumer Zeit im Deutschen so geläufig, daß man nicht mehr an Goethe denkt, der dieses Wort geschaffen hat. Nach der neuesten Auflage des *Deutschen Wörterbuchs* von Hermann Paul war das Wort zwar schon 1772 von Schlözer gebraucht worden, theoretisch wurde es aber erst von Goethe im Januar 1827 fundiert, und drei Belegstellen sind angegeben: Tagebuch, 15.1.1827, Brief vom 27.1.1827 und Gespräch vom 31.1.1827. Von diesen drei Belegstellen wird dann die zuletzt genannte Stelle aus den Eckermannschen *Gesprächen mit Goethe* zitiert: „Nationalliteratur will jetzt nicht viel sagen, die Epoche der Weltliteratur ist an der Zeit." Wenn dieses Zitat nicht aus dem Jahr 1827 stammen würde, wäre seine Glaubwürdigkeit sehr fraglich, weil das Wort Nationalliteratur im authentischen Text Goethes nicht nachweisbar ist. Es ist weder in Grimms oder Hermann Pauls *Deutschem Wörterbuch* noch im *Goethe-Wortschatz* von Paul Fischer verzeichnet. Im neuen Goethe-Handbuch des Metzler Verlages befindet sich wohl das Stichwort „Nationalliteratur", aber kein Zitat mit dem entsprechenden Wort ist angeführt.[22]

---

21 Vgl. Wolfgang Rothe: Der politische Goethe. Dichter und Staatsdiener im deutschen Spätabsolutismus. Göttingen 1998.
22 Vgl. Goethe-Handbuch. Hrsg. von Bernd Witte et al. Band 41/2, Stuttgart / Weimar 1998. S. 754 f.

Goethes wichtigste Äußerungen über „Weltliteratur" sind freilich in verschiedenen Goetheausgaben zusammengestellt. Hier geht es grundsätzlich nicht darum, Goethes Begriff der Weltliteratur als solchen herauszuarbeiten, sondern um einen Versuch der Grenzüberschreitung, darüber hinaus darum, einen neuen Horizont für die Gegenwart zu gewinnen. Damals stand es denn auch noch am Anfang der Herausbildung einer übernationalen Literatur in Europa, wie Goethe eben unter dem 17. Januar 1827 an Streckfuß geschrieben hatte: „Ich bin überzeugt, daß eine Weltliteratur sich bilde, daß alle Nationen geneigt sind und deshalb freundliche Schritte tun. Der Deutsche kann und soll hier am meisten wirken, er wird eine schöne Rolle bei diesem großen Zusammentreten zu spielen haben." Zudem wird in Grimms *Deutschem Wörterbuch* das Stichwort „Weltliteratur" ausführlich, ja fast erschöpfend behandelt. Die Beschreibung seiner Wortgeschichte sowie seines Bedeutungsgehalts beruht dabei weitgehend auf Fritz Strich.[23] Zu Goethes Begriff der Weltliteratur hat also ein Auslandsgermanist wie so oft fast nichts mehr hinzuzufügen, es sei denn, daß er in einer ostasiatischen Zusammenarbeit rezeptionsgeschichtliche Beiträge mit literarischen Beispielen leistet. Es gibt darüber nicht nur in Japan einige Vorarbeiten der älteren Generation, sondern auch in Korea hat sich zum Beispiel Prof. Oh Hansin zur Einführung eines dreibändigen Sammelwerkes eingehend damit beschäftigt.[24] Prof. Zhang Yushu in Peking hat ebenfalls ein Lexikon der lyrischen Weltliteratur in chinesischer Sprache zusammengestellt.[25] Bekanntlich war in Japan bis vor kurzem eine sog. Bibliothek der Weltliteratur mit zahlreichen Übersetzungen aus der europäisch-amerikanischen Literatur sehr beliebt. Die deutsche Literatur ist nicht zuletzt auf diese Weise unter den japanischen Gebildeten verbreitet worden.[26]

---

23 Vgl. Fritz Strich: Goethe und die Weltliteratur. 2., verbesserte und ergänzte Aufl. Bern 1957.
24 Vgl. Oh Hansin (Hrsg.): Germanistik und Weltliteratur. 3 Bde. Seoul 1995.
25 Vgl. Zhang Yushu (Hrsg.): Waiguo Shuqing Shi Shangxi Cidian. Beijing 1991.
26 Vgl. Naoji Kimura: Literarische Übersetzung als Kanonbildung. In: Michaela Auer und Ulrich Müller (Hrsg.), Kanon und Text in interkulturellen Perspektiven: „Andere Texte anders lesen". Verlag Hans-Dieter Heinz. Akademischer Verlag. Stuttgart 2001, S. 45–55. Über die wichtige Rolle der Übersetzung auch für die deutsche Literatur

Wird heutzutage von Weltliteratur gesprochen, so greift man also nicht eigens auf Goethes Wortgebrauch zurück, sondern legt ihr die nachträglichen Bedeutungen zugrunde, wie sie in Grimms *Deutschem Wörterbuch* beschrieben sind. Im Abschnitt 3) heißt es: „In der literaturwissenschaftlichen Fachsprache erlangt Weltliteratur eine Reihe weiterer Anwendungen", und diese Anwendungen werden folgendermaßen eingeteilt:

> a) allgemein die Gesamtheit der Literaturen aller Völker,
> b) im Titel zahlreicher Geschichten der Weltliteratur bezeichnet es lediglich die (mehr oder weniger vollständige) Zusammenstellung aller Nationalliteraturen, [...] die in solchen Werken einfach nacheinander abgehandelt werden,
> c) Es gibt da etwa noch einen, und zwar in der Literaturwissenschaft besonders gültigen, ja den eigentlich wissenschaftlichen Begriff der Weltliteratur [...].

Wie bereis erwähnt, beruht diese Begriffsbestimmung auf Fritz Strichs Ausführungen, die nicht weiter zitiert werden sollen. Was mir bleibt, ist also zunächst ein Verfahren der *theologia negativa*, d. h. einen Zweifel an dem Wortgebrauch von „Nationalliteratur" bei Eckermann und im Anschluß daran bei Fritz Strich anzumelden. Spricht doch Goethe stattdessen eher von Nationaldichtung oder Nationalgedichten. Beim ersteren heißt es beispielsweise: „Jede Nationaldichtung muß schal sein oder schal werden, die nicht auf dem Menschlich-Ersten ruht, auf den Ereignissen der Völker und ihrer Hirten, wenn beide für einen Mann stehn"[27], und beim letzteren: „Alle wahren Nationalgedichte durchlaufen einen kleinen Kreis, in welchem sie immer abgeschlossen wiederkehren; deshalb werden sie in Massen monoton, indem sie immer nur einen und denselben beschränkten Zustand ausdrücken"[28]. Ansonsten ist gelegentlich der Begriffsbestimmung des Klassischen in dem bekannten Aufsatz „Literarischer Sansculottismus" von einem

---

vgl. den Ausstellungskatalog: Weltliteratur. Die Lust am Übersetzen im Jahrhundert Goethes. Hrsg. von Bernhard Zeller. Marbach 1982. Vgl. auch „Goethes Begriff der Weltliteratur" Bericht vom Symposium. Weimar 18. bis 21. März 1997. Goethe-Institut München.
27 Goethes Werke. Hamburger Ausgabe. Bd. 9, S. 279.
28 Goethes Sämtliche Werke. Jubiläums-Ausgabe. Bd. 37, S. 230 f.

Nationalautor die Rede: „Wann und wo entsteht ein klassischer Nationalautor? Wenn er in der Geschichte seiner Nation große Begebenheiten und ihre Folgen in einer glücklichen und bedeutenden Einheit vorfindet [...]."[29] Wieland gebraucht im übrigen das Wort National-Dichtkunst.[30]

Nach Goethes Auffassung bewegen sich die Dichtung bzw. Gedichte einer Nation offensichtlich in der menschlichen Sphäre vom Höchsten eines Herrschers bis zum beschränkten Zustand des Volkes, und ein Nationaldichter muß eben vom Nationalgeiste durchdrungen sein. Dagegen umfaßt die Literatur bei Goethe die Gesamtheit dichterischer Prokuktionen einer Nation oder eines Volkes und meint die schöne Literatur überhaupt, so daß die Adjektive, die ihr beigegeben werden, meist verallgemeinernd „alt oder neu", „eigen oder fremd", ferner detailliert „italienisch, französisch, deutsch usw." lauten. So heißt es z. B. mit diesen Beiwörtern: „Die alte Literatur der eigenen Nation ist immer als eine fremde anzusehen"[31], „Nur insofern ein Volk eigene Literatur hat, kann es urteilen und versteht die vergangene wie die gleichzeitige Welt",[32] oder „Sage man sich daher, daß die schöne Literatur einer fremden Nation nicht erkannt und empfunden werden kann, ohne daß man den Komplex ihres ganzen Zustandes sich zugleich vergegenwärtige".[33]

Als Goethe im Laufe des Jahres 1827 die Weltliteratur theoretisch zu begründen begann, dachte er in erster Linie an die europäische Literatur, wiewohl er sich für die arabische, persische, indische oder chinesische Literatur interessiert hatte. Die koreanische oder japanische Literatur kommen leider nicht in seinen Blick, vermutlich beeinflußt durch Herders unfreundliche Schilderungen in dem Werk *Ideen zur Philosophie der Geschichte der Menschheit*, dessen dritten Teil er in Rom vom Autor selbst zugeschickt erhielt.[34] Nebenbei bemerkt, ist

---

29 Goethes Werke. Hamburger Ausgabe. Bd. 12, S. 240.
30 Vgl. Goethe-Handbuch, a. a. O., S. 754.
31 Goethes Sämtliche Werke. Jubiläums-Ausgabe. Bd. 24, S. 270.
32 Goethes Werke. Artemis Gedenk-Ausgabe. Bd. 14, S. 782.
33 An J. E. Hitzig, 11.11.1829.
34 Vgl. Johann Gottfried Herder: Werke. Hrsg. von Wolfgang Pross. Band III/1, Ideen zur Philosophie der Geschichte der Menschheit. Text. Dritter Teil, Elftes Buch, II. Coschin-Sina, Tunkin, Laos, Korea, die östliche Tatarei, Japan. S. 403–406. Wissenschaftliche Buchgesellschaft. Darmstadt 2002.

es seit je eine europäische Tendenz, aus dem Fremden, also auch aus den Ostasiaten wilde Barbaren zu machen. Abgesehen davon schrieb Goethe 1828 anläßlich der Zusammenkunft der Naturforscher in Berlin noch eurozentrisch: „Wenn wir eine europäische, ja eine allgemeine Weltliteratur zu verkündigen gewagt haben, so heißt dieses nicht, daß die verschiedenen Nationen von einander und ihren Erzeugnissen Kenntnis nehmen, denn in diesem Sinne existiert sie schon lange, setzt sich fort und erneuert sich mehr oder weniger."[35] Für ihn war Europa damals noch allgemein genug für ein Konzept der Weltliteratur. Wichtig erscheint jedoch die Tatsache, daß er im Prinzip von einer „allgemeinen Weltliteratur" sprach. Die Weltliteratur erweist sich somit bei ihm nicht als Gegensatz zu einer sicherlich von Eckermann so formulierten Nationalliteratur, sondern als ein Wertkriterium höherer Instanz als auf nationaler Ebene. Es ist anzunehmen, daß der Wortgebrauch von Nationalliteratur einerseits die politische Bewegung im Vormärz und andererseits Goethes Abneigung gegen die vaterländische oder patriotische Literatur in den Freiheitskriegen widerspiegelt. Bei Goethe stellt Weltliteratur gleichsam ein Forum dar, auf dem zunächst einmal europäische Nationen durch literarisches Geben und Nehmen miteinander zusammenwirken und einander fördern.

Wenn auch noch aus europäischer Perspektive, faßte ein Richard M. Meyer lange vor Fritz Strich seine Überlegungen über das Verhältnis der National- und Weltliteratur zueinander in zutreffender Weise zusammen: „Als ‚Weltliteratur' verkündet der größte Dichter der neueren Zeit eine Dichtung, die aus der sittlich-ästhetischen Übereinstimmung der Völker erstehen soll, und zwar indem jede Nation sich ihrer Eigenart bewußt bleibt, aber auch der der anderen Literaturen gerecht wird."[36] So kann innerhalb einer solchen Weltliteratur jede Nationalität ihr Teil beitragen und doch eine höhere Harmonie des Ganzen herausbilden. Dieser Hinweis auf die nationale Grundlage der literarischen Sphärenharmonie beruft sich auf Goethes eigene Überzeugung von der Heranbildung einer allgemeinen Weltliteratur, die im Anschluß an eine französische

---

35 Goethes Werke. Hamburger Ausgabe. Bd. 12, S. 363.
36 Richard M. Meyer: Die Weltliteratur im zwanzigsten Jahrhundert. Vom deutschen Standpunkt aus betrachtet. Stuttgart und Berlin 1913. S. 16 f.

Vergleichung seines *Tasso* mit Alexandre Duvals gleichnamigem Drama ausgesprochen wurde: „Wie aber die militärisch-physische Kraft einer Nation aus ihrer inneren Einheit sich entwickelt, so muß auch die sittlich-ästhetische aus einer ähnlichen Übereinstimmung nach und nach hervorgehen." (Kunst und Altertum. Band VI, Heft 1) Dabei ist nach Richard M. Meyer die Welt kein geographischer Begriff mehr, sondern bedeutet die Gesamtheit der Lebenden, und die Weltliteratur erweist sich somit als eine gesteigerte Nationalliteratur.

Daß Goethes Begriff der Weltliteratur im Zuge seiner Beschäftigung mit der französischen, englischen und italienischen Literatur entstanden ist, geht aus den „Studien zur Weltliteratur" genannten Vorarbeiten und Bruchstücken in der Weimarer Ausgabe hervor. Im Hinblick auf Frankreich ist beispielsweise notiert: „Werthers Leiden wurden sehr bald ins Französische übersetzt. Der Effekt war groß wie überall, denn das allgemein Menschliche drang durch. Alle meine übrigen Productionen standen so weit von der französischen Art und Weise ab, und ich war mir dessen wohl bewußt."[37] Beachtenswert ist seine scharfsinnige Bemerkung, daß es offenbar Antiklassiker seien, denen seine ästhetische Maxime und die danach gearbeiteten Werke als Beispiele sehr gelegen kämen. Denn Goethe galt inzwischen in Deutschland als Klassiker. Daran zeigt sich, wie variabel die Begriffe von Klassik und Romantik schon damals waren. Auf einem Folioblatt über die Teilnahme der Franzosen an deutscher Literatur steht geschrieben: „Als Moderne waren sie schon längst auf dem romantischen Wege."[38] Nur getrauten sie sichs nicht zu bekennen, „besonders auf dem Theater wo die alte Form erstarrt war und Klassisch hieß".

Zur Teilnahme der Engländer und Schottländer an deutscher Literatur bemerkt Goethe u. a.: „Letztere besonders gemüthlich [...] Große Gewissenhaftigkeit jener Nationen. Ausführliche Studien dessen was sie behandeln."[39] Mit den letzteren ist natürlich vor allem Thomas Carlyle gemeint, der Goethes *Wilhelm Meister*-Romane ins Englische übertrug.

---

37 Goethes Werke. Weimarer Ausgabe. I. Abt. Bd. 42,2, S 491.
38 Ebd., S. 494.
39 Ebd., S. 494.

Auch der andere Schottländer Walter Scott hatte eine englische Übersetzung von *Götz* vorgelegt. Aber angesichts der Nachahmung deutscher Taschenbücher, die nach Goethe dahin deutet, daß die deutsche Literatur dort in Kurs kommt, fügt er hinzu: „D. h. aber noch keine Wirkung, kein Einfluß in höherem Sinne dessen Erscheinung nach und nach zu erwarten." Über die Teilnahme der Italiener an deutscher Literatur findet sich eine recht interessante Bemerkung zur Charakterisierung der Zeitschrift *l'Eco*:

> Deutet [...] durchaus auf ein männliches [Publicum]. Auch das französische Tagesblatt *Le Globe* ist durchaus von Männern für Männer geschrieben. Da die deutschen Zeitblätter dieser Art meist einen weiblichen Charakter haben, Frauen als zahlreiche Mitarbeiterinnen aufrechnen, ja sogar die Redaction gelegentlich in ihren Händen ist.[40]

Was eigentlich mit dem weiblichen Charakter der deutschen Zeitblätter gemeint ist, wäre noch zu klären, da Goethe damit frühzeitig ein Genderproblem angesprochen zu haben scheint. Dadurch kommt ein wenig bekannter Aspekt der Literatur einer europäischen Nation in den Blick.

Auch über die deutsche Literatur stellt Goethe ausführlichere Betrachtungen an, die unter dem Datum vom 11. September 1829 schematisch festgehalten werden. Es handelt sich dabei im Grunde um deutsche literarische Verdienste in Auswirkung und Anerkennung im Ausland. Im Hinblick auf die anderen Nationen wirft er dann fast besorgt folgende Fragen auf: „1) Ob sie die Ideen gelten lassen, an denen wir festhalten und die uns in Sitte und Kunst zu statten kommen. 2) Inwiefern sie die Früchte unsrer Gelehrsamkeit genießbar finden und die Resultate derselben sich aneignen. 3) Inwiefern sie sich unsrer ästhetischen Formen bedienen. 4) Inwiefern sie das was wir schon gestaltet haben wieder als Stoff behandeln."[41] Goethe läßt diesen Fragen zwar französische Stellungnahmen, wie sie ihm geistig vor Augen schweben, folgen, scheint aber keineswegs wie bei Eckermann zu behaupten: „Nationalliteratur will jetzt nicht viel sagen".

---

40 Ebd., S. 495 f.
41 Ebd., S. 497.

Die deutsche bzw. französische Literatur hat sich vielmehr gegenseitig viel zu sagen. Sonst würde Weltliteratur sich nur als Literatur ohne Nationaleigenschaften herausstellen, was gar nicht im Sinne Goethes liegt. Deshalb übt er denn auch vom deutschen Standpunkt aus Kritik an der französischen Literatur. Zu der oben zitierten klassischen Form auf dem französischen Theater stellt er zuerst mit Genugtuung fest: „Diese mußte nach und nach durchbrochen werden. Da kam ihnen unser Beyspiel, unser Vorgang zu Nutz und sie fingen an unsre Productionen günstiger anzusehen"[42], beurteilt aber dann die Franzosen etwas kritisch: „Demohngeachtet konnten sie nach wie vor von unserm und dem Engl. Theater nichts hinübernehmen, ohne es im eigentlichen Sinn zu entstellen." Dabei geht er an anderer Stelle so weit zu sagen: „Auch ist die Bemerkung nicht zu versäumen daß mit dem Romantischen zugleich das Krankhafte bey ihnen überhand genommen und daß von uns doch eher Genesung zu hoffen ist da jene schon ganz und gar in Fäulniß und Verwesung überzugehen angefangen."[43] Der Wortgebrauch von „krankhaft" und „genesen" weist allerdings einen gewissen Bedeutungsunterschied zum bekannten Begriffspaar von „krank" und „gesund" auf, das ebenfalls in den Eckermannschen *Gesprächen mit Goethe* vorkommt. In der Klassik- oder Romantikforschung sollte man ein für allemal aufhören, mit diesen falschen Begriffen zu arbeiten, zumal sie als Metapher nie genau definiert werden können.[44] Es wäre beispielsweise verhängnisvoll, die literarische Moderne der Jahrhundertwende damit charakterisieren und sie faktisch verurteilen zu wollen. Ist doch der Begriff der Dekadenz in der modernen Literatur eng mit dem von „krank" verwandt.

---

42 Ebd., S. 494.
43 Ebd., S. 499.
44 Vgl. Naoji Kimura: Goethes Alterspoetik. In: Goethe-Jahrbuch, Bd. 114, Weimar 1997. S. 185–197. Vgl. J. P. Möbius: Goethe, 2 Bde., Leipzig 1909. Der 1. Band enthält die gründlichen Überlegungen „Goethe über das Pathologische" sowie „Das Pathologische in Goethe". In der von Christoph Michel herausgegebenen neuen Ausgabe der Eckermannschen *Gespräche* beim Deutschen Klassikerverlag wird darauf hingewiesen, daß Eckermann kein Papagei oder Opfer Goethes gewesen ist, sondern als ein ehrgeiziger Autor ein bestimmtes Goethebild entworfen hat. Demnach darf man Eckermanns Wortlaut nicht mehr wie Goethes authentischen Text zitieren.

3. Von der Weltliteratur zur Weltkultur

Damit kommt man auf jeden Fall zu feinen Differenzen in den Aussagen über die Weltliteratur bei Goethe. Bei Eckermann lautet der Nachsatz zu dem eingangs angeführten Diktum: „[...] und jeder muß jetzt dazu wirken, diese Epoche zu beschleunigen." Die Epoche der Weltliteratur, in der Nationalliteratur nicht viel zu sagen hat, soll also beschleunigt werden. Dagegen fuhr Goethe in seinem Schreiben an die Berliner Naturforscher unter Hinweis auf die übliche Kenntnisnahme literarischer Erzeugnisse untereinander fort: „Nein! hier ist vielmehr davon die Rede, daß die lebendigen und strebenden Literatoren einander kennen lernen und durch Neigung und Gemeinsinn sich veranlaßt finden, gesellschaftlich zu wirken." Es geht dem greisen Dichter letzten Endes darum, daß die Literatoren, heute würde man sagen, Schriftsteller, gesellschaftlich wirken, d. h. sich für Dinge mit gesellschaftlicher Relevanz engagieren sollen, statt in Innerlichkeit zu schwelgen oder von romantischen Vorstellungen im Goetheschen Sinne zu schwärmen. Symptomatisch dafür ist schon die Tatsache, daß Goethe seinen Begriff der Weltliteratur ausgerechnet den Naturwissenschaftlern, die es mit der Wirklichkeit zu tun haben, mitgeteilt hat.

Was ist aber heute für die Schriftsteller von gesellschaftlicher Relevanz? Wie Heinrich Böll, Günter Grass, Hans Magnus Enzensberger oder neuerdings Martin Walser können sie sich unmittelbar für Politik und Wirtschaft engagieren. Im weiteren Sinne könnte man aber besser von Kultur sprechen, da diese im globalen Zeitalter als Inbegriff aller politischen, wirtschaftlichen, geschichtlichen, künstlerischen, wissenschaftlichen, technologischen und nicht zuletzt sozialen Probleme aufgefaßt werden kann. Im Unterschied zur personalistischen Bildung nähert sie sich somit begrifflich mehr dem Bedeutungsgehalt von culture oder gar civilization, wie das deutsche Wort Humanismus, besonders sein Adjektiv humanistisch schon lange vielfach im Sinne des englischen „humanism bzw. humanistic" gebraucht wird. Ist eine derartige Argumentation akzeptabel, so stellt sich im Geiste Goethes ein Wort wie Weltkultur ohne weiteres ein, obwohl es im Grimmschen *Deutschen Wörterbuch* noch nicht belegt ist. Wie Goethe manchmal von Kultur statt Bildung spricht, hatte das Wort Kultur im 18. Jahrhundert noch nicht die heutige Bedeutung. Eduard Spranger weist darauf hin: „Weniger bekannt dürfte es sein, daß zur Zeit Goethes das Wort ‚Kultur' die dem modernen Deutschen vertraute Bedeutung einer überpersönlichen, gleichsam massiv gewordenen Großmacht noch nicht gehabt hat."[45] Mephisto hatte gesagt: „Denn eben wo Begriffe fehlen, / Da stellt ein Wort zur rechten Zeit sich ein." (V. 1995 f.) Aber das trifft wohl auf den in Frage stehenden Begriff einer Weltkultur nicht zu, ist er doch im Zeitalter der Globalisierung und Internationalisierung nicht metaphysisch, sondern realiter vorhanden.

Für eine solche Umdeutung bzw. Erweiterung eines Begriffs bei Goethe gibt es ein bedeutendes Beispiel. So war es der Fall mit dem Wort Weltfrömmigkeit, das zur Umschreibung der Goetheschen Welthaltung seit je gern gebraucht wird. Es war ursprünglich in *Wilhelm Meisters Wanderjahren* der Hausfrömmigkeit der pietistischen Kreise gegenübergestellt:

> Wir wollen der Hausfrömmigkeit das gebührende Lob nicht entziehen: auf ihr gründet sich die Sicherheit des Einzelnen, worauf zuletzt denn auch die Festigkeit und Würde des Ganzen beruhen mag; aber sie reicht nicht mehr hin, wir müssen den Begriff einer Weltfrömmigkeit fassen, unsre redlich menschlichen Gesinnungen in einen praktischen Bezug ins Weite setzen und nicht nur unsre Nächsten fördern, sondern zugleich die ganze Menschheit mitnehmen.[46]

Da dies in einem Brief des Abbé an Wilhelm im Zusammenhang mit dem Amerika-Motiv ausgesprochen wird, hat es einen programmatischen Stellenwert in der Gesellschaftslehre Goethes.

Die im Grimmschen *Deutschen Wörterbuch* angegebene Bedeutung der Weltfrömmigkeit lautet: „weltfromme diesseitsgläubige Gesinnung, die Leben und diesseitige Welt in ihrer Ganzheit bejaht und mit der Andacht zum Irdischen verehrt". Nach dem obigen Zitat aus den *Wanderjahren* wird bemerkt, diese moderne Bedeutung finde sich ansatzweise bereits bei Goethe, werde jedoch erst relativ spät üblich und trete in

---

45 Eduard Spranger: Goethe. Seine geistige Welt. Tübingen 1967. S. 194.
46 Goethes Werke. Hamburger Ausgabe. Bd. 8, S. 243. Über den Wortgebrauch von „Welt" vgl. Karl Robert Mandelkow: Johann Wolfgang von Goethe. In: Die großen Hessen. Hrsg. von Hans Sakowicz und Ulrich Sonnenschein. Insel Verlag. Frankfurt am Main und Leipzig 1996.

verschiedener Schattierung auf. Goethe ist also mit seiner Gegenüberstellung von Haus- und Weltfrömmigkeit eigentlich nur Ansatz zum späteren, ausschließlich weltzugewandten Bedeutungsgehalt, und es ist Eduard Spranger, der einen entscheidenden Anstoß dazu gegeben hat,[47] wenngleich er in seinen Goethe-Deutungen keinen Gebrauch von dem betreffenden Wort macht. In der Tat erläutert auch Erich Trunz in seinem Kommentar zu *Wilhelm Meisters Lehrjahren* die zentrale Rolle des Shakespeare-Erlebnisses für die Bildung des Romanhelden *de facto* mit diesem Begriff der Weltfrömmigkeit:

> Kein anderer Dichter kann so wie er eine breite Weltkenntnis geben, und eben diese ist das, was Wilhelm sucht. Shakespeare ist religiös, aber nicht konfessionell, er bleibt innerweltlich, undogmatisch; damit paßt er in die neuzeitliche Kultur, die erst durch das Welterleben zu einem Weltbild kommt.[48]

Wenn man den Namen Shakespeare mit Goethe ersetzt, entspricht diese Einstellung zur Welt genau dessen Motto „Gedenke zu leben!". Ja, man möchte fast sagen, sie stimme im Grunde genommen mit der konfuzianisch geprägten fernöstlichen Geisteshaltung überhaupt überein. Es besteht zwar noch ein anderes Element in Goethes dialektischem Denken, das mit dem Taoismus verwandt ist, worauf aber hier nicht eingegangen werden kann.[49]

Es ist ansonsten bekannt, daß der alte Goethe gern die Zeitschriften der europäischen Nachbarn las. Neben den französischen Tagesblättern wie *Le Globe* oder *Le Temps* waren es die britischen, die *Foreign Review* und die *Edinburgh Review* oder auch das italienische Blatt *L'Eco*, aus denen er sich über die europäischen Literaturerzeugnisse informierte. Wie oben anläßlich der Vorarbeiten zur Weltliteratur erwähnt, suchte er in ihnen die Spiegelungen der von ihm eingeleiteten deutschen Literatur festzustellen. Was ihn aber beschäftigte, war nicht zuletzt die Auswirkung seiner eigenen Werke besonders nach dem *Werther*-Roman. Denn

---

47 Vgl. Eduard Spranger: Weltfrömmigkeit, Vortrag 1941. Vgl. ferner Hermann Kunisch: Goethe-Studien. Duncker & Humblot. Berlin 1991. Zweites Kapitel: Goethes Frömmigkeit. S. 84–130; hier S. 99 ff.
48 Goethes Werke. Hamburger Ausgabe. Bd. 7, S. 697.
49 Vgl. Naoji Kimura: Konfutses *Lun Yü* in deutscher Übersetzung. In: Beata Hammerschmid u. Hermann Krapoth (Hrsg.): Übersetzung als kultureller Prozeß. Rezeption, Projektion und Konstruktion des Fremden. Berlin 1998. S. 213–227.

das Konzept einer Weltliteratur war schon in Friedrich Schlegels Idee der progressiven Universalliteratur implizit enthalten, und die Romantiker wie Tieck oder Eichendorff hatten diese Idee mit ihren zahlreichen Übersetzungen aus der englischen, französischen oder spanischen Sprache faktisch praktiziert. Goethes Lektüre europäischer Zeitschriften diente sicherlich nicht nur dem Ausschauhalten nach Weltliteratur, sondern auch „der Kontrolle des eigenen Ruhms".[50]

Im Zusammenhang damit erscheint bedeutsam, daß Gutzkow von dem Goetheschen Begriff der Weltliteratur einen neuen Aspekt der übernationalen literarischen Instanz abgewonnen hatte. Er war davon überzeugt, daß die Weltliteratur die Nationalität nicht verdrängen wolle. Sie sei sogar die Garantie der Nationalität. Diese werde durch den weltliterarischen Zustand nicht aufgehoben, sondern gerechtfertigt. Aus solchen Überlegungen gelangte er frühzeitig zur richtigen Einschätzung eines Heinrich Heine, indem er folgendermaßen argumentierte:

> Der heimischen Literatur wird das Urteil und die Geburt durch ihn [den weltliterarischen Zustand] erleichtert, wie namentlich in Deutschland die Voraussetzungen einer nationalen Literatur so sehr erschwert sind, daß man bei uns über ein Talent den Stab bricht, während demselben das Ausland akklamiert. Was wir auch gegen Heine einzuwenden haben, so ist es doch unerträglich, daß bei uns ein Name ungestraft darf gelästert werden, der durch seine außerordentlichen Fähigkeiten sich bereits eine europäische Bekanntschaft erworben hat.[51]

Seiner Ansicht nach macht die Weltliteratur auf diese Weise dasjenige, was in der Heimat unzulässig ist, vor einem Europäischen Forum möglich.

Alles in allem geht es m. E. nicht mehr, daß man sich in der neuen Jahrhundertwende auf Goethe beruft, um die Bedeutung einer Weltliteratur für die Globalisierung, Internationalisierung oder meinetwegen Humanisierung der Welt hervorzuheben. Im Zeitalter der Massenmedien spielt doch die Literatur, im engeren Sinne die schöne Literatur,

---

50 Frankfurter Allgemeine Zeitung, 28. August 1999, Nr. 199. „Weltliteratur, daheim" in: Bilder und Zeiten, S. II.
51 Karl Gutzkow: Über Goethe. Im Wendepunkte zweier Jahrhunderte (1836). Eine kritische Verteidigung. Hrsg. von Olaf Kramer. Tübingen 1999. S. 121.

keine so große Rolle mehr wie in der Goethezeit. Da die Welt mittlerweile sehr anders geworden ist als im 18. Jahrhundert, aber der Mensch dem Wesen nach gleich geblieben ist, muß das veränderte Verhältnis des Menschen zur Welt noch einmal gründlich überprüft und neu definiert werden. Dann wird sich Kultur als der umfassendere Begriff erweisen, wie es auch mit den Kulturwissenschaften heute der Fall ist, und aus der Weltliteratur wird sich begrifflich notwendigerweise eine Weltkultur ergeben. Es geht im technischen Zeitalter freilich nicht an, wie einst in der geisteswissenschaftlich ausgerichteten Kulturtheorie zwischen Kultur und Zivilisation zu unterscheiden und die geistige Kultur höher einzuschätzen als die materielle Zivilisation.[52] Im Französischen macht man freilich keinen derartigen Unterschied zwischen Kultur und Zivilisation, so daß im Hinblick auf Goethes Begriff der Weltliteratur von einem französischen Germanisten gesagt werden konnte: „Weltliteratur übernimmt bei ihm in aller Deutlichkeit eine zivilisatorische Funktion, ihr fällt die Aufgabe zu, einen *Kulturzustand* an die Stelle des menschenfeindlichen *Naturzustands* treten zu lassen."[53] Es gibt gegenwärtig schon eine sogenannte Computer-Philologie, die in der Literaturwissenschaft allmählich ihren berechtigten Platz einnimmt. Das wäre ein beredtes Beispiel für die sich heranbildende Weltkultur im 21. Jahrhundert.[54] Mit dem Computer kann man selbstverständlich nicht eine Weltliteratur hervorbringen, verfügt aber über ein effizientes technisches Mittel, Nationalkulturen durch die ganze Welt zu vermitteln und zu verbreiten. Dadurch kommt sicherlich eine Weltkultur als Globalisierung der Kulturen zustande, in der nicht mehr zwischen Kultur und Zivilisation unterschieden wird und jede Nationalkultur ihre Eigenart aufrecht erhalten kann.

52 Vgl. E. Spranger: Goethe. Seine geistige Welt. Tübingen 1967. S. 193.
53 Jean-Marie Valentin: „Jede nationale Literatur [...] ennuyiert sich zuletzt in sich selbst". Zu Goethes Begriff der Weltliteratur. In: Jean-Marie Valentin (Hrsg.), Johann Wolfgang Goethe zum 250. Geburtstag. Vorträge im Frankfurter Römer (April–Juli 1999). Etudes Germaniques 54e année 1999.
54 Vgl. Veröffentlichungen des Japanisch-Deutschen Zentrums Berlin, Bd. 15: Symposium „Goethe und die Weltkultur", Berlin 1993.

Schlußbetrachtung:
Goethe in der neuen Jahrhundertwende*

Merkwürdigerweise wurden Goethes Gedenkjahre bisher immer in einer Krisensituation der deutschen Geschichte gefeiert: 1849 ein Jahr nach der März-Revolution, 1899 im Zeitalter der „Jugend ohne Goethe" genannten Jugendbewegung,[1] 1932, als die Säkularfeier Goethes im Schatten des herannahenden Nationalsozialismus stattfand, 1949, als im Nachkriegsdeutschland die innerdeutsche Grenze errichtet wurde, dann 1982 die 150. Wiederkehr von Goethes Todestag im geteilten Deutschland. Es sind die bedeutenden Meilensteine in der Goethe-Rezeption in Deutschland, auf die man hier eigentlich nicht eigens einzugehen braucht, da sie im großen und ganzen schon durch die deutsche Germanistik gründlich untersucht worden sind.[2] Das mittlerweile im wiedervereinigten Deutschland großartig gefeierte Goethejahr 1999 gibt aber einem Auslandsgermanisten Anlaß, erneut über die Bedeutung Goethes in Deutschland nachzudenken.

1. Goethe auf den Schild heben

Als man die Feier des hundertjährigen Geburtstages von Goethe beging, stand nach Victor Hehn der Nachruhm des Dichters unter dem deutschen Volk am niedrigsten.[3] Dagegen war es Ende 1899 anders, als

---

* Beim Abschnitt 1 handelt es sich um eine ergänzte Fassung des Beitrags zu: Joachim Sartorius (Hrsg.), In dieser Armut – welche Fülle! Steidl Verlag. Göttingen 1996, S. 130–135, beim Abschnitt 2 um meine Notizen, die auf ein bald nach dem IVG-Kongreß Tokyo veranstaltetes Kolloquium im Goethe-Institut Tokyo zurückgehen, und beim Abschnitt 3 um einen Vortrag, der am 25. Juli 1999 im Goethe-Institut Sydney gehalten wurde.
1 Vgl. Max Kommerell: Jugend ohne Goethe. Frankfurt am Main 1931.
2 Vgl. Karl Robert Mandelkow: Goethe in Deutschland. 2 Bde. München 1982.
3 Vgl. Victor Hehn, Gedanken über Goethe, 7. Aufl. Berlin 1909, S. 188. Seine Aussage wird z. B. durch Kuno Fischer bestätigt. Vgl. Kuno Fischer: Goethe und Heidelberg. 7. Aufl. Carl Winter Universitätsverlag. Heidelberg o. J. S. 7.

Rudolf Huch sich mit seinem kulturkritischen Büchlein „Mehr Goethe" gegen unverhältnismäßig wenig Goethe-Einfluß durch das Übermaß an Goethe-Philologie wandte. Nicht so radikal wie Nietzsche, der Goehte als eine Episode in der deutschen Geschichte bezeichnet hatte, doch ironisch und satirisch bemerkte er dazu zum hundertfünfzigsten Geburtstag Goethes:

> Geredet wird in der deutschen Litteratur allerdings sehr viel mehr als genug über Goethe und sein Werk. Aber das ist die schlechte Komödie, die schale Ironie, die sich in der Geschichte der Künste so gut findet wie in der der großen Welt, daß von einem wirklichen Einflusse Goethes auf die Litteratur unserer Zeit nichts, aber auch gar nichts zu spüren ist.[4]

Seitdem hat die Goethe-Feier sich in den Jahren 1932, 1949 und 1982 wiederholt, und jedesmal wurde Goethe in der ganzen Welt nicht nur als „Repräsentant des bürgerlichen Zeitalters" (Thomas Mann), sondern auch als „Vertreter der Menschheit" (Ralph W. Emerson) verehrt. Mit Recht sprach der Elsässer Ernst Barthel bereits 1929 von „Goethe als dem Sinnbild deutscher Kultur". Abgelehnt wurde im Ausland nur „Goethe der Deutsche" eines Adolf Bartels zum Goethejahr 1932, wie Thomas Mann denn auch in seinem Aufsatz „An die japanische Jugend" aus dem gleichen Anlaß vor den sogenannten Provinzlern des Geistes warnte: „Geflissentlich nennen sie den echten und den wohlfeilen Weltruhm in einem Atem und meinen so das Mehr-als-Nationale zugleich mit dem Unter- und Zwischennationalen zu verunglimpfen."[5] Nach den schweren Jahren des Nationalsozialismus und nach dem Fall der Berliner Mauer ist man in Deutschland glücklicherweise wieder so liberal und international eingestellt, daß beispielsweise im bekannten Kunstfest Weimar schon eine Veranstaltungsreihe unternommen worden ist, die eine Brücke zwischen Traditionsbezügen, Gegenwartsinteresse und dem Geist der Weimarer Klassik zu schlagen sucht.[6] Vorausgegangen war allerdings ein Symposium deutscher und japanischer Goetheforscher zu einem

---

4   Rudolf Huch: Mehr Goethe. 2. Aufl. Berlin 1904. S. 10.
5   Vgl. Japanisch-deutscher Geistesaustausch, Nr. 4 „Goethe-Studien", hrsg. vom Japanisch-Deutschen Kultur-Institut Tokyo, Tokyo 1932. S. 5.
6   Vgl. Sichtweisen „Nationalismus und Weltbürgertum", hrsg. von der Stiftung Weimarer Klassik und DG Bank, 1994. Edition Weimarer Klassik.

ähnlichen Rahmenthema, das im Dezember 1991 im Japanisch-Deutschen Zentrum Berlin stattfand.[7]

Wenn Goethe also immer noch weltweit als Symbol deutscher Kultur gilt, erscheint es als kein Zufall, daß Weimar für den 250. Geburtstag Goethes rechtzeitig zur Kulturhauptstadt Europas designiert worden ist. Wurde doch die kulturpolitische Bedeutung dieser Stadt vor aller Augen dadurch offenkundig, daß ein Jahr nach der Wiedervereinigung Deutschlands hier das französische Staatsoberhaupt François Mitterrand im September 1991 mit dem Alt-Bundespräsidenten Richard von Weizsäcker zusammentraf. Im September 1993 besuchte auch das japanische Kaiserpaar diese Stadt aus Anlaß einer dreitägigen Reise nach Berlin, um auf diese Weise der deutschen Kultur die traditionelle Hochachtung und geistige Verbundenheit des japanischen Volkes zu bezeigen. Wie damals die ganze gebildete Welt an Goethe schrieb und so viele namhafte Wissenschaftler und Künstler zu ihm nach Weimar wallfahrteten, hat man wohl mit derartiger Wiederbelebung der Stadt gerechnet, als man symbolisch genug für die deutsche Einheit gleich mit der Restaurierung des Goethe-Schiller-Denkmals vor dem Weimarer Nationaltheater anfing. Berlin besteht zwar mit seinem welthistorisch bedeutsamen Wahrzeichen Brandenburger Tor zweifellos als die politische Bundeshauptstadt. Auch steht es als die Stadt von Wilhelm und Alexander von Humboldt für das Zusammenwachsen von „Ossi" und „Wessi" symbolisch da, wie das seinerzeit in einem Heft der Zeitschrift G+J hervorgehoben war. Aber im Sinne des deutschen Föderalismus soll Weimar offensichtlich die kulturelle Hauptstadt Deutschlands bleiben, während Bonn mit den vier Institutionen, dem Deutschen Akademischen Austauschdienst (DAAD), der Alexander von Humboldt-Stiftung, der Deutschen Forschungsgemeinschaft sowie Inter Nationes sich als die wissenschaftliche Hauptstadt Deutschlands erweisen wird.

Es gibt nun eine weitere deutsche Institution, die eine andere Aufgabe hat als diese wissenschaftlichen Institutionen und nichtsdestoweniger wichtig ist. In der Tat trägt sie nicht zu Unrecht den Namen des größten

---

[7] Vgl. Veröffentlichungen des JDZB, Band 15: Goethe und die Weltkultur. Berlin 1993.

deutschen Dichters und heißt Goethe-Institut. Sie ist mit ihrem internationalen Organisationsnetz in allen Ländern der Welt bekannt wie Goethe selbst, und ihre Aufgabe besteht darin, die deutsche Sprache im Ausland zu fördern und die deutsche Kultur unter den Gebildeten aller Länder zu verbreiten. Es war also naheliegend und fast selbstverständlich, daß am 8. Mai 1996 ein neues Goethe-Institut durch Alt-Bundeskanzler Helmut Kohl eröffnet wurde, und zwar in der stattlichen Residenz der Frau von Stein, die sowohl dem Goethehaus am Frauenplan als auch dem Gartenhaus Goethes so nahe liegt. Dadurch tritt das Anliegen des Goethe-Instituts, sein kulturelles Tor auch den Nachbarländern in Osteuropa offenzuhalten, immer deutlicher zutage, wie der DAAD gleich nach der Beendigung des Kalten Krieges in Frankfurt an der Oder eine Universität ohne Campus gründete, um den deutsch-polnischen akademischen Austausch so schnell wie möglich zu fördern. Überhaupt hat der DAAD durch seine überaus zahlreichen Stipendien die Vorliebe der akademischen Jugend in der Welt für Deutschland gewonnen, und die durch die Humboldt-Stiftung geförderten ausgewiesenen Wissenschaftler verschiedenster Provenienz haben das freudige Lebensgefühl, gleichsam einer internationalen Akademie der Wissenschaften anzugehören. Wenn Deutschland trotz des Nationalsozialismus im Ausland immer noch als eine Kulturnation hochgeachtet und beliebt ist, so verdankt es dies vor allem dieser auswärtigen Kulturpolitik, was Japan leider bis heute weitgehend versäumt hat. Jeder vernünftige Politiker würde ohne weiteres begreifen, daß es sich dabei um eine Überlebensfrage einer traditionsreichen Kulturnation handelt.

Freilich ist Deutschland nicht nur in der Kulturpolitik Vorbild für Japan. In der Vergangenheitsbewältigung sowie im Umweltschutz ist es vorbildlich genug, ferner in der entschiedenen Bereitschaft, eingedenk des christlichen Abendlandes sich zu Europa zu bekennen und tatkräftig für das Zustandekommen der EU einzutreten. Deshalb hat man sich in Japan über die Wiedervereinigung Deutschlands wirklich mit den Deutschen gefreut. Ein Jahr danach bedankte sich der deutsche Botschafter bei einer Neujahrsfeier der Japanisch-Deutschen Gesellschaft in Tokyo dafür, indem er seine Landsleute darauf hinwies, die deutsche Einheit sei nur in Japan vorbehaltlos begrüßt worden. Was den Japanern, insbesondere den japanischen Germanisten vielversprechend vorkam, war die kulturelle Bereicherung durch die Vereinigung der beiden Teile Deutschlands. Sind doch Frankfurt am Main und Weimar in der neuen Bundesrepublik wieder da, so daß auch die japanischen Germanisten, die sich hauptsächlich mit der Goethezeit bzw. mit der deutschen Klassik und Romantik beschäftigten, sich von der Beklommenheit dispensiert haben fühlen können, wie sie einst Thomas Mann bei seiner Ansprache im Goethejahr 1949 in der Paulskirche zu Frankfurt am Main überfiel.[8] Sie wußten, daß die alte Bundesrepublik sich kulturpolitisch so viel leisten konnte, und erwarteten, daß die neue Bundesrepublik noch mehr oder zumindest ebenso ihre kulturpolitischen Aufgaben wahrnehmen würde. Aber angesichts der schwierigen Wirtschaftslage im Zuge der Wiedervereinigung werden überall in Deutschland auf dem Gebiet der Kultur Kürzungen oder gar Streichungen vorgenommen, und es wird eine gespenstische Stimme vernehmbar: „Goethe in Geldnot",[9] wie wenn eines der vier grauen Weiber im 5. Akt des *Faust II* dem alt gewordenen Helden zugeflüstert hätte. Den Mangel hat Deutschland durch das Wirtschaftswunder vertrieben, die Schuld hat es durch sein gewissenhaftes Verhalten überwunden, und die Sorge ist es durch die Wiedervereinigung losgeworden. Warum sollte das vereinigte, kulturell bereicherte Deutschland durch die finanzielle Not befallen plötzlich verarmt sein? Es ist verwunderlich, daß diese kritische Lage sich bemerkbar gemacht hat, sobald die kostspielige politisch-militärische Spannung von Ost und West ausgefallen ist.

Nein, Deutschland darf nicht wie der alte Faust erblinden für die Bedeutung der Kulturarbeit, die eine so wichtige Institution wie das Goethe-Institut jahrzehntelang erfolgreich in der ganzen Welt geleistet hat. Um auf den Namengeber zurückzukommen, kann man sich denn vorstellen, Goethe sei für seine Selbstbildung, also geistige Kultur in Geldnot geraten? Gewiß hat er als Vertragspartner von seinen Verlegern viel für seine Werke verlangt.[10] Aber er hat, wie in den Eckermannschen

---

8 Vgl. Thomas Mann, Goethe's Laufbahn als Schriftsteller. Zwölf Essays und Reden zu Goethe. Fischer Taschenbuch 5715, S. 312 f.
9 Vgl. Hans Magnus Enzensberger: Auswärts im Rückwärtsgang. In: Der Spiegel 37/1995.
10 Hans-Dieter Steinhilber, Goethe als Vertragspartner von Verlagen. Hamburg 1960.

Gesprächen mit Goethe unter dem 13. Februar 1829 berichtet wird, für seine Lebenserfahrungen sowie künstlerischen und naturwissenschaftlichen Sammlungen fast sein ganzes Vermögen ausgegeben. Denn Bildung und Kultur kosten seit alters eben viel Geld, man denke etwa an eine Bildungsreise im 18. Jahrhundert, die dem heutigen Studienaufenthalt im Ausland entspricht, und die Erntezeit für ein Fachstudium oder eine Kulturarbeit pflegt langfristig zu sein. Man darf keineswegs darauf drängen, eine Saat gewaltsam wachsen zu lassen und eine unreife Frucht frühzeitig zu ernten. In dem kleinen reinlichen Zimmer Gretchens kann sich Faust der Bewunderung nicht enthalten: „In dieser Armut welche Fülle!" (V. 2693) und ruft in Gedanken an ihre liebe Hand aus: „Die Hütte wird durch dich ein Himmelreich." (V. 2708) Ebenso verhält es sich mit der Kulturarbeit, die die Mitarbeiter des Goethe-Instituts mit viel Mühe und Zeitaufwand im Ausland verrichten. Auch wenn sie nicht unmittelbar in einer deutschen Botschaft arbeiten, sind sie im Hinblick auf ihre kulturvermittelnde Funktion und kulturpolitische Bedeutung als zivile Diplomaten anzusehen. Man braucht darüber kein Wort zu verlieren, wie wichtig die Diplomatie im globalen Zeitalter von heute ist. Die Außenpolitik kann heutzutage nur auf Kosten der Innenpolitik vernachlässigt werden.

Die neue Bundesrepublik hat also gute Gründe, statt einer Reduzierung ihrer kulturellen Einrichtungen im Ausland dem Goethe-Institut noch mehr Mittel für seine Sprach- und Kulturarbeit bereitzustellen. Denn diese stellt eine wesentliche Grundlage für Politik und Wirtschaft dar, und nicht umgekehrt. Wenn es ihr gelungen ist, das rechte Kulturverständnis als Voraussetzung für Außenpolitik zu erwecken, wird dieser Erfolg nur zum Aktivposten der Innenpolitik gereichen. Bekanntlich sind die japanischen Gebildeten mit der alten deutschen Kultur mehr oder weniger vertraut. Aber das geteilte Deutschland hat ihr Verständnis für die moderne deutsche Kultur weitgehend verbaut. Sie sollen nicht nur die Wiedervereinigung Deutschlands mit politischer Sympathie bewundern, sondern z. B. durch eine vom Goethe-Institut veranstaltete Ausstellung über die deutsche Nachkriegsgeschichte wie „Zeitworte" genau unterrichtet werden, um den mühsamen Werdegang der deutschen Einheit zu verstehen und erst so die deutsche Politik in der Gegenwart hochzuschätzen. Die Sprachpflege wirkt sich dann auch wirtschaftlich effektiv aus.

Bedauerlicherweise legen die deutschen Firmen in Japan im allgemeinen nicht viel Wert auf die deutschen Sprachkenntnisse der Studenten. Aber um in Deutschland studieren zu können, besuchen doch immer noch viele junge Japaner die vom Goethe-Institut abgehaltenen deutschen Sprachkurse. Das Lernen einer Fremdsprache setzt ja viel Vorliebe für die betreffende Kultur voraus und vertieft sie zugleich. Wer heute in Japan deutsche Autos kauft, die relativ teurer sind als die japanischen, bezahlt für seine Vorliebe für Deutschland. Nebenbei bemerkt, lassen sie sich auf dem japanischen Markt gut verkaufen. Neuerdings wird auch die teure deutsche Kamera Leica wieder importiert. Wenn deutsche Verlage für germanistische Bücher Kostenvoranschläge machen, sollen sie sogar Absätze in den japanischen Fachkreisen vorauskalkulieren. Ist das nicht ein glänzender Erfolg der deutschen Kulturpolitik in Japan?

In diesem Zusammenhang ist noch auf die Wichtigkeit der Zusammenarbeit mit den bestehenden Japanisch-Deutschen Gesellschaften hinzuweisen. Von ihnen spielt diejenige in Tokyo quasi als Dachorganisation eine führende Rolle, zumal sie üblicherweise den jeweiligen deutschen Botschafter als Ehrenpräsidenten hat. Aber kulturpolitisch von großer Bedeutung sind die landesweit zerstreuten zahlreichen Japanisch-Deutschen Gesellschaften, die als Stützpunkte zur Pflege der deutschen Sprache und Kultur betrachtet werden können. In ihnen werden vielfach Vorträge deutscher Gäste, Musikabende mit deutschen Liedern, Filmvorführungen oder Deutschkurse veranstaltet. Auch sind sie bereit, den deutschen Studenten Unterkunft zu vermitteln oder sie mit japanischen Kulturprogrammen zu betreuen. Das Goethe-Institut entsendet ihnen dann je nach Bedarf deutsche Redner oder stellt ihnen deutsche Kulturfilme zur Verfügung, was recht häufig stattfindet, weil der deutsche Kinofilm in der Öffentlichkeit so gut wie ganz fehlt. Die Institutsbibliothek / Mediothek ist primär als Präsenzbibliothek gedacht und wird meist von den Kursteilnehmern benutzt. Aber auch von den kostenlosen Ausleihmöglichkeiten wird gern Gebrauch gemacht, und viele deutsch-orientierte Studenten oder Gebildete besuchen gerade deswegen die Goethe-Institute Tokyo oder Kansai (Osaka / Kyoto).

Der wichtigste Partner für das Goethe-Institut ist natürlich die Japanische Gesellschaft für Germanistik mit ihren annähernd 2.700 Mitgliedern. Da sie, abgesehen von Ausnahmefällen, grundsätzlich

Hochschulgermanisten sind, ist dabei eine Koordination der Tätigkeitsbereiche des DAAD und des Goethe-Instituts unumgänglich, wenngleich von japanischer Seite manchmal die gleichen Personen mit den beiden Institutionen zusammenarbeiten. Eine solche Koordination ist vor allem im März 1989 getroffen worden, als das sogenannte Tateshina-Ferienseminar, das das Goethe-Institut Tokyo dreißig Jahre lang finanziell unterstützt hatte, als reiner Wissenschaftsbereich dem DAAD abgetreten wurde. Dafür intensivierte das Goethe-Institut die Zusammenarbeit mit dem Deutschlehrerverband innerhalb der Japanischen Gesellschaft für Germanistik und entsandte im Rahmen des IDS 16 (= Integriertes Deutschlandsemeser) zunächst 15 junge japanische Germanisten für ein halbes Jahr ab September 1989 nach München. Nach der Rückkehr haben sie schon im Mai 1990 auf einem Symposium der japanischen Germanistentagung über ihre Erfahrungen berichtet.[11] Das sprachdidaktische Symposium hatte zum Thema: „Perspektiven des Deutschunterrichts in der Zukunft – Fremdsprachenunterricht als Weg zur interkulturellen Verständigung". Es wurde im Mai 1991 mit dem weiteren Symposium „Perspektiven des Deutschunterrichts in der Zukunft – Vom lehrerzentrierten Deutschunterricht zum lernerzentrierten Deutschunterricht" fortgeführt. Aus solchen Vorbereitungen entwickelte sich schließlich das sogenannte Didaktik-Seminar, das, vom Goethe-Institut Tokyo finanziell unterstützt, zum erstenmal im August 1992 mit Otmar Schießl, München, zum Rahmenthema „Deutschunterricht und Lerntheorie" veranstaltet wurde. Das 2. Didaktik-Seminar über das Rahmenthema „Lernziele – Curriculum" fand im Juli 1994 mit Karl-Richard Bausch, Bochum, statt. Das 3. Didaktik-Seminar mit Peter Doyé, Braunschweig, ist auch schon im März 1996 durchgeführt worden. Die Spracharbeit des Goethe-Instituts Tokyo mit der Japanischen Gesellschaft für Germanistik ist so erfolgreich, daß seitdem auf jeder halbjährlichen Germanistentagung ein sprachdidaktisches Symposium veranstaltet und gut besucht wird. Darüber hinaus hat sich das Goethe-Institut Tokyo selbst mit zwei Projekten präsentiert: „Didaktische Grundüberlegungen zum

---

11 Vgl. Deutschunterricht in Japan, hrsg. von Goethe-Institut Tokyo / Goethe-Institut Osaka, Tokyo 1992: ferner Dokumentation des 1. Didaktik-Seminars für japanische Germanisten. August 1992, hrsg. von Goethe-Institut Tokyo, Tokyo 1993.

Einsatz von Kurzfilmen im Bereich Landeskunde im Anfängerunterricht DaF in Japan" und „Medienbausteine – Alltagsleben in Deutschland. Videokurzfilme für den Deutschunterricht".

Im Kulturbereich ist das Angebot des Goethe-Instituts an Programmen so umfangreich und verschiedenartig, daß eine Bestandsaufnahme von ihnen an dieser Stelle nicht möglich ist. Als Beispiele sollen nur einige eindrucks- und wirkungsvolle Veranstaltungen angeführt werden. Im Vor- und Nachfeld des VIII. IVG-Kongresses, der im August 1990 in Tokyo auf dem Mita-Campus der Keio-Universität stattfand, lud das Goethe-Institut Tokyo die Münchner Kammerspiele mit der Faust-Aufführung von Dieter Dorn in Kooperation mit der IVG ein und veranstaltete mit der Japanischen Goethe-Gesellschaft zusammen eine Ausstellung „Goethes ‚Faust' in Dokumenten und Originalmanuskripten". Im Oktober 1990 veranstaltete es dann ein deutsch-chinesisch-koreanisch-japanisches Symposium „Faust in Ost und West" in Zusammenarbeit mit der Sophia-Universität, Tokyo, ein internationales Symposium mit der Ausstellung „Goethes ‚Faust' im Fernen Osten", das es in der Art noch nie gegeben hat.[12] Bahnbrechend dafür waren die zwei vorangegangenen bilateralen Symposien: das koreanisch-japanische Germanistik-Symposium im April 1989 in Seoul,[13] an dem das Goethe-Institut Seoul mitwirkte, und das chinesisch-japanische Germanistik-Symposium im März 1990 in Peking,[14] an dem das Goethe-Institut Peking ebenfalls mitwirkte. Eine solche internationale Zusammenarbeit aus Anlaß des IVG-Kongresses führte schließlich zu dem ostasiatischen Germanistentreffen im August 1991, das im Japanisch-Deutschen Zentrum Berlin mit finanzieller Unterstützung des DAAD und der Humboldt-Stiftung zustande kam.[15] Da auf diesen Tagungen unter den Referenten wie auch mit den

---

12 Vgl. 1990 Symposium „Goethes Faust in Ost und West". In: Studien des Instituts für die Kultur der deutschsprachigen Länder. Sophia-Universität. Nr. 8 Tokyo 1990.
13 Vgl. Dokumentation des 1. Symposiums der koreanischen und der japanischen Germanisten: Rezeption der deutschen Literatur in Japan und Korea. In: Dogilmunhak. Koreanische Zeitschrift für Germanistik. 30. Jg. 1989 Heft 42.
14 Vgl. Chinesisch-japanisches Germanistentreffen Beijing 1990. Dokumentation der Tagungsbeiräge. Peking 1994.
15 Vgl. Veröffentlichungen des JDZB Band 12: Deutsche Literatur und Sprache aus ostasiatischer Perspektive. Berlin 1992.

deutschen Teilnehmern ausschließlich auf deutsch gesprochen wurde, gilt die deutsche Sprache seitdem unter den ostasiatischen Germanisten als eine zur Völkerverständigung dienende und freundschaftsstiftende Lingua franca. Es versteht sich von selbst, daß sie der deutschen Sprache und den deutschen Institutionen dafür sehr dankbar sind. So konnte im August 1994 zum erstenmal eine Regionaltagung des IDV in Peking stattfinden, an der chinesische, koreanische und japanische Germanisten mit deutschen, amerikanischen und vielen anderen ostasiatischen Germanisten bzw. Deutschlehrern freundschaftlich teilgenommen haben. Für die Sektionsarbeit stellte dabei das Goethe-Institut Peking seine Räume zur Verfügung, und Vertreter aus den Goethe-Instituten Seoul und Tokyo / Kansai nahmen daran als Beobachter teil.

Wenn die deutsche Sprache nicht nur in Osteuropa, sondern auch in Ostasien kulturell von so großer Tragweite ist, wird das Teamwork der Goethe-Institute Tokyo, Seoul und Peking besonders im Wortbereich notwendig und sinnvoll. Ein deutscher Wissenschaftler oder Künstler sollte z. B. seine Vortragsreise auf Einladung des Goethe-Instituts so weit wie möglich immer darauf ausrichten, diese Städte nacheinander zu besuchen. Das wäre für ihn selbst ein schönes Erlebnis, um feine Unterschiede in den ostasiatischen Kulturen festzustellen. Oder eine Ausstellung sollte nach Möglichkeit von Anfang an als eine Wanderausstellung konzipiert und transportiert werden. Der Erfahrungsaustausch im Deutschunterricht müßte auch noch häufiger und praxisnäher gemacht werden, weil jedes Goethe-Institut in Ostasien mit anderen methodischen oder materiellen Problemen konfrontiert ist als die anderen. Rasche Veränderungen in der Sozialstruktur oder technische Fortschritte in den Medien sind auch mitzuberücksichtigen. Bei allen diesen Projekten und Fragen werden die Germanisten in China, Korea und Japan, die nunmehr durch die gemeinsame Sprache Deutsch miteinander befreundet sind, gern mithelfen. Durch die weltweite Entwicklung des Internets wird Englisch immer mehr praktische Kommunikationssprache unter allen Nationen. Gegen diese Tendenz ist faktisch nichts zu machen. Selbst deutsche Naturwissenschaftler und Mediziner publizieren doch ihre Abhandlungen in englischer Sprache. Auf der anderen Seite behält Französisch sein Recht als die offizielle Konferenzsprache in der EU und wird weiterhin in der vornehmen Gesellschaft gebraucht. In dieser Situation soll sich

Deutsch aber mindestens in Japan oder Ostasien traditionsgemäß als Bildungssprache behaupten. „Quod si sal evanuerit, in quo salietur?" Ins geliebte Deutsch Fausts übersetzt heißt es: „Wenn das Salz schal wird, womit soll man es dann salzen?" (Mt. 5,13). Genau besehen lautet die in der Satzung verankerte Bezeichnung des Goethe-Instituts: Zur Pflege der deutschen Sprache im Ausland und zur Förderung der internationalen kulturellen Zusammenarbeit.[16] Die deutsche Sprache ist also ein wertvolles Mittel für das Ziel, einen deutschen Beitrag zu der sich heranbildenden Weltkultur zu leisten, wie Goethe als erster die Idee einer allgemeinen Weltliteratur ins Auge faßte. Die Japaner lieben deswegen Goethe den Universalisten und schätzen die deutsche Kulturinstitution mit dem gleichen Namen in demselben Sinne.

2. Goethe und die deutsche Wende

Was hätte Goethe wohl zum geteilten Deutschland in den vergangenen vierzig Jahren 1949–1989 gesagt, wo er selbst zwischen Frankfurt am Main und Weimar geteilt war? Hatte er doch in einem der *Xenien* schon einmal nach dem deutschen Reich gefragt: „Deutschland? aber wo liegt es? Ich weiß das Land nicht zu finden, Wo das gelehrte beginnt, hört das politische auf."[17] Bei der deutschen Wende hätte man sich ebenfalls an ein von H. Luden Goethe zugeschriebenes Wort aus der Zeit des Befreiungskrieges erinnern können: „Auch liegt mir Deutschland warm am Herzen. Ich habe oft einen bittern Schmerz empfunden bei dem Gedanken an das deutsche Volk, das so achtbar im einzelnen und so miserabel im ganzen ist." (13. Dezember 1813)

Glücklicherweise ist sein im Gespräch mit Eckermann ausgesprochener Wunsch im Zuge der Wiederverreinigung Deutschlands zusehends in Erfüllung gegangen:

---

16 Vgl. Stefanie Kaufmann, Die Förderung von Deutsch als Fremdsprache durch die Goethe-Institute in Japan. In: Ulrich Ammon (Hrsg.), Die deutsche Sprache in Japan. Verwendung und Studium. München 1994.
17 Goethes Werke. Artemis Gedenk-Ausgabe. Bd. 2, S. 455. Vgl. Bernd Witte: Goethe und die Deutschen. In: Sprache und Literatur in Wissenschaft und Unterricht. 83–1999, S. 73–89.

Mir ist nicht bange, daß Deutschland nicht eins werde; unsere guten Chausseen und künftigen Eisenbahnen werden schon das ihrige tun. Vor allem aber sei es eins in Liebe untereinander, und immer sei es eins gegen den auswärtigen Feind. Es sei eins, daß der deutsche Taler und Groschen im ganzen Reich gleichen Wert habe; eins, daß mein Reisekoffer durch alle sechsunddreißig Staaten ungeöffnet passieren könne. Es sei eins, daß der städtische Reisepaß eines weimarischen Bürgers von dem Grenzbeamten eines großen Nachbarstaates nicht für unzulänglich gehalten werde, als der Paß eines *Ausländers*. Es sei von Inland und Ausland unter deutschen Staaten überhaupt keine Rede mehr. (23. Oktober 1828)

Es war also kein Zufall, daß die Goethe-Gesellschaft in Weimar nach dem Zweiten Weltkrieg die einzige gesamtdeutsche Angelegenheit geblieben war.[18] Viele westdeutsche Staatsbürger waren ihre Mitglieder, um hauptsächlich alle zwei Jahre an ihrer Hauptversammlung in der Pfingstwoche teilnehmen zu können. Die Goethefeier 1982 im geteilten Deutschland war allerdings als Gegenstück zum andersartigen Goethejahr 1999 im wiedervereinigten Deutschland von besonderer historischer Bedeutung. Damals fand in Weimar eine internationale Festsitzung statt, an der Vertreter der einzelnen Goethe-Gesellschaften in Ost und West teilnahmen. Dazu wurde ich auch eingeladen, nachdem ich 1979 als Stellvertreter des Präsidenten der Japanischen Goethe-Gesellschaft zum erstenmal an der Hauptversammlung der Goethe-Gesellschaft in Weimar teilgenommen hatte. So fand im Februar 1982 anläßlich des 150. Todestages von Johann Wolfgang Goethe eine Gedenkveranstaltung in Weimar statt, bei der neben dem Festvortrag des Präsidenten Karl-Heinz Hahn Gastvorträge von Hikaru Tsuji, Tokyo, Richard Thieberger, Nizza, Peter Härtling, Mörfelden-Walldorf, Victor Lange, Princeton, und Peter Hacks, Berlin, gehalten wurden.[19]

---

18 Der damalige Präsident, Karl-Heinz Hahn, sorgte dafür, daß das Jahrbuch der Goethe-Gesellschaft in Weimar ab Band 89 (1972) vom ersten Band der ersten Reihe an durchnummeriert wurde.

19 Vgl. den Sonderband zum Goethe-Jahrbuch: Goethe heute. Über Stellung und Wirkung von Werk und Gedankenwelt Johann Wolfgang Goethes im geschichtlichen Selbstverständnis unserer Zeit. Sechs Ansprachen vorgetragen aus Anlaß einer festlichen Vorstandssitzung der Goethe-Gesellschaft am 13. Februar 1982.

In Weimar hatte ich auf diese Weise mehrmals Gelegenheit, die Aktivitäten der Nationalen Forschungs- und Gedenkstätten (NFG) kennenzulernen. Ich wußte u. a., daß nach dem Zweiten Weltkrieg der erste Präsident der Goethe-Gesellschaft in Weimar ein Westberliner Gymnasialprofessor Andreas W. Wachsmuth war, konnte aber nichts Näheres erfahren, warum es so geworden war. Als ich mich Anfang der sechziger Jahre in München mit einer Dissertation über Goethes Dichtungstheorie beschäftigte, habe ich für Goethes Briefwechsel mit Schiller eine Ausgabe von Hans H. Gräf benutzt, die 1957 in der DDR erschienen war. Es war mir seitdem bekannt, daß dort zuverlässige editorische Arbeiten geleistet wurden. Was die Fragestellung in der Goethe-Forschung anbelangt, so stand ich zwar einer ausschließlich marxistisch ausgerichteten Betrachtungsweise skeptisch gegenüber. Aber im Gegensatz zur ästhetisch werkimmanenten Interpretation war ich der gemäßigten Richtung einer damals schon kulturwissenschaftlichen Literatursoziologie dankbar verpflichtet.

In dem oben genannten Festvortrag wies z. B. Karl-Heinz Hahn für mich richtungsweisend darauf hin, daß seit mehr als 150 Jahren entschiedene Kritiker Goethes sich zu Wort gemeldet und Argumente ins Feld geführt haben, die nicht einfach von der Hand zu weisen sind, und bemerkte dazu:

> Und natürlich finden sich in diesem vielgestaltigen Gesamtwerk Schriften und Textpassagen, denen man nicht zustimmen kann; erinnert sei nur an die Newton-Polemik, an einzelne Urteile über bildende Kunst und Künstler seiner Zeit oder auch an die späte Romantik-Polemik. Ebensowenig kann übersehen werden, daß einzelne persönliche politische Entscheidungen Goethes durchaus im Widerspruch stehen zu unserem heutigen Geschichtsverständnis. Das ist nicht zu übersehen und sei auch nicht verschwiegen. Darauf sei verwiesen als Antwort auf jede Form von Schwärmerei und falschem Goethe-Kult, der Wort und Werk des Dichters nur gar zu gern zu einer Form säkularisierter Religion zu stilisieren sucht. Das Erstaunen über die Weite und Gedankentiefe des Gesamtwerkes, von dem ich eingangs sprach, wird dadurch jedoch nicht eingeschränkt.[20]

Ich habe mir also seither in meiner Goetheforschung auferlegt, Fehlurteile des Dichters im einzelnen festzustellen und seine menschliche Größe anhand seiner Werke zu präzisieren.

---

20 Ebd., S. 19 f.

Über die NFG habe ich erst nachträglich durch eine Denkschrift nähere Einzelheiten in Erfahrung bringen können.[21] Von der Bezeichnung in der Denkschrift „Die Goethe-Institute" war ich freilich nicht wenig verwirrt, habe aber bald herausgefunden, daß damit die Weimarer Institute gemeint waren, die zur Dachorganisation NFG als Forschungsinstitute gehörten. Es fiel mir auf, daß der Hauptverfasser der Denkschrift, Helmut Holtzhauer, wiederholt von einer Kulturrevolution sprach. So heißt es schon am Anfang programmatisch: „Im Prozeß der sozialistischen Kulturrevolution und im Rahmen eines sozialistischen Bildungs- und Erziehungssystems sind der deutschen Philologie, der Germanistik, höchst wichtige Aufträge erteilt." (S. 9) Dazu wird ergänzend noch bemerkt: „Der Germanistik in der Deutschen Demokratischen Republik sind so zahlreiche und brennende Aufgaben gestellt, daß es nur bei größter Ökonomie der Kräfte möglich sein wird, die für die nächsten Jahre dringlichen Bedürfnisse zu befriedigen." (S. 29) Dabei kommt den 1953 gegründeten NFG eine besondere Aufgabe zu:

> Sie sind ein selbständiges gesellschaftswissenschaftliches Forschungsinstitut, das einzige seiner Art in der Deutschen Demokratischen Republik neben dem Institut für deutsche Sprache und Literatur der Deutschen Akademie der Wissenschaften zu Berlin.(S. 17)

Vorausgegangen waren die beiden Weimarer Institute, Goethe-Nationalmuseum sowie das Goethe- und Schiller-Archiv, und „zu Beginn des Jahres 1954 übernahm Helmut Holtzhauer als Direktor der Forschungs- und Gedenkstätten die Gesamtleitung der Weimarer Institute, nachdem sie um die Zentralbibliothek der deutschen Klassik und das Institut für deutsche Literatur erweitert waren." (S. 24)

---

21 Vgl. insbesondere: Die Goethe-Institute für deutsche Literatur. Denkschrift über Arbeit und Aufgaben der Nationalen Forschungs- und Gedenkstätten der klassischen deutschen Literatur in Weimar. Weimar, 7. Oktober 1959. Herausgegeben zum 10. Jahrestag der Gründung der Deutschen Demokratischen Republik. Danach erschienen noch: Die 75-Jahr-Feier der Goethe-Institute in Weimar 1960: Vom Werden und Wachsen der Weimarer Goethe-Institute. Ansprachen zur Festsitzung und Vorträge der wissenschaftlichen Konferenzen anläßlich der Feier des zehnjährigen Bestehens der Nationalen Forschungs- und Gedenkstätten der klassischen deutschen Literatur in Weimar 27. bis 30. August 1964. Weimar 1965.

Nach der Gründungsverordnung hatten die NFG zudem der „patriotischen und fortschrittlichen Erziehung" zu dienen. „Obwohl die Weimarer Institute sich in erster Linie der Forschung widmen, so sagt schon die Doppelbezeichnung Forschungsstätten *und* Gedenkstätten, daß in Weimar eine Doppelaufgabe gestellt ist." (S. 38) Damit war schließlich auf die Volksbildung im sozialistischen Erziehungs- und Bildungssystem abgezielt. Daher kam die enorme Volksbildungsarbeit, die fast einem neuen Goethe-Kult ähnlich aussah. Die Voraussetzung dafür war aber auf jeden Fall, daß die Gedenkstätten als solche in gutem Zustand konserviert bzw. rekonstruiert werden sollten. „Der Umfang und die Dringlichkeit der Maßnahmen ist um so größer, als bei der Gründung der Forschungs- und Gedenkstätten die Zahl der Gedenkstätten auf zweiundzwanzig stieg."(S. 26) In der Gründungsverordnung hieß es ausdrücklich: „Die Gedenkstätten mit ihren Erinnerungsstücken sind als wertvolles Kulturgut zu erhalten und sorgfältig zu pflegen." (S. 45) Zu ihnen gehörten nachstehend genannte Baudenkmäler: Goethe-Nationalmuseum, Goethe-Gartenhaus, Goethe-Schiller-Gruft, Kassengewölbe, Römisches Haus, Wittumspalais, Kirms-Krackow-Haus, Schiller-Haus, Franz-Liszt-Haus, Schillerhaus in Bauerbach, Schillerhaus in Jena, Goethe-Gedenkstätte in Jena, Dornburger Schlösser, Jagdschloß Gabelbach, Jagdhaus auf dem Kickelhahn, Schloß Großkochberg, Goethe-Theater Bad Lauchstädt, Goethe-Gedenkstätte Stützerbach, Wieland-Grab Oßmannstedt und Wieland-Gedenkstätte, Schloß Belvedere, Schloß Tiefurt, Schloß Ettersburg.

In der Denkschrift befinden sich darüber hinaus noch folgende Einzelberichte: Die Pflege und Erhaltung der Gedenkstätten der deutschen Klassik (Alfred Jericke); Die Erschließung der Goetheschen Kunstsammlung (Gerhard Femmel); Ordnungs- und Verzeichnungsarbeiten im Goethe- und Schiller-Archiv (Karl-Heinz Hahn); Vom Auskunftsdienst der Zentralbibliothek der deutschen Klassik (Wolfgang Vulpius); Die Betreuung der Besucher in den klassischen Stätten (Gerhard Hendel / Manfred Kahler); Bibliothek deutscher Klassiker. Aufgabe und Entwicklung (Hans Böhm); Die Arbeitsgemeinschaft „Der lesende Arbeiter" (Karl Hossinger). Es geht daraus hervor, wie mannigfaltigen Aufgaben die NFG oblagen. Welche insbesondere von den zahlreichen wissenschaftlichen Projekten bleibenden Wert gehabt haben, darüber wird die Wissenschaftsgeschichte der Germanistik bzw. Goetheforschung letztlich entscheiden. Als am meisten gesichert wird sich zweifellos ihre philologische Arbeit erweisen, zumal auch die Edition von Goethes Sammlungen zur Kunst, Literatur und Naturwissenschaft oder auch zu den amtlichen Schriften dazu gehört.

Beachtenswert ist aber vor allem die Neugestaltung des einstigen Goethe-Nationalmuseums, da sie den jeweiligen Standpunkt der vorherrschenden Goetheauffassung widerzuspiegeln scheint. Zum Goethejahr 1982 wurde der Naturwissenschaftler Goethe in den Vordergrund gestellt, und nach der deutschen Wende wurde der universale Mensch Goethe herausgehoben. Aber als das Goethe-Museum unter Helmut Holtzhauer ohne das Attribut „national" in den Jahren 1957–1960 völlig neu gestaltet wurde,[22] lag eine bewußt sozialistische Auffassung Goethes mit dem Schwerpunkt Faust zugrunde, die folgendermaßen umschrieben war:

> Mit der Neugestaltung wird der Versuch unternommen, im literarhistorischen Museum das Werk Goethes in seinen Hauptleistungen anschaulich und den gesellschaftlichen und historischen Zusammenhang deutlich zu machen. Es wird die Rolle von Deutschlands größtem Dichter in der sozialen und nationalen Bewegung Deutschlands zwischen 1770 und 1830 herausgearbeitet und versucht, ihn vor allen Dingen als Schöpfer einer deutschen Nationalliteratur und eines deutschen Nationaltheaters an der Spitze seiner Zeitgenossen zu zeigen. Zum ersten Male werden Goethes Leben und Werk auf Grund zeitgenössischer Dokumente im Zusammenhang mit den gesellschaftlichen und ideologischen Erscheinungen dargestellt. (S. 40)

Es handelte sich also bei der gründlichen Umgestaltung des Goethe-Nationalmuseums, das 1949 noch ein „Goethezeit-Museum" darstellte, um eine literatursoziologische Betrachtungsweise im Sinne von Georg Lukács. Im Rahmen der literarhistorisch abgesteckten deutschen Bewegung, in der Goethe als „Schöpfer einer deutschen Nationalliteratur" galt, spielte jedoch seine Idee der Weltliteratur kaum eine Rolle, obwohl der Sozialismus für

---

22 Vgl. Helmut Holtzhauer: Goethe-Museum. Werk, Leben und Zeit Goethes in Dokumenten. Berlin und Weimar 1969. Über den neuesten Stand des Goethe-Nationalmuseums in Weimar vgl. die Zeitschrift zur Ausstellung „Vernissage". Nr. 8/1999. Jahrgang 42.

eine internationale Solidarität offen sein sollte. Es scheint vielmehr, daß beim Goethe-Museum die NFG trotz der Fortlassung des Attributs „national" zumindest einem kulturellen Nationalismus verhaftet geblieben waren. Dagegen wurde nach der deutschen Wende eine literaturkomparatistische Betrachtungsweise stärker geltend gemacht. Als nämlich das Goethe-Institut München im März 1997 ein vorbereitendes Symposium für das Goethejahr 1999 veranstaltete, wurde eben das Thema „Weltliteratur" angesprochen.[23] Mittlerweile waren die NFG in die Stiftung Weimarer Klassik umorganisiert, die mit der Goethe-Gesellschaft in Weimar keine Personalunion mehr hatte. Diese wollte ihrerseits unter der Präsidentschaft von Werner Keller eine internationale Goethe-Gesellschaft sein, mußte aber aus organisatorischen Gründen noch einige Jahre auf diese Bezeichnung warten.

Ansonsten war in der Denkschrift davon die Rede, daß 1954 die ersten Maßnahmen der Herstellung der Goethe- und Schillergruft gegolten hätten, die aus der Weimarer Fürstengruft umbenannt worden war (S. 46). Im März 1999 berichtete *Der Spiegel* überraschenderweise: „Goethes Leichnam wurde im Jahre 1970 ans Licht geholt und konservatorisch behandelt. Aus Angst vor Kritik aus dem Westen erklärte man die Prozedur zur geheimen Staatsaktion." (12/1999) Nach einem Nachtrag warf ein bisher unbekanntes Protokoll von Jenaer Medizinern neues Licht auf den Umgang mit des Dichters sterblicher Hülle, und zwar mit einigen Fotodokumenten. Der Würzburger Germanist Günter Hess antwortete in einem Interview u. a. auf die Frage, was so verstörend gewesen sei, wie folgt: „Ich hätte zum Beispiel nie gedacht, daß Goethes Haupt noch so gut erhalten sein könnte, mitsamt dem Lorbeerkranz vom März 1832. Das hatte doch etwas sehr Authentisches und Anrührendes. Und dann dagegen hinterher das völlig freipräparierte Skelett – es sah makaber und komisch zugleich aus."(14/1999) Da wurde man unweigerlich an das als „Reliquien" oder „Bei Betrachtung von Schillers Schädel" betitelte Gedicht erinnert, das Goethe 1829 am Ende der *Wanderjahre* ohne Überschrift veröffentlicht hatte:

---

23 Vgl. Goethes Begriff der Weltliteratur. Bericht vom Symposium Weimar 18. bis 21. März 1997. Hrsg. v. Goethe-Institut München.

> Daß in des Raumes Moderkält' und Enge
> Ich frei und wärmefühlend mich erquickte,
> Als ob ein Lebensquell dem Tod entspränge.
> Wie mich geheimnisvoll die Form entzückte!
> Die gottgedachte Spur, die sich erhalten!
> Ein Blick, der mich an jenes Meer entrückte,
> Das flutend strömt gesteigerte Gestalten.
> Geheim Gefäß! Orakelsprüche spendend,
> Wie bin ich wert, dich in der Hand zu halten,
> Dich höchsten Schatz aus Moder fromm entwendend
> Und in die freie Luft zu freiem Sinnen,
> Zum Sonnenlicht andächtig hin mich wendend.[24]

Als übrigens im September 1990 im Goethe-Institut Tokyo ein Kolloquium mit den deutschen Schriftstellern und Literaturwissenschaftlern veranstaltet wurde, lautete das vorgesehene Thema „Auswirkungen der deutschen Wende auf die deutsche Literatur". Es ging aber nicht so sehr, wie ich mir als Moderator dachte, um literaturwissenschaftliche Probleme wie die Standortbestimmung der deutschen Gegenwartsliteratur in der Literaturgeschichte oder die Bedeutung der BRD- bzw. DDR-Literatur in den vergangenen Jahrzehnten für die Zukunft, sondern vielmehr um das in den 70er Jahren wieder so aktuell gewordene Verhältnis von Politik und Literatur im geeinten Deutschland. Das gelehrte Deutschland ist den Japanern durch ihre langjährige Beschäftigung mit der deutschen Sprache und Kultur ziemlich gut bekannt, ohne Österreich und die deutschsprachige Schweiz auszuschließen. Aber das politische Deutschland recht zu begreifen, fällt ihnen schon schwer, weil es geschichtlich sehr kompliziert ist. Besonders schwer war es ihnen, radikale politisch-soziale Änderungen in Deutschland nach dem Fall der Berliner Mauer zu verfolgen und ihre Konsequenzen für die deutsche Literatur einigermaßen zu verstehen.

---

24 Goethes Werke. Hamburger Ausgabe, Bd. 1, S. 366 f. Nach der Thüringer Allgemeinen Zeitung vom 18. März 1999 zitierte übrigens die FAZ, die über den Zustand des Sarkophags Goethes in Weimar näher berichtet hatte, im Hinblick auf seinen Schädel: „Im Schädelinneren fand sich nur eine staubartige Masse." Vgl. Albrecht Schöne: Schillers Schädel. Verlag C. H. Beck. München 2002.

Bei der Diskussion ging es grundsätzlich um die literatursoziologischen Probleme, wieweit die Schriftsteller und Literaturkritiker einschließlich der Goetheforscher gleichsam wie Seismographen das Zeitgeschehen wachsam verfolgten, und wie sie sich vor allen anderen damit kritisch auseinandergesetzt und es in ihren Werken und Schriften zu bewältigen gesucht haben. Hier konnte abermals von einem Zitat aus Goethe ausgegangen werden. Im Vorwort von *Dichtung und Wahrheit* ist doch seine Überzeugung von dem Verhältnis der Literatur zur Politik im allgemeinen ausgesprochen:

> Dieses scheint die Hauptaufgabe der Biographie zu sein, den Menschen in seinen Zeitverhältnissen darzustellen, und zu zeigen, inwiefern ihm das Ganze widerstrebt, inwiefern es ihn begünstigt, wie er sich eine Welt- und Menschenansicht daraus gebildet, und wie er sie, wenn er Künstler, Dichter, Schriftsteller ist, wieder nach außen abgespiegelt.[25]

Diese Worte könnte man ohne weiteres ebenfalls auf die Aufgabe der deutschen Literatur nach der neuen Wende in der deutschen Geschichte anwenden und im einzelnen fragen:

1) Durch die Vereinigung der beiden Teile Deutschlands verändert sich die deutsche Realität radikal, d. h. politische, wirtschaftliche und soziale Verhältnisse sowohl in der alten Bundesrepublik als auch in der DDR mit den neuen fünf Bundesländern verändern sich in einem Nu grundlegend. Wie sehen die bereits erfolgten Veränderungen aus, und wie werden sie weiter vor sich gehen? Ein vorläufiger Überblick und eine Prognose wie im Fernsehwetterbericht wären sehr aufschlußreich, auch wenn sie noch so unzureichend sein sollten.

2) Diese fast unvorhergesehene neue Situation im vereinigten Deutschland bringt wieder Veränderungen in allen Bereichen des Geisteslebens mit sich. Wie wird sie sich auf die Psyche, auf die Seele der Deutschen auswirken? Es ist eigentlich erstaunlich, daß die Identität des deutschen Volkes über alle politischen und ideologischen Trennungen hinweg aufrecht erhalten ist. Die Reaktion der in den beiden Teilen Deutschlands lebenden Menschen auf verschiedene Lebensbereiche muß jedoch nach einer so langen Eigenentwicklung recht unterschiedlich sein.

---

25 Hamburger Goethe-Ausgabe, Bd. 9, S. 9.

3) Die deutschsprachige Literatur hat nach der Teilung Deutschlands zwei verschiedene Literaturen in der BRD und DDR hervorgebracht. Gemeinsam ist ihnen trotz allem eine mehr oder weniger kritische Einstellung gegenüber dem Establishment bzw. Regime, wobei jedoch die Freiheit der Meinungsäußerung hier und dort total anders war. Was für eine gesellschaftliche Rolle wird die Literatur wohl in dem einen Deutschland spielen?

4) Während die DDR-Autoren vorwiegend den sozialkritischen Problemen zugewandt waren, zeigten die BRD-Autoren neben der Zeitkritik auch für religiöse Probleme ihr Interesse und bedienen sich manchmal mythenbildender Gestalten. Werden sich beide Problemebenen in der zukünftigen deutschen Literatur enger miteinander verbinden lassen, wie es traditionell der Fall war?

Solche Fragestellungen waren einmal von einem japanischen Goetheforscher unmittelbar nach der deutschen Wende als Orientierungsversuch für seine weiteren germanistischen Studien ausgedacht. Aber es war selbstverständlich verfrüht, von den deutschen Kollegen wissenschaftlich fundierte Antworten auf so schwierige Probleme zu erhalten. Inzwischen sind schon über zehn Jahre vergangen, ohne daß er sich zumindest mit der Goetheforschung im wiedervereinigten Deutschland genügend beschäftigt hätte. Im Augenblick geht es ihm nur darum, einen bescheidenen Beitrag zum akademischen Austausch in der Germanistik zu leisten.[26]

3. Wiederentdeckung Goethes im Jubiläumsjahr 1999

Goethe gilt traditionsgemäß als Symbolfigur für die deutsche Kultur, heißt doch die kulturelle Institution der Bundesrepublik Deutschland zur Pflege der deutschen Sprache und Kultur im Ausland symbolisch genug „Goethe-Institut". Aber der Dichter der Weimarer Klassik scheint bei dieser ursprünglich westdeutschen Einrichtung nicht unbedingt beliebt gewesen zu sein. Denn

---

26 Vgl. darüber hinaus Naoji Kimura: Der „Ferne Westen" Japan. Zehn Kapitel über Mythos und Geschichte Japans. Röhrig Universitätsverlag. St. Ingbert 2003.

Goethe war mit Deutschland selbst geteilt und repräsentierte nicht mehr die ganze deutsche Kultur, obwohl man noch vor dem Fall der Berliner Mauer auf der Hauptversammlung der Goethe-Gesellschaft in Weimar gern von einer gesamtdeutschen Angelegenheit sprach. Außerdem hatte man vielfach den Eindruck, daß die Goethebilder diesseits und jenseits der deutsch-deutschen Grenze beträchtlich verschieden waren. Während die einen ihr ethisch-ästhetisches Goethebild mehr aus den literarischen Werken bildeten, beruhte das Goethebild der anderen auf dem tätigen Menschen mitten in der Welt.[27] Nach der deutschen Wende scheint ferner der literaturgeschichtliche Epochenbegriff „Deutsche Klassik" aus irgendeinem Grund durch „Weimarer Klassik" ersetzt worden zu sein.

Auch war Goethe für die Jugend sowohl in West- als auch in Ostdeutschland im Grunde genommen nicht modern. In der postmodernen Welt muß er ihnen vielmehr als praemodern *per se* vorgekommen sein. Ulrich Plenzdorfs *Die neuen Leiden des jungen W.* (1973) war symptomatisch dafür. Um seine Modernität zu entdecken, mußten sich denn auch die Goetheforscher der älteren Generation mit philologischer Akribie und sozialgeschichtlicher Argumentation abmühen. Daß er aber zehn Jahre nach der Wiedervereinigung einen besonderen Symbolwert hat, versteht sich von selbst, zumal seine Geburtsstadt Frankfurt am Main inzwischen zum Wirtschaftszentrum der EU avanciert ist und seine Wahlheimat Weimar als „Kulturhauptstadt Europas 1999" ein beliebtes Reiseziel verschiedener Kongreßteilnehmer wie auch internationaler Touristen geworden ist. Mit einem Wort: Goethe kann gegenwärtig als Symbol für die Prosperität der neuen Bundesrepublik Deutschland gelten. Es kommt nur darauf an, wie man aus einem sogenannten Gipsklassiker einen lebendigen Goethe macht, und dafür läßt man sich alles Mögliche einfallen. Es gibt zur Zeit in Weimar sogar eine Goethe-Puppe für das Kaspertheater zu kaufen, damit man sich dem Dichterfürsten mit Vergnügen, ja spielerisch nähern kann. So etwas war früher unvorstellbar. Die englische Karikatur des von Joseph Karl Stieler gemalten

---

27 Vgl. Karl Robert Mandelkow: West-östliche Goethe-Bilder. Zur Klassikrezeption im geteilten Deutschland. In: Beilage zur Wochenzeitung das Parlament. B. 11/82, 20. März 1982; derselbe, Gesammelte Aufsätze und Vorträge zur Klassik- und Romantikrezeption in Deutschland. Peter Lang Verlag. Frankfurt am Main 2001.

Dichterfürsten durch Daniel Maclise, auf die noch T.S. Eliot bei seinem Hamburger Vortrag (1958) hingewiesen hat, dürfte in Australien schon bekannt sein, aber ein Goethe im Puppentheater geht über eine japanische Karikatur „Goethe in Kimono und Geta" hinaus.[28]

Kritisch besehen erweist sich dieser Symbolwert Goethes in mehrfacher Hinsicht als zweideutig, um nicht zu sagen fragwürdig. Natürlich muß man zunächst daran festhalten, daß Goethe wie kein anderer Deutscher dazu geeignet ist, die deutsche Einheit zu symbolisieren. Wer sonst würde dafür in Frage kommen? Dieser symbolische Wert kann also nicht hoch genug eingeschätzt werden. Der Alt-Bundespräsident Roman Herzog hat in seiner am 14. April 1999 im Kaisersaal des Frankfurter Römer gehaltenen Goethe-Rede darauf mit folgenden Worten nachdrücklich hingewiesen: „Heute, obwohl wir die staatliche Einheit wiedererlangt haben, ist dieses kulturelle Band nicht überflüssig geworden. Wir brauchen es, um als Nation wirklich zusammenzuwachsen, und nicht weniger als früher."[29] Für den Alt-Bundespräsidenten ist es keine Frage, daß Goethe in seinem Vaterland heute noch als Repräsentant der deutschen Kultur anerkannt wird. Gerade deshalb wird die Vertretung dieser Kultur im Ausland weiterhin mit dem Namen Goethes verbunden. Dabei hat der frühere Juraprofessor und der oberste Richter offensichtlich mehr den Menschen Goethe ins Auge gefaßt als den Dichter mit dessen literarischen Werken.[30]

Abgesehen von dieser positiven Rolle Goethes für das wiedervereinigte Deutschland finden sich freilich einige Symptome, die mir auch bedenklich und insofern negativ erscheinen. Es sind etwa eine gewisse Instrumentalisierung Weimars, eine technische Säkularisierung des Goethe-Kultes, eine wieder in Vergessenheit geratene Klassikerfeindlichkeit der siebziger Jahre und nicht zuletzt ein offenkundiger Nachholbedarf an Goethe-

---

28 Vgl. Naoji Kimura: Goethes Bedeutung für die japanische Bildungstradition. In: Sprache, Literatur und Kommunikation im kulturellen Wandel. Festschrift für Eijiro Iwasaki anläßlich seines 75. Geburtstags. Tokyo 1997.
Vgl. Goethe-Zeichnungen S. 226.
29 Der Text der Rede liegt nun gedruckt vor in: Etudes Germaniques. 54ᵉ 1999 Numéro Hors série. S. 11–18.
30 Vgl. Katharina Mommsen: Goethe und unsere Zeit. Sonderdruck. edition suhrkamp. Frankfurt am Main 1999.

Kenntnissen. Beim Rummel um „Goethe '99" fragt man mit Recht, „ob der National-Klassiker soviel Werbung überhaupt nötig hat"[31].

Was die Instrumentalisierung Weimars anbelangt, so ist damit nicht die Touristik mit ihren wirtschaftlichen Interessen, sondern seine politische Bedeutung gemeint. Das hat schon eine deutsche Zeitung am 21. September 1991 mit der Schlagzeile „Weimar macht wieder Politik" angedeutet, als zwei Staatsoberhäupter, François Mitterrand und Richard von Weizsäcker, in Weimar zusammentrafen und sich beim Rundgang durch die Stadt freundschaftlich mit einer Thüringer Rostbratwurst stärkten. Der dreitägige Deutschlandbesuch führte Mitterrand auch nach Brandenburg und Sachsen. Damals sollen 30 französische Firmen 162 Betriebe in den neuen Bundesländern gekauft haben, um so zum Aufschwung ostdeutscher Wirtschaft beizutragen. In der Tat war Weimar auch vor dem Krieg politisch nicht unbedeutend. Genau vor achtzig Jahren entstand in dieser Stadt immerhin die Reichsverfassung der Weimarer Republik. Aber in diesem Jahr gedenkt man anscheinend dieser seinerzeit demokratischsten Staatsverfassung in Deutschland viel weniger als des „unpolitischen" Goethe[32]. Wie Thomas Mann im Jahre 1949 allen Ernstes einen Vortrag über „Goethe und die Demokratie" in Oxford hielt[33], so müßte man sich noch einmal mit dem heute so aktuellen Thema beschäftigen. Goethe soll ja Furcht vor der Demokratie gehabt haben.

Wie bereits gesagt, war mit der Teilung Deutschlands die Verehrung für Goethe selbst geteilt. Es dürfte zum erstenmal gewesen sein, daß der jährlich von Inter-Nationes, Bonn, herausgegebene Tischkalender im Jahre 1990 sofort auf der Titelseite eine Fotoaufnahme vom Goethe-Schiller-Denkmal in Weimar brachte. Ein Überblick über die darin

---

31 Vgl. Editorial der Vierteljahrsschrift „DAAD-Letter", Nr. 2 Juni 1999, in dem auch ein interessanter Artikel „Ein Hoch auf Goethe. Die Deutschen, der Dichter und der 250. Geburtstag" enthalten ist.
32 Vgl. Wolfgang Rothe: Der politische Goethe. Dichter und Staatsdiener im deutschen Spätabsolutismus. Göttingen 1998; W. Daniel Wilson: Unterirdische Gänge. Goethe. Freimaurerei, und Politik. Göttingen 1999.
33 Vgl. Thomas Mann: Goethe und die Demokratie. In: Goethe's Laufbahn als Schriftsteller. Zwölf Essays und Reden zu Goethe. Fischer Taschenbuch 5715, S. 283–308.

fotographierten sechzig west- und ostdeutschen Kleinstädte enthielt u. a. die Bemerkung: „Mit Jena, wo der Dichter Friedrich Schiller und der Philosoph Georg Wilhelm Friedrich Hegel wirkten, rückt zugleich das kulturelle Deutschland in den Blick, für das des weiteren Weimar als Wahlheimat Goethes steht." Dieser bescheidene Hinweis auf Weimar beruhte in den ersten Jahren der Wiedervereinigung wohl auf der Unsicherheit des Urteils über die weitere Entwicklung der Stadt in kulturpolitischer Hinsicht. Das Problem des Konzentrationslagers Buchenwald blieb in der Öffentlichkeit noch lange unerörtert, wenngleich die scharfe Kritik eines Richard Alewyn an der Goethe-Feier 1949 frühzeitig die Goetheforscher zur Stellungnahme aufgefordert hatte.[34]

Ansonsten wurde im Bordbuch der Lufthansa 4/91 die Frage aufgeworfen: „Goethe und Schiller. Weimar ist ohne sie undenkbar. Was würden sie heute über Weimar denken? Auf dem Standbild vor dem Theater wird das Vergehen der Zeit entfernt: Vergangenheitsbewältigung mit Messern und Meißeln." Der letzte Satz ist ohne das daneben stehende Foto über die Restaurierungsarbeiten an den Dichterdioskuren nicht zu verstehen. Für die Westdeutschen, die bis dahin Weimar nicht besuchen konnten, stellt dann Kurt Kisters Essay „Weimar und der Gang der Geschichte" die Stadt näher vor, und zwar mit den eindrucksvollen Fotos von Dirk Reinartz. Darunter befand sich auch eine Farbaufnahme der vom belgischen Architekten Van de Velde erbauten schönen Fassade des Nietzsche-Archivs, das in der DDR-Zeit gar nicht zu den Sehenswürdigkeiten Weimars gezählt worden war. Es wird auch schon bemerkt, seit der Wiedervereinigung stehe Weimar nicht mehr nur im Zeichen der Deutschen Klassik, sondern auch der Marktwirtschaft. Man müßte dann hinzufügen, daß Goethe nicht nur den kulturellen Symbolwert, sondern leider auch einen kapitalistischen Gebrauchswert für die moderne Touristik angenommen hat. Diese neue Diskrepanz entspricht in verkehrter Weise den alten Gegensätzen zwischen dem geistigen Anspruch der Weimarer Klassik und der Realität des Sozialismus.

---

34 Im Weimarer Symposium des Goethe-Instituts München 1999 war das Problem schon ganz ernst genommen. Vgl. Anm. 23.

Bekanntlich lehnte Karl Jaspers 1947 den seit Herman Grimm landesüblichen nationalen Goethe-Kult entschieden ab.[35] Im Goethejahr 1999 hat der Alt-Bundespräsident Roman Herzog die Deutschen ebenfalls davor gewarnt, den Menschen Goethe unkritisch zu idealisieren. Seiner Ansicht nach hat die Idealisierung zum „Olympier" bis in die jüngste Zeit den klaren und nüchternen Blick auf Leben und Werk Goethes oft eher verstellt. Aber angesichts einer Flut von Vorträgen, Symposien, Theateraufführungen, Filmvorführungen, Liederabenden, Ausstellungen usw., die im Laufe des Goethesjahres 1999 weltweit veranstaltet und durch technische Mittel wie Internet und CD-Rom verbreitet werden, ist man versucht, von einem neuen Goethe-Kult zu sprechen. War Goethe aber nur eine ideale Identifikationsfigur, als die großen Geister Europas 1932 zu Ehren des deutschen Dichters ihre Beiträge zur *Neuen Rundschau*, Jahrgang 1932, verfaßten? Oder sind die Aufsätze, wie sie von Hans Mayer in dem Sammelband *Goethe im XX. Jahrhundert* zusammengestellt wurden,[36] nur Indizien für eine wenn auch kritische Idealisierung Goethes? Es ist bestimmt nicht als Goethe-Kult anzusprechen, wenn man sich jahrelang mit Goethes Leben und Werk beschäftigt und sich mit ihm respektvoll auseinandersetzt. Was man heutzutage vielerorts beobachten kann, ist aber ein säkularisierter Goethe-Kult ohne viel Respekt vor dem Dichter. Die etwas übertriebene Goethepflege in den einstigen Nationalen Forschungs- und Gedenkstätten in Weimar könnte man eher als einen politischen Goethe-Kult bezeichnen.

Dagegen ist die Goethe-Ferne bzw. Klassikerfeindlichkeit nach 1968 in Westdeutschland vor Augen zu halten. Die durch die damalige Ideologiekritik hervorgerufene Goethe-Ferne unter der akademischen Jugend stellt etwas anderes dar als „der ferne Goethe", den der Alt-Bundespräsident für die heutigen Menschen wahrnehmen will. Die links ausgerichtete

---

35 Vgl. Karl Jaspers: Unsere Zukunft und Goethe. Zürich 1948.
36 Vgl. Hans Mayer: Goethe im XX. Jahrhundert. Spiegelungen und Deutungen. Hamburg 1967. Alle darin enthaltenen Goethe-Aufsätze sind im Sonderband der neuesten Goetheausgabe des Ushio-Verlags ins Japanische übersetzt. Für die französischen Goethe-Verehrer gilt Goethe meist als Symbol für Europa. Vgl. Heinz Kindermann: Das Goethebild des 20. Jahrhunderts. Zweite, verbesserte und ergänzte Ausgabe. Darmstadt 1966, S. 449 f.

Ideologiekritik hörte im Jahre 1983 mit dem Regierungsantritt Helmut Kohls plötzlich auf, und die zwei großen Goetheausgaben vom Klassiker Verlag und Hanser Verlag wurden sofort in Angriff genommen, die beide wahrscheinlich noch in diesem Jubiläumsjahr abgeschlossen werden. Eine Kursänderung im Hinblick auf Goethe ist mit dem Regierungswechsel durch Bundeskanzler Gerhard Schröder nicht eingetreten. Vielmehr wird die Goethe-Freudigkeit immer größer. Obwohl der Gedächtnisdiskurs in den Fachkreisen sehr lebhaft geführt wird, scheint die Erinnerung an die Zeit der Goethe-Ferne unter den deutschen Bildungsbürgern von heute längst verloren gegangen zu sein. Im 19. Jahrhundert gehörte es zur Bildung der deutschen Bürger, anhand der populären Goethebiographien viel von den Weimarer Klassikern, besonders über Goethe zu wissen.

Heutzutage kann man wieder eine Menge Informationen über Goethe im Internet abrufen. Es handelt sich dabei um verschiedenste Auskünfte, die sich von den ernstzunehmenden Mitteilungen über wissenschaftliche Institutionen, Publikationen, Forschungsprojekte oder Symposien bis zu den biographischen Angaben, literarischen Leseproben, unterhaltsamen Anekdoten ode Plaudereien in Leserbriefen erstrecken.[37] Bei so großem Angebot von Goethe-Informationen kann man sich zweierlei denken. Einerseits ist es sehr erfreulich, daß virtuelle Kenntnisse über Goethes Leben und Werk mit den modernsten Mitteln der neuen Medien auf einmal durch die ganze Welt verbreitet werden. Wie die Internet-Benutzer aufgrund dieser Kenntnisse zu einer substantiellen Meinungs- oder Urteilsbildung über Goethes Werke kommen, ist jedoch schwer zu erfassen. Andererseits ist zu befürchten, daß sie in Wirklichkeit einen großen Nachholbedarf an Grundkenntnissen haben, da sie sich in der Jugend durch die Goethe-Ferne ihrer Lehrer nicht sehr viel von der Goethezeit angeeignet haben. Die vielen Wandplakate hier im Goethe-Institut Sydney sollen eben dazu dienen, den jungen Leuten diese mangelnden Goethe-Kenntnisse erneut zu vermitteln.

---

37 Vgl. Naoji Kimura: Goethe im Internet. In: derselbe, Der „Ferne Westen" Japan. S. 189–198.

Zum Schluß möchte ich auf das vorerwähnte zeitkritische Wort Rudolf Huchs aus seinem erstmals vor hundert Jahren erschienenen Büchlein *Mehr Goethe* noch einmal hinweisen, um die ähnliche Situation bei der Goethe-Feier um die Jahrhundertwende zu demonstrieren. Im Zeitalter der Massenmedien spielt allerdings die Literatur für die Gesellschaft keine so große Rolle mehr wie im 19. Jahrhundert. So müßte man das Wort „Literatur" in dem Zitat zu besserer Anwendung mit „Gesellschaft" ersetzen.[38] In den *Maximen und Reflexionen* findet man dementsprechend eine bedeutende Aussage von Goethe selbst über die Nachwirkung des Menschen nach dem Tode. Er schreibt: „Höchst merkwürdig ist, daß von dem menschlichen Wesen das Entgegengesetzte übrigbleibt: Gehäus und Gerüst, worin und womit sich der Geist hienieden genügte, sodann aber die idealen Wirkungen, die in Wort und Tat von ihm ausgingen."[39] Goethes Schädel und Gerippe hat man in diesem Gedenkjahr überraschenderweise im Foto zu sehen bekommen.[40] Ob aber der wirkliche Einfluß des Weltbürgers Goethe auf die Gesellschaft tatsächlich bemerkbar ist, das ist bei so großem Aufwand von Veranstaltungen doch noch fraglich.[41] Ich sage nicht pessimistisch: „Viel Lärm um nichts", ich veranstalte selbst an meiner Universität in

---

38 Vgl. Anm. 4.
39 Goethes Werk. Hamburger Ausgabe, Bd. 12, S. 514.
40 Vgl. Der Spiegel, 12/1999 sowie 14/1999.
41 Vgl. Goethejahr 1999 Veranstaltungsprogramm „Die ich rief, die Geister, werd' ich nun nicht los." Hrsg. von der Stadt Frankfurt am Main. Vgl. ferner Kulturberichte. 1/99 AsKI, darin Themenschwerpunkt: Goethe-Jahr 1999. Über eine „unvoreingenommene Betrachtung" in der Schweiz vgl. Schweizer Monatshefte für Politik, Wirtschaft, Kultur. 79. Jahr/Heft 6, Juni 1999. In Wien fand eine Ausstellung „Goethe und Österreich" zu Goethes 250. Geburtstag im Prunksaal der Österreichischen National-Bibliothek statt. Der Wiener Goethe-Verein veranstaltete ebenfalls ein Symposium darüber. Unter zahlreichen Ausstellungskatalogen vgl. beispielsweise: Johann Wolfgang von Goethe zum 250. Geburtstag. „... daß Wissenschaft und Poesie vereinbar seyen", hrsg. von Uwe Müller. Veröffentlichungen des Stadtarchivs Schweinfurt. Nr. 13. 1999. Ansonsten vgl. „Goethe Special" in Süddeutscher Zeitung No. 4, 29.1.99; Literaturtribüne 1/99. Zum 250. Geburtstag von Johann Wolfgang von Goethe; Österreichische Musikzeitschrift 3/1999. Alles Klassik; ADAC Freizeitservice „Überall Goethe".

Kooperation mit dem Goethe-Institut Tokyo ein großes internationales Goethe-Symposium,[42] hoffe aber aufrichtig, daß von den Feiern zum 250. Geburtstag Goethes viel Gutes für die Nachwelt übrigbleibt.

---

42 Die Dokumentation des Symposiums liegt inzwischen gedruckt vor. Vgl. Symposium 250 Jahre Johann Wolfgang von Goethe. Goethe – Wirkung und Gegenwart. In: Studien des Instituts für die Kultur der deutschsprachigen Länder, Nr. 18, Sophia-Universität, Tokyo 2000. Alle diese Veranstaltungen sind nun zusammengefaßt in der Broschüre: Veranstaltungen der Goethe-Institute im Jubiläumsjahr weltweit. Goethe-Institut München 2000.

Personenregister

Abe, Jiro 108, 136, 260
Abe, Kobo 294, 296
Äbtissin Gaudeloupe 191
Ackermann, Peter 295
Adler, Paul 293
Adorno, Theodor W. 215
Aeschylus 240
Aichinger, Ilse 286, 287, 288
Aihara, Shinsaku 324, 326, 327, 328, 330, 331
Aizawa, Keiichi 66, 335
Akashi, Tenrai 382
Akimoto, Matsuyo 296
Akiyama, Rokurobei 589
Akutagawa, Ryunosuke 137, 189, 294
Albrecht, Jörn 279
Alewyn, Richard 216, 217, 377, 636
Allemann, Beda 468
Altenberg, Peter 527
Amitrano, Giorgio 298
Ammon, Ulrich 623
Anacker, Heinrich 390, 400, 404
Andersch, Alfred 287, 288
Andrian-Werburg, Leopold Freiherr von 579
Angelloz, Joseph-François 267, 269
Aoki, Shokichi 200, 205, 580, 587
Aoki, Tamotsu 69
Arai, Hakuseki 150, 249
Araki, Tadao 296
Arishima, Takeo 293
Aristoteles 302, 303, 480, 481, 482, 483, 484, 485, 486, 487, 489, 490, 492, 582
Ariyoshi, Sawako 298
Arnold, Matthew 106, 202, 369
Äsop 102
Asahiro, M. 374
Assmann, Aleida 196, 501
Auer, Michaela 279, 600

Augustinus 137, 147, 303
Baatz, Ursula 337
Bab, Julius 138, 214
Baba, Kyuji 589
Bach, Johann Sebastian 88
Bach, Rudolf 399
Baek-Wha 92
Bahr, Hermann 284, 509, 518, 522, 526, 527, 530, 531, 532, 533, 534
Baier, Lothar 83
Balzac 265
Barloewen, Constantin von 65
Barner, Wilfried 112, 505, 555, 556, 557, 559, 570
Baron, Gerhard 398
Bartels, Adolf 345, 578, 584, 614
Barthel, Ernst 614
Barthel, Ludwig Friedrich 403, 404
Barthes 465
Bassenge, Friedrich 235, 490
Batchelor, John 190, 193
Bauer, Werner M. 115, 502
Bauer, Wolfgang 45, 280, 320
Bäuerlein, Thomas A. 577
Baumann, Bruno 50
Baumann, Hans 390, 398, 404
Bausch, Karl-Richard 620
Becher, Johannes Robert 138, 214
Beck, Hanno 94, 96
Beethoven, Ludwig van 88, 116, 216, 518
Belart, Urs 369
Ben-Chorin Schalom 536
Benda, O. 566
Bender, Hans 286
Benedict, Ruth 81, 543
Benjamin, Walter 27, 215, 259, 290, 476, 538
Benl, Oscar 293, 294, 295, 296, 297
Benn, Gottfried 215, 287, 288

Bentley 521
Benz, Ernst 321, 335
Bergengruen, Werner 286
Berger, Alfred v. 513
Bergmann, Alfred 574
Bergson 582
Bergstraesser, Arnold 450
Berlioz, Alexandre 191, 192
Bernays, Michael 504, 505, 506, 515, 556
Berndt, Jürgen 295, 296, 299
Bernhart, Josef 322
Bertaux, Pierre 215
Bertin, Maurice 192
Bertram, Ernst 403
Bertschik, Julia 389, 408
Betlige, Hans 292
Beumelburg, Werner 403, 404
Beutler, Ernst 570
Beyer, Marcel 282
Bieber, H. 369
Biedermann, Woldemar von 505, 506
Bielschowsky, Albert 97, 104, 121, 132, 199, 264, 265, 556
Biha, O. 384
Billiet, Jacues Ernest 191
Billinger, Richard 398
Binding, Rudolf G. 395, 400, 403, 417, 577, 585
Bird, Isabella 191
Bischoff, Friedrich 397
Bismarck 415
Bloch, Ernst 215
Blume, Georg 80, 81, 83, 84
Blumenberg, Hans 473
Blunck, Hans Friedrich 395, 403, 404
Bobrowski, Johannes 287, 288
Bock, Klaus 308
Boerner, Peter 178, 597
Bohaczek, Josef 296
Böhm, Hans 627
Böhme, Gernot 471
Böhme, Hartmut 68
Böhme, Herbert 389, 401, 404
Bohner, Hermann 577, 580, 583, 584, 585

Boileau 465
Boisserée, Sulpiz 96, 97, 108, 261, 544
Böll, Heinrich 117, 286, 607
Bollinger, Richmond 297
Bölsche, Wilhelm 529
Bonpland, Aime 276
Bonsels, Waldemar 77
Borchert, Wolfgang 286
Borchmeyer, Dieter 119, 212, 499
Börne, Ludwig 29, 204, 539, 599
Bowring, R. J. 130
Boyesen, Hjarmar Hjorth 131
Boyle, Nicholas 107
Braitmaier, Friedrich 506, 507, 508, 522
Brandes, Georg 104, 375, 510
Brandes, Ute 188
Bratranek, Thomas 510, 511, 512
Braun, Volker 282
Braunmüller, Wilhelm 512
Brecht, Bertold 210, 289, 442, 564
Breitinger 465
Breitung, Eusebius 192
Brentano, Clemens 218, 285
Briegleb, Klaus 387
Brisan, July 282
Britting, Georg 399
Broch, Hermann 283, 287, 288, 469, 519, 520, 527, 534, 536
Brockdorff, Thilo Graf 19
Brockmann, Anita 298
Brockmeier, Wolfram 399, 404
Bröger, Karl 397, 403, 404
Bruck, Moeller van den 402
Bruford, W. H. 107
Brüll, Lydia 329
Bruyn, Günter de 282
Buber, Martin 306, 537
Buch, Hans Christoph 467
Bucharin, N. 384
Büchner, Georg 285, 287, 288, 376
Buchwald, Reinhard 20, 212
Buck, Theo 96, 97
Budding, Dr. 126
Burckhart, Holger 211
Burdach, Konrad 427, 474

Busch, Wilhelm 110
Busching, Joh. Gustav 497
Butler, Eliza M. 567
Büttner, Frank 495
Büttner, Hermann 322, 324, 325
Byron 244, 256
Caesar, Wolfgang 93
Calderon 274
Carl August 47, 119
Carlyle, Thomas 106, 107, 118, 120, 124, 125, 178, 197, 198, 199, 202, 206, 207, 454, 458, 459, 463, 604
Carossa, Hans 138, 214, 261, 394, 403, 411, 578
Carus, Paul 124
Cassirer, Ernst 28
Castle, Eduard 510, 513, 514, 516
Cavendish, Richard 252
Cervantes 367
Cha, Bonghi 39
Chamberlain, Houston S. 426, 581
Chang, Chung-yuan 306
Chateaubriand 256
Chikamatsu, Shuko 293
Chino, Shosho 260, 375, 510, 576
Choi, Seok-Hee 102
Christus 137, 182, 184, 188
Chung, Kyu-Hwa 38
Clark, William Smith 143, 179, 188
Claudius, Hermann 397, 403, 404
Claussen, Horst 437
Clémenceau, George 242
Cohn, Jonas 432
Conrady, K. O. 561
Constantin, Edda 76
Cooper, J. C. 307, 547
Corino, Karl 79
Corneilles 485
Cramer, Thomas 560, 567
Croce, Benedetto 138, 214, 522, 531, 532
Cromwell 178
Cube, Hartmut von 400
Cues, Nicolaus von 583
Curtius, Ernst Robert 215, 467
Cysarz, Herbert 567

D'Alembert 72
d'Holbach 446
Dahlmann, Joseph 200
Dahnke, Hans-Dietrich 467
Dambmann, Gerhard 167
Dan, Kazuo 230
Danneberg, Lutz 291
Dante 127, 137, 545, 508, 545
Darwin 529
Date, Masamune 53
Dauthendey, Max 77
Daviau, Donald D. 534
David 137
Dazai, Osamu 230, 294, 298
Dazai, S. 588
Debon, Günther 97, 102, 302, 303, 306, 309, 594
Dehmel, Richard 403
Delph, Dorothea 97
Dening Walter 190
Denkler, Horst 389, 408, 573
Derktis, Hans 337, 351, 559
Dettmer, Hans A. 70
Diderot 72, 450, 484
Diehl, Günter 81
Diettrich, Fritz 399
Dilthey, Wilhelm 25, 582
Dinzelbacher, Peter 539
Dirksen, Herbert von 73, 569
Doak, Kevin Michael 127, 245, 259
Dobijanka-Witczakowa, Olga 511
Döblin, Alfred 570
Doeff, Hendrik 166
Doering, Sabine 211, 415, 445
Dogen 333
Dohm, Christian Wilhelm 96, 593
Doi, Yoshinobu 386
Dombrady, G. S. 147, 272, 274, 275, 295, 296
Don Rodrigo 53, 169
Donat, Walter 205, 297, 569, 577, 580, 581, 582, 583
Donath, Diana 299
Dönhoff, Marion Gräfin 414
Dörfler, Peter 403

643

Dorn, Dieter 222, 621
Dostojewski 265
Doyé, Peter 620
Dr. Bürger 101
Dr. Kitao 527
Dr. Kober 555
Du Bois-Reymond, Emil 470, 513
Dumoulin, Heinrich 323, 334
Düntzer, Heinrich 131
Düntzer, Heinrich 503, 505
Dürckheim-Monmartin, Graf Karlfried von 74, 322, 323, 335, 336, 337, 338, 339, 340, 341, 342, 343, 345, 346, 347, 349, 351, 352, 354, 355, 356, 357, 359, 360, 361, 578, 585, 586
Dürer, Albrecht 578
Dürrenmatt, Friedrich 283
Duval, Alexandre 604
Dwinger, Erich Edwin 403, 563
Ebert, Friedrich 214, 412, 426
Ebner, Adalbert 578
Ebner, Ferdinand 537
Ebner-Eschenbach, Marie von 284, 285
Eckardt, Hans 564
Eckart, Dietrich 391, 397, 402, 403, 404, 410
Eckermann, Johann Peter 20, 23, 27, 29, 92, 94, 117, 123, 203, 206, 215, 229, 262, 389, 447, 448, 460, 463, 468, 476, 481, 482, 490, 491, 495, 512, 542, 589, 594, 599, 601, 603, 605, 606, 617, 623
Ehrlich, Lothar 115
Eichendorff, Joseph von 83, 84, 103, 275, 285, 287, 379, 610
Eiku 74
Einstein, Albert 32, 137, 214, 280
Eisei 74
Eisenhofer-Halim, Hannelore 294
Elberfeld, Rolf 549
Eliot, T.S. 127, 138, 214, 634
Elster, Ernst 368, 369, 373, 374, 377
Emerson, Ralph Waldo 106, 107, 118, 124, 125, 198, 202, 206, 207, 614
Emmel, Felix 562

Emter, Elisabeth 389, 408
Enchi, Fumiko 298
Engel 131
Engel, Eduard 556
Engelke, Gerrit 403, 404
Engels, Friedrich 240
Enomiya-Lassalle, Hugo M. 333, 334, 336, 337
Enomoto, Takeaki 157
Ense, Varnhagen von 119, 120, 381, 469
Enzensberger, Hans Magnus 281, 607, 617
Enzinger, Moritz 531
Ermatinger, Emil 369, 427, 490, 566, 567
Ernst, Paul 395, 402, 403, 417
Ernst, Peter 501
Eschenbach, Wolfram von 184, 333, 346
Esenbeck, Nees von 92, 123
Essen, Gesa von 227, 258, 389, 434, 561
Eucken, R. 426
Eulenburg, Graf Friedrich Albert 87
Euripides 485
Eversmeyer, Bernhard 577
Evola, Julius 543
Falk 447, 448
Faurie, Jean Urbain 191
Fauser, Markus 29, 33, 34
Fechter, Paul 416, 584
Feilchenfeldt, Konrad 531
Fellenberg, Philipp Emanuel von 426
Femmel, Gerhard 627
Fenollosa, Ernest Francisco 78
Feuchtersleben, Ernst Freiherr von 531
Feuchtwanger, Lion 392, 395, 570
Ficker, Ludwig von 537
Finck, Adrien 178, 597
Fink, Gonthier-Louis 177
Fischart 24
Fischer, Joschka 31
Fischer, Karl 437
Fischer, Kuno 97, 103, 104, 108, 132, 199, 613
Fischer, Otto 76, 335
Fischer, Paul 599
Fischer-Barnicol, Dora 329, 550

Fleißer, Marieluise 392
Flemming, Willi 470
Flex, Walter 403, 410
Florenz, Karl 200, 245, 246, 247, 248, 249, 291, 293, 565
Fluck, Hans-R. 39
Fock 403
Forster, Georg 276, 599
Frank, Armin Paul 310
Frank, Heinrich 396
Frank, Leonhard 286
Franke, Otto 308
Fränkel 369
Franklin 598
Franz Joseph I. 516
Franz, Erich 426
Franziskus 137
Freud, Sigmund 32, 389, 561, 567
Fricke, Gerhard 560
Friedeman, Hermann 374
Friedenthal, Richard 104, 556
Friedrich der Große 119, 346, 450, 451, 598
Friedrich Wilhelm IV. 502
Fries, Fritz Rudolf 282
Friese, Eberhard 79
Fühmann, Franz 282
Fujikawa, Hideo 393
Fujimori, Hideo 578, 579, 588
Fujimori, Seikichi 299
Fujinami, K. 587
Fujishiro, Teisuke 200, 565
Fukuzawa, Yukichi 52, 105, 123, 144, 145, 146, 147, 148, 149, 150, 152, 153, 154, 155, 156, 157, 158, 159, 160, 161, 162, 163, 164, 166, 167, 168, 169, 170, 171, 172, 173, 175, 176
Funaki, Shigenobu 384, 385
Fürholzer, Edmund 73
Fürst Tokugawa 191
Furui, Yoshikichi 296
Fusauchi, Y. 587, 588
Futabatei, Shimei 293
Gao, Yan Ting 106
Gasset, Jose Ortega y 138, 214, 222

Gebhard, Walter 16, 52, 87, 335, 337, 407, 425, 470
Geiger, Ludwig 505, 515, 556
Gellert 465
General von Rühle 469
George, Stefan 230, 239, 258, 351, 394, 402, 403, 411, 417, 577, 579, 580, 583, 584, 585
Gerbig, Jürgen 39
Gervinus 507, 514
Gide, André 138, 214, 261, 427
Gidion, Heidi 469
Gmelin, Otto 404
Gneisenau 346
Göchhausen, Luise von 508
Goebbels 413
Goedeke, Karl 199
Goethe, Walther von 502, 525
Goethe, Cornelia 119
Goethe, Johann Wolfgang 11, 12, 13, 14, 20, 22, 23, 24, 25, 26, 27, 28, 29, 30, 41, 42, 79, 84, 85, 88, 89, 91, 92, 93, 94, 96, 97, 98, 101, 102, 103, 104, 105, 106, 107, 108, 109, 110, 111, 112, 113, 114, 115, 116, 117, 118, 119, 120, 121, 122. 123, 124, 125, 126, 127, 128, 129, 130, 131, 132, 133, 134, 135, 136, 137, 138, 148, 149, 150, 155, 177, 178, 195, 196, 197, 198, 201, 202, 203, 204, 205, 206, 208, 209, 210, 211, 213, 214, 215, 216, 218, 220, 221, 223, 224, 225, 229, 230, 232, 237, 238, 243, 244, 256, 257, 258, 259, 260, 261, 262, 263, 264, 265, 266, 267, 268, 269, 270, 271, 272, 273, 274, 275, 276, 283, 284, 285, 286, 289, 291, 292, 303, 309, 312, 319, 327, 332, 335, 337, 344, 345, 348, 353, 368, 370, 371, 372, 373, 375, 376, 378, 379, 380, 381, 383, 385, 389, 392, 411, 412, 413, 415, 419, 420, 421, 422, 423, 424, 425, 426, 427, 428, 429, 430, 431, 432, 433, 434, 435, 436, 437, 438, 439, 440, 441, 442, 445, 446, 448, 449, 450,

451, 452, 453, 454, 455, 456, 457, 459,
460, 461, 463, 464, 467, 468, 469,
470, 471, 472, 473, 474, 475, 476,
477, 478, 479, 480, 481, 482, 483,
484, 486, 487, 488, 489, 490, 492,
493, 494, 495, 496, 497, 498, 499,
500, 501, 502, 503, 504, 505, 506,
507, 508, 509, 510, 511, 512, 513, 514,
515, 516, 517, 518, 521, 523, 524, 525,
526, 527, 528, 530, 531, 532, 533,
534, 535, 536, 537, 538, 539, 540,
541, 542, 544, 545, 546, 548, 549,
550, 551, 552, 553, 554, 555, 556, 557,
561, 562, 564, 565, 568, 569, 570,
571, 572, 573, 574, 575, 577, 578,
579, 580, 581, 582, 583, 584, 585,
586, 587, 588, 591, 592, 593, 594,
595, 596, 597, 598, 599, 600, 601,
602, 603, 604, 605, 606, 607, 608,
609, 613, 614, 615, 616, 617, 618, 619,
620, 621, 622, 623, 624, 625, 626,
627, 628, 629, 630, 631, 632, 633,
634, 635, 636, 637, 638, 639, 640
Goethe, Ottilie von 511
Goethe, Wolfgang von 502
Goettmann, Alphonse 338
Goetz, Wolfgang 502
Goldstücker, Eduard 556
Golz, Jochen 26
Goodman, Kay 149, 455
Gössmann, Elisabeth 495
Gössmann, Hilaria 299
Gottsched 204, 465
Gräf, Hans H. 625
Graf, Johannes 389, 408
Graf, Oskar Maria 392
Gräfe, Ursula 297, 298
Grass, Günter 117, 287, 288, 607
Gräciano, Gertrud 178, 597
Griese, Friedrich 395, 403, 563, 577, 585
Grillparzer, Franz 285, 518, 531, 552, 565
Grimm, Günter 372
Grimm, Hans 393, 395, 403, 417, 564, 578, 585

Grimm, Herman 107, 120, 121, 124, 139, 198, 204, 506, 507, 508, 522, 525, 531, 556, 637
Grimm, Jacob 15, 19, 21, 22, 23, 24, 25, 30, 88, 89, 110, 250, 514, 552, 589, 599, 600, 601, 607, 608
Grimm, Reinhold 212, 468, 559
Grimm, Wilhelm 15, 17, 21, 22, 89, 110, 250, 552, 589, 599, 600, 601, 607, 608
Groll, Gunter 395
Gründgens, Gustaf 222
Grundmann, Herbert 421
Grüner, Jos. Sebastian 309
Grützmacher, Richard H. 563
Gumbel, Hermann 567
Gundert, Wilhelm 295, 569, 574
Gundolf, Friedrich 104, 121, 220, 238, 258, 264, 427, 556, 565, 579
Günther, Johann Christian 589
Günther, Michael 595
Guo Moruo 40, 67, 106, 128
Gutzkow, Karl 521, 529, 610
Haas, Willy 520
Haasch, Günther 40
Haase, Heinz 297
Haberland, Detlef 70
Hacks, Peter 624
Haeckel, Ernst 511, 529
Haecker, Theodor 26, 186, 303, 304, 439, 537
Haenelt, Karin 467
Hafis 591, 593
Haga, Mayumi 230, 238, 588
Hagemeyer, Hans 416
Hager, Gertrud 495
Hahn, Karl-Heinz 624, 625, 627
Hahn, Margit 282
Hahn, Ulla 282
Halma, François 166
Hamakawa, Sakae 260
Hammer, Josef v. 591
Hammerschmid, Beata 301, 609
Hammitzsch, Horst 70
Han, Sung-Ja 139
Händel, Georg Friedrich 88

Handke, Peter 282
Hara, H. 587
Harich, Wolfgang 377
Harnack, Otto 131
Harris, Merriman Colbert 143, 188
Hartleben, Otto Erich 531
Härtling, Peter 624
Hartmann, Eduard von 134
Hartwieg-Hiratsuka, Keiko 541
Hasekura, Tsunenaga 53
Hashikawa, Bunzo 240, 241, 243
Hashimoto, Fumio 74, 339, 340
Hashimoto, Seiu 368
Hattori, Masami 242
Haubrichts, Wolfgang 212
Hauff, Wilhelm 103
Hauptmann, Gerhart 103, 577
Haushofer, Karl 56, 73
Hausmann, Frank-Rutger 497
Hausmann, Manfred 295
Hayakawa, Tozo 195
Hayashi, Fusao 384, 385
Hayashi, Mutsumi 386
Hayashi, Yukari 298, 299
Haym, Rudolf 379
Hearn, Lafcadio 70, 71, 78, 546
Hebbel, Friedrich 284, 285, 289, 565
Hebel, Johann Peter 287
Hecht, Georg 197, 463
Hecker, Max 474
Heer, Friedrich 411, 537
Hegel, Georg Wilhelm Friedrich 88, 235, 305, 382, 470, 490, 583, 636
Hehn, Victor 578, 613
Heidegger 306
Hein, Christoph 282
Heine, Heinrich 29, 101, 102, 103, 126, 127, 201, 204, 235, 289, 290, 367, 368, 369, 370, 371, 372, 373, 374, 375, 376, 377, 378, 379, 380, 381, 382, 383, 384, 385, 386, 387, 521, 527, 536, 539, 570, 577, 579, 599, 610
Heinemann, Karl 121, 131
Heinse, Wilhelm 577
Heinzel, Richard 509, 510

Heise, Jens 329
Heiseler, Bert von 286, 405
Heisenberg, Werner 215
Hellfritsch, Otto 577
Hellmer, Edmund 517
Hemingway 41
Hempel, Gustav 504, 505
Hendel, Gerhard 627
Henlein, Konrad 401
Henning, Hans 502
Herbart, Johann Friedrich 514
Herder, Johann Gottfried 28, 68, 98, 99, 100, 101, 110, 114, 126, 149, 204, 211, 212, 284, 285, 311, 319, 369, 449, 454, 455, 456, 472, 475, 477, 491, 516, 533, 538, 561, 579, 583, 593, 602
Hermand, Jost 212, 559
Hermlin, Stephan 282
Herrigel, Eugen 76, 338, 339
Herrigel, Gustiy L. 338
Herrmann, Ulrich 438
Herz, Henriette 119
Herzog, Reinhart 499
Herzog, Roman 12, 105, 634, 637
Hess Günter 629
Hesse, Hermann 77, 103, 138, 214, 215, 283, 286, 292, 368, 570, 589
Hettner, Hermann 503
Heym, Georg 287, 288
Heym, Stefan 282
Heyne, Christian Gottlob 521
Heynicke, Kurt 404
Heyse, Paul 285
Higuchi, Ichiyo 293
Hijikata, T. 374
Hijiya-Kirschnereit, Irmela 66, 67, 296, 297, 298, 299
Hildebrand, Rudolf 22
Hildebrandt, Hans-Hagen 470
Hillgruber, Andreas 408
Himburg, Christian Friedrich 504
Hinderer, Walter 38, 115
Hiob 137
Hippius, Maria 338
Hirao, Kozo 195

647

Hirata Atsutane 250, 251
Hirataka, Fumiya 298
Hiroki, T. 587
Hirose, Tanso 160
Hirt, Alois Ludwig 119
Hirzel, Salomon 22, 505, 556
Hitler, Adolf 216, 340, 341, 346, 353, 390, 395, 399, 401, 402, 407, 408, 409, 411, 412, 420, 427, 429, 430, 433, 434, 435, 439, 568, 572, 573, 585
Hitzig, J. E. 602
Hoashi, Banri 154, 159
Hoberg, Rudolf 31
Hochhut, Rolf 289
Hoefert, Sigfrid 102
Hofer, Walter 439
Hoffmann 105, 128
Hoffmann, E.T. A. 103, 284, 285, 589
Hoffmann, Ernst 438
Hoffmann-Leber, Dorothea 400
Hofmann, Peter 544
Hofmannsthal, Hugo von 41, 103, 215, 267, 286, 287, 288, 402, 518, 519, 520, 527, 534, 535, 536, 537, 579
Hojo, Tamiyo 293
Hölderlin, Friedrich 41, 155, 211, 230, 231, 258, 283, 353, 369, 404, 412, 424, 579
Holler, Verena 445
Holtzhauer, Helmut 464, 626, 628
Homer 137, 479, 521, 596
Honjo, M. 588
Honnefelder 211
Höppner, Wolfgang 506
Horaz 465, 467, 521
Hosaka, Kazuo 281
Hossinger, Karl 627
Houben, H. H. 369
Hozumi, Nobushige 72
Hsia, Adrian 102, 594
Huang, Guozhen 39
Huber, Gerhard 192
Hubricht, Manfred 87, 141
Huch, Ricarda 286, 287, 379, 427

Huch, Rudolf 403, 529, 614, 639
Hufeland, Christoph Wilhelm 92, 120, 162 f.
Humboldt, Alexander von 28, 68, 96, 114, 276, 281, 593, 597, 615
Humboldt, Wilhelm von 23, 39, 60, 87, 114, 471, 479, 482, 592, 593, 615
Huntington, Samuel P. 58
Hunziker, Rudolf 490
Hutten, Ulrich von 346
Hutter, Manfred 337
Hwang, Shen-Chang 45, 280, 320
Ibuse, Masuji 293, 294, 296
Ichijo, Masao 386
Igarashi, Toshio 386
Ii, Kamon-no-kami 169, 170
Ikeda, Hiroshi 572
Ikeda, Taigo 575
Ikuta, Shungetsu 383, 384
Imamura, Takeshi 109
Imanaka, Hidenobu 383
Immoos, Thomas 495
Imoto, Shoji 386
Inamura, Sanpaku 166
Inoue, Kiyoshi 87, 141
Inoue, Mitsuharu 294
Inoue, Shozo 383, 384, 385, 386
Inoue, Tetsujiro 144, 145, 146, 147, 177
Inoue, Yasushi 294, 297
Ishibashi, Ningetsu 127, 381, 382
Ishihama, Tomoyuki 384
Ishihara, Jun 138, 214
Ishikawa, Susumu 589
Ishikawa, Takuboku 295
Ishikura, Kosaburo 587
Ishinaka, Shoji 238, 367, 373, 374, 377, 562
Ito, Jinsai 159
Ito, Narihiko 386
Ito, Shizuo 230
Ito, Takeo 589
Ito, Togai 151, 159
Itoh, Tsutomu 367, 368, 374, 380, 382
Iwasaki, Eijiro 17, 91, 195, 634
Izumi, Shikibu 293

Jacobs, Jürgen C. 255, 268
Jäger, Ludwig 497
Jahn, Erwin 201, 205, 419, 420, 422, 423, 569, 577, 580, 583, 584
Jahn, Sabine 141
Jahnn, Hanns Henny 287, 288
Jaloux, Edmond 267
Janz, Rolf-Peter 409, 438
Japp, Uwe 498
Jaspers, Karl 105, 220, 637
Jauß, H. R. 473
Jean Paul 211, 281, 579
Jericke, Alfred 627
Jerven, Walter 303
Jess, Hartweg 369, 374
Jhering, Herbert 210, 442, 564
Jia, Huidie 39
Jianzhen (Ganjin) 13
Jimbo, Kotaro 229, 238, 389, 390, 391, 395, 402, 404, 408
Johnston, William M. 520
Johst, Hanns 398, 404
Jones, William 593
Joseph II. 516
Jostes, Franz 322
Jünemann, Wolfgang 404, 410
Jung, Carl Gustav 305 f., 567
Jünger, Ernst 400, 403
Jünger, Friedrich Georg 400
Jungmann, Karl 426
Jung-Stilling 149
Kachi, Masataka 386
Kaempfer, Engelbert 30, 51, 68, 70, 78, 91, 92, 93, 94, 96, 98, 100, 122, 276, 593
Kaempfer, Johann Hermann 100
Kaempfer, Maria Magdalena 100
Kafka, Franz 41, 103, 283, 286, 287, 288, 292
Kahldorf 367
Kahler, Manfred 627
Kaiko, Takeshi 294
Kaiser, Gerhard 221, 222
Kalidasa 593
Kallscheuer, Otto 50

Kamei 160
Kamei, Katsuichiro 111, 136, 189, 208, 227, 228, 229, 230, 231, 237, 238, 241, 253, 259, 540, 541, 542, 544, 545, 546, 552, 553, 554
Kamimura, Kiyonobu 563, 588, 589
Kamino, Shingo 534
Kamo no Chomei 295
Kamo no Mabuchi 249, 251
Kannegießer, Karl Ludwig 478, 503
Kant, Hermann 282
Kant, Immanuel 201, 204, 313, 492, 578, 587
Kantorowicz, Ernst 579
Kapitza, Peter 87, 592
Kassner, Rudolf 287
Kästner, Erich 368, 570
Katayama, Masao 578, 587
Katayama, Toshihiko 261, 383
Katharina II. 598
Kato, Hiroyuki 145, 146
Kato, Shuichi 72, 80, 228, 231, 244, 250, 258
Katsu, Kaishu 157
Katsuma, Masami 386
Katte-Zellkow, Martin von 400
Kaufmann, Hans 386
Kaufmann, Stefanie 623
Kawabata, Yasunari 293, 294, 296
Kawaguchi, Hiroshi 384
Kawamura, Jiro 287, 288, 289, 386
Kawasaki, Yukio 324, 328, 330, 331
Keisersberg 24
Keller, Gottfried 284, 285, 289, 565, 589
Keller, Karl Josef 404
Keller, Paul Anton 396
Keller, Werner 497, 499, 629
Kemp, Friedhelm 120
Kempis, Thomas a 321
Kepron, Hores 188
Kerény, Karl 215
Keyserling, Hermann Graf 77, 557
Kiba, Hiroshi 367, 386, 387
Kiefer, Klaus H. 337, 407
Kikuchi, Eiichi 104, 588, 589

649

Killy, Walther 392, 401, 419, 537, 561
Kim, Byong-Ock 15, 114
Kim, Sung-Ock 106, 129
Kim, Tschong-Dae 115
Kim, Yeong-Bo 92
Kim, Yeong-Jin 92
Kimoto, Kingo 386
Kimura, Kinji 111, 112, 205, 208, 209, 566, 572, 574, 576, 580, 587
Kimura, Naoji 22, 23, 28, 36, 44, 51, 54, 61, 65, 91, 97, 105, 106, 115, 116, 120, 123, 141, 163, 177, 186, 195, 197, 198, 203, 230, 234, 247, 252, 255, 257, 258, 259, 280, 310, 322, 327, 337, 389, 390, 392, 408, 415, 433, 434, 476, 495, 518, 528, 540, 556, 561, 566, 600, 606, 609, 632, 634, 638
Kimura, Setsu-no-kami 169, 170
Kindaichi, Kyosuke 190
Kindermann, Heinz 223, 428, 503, 511, 560, 561, 592, 593, 637
Kinkel, Klaus 203
Kinold, Wenzeslaus 191, 192
Kinoshita, Junji 296
Kinoshita, Mokutaro 137, 189
Kinoshita, Yasumitsu 536
Kirsch, Hans-Christian 77
Kisch, Egon Erwin 289
Kister, Kurt 636
Kita, Morio 294
Kitamura, Tokoku 133, 232, 256, 257, 542
Kiyooka, Eiichi 148
Klages, Ludwig 26, 582
Klee, Paul 473
Kleeberg, Michael 282
Klein, Johannes 286
Klein-Hattingen, Oskar 369
Kleist, Heinrich von 41, 103, 155, 211, 284, 285, 287, 289, 412, 497, 562, 565, 580
Klimt, Gustav 520
Klopfenstein, Eduard 294, 295
Klopstock 428, 458, 560, 579
Kluge, Hermann 383

Klupka, Wolfram 404
Knauss, Gerhard 296
Knebel, Karl Ludwig von 594
Knobloch, Heinz 536
Knox, John 181
Knüpfer 168
Köber, Raphael von 108
Koberstein 514
Kobori, Keiichiro 128, 380
Koch, Franz 418, 422, 561, 562
Koch, Robert 105, 128
Kochu, Yozo 383, 384
Koda, Rohan 299
Koebner, Thomas 409, 438
Koenig, Robert 127, 198, 199
Koeppen, Wolfgang 282
Koga, Yoshihiro 102
Kogawa, Tadashi 197, 425, 426
Kohl, Helmut 616, 638
Kohlhaas, Wilhelm 410
Kojima, Takehiko 341
Kojima, Teisuke 588, 589
Kolbe, Jürgen 268
Kolbe, Maximilian 184
Kolbenheyer, E. G. 395, 398, 403, 563, 588
Kolumbus 598
Komaki, Takeo 588
Kommerell, Max 155, 215, 398, 411, 412, 419, 437, 574, 579, 613
Komori, S. 588
Konami, Hirao 299
Kondo, Keiichi 393
Konfuzius (Kungfutse) 14, 159, 178, 181, 183, 185, 203, 204, 249, 301, 302, 306, 307, 308, 309, 310, 311, 312, 313, 316, 317, 318, 555, 580, 584, 595, 609
König, Christoph 559, 570
Königsdorf, Helga 282
Kono, Taeko 299
Korff, Hermann August 104, 121, 122, 371, 422, 577
Koselleck, Reinhart 499
Koshina, Yoshio 196, 228, 384, 565

Kozuka, Shinichiro 408
Kracht, Christian 282
Kracht, Klaus 69
Krähe 369
Krakow, Kirms 627
Kramer, Olaf 610
Krannhals 581
Krapoth, Hermann 301, 609
Kraus, Fritz 76, 335
Kraus, Johannes 193
Kraus, Karl 518, 534, 535, 536, 537
Kräuter, Theodor 463
Krebs, Gerhard 197, 322, 391, 433, 561, 566
Kreiner, Josef 69, 78, 79, 87
Krejcik, Norbert 503
Krennbauer, Franz 450
Kretschmer, Angelika 295
Kretschmer, Winfried 104
Kreutzer, Hans Joachim 16, 38, 222, 415, 445
Kreutzer, Leo 215
Krieck 581
Krippel, Renate 516
Krippendorff, Ekkehart 138, 484
Kroeber, Hans Th. 29
Krupp 131
Kubin, Wolfgang 87
Kubo, Masao 260
Kubo, Tenzui 128
Kuckart, Judith 282
Kühnemann, Eugen 131
Kuki, Shuzo 113
Kummer, Fr. 369
Kunisch, Hermann 21, 323, 324, 325, 354, 609
Künkel, Hans 404
Kurahara, Kureto 289
Kurata, Hyakuzo 136, 544
Kurata, Ushio 260
Kure, Misako 297
Kurihara, Yu 367
Kuroda, Kiyotaka 188
Kurota, Okanouye 74
Kürschner, Joseph 514, 523, 524, 525

Kuruyazici, Nilüfer 105, 123, 141, 255
Kurzke, Hermann 240
Kurzleb, Hjalmar 399
Kutzbach, K. A. 560
Kuyama, Hidesada 367
Lachmann 373, 521
Lafon, Henri 191
Lämmert, E. 561
Lanczkowski, Johanna 327, 357
Landauer, Gustav 426
Lange, Victor 468, 624
Langemann, Christoph 299
Langenbucher, Hellmuth 390, 418, 559
Langgässer, Elisabeth 287, 288
Langguth, A. 426
Laotse 204, 302, 303, 304, 305, 306, 308, 312, 432
Largier, Niklaus 324
Lasson, Adolf 354
Lau Nai, Sun 314
Lauer, Reinhard 210
Lauterer, Joseph 71, 75
Le Fort, Gertrud von 286, 398
Leclercq, Jean 333
Lederer, Emil 87
Lederer-Seidler, Emy 87
Lee, Jeong-Jun 38
Lee, Meredith 594
Legge, J. 308
Lehmann, Walter 325
Leistner, Bernd 115
Leitzmann 369
Lenau, Nikolaus 369
Lennartz, Franz 389, 413, 418
Lenzen, Verena 536
Leppmann, Wolfgang 210, 502
Lersch, Heinrich 403, 563
Lessing, Gotthold Ephraim 126, 127, 372, 451, 467, 506, 508, 509, 536, 561, 565
Levin, Bruno 69, 295
Levin (Varnhagen), Rahel 119, 120, 381, 531, 555
Lewes, George Henry 107, 124
Li Po 274

651

Liboria 192
Liebner, Bernd 50
Lienhard, Friedrich 403
Lietz, Hermann 434
Lin, Yutang 595
Linden, Walther 121, 205, 224, 264, 348, 390, 413, 418, 420, 426, 427, 428, 429, 432, 560, 561, 580
Ling, Trevor O. 252
Linke, Johannes 398, 403
Linné 93, 94
Linzbichler, Gerhard 52, 53, 105, 123, 144, 148
Liscutin, Nicola 295
Liszt, Franz 627
Litt, Theodor 211
Loder, Justus Christian 92, 123
Loeper, Gustav von 504, 505, 507, 525
Lokowandt, Ernst 334
Löns, Hermann 403
Loosli, Urs 298
Lorenz, Ottokar 522
Lotz, Johannes 337
Loyola, Ignatius von 334
Lu Xun 40, 67
Lucian 240
Luden, Heinrich 114, 447, 448, 623
Ludwig I. 463, 502
Ludwig, Otto 561, 565
Lukács, Georg 104, 215, 235, 240, 467, 572, 628
Lundgreen, Peter 416, 446, 560
Luserke, Matthias 480
Luther, Martin 24, 25, 30, 42, 45, 181, 182, 326, 335, 353, 369, 596
Lütke, Franz 404
Lutze, Eberhard 416
Lützeler, Paul Michael 519
Luxemburg, Rosa 386
Maaß, Kurt-Jürgen 310
Mach, Ernst 280
Maclise, Daniel 197, 634
Madame de Staël 118
Maeda, Ryozo 351
Maeterlinck, Maurice 124, 125

Magris, Claudio 520
Mahal, Günther 372
Mähl, Hans-Joachim 468
Maierhofer, Waltraud 415, 445
Maier-Lemgo, Karl 593
Mainländer, Philipp 134
Maler Müller 589
Mamiya, Rinzo 59
Mandelkow, Karl Robert 20, 29, 108, 115, 210, 212, 217, 412, 426, 442, 469, 503, 506, 507, 508, 511, 512, 516, 528, 536, 564, 570, 608, 613, 633
Mangold, Sabine 298, 299
Mangoldt, Ursula von 76, 335
Mann, Heinrich 286, 287
Mann, Thomas 41, 103, 138, 205, 206, 213, 214, 215, 238, 239, 240, 242, 266, 283, 286, 289, 292, 378, 392, 393, 395, 402, 481, 492, 569, 579, 614, 617, 635
Mannack, Eberhard 468
Manzoni 482
Marayama, Masao 75
Marco Polo 81, 87, 592, 593, 598
Marcus, Ludwig 367
Marholz, Werner 565, 566
Martin, Bernd 69, 70, 142, 197, 322, 391, 408, 433, 542, 561, 566
Maruya, Saiichi 298
Maruyama, Masao 75, 550
Marwitz, Alexander von der 120
Marx, Friedhelm 255
Marx, Karl 208, 240, 258, 375, 384
Maschke, Günter 79
Massi, Rinaldo 543
Masuda, Kuniki 260
Matsuo, Basho 109, 112, 135, 147, 236, 245, 272, 273, 274, 275, 295, 541, 547, 553, 587
Matsuoka, Binko 576, 580
Matsushita, Akira 386
Matsushita, Taeko 207, 231, 368, 425, 573
Matsuyama, Satoshi 383
May, Ekkehard 296

May, Kurt 468
Mayer, Hans 215, 224, 377, 467, 597, 637
Mayer, Hans Jürgen 70, 141
Mayer, Mathias 481
McGinn, Bernd 333
Mechow, Karl Benno von 403
Meckel, Eberhard 401
Medicus, Fritz 567
Mehring, Franz 374, 378
Meier, Andreas 255
Meissner, Alfred 369
Meister Eckhart (Eckehart) 304, 305, 321, 322, 323, 324, 325, 326, 327, 328, 330, 331, 332, 333, 334, 335, 336, 339, 340, 344, 345, 352, 353, 354, 355, 356, 357, 358, 359, 360, 361, 431, 583, 584, 585
Mendelssohn, Moses 536
Mentzer, Alf 390, 573
Menzel, Herybert 390, 400, 404
Menzel, Wolfgang 204, 539
Menzius (Meng) 42, 181
Merck 119
Merker, Erna 496
Metternich 501, 502
Metz, Senta 470
Meyenburg, Erwin 201, 573, 574, 575, 576, 577
Meyendorff, John 333
Meyer, C. F. 285, 286
Meyer, Heinrich 474, 495
Meyer, Joachim 504
Meyer, Richard M. 369, 509, 531, 556 603, 604
Michel, Christoph 29, 606
Michel, Wolfgang 44, 94, 96
Michelsen, Peter 488
Mickiewicz 511
Midorikawa, Mitsugu 230
Miegel, Agnes 403
Mieth, Dietmar 324
Mill, John Stuart 104, 123
Miller, Roy A. 290, 291
Minna Herzlieb 261, 262
Minor, Jacob 508, 509, 510, 515, 521

Mishima, Yukio 230, 265, 266, 294, 296
Mitchell, Stephan 303
Mitsuno, Masayuki 387
Mitterrand, François 615, 635
Miura, Anna 201, 577
Miyabe, Kingo 188
Miyamoto, Ken 296
Miyano, Etsuji 386
Möbius, J. P. 606
Mochizuki, Ichie 260
Molière 485
Möller, Eberhard Wolfgang 390, 399
Moltke 346
Mommsen, Katharina 634
Mommsen, Wilhelm 447, 448
Mori, Arinori 146, 147
Mori, Ogai 14, 15, 67, 92, 97, 105, 106, 115, 122, 123, 127, 128, 129, 130, 131, 132, 133, 134, 135, 137, 143, 144, 177, 197, 198, 199, 200, 206, 259, 264, 298, 299, 380, 381, 384, 575
Mori, Rintaro (Ogai) 527
Mori, Yoshifumi 367
Mörike, Eduard 284, 285, 404
Morita, Sohei 260
Moritz, Karl Philipp 149
Moritz, Ralf 308
Moriyama, Kei 383, 384
Morris, Ivan 77
Möser, Justus 449
Moser, Moses 381
Moses, Stéphane 112, 505, 555
Motoori, Norinaga 160, 231, 244, 246, 249, 250, 251, 542
Mozart, Wolfgang 518
Mühlher, Robert 513
Müller, Adam 241, 243, 589
Müller, Christa 282
Müller, Hans 110, 111, 201, 577
Müller, Heiner 282
Müller, Herta 282
Müller, Kanzler von 464, 481, 486, 550
Müller, Karl Alexander von 416
Müller, Klaus 69

653

Müller, Klaus-Detlef 149
Müller, Max 304, 334
Müller, Ulrich 141, 279, 600
Müller, Uwe 639
Münch, W. 426
Münchhausen, Börries von 403
Muncker, Franz 261
Mundstück, Karl 282
Muntschick, Wolfgang 93
Murakami, Haruki 297 f.
Murasaki, Shikibu 265, 294
Murnau 222
Muschg, Adolf 115, 215, 272
Muschg, Walter 350, 392, 490, 567
Mushakoji, Saneatsu 293
Musil, Robert 283, 286, 287, 288, 527
Musner, Lutz 26
Muth, Carl 304, 427
Muthesius 426
Muthmann, Friedrich 28
Muto, T. 588
Mylius, Klaus 595
Nachma, Andreas 536
Nadler, Josef 509, 528, 532, 566, 567
Nadolny, Sten 282
Nagai, Kafu 293, 294, 298
Nagura, Yoko 386
Naito, Kobun 589
Nakagami, Kenji 294
Nakagawa, Yoichi 293
Nakagome, Keiko 281
Nakai, Minoru 386
Nakajima, Eijiro 229
Nakamura, Ritsuen 152
Nakamura, Shinichiro 266, 267
Nakano, Shigeharu 384, 385
Nakatani, Takao 229, 235, 237
Nakayama-Ziegler, Kimiko 298
Nan-e, Jiro 408, 571
Napoleon 20, 238, 375, 532, 595
Napoleon III. 172
Narabayashi 162
Naruse, Kiyoshi 200
Naruse, M. 587
Natsume, Soseki 299

Naumann, Nelly 294
Naumann, Wolfram 294
Nawata, Yuji 230
Nekro, Claudia 282
Neuburger 369
Neutsch, Eric 282
Nicolovius 84
Nierentz, Hans-Jürgen 399, 404, 410
Nietzsche, Friedrich 20, 29, 134, 193, 206, 221, 237, 369, 412, 442, 493, 529, 579, 582, 614, 636
Niggl, Günter 148, 149
Niijima, Jo 143, 188
Niizeki, Ryozo 589
Nishi, Amane 123, 145, 146
Nishida, Kitaro 112, 113, 136, 201, 214, 220, 321, 549, 576, 587
Nishimura, Shigeki 145, 146
Nishitani, Keiji 321, 326
Nitobe, Inazo 56, 73, 77, 143, 188, 207, 242, 543, 554
Nitz, Wolfgang 383, 384
Nobuoka, Yorio 103
Noda, Tekiho 151
Noerr, Friedrich A. S. 326 f., 357
Noever, Peter 70, 87
Nojima, Masanari 393
Nooteboom, Cees 71, 72
Nossack, Hans Erich 286, 287
Novalis 231, 235, 242, 243, 256, 268, 274, 276, 303, 491, 596
Oba, Minako 299
Oberkofler, Josef Georg 399
Oda, Makoto 294
Oda, Nobunaga 52
Odyniec, Eduard 511
Oe, Kenzaburo 294, 297
Oehler, Luise 177
Oellers, Norbert 437
Oelrich, Waldemar 409
Oeser, Chr. 524
Ogasa, Gisela 298
Ogata, Koan 120, 157, 162, 163, 164, 165, 167
Ogata, Takashi 229

Oguri, Hiroshi 572
Ogyu Sorai 250
Oh no Yasumaro 248
Oh, Hansin 600
Ohashi, Ryosuke 150, 321
Ohm, Thomas 539, 545
Okada, Asao 383
Okada, Tamako 383
Okakura, Tenshin 76 f.
Okichi. J. 588, 589
Okochi, Ryogi 329, 550
Okudaira Iki 154, 161, 162, 163, 164, 167
Okuizumi, Hikaru 298
Okutsu, Hikoshige 565, 576, 587, 588
Oldenberg 426
Onoe, Saishu 382, 383
Ooka, Shohei 296
Oppenberg, Ferdinand 397, 404
Orlik, Erich 78
Ortmanns, Annelie 297, 298
Osaki, Mieko 296
Oshima, Hiroshi 341
Osten, Manfred 79, 84, 115, 197 f., 425, 531
Ota, Gyokumyo 382
Ott, Eugen 570
Otto, Rudolf 335
Ouwehand, Cornelius 295
Oyama, S. 588
Ozawa, Toschio 296
Palmer, Martin 307, 547, 595
Papenfuss, Dietrich 224
Paracelsus 583, 588
Pascal 544
Paul, Fritz 310
Paul, Gregol 329
Paul, Hermann 232
Paul, Hermann 599
Paulsen, Friedrich 134
Paulsen, Rudolf 404
Pekar, Thomas 69
Perry, Matthew Calbraith 87, 142, 161, 163, 164
Pers, Richard 579
Pestalozzi, J. H. 426

Peters, Günter 471
Petersen, Julius 229, 369, 566
Petsch, Robert 490, 567
Pettenkofer, Max von 105, 128
Pettier, Alfred 191
Petzold, Alfons 404
Petzold, Bruno 577
Peymann 222
Pfeiffer, Franz 322, 324
Piontek, Heinz 286
Pissin, Raimund 374
Platen 386
Plenzdorf, Ulrich 633
Plessner, Helmut 377
Po, Chüyi 382
Pohl, Manfred 70, 141
Polenz, P. v. 561
Pongs, Hermann 413, 414, 423
Ponten, Josef 403
Pörtner, Peter 291, 294, 321, 329, 549
Pringsheim, Klaus 574, 579
Prinz Ferdinand, Louis 346
Pross, Wolfgang 28, 98, 319, 602
Pustau, Ed. von 74
Putscher, Chlothilde 578
Putscher, Ernst 578
Püttmann, H. 386
Putz, Otto 297, 299
Quint, Josef 323, 324, 325, 328, 329, 330, 332, 345, 359, 361, 421
Raabe, August 426, 427, 429, 430, 432, 433, 434
Raabe, Wilhelm 285, 394
Raasch, Albert 39
Racine 485
Radbruch, Gustav 426
Radics, P. v. 502
Rai, Sanyo 151, 160
Ransmayr, Christoph 282 f.
Reed, Terence James 115
Regel, Günther 473
Rehm, Walther 242
Rehme, Xavera 192
Reichardt, J. F. 458
Reichert, Klaus 222

655

Rein, W. 426
Reinacher, Eduard 398
Reinartz, Dirk 636
Reineria 192
Reiners, Ludwig 397
Reischauer, Edwin O. 75
Reiss, Gunter 505, 522
Reumann, Kurt 218
Reuter, Fritz 589
Revon 293
Rhie, Won-Yang 115
Richardson 172, 515
Richter, Claus 50
Richter, Karl 470
Richter, Ludwig 24
Rickert, Heinrich 28, 108
Riedel, Manfred 22
Riedl, Peter Philipp 16, 415, 445
Riehl, Wilhelm Heinrich 284, 285
Rietschel, Ernst 526
Rilke, Rainer Maria 41, 78, 103, 283, 286, 292
Rilla, Paul 215
Rinser, Luise 286
Roesler, Hermann 234
Roessler, Paul 501
Roggendorf, Joseph 234
Rolland, Romain 261, 383
Rönsch, Ingrid 297
Rönsch, Rainer 297
Rosegger, Peter 399
Rosenberg, Alfred 322, 335, 340, 344, 352, 353, 357, 416, 420, 421, 426, 427, 431, 432, 433, 442, 446, 563, 573, 581, 584
Rosenkranz, Karl 502
Ross, Werner 522
Roth, Joseph 287
Rothe, Wolfgang 446, 599, 635
Rothmann, Ralf 282
Röttgen, Herbert 339
Rousseau 515
Runge, Philipp Otto 578
Ruysdael 495
Saadi 593

Sachs, Hans 24
Saegusa, Yasutaka 234, 235, 239
Saenger, Samuel 197
Saga 74
Sagara, Morio 200, 574, 589
Saigyo 245, 272, 541
Sailer, Herbert 410
Saint-Simon 369, 372, 374
Saito, Shin 238
Sakaguchi, Ango 294
Sakata, Norio 589
Sakowicz, Hans 608
Sakuma, M. 587
Sander, Ulrich 403
Saneyoshi, Toshiro 260
Sano, Kazuhiko 589
Sansom, George B. 75
Santo, Kyoden 295
Sarkowicz, Hans 390, 573
Sarnetzki, Detmar Heinrich 567, 568
Sartorius, Joachim 203, 613
Sarasawa, Yoshiaki 393
Sata, Ineko 294, 298
Sato, Shosuke 188
Sato, Ichiei 393, 408
Sato, Issai 555
Sato, Koichi 260
Sato, Shinichi 589
Sato, Ts. 587
Sauder, Gerhard 233
Sauer, August 508, 509, 532
Sawanishi, Ken 238, 260, 261, 262, 263, 264
Scarpari, Maurizio 308
Schade 131
Schaarschmidt, Siegfried 294, 297
Schadewaldt, Wolfgang 215
Schaeder, Grete 535
Schaeffer, Albrecht 403
Schäfer, Armin 337, 407
Schäfer, Hermann 281, 337, 392, 393, 394, 395, 400, 401, 417, 418, 572
Schäfer, Wilhelm 395, 403
Schamberger, Casper 44

656

Schamoni, Wolfgang 75, 130, 144, 232, 256, 295, 299, 542, 550
Schauwecker, Franz 403
Scheffel, A. 561
Scheler, Max 79
Schelling 243, 502, 563
Schenkendorf, Leopold von 404
Scherer, Thilo 398
Scherer, Wilhelm 88, 204, 505, 506, 507, 508, 509, 510, 512, 514, 515, 516, 521, 522, 523, 525, 535
Schiele, Egon 520
Schießl, Otmar 41, 620
Schiller, Friedrich 23, 24, 27, 38, 41, 85, 92, 102, 103, 114, 116, 126, 155, 198, 201, 204, 211, 213, 215, 256, 285, 286, 289, 292, 303, 371, 372, 404, 452, 453, 454, 458, 459, 463, 464, 466, 467, 468, 476, 477, 486, 487, 490, 491, 493, 504, 506, 508, 513, 514, 515, 516, 517, 518, 521, 525, 526, 527, 534, 550, 565, 577, 579, 587, 588, 589, 615, 625, 626, 627, 629, 630, 635, 636
Schimmel, Annemarie 295
Schinzinger, Robert 201, 220, 297, 576, 577
Schirach, Baldur von 345, 390, 400, 404, 410, 420, 586
Schlaf, Johannes 528, 533, 535
Schlecht, Wolfgang 295, 297, 298
Schlegel, Friedrich 231, 235, 236, 237, 241, 243, 258, 467, 491, 561, 588, 593, 610
Schliemann, Heinrich 70
Schlösser, Rainer 400, 401
Schlözer 599
Schmelz, Hirarius 192
Schmidt, Alexandra 191
Schmidt, Erich 131, 505, 507, 508, 512, 515, 521, 522, 523, 575
Schmidt-Dengler, Wendelin 529
Schmidt-Glintzer, Helwig 308, 595
Schmidt-Hannisa, Hans-Walter 337, 407
Schmitt, Carl 79, 241

Schnack, Friedrich 396, 403
Schnell, Ralf 17
Schnitzler, Arthur 103, 285, 287, 527
Schoeps, Julius H. 536
Scholl, Hans 304
Scholl, Inge 303
Scholl, Sophie 26, 304
Schomoker, Hans 401
Schonauer, Franz 415, 416, 573
Schöne, Albrecht 112, 505, 555, 630
Schönemann, Lili 118
Schönert, Jörg 470
Schopenhauer, Arthur 134, 220, 305, 319, 402, 578
Schreiner, Klaus 416
Schrimpf, Hans Joachim 274
Schrittmatter, Erwin 282
Schröder, Gerhard 638
Schröder, Rudolf Alexander 215, 403, 534
Schröer, Karl Julius 126, 510, 512, 513, 514, 515, 517, 518, 523, 524, 525, 535
Schröer, Tobias Gottfried 513, 524
Schubert, Franz 116, 381
Schubert, Helga 282
Schubring, Walther 295
Schüddekopf, Carl 25
Schuller, Konrad 31, 32
Schultz, Ch. L. F. 459
Schultz, Franz 566
Schulz, Gerhard (Germanist) 38, 211, 597
Schulz, Gerhard (Historiker) 57, 58, 59
Schulze, Reinhold 337, 393, 407, 408, 423, 571
Schulze-Maizier, Friedrich 322, 324, 325
Schumann, Gerhard 337, 390, 404, 407, 409, 410, 412, 413, 414, 415, 416, 417, 418, 419, 420, 421, 422, 423, 577, 584, 585
Schütt, Bodo 399
Schutte, Jürgen 519
Schwager, Lothar H. 577
Schwalbe, Hans 578
Schwarz, Wolfgang 404
Schweikert, Uwe 531
Schweitzer, Albert 138

657

Scott, Walter 605
Scurla, Herbert 22
Sealy, J.H. 182
Seckel, Dietrich 295, 577, 578
Secker, Wilfried 471
Seemann, Heinrich 82, 86
Seghers, Anna 282, 286, 289
Seidel, Ina 403
Seifert, Wolfgang 75, 550
Seitz, Erwin 149
Seki, Kusuo 230, 564, 570
Selden, Camilla 369
Sengoku, Takashi 195
Setouchi, Harumi 294
Seuse 323, 354
Seyfarth, Erich 578
Shakespeare 41, 109, 204, 292, 447, 449, 469, 472, 479, 490, 492, 493, 497, 498, 499, 500, 508, 533, 561, 609
Sharps, William 382
Shestov 231, 376
Shibata, Sho 139, 260
Shiga, Naoya 293, 294
Shimao, Toshio 298
Shimazaki, Toson 124, 135, 257, 268, 272, 299, 541, 542
Shinagawa, Tsutomu 386
Shinohara, Seiei 299
Shinran 136, 544
Shiraishi 151, 159, 160
Shizuki, Tadao 51
Shorske, Carl E. 520
Sidotti 249
Siebold, Barthel von 92, 123
Siebold, Elias von 92, 123
Siebold, Philipp Franz von 68, 69, 70, 71, 78, 85, 92, 94, 96, 101, 102, 103, 122, 123, 126, 166, 191, 197, 218, 276, 577
Siemes, Johannes 234
Silcher 380
Sime, James 124
Simmel, Georg 28, 104
Simon, Hermann 536
Simon, Martin 397
Simrock, Karl 476, 496

Simson, Eduard von 556
Smullyan, Raymond 547, 595
Soami 75
Solf, Wilhelm 569
Sommerfeld, Martin 468
Sonnenschein, Ulrich 608
Sono, R. 588
Sonoda, Kokun 587, 588, 589
Sophie von Sachsen 525, 530
Sophokles 137, 237
Soret, Frédéric 29
Söring, Jürgen 224
Sotatsu 294
Sotelo, Luis 53
Soyfer, Jura 28
Spengler, Oswald 30
Spielmann, Heinz 50
Spinoza 112
Spranger, Eduard 25, 215, 408, 409, 438, 440, 551, 552, 569, 577, 607, 608, 609, 611
Sprengel, Peter 519
Srbik, Heinrich Ritter von 446
Stachel, Günter 333
Stachorski, Stephan 240
Staiger, Emil 104, 215, 223, 224, 284, 465, 597
Stalph, Jürgen 296, 298
Stammler, Georg 404
Starnetzki, Detmar Heinrich 567
Statler, Oliver 70
Stead, Alfred 72
Steger, Priska 141
Steguweit, Heinz 400
Stehr, Hermann 395, 403, 577, 585
Steig, Reinhold 24
Stein, C. 426
Stein, Charlotte von 515, 616
Stein, Michael 295
Stein, Peter 222
Steinbach, Daniel 506, 522, 535
Steinecke, Hartmut 469
Steiner, Marie 514, 523
Steiner, Rahel E. 531

Steiner, Rudolf 126, 138, 495, 513, 514, 495, 513, 523, 524, 551
Steinhilber, Hans-Dieter 617
Steinhöwel 102
Sternberg, Kaspar Graf von 511, 512
Sternberg, Kurt 369
Sterne, Laurence (Lorenz) 275, 469, 486, 487, 488, 489, 490, 491
Stieler, Joseph Karl 197, 201, 633
Stifter, Adalbert 41, 284, 285, 531
Stoecker, Adolf 446
Störig, Hans Joachim 301, 318
Storm, Theodor 103, 284, 285
Stötzel, Georg 91, 123, 280
Strätz, Hans-Wolfgang 233
Strauch, Philipp 324
Strauß, Emil 395, 403
Streckfuß 600
Stremayr, Karl v. 513
Strich, Fritz 104, 205, 211, 213, 237, 371, 377, 493, 528, 566, 569, 591, 592, 600, 601, 603
Strodtmann, Adolf 369
Stuchlik, Gerda 409, 581
Sturlese, Loris 333
Sudbrack, Josef 334
Sudheimer, Hellmuth 576, 580
Sugita, Genpaku 165
Sugiura, Kenji 386
Sugiyama, Masao 52
Suita, Junsuke 563, 587, 589
Sumi, Nobuo 260
Suphan, Bernhard 491, 515
Süskind, Patrik 282
Suzuki, Daisetz T. 76, 335, 339
Suzuki, Kazuko 386
Suzuki, Kenzo 368
Suzuki, Shigesada 588
Svoboda, Adalbert 524
Swyngedouw, Jan 65, 143
Szondi, Peter 470, 486
Tachikawa, Kiyoko 386
Tajima, Teruhisa 324, 327, 328, 330, 331
Tak, Sun-Mi 35, 92
Takagi, Isaku 124

Takahama, Kyoshi 293
Takahashi, Goro 128, 588
Takahashi, Kenji 260, 368, 369, 370, 371, 372, 374, 403, 408, 564, 570, 572, 588
Takahashi, Teruaki 283
Takahashi, Yoshitaka 389, 390, 393, 398, 402, 403, 404, 561
Takahashi, Yukio 238
Takaki, Yozo 367
Takashima, Hagoromo 382
Takayama, Chogyu 382, 384
Takayama, Hikokuro 183
Takayama, Ukon 53
Takayasu, Kunio 295
Takeda, Tyuya 588
Takeuchi, E. 589
Takeyama, Michio 589
Takita, Masaru 393
Takuma, Reiun 386
Tamabayashi, Yoshinori 588, 589
Tanaka, Iwao 230, 541
Tanaka, Shosuke 53, 169
Tanaka, Umekichi 22, 30, 587, 589
Tanikawa, Shuntaro 295
Tanizaki, Junichiro 294, 296
Taoka, Ryoun 382
Tauler 323, 354
Tausend, Hermann 338
Taut, Bruno 78
Tayama, Katai 293
Taylor, Bayard 107, 128, 199
Temming, E. 426
Terwiel, Barend J. 94, 96
Tezuka, Tomio 104, 284, 287
Thackeray 197
Thieberger, Richard 624
Thoma, Ludwig 403
Thum, Bernd 35, 36, 177
Thunberg, Carl Peter 103, 577
Tieck, Ludwig 276, 284, 285, 491, 497, 610
Tischbein, Joh. Heinr. Wilh. 517
Titze, Hans 502
Tobler, Georg Christoph 548

659

Tokugawa, Hidetada 51, 53
Tokugawa, Ieyasu 51, 52, 169
Tokutomi, Ichiro 146
Tokuzawa, Tokuji 589
Tolstoi 544
Tominaga Nakamoto 250
Tomino, Yoshikuni 425, 426, 427, 428, 429, 430, 431, 432, 433, 434, 435, 437, 438, 439, 441
Toyotomi, Hideyoshi 52
Trautmann 131
Trautz, Friedrich M. 103, 577
Treitschke 446
Trimondi, Victor 339
Trimondi, Victoria 339
Troll, Wilhelm 351
Trommler, Frank 409, 438
Trunz, Erich 96, 215, 452, 458, 466, 563, 566, 609
Tscharner, Eduard Horst von 301
Tsuji, Hikaru 624
Tsuzumi, Tsuneyoshi 562, 587, 589
Tügel, Ludwig 401
Tumler, Franz 397
Turk, Horst 210, 212, 227, 258, 310, 389, 434, 465, 561
Uchimura, Kanzo 105, 123, 127, 141, 143, 144, 177, 178, 179, 181, 182, 183, 184, 185, 186, 188, 193, 206 f., 255, 544, 545
Uchiyama, Teizaburo 588, 589
Ueda, Akinari 293, 295
Ueda, Kaneyoshi 324, 328, 329, 330, 331
Ueda, Shizuteru 321, 324, 326, 327, 328, 330, 331, 335
Uhse, Bodo 282
Ulbricht, Justus H. 217
Unger, Rudolf 565
Uno, Chiyo 299
Unseld, Siegfried 215
Usami, Yukihiko 386
Uxkull, Graf Bernhard 239, 411
Valentin, Jean-Marie 611
Valéry, Paul 127, 138, 214, 544, 552
Velde, Van de 636

Vergil 186, 537
Vermeil, Edmond 215
Vesper, Will 396, 403
Victor, Walther 119
Viehoff, Heinrich 503, 504, 505
Viëtor, Karl 26, 220, 427
Vilmer, August Friedrich 127, 198, 199
Vogelweide, Walther von der 346
Voigt 597
Vollhardt, Friedrich 291
Voltaire 450
Voretzsch, Arthur 568, 569
Voßkamp, Wilhelm 34, 115, 499, 560
Vring, Georg von der 399
Vulpius, Wolfgang 627
Wachsmuth, Andreas W. 625
Wackenroder 491
Wackerl, Georg 463
Wackernagel 514
Waggerl, Karl Heinrich 403
Wagner, Richard 237, 239, 240, 285, 561
Wahl, Hans 574
Walberer, Ulrich 233
Walser, Martin 117, 282, 287, 288, 371, 607
Walzel, Oscar 368, 369, 493, 515, 565
Wani 249
Washington, George 169, 598
Watanabe, Kakuji 589
Watanabe, Kazan 299
Watsuji, Tetsuro 329, 330, 542, 549, 550, 553
Weber, Beate 122
Weber, Max 28, 32
Wedel, Christine von 298
Wehner, Josef Magnus 403
Weidmann, Helga 235
Weidmann, Helga 370
Weiland 166
Weinheber, Josef 397, 403, 414
Weinhold, Karl 511
Weiss, Peter Ulrich 287, 288
Weißenfels, Richard 505
Weizsäcker, Richard von 615, 635
Wendel, Hermann 369

Wenke, Hans 409
Wenzel, Horst 560, 567
Werfel, Franz 286, 287, 288, 395, 536
Werhahn-Mees, Kai 65
Wesenberg, Horst 404
Wessel, Horst 404
Whitman 41
Wiebrecht, Christoph 404
Wiechert, Ernst 286, 403
Wieland 211, 212, 509, 516, 602, 627
Wiens, Paul 282
Wiese, Benno von 526
Wiesinger, Peter 337, 351, 506, 522, 535, 559
Wild, Heinrich 26
Wilhelm II. 415
Wilhelm, Richard 203, 303, 308, 309, 310, 312, 313, 314, 317, 318, 555, 595
Wilkinson, Elizabeth M. 215
Will, Julian 399
Willemer, Marianne von 93, 97, 512
Wilson, W. Daniel 635
Winckelmann 353, 455, 492, 496
Windelband, Wilhelm 28, 108
Windfuhr, Manfred 387
Winkler, Eugen Gottlob 286
Wierlacher, Alois 34, 35, 91, 123, 280
Witkop, Philipp 369, 403
Witkowski, Georg 25
Witte, Bernd 210, 446, 497, 599, 623
Witte, J. 86, 250
Wittenwiler, Heinrich 283
Wittgenstein 537
Wittkowski, Wolfgang 149, 455
Wolf 381
Wolf, Christa 281, 282
Wolf, Friedrich 289, 521
Wolf, Hugo 116
Wolf, Lothar 351
Wolff, Eugen 528
Wolff, M. J. 369
Wölfflin, Heinrich 215, 493
Wolfskehl, Karl 579
Wolgemüt, Otto 399
Wolter, Christine 282

Wolters (Wolfsohn), Friedrich 579
Wörmann, H. 101
Worringer, Wilhelm 493
Wrede, Rudolf 308
Wruck, Peter 506
Wunberg, Gotthart 26, 519, 526, 528
Wunderlich, Hermann 22
Wundt, Max 567
Wundt, Stefan 298
Wunner, Rosa 132, 133
Wurmb, Alfred von 579
Wuthenow, Ralph-Rainer 297
Yagi, Hiroshi 386
Yamada, Shinnosuke 393
Yamagishi, Gaishi 230
Yamagishi, M. 587
Yamamoto, Monojiro 161, 162, 163
Yamamoto, Tsunetomo 77
Yamaoka, Naomichi 587, 589
Yamashita, Hajime 367, 374, 375, 376, 377, 386
Yamazaki, Masakazu 296
Yamazaki, Shoho 367, 377, 378
Yang, Do Won 38
Yang, Wuneng 82, 115, 213
Yasuda, Yojuro 227, 228, 229, 230, 231, 238, 239, 240, 241, 242, 243, 244, 253, 259
Yasuoka, Shotaro 294
Yatsushiro, Sachiko 296, 297
Yen, Yüan 584
Yi, Choong Sup 45, 280, 320
Yosano, Akiko 77, 257
Yosano, Tekkan 257, 382
Yoshida-Krafft, Barbara 297, 298, 299
Yoshikawa, Eiji 77
Yoshimasa 75
Yoshimoto, Banana 298
Yoshimune 249
Yukiyama, Toshio 200, 242, 587, 588
Zachert, Herbert 569
Zastrau, Alfred 461
Zauper, Joseph Stanislaus 510, 511
Zeitler, Julius 594
Zelewitz, Klaus 141

Zeller, Bernhard 291, 601
Zelter, Karl Friedrich 464, 481, 484, 486, 497, 550
Zeman, Herbert 513
Zhang, Rong Chang 139
Zhang, Yushu 15, 39, 115, 117, 289, 367, 383, 600
Zhao, Dengrong 39
Zhao, Leilian 382
Zhu Xi 55, 160
Ziegler, Klaus 24
Ziegler, Titus 193
Zilchert, Robert 524
Zillich, Heinrich 397, 403
Zimmer, Heinrich 76, 335
Zobel, Günter 495
Zöberlein, Hans 403
Zola, Emil 129, 133
Zorn, Fritz 404
Zuckmayer, Carl 392
Zweig, Arnold 286, 395
Zweig, Stefan 286, 579
Zwingli 181

Deutsch-ostasiatische Studien
zur interkulturellen Literaturwissenschaft

herausgegeben von
Walter Gebhard und Naoji Kimura

Germanistik als eine der Nationalphilologien wird in Europa zumeist auf sprach- und/oder literaturwissenschaftlicher Grundlage betrieben. In Ostasien dagegen beschäftigt man sich nicht nur mit der deutschen Sprache und Literatur, sondern auch mit vielen anderen Bereichen der deutschsprachigen Kultur. Deshalb ist die sogenannte Auslandsgermanistik zumindest in Ostasien nicht so sehr als Philologie, sondern eher als Kulturwissenschaft im Sinne von "cultural studies" zu begreifen. Ihre fachwissenschaftliche Arbeit beginnt üblicherweise mit der Übersetzung, die schon eine Menge geschichtlicher, landeskundlicher und soziologisch-mentalitätshistorischer Kenntnisse voraussetzt. Sie findet ihren interkulturellen Status zunehmend dadurch, daß vermehrt interdisziplinäre, vor allem kulturwissenschaftliche Aspekte einbezogen werden. Wissenschaftsgeschichtlich spielten die japanischen Germanisten eine vermittelnde Zubringerrolle für den internen germanistischen und ästhetischen Kulturaustausch in Ostasien.

Die Reihe *Deutsch-ostasiatischen Studien zur interkulturellen Literaturwissenschaft* bietet ein über die Fachwissenschaft hinausgehendes Forum, das allen Germanisten in Ostasien offensteht, um Forschungsperspektiven zu diskutieren, seien sie aus Theater- oder Kunstwissenschaft, aus Geschichte oder Landeskunde, Philosophie, Didaktik oder Soziologie. Ihr Ziel ist es eine fruchtbare Kooperation zwischen kulturregionalen Humanwissenschaften in Ost und West zu fördern.

Sie steht Dissertationen, Habilitationen, Tagungsbänden, Festschriften, Forschungsberichten und Sammelbänden in deutscher und englischer Sprache offen.

Deutsch-ostasiatische Studien
zur interkulturellen Literaturwissenschaft

Band 1   Van Eikels, Kai: Das Denken der Hand.
          Japanische Techniken.
          283 Seiten. 2004.

Band 2   Kimura, Naoji: Der ost-westliche Goethe.
          Deutsche Sprachkultur in Japan.
          662 Seiten. 2006.

Band 3   Kimura, Naoji & Thomé, Horst (Hrsg.):
          „Wenn Freunde aus der Ferne kommen".
          Eine west-östliche Freundschaftsgabe für
          Zhang Yushu zum 70. Geburtstag.
          351 Seiten. 2005.